本卷由中國敦煌石窟保護研究基金會資助出版

敦煌吐魯番研究

Journal of the Dunhuang and Turfan Studies

第十四卷
Volume XIV

中國敦煌吐魯番學會成立三十周年
國際學術研討會專號（上）

中國敦煌吐魯番學會
首都師範大學歷史學院
香港大學饒宗頤學術館
北京大學東方學研究院
合辦

上海古籍出版社
二〇一四年·上海

編委會（以姓名拼音字母爲序）

主　編

　　　饒宗頤

編　委

　　　柴劍虹　陳　明　鄧文寬　方廣錩　郝春文
　　　李焯芬　林悟殊　劉　屹　孟憲實　榮新江
　　　王邦維　王　素　游自勇　湛　如　張涌泉
　　　趙和平

編輯部主任

　　　郝春文

副　主　任

　　　劉　屹　游自勇

目 錄

論文

對莫高窟題記的初步整理和研究——《敦煌莫高窟題記彙編》編纂記
　　　　　　　　　　　　　　　　　　　　　　　徐自强　張永强（ 1 ）
英國牛津大學藏斯坦因1907年敦煌莫高窟考古日記整理研究報告 …… 王冀青（ 15 ）
段永恩生平考略 …………………………………………………… 朱玉麒（ 55 ）
俞澤箴與京師圖書館敦煌遺書編目工作 …………………………… 劉　波（ 79 ）
Wang Zhongmin's Years in Paris（1934 - 1939）………… Nathalie Monnet（ 95 ）
Foreign Travellers to Dunhuang, 1920 - 1960 ……………… Susan Whitfield（103）

于闐文書所見古代于闐的典押制度 ………………………………… 段　晴（113）
試論回鶻文《玄奘傳》專有名詞的翻譯方式——以回鶻文第九、十卷爲例
　　　　　　　　　　　　　　　　　　　　　　　張鐵山　朱國祥（127）
吐蕃時期敦煌的寫經人 ……………………………………………… 高田時雄（137）
英藏敦煌藏文IOL. Tib. J. 26號第二部分來源之研究 ……………… 才　讓（145）
Dunhuang Tibetan Buddhist Manuscripts and Later Tibetan Buddhism: A Brief
　　Review of Recent Research ………………………… Matthew Kapstein（165）

敦煌遺書中寫本的特異性——寫本學劄記 ………………………… 方廣錩（181）
從Codicology的角度來看敦煌漢文文獻 ………………… 石塚晴通　唐　煒（193）
俄羅斯科學院檔案館С·Ф·奧登堡館藏中文文獻 ……………… 波波娃（209）
印度新德里國立博物館藏敦煌吐魯番等地文物 …………………… 王　素（217）

"五胡"時代户籍制度初探——以對敦煌·吐魯番出土漢文文書的分析爲中心
　　　　　　　　　　　　　　　　　　　　　　　　　　關尾史郎（223）
敦煌大族、名士與北涼王國——兼論五涼後期儒學從大族到名士的轉變
　　　　　　　　　　　　　　　　　　　　　　　　　　馮培紅（233）

尉遲氏族源考——中古尉遲氏研究之一 …………………………… 趙和平（245）
武則天時期的"祥瑞"——以《沙州圖經》爲中心 ………………… 孟憲實（261）
中古時期西域水利考（五）——柳中縣、蒲昌縣水渠考 …………… 李　方（281）
唐代訴訟文書格式初探——以吐魯番文書爲中心 …………………… 黄正建（289）
舟橋管理與令式關係——以《水部式》與《天聖令》爲中心 ……… 牛來穎（319）
關於敦煌《朋友書儀》的研究回顧與問題展説 ……………………… 吴麗娱（331）
黑水城金代漢文《西北諸地馬步軍編册》兩個地名的考證 ………… 孫繼民（349）

The Literary Style of Dunhuang Healing Liturgies（患文） …… Stephen F. Teiser（355）
敦煌本十齋日資料與齋會、儀禮 ……………………………………… 荒見泰史（379）
敦煌變文：佛教齋供儀式角度的解讀 ………………………………… 侯　冲（403）
敦煌佛教文學理念的建構與研究面向 ………………………………… 鄭阿財（437）
敦煌應用文書啓請文研究 ……………………………………………… 王三慶（453）
承陽三年《菩薩懺悔文》及其相關問題 ……………………………… 王振芬（467）
水陸法會起源和發展再考 ……………………………………………… 戴曉雲（479）

由敦煌本與岩崎本互校看日本舊鈔《尚書》寫本之價值 …………… 許建平（489）
敦煌通俗字書所呈現之唐五代社會文化研究芻議——以敦煌寫本《俗務
　　要名林·飲食部》爲例 …………………………………………… 朱鳳玉（499）
《歷代法寶記》所引"外書"考 ………………………………………… 張子開（523）
敦煌文獻與中國口語史研究——以太田辰夫《中國語歷史文法》爲中心
　　…………………………………………………………………… 玄幸子（537）

新書目 …………………………………………………………………… 常蓋心（553）
《敦煌吐魯番研究》稿約 ………………………………………………………（558）
稿件書寫格式 ……………………………………………………………………（559）

Contents

Articles

Preliminary Compilation and Research of Inscription of Mogao Grottoes: The Story
of the *Compilation of Inscription of Mogao Grottoes at Dunhuang*
.... XU Ziqiang and ZHANG Yongqiang (1)

An Investigation Report on Stein's Diary of Archaeology in the Mogao Grottoes of
Dunhuang in 1907 Preserved in the Bodleian Library, Oxford ...... WANG Jiqing (15)

A Study on the Life Story of Duan Yong'en .... ZHU Yuqi (55)

Mr. Yu Zezhen and His Cataloguing Work of Dunhuang Manuscripts in the
Metropolitan Library in 1920' .... LIU Bo (79)

Wang Zhongmin's Years in Paris (1934 – 1939) .... NATHALIE Monnet (95)

Foreign Travellers to Dunhuang, 1920 – 1960 .... SUSAN Whitfield (103)

Pawning System of Ancient Khotan as Observed in Khotanese Documents
.... DUAN Qing (113)

On the Way Translation of Proper Nouns of *Xuanzang Biography* in Uighur Script
.... ZHANG Tieshan and ZHU Guoxiang (127)

Sutra Copyists in Dunhuang under Tibetan Occupation .... TAKATA Tokio (137)

A Research on the Origin of the Second Part of IOL. Tib. J. 26 .... CAI Rang (145)

Dunhuang Tibetan Buddhist Manuscripts and Later Tibetan Buddhism: A Brief
Review of Recent Research .... MATTHEW Kapstein (165)

The Particularity of Dunhuang Manuscripts: Some Manuscript Notes
.... FANG Guangchang (181)

A Study on the Properties of Dunhuang Documents Based on Codicology
.... ISHIZUKA Harumichi and TANG Wei (193)

Chinese Language Documents in S. F. Oldenburg's Fund of St. Petersburg Branch

of the Archives of the Russian Academy of Sciences ········ IRINA. F. Popova (209)
Cultural Relics of Dunhuang, Turfan and Other Places at the National Museum,
　New Delhi of India ··· WANG Su (217)

An Essay on the Census Register System of the Wu-Hu Period: Analysis of the
　Dunhuang and Turfan Documents ···································· SEKIO Shiro (223)
The Famous Clans and Scholars in Dunhuang and the Bei-Liang Kingdom: in
　addition to Transformation of Confucianism from Famous Clans to Scholars
　during Later Period of the Five Liang Kingdoms ···················· FENG Peihong (233)
Study on the Original of Yuchi Family: Research of Yuchi Family from the 3rd to 8th
　Century A. D. Part I ··· ZHAO Heping (245)
On Auspicious Sign in the Period of Wuzetian: Focusing on the *Shazhou Tujing*
　·· MENG Xianshi (261)
Study the Canals of the Western Regions in Medieval China (5) ············ LI Fang (281)
Preliminary Study on Litigant Document Format of Tang Dynasty: Mainly according to
　Turfan Manuscripts ··· HUANG Zhengjian (289)
Relationship between Management of Ship & Bridge and *Tang Statutes and
　Ordinance*: Focusing on the *Water Department Regulations* and *Tiansheng Statutes*
　··· NIU Laiying (319)
Review and Prospect of the Study on the *Friends Letter Patterns* ············ WU Liyu (331)
Textual Criticism to Two Places of Khara-Khoto Manuscript *Xibei Zhudi Mabujun Biance*
　··· SUN Jimin (349)

The Literary Style of Dunhuang Healing Liturgies ··············· STEPHEN F. Teiser (355)
The *Shizhairi* and the *Zhaihui*, Religous Ritual as Seen in Dunhuang Texts
　·· ARAMI Hiroshi (379)
Dunhuang Bianwen: Study from the Perspective of the Offering-food-to-monk Rite
　·· HOU Chong (403)
Constructing the Concepts of Dunhuang Literature and the Dimensions of the
　Study of Dunhuang Literature ·· ZHENG A'cai (437)

On Study of Prayers in Dunhuang Applied Writing Documentary
.... WANG Sanqing (453)
A Brief Discussion on the Issues on *Bodhisattva Confession Pape* of Chengyang
  Three Years .... WANG Zhenfen (467)
The Re-Research for the Water-Land Ritual Origin and Development
.... DAI Xiaoyun (479)

The Value of Japanese Duplicated Version of *Shangshu* Based on A Comparative
  Textual Analysis from the Dunhuang Duplicated Version and Yanqi Duplicated
  Version of *Shangshu*. .... XU Jianping (489)
A Preliminary Examination on the Dunhuang Society and Culture in the Tang and
  Five Dynasties Based on the Popular Lexicon: with Special Reference to the
  Dunhuang Manuscript *Suwu yaoming lin's* Section on Drinking and Food
.... ZHU Fengyu (499)
A Research on the Non-Buddhist Materials in the *Records of Great Masters' Dharma
  Traditions* .... ZHANG Zikai (523)
Studies of Colloquial Chinese Language on DunHuang Materials ...... GEN Yukiko (537)

New Publications .... (553)
Introduction to the *Journal of Dunhuang and Turfan Studies* .... (558)

對莫高窟題記的初步整理和研究
——《敦煌莫高窟題記彙編》編纂記

徐自强　張永强

一、緣　起

《敦煌莫高窟題記彙編》(下稱《彙編》)一書的編纂工作,至今已有二十餘年了,由於種種原因,一直未能梓行與讀者見面。現將本書的編輯過程作一簡要介紹。

憶及編輯此書的緣起,那已是20世紀80年代的事了。1983年,中國敦煌吐魯番學會與北京圖書館(現稱中國國家圖書館)合辦的北京敦煌吐魯番資料中心(下稱中心)剛剛成立,筆者(徐自强)作爲中心的負責人,開始思考與籌劃如何辦好資料中心與閲覽室。首要任務之一,就是增加資料、豐富館藏。其途徑除了購買、調撥、捐贈、交换等外,第一件工作就是從北京圖書館善本部中,將其所藏的有關敦煌吐魯番學的資料,調撥敦煌吐魯番學北京資料中心管理入藏。當時筆者所見的首批調撥資料中,就有王重民先生1934年以北平圖書館(後改爲北京圖書館)交换館員身份到巴黎進行"敦煌遺書"的整理工作時,所帶回的《伯希和敦煌石窟筆記·照片》。由於筆者在20世紀60年代初期,協助當時的金石組負責人曾毅公先生編輯、整理《房山石經題記彙編》時,對題記資料産生了濃厚興趣,對這種文獻資料的價值有了一定的認識,因而又萌發了整理、研究敦煌莫高窟題記的念頭。鑒於當時敦煌莫高窟已有的各種資料,在中國敦煌吐魯番學會成立後,又有了新的發展與充實,並陸續向中心彙集,尤其是還看到了有關"題記"的各種原始版本,以及其中的淆亂、缺失與異同。因此,就萌生了將其彙編成册以便讀者使用的念頭。經過一個時期的醖釀、協商、調查與研究,終於正式確定了這一課題,並着手進行初編工作。

當時的計劃是將近百年來的各家題記都搜集起來,加以彙纂,力求完備。但經過調查,發現難度較大:一是有的調查者只記洞窟狀況,對有關題記没有登録,或者雖有登録,數量也很少;二是有些調查題記,雖有一定數量,但多分散在海内外,一時難以湊齊。

故此,經過比較,初步決定:《彙編》只收有代表性的四種,即《伯希和敦煌石窟筆記》、史岩《敦煌石室畫象題識》、謝稚柳《敦煌藝術敍録》、敦煌研究院《敦煌莫高窟供養人題記》。這四家題記既内容豐富、數量衆多,且時代有早晚、調查者有中外之别,可資比較的材料較多,互校互補性强。故其作用與意義更大。

《彙編》中對編輯體例的設置:一、主要是先將各家對同一洞窟、同一壁龕和同一排序的題記,彙輯在一起,以便作"零距離"的校勘;二、爲了使這種"零距離"的比對更準確、無佚誤,也爲了能比較順利地進行編輯工作,就必須要在已有各種《洞窟編號對照表》的基礎上,重新編製一個更加準確的《諸家編號對照表》。經過一段時間的準備,新的《諸家編號對照表》(包括各家各自爲首的四種對照表)均已編出,故在20世紀90年代正式開始了題記的彙編工作。其工作步驟是:

甲、由資料中心的陳晶同志,根據筆者擬定的計劃和編輯體例,將各家題記的内容分别抄録彙輯在一起;然後再以敦煌研究院1958年孫儒僩先生所測繪的《莫高窟總立面圖(南區)》爲序彙集成册,形成《彙編》草稿。

乙、由筆者對《彙編》草稿進行初校,形成《彙編》初稿。

丙、將《彙編》初稿,由國圖分館辦公室主任李麗華同志列印成册,再徵求意見後形成可供出版的定稿。

21世紀初,敦煌研究院蔡偉堂先生發表了《重訂莫高窟各家編號對照表説明——兼談莫高窟各家編號及其對照表》一文[1]。爲使筆者前編對照表減少錯誤,我將兩者重新一一作了校勘,經過近兩年的努力,1995年完成了《新訂敦煌莫高窟諸家編號對照表》的全部工作,陸續爲有關著作和刊物所採用或發表。比較結果除了蔡先生所録北區洞窟爲筆者編表所缺(因當時北區報告尚未發表,故闕如)外,其餘各洞窟對照表大體一致,尤其是收録有"題記"的洞窟對照表,完全相同,無有差錯。故筆者在《彙編》中收入附録的"諸家編號對照表"未予變動,亦如原編。

2009年夏,爲了保證品質,又安排張永强對《彙編》校樣與原稿進行了校對,而且還將四種原版本調出,進行了一次重新的全面校核,大大減少了初編工作中的遺誤。同時,還重新編輯了"壁畫題記"以外的原藏莫高窟後流失海内外的"繪畫題記",内容達到了一百多則,比敦煌研究院馬德先生所輯之此類題記,增加了一倍以上的内容,現作

---

[1] 蔡偉堂《重訂莫高窟各家編號對照表説明——兼談莫高窟各家編號及其對照表》,《敦煌研究》2005年第6期。

爲"附錄"編進《彙編》中,爲此書作了補充。與此同時,又收集了"壁畫題記"、"繪畫題記"、"洞窟舊影"以及"題記書影"等多幅照片,作爲插圖補進《彙編》中,從而使此書内容更加豐富完備。

此稿的編纂,自始至終得到了敦煌學會秘書長、中華書局編審柴劍虹同志的指導與幫助,他協助筆者刊佈有關"對照表"、聯繫出版事宜、審定插圖與附錄,最後還寫了長篇的"序"。所有這些,不僅使我增強了編輯此書的勇氣與信心,更使我受到了深刻的教育。北京大學教授宿白先生審閱了書稿,並特爲題寫了書名。敦煌研究院樊錦詩院長十多年前就對我編輯此書給予了大力支持,近該院張先堂研究員也在編輯上給予了諸多關照。上海古籍出版社編審府憲展先生不僅協助筆者先行刊佈"對照表",還幫助聯繫解決有關出版的事宜。北京石刻藝術博物館研究員吳夢麟更從多方面給予幫助。北京敦煌吐魯番資料中心的同仁申國美、李德範、孫曉林、方久中、孫學雷、林世田、劉波等更是在不同時期從各個方面給予了支持。借此機會,筆者特在此對所有提供支持、幫助的領導、同事、朋友們表示最衷心的謝意。

敦煌莫高窟題記彙編　宿白先生題寫書名

二、莫高窟壁畫題記初步研究

筆者對莫高窟題記的整理、研究工作,主要集中在兩個方面:一是對有題記的洞窟和各家抄錄的題記,進行數量方面的統計,希望能從不同角度的統計中,得到一些對莫高窟有關問題的認識;二是對題記内容進行歸納與分析,以便從中加深對題記意義和作用的認識。

敦煌莫高窟題記,主要是指各洞窟中歷代供養人所書寫的題記。但各家在考察記錄洞窟中的文字時,不僅記錄了供養人的題記,而且還將"發願文"、"功德記"、修建洞窟時的"題記"、"題字"、"碑文"以至歷代的"遊人題款"等也一並抄錄在内。故所使用的"題記"一詞,是取其廣義的範圍,不只限於洞窟供養人題記。

(一)關於有題記的洞窟和題記的狀況

這方面的内容,擬從下面三個方面加以概述。

1. 諸家所記敦煌莫高窟窟數和其中有題記留存的窟數問題

在各家記錄中,對於莫高窟的窟數和存有題記的窟數,因各家在考察、記錄時受各種因素的制約,互相有較大的出入(參見表一)。

表一　諸家所録洞數和存有題記窟數比較表

著述名稱	洞窟數	録存題記窟數	備注
伯希和敦煌石窟筆記	402	146	
敦煌石室畫象題識	631	107	包括北區
敦煌藝術敘録	434	89	
敦煌莫高窟供養人題記	492	189	北區編號爲248個。此492中含北區5個

説明：《敦煌莫高窟供養人題記》一書中，抄録有題記的洞窟爲197個。經查，其中有8個洞窟的題記，是根據《伯希和敦煌石窟筆記》和《敦煌藝術敘録》所抄録題記所補，爲免重複，故删去。

2. 莫高窟題記的數量問題

諸家對莫高窟各窟中所存題記的著録因各種原因，所得數量大有出入，不僅各條的字數差别大，其條數也有很大出入(參見表二)。

表二　諸家所録莫高窟供養人題記數量比較表

著述名稱	題記類別與數量						備注
	供養人題記	發願文	功德記、修建題記、題名	壁畫題名	遊人題款	總計	
伯希和敦煌石窟筆記	1624	20	30	589	107	2428	數後單位爲條，下同
敦煌石室畫象題識	899	15	24	0	4	942	
敦煌藝術敘録	616	20	24	45	4	744	
敦煌莫高窟供養人題記	1479	32	56	8	150	1724[+1]	[+1]爲只有碑名，没有碑文

如段文傑先生在《敦煌莫高窟供養人題記》前言中説："敦煌莫高窟的492個洞窟中，幾乎都有供養人畫像，每一畫像都有榜書題記。據粗略統計，現有的題記大約7000條。"這"7000條"之數，不知是以什麽爲標準、如何統計出來的。我們據現在各家所刊佈的材料進行統計，其數量與段先生統計之數大有出入。例如，以敦煌研究院所編著之《敦煌莫高窟供養人題記》爲例，該書共收録供養人題記1724條，加上從伯氏和謝氏書中轉載的55條，也只有1799條，不足2000條。如將其他三家(伯、史、謝氏)所載合并計之，亦不過5800條；再去掉諸家重複(以50%計)者，最多也不過3000條左右。

史岩先生在《敦煌石室畫象題識》序中謂有題記存留的洞窟爲 106 個,錄題記 940 條。實際上據其《題識》統計應爲 108 個洞窟(少計 12 和 405⁻⁴⁰ 兩洞),其題記應爲 942 條。

3. 諸家題記中所選洞窟的異同問題

由於各家在抄錄題記時是獨自進行的,選取洞窟標準、當時洞窟保存情況、進行工作的條件等都不相同,故所抄錄的洞窟也有區別。有的窟諸家均錄,有的窟則只見錄於一家。爲使讀者瞭解全貌,現將諸家題記所選洞窟數量的異同情況列表説明(參見表三)。

表三　諸家題記所選洞窟異同比較表

名稱	四家共記洞窟	三家均記洞窟			兩家同記洞窟					獨家記錄洞窟				合計	備注
		APC	APS	ACS	AP	AC	AS	PC	SC	A	P	S	C		
數量	63	6	22	11	32	2	9	2	1	44	22	1	3	218	
合計	63	39			46					70				218	

説明:

① 敦煌莫高窟中,存有題記的洞窟共有 218 個。

② 如將洞窟總數(218)與敦煌研究院抄錄的 189 個比較,兩者相差 29 個洞窟。説明到 20 世紀 80 年代時,已有 29 個窟的題記泐損,無法再抄錄。在不到 80 年的時間內損失如此之大,其速度是驚人的,可見加強對洞窟題記的保護已是刻不容緩的任務。

③ 如將洞窟總數(218)與伯氏抄錄數(146)相比較,則相差 72 個洞窟,可見伯氏在當時雖花了約一個月的時間,也只記了主要洞窟,還有 1/3 的洞窟未涉及,抄錄時間雖早也有不足的。

④ 如將洞窟總數(218)與謝氏所抄數(89)相比較,謝氏在張大千編號基礎上形成的謝氏編號和錄文,只佔 2/5,還有 3/5 的洞窟題記未著錄。

⑤ 如將洞窟總數(218)與史氏抄錄數(108)比較,史氏雖花了一年時間抄錄,但只佔一半左右。可見進行這項工作是相當困難的,今天能有這樣的成果問世是十分幸運的,應予以十分珍惜,對前賢們的功勞更應予以充分的肯定。

(二)關於洞窟題記的内容和評價

敦煌莫高窟題記的内容與價值,諸家在出版各自抄錄的題記時,也都各有評述。首先出版的《伯希和敦煌石窟筆記》,其照片部分在 1922—1924 年發表,名曰"敦煌石窟",分爲 6 卷;其筆記部分,法文版於 1981 年出版第 1 卷、1983 年出版第 2—3 卷、1984 年出版第 4 卷、1986 年出版第 5 卷、1992 年出版第 6 卷。每卷出版時都有莫尼克·瑪雅爾(Monique Maillard)寫的"前言"和尼古拉·旺迪埃—尼古拉(Nicole Vandier-Nicolas)寫的"序言",在這些"前言"和"序言"中,對其内容、意義等都有評述。1993 年 4 月,甘肅人民出版社出版該筆記的中文版時,其譯者之一耿昇,在"譯者的話"中,對其内容、意義、學術價值也有評述。

1947年出版《敦煌石室畫象題識》時，著者史岩先生在其"序"中，用較長篇幅，從畫像藝術、題記類別、敦煌伽藍、敦煌世家、洞窟建修之時代、功德主之考見等六個方面，對題記內容之重要作用和價值作了論述。

1957年出版的《敦煌藝術敍録》，著者謝稚柳先生在其長篇"概述"中，引用了大量的洞窟題記去探討有關問題。對題記的價值問題，謝氏從另一個角度進行了評論與肯定。

1986年文物出版社出版敦煌研究院所編《敦煌莫高窟供養人題記》時，除段文傑先生寫有"前言"外，還附有該院研究人員撰的兩篇長文。一爲萬庚育先生撰《珍貴的歷史資料——莫高窟供養人畫像題記》一文。其文從莫高窟的供養人畫像題記、從供養人題記看敦煌世族及石窟修建、供養人畫像與它的作者三個方面，對題記的內容、意義等作了分析。二爲賀世哲先生之《從供養人題記看莫高窟部分洞窟的營造年代》一文。該文引用大量題記材料，分別對有關洞窟的營造年代，分五節進行了論述，具體如下：一、早期（十六國、北魏、西魏、北周）；二、隋；三、唐（初唐、盛唐、中唐、晚唐）；四、五代、宋；五、西夏、元等。其中又分別對80餘個洞窟的年代進行了具體的探討，作出了自己的結論。這也是對題記豐富內容的充分運用和其巨大價值的實際肯定。

綜上所述，諸位前賢對於莫高窟題記的內容與價值問題，已經進行了多方面的深刻闡述；但筆者經過對各家所録題記的閱讀和初步的分析研究，尚覺言猶未盡，尤其是對題記內容的介紹仍需補充說明，故本書從不同角度對其內容又作了些補充。例如：

1. 關於供養人供養對象的資料

題記中記載的各個時代的供養人所鎸造繪塑的供奉對象，主要是各種佛和菩薩，同時也有一些其他的神靈，至中後期，大量供養人自身的圖像或活動像（如出行圖等）也被繪畫、刻塑在洞中，當然其佈局的地點都在比神靈次要的部位。又如題記中"觀世音菩薩敬造"數量的增加，反映了在中國廣大地區以觀音崇拜爲主的普遍信仰趨勢。題記中又繪有聖容像、瑞像、像者，以及其他稱謂者，等等。

2. 關於供養人的材料

題記中記載的供養人，其身份可概分爲兩大類：一爲釋門供養人，二爲世俗供養人。

釋門供養人是指出家奉佛的供養人。其中可分爲三等：① 釋門中一般的僧尼，如沙門、和尚；② 有學問的高僧；③ 在釋教中擔任各種職務的僧侶。世俗供養人的身份亦可分爲三等：① 一般平民百姓；② 一般官吏；③ 大官吏和豪紳。

值得注意的是，在一個洞的供養人題名中，有的社人、社子等多達幾十條，可見百姓信仰的趨向。而大官吏和豪紳供養人官職高、權力大、有經濟實力，因此他們不僅可以鐫佛、塑像、繪壁，而且還可以創建新窟，進而將自己和家人也一並繪刻窟中，成爲供養像。這類供養像以唐代較爲突出，如唐代索氏家族的題記。索氏爲敦煌望族，西晉時就有索靖等名人出現，至唐代還有擔任地方高官者。另外也不乏當政官僚、地方豪强甚至地方王國的國王開窟供養的事例。

3. 關於寺廟的材料

在敦煌莫高窟 66 個題窟（即有題記之窟）的 125 條題記材料中，提到的寺廟有 55 座，但從前期至後期的題窟中，始終出現者卻不多見，這反映了敦煌地區寺廟的變遷。具體可參見書中所附《題窟中所記寺廟出現時間數量統計表》。

4. 關於反映洞窟時代的材料

洞窟題記中涉及時間的内容，可概分爲兩部分：一是各時期供養人在建窟修洞、塑像、繪壁時所留下的題記；二是各時代遊人到莫高窟遊覽參觀或朝拜後留下的題款。兩者内容雖有近似處，但其價值各有不同。前者可對洞窟的開鑿、修建等提供較準確的材料，利用於對洞窟演變發展規律的研究；後者則主要反映各時代百姓、僧侣、官吏等遊觀敦煌的情況，可看出敦煌與各地的聯繫情況及其興衰史跡。

上述遊觀題款中，以元代和清朝的最多，都在 70 條以上。由此可見，元朝建國的近百年中，其各地羣衆、官吏與敦煌的聯繫一直未絶。其題款中，既有建新窟、修舊窟的內容，也有朝拜參觀的留言，反映了有元一代在統治、開發西域的過程中，始終把敦煌地區作爲一個重要的活動點。本書對以上兩類題記的內容也作了介紹。

5. 關於反映州郡地域的材料

如果說莫高窟題記中所涉及有關時間的材料，從縱向反映了敦煌古往今來各個時代的情況，那麽從題記中所涉及的州郡地域方面的材料，則從橫向反映了敦煌與各地的聯繫，爲我們提供了一個不可缺少的研究角度。

題記中所提到的各個州郡地域的材料，按盛唐時所設置的行政區域圖爲準進行統計，在唐 15 個道中涉及 12 個道，其中以敦煌所在的隴右道提及的地名最多、地域最廣。有關具體情況，參見《莫高窟題窟中所見地名及其所在洞窟情況統計表》。

6. 其他

敦煌莫高窟洞窟題記的内容，除上述幾個方面外尚有許多，在此不一一列舉，現提出兩點：

（1）關於開洞修窟中的各種工匠問題。這方面的内容也不少，而且值得一録。如：

338 窟：亡祖泥匠都料；

370 窟：社長令狐海員知木匠；

320 窟：社人節度押衙知畫匠；

450 窟：武威畫士囗（楊）鈞；

450 窟：鎮畨畫士吳正囗；

450 窟：涼州武威朝山施畫匠雷吉祥；

450 窟：甘泉塑工人李滋、甘泉塑匠。

甘泉爲陝西一個縣，可見其工人也是遠道去敦煌的。

185 窟：畫人宋承嗣作；

196 窟：故父紙匠都料何員、故弟子紙匠何員定。

由此可見，有些匠人還是世代相傳地在敦煌做工。尤其值得注意是，當時還有一些高級官吏也參與洞窟壁畫等的繪製工作。如：129 窟中有"囗主角節度押衙知在左右廂繪畫手銀青光禄大夫檢校國……兼監察史上柱國安成立"，又"子衘前正兵馬使兼繪畫手銀青光禄大夫檢校太子賓客試囗殿中監張弘恩"等。他們既當官又兼繪畫手，故其多在當地任職。

從上述修建窟的人員中，反映了當時工地的幾個特點：

① 有各種工種的配合；

② 其工匠來自全國各地，近者除當地人員以外，還有千里外的涼州（武威）、甘州（張掖）人員，遠者則到了陝西甘泉等地，而且還是成批去的；

③ 工匠有父子世襲乃至幾輩人同操一業者；

④ 繪壁畫爲主要工種，因此出現了畫士、畫匠、畫人、繪畫手等多種稱謂，可見其業之盛。

（2）關於鑿窟的經費問題。

莫高窟的開造資金，除了由各供養人、官吏、望族提供外，還有百姓捐資。捐資數量雖少，但在題記中也留下一些材料，十分珍貴。如 365 窟有"木工周貴施錢一兩八錢"、"姚克昌施錢六錢"、"康貴施錢六錢"等題記。

三、關於《新訂敦煌莫高窟諸家編號對照表》

敦煌莫高窟自清光緒二十六年(1900)孟夏發現"遺書"以來,很快蜚聲海內外,爲世人矚目。各國學人到此探險、考察者日多。爲了記錄的方便,他們各自都進行了不同程度的洞窟編號工作。

首先是匈牙利人斯坦因(A. Stein),他從敦煌劫得經卷後,在其所著《西域考古記》一書的第三冊中,列有一個簡單編號表,但所涉及洞窟數不足20個,價值不大。1907年冬至1908年春,法國人伯希和(P. Pelliot)繼斯氏之後涉足敦煌,在掠走數千件珍貴文物、拍攝數百張石窟照片的同時,還對各洞窟作了編號和內容的記錄(見伯著《敦煌圖錄》第一集卷首)。他編、記的洞窟數,段文傑先生認爲是328個[1]。但據《伯希和敦煌石窟筆記》統計,經他編過號和作過記錄的洞窟實爲402個。當然,其中有記錄的只是一部分,相當數量的洞窟只給了一個窟號,如×××窟或×××a、b、c窟等等。這是對敦煌石窟第一次大規模的編號,但其編號條理不清,符號紛繁,難以應用。其後日本人松元拍攝伯氏發表的照片資料,又對石窟重新進行了編號,但未見刊佈材料。

40年代初期,敦煌官廳和何正璜、張大千、史岩等國內學人對敦煌洞窟的編號、記錄工作也已開始。目前,對敦煌洞窟的編號和記錄最全、最詳者,仍當推敦煌文物研究所(前身爲"敦煌藝術研究所",現又改爲"敦煌研究院")的工作。他們經過幾十年的調查、發掘、整理,於80年代初期出版了《敦煌莫高窟內容總錄》、中期出版了《敦煌莫高窟供養人題記》等書,集中了南區編號和敍錄的大成,得洞窟編號492個,但對北區只涉及5個洞窟。

1998年敦煌研究院對北區洞窟進行了系統的清理、發掘工作,最後進行了統一編號,計得243個窟,加上以前編過的5個,共爲248個洞窟。南、北兩區合計爲735個窟[2]。在公佈的北區洞窟材料中,除以前所刊佈的5個洞窟有"題記"外,其餘所有洞窟均未見有題記材料,故《彙編》中未涉及。

以上各家的記錄與編號,雖都對敦煌洞窟的調查與研究作出了自己的貢獻,但由於

---

[1] 《敦煌莫高窟內容總錄》"前言",北京:文物出版社,1982年。
[2] 王建軍、胡禎《敦煌莫高窟北區洞窟新編窟號說明——兼談以往北區洞窟諸家編號》,《敦煌研究》1999年第2期。

各自采用的原則與方法不同,使用起來多有不便。因此,又有各種洞窟編號對照表的問世。

　　1951年5月出版的《文物參考資料》第2卷第5期(即《敦煌文物展覽特刊》下册)首先發表了《敦煌千佛洞各家編號對照表》。此表以敦煌所編號爲首,對照張氏和伯氏兩家,收錄洞號469個。1957年《敦煌藝術敍錄》出版時,在張氏編號基礎上,又據前述敦煌所編之《敦煌千佛洞各家編號對照表》改編成以張氏爲首的《莫高窟各家窟號對照表》。此表只對照了敦煌所和伯氏兩家,得洞窟309個,列表434格(其中包括耳洞125個)。1981年開始陸續出版的《伯希和敦煌石窟筆記》,在每卷前均有伯希和、張大千、史岩、敦煌藝術研究所四家編號的對照表(但係分册刊佈,不便查閱。1993年由耿升與唐健賓合譯、甘肅人民出版社出版的《伯希和敦煌石窟筆記》中譯本中,雖附錄了對照表,但也只有前五册,最後一册仍未刊佈,其對照表之内容還有少部短缺)。1962年,臺灣陳祚龍先生在《亞洲學報》發表了有關各家編號對照表的文章,其後又作了《新校重訂莫高窟重要公私諸家編號對照表》[1],此表未據原始材料覆訂,脱漏訛誤較多,使用仍然不便。

　　綜觀各家編號對照表,雖都在一定程度上解決了使用者查號之難,但筆者在編輯《敦煌莫高窟諸家供養人題記彙編》時,經過實際查用,深感各表都存在一定的不足,不敷應用。主要是:1.以敦煌所、張氏爲首表的兩種對照表,均未收史氏編號表,内容缺少一個方面;2.以伯氏爲首表的對照表,雖收了史氏編號表,但只收了史氏表中的少數洞窟;3.諸家對照表都有相當數量的空號未作説明,是脱佚或原缺,情况不清;4.諸家對照表(包括臺灣陳氏重校之對照表)所對照的洞窟,都有一定數量的訛誤。有鑒於此,爲了學界今後使用方便,減少查對之煩,節省學者專家的時間與精力,筆者根據所能搜集到的原始材料,對諸家對照表進行了一次比較徹底的補充與修正,重新編製了《新訂敦煌莫高窟諸家編號對照表》四種,即分別以敦煌所、張氏、史氏、伯氏編號爲首表的對照表各一種。由於各家編號的數量、記録的洞窟不一致,因此,各對照表的内容也就有較大的差異,多者洞窟數相差在200個以上,故各家對照表的篇幅也有較大的出入。

　　筆者補充與修正各家對照表,是在掌握各種原始材料(如法文版《伯希和筆記》所附莫高窟窟位編號圖等)的基礎上,確定了整理新訂諸家編號對照表的步驟:1.以敦

[1]《敦煌學要鑰》,臺北:新文豐出版公司,1982年。

煌文物研究所孫儒僩先生1958年繪製刊佈的《莫高窟總立面圖》中的洞窟編號爲基準,分別編出敦煌所與張氏、史氏、伯氏的洞窟編號的單項對照表;2. 在各家單項對照表的基礎上,再編製敦、張、史、伯四家綜合對照表;3. 將新表與諸家原編對照表逐一覆對,力求把差錯減少到最低限度。

　　此"對照表"編成後,受到有關單位和學界的重視,紛紛予以刊佈。上海古籍出版社1996年再版謝稚柳先生所著《敦煌藝術敘錄》時,采用筆者"新訂諸家對照表"替換了1957年第一版時所用的"對照表",並且在我提供的"C"表(即在張大千編號基礎上形成的謝稚柳編號表爲首表的對照表)的基礎上,又擴展出以敦、伯、史爲首表的三家對照表。《北京圖書館館刊》1996年第4期發表了以伯希和先生編號爲首表的對照表(P表)。《敦煌吐魯番研究》第二卷發表了以敦煌研究院編號爲首表的對照表(A表)[1]。1995年敦煌吐魯番國際學術討論會論文集決定刊佈以史岩先生編號爲首表的對照表(S表)。此後,筆者根據新訂諸家對照表,又對《彙編》初稿進行了校審,並請資料中心館員李麗華用電腦列印成册以徵求意見。現將新訂《莫高窟諸家編號對照表》亦收入書中。

四、關於莫高窟繪畫題記的整理

　　20世紀初期,敦煌莫高窟藏經洞裏不僅發現了數萬卷的各種文獻,還同時發現了數以千計的繪畫作品(包括絹畫、紙畫、麻布畫、版畫和刺繡畫)。這部分非莫高窟壁畫的題記,多是藏經洞內的發掘品,我們在編纂時名之爲莫高窟繪畫題記。

　　莫高窟繪畫題記是莫高窟壁畫題記的重要補充部分,具有重要的研究價值。繪製絹畫、經幡等活動,與開窟造像、寫經一樣,其目的無外乎弘揚佛法、超度亡者、祈求功德;其創作者多爲民間畫工,而供養人則有王侯刺史、地方官吏、僧俗人衆,與開窟造像和寫經者都是一致的。其創作題材與莫高窟壁畫的題材大同小異,基本上屬於一個範疇。有的繪畫是寫經的插圖,有的是壁畫創作的粉本或草圖,有的是發願文、邈真讚等,可以與其他敦煌文獻、碑銘互相補充印證,有重要的史料價值。

　　目前絶大部分敦煌繪畫珍藏在英國和法國,另外美、俄、日以及國內一些博物館也有少量的收藏。在紀年時間上,最早爲盛唐,最晚爲宋初。關於它們的確切數量,至今還没有一個定數。據張培君先生2007年的統計,敦煌藏經洞遺畫有1082件,其中有供

---

[1]《敦煌吐魯番研究》第2卷,北京大學出版社,1997年。

養人畫像的 134 件,有供養人題記而沒有供養人畫像的 34 件,共 168 件[1]。

據英國人魏勒編寫的《斯坦因敦煌所獲繪畫品目錄》[2],對斯坦因兩次到敦煌所獲藏經洞繪畫進行統計,共有 554 件,包括絹畫、紙畫、版畫和刺繡品。這些敦煌繪畫大部分都刊佈在《西域美術:大英博物館藏斯坦因收集品》三卷中[3],其中有題記的 53 件,年代多是唐代和五代時期。伯希和收集的敦煌繪畫則收入《西域美術:吉美美術館藏伯希和收集品》二卷[4],計有 247 件,其中 48 件有題記,以五代宋初的爲主。英、法的藏品涵蓋了敦煌繪畫題記中的精華。俄國人奧登堡所獲藏經洞遺畫現在多收藏在俄羅斯艾爾米塔什博物館東方部,共 271 件,包括壁畫、絹畫、紙畫、麻布畫和刺繡品,大部分爲殘片斷簡,其中題記 30 條,這些繪畫題記最近收入《俄藏敦煌藝術品》一書[5]。

馬德先生《敦煌絹畫題記輯錄》中最早輯錄了敦煌繪畫題記 46 則,除英、法兩國的藏品外,還包括美國 1 則、甘博 1 則、川博 1 則,正如其文中所言,"並不是全部"[6]。此次筆者在協助恩師徐自強先生校對《敦煌莫高窟題記彙編》書稿的過程中,借助國家圖書館善本特藏部敦煌吐魯番學資料中心藏書,對目前發現的敦煌繪畫中的題記(不含版畫題記)重新進行了輯錄,附於驥尾。計得敦煌繪畫題記 142 條,其中唐代 55 條,五代歸義軍時期 58 條,宋初 29 條,基本上涵蓋了目前能見到的國內外敦煌繪畫題記的絕大部分內容;還重新編製了有題記的敦煌繪畫年表(版畫除外),供讀者對照研究。

五、關於莫高窟題記的書法藝術

自漢魏以來,敦煌所在的涼州地區書法名家輩出,草聖張芝、索靖皆是敦煌人士。敦 156 窟唐咸通六年(865)書《莫高窟記》云:"晉司空索靖題壁號仙岩寺。"是關於莫高窟題記的最早記錄。唐寫本《沙州圖經》中還提到了張芝墨池。儘管張芝、索靖的書法如今已經不存,但敦煌壁畫題記、絹畫題記中保留下來的從南北朝到宋初的許多題記書跡,都對此作了補充。莫高窟現存年代最早的是敦 285 窟北壁西魏大統年間《迦葉佛説法圖》下部供養人比丘惠遵、比丘晉化造像題記,由於是以毛筆直接書壁寫就,更容易

---

[1] 張培君《敦煌藏經洞出土遺畫中供養人圖像初探》,《敦煌研究》2007 年第 4 期。
[2] *A Catalogue of Paintings Recovered from Tunhuang by Sir Aurel Stein*, London, 1931.
[3] 《西域美術:大英博物館スタイン・コレクション》,東京:講談社,1982 年。
[4] 《西域美術:ギメ美術館ペリオ・コレクション》,東京:講談社,1994 年。
[5] 《俄藏敦煌藝術品》,上海古籍出版社,1998 年。
[6] 馬德《敦煌絹畫題記輯錄》,《敦煌學輯刊》1996 年第 1 期。

清晰地探尋北朝書法的書寫特徵和書寫過程，是與同時期造像石刻文字對比的絕好材料；繪畫題記由於是保存在絹、麻布、紙上的墨跡，也比碑銘拓片看起來更加直觀，利於比較研究，二者與藏經洞的歷代寫本同爲敦煌書法藝術的重要組成部分，是敦煌地區唐末五代書法研究的新課題。

　　總的說來，敦煌壁畫和繪畫題記上的墨跡風格是多樣的：有的是民間畫工、供養人的手跡，顯得古樸稚拙，反映了民間的書法風尚；有些卻是書法水準較高的文士、書手或經生所寫。如壁畫題記敦45窟南壁西側唐《觀音經變》、敦231窟西壁龕頂四披唐《瑞像圖》題記、敦61窟唐《香積菩薩圖》題記、敦82窟南壁晚唐《報恩經變須闍提故事》題記等，或楷法端正，有盛唐遺風；或瀟灑自如，宛然鍾王法帖。絹畫題記如唐咸通五年（864）《四觀音文殊普賢圖》（S5. Ch. lv. 0023）、唐大順三年（892）《大悲救苦觀世音菩薩像》（S. Ch. xx. 005）、唐《藥師經變相圖》（S36. Ch. liv. 003）等，代表了那個時期敦煌地區的書法水準。繪畫題記中還有不少屬於五代時期的墨跡。五代戰事頻繁，時間短暫，這一時期的書法史往往被一帶而過，五代時期留存下來的墨跡更是寥若晨星，有名的楊凝式《韭花帖》、《夏熱帖》、《神仙起居法》也僅數紙百餘字而已。而敦煌壁畫和絹畫上則保留了近百條五代墨書題記，如敦220窟甬道北壁五代後唐同光三年（925）翟奉達發願文，五代天復十年（910）《觀世音菩薩像》（S14. Ch. liv. 006）、日本白鶴美術館藏五代天成四年（929）《藥師説法圖》、五代天福八年（943）《千手千眼觀音菩薩圖》（MG. 17775）、五代顯德三年（956）《菩薩像長幡》（S196&216. Ch. xxiv. 008a. ch. xxiv. 008）等題記，皆洋洋數百言，楷書、行書、草書俱全，書法風格多樣，很好地填補了這項空白。

　　另外，敦煌壁畫和繪畫中還保留了一些執筆書寫的畫面，沙孟海先生曾利用榆林窟中的執筆人壁畫以及日本書道博物館執筆人絹畫殘片寫出了大作《古代書法執筆初探》等，開創性地探究了古代書法的執筆演變以及寫手與刻手的關係。如唐乾寧四年（897）張淮興造《熾盛光佛並五星神》絹畫中的"五星"以人物形象繪出，其北方辰星手執紙筆，作書寫狀，其姿勢與今人執硬筆姿勢幾乎一樣。又敦231窟西壁龕頂《高僧授經圖》中的執筆姿勢亦是如此。這些執筆畫面對於進一步研究中國書法史上的書寫演變增加了新的素材。

　　　　　　　　　　　　　　　　　　　（作者單位：徐自强／中國國家圖書館
　　　　　　　　　　　　　　　　　　　　　　　　　張永强／《中國書法》雜誌社）

英國牛津大學藏斯坦因 1907 年敦煌莫高窟考古日記整理研究報告

王冀青

一

英籍匈牙利裔考古學家奥萊爾·斯坦因(Aurel Stein,1862—1943 年),分别於 1907 年、1914 年兩次赴中國甘肅省敦煌縣莫高窟考古,是近代敦煌考古史上最重要的人物。斯坦因在其第二次中亞考察期間(1906—1908 年),於 1907 年 5 月 21 日至 6 月 12 日間第一次在莫高窟考古,成爲 1900 年 6 月 22 日藏經洞(今編莫高窟第 17 窟)發現後第一個入洞調查並挑選文物的考古學家,也是第一個將藏經洞出土文物大規模運往西方的文物劫掠者。斯坦因在其第三次中亞考察期間(1913—1916 年),又於 1914 年 4 月 2 日至 4 月 8 日間第二次在莫高窟考古,爲其未竟的莫高窟研究工作做補充,並再次將一部分藏經洞出土文物劫往西方。斯坦因兩次莫高窟考古期間,尤其是在 1907 年的第一次莫高窟考古期間,除了搜集、著録藏經洞出土文物之外,還爲莫高窟及其壁畫、泥塑拍攝了第一批照片,爲莫高窟一部分洞窟編了最早的窟號。按照"敦煌學"一詞首創者、日本語言學家石濱純太郎(1888—1968 年)於 1925 年 8 月 8 日提出的建議,"敦煌學的内容應該包括因中亞探險而産生出來的全部資料"[1],斯坦因理應算是近代所謂"敦煌學"的開山鼻祖之一。

斯坦因結束其第二、第三次中亞考察後,在他本人撰寫、刊佈的一系列著作中,記述了他在莫高窟的兩次考古活動。斯坦因第二次中亞考察個人自述(遊記)《契丹沙漠廢

---

* 2012 年度國家社會科學基金重大項目"歐洲藏斯坦因新疆考古檔案整理與研究"(12&ZD140)資助。
 [1] 石濱純太郎《敦煌石室の遺書(懷德堂夏期講演)》,大阪:植田政藏印刷所,1925 年 12 月,非賣品,93 頁。

墟——在中亞和中國極西部地區進行考察的個人自述》兩卷本，1912年由倫敦麥克米倫出版公司出版[1]，其中涉及其1907年莫高窟考古的內容，主要集中在第2卷第52章"去千佛洞"、第64章"返回千佛洞"、第65章"藏經洞初開"、第66章"藏經洞及其珍寶"、第67章"藏經洞所出佛教繪畫品"、第68章"大形繪畫和其他藝術遺物"、第69章"多種語言混雜的寺廟圖書館"、第70章"千佛洞的裝飾藝術"等章中。斯坦因第二次中亞考察詳盡報告書《塞林底亞——在中亞和中國極西部地區考察的詳盡報告書》五卷本，1921年由牛津克拉蘭頓出版社出版[2]，其中涉及其1907年莫高窟考古的內容，主要集中在第2卷第21章"千佛洞"、第22章"探索一個被牆封閉的藏寶室"、第23章"千佛洞所出繪畫品遺物"、第24章"千佛洞所出紡織品遺存和寫本"、第25章"千佛洞的石窟寺和古物"等章中。斯坦因第三次中亞考察詳盡報告書《亞洲腹地——在中亞、甘肅和伊朗東部進行考察的詳盡報告書》四卷本，1928年由牛津克拉蘭頓出版社出版[3]，其中涉及其1914年莫高窟考古的內容，主要集中在第1卷第10章"至敦煌和安西"第2節"再訪敦煌和'千佛洞'"等章節中。此外，斯坦因還出版過一部介紹其前三次中亞考察的概述性著作《在古代中亞的道路上——在亞洲腹地和中國西北部三次考察活動簡述》，1933年由倫敦麥克米倫出版公司出版[4]，其中涉及其1907年、1914年兩次莫高窟考古的內容，主要集中在第12章"千佛洞石窟寺"、第13章"在一個秘室裏的發現"、第14章"千佛洞出土佛教繪畫品"等章中。此外，斯坦因在一些論文和畫册中，也涉及過他的兩次莫高窟考古活動。迄今爲止，學界對斯坦因兩次莫高窟考古過程之瞭解，主要依賴於斯坦因生前出版的上述著作。

需要指出的是，上述斯坦因出版物中，對其莫高窟考古的敍述，缺乏準確的相關日期，基本上沒有連貫的時間順序，沒有按照時間先後記錄下他在莫高窟逗留期間的活動。正如斯坦因本人在《塞林底亞》中解釋的那樣："關於搜索工作是如何一天接一天地持續著，而且還絲毫沒有鬆懈過，我就沒必要在這裏以同樣細膩的筆墨描述了。我更

---

[1] M. Aurel Stein, *Ruins of Desert Cathay: Personal Narrative of Explorations in Central Asia and Westernmost China*, Vols. Ⅰ-Ⅱ, London: Macmillan & Co., Limited, 1912.

[2] Aurel Stein, *Serindia: Detailed Report of Explorations in Central Asia and Westernmost China*, Vols. Ⅰ-Ⅴ, Oxford: Clarendon Press, 1921.

[3] Sir Aurel Stein, *Innermost Asia: Detailed Report of Explorations in Central Asia, Kansu and Eastern Iran*, Vols. Ⅰ-Ⅳ, Oxford: Clarendon Press, 1928.

[4] Sir Aurel Stein, *On Ancient Central Asian Tracks: Brief Narrative of Three Expeditions in Innermost Asia and North-western China*, London: Macmillan & Co., Limited, 1933.

没有必要在這裏以類似年表的順序,去記録作爲這次'發掘'回報物的那所有有意義的發現物了。"[1]而與斯坦因出版物相比,還有一批更重要、更可信的基礎性原始資料,完全可以提供按照時間順序記録的斯坦因莫高窟考古過程,從而彌補此缺陷。這批原始資料,即秘藏於英國牛津大學包德利圖書館特藏品和西方寫本部(Department of Special Collections and Western Manuscripts, Bodleian Library, Oxford)的"斯坦因敦煌莫高窟考古日記"。迄今爲止,這批原始資料尚未引起學界的重視,尚待整理、刊佈、研究。

斯坦因在其第二次中亞考察和第三次中亞考察過程中,逐日記録了詳細的旅行和考古日記。這批日記,是斯坦因生前撰寫、發表其第二次中亞考察、第三次中亞考察各種遊記、報告書、論著的主要依據。其中有關莫高窟考古的部分,即斯坦因1907年5月21日至6月12日日記,以及斯坦因1914年4月2日至4月8日日記,可單獨提取出來,總稱爲"斯坦因敦煌莫高窟考古日記",又可細分爲"斯坦因1907年敦煌莫高窟考古日記"和"斯坦因1914年敦煌莫高窟考古日記"兩個單元。毫無疑問,從敦煌考古史的角度講,"斯坦因敦煌莫高窟考古日記"是後人研究斯坦因莫高窟考古活動的最原始記録,是後人瞭解英藏敦煌文獻獲取過程的最基本資料。

有鑒於此,筆者於1995年赴牛津大學包德利圖書館研究斯坦因考古檔案期間,重點研究並複製了尚未整理、刊佈的一部分斯坦因第二次中亞考察日記和全部斯坦因第三次中亞考察日記,其中包括"斯坦因敦煌莫高窟考古日記"。筆者1995年在英國逗留期間,即開始整理、翻譯"斯坦因敦煌莫高窟考古日記",希望能以此爲基礎,撰成《英國藏斯坦因敦煌莫高窟考古日記整理研究》一書。光陰荏苒,18年彈指一揮間,而筆者的書稿至今尚未完成,僅有少數幾段"斯坦因1907年敦煌莫高窟考古日記"條文,在筆者偶而發表的幾篇小文中,曾被當作史料引用過。

爲了説明斯坦因1907年所見敦煌縣知縣並非汪宗翰(1853—?),而是王家彦(1860?—1913),從而論證斯坦因1907年爲敦煌縣知縣拍攝的全家福照片係王家彦全家福照片,筆者於1998年在英國《國際敦煌學項目通訊》第10期(1998年春季號)上發表英文文章《論"汪知縣及其家人"的照片》。拙文在解釋王家彦全家福照片拍攝時間時,引用過斯坦因1907年6月12日日記[2]。在斯坦因敦煌莫高窟考古100周年之

---

[1] Aurel Stein, *Serindia*, Vol. II, p. 813.
[2] Wang Jiqing, 'On the Photograph of "Magistrate Wang and His Family"', *IDP News: Newsletter of the International Dunhuang Project*, No. 10, Spring 1998, p. 6.

際，筆者應英國科學院（British Academy）、大英博物院（British Museum）和英國國家圖書館（British Library）的邀請，於 2007 年 5 月 17 在倫敦舉辦的"敦煌一百年（1907—2007 年）"（A Hundred Years of Dunhuang, 1907 – 2007）國際學術研討會上，宣讀了論文《1907 年斯坦因與王圓籙及敦煌官員之間的交往》，文中引用過一部分"斯坦因 1907 年敦煌莫高窟考古日記"内容[1]。爲瞭解釋莫高窟藏經洞北壁壁畫現狀與"斯坦因 1907 年敦煌莫高窟考古日記"内容不相吻合的"藏經洞壁畫問題"，筆者於 2010 年 9 月 15 日在上海東華大學主辦的"2010'絲綢之路——圖像與歷史'學術論壇暨敦煌吐魯番學會理事會"上，宣讀了論文《敦煌莫高窟藏經洞壁畫問題初探》，文中引用過斯坦因 1907 年 5 月 28 日日記的相關段落[2]。至於"斯坦因敦煌莫高窟考古日記"的絕大部分内容，筆者尚未公佈，學界尚不瞭解。

今年是中國敦煌吐魯番學會成立 30 周年紀念。回想學會於 1983 年 8 月在蘭州召開成立大會時，筆者還是蘭州大學一名以研究斯坦因搜集品爲主攻目標的敦煌學方向研究生，奉命服役於大會，也有幸列席會議，並參加會期舉辦的一系列敦煌學講習班。在學會第一任會長季羨林先生等前輩學者的諄諄教誨和鼓勵下，筆者當時發願，要將斯坦因在敦煌、新疆的考古活動研究到底。作爲學會第一任副會長兼秘書長寧可先生的助手之一，筆者於 1989 年第一次赴英國倫敦，開始自己研究斯坦因考古檔案的漫漫長路。值此隆重紀念中國敦煌吐魯番學會成立 30 周年之際，筆者在感歎歲月之餘，也試將"斯坦因 1907 年敦煌莫高窟考古日記"的主要内容梳理成這篇小文，以簡報的形式向中國敦煌吐魯番學會作一初步彙報。

二

牛津大學包德利圖書館藏斯坦因考古檔案，共分 9 大部分，包括 458 組手稿，現編爲斯坦因手稿第 1—458 號。其中的第 5 部分"斯坦因的個人筆記和日記"，共包括 138 組手稿（斯坦因手稿第 129—266 號），絕大多數是 1889—1943 年間斯坦因本人寫成的

---

[1] Wang Jiqing, 'Stein and Chinese Officials at Dunhuang', *IDP News: Newsletter of the International Dunhuang Project*, No. 30, Winter 2007, pp. 2 -4; Wang Jiqing, 'Aurel Stein's Dealings with Wang Yuanlu and Chinese Officials of Dunhuang in 1907', in Helen Wang (Ed.), *Sir Aurel Stein: Colleagues and Collections*, The British Museum Research Publication 184, The British Museum Press, 2012, pp. 1 -6;王冀青《1907 年斯坦因與王圓籙及敦煌官員之間的交往》，《敦煌學輯刊》2007 年第 3 期，60—76 頁。

[2] 王冀青《關於敦煌莫高窟"藏經洞壁畫問題"》，《敦煌學輯刊》2010 年第 4 期，115—127 頁；王冀青《敦煌莫高窟藏經洞壁畫問題初探》，包銘新主編《絲綢之路·圖像與歷史》，上海：東華大學出版社，2011 年，13—18 頁。

各種筆記和日記。斯坦因第二次中亞考察日記的手寫原稿和打字稿，就包括在其中[1]。

斯坦因第二次中亞考察日記手寫原稿，現存8冊，被編爲8個號（斯坦因手稿第196—203號）。這部分日記原稿，係由斯坦因在考察過程中每日親筆所書，是有關考察最原始的記錄，其中有兩册涉及斯坦因的敦煌考古。斯坦因第二次中亞考察日記手寫原稿第3册（斯坦因手稿第198號），是斯坦因於1906年11月12日至1907年3月29日間在新疆省安德悅、樓蘭、米蘭等遺址和甘肅省敦煌縣進行野外考察時的旅行與考古日記，共有116張，大部分雙面書寫。斯坦因第二次中亞考察日記手寫原稿第4册（斯坦因手稿第199號），是斯坦因於1907年3月30日至8月2日間在甘肅省敦煌縣、安西直隸州等地進行野外考察時的旅行與考古日記，共有118張，大部分雙面書寫。從斯坦因手稿第198號第108張開始，到斯坦因手稿第199號第109張爲止，是斯坦因在敦煌、安西一帶的考察日記原稿，其中有用毛筆書寫的許多漢字地名，係斯坦因第二次中亞考察期間所聘師爺蔣孝琬（1858—1922年）所書。斯坦因第二次中亞考察日記手寫原稿第4册（斯坦因手稿第199號）的第63—87張，是斯坦因1907年5月20日至6月15日日記的原稿，詳細地記錄了斯坦因和蔣孝琬與莫高窟道士王圓籙（1850？—1931年）打交道並最終劫走敦煌藏經洞出土文物的過程。

斯坦因於1908年結束其第二次中亞考察後，請秘書用打字機將他的第二次中亞考察日記手寫原稿謄抄了一遍，其目的無非是爲了安全備份，也爲了他日後撰寫第二次中亞考察個人自述（遊記）和詳盡報告書時便於攜帶在身邊，作爲參考依據。因此，打字謄抄時只選擇了主體部分，並未將日記原稿全部打出。斯坦因第二次中亞考察日記打字稿，現存兩册，被編爲兩個號（斯坦因手稿第204—205號）。斯坦因第二次中亞考察日記打字稿第1册（斯坦因手稿第204號），共有ii+422張，單面打字。該册起自1906年12月1日，止於1907年8月2日，即斯坦因第二次中亞考察日記手寫原稿第3册（斯坦因手稿第198號）大部分和第4册（斯坦因手稿第199號）全部的打字機打印件。換言之，斯坦因第二次中亞考察日記手寫原稿的第1册（斯坦因手稿第196號）、第2册（斯坦因手稿第197號）全部，以及第3册（斯坦因手稿第198號）的最前部分，打印備份時都被省略掉了。斯坦因第二次中亞考察日記打字稿第2册（斯坦因手稿第205

---

[1] 王冀青《英國牛津大學包德利圖書館藏斯坦因亞洲考古檔案文獻調查報告》，《敦煌學輯刊》2006年第2期，54—64頁。

號),共有 ii+601 張,單面打字。該册起自 1907 年 8 月 3 日,止於 1908 年 8 月 15 日,即斯坦因第二次中亞考察日記手寫原稿第 5 册(斯坦因手稿第 200 號)、第 6 册(斯坦因手稿第 201 號)和第 7 册(斯坦因手稿第 202 號)的打字機打印件。换言之,斯坦因第二次中亞考察日記手寫原稿的第 8 册(斯坦因手稿第 203 號),打印備份時被省略掉了。斯坦因第二次中亞考察日記打字稿第 1 册(斯坦因手稿第 204 號)的第 304—354 張,是斯坦因 1907 年 5 月 20 日至 6 月 15 日日記的打字稿。

所謂"斯坦因 1907 年敦煌莫高窟考古日記",即斯坦因逗留莫高窟 23 天期間所記錄的 23 篇日記,起於斯坦因於 1907 年 5 月 21 日在莫高窟安營扎寨,止於斯坦因於 1907 年 6 月 12 日離開莫高窟。本文擬按照"斯坦因 1907 年敦煌莫高窟考古日記"中記錄的時間爲先後順序,大致還原斯坦因逗留莫高窟 23 天時間裹的主要活動,概述斯坦因在 23 篇日記中記錄的主要内容。關於斯坦因 1907 年莫高窟考古的歷史背景,主要是敦煌縣政府與當地農民之間因爲"采買糧"問題而引發的衝突,因爲篇幅所限,本文不再贅述,可參考拙文《1907 年斯坦因與王圓籙及敦煌官員之間的交往》[1]。

斯坦因在其第二次中亞考察的第二個年頭,於 1907 年 3 月 11 日從新疆省羅布淖爾方向進入甘肅省敦煌縣緑洲。當時敦煌縣政府正在更换知縣,卸任署知縣黄萬春和新任署知縣王家彦於當晚在敦煌縣城交接官印。斯坦因於 3 月 12 日到達敦煌縣城,於次日下午禮節性拜訪王家彦和沙州營參將林太清(1852—1912 年)等敦煌縣主要軍政官員。斯坦因在敦煌縣城逗留期間,從定居於當地的新疆迪化(烏魯木齊)維吾爾族商人扎西德·伯克(Zahīd Bēg)處第一次打聽到敦煌莫高窟發現藏經洞的傳説[2]。於是,斯坦因於 3 月 16 日第一次探訪莫高窟,實地調查藏經洞發現寫本之事[3]。藏經洞於 1900 年發現後,敦煌縣知縣汪宗翰於 1904 年命令王圓籙封存藏經洞,於是王圓籙給藏經洞加了一副粗糙的門鎖,可以説是奉命封存了藏經洞。斯坦因到訪時,王圓籙正外出化緣,斯坦因無法得知藏經洞發現的具體細節,只是透過門鎖瞥了藏經洞一眼,又從留守莫高窟的一名年輕和尚處初步瞭解到有關藏經洞的情况[4]。

3 月 23 日至 5 月 15 日間,斯坦因主要在敦煌縣城以北、以西的古長城烽燧遺址和關城遺址考察,發掘出大量簡牘等文物。斯坦因於 5 月 15 日返回敦煌縣城後,原計劃

---

[1] 王冀青《1907 年斯坦因與王圓籙及敦煌官員之間的交往》,《敦煌學輯刊》2006 年第 2 期,60—76 頁。
[2] M. Aurel Stein, *Ruins of Desert Cathay*, Vol. II, p. 28; Aurel Stein, *Serindia*, Vol. II, p. 801.
[3] M. Aurel Stein, *Ruins of Desert Cathay*, Vol. II, pp. 27-28.
[4] M. Aurel Stein, *Ruins of Desert Cathay*, Vol. II, pp. 28-31; Aurel Stein, *Serindia*, Vol. II, pp. 801-802.

於5月16日動身再赴莫高窟訪問。但因5月19日是農曆四月初八日浴佛節,而敦煌地區自古就有浴佛節前後城鄉居民齊聚莫高窟進香還願的習俗,5月13—19日是莫高窟最熱鬧的時候,斯坦因認爲此間不宜去莫高窟考古,於是將前往莫高窟的時間推遲了5天[1]。斯坦因逗留敦煌縣城期間,利用空暇時間處理信件、修理器物、編寫賬目、兌換錢幣,還於5月18日去敦煌名勝月牙泉、鳴沙山遊玩了一天時間。在此期間,王圓籙曾進縣城化緣旅行,蔣孝琬與他取得聯繫,約定王圓籙在莫高窟等待斯坦因的到訪[2]。

5月21日,斯坦因一行在莫高窟下安營扎寨。此後,斯坦因在莫高窟進行了爲期23天的考古活動,主要與王圓籙打交道,獲取大批藏經洞出土文物。直到6月12日,斯坦因一行纔離開莫高窟。按照前英屬印度總督寇松勳爵(Lord Curzon, 1859—1925年)於1909年3月8日給英國皇家地理學會(Royal Geographical Society)會長萊奧納多·達爾文(Leonard Darwin)寫的一封信中所説:"在考古學發現史上,幾乎没有任何事件能够比斯坦因博士在敦煌石窟裏與王道士之間的長時間討價還價更富有戲劇性、更富有成果。據我所知,這次討價還價的收益現在存放在倫敦,將會提供另一批證據,展現東方和西方之間那些神奇的會合點,中亞充滿了東、西方的會合點。"[3]以下按照時間順序,揭示"斯坦因博士在敦煌石窟裏與王道士之間的長時間討價還價"過程。

三

1907年5月21日,是斯坦因在莫高窟安營扎寨之日,可算是斯坦因逗留莫高窟的第1天。斯坦因本日之前住在距離敦煌縣城南城門大約半英里處的一處農家花園裏,於本日早晨5時30分起牀,本想趁早動身前往莫高窟,但因爲運輸車輛不足,不得不推遲出發時間。上午11時,斯坦因打發運送行李的運輸隊伍上路。運輸隊伍包括大車和駱駝等,其中一頭駱駝馱運印度籍考察隊員奈克·拉姆·辛格(Naik Ram Singh)的行李箱子,在途中掉入水渠。斯坦因稍後率領著蔣孝琬等考察隊員,從敦煌縣城轉移到莫高窟。下午4時,斯坦因一行到達莫高窟。斯坦因本日日記中記録説:

> 早晨5時30分就起牀了,但發現大車數目不够。一直拖到上午11時,纔打發行李上路!有一頭駱駝掉到水渠裏去了,幸運的是它只馱著奈克的箱子。緑洲青

---

[1] M. Aurel Stein, *Ruins of Desert Cathay*, Vol. II, p.159.
[2] M. Aurel Stein, *Ruins of Desert Cathay*, Vol. II, pp.163–164.
[3] 'Dr. Stein's Travels in Central Asia: Archaeological Discoveries', *The Times*, 9 March 1909, p.10, a–d; *Geographical Journal*, Vol. XXXIV, No. 3, for September 1909, pp.267–268.

翠,景色秀美,一路上到處都是盛開的蝴蝶花。下午4時,我們到達了千佛洞,年輕和尚歡迎了我們。在飲水方面的麻煩得到了減緩,這裏的水只有一點點鹹味。"[1]

根據斯坦因日記,他們到達莫高窟時,迎接者只是他於3月16日初訪莫高窟時已經見過面的年輕和尚。而根據《契丹沙漠廢墟》和《塞林底亞》,迎接者中還有王圓籙。《契丹沙漠廢墟》記載說:"道士在一年的大部分時間裏都將千佛洞當作他自己的領地,他在這裏歡迎了我,而我則故意地避免與他進行任何長時間會晤。"[2]《塞林底亞》記載說:"當我於5月21日爲了急不可待的行動計劃而返回石窟寺的時候,我滿意地發現,整個遺址已變得空空如也,只有王道士和他的兩名徒弟在,還有一個謙卑的西藏喇嘛,但他一點也不懂漢語,顯然是無害的。道士出來迎接了我,歡迎地點在一片他多年來一直宣稱由他本人獨家照管的宗教廣場上。"[3]斯坦因之所以故意不和王圓籙過多接觸,是因爲他懷有不可告人的目的,初次見面時以觀察對手爲主。斯坦因到達莫高窟時,因爲時間已晚,當日沒有立即展開工作,而是忙著安營扎寨搭帳篷。

1907年5月22日,是斯坦因逗留莫高窟的第2天,也是他在莫高窟正式開始考古工作的第一天。斯坦因從前日到達莫高窟的那一刻起,就故意不與王圓籙直接接觸。到了本日上午,斯坦因也沒有立即拜訪王圓籙,而是裝出致力於調查石窟的樣子,顯得對藏經洞文物不感興趣。斯坦因首先從莫高窟南區石窟羣的北端底層洞窟開始,進行他的石窟調查工作。斯坦因之所以選擇從這裏開始工作,是因爲藏經洞所在的洞窟(今編莫高窟第16窟)就在這個位置,而藏經洞正是斯坦因最爲關心的地點。

斯坦因有著豐富的考古學經驗,當他從南區石窟羣北端開始調查石窟時,首先考慮的問題就是給洞窟編號。斯坦因將藏經洞所在的洞窟(莫高窟第16窟)編爲千佛洞第1號窟(Ch. I)。斯坦因在《塞林底亞》中對此解釋說:"千佛洞第1號窟這個石窟寺,也就是庇護了那批龐大窖藏物的石窟寺。正因爲這個原因,所以它理所應當地被排在第一位。"[4]爲了避免王圓籙起疑心,斯坦因在調查南區石窟羣北端洞窟之初,並沒有首先進入千佛洞第1號窟(莫高窟第16窟)。只是當他前往該窟以北的幾個洞窟途中,順

---

[1] 斯坦因1907年5月21日日記,英文手寫原件藏牛津大學包德利圖書館,斯坦因手稿第199號,62v張;英文打字抄件藏牛津大學包德利圖書館,斯坦因手稿第204號,305張(爲了簡便起見,以下注釋中注明日記卷宗號和頁碼時,兩部分分別表示英文手寫原件和英文打字抄件的卷宗號和頁碼,省略"英文手寫原件藏牛津大學包德利圖書館"、"英文打字抄件藏牛津大學包德利圖書館"等字樣)。

[2] M. Aurel Stein, *Ruins of Desert Cathay*, Vol. II, p.165.

[3] Aurel Stein, *Serindia*, Vol. II, p.803.

[4] Aurel Stein, *Serindia*, Vol. II, p.927.

便瞥了一眼該窟内部,意外發現他於1907年3月16日觀察過的藏經洞已被磚頭封死,這令他大爲吃驚與沮喪[1]。王圓籙用磚頭封閉藏經洞門口的時間,肯定在斯坦因於3月16日初次窺探藏經洞之後,於5月22日再次窺探藏經洞之前。王圓籙之所以要封閉藏經洞,主要是爲了防止四月初八日浴佛節前後大量湧向莫高窟的敦煌香客窺探藏經洞。

但斯坦因感覺到,王圓籙用磚頭封閉藏經洞,只是爲了防備自己。於是,當他本人在5月22日上午調查莫高窟期間,派蔣孝琬去和王圓籙打交道,打聽王圓籙封堵藏經洞的原因,並試探王圓籙對待藏經洞出土寫本的態度。斯坦因授權蔣孝琬,作爲誘惑王圓籙的條件,可以許諾爲莫高窟捐一筆錢款。斯坦因在本日日記中記録説:"上午,派師爺去試探道士對寫本的態度,指望著能緩緩地鋪平道路。"[2]

蔣孝琬來到王圓籙居住的洞窟,與王圓籙談話。王圓籙告訴蔣孝琬説,他"將入口處堵死的原因是爲了預防香客們産生好奇心,最近有數以千計的香客成羣結隊地蜂擁至千佛洞"[3]。蔣孝琬在和王圓籙打交道的過程中,還拐彎抹角地打聽到有關甘肅省政府和安肅道衙門對於藏經洞的態度,打聽到官府還没有過深地干涉藏經洞文物的保存事宜。於是斯坦因和蔣孝琬決定,要儘快突破王圓籙的心理防綫。而要做到這一點,斯坦因就必須親自與王圓籙打交道。

斯坦因於5月22日下午做的主要工作,是對莫高窟南區北端底層的洞窟進行初步調查。據斯坦因本日日記載:"從正午12時開始,到下午6時爲止,調查了底層的洞窟;在大部分洞窟中,壁畫顯然已被修復過;但在某些洞窟中,還殘存著老壁畫作品,已處於受損狀態。"[4]在調查石窟的過程中,斯坦因於5月22日下午在蔣孝琬的陪同下,首次拜會王圓籙,並請求王圓籙帶領他參觀千佛洞第1號窟(莫高窟第16窟)[5]。在參觀該窟的過程中,斯坦因經過了藏經洞,但只是偷偷瞥了一眼室門。斯坦因根據蔣孝琬的觀察,判定王圓籙没有太多文化,於是決定以給王圓籙講述唐僧取經故事的手段,拉近兩人的關係。王圓籙對古典小説《西遊記》中唐僧西天取經故事略知一二,聽了斯坦因關於唐僧的敍述後,將斯坦因帶到窟前涼亭裏,參觀他剛請敦煌縣一畫師爲他繪製的唐

---

[1] M. Aurel Stein, *Ruins of Desert Cathay*, Vol. II, p.165; Aurel Stein, *Serindia*, Vol. II, p.803.
[2] 斯坦因1907年5月22日日記,斯坦因手稿第199號,62v張;斯坦因手稿第204號,305張。
[3] M. Aurel Stein, *Ruins of Desert Cathay*, Vol. II, p.166; Aurel Stein, *Serindia*, Vol. II, p.803.
[4] 斯坦因1907年5月22日日記,斯坦因手稿第199號,62v張;斯坦因手稿第204號,305張。
[5] M. Aurel Stein, *Ruins of Desert Cathay*, Vol. II, p.167.

僧取經故事壁畫[1]。

斯坦因離開千佛洞第 1 號窟(莫高窟第 16 窟)後,又調查了靠近北端的一個位於較高層次的大洞窟。斯坦因在 5 月 22 日日記中記錄説:

> 在靠近北端的、位於較高一層的一個大洞窟中,有一尊没有頭的巨型坐佛像,顯然是唐代的作品。紫色的衣飾塑製逼真。漂亮的背後圓光是以深紫色爲背景,上面再點綴以暗綠色花瓣。其外部邊緣是由綠色、紫色相間的火焰構成的。兩側各有一個侍從的畫像;身著綠色法衣,再加暗褐色袈裟。背後圓光淡綠色,有幾處暗紫色的彎曲。下午 2 時 30 分,拍攝照片成功,用了 5 分鐘時間。[2]

斯坦因爲該洞窟編號爲千佛洞第 2 號窟(Ch. II,今編莫高窟第 4 窟)。在斯坦因給莫高窟的編號體系中,千佛洞第 2 號窟(莫高窟第 4 窟)是最靠北的洞窟。斯坦因從本日下午 2 時 30 分開始,在千佛洞第 2 號窟(莫高窟第 4 窟)裏成功地拍攝了第一組照片。

接下來,斯坦因調查了千佛洞第 2 號窟(莫高窟第 4 窟)附近的一個小窟室。斯坦因在 5 月 22 日日記中記錄説:

> 在附近,有一個小窟室,裏面有精美的古代壁畫。在該室的每一個上角部位,都畫著優美的乾闥婆女,正在雲上翻飛,頗具印度風格。紫-綠色的巾帶飄逸招展,以表示飛翔動作。下方畫有女性禮佛人,著灰色長袍,有刺繡狀的邊緣。主像是多手菩薩。三相兩側的頭像,犍陀羅風格很濃。[3]

對於這個位於千佛洞第 2 號窟(莫高窟第 4 窟)之北的小洞窟,斯坦因將其編爲千佛洞第 2 號窟附近 a 號室(Ch. II. a,今編莫高窟第 3 窟)。這是一個清代重修過的元代窟,南壁畫十一面千手眼觀音變一鋪,北壁也畫十一面千手眼觀音變一鋪。

當斯坦因在千佛洞第 1 號窟(莫高窟第 16 窟)裏用唐僧取經故事打動王圓籙後,在他本人調查千佛洞第 2 號窟(莫高窟第 4 窟)和千佛洞第 2 號窟附近 a 號室(莫高窟第 3 窟)的過程中,又把蔣孝琬留在身後,讓他繼續去説服王圓籙[4]。蔣孝琬的交涉終於有了結果,王圓籙同意向斯坦因展示藏經洞文物。5 月 22 日快到傍晚的時候,王圓籙終於拆除了白天還堵在藏經洞門口的磚頭,打開了藏經洞的封口,讓蔣孝琬看了藏經洞

---

[1] M. Aurel Stein, *Ruins of Desert Cathay*, Vol. II, pp. 169 - 170; Aurel Stein, *Serindia*, Vol. II, pp. 805 - 806.
[2] 斯坦因 1907 年 5 月 22 日日記,斯坦因手稿第 199 號,62v 張;斯坦因手稿第 204 號,305—306 張。
[3] 斯坦因 1907 年 5 月 22 日日記,斯坦因手稿第 199 號,62v—63 張;斯坦因手稿第 204 號,306 張。
[4] M. Aurel Stein, *Ruins of Desert Cathay*, Vol. II, p. 171.

的藏品。據斯坦因本日日記中記錄説:"道士願意展示藏品;在傍晚到來之前,師爺看到了藏品:在一個大壁龕中,完全塞滿了寫本,直達龕頂!"[1]

5月22日晚上,蔣孝琬以"供檢查"爲藉口,向王圓籙索要一包經卷。王圓籙從藏經洞中偷偷摸摸拿出一些卷子,藏在道袍下,送到蔣孝琬的帳中。這是王圓籙爲斯坦因從藏經洞裹拿出的第一批文物。斯坦因在本日日記中,在記錄完蔣孝琬看到藏經洞文物的事情後,又記錄説:"師爺帶回一包經卷,以'供檢查'。"[2]蔣孝琬讓斯坦因看了這捆漢文卷子後,又將它們拿回到自己的住處去檢查,答應於次日再將檢查結果告訴斯坦因。

四

1907年5月23日,是斯坦因逗留莫高窟的第3天。蔣孝琬前一天夜裹從王圓籙那裹帶回了一捆"供檢查"的寫經,連夜翻檢後,竟真的從中發現一卷唐玄奘譯經的抄本。蔣孝琬於5月23日拂曉時分急忙去斯坦因的帳中,將此事告訴斯坦因[3]。斯坦因和蔣孝琬商量後,決定由蔣孝琬把這件事告訴王圓籙。於是蔣孝琬利用玄奘譯經的出現,再次去王圓籙處遊説,最後誘使王圓籙允許斯坦因進洞[4]。斯坦因在本日日記中記録説:"在師爺帶走的那個捆子中,發現了一些'經'卷,其開頭部分寫明:該經源自玄奘最初帶回的經典! 我似乎覺得我是被我的庇護神指引到這裹來的! 看到我虔誠地牢記著他,王氏感到非常高興和滿意,答應帶我去看他的像。"[5]

斯坦因於5月23日早晨寫完了一篇"個人自述"(Personal Narrative),這是他經常撰寫的一種遊記形式,專供友朋閲讀。此外,斯坦因還調解了奈克·拉姆·辛格與蔣孝琬之間産生的一些小麻煩,然後在蔣孝琬的陪伴下,前去拜訪王圓籙,並請王圓籙領他再次參觀藏經洞所在的千佛洞第1號窟(莫高窟第16窟)。本日上午,斯坦因和蔣孝琬來到千佛洞第1號窟(莫高窟第16窟),第一次進入了藏經洞。斯坦因在本日日記中記録説:

> 寫完個人自述並處理完奈克和師爺的一些小麻煩後,前去王道士的廟室。昨

---

[1] 斯坦因1907年5月22日日記,斯坦因手稿第199號,62v張;斯坦因手稿第204號,305張。
[2] 斯坦因1907年5月22日日記,斯坦因手稿第199號,62v張;斯坦因手稿第204號,305張。
[3] M. Aurel Stein, *Ruins of Desert Cathay*, Vol. II, p. 171; Aurel Stein, *Serindia*, Vol. II, p. 807.
[4] M. Aurel Stein, *Ruins of Desert Cathay*, Vol. II, pp. 171-172; Aurel Stein, *Serindia*, Vol. II, p. 807.
[5] 斯坦因1907年5月23日日記,斯坦因手稿第199號,63—63v張;斯坦因手稿第204號,307張。

天還堵塞在壁龕入口處的泥牆已被拆移掉,因此我得以進入藏經的地點。看到成捆的寫本一直堆積到高出地面以上 10 英尺的地方,而且洞内留下的空間只可供兩人站立,我感到非常驚訝。[1]

這是斯坦因對於他第一次見到的藏經洞狀況的最早記錄。斯坦因進入藏經洞後,便盤算著如何將全部寫本檢查一遍。由於當時藏經洞中堆滿了文書,所剩空間只容站立兩個人,所以斯坦因認爲首先要尋找一個檢查寫本的場所。他和王圓籙商量好,在藏經洞外的空間檢查文物内容,由王圓籙一次提出一兩捆供他閲覽[2]。王圓籙同意了斯坦因的建議,在藏經洞外的大甬道和前室設案,以供斯坦因檢閲文書内容。在此後的 6 天時間裏(5 月 23—28 日),斯坦因一直在千佛洞第 1 號窟(莫高窟第 16 窟)的甬道和前室裏挑揀藏經洞文物。

斯坦因在進入藏經洞之初,就開始對藏經洞周圍環境進行觀察,並推測藏經洞的封閉時間。斯坦因在 5 月 23 日日記中記錄説:

粗糙簡陋的門嵌在開口處,替代了曾經藏匿壁龕的一堵灰泥薄牆。據王氏説,現在甬道牆面上遍繪的這層壁畫,也曾覆蓋了被隱藏起來的入口。最初,是一條裂縫吸引了他的注意力,當打穿了灰泥屏牆後,便發現了一間裝滿寫本捆子的小室。……這個藏書室被用牆封起來以後,已經經歷了多長時間呢?這是一個待解決的問題。[3]

這是斯坦因對王圓籙所述藏經洞發現過程的最早記錄。斯坦因根據覆蓋甬道牆壁上的壁畫風格,以及王圓籙的口述,再加上開口處周圍牆面的狀況,判定壁畫也曾覆蓋了藏經洞的開口處,而壁畫的年代不可能晚於宋代[4]。

關於藏經洞出土的《大中碑》,斯坦因在 5 月 23 日日記中記錄了王圓籙告訴他的情況:"現在在甬道左邊被牆圍住的石碑,最初也是在壁龕中被發現的,顯然是被固定住的,或者倚靠在西牆上。碑銘的年代是大中九年(公元 855 年)。"[5]斯坦因在日記中將碑銘的斷代誤記爲大中九年(855),後來在《塞林底亞》等著作中改正爲 851 年[6]。

---

[1] 斯坦因 1907 年 5 月 23 日日記,斯坦因手稿第 199 號,63 張;斯坦因手稿第 204 號,306 張。
[2] M. Aurel Stein, *Ruins of Desert Cathay*, Vol. II, pp. 172 – 173; Aurel Stein, *Serindia*, Vol. II, p. 808.
[3] 斯坦因 1907 年 5 月 23 日日記,斯坦因手稿第 199 號,63 張;斯坦因手稿第 204 號,306—307 張。
[4] Aurel Stein, *Serindia*, Vol. II, p. 808.
[5] 斯坦因 1907 年 5 月 23 日日記,斯坦因手稿第 199 號,63 張;斯坦因手稿第 204 號,307 張。
[6] Aurel Stein, *Serindia*, Vol. II, pp. 808 – 809.

王圓籙告訴斯坦因說,在藏經洞發現之後、斯坦因到達之前,藏經洞曾被多次騰空過,目的是爲了尋找所謂的"值錢物"[1]。

斯坦因從5月23日上午開始檢查藏經洞出土文物。由於他不懂漢語文,所以對漢文典籍並不敏感,而對於印度婆羅謎文字系統的寫本則更感興趣,很快就發現了一些婆羅謎文和藏文寫本。斯坦因在本日日記中記録說:

> 拿出來的最初幾包寫本都是漢文佛經,它們都被整整齊齊地卷著,然後裹以棉布經帙。很快,我便在一個卷子的外側發現了中亞婆羅謎字的經文或題記。藏文寫本也寫在連接起來的一張張紙上,但每頁和每頁之間有分隔物,它們也被包捆成卷子形,但最初是否打算這樣做還很難說。在一般情況下,是没有什麽經帙包裹皮的,只是用結實的繩子將它們綁成捆子。所有的東西都令人吃驚地保存完好。没有任何受潮的痕跡。[2]

職業習慣使斯坦因很快就考慮到藏經洞的性質問題,使他聯想起中亞佛塔建築物中心部位存放廢舊佛經的習俗。從檢查藏經洞文物的一開始,斯坦因便對藏經洞繪畫品表現出濃厚的興趣。他在5月23日日記中記録道:

> 對於類似葬禮的藏書行爲是否年代很早,我起初頗覺可疑,但當我打開一大捆子絲質和棉質的畫幡與祈禱幡時,所有的疑慮全都雲消霧散了。美麗的佛像畫在類似紗羅一樣的細絹上,下部還有三條絲質飄繐。這是非常好的一批還願奉獻物。稀奇古怪的垂飾上有小絲結和各種織物的補片。我挑選了一批優秀的畫幡。[3]

5月23日下午,斯坦因開始認真檢查文物捆子,並給他挑選出來的捆子編號。斯坦因和蔣孝琬將他們認爲重要的文書、畫幡放在一邊,其餘者放在另一邊。斯坦因首先檢查並挑選出來的文物,是兩捆子漢文寫本,斯坦因給他們編號爲千佛洞第1號捆子(C.i)和千佛洞第2號捆子(C.ii)。斯坦因本日日記中記録說:

> 下午,我自始至終都在檢查兩捆子漢文寫本(千佛洞第1號捆子,千佛洞第2號捆子),其中在一些典籍的背面有原始藏語譯本(?)。接下來,我又處理一大摞混雜的紙張(b),並從中清理出原屬於8個或更多的不同梵夾式寫本的頁子。一包屬於大型中亞寫本的頁子。兩件大形梵夾式藏文典籍寫本的頁子。大形寫本,

---

[1] M. Aurel Stein, *Ruins of Desert Cathay*, Vol. II, p. 182; Aurel Stein, *Serindia*, Vol. II, p. 813.
[2] 斯坦因1907年5月23日日記,斯坦因手稿第199號,63v張;斯坦因手稿第204號,307張。
[3] 斯坦因1907年5月23日日記,斯坦因手稿第199號,63v張;斯坦因手稿第204號,307張。

尺寸是 21 英寸×4 英寸;另一件寫本,尺寸是 14 英寸×2 英寸(千佛洞第 2 號捆子第 004 號[?]),梵語(?),完整地保存著 32 個頁子。

從千佛洞第 1 號捆子中,挑選出 6 件薄絹畫,小形。同樣地,還從同一出處挑選出 2 件棉質畫幡。——大形繪畫品包括:3 件繪製精美的絹質畫;2 件紙質畫;1 件大型的棉質畫。[1]

斯坦因在挑選文物的過程中,心中盤算著如何獲得已經挑選出來的文物。斯坦因爲了把挑選出來的文物帶走,又和王圓籙談論起玄奘來[2]。在斯坦因和蔣孝琬的不斷暗示下,王圓籙最後同意蔣孝琬把斯坦因挑選出來的卷子和美術品偷偷運回斯坦因的帳篷。

五

1907 年 5 月 24 日,是斯坦因逗留莫高窟的第 4 天。早晨 5 時 30 分,斯坦因給王圓籙送了禮物,換來的好處是,由蔣孝琬將前一天(5 月 23 日)挑選出來的東西帶走。斯坦因本日日記中記錄説:"早晨 5 時 30 分給道士送禮物,昨天挑選出來的東西由師爺帶走。"[3]

隨後,斯坦因開始了 5 月 24 日上午的工作。他繼續前一天的工作,處理一大摞子雜文物,並將這一大摞子雜文物編爲千佛洞第 3 號捆子(C. iii)。斯坦因在 5 月 24 日日記中説:"開始工作,繼續處理一大摞子雜物(千佛洞第 3 號捆子),包括緊捆著的一大堆絹質祈禱幡,雖然腐爛嚴重,但是非常精美。"[4]按照這個編號體系,斯坦因本日檢查了 19 個捆子,除了千佛洞第 3 號捆子外,還有千佛洞第 4 號捆子(C. iv)、千佛洞第 5 號捆子(C. v)、千佛洞第 6 號捆子(C. vi)、千佛洞第 7 號捆子(C. vii)、千佛洞第 8 號捆子(C. viii)、千佛洞第 9 號捆子(C. ix)、千佛洞第 10 號捆子(C. x)、千佛洞第 11 號捆子(C. xi)、千佛洞第 12 號捆子(C. xii)、千佛洞第 13 號捆子(C. xiii)、千佛洞第 14 號捆子(C. xiv)、千佛洞第 15 號捆子(C. xv)、千佛洞第 16 號捆子(C. xvi)、千佛洞第 17 號捆子(C. xvii)、千佛洞第 18 號捆子(C. xviii)、千佛洞第 19 號捆子(C. xiv)、千佛洞第 20 號捆子(C. xx)和千佛洞第 21 號捆子(C. xxi)[5]。

---

[1] 斯坦因 1907 年 5 月 23 日日記,斯坦因手稿第 199 號,63v—64 張;斯坦因手稿第 204 號,307—308 張。
[2] M. Aurel Stein, *Ruins of Desert Cathay*, Vol. II, p.180.
[3] 斯坦因 1907 年 5 月 24 日日記,斯坦因手稿第 199 號,64 張;斯坦因手稿第 204 號,308 張。
[4] 斯坦因 1907 年 5 月 24 日日記,斯坦因手稿第 199 號,64 張;斯坦因手稿第 204 號,308 張。
[5] 斯坦因 1907 年 5 月 24 日日記,斯坦因手稿第 199 號,64—64v 張;斯坦因手稿第 204 號,308—310 張。

蔣孝琬事先已經與王圓籙商定好,斯坦因於5月24日白天挑選出來的東西,由王圓籙在夜裏拿到斯坦因的住處來。但是,到了夜間,斯坦因和蔣孝琬没有等到王圓籙的出現。於是蔣孝琬便於晚上10時15分小心謹慎地去找王圓籙交涉。交涉的結果,是蔣孝琬親自帶著一個巨大的捆子返回,其中主要是婆羅謎文寫本頁子。斯坦因本日日記中説:

> 原來商定好,我挑選出來的東西由王氏在夜裏拿到我這裏來。但是,到了晚上10時15分,師爺便小心謹慎地去找他交涉,然後師爺親自帶著一個巨大的捆子返回。——婆羅謎字梵夾式寫本的數目爲32頁(完整)、26頁、4頁、5頁、21頁、12頁。棕櫚葉寫本有65頁完整無損,每頁6行,尺寸是20英寸×2.5英寸。忙著整理早晨和晚上帶回來的包,直到午夜12時爲止。所有這些東西裝滿了一隻箱子。[1]

斯坦因在夜深人静時,整理了蔣孝琬於本日早晨和晚上兩次搬回來的文物捆子,直到午夜12時爲止。他已經決定將這些挑出來的東西帶走,將所有這些東西裝滿了他從敦煌縣城帶來的一隻空箱子。

1907年5月25日,是斯坦因逗留莫高窟的第5天。本日,斯坦因將所有雜捆子都過目一遍。在藏經洞内堆積著堅實的寫本擦子,擦堆頂部放著的便是這類雜捆子。斯坦因在本日日記中記録説:

> 今天,將所有的雜捆子都過了一遍,這些雜捆子可以伸手從堅實的寫本堆的頂部取到。我發現,千佛洞第22號大捆子裏面除了大量的還願物、破絲幡、漢文與藏文小形卷子之外,還有折疊起來的公文書,顯然是信函或是來自和尚們的公文書。在一些公文書上面,年代僅僅標有月份。有兩件公文書上具有完整的年代,即光啓元年(公元885)和顯德七年(公元960)。這些捆子都是垃圾廢紙捆子,這些垃圾廢紙是在最後清掃寺廟時集中起來的,由於這些捆子當時不可能包括有年代古老的記録物,它們被存放起來的時間大概是在公元10世紀快要結束的時候。[2]

斯坦因於5月25日早晨開始工作後,全天清理出9個雜捆子,即千佛洞第22號捆子(C.xxii.)、千佛洞第23號捆子(C.xxiii.)、千佛洞第24號捆子(C.xxiv.)、千佛洞第25號捆子(C.xxv.)、千佛洞第26號捆子(C.xxvi.)、千佛洞第27號捆子(C.xxvii.)、千佛

---

[1] 斯坦因1907年5月24日日記,斯坦因手稿第199號,64v張;斯坦因手稿第204號,310張。
[2] 斯坦因1907年5月25日日記,斯坦因手稿第199號,65—65v張;斯坦因手稿第204號,311張。

洞第 28 號捆子（C. xxviii.）、千佛洞第 29 號捆子（C. xxix.）和千佛洞第 30 號捆子（C. xxx.）[1]。這些雜捆子都是垃圾廢紙捆子，而垃圾廢紙肯定是在最後清掃寺廟時集中起來的。由於這些雜捆子當時不可能包括有年代古老的記錄物，所以斯坦因推測它們被存放起來的時間大概是在 10 世紀末。

5 月 25 日下午，斯坦因開始系統清理收集品的工作，發現漢文和藏文的卷子捆佔了藏經洞文物的絕大部分。此時，斯坦因已經盤算著如何將藏經洞所有的文物都帶走。他在本日日記中記錄說：

> 在下午，我開始了系統清理收集品的工作。漢文和藏文的卷子捆佔了絕大部分。一層層堆放堅實的"經"等物品，佔據的空間至少是 480 立方英尺（8 英尺 ×6 英尺 ×10 英尺）。考慮到一隻箱子只能裝 4 立方英尺，若要全部裝完的話，需要 120 隻箱子！[2]

斯坦因估算的藏經洞文物體積，是按照英尺計算的。如果換算成米，大致上是 2.4384 米 ×1.8288 米 ×3.048 米，所佔空間是 13.592 立方米。120 隻箱子可裝 480 立方英尺，每隻箱子裝 4 立方英尺（0.113 立方米）。

斯坦因在 5 月 25 日日記中說："漢文和藏文卷子捆的絕大多數，都有一個緊湊合適的粗棉布經帙。但也有許多小捆包，看上去只是粗略地用繩子束緊而已。要不然的話，就是它們在剛被發現的時候曾被人打開過。"[3]在斯坦因詢問下，王圓籙承認，藏經洞以前曾被多次翻騰過。斯坦因本日日記中記錄說："王氏承認：整個藏書小室以前曾被清理騰空過。後來，當把石碑移出來以後，小室又重新被塞滿。"[4]斯坦因在《契丹沙漠廢墟》中也記錄說："據道士承認，在藏經洞被發現的時候，曾被騰空過，目的是為了尋找值錢的東西；後來藏經洞又被騰空過，為的是將那塊大石碑從室內的西牆上移到外邊的甬道裏去。"[5]

斯坦因於 5 月 25 日在整理藏經洞文物的過程中，還發現了 10 部龐大的《甘珠爾》（Kanjur）梵夾式寫本，寫本頁子的尺寸是 29 英寸 ×8 英寸（73.66 釐米 ×20.32 釐米），上面有兩眼穿繩用的孔。斯坦因起初對它們是否古物表示懷疑，但是王圓籙斷言它們

---

[1] 斯坦因 1907 年 5 月 25 日日記，斯坦因手稿第 199 號，65 張；斯坦因手稿第 204 號，310—311 張。
[2] 斯坦因 1907 年 5 月 25 日日記，斯坦因手稿第 199 號，65v 張；斯坦因手稿第 204 號，311 張。
[3] 斯坦因 1907 年 5 月 25 日日記，斯坦因手稿第 199 號，65v 張；斯坦因手稿第 204 號，311—312 張。
[4] 斯坦因 1907 年 5 月 25 日日記，斯坦因手稿第 199 號，65v 張；斯坦因手稿第 204 號，312 張。
[5] M. Aurel Stein, *Ruins of Desert Cathay*, Vol. II, p. 182.

是古代的東西,斯坦因也漸漸認同。斯坦因在本日日記中記錄説:

> 有10部龐大的《甘珠爾》梵夾式寫本。它們那粗糙的木質夾板看上去是新的,捆扎用的繩子看上去也是新的。但是王道士斷言:它們確是古代的東西。經過進一步的檢查之後,這種説法看來還是有可能性的。梵夾式寫本頁子的尺寸是29英寸×8英寸,上面有兩眼穿繩用的孔。或許,在它們被發現之後,最初的裝飾夾板被人撤換掉了(?)。[1]

斯坦因於5月25日挑選出來的文物,照例由蔣孝琬在夜深人靜時搬回斯坦因的帳篷,蔣孝琬本日一共搬回了8包文書和12包美術品。斯坦因本日日記記錄説:"師爺帶回的捆包總數如下:8包公文書以及書;12包彩繪絲絹、刺繡等等物品。"[2]

六

1907年5月26日,是斯坦因逗留莫高窟的第6天。斯坦因從本日早晨開始挑選藏經洞寫本的工作,全天一共檢查了11個捆子,即千佛洞第31號捆子(C. xxxi.)、千佛洞第32號捆子(C. xxxii.)、千佛洞第33號捆子(C. xxxiii.)、千佛洞第34號捆子(C. xxxiv.)、千佛洞第35號捆子(C. xxxv.)、千佛洞第36號捆子(C. xxxvi.)、千佛洞第37號捆子(C. xxxvii.)、千佛洞第38號捆子(C. xxxviii.)、千佛洞第39號捆子(C. xxxix.)、千佛洞第40號捆子(C. xl.)、千佛洞第41號捆子(C. xli.)[3]。

斯坦因在檢查千佛洞第35號捆子時,發現這是"一個縫製成的大包袱捆子,裏面裝著藏書室使用過的遺物。撕破了的佛經經卷盡頭,因有木軸而仍然硬挺,没有顯示出多少裝飾的痕跡。不同顔色的絲綢窄條。佛經經卷的卷軸。裹經捆用的織布包皮。根據其包裝的仔細程度,我們可以明顯地看出,這批遺物是在閑暇空餘時間裏從容不迫地搜集到的東西,是在藏書室被封藏之前貯存起來的"[4]。斯坦因在檢查千佛洞第38號捆子時發現"在幾件文書上,還鈐有佛像印章,顯然是寺院的方丈們發放給候選入寺爲僧(或尼)者的證明書。提到聖地時,稱之爲'三寺'(三界寺)。直到今天,當地還將寺廟分爲三個等級。還提到'沙州'這個名稱"[5]。對於檢查寫本包捆過程中發現的破碎

---

[1] 斯坦因1907年5月25日日記,斯坦因手稿第199號,65v張;斯坦因手稿第204號,312張。
[2] 斯坦因1907年5月25日日記,斯坦因手稿第199號,65v張;斯坦因手稿第204號,312張。
[3] 斯坦因1907年5月26日日記,斯坦因手稿第199號,66—66v張;斯坦因手稿第204號,312—314張。
[4] 斯坦因1907年5月26日日記,斯坦因手稿第199號,66張;斯坦因手稿第204號,312—313張。
[5] 斯坦因1907年5月26日日記,斯坦因手稿第199號,66張;斯坦因手稿第204號,313張。

物,斯坦因從5月26日開始思索其原因。他在5月26日日記中記録説:"之所以出現了許多包的紙、木'薄片'雜碎物,可以做如下解釋:按照當地習慣,在地面上或其他地方發現的每一小片書寫物都應被撿起來並被存放在一邊。毁壞那些書寫下來的文字被認爲是不吉利的。"[1]

5月26日傍晚7時前,斯坦因順著峽谷散步,觀察了莫高窟北區洞窟的分佈情況。斯坦因本日日記中説:

> 傍晚7時前,順著峽谷散步,發現懸崖峭壁上盡是些小洞窟,密密麻麻地如蜂窩一般,向北綿延了半英里,也許它們絕大多數都是和尚們居住的僧房。在兩個洞窟中有婆羅謎字、藏文、蒙古文題記。有一個現在無法進入的大窟堂,以前肯定是一個廟堂,裏面還保存有壁畫,除此之外,在其他地方看不出有什麽壁畫的痕跡。[2]

這是敦煌考古史上最早關於莫高窟北區石窟的記録。斯坦因判斷北區洞窟的性質時説:"也許它們絕大多數都是和尚們居住的僧房",基本上正確。斯坦因顯然進入過莫高窟北區的幾個洞窟,纔得以發現"在兩個洞窟中有婆羅謎字、藏文、蒙古文題記。有一個現在無法進入的大窟堂,以前肯定是一個廟堂,裏面還保存有壁畫,除此之外,在其他地方看不出有什麽壁畫的痕跡"。

1907年5月27日,是斯坦因逗留莫高窟的第7天。斯坦因一大早起牀後,首先對莫高窟進行了攝影。當攝影工作結束後,斯坦因從本日上午8時起,繼續進行檢查寫本卷子的工作。他本日檢查了5個捆子,即千佛洞第42號捆子(C. xlii.)、千佛洞第43號捆子(C. xliii)、千佛洞第44號捆子(C. xliv.)、千佛洞第45號捆子(C. xlv.)和千佛洞第46號捆子(C. xlvi.)。斯坦因在本日日記中記録説,他檢查的千佛洞第46號捆子,是"當我徹底地清掃藏書室時,發現了一個粗棉布大袋子,裏面裝滿了撕破了的'經'、破布之類的東西"[3]。同一捆子中,還"有一件信函或是宗教方面的作品,所署時間相當於公元925年,寫於三界寺(即千佛洞)"[4]。由於寫本中出現了"三界寺"等地名,斯坦因通過蔣孝琬詢問王圓籙,"據王氏口稱,敦煌人在千佛堂(千佛洞)只知道'上寺、中

---

[1] 斯坦因1907年5月26日日記,斯坦因手稿第199號,66v張;斯坦因手稿第204號,314張。
[2] 斯坦因1907年5月26日日記,斯坦因手稿第199號,66v張;斯坦因手稿第204號,314張。
[3] 斯坦因1907年5月27日日記,斯坦因手稿第199號,67張;斯坦因手稿第204號,315張。
[4] 斯坦因1907年5月27日日記,斯坦因手稿第199號,67張;斯坦因手稿第204號,315張。

寺、下寺'的名稱。道士的廟屬於'下寺'。'三界寺'這一詞並不爲當地人民所知"[1]。

1907年5月27日是斯坦因敦煌考古史上重要的一天。本日上午，王圓籙首先向斯坦因提出了爲寺廟捐款的問題。斯坦因對於這個話題很感興趣，因爲這個話題可以進入到購買藏經洞文物的話題上來。但是斯坦因提出，他要看完所有的藏經洞文物後，纔能提出確切的金額。斯坦因在5月27日日記中記録説："上午，王氏首先提出了關於爲寺廟捐款的問題。我接住了這個話題，爲的是能進一步引入購買問題。在我看完所有的收藏品之前，我是絶不能夠提出確切的價錢的。"[2]

在斯坦因答應捐款的金錢誘惑下，王圓籙同意讓斯坦因看完所有的藏經洞文物，還幫助斯坦因將藏經洞騰空。斯坦因5月27日日記中記録説：

> 因此，王氏及其助手，還有師爺，都<u>拼命地幹了整整一個下午</u>[3]，從小室中把寫本卷子全都清理了出來。我發現，檢查的結果與我預料的相反，絶大多數寫本都是用漢文寫成的。在搬動時點數的結果，是大約770個捆子（在甬道裏和在室内還有280個捆子）。這些寫本捆子都被靠牆放著，再加上以前拿出來的其他捆子，其總數一定大大超過了1000捆子。如果按平均每捆10個卷子計算的話，整個這批收藏品應該包括大約10000件互不相連的獨立典籍或章節。今天搬動的藏文卷子有65捆。[4]

斯坦因在這裏記録下了一組很有價值的數據。他於5月27日下午搬出藏經洞的漢文寫本是770捆，藏文寫本是65捆。加上在甬道裏和室内的漢文寫本280捆，漢文寫本的總數一共是1050捆。如果再加上以前拿出藏經洞的其他捆子，斯坦因認爲"其總數一定大大超過了1000捆子"。按照平均每捆10個卷子計算，斯坦因認爲藏經洞寫本總數大約是1萬件。斯坦因5月27日日記中還記録下了他當時的心態：

> 寫本數目巨大，引起了我的極大憂慮。我既爲以後的運輸費用苦惱，同時也爲有可能遭到反對而擔憂。度過了漫長、疲勞的一天之後，我於傍晚6時15分離開了寺廟；此時，我已知道，收藏品中屬於印度語言文字的寫本部分已被探索殆盡。溯著峽谷散步。我得出的結論是：如果只購買其中一部分的話，將意味著有可能造成大混亂與大破壞，我必須竭盡全力地去拯救整個收藏品。道士是這批收藏品

---

[1] 斯坦因1907年5月27日日記，斯坦因手稿第199號，67張；斯坦因手稿第204號，315張。
[2] 斯坦因1907年5月27日日記，斯坦因手稿第199號，67—67v張；斯坦因手稿第204號，315張。
[3] 文字下的橫綫爲原文所加。
[4] 斯坦因1907年5月27日日記，斯坦因手稿第199號，67v張；斯坦因手稿第204號，315—316張。

的無可爭議的所有者,因爲是他發現了這批收藏品。形勢的有利方面如下:不必和任何寺院團體交涉;沒有任何當地文人對此感興趣;收藏地點位於中國佛教勢力範圍最邊緣部位。[1]

5月27日晚上,蔣孝琬照舊當搬運工,將斯坦因白天挑選出來的藏經洞寫本運回斯坦因的營帳。斯坦因在本日日記中記錄説:

> 晚上9時30分,師爺帶回了今天挑選出的東西。我們討論了正在考慮中的目標以及保證措施。師爺承認,去爭辯的理由是充分的和正當的,但他也理解王氏的顧慮。應該做好犧牲全部或部分藏文收藏品的思想準備。師爺的估價和我本人有可能提供的價錢不謀而合。[2]

斯坦因當時考慮爲購買全部藏經洞文物而出的價錢,按照《契丹沙漠廢墟》中所説:"我曾暗示説要付40個馬蹄銀,這相當於5000個盧比;如果必要的話,我還決定付這個數目的兩倍,不管我的批准經費要超支多少。"[3]又按照《塞林底亞》中所説:"我已經授權蔣氏,爲了得到這批收藏品,假如能夠整體出讓的話,可以答應出一大筆錢(40個'馬蹄銀',大約相當於5000盧比;如果需要的話,我本來還願意加倍)。"[4]40個馬蹄銀相當於2000兩白銀,該數加倍應是4000兩白銀,該數的兩倍應是6000兩白銀。

七

1907年5月28日,是斯坦因逗留莫高窟的第8天。本日上午8時,斯坦因從營帳返回千佛洞第1號窟(莫高窟第16窟),發現王圓籙變得憂慮重重,因爲他擔心向斯坦因出售藏經洞文物會引起敦煌縣施主們的反對。針對這一變化,斯坦因計劃勸導王圓籙,甚至打算再次搬出玄奘的故事來開導王圓籙。斯坦因在本日日記中記錄道:"上午8時返回寺廟,發現道士憂慮重重。出現的難題是施主們和其他人是否會贊成這樣做。我需要拖延應付,因勢利導。搬出唐僧的經歷來感召他。"[5]

斯坦因於5月28日檢查了11個捆子,即千佛洞第47號捆子(C. xlvii.)、千佛洞第48號捆子(C. xlviii.)、千佛洞第49號捆子(C. xlix.)、千佛洞第50號捆子(C. l.)、千佛

---

[1] 斯坦因1907年5月27日日記,斯坦因手稿第199號,67v張;斯坦因手稿第204號,316張。
[2] 斯坦因1907年5月27日日記,斯坦因手稿第199號,67v張;斯坦因手稿第204號,316張。
[3] M. Aurel Stein, *Ruins of Desert Cathay*, Vol. II, p. 192.
[4] Aurel Stein, *Serindia*, Vol. II, p. 824.
[5] 斯坦因1907年5月28日日記,斯坦因手稿第199號,68張;斯坦因手稿第204號,316張。

洞第51號捆子（C. li.）、千佛洞第52號捆子（C. lii.）、千佛洞第53號捆子（C. liii.）、千佛洞第54號捆子（C. liv.）、千佛洞第55號捆子（C. lv.）、千佛洞第56號捆子（C. lvi.）和千佛洞第57號捆子（C. lvii.）。至此，斯坦因將藏經洞裏的所有文物捆子都搬運了出來。同時，斯坦因已從中挑選出他需要的57捆東西。按照斯坦因本日日記記載，他於本日挑選出的捆子中，包括"千佛洞第54號捆子。來自地面上的一個捆子"，以及"千佛洞第55號捆子。來自地面上的另一個大捆子，裏面裝滿了畫在絲絹和棉布上的繪畫品碎片"[1]。至於千佛洞第57號捆子，屬於最後搬出的一批捆子："將西北角落地面上的一些捆子也搬了出來。它們並沒有受什麼潮，只是不能提供太多的東西。只選出一件大型棉布畫和兩件小木雕佛像。"[2]

　　騰空藏經洞，是斯坦因全面檢查和挑選藏經洞文物的必要條件，也是斯坦因測量、記錄藏經洞的必要條件。因此，斯坦因通過勸誘、賄賂等種種手段，讓王圓籙在5月28日將所有藏經洞文物都搬了出來。當藏經洞内的文物被全部轉移出洞後，斯坦因還趁著王圓籙暫時離開的功夫，在藏經洞的東北角進行了一次挖掘。斯坦因本日日記記錄說：

　　　　趁道士不在的工夫，我成功地挖掘了一下東北角落，直到地面。在這裏的牆壁和基礎之間，有3個捆子曾被扔下去，目的是為了隔離潮氣！這3個捆子中裝滿了絹畫、廢紙等物。標明千佛洞第54—56號捆子的物品，便是從這些捆子中獲得的。巖層中是没有潮氣的，但是泥土築成的地基顯然從外面的空氣中吸收了一些水分。[3]

當斯坦因還要繼續挖掘藏經洞西北角時，被返回來的王圓籙看到。王圓籙反對斯坦因在藏經洞内的挖掘，這引起了他們兩人之間的一場衝突和"吵鬧"。斯坦因在5月28日日記中記錄道：

　　　　當我後來還堅持要清理西北角落時，王氏提出了反對。被嚴重壓壞的兩個捆子便是在這裏出現的。移動這些捆子時引起了糾紛，王氏因此被激怒，他當時急沖沖地趕緊用前面已篩選過的無用捆子填充了這一空間。然後，他吵吵鬧鬧地要求我為寺廟"認捐"。但他又宣稱：向我轉讓任何"經"都是辦不到的事情。[4]

---

[1] 斯坦因1907年5月28日日記，斯坦因手稿第199號，68張；斯坦因手稿第204號，317張。
[2] 斯坦因1907年5月28日日記，斯坦因手稿第199號，68張；斯坦因手稿第204號，317張。
[3] 斯坦因1907年5月28日日記，斯坦因手稿第199號，68v張；斯坦因手稿第204號，317—318張。
[4] 斯坦因1907年5月28日日記，斯坦因手稿第199號，68v張；斯坦因手稿第204號，318張。

5月28日將藏經洞地面上的所有捆子都搬出洞外,標誌著藏經洞再一次被騰空,這應該是1900年藏經洞發現後第五次被騰空。

斯坦因把藏經洞文物全部騰空後,對藏經洞進行了一次測量。斯坦因在5月28日日記中記錄了他的測量結果:

> 經測量,藏書室東西長9英尺,南北寬8英尺8英寸。除了北側的牆壁外,其他牆面都是平白無畫的灰泥;北壁的上半部分殘存有彩繪窗花格,顯然是綠色、紅色相間的。沒有任何人像或彩繪背後圓光的痕跡。在北壁的前面,有一個基座,高1英尺8英寸,長5英尺,寬2英尺。這個基座也許曾被用來儲存物品。在西壁上,有一個壁龕,現存放在甬道裏的那塊石碑便是從這個壁龕中移出去的。壁龕的底部高出地面大約4英尺。入口處曾被一面牆完全遮堵住,這面牆上畫的裝飾壁畫與甬道牆壁的其餘部分上面所畫的壁畫完全相同(即菩薩列隊行進圖,身著暗褐色衣服)。[1]

斯坦因於1907年5月28日對藏經洞的測量,是歷史上對藏經洞的第一次精確測量。斯坦因測得的藏經洞東西長度是9英尺,大致上相當於2.74米;南北寬度是8英尺8英寸,大致上相當於2.64米。按照這一結果,換算成的藏經洞面積便是大約7.23平方米。斯坦因對藏經洞北壁壁畫的記錄是:"除了北側的牆壁外,其他牆面都是平白無畫的灰泥;北壁的上半部分殘存有彩繪窗花格,顯然是綠色、紅色相間的。沒有任何人像或彩繪背後圓光的痕跡。"這一記錄迥異於藏經洞北壁壁畫現狀[2]。

斯坦因把藏經洞騰空後,他和王圓籙吵鬧歸吵鬧,還是有一個共同的願望把他們拴在了一起。王圓籙惦記著斯坦因爲寺廟"認捐"的承諾,斯坦因忘不了從王圓籙手中獲取他已經挑選出來的文物捆子。所以斯坦因在挑選完卷子之後,緊接著和王圓籙吵鬧之後,又開始慢慢地和王圓籙談起了購買這批卷子的價錢。斯坦因在挑選寫本的同時,一直盤算著怎樣從王圓籙手中得到他挑出來的卷子[3]。兩人吵架之後,開始討價還價,做起了生意。斯坦因在5月28日日記中記錄了他和王圓籙討價還價的過程:

> 在純粹是做交易的基礎上,和他進行了長時間的談判。起初,他要求2個元寶

---

[1] 斯坦因1907年5月28日日記,斯坦因手稿第199號,68v張;斯坦因手稿第204號,318—319張。

[2] 王冀青《關於敦煌莫高窟"藏經洞壁畫問題"》,《敦煌學輯刊》2010年第4期,115—127頁;王冀青《敦煌莫高窟藏經洞壁畫問題初探》,包銘新主編《絲綢之路·圖像與歷史》,13—18頁。

[3] M. Aurel Stein, *Ruins of Desert Cathay*, Vol. II, pp. 191‑192; Aurel Stein, *Serindia*, Vol. II, pp. 823‑824.

換20個捆子,但最後他接受了我提供的3個元寶,即1500米斯卡爾(包括已付了的340米斯卡爾),換我此前挑選出來的所有東西,再加上50捆典籍。[1]

1米斯卡爾即1錢,340米斯卡爾即34兩,1500米斯卡爾即150兩,等於3個50兩重的銀元寶。

到5月28日斯坦因完成對藏經洞所有文物的挑選工作後,他也開始重新考慮藏經洞的封閉時間問題。藏經洞的封閉時間,與藏經洞集體放物品的年代有著直接的關係。因此,斯坦因在挑選藏經洞文物的過程中,特別關注文獻和美術品上面的年代題記,尤其是最早的年代和最晚的年代。斯坦因在前日(5月27日)和本日檢查的幾個小捆子內容,都是被縫到捆子裏去的"廢物"。斯坦因認爲,這一事實或許有助於判斷藏經洞的封閉問題。斯坦因在5月28日日記中記錄下他的思路:

> 昨天和今天檢查過的幾小捆"廢物",都是完全被縫到裏面去的。這說明,它們是在閒暇有空的時候被存放起來的,而不是在動亂和危急的時刻被存放進去的。絕大多數旗幡的狀況,也能證明同一個結論,它們肯定曾被長時間地使用過,在被存放起來的時候已經處於破損的狀態。那麼,這些存放物最初是否還在其他某個地方存放過呢,它們和寫本一起,是否只是爲了安全起見纔被運到這裏來的呢,這些仍是懸而未決的問題。當時,也許沒有多少時間來區別有價值的東西和垃圾廢物。在廢紙捆子中出現的有紀年的文件,大致可以標明舊旗幡等物被廢棄的時間,但並不能標明是這些捆子被存放入這個洞窟的時間。[2]

斯坦因後來在《契丹沙漠廢墟》等書中,將藏經洞封閉的時間確定在11世紀初,1036年西夏征服敦煌以前[3]。

斯坦因結束了5月28日在藏經洞的工作之後,還利用本日剩餘的時間,對峽谷進行了平板儀勘測[4]。

八

1907年5月29日,是斯坦因逗留莫高窟的第9天。斯坦因前日(5月28日)結束了對藏經洞文物的挑選工作,並且還就購買事與王圓籙達成了協議。王圓籙連夜將全

---

[1] 斯坦因1907年5月28日日記,斯坦因手稿第199號,68v張;斯坦因手稿第204號,318張。
[2] 斯坦因1907年5月28日日記,斯坦因手稿第199號,68v—69張;斯坦因手稿第204號,319張。
[3] M. Aurel Stein, *Ruins of Desert Cathay*, Vol. II, pp. 187–188.
[4] 斯坦因1907年5月28日日記,斯坦因手稿第199號,69張;斯坦因手稿第204號,319張。

部搬出藏經洞的寫本捆子又搬回藏經洞。本日上午8時開始,斯坦因和王圓籙交接文物,11時30分完成了交易。斯坦因在5月29日日記中,記録了交易的結果:

> 上午8時,和師爺一起去接收"挑選物"。除了30個至40個保存不太好的卷子外,王氏已經把所有的捆子全都移入了藏書室。但是,我還是設法從藏書室中抽出了一些捆子,其數目大致相當於我最後挑選出的捆子數的一半。在最初被師爺拿回的那批東西的基礎上,數目不斷地增加,總數累計已達54捆,現在我們將它們排展開來並且做了記號。大致内容如下:5捆藏文卷子;3大包藏文梵夾式寫本,標號爲千佛洞第51號(其中包括兩部完整的著作和其餘七、八部著作的大部分);40捆漢文寫本(其中包括兩三個雜捆子和一捆子殘片)。還將搬走6大捆絹畫和其他繪畫品。最後,王氏又給我贈送了幾個破捆子,還有一大塊<u>絲質刺繡佛像幕簾</u>[1],佛像幾乎和真人一樣大小。上午11時30分,完成了交易,付清了款,結果令雙方都很滿意。[2]

斯坦因和王圓籙在當日上午完成交易後,爲了掩人耳目,白天不敢將到手的文物捆子搬運回斯坦因的營帳。

5月29日上午完成交易之後,斯坦因本日下午開始,將他在莫高窟考古的重點從藏經洞轉移到了石窟寺考古和攝影方面。斯坦因首先對能夠輕易到達的洞窟進行了初步的勘測,主要是千佛洞第1號窟(莫高窟第16窟)。他在5月29日日記中記録道:

> 下午的時間花在了爲拍攝照片而對石窟羣進行的初步勘測工作上。在所有較大的洞窟中,壁畫作品顯示出高度的一致性,這給我以深刻的印象。自始至終都頻繁地出現尼姑與和尚們的行進行列,用模板繪製的一排排菩薩像,畫在緑色底子上的深褐色人像。在千佛洞第1號窟内,同樣的特徵也出現在遮掩藏書室的那面牆上,而藏書室是在公元1000年前後被封閉的。根據這一點,我得出了一個結論:現存的壁畫作品絶大部分都屬於宋代的晚期,還有元代,甚至有屬於明代的可能性。至於早期的唐代作品,還必須再搜尋一番。在千佛洞第1號窟以北的大窟中,在位於南邊大佛像附近上方的廟龕裏,都殘存有唐代作品的痕跡。之所以出現這種一致性,也許可以歸因於隨著西夏(回鶻?)統治的崩潰而發生動蕩之後在這裏進行的大規模修復活動。即便是在今天,在幾乎所有能夠進入的洞窟之中,對塑像

---

[1] 文字下的横綫爲原文所加。
[2] 斯坦因1907年5月29日日記,斯坦因手稿第199號,69張;斯坦因手稿第204號,319—320張。

的修復工作也還在持續進行著,並且還伴隨著道教塑像的入侵。

　　高懸在懸崖之上而且沒有進路的一羣破損石窟,往往顯露出看上去年代非常近的塑像和壁畫。它們幾乎沒有因爲暴露在外而受到任何破壞。那麼,在那些仍然保存有前部遮擋部分的洞窟中,過去應該也不會由於暴露在外的原因而發生任何損壞吧。因此我猜想,以前一定是由於香火的煙霧等原因纔迫使人們重新繪製壁畫的。到現在爲止,我在牆壁上還沒有發現一條有紀年的題記,雖然在牆壁上寫有大量"經"語錄。壁畫中的世俗場景看上去無論在構圖方面還是在技法處理方面都不是印度式的,這很奇怪,好像完全出自當地人的想象。壁畫的構圖和技法處理也很少呈現出中國風格。[1]

斯坦因在日記中判斷"藏書室是在公元1000年前後被封閉的",基本準確。

到了5月29日晚上,斯坦因考慮的事情,是如何把已經到手的藏經洞文物捆子運回自己的帳篷裏。只有到了夜深人靜之時,斯坦因纔派遣蔣孝琬領著考察隊的伊不拉欣·伯克(Ibrāhīm Bēg)和另一位忠誠的老隨從提拉·巴伊(Tila Bai),趁著夜色把捆子悄悄運走。斯坦因在5月29日日記中記錄道:

　　晚上10時30分,師爺領著提拉和伊不拉欣去搬運寫本。11時30分,這些人取道溪流河牀返回,帶來裝得滿滿的兩個巨大的袋子。第二回出去,又帶回兩袋子。和尚已經回來,這耽擱了我們的存放工作。凌晨12時15分,這些袋子還被留在帳篷外面,稍後纔被搬進屋中。[2]

斯坦因派人於5月30日凌晨將文物捆子偷運回來後,因激動而夜不能寐,熬夜閱讀了兩本關於梵語、摩尼教的著作[3]。

1907年5月30日,是斯坦因逗留莫高窟第10天。斯坦因於早晨6時30分起牀,然後把得手的寫本放置到營帳房屋裏。一大早,王圓籙就前來拜訪斯坦因,並感謝斯坦因給他支付的120兩銀子。斯坦因在5月30日日記中記錄說:"早晨6時30分起牀。把寫本放置到房屋裏。道士來訪,爲的是感謝我支付的1200米斯卡爾(等於300盧比)。"[4]斯坦因本日開始工作後,上午的主要任務是爲他在莫高窟調查過的最靠北的3個洞窟拍攝照片。斯坦因首先爲藏經洞所在的千佛洞第1號窟(莫高窟第16窟)拍

---

[1] 斯坦因1907年5月29日日記,斯坦因手稿第199號,69v張;斯坦因手稿第204號,320—321張。
[2] 斯坦因1907年5月29日日記,斯坦因手稿第199號,69v—70張;斯坦因手稿第204號,321張。
[3] 斯坦因1907年5月29日日記,斯坦因手稿第199號,70張;斯坦因手稿第204號,321張。
[4] 斯坦因1907年5月30日日記,斯坦因手稿第199號,70張;斯坦因手稿第204號,321張。

攝了照片[1]。接下來,斯坦因爲位於千佛洞第1號窟(莫高窟第16窟)以北的千佛洞第2號窟(莫高窟第4號窟)拍攝了照片[2]。最後,斯坦因爲位於千佛洞第2號窟(莫高窟第4號窟)北側的千佛洞第2號窟附近a號室(莫高窟第3窟)拍攝了照片[3]。到了本日下午,由於陰沉的壞天氣,斯坦因無法繼續進行攝影工作,於是便在洞窟裏轉來轉去,以挑選供攝影的壁畫。斯坦因在5月30日日記中記錄説:"下午,由於陰沉的壞天氣,無法進行攝影。挑選供攝影複製的壁畫。"[4]隨後,他返回住所,檢查寫本的內容。

1907年5月31日,是斯坦因逗留莫高窟的第11天。按照斯坦因的計劃,他本日要繼續爲莫高窟拍攝照片。但是,斯坦因的原定攝影計劃,被一件意想不到的事情耽擱了一段時間,那就是敦煌駐軍沙州營左哨千總劉鳳鸒的突然到訪。斯坦因在本日日記中記錄道:"早晨7時,軍事長官劉大人到達,他的來訪耽擱了我的工作。"[5]關於劉鳳鸒到訪的目的,斯坦因沒有記錄,但是不排除有監視和察看斯坦因動向的目的。斯坦因從敦煌縣城來到莫高窟下安營扎寨,已經是第11天了,敦煌縣的軍政官員需要瞭解斯坦因的動向,是可想而知的事情。後來敦煌縣知縣王家彥和沙州營參將林太清都先後來到莫高窟拜訪斯坦因,也是懷有同樣的目的。

同一天,王圓籙離開莫高窟,去了一趟敦煌縣城。關於王圓籙離開莫高窟前往敦煌縣城的時間,斯坦因日記中沒有記錄。斯坦因只是在5月30日日記中記錄了王圓籙最後一次拜訪他的事情,隨後幾天的日記中便沒有再提及王圓籙。不過,斯坦因在《契丹沙漠廢墟》中明確提到,王圓籙是在1907年5月31日離開莫高窟的:"當5月31日道士離開千佛洞、我眼下的'發掘'工作也隨之結束的時候,我便可以自由地將我的注意力轉到石窟寺上來。"[6]關於王圓籙去敦煌縣城的原因,《契丹沙漠廢墟》中的解釋是:"道士已長時間地沒有到他的住在敦煌綠洲的施主那裏去了,這一點加劇了他的神經質恐慌。現在,他便急急忙忙地趕往敦煌縣,重新恢復他的季節性化緣旅行了。"[7]《塞林底亞》中的解釋是:"王道士長時間遠離他在綠洲的那些施主們,這導致他的神經質毛病加重。因此,當我們的交易一完成,他便急匆匆地恢復了他去縣裏的季節性化緣

---

[1] 斯坦因1907年5月30日日記,斯坦因手稿第199號,70—70v張;斯坦因手稿第204號,321—322張。
[2] 斯坦因1907年5月30日日記,斯坦因手稿第199號,70v張;斯坦因手稿第204號,322—323張。
[3] 斯坦因1907年5月30日日記,斯坦因手稿第199號,71張;斯坦因手稿第204號,323—324張。
[4] 斯坦因1907年5月30日日記,斯坦因手稿第199號,71v張;斯坦因手稿第204號,324張。
[5] 斯坦因1907年5月31日日記,斯坦因手稿第199號,71v張;斯坦因手稿第204號,324張。
[6] M. Aurel Stein, *Ruins of Desert Cathay*, Vol. II, p. 220.
[7] M. Aurel Stein, *Ruins of Desert Cathay*, Vol. II, p. 193.

旅行。"[1]實際上,王圓籙在和斯坦因做完交易後,自己覺得做了虧心事,害怕消息走漏,要趕緊進城化緣,一是爲了避免施主們懷疑,二是打探他和斯坦因之間進行交易的事情是否走漏了風聲。

斯坦因打發走了劉鳳翥之後,大概也是在王圓籙走後,將注意力從藏經洞轉向石窟寺的壁畫和泥塑藝術品上來,繼續他的攝影工作。斯坦因首先完成了爲千佛洞第1號窟(莫高窟第16窟)的最後攝影工作,接著又調查了位於千佛洞第1號窟(莫高窟第16窟)以南的千佛洞第3號窟(Ch. III,今編莫高窟第332窟)。按照斯坦因5月31日日記中所説:"從千佛洞第1號窟的走廊上的唐僧畫面開始工作。接下來再往南走300英尺(約91.4米),來到一個廟室(千佛洞第3號窟)。"[2]斯坦因調查完千佛洞第3號窟(莫高窟第332窟)後,繼續向南,重點調查了千佛洞第3號窟附近a號室(Ch. III. a,今編莫高窟第45窟),還調查了千佛洞第4號窟(Ch. IV,今編莫高窟第320窟)、千佛洞第5號窟(Ch. V,今編莫高窟第29窟)、千佛洞第6號窟(Ch. VI,今編窟號待考)等洞窟。本日下午,斯坦因開始進入千佛洞第8號窟(Ch. VIII,今編莫高窟第61窟)拍攝照片。在調查過程中,蔣孝琬始終幫助斯坦因解釋題記。

斯坦因完成一天的調查和攝影工作後,照例沿著峽谷散步。散步回來後,他收到和闐信使吐爾迪(Turdi)經阿布達爾送到敦煌莫高窟的兩個大郵袋。斯坦因熬夜工作,將大約160—170封信和小包裹全都打開,直到次日的凌晨1時纔就寢。由於凌晨2—4時颳了一陣劇烈的北風,導致斯坦因徹夜失眠[3]。

九

1907年6月1日,是斯坦因逗留莫高窟的第12天。斯坦因從本日上午開始,正式在千佛洞第8號窟(莫高窟第61窟)裏拍攝照片。但因爲本日從早晨開始天氣霧濛濛,光綫很昏暗,斯坦因只得在昏暗的光綫條件下拍攝了一些壁畫的照片。斯坦因在攝影的過程中,還委派手下測量員對千佛洞第8號窟(莫高窟第61窟)進行測量工作。

由於斯坦因長期逗留莫高窟,引起了敦煌縣官府的注意。在王圓籙於5月31日進敦煌城後不久,敦煌縣知縣王家彦於6月1日下午從縣城來到莫高窟,自稱是前往安西

---

[1] Aurel Stein, *Serindia*, Vol. II, p. 825.
[2] 斯坦因1907年5月31日日記,斯坦因手稿第199號,71v張;斯坦因手稿第204號,324張。
[3] 斯坦因1907年5月31日日記,斯坦因手稿第199號,72v張;斯坦因手稿第204號,326張。

直隸州途中繞道此地,真實目的顯然是查看斯坦因的所作所爲。斯坦因在6月1日日記中記錄道:"下午,王大老爺來到這裏。據解釋,來訪的原因是他打算動身去安西。没有提到寫本的重要性。"[1]此時,斯坦因已經和王圓籙完成了藏經洞文物的私下交易,而斯坦因没有給王家彦解釋藏經洞寫本的重要性,當然更不可能提及他購買寫本一事。據斯坦因在《契丹沙漠廢墟》中記録道:"此後不久,有學問的知縣王氏來訪,又一次讓我轉移了一下注意力。王氏的來訪太遲了,已無法影響我和道士之間做成的交易;我也絲毫不懷疑,我可以私下取得這位官場朋友出於學術的考慮而給予的同情。"[2]王圓籙此時不在莫高窟,王家彦也無法從其他途徑瞭解到實情。斯坦因没有記録下王家彦在莫高窟逗留了多長時間,但王家彦既然是在前往安西的途中繞個大圈子專程到莫高窟看望斯坦因,應該在本日下午很快就離開莫高窟,前去安西。

1907年6月2日,是斯坦因逗留莫高窟的第13天。本日上午天氣依舊不好,不適於拍攝石窟寺内壁畫的照片,但斯坦因在本日上午還是進行了一些攝影工作。據斯坦因在本日日記中記録道:"拍攝了千佛洞8號窟中的壁畫,經歷了因曝光不足而帶來的困難。除了西壁外,其他所有牆壁上的光綫都很微弱。"[3]本日下午多霧,並有東北風[4],引起沙塵暴,光綫更不適於攝影,於是斯坦因在本日下午乾脆停止了攝影工作,只在住所裏做一些伏案工作。斯坦因在本日日記中記録道:"下午,沙塵暴天氣阻礙了攝影工作,於是在這段時間裏撰寫有關敦煌、玉門關的個人自述。"[5]

1907年6月2日是一個讓斯坦因提心吊膽的日子。前一天(6月1日)下午王家彦到訪莫高窟時,私下曾給蔣孝琬透露了一些有關斯坦因的内幕信息,即甘肅省各級官府很關注斯坦因在敦煌的活動,並且要設法阻止斯坦因進行發掘工作。王家彦到訪莫高窟的真實目的之一,就是想把甘肅省政府反對斯坦因考古的情況告訴斯坦因,目的是讓斯坦因儘早離開敦煌。但是由於語言方面的障礙,王家彦没有辦法直接和斯坦因交流,於是就先告訴蔣孝琬,讓蔣孝琬轉告斯坦因。直到6月2日上午,蔣孝琬纔將王家彦提供的信息告訴了斯坦因。斯坦因在6月2日日記中記録道:

> 師爺在今天上午吐露了一個秘密:在接到肅州的軍事方面的大人物的報告

---

[1] 斯坦因1907年6月1日日記,斯坦因手稿第199號,72v張;斯坦因手稿第204號,327張。
[2] M. Aurel Stein, *Ruins of Desert Cathay*, Vol. II, p.232.
[3] 斯坦因1907年6月2日日記,斯坦因手稿第199號,72v張;斯坦因手稿第204號,327張。
[4] 斯坦因1907年6月2日日記,斯坦因手稿第199號,72v張;斯坦因手稿第204號,327張。
[5] 斯坦因1907年6月2日日記,斯坦因手稿第199號,72v—73張;斯坦因手稿第204號,327張。

后,总督已经下达了命令,让以礼貌的方式勸阻我不要进行发掘活动。之所以有这种想法,显然是因为发掘有可能激发起民众的偏见。我在敦煌地区长时间的逗留,看来已经引起了人们的警觉![1]

雖然斯坦因没有写明蒋孝琬從哪里聽到这些消息,但可以推斷,蒋孝琬是前一天從王家彦那裏得知的。關於蒋孝琬转告斯坦因的背景,斯坦因在《契丹沙漠廢墟》中記録了更多的信息:

但是,當我通過蒋氏暗悉王大老爺來訪主要是起因於剛剛收到來自蘭州總督(Lang-chou Viceroy)的命令時,我也忍不住慌了神。總督命令王大老爺采取一切有策略的斯文手段,勸阻我不得進行發掘活動。他們的思路顯然是這樣的:我的考古活動必定會導致我去翻尸掘墓,因為墳墓是中國文物搜集者們所知道的唯一古物發現地;我翻尸掘墓,就會引起大眾的不满;这樣一來,我的人身安全就面臨著危險,省政府也就有了麻煩。

據説,引起這次官場的不安的,是收到的一份來自准將衙門(Ya-mên of the Brigadier-General)的報告,該准將駐肅州,負責甘肅的這片邊遠地區的和平。我在敦煌縣逗留時間過長,顯然引起了他們的警覺。[2]

斯坦因提到的"准将",实际上指肃州镇總兵(鎮臺)柴洪山。關於柴洪山給陝甘總督寫報告之事,斯坦因在《契丹沙漠廢墟》中説:"在4月份,他对我打算進行發掘的活動寫了一份表示擔憂的報告,這個報告曾激起了蘭州官界的不安。我可以看出,他寫這份報告的本意是良好的,只是出於一種謹慎小心,而绝不是因為他有任何阻撓破壞的企圖。"[3]

斯坦因從蒋孝琬那裏获悉甘肃省政府反对他在敦煌考古的消息后,一時心慌意亂,急忙派遣蒋孝琬於6月2日下午趕往敦煌縣城。斯坦因在6月2日日記中記録道:"王氏的確知道得更多。因此我派師爺進城,讓他設法勸説王氏,就我的所作所爲,給肅州道臺寫一份爽快無害的報告書,解釋說我的工作是在沙漠中進行的。"[4]蒋孝琬肩负的"使命",是確保王家彦在給陝甘總督府的回電或回函中,只许說好話,避免説壞話。斯坦因在《契丹沙漠廢墟》中說:

---

[1] 斯坦因1907年6月2日日记,斯坦因手稿第199號,73張;斯坦因手稿第204號,327張。
[2] M. Aurel Stein, *Ruins of Desert Cathay*, Vol. II, p.232.
[3] M. Aurel Stein, *Ruins of Desert Cathay*, Vol. II, p.288.
[4] 斯坦因1907年6月2日日记,斯坦因手稿第199號,73張;斯坦因手稿第204號,327張。

但是既然王氏知道我的底細,他可以老老實實地指明我的工作全"在戈壁中"進行,工作性質是無害的,我便有指望避開那種客客氣氣的官方阻攔。若在其他情況下,這種阻攔對我的工作來講,要比我引起大衆憤怒而造成的障礙嚴重得多。儘管如此,我還是謹慎地派蔣氏回城住兩天,以保證通過他的努力,使衙門呈寄給總督的報告中將我的事情寫得妥帖些。將官僚機構的車輪引向和緩,在所有這類事情上,蔣氏的幫助是無法估價的。[1]

當時王圓籙正在敦煌縣城,斯坦因派蔣孝琬去敦煌縣城住兩天,也帶有尋找王圓籙的目的。

十

1907 年 6 月 3 日,是斯坦因逗留莫高窟的第 14 天。斯坦因度過了一個安靜的夜晚後,上午繼續對石窟寺的攝影工作。今天的工作重點在千佛洞第 7 號窟(Ch. VII,今編莫高窟第 55 窟)。下午,由於從東北方向颳來的狂風,以及因此而產生的沙塵天氣,使得在户外的工作變爲不可能。於是,斯坦因只好躲在營帳裏,修改他對地圖的增補部分。從晚上 10 時開始,又颳起了北風,大風一直持續到晚上 11 時。雖然有風,斯坦因在晚上還是照例散步。他在莫高窟峽谷以西的高地上散步時,注意到細沙正被從莫高窟頂鳴沙山的礫石荒漠上沖刷而來,被吹積在山下的沙丘上[2]。

1907 年 6 月 4 日,是斯坦因逗留莫高窟的第 15 天。本日是一個極好的晴天,伴有怡人的微風。斯坦因在本日將全部精力都花在爲千佛洞第 8 號窟(莫高窟第 61 窟)進行攝影的工作上面[3]。

1907 年 6 月 5 日,是斯坦因逗留莫高窟的第 16 天。本日是個多霧天氣,上午無風,但下午很快就有狂暴的東北風逆著峽谷催起陣陣沙塵,直到晚上 11 時爲止,使最後剩下的花卉枯萎凋謝。6 月 5 日有兩件值得斯坦因牢記在日記裏的事情。第一件事,是蔣孝琬從敦煌縣城返回莫高窟。斯坦因於 6 月 2 日下午派蔣孝琬往敦煌縣城,蔣孝琬在縣城住了 3 天,完成了斯坦因交給他的任務,在王家彥面前將斯坦因敦煌考古的目的粉飾一新。據斯坦因在 6 月 5 日日記中記錄道:"在夜裏,師爺返回;他很自信地向我保

---

[1] M. Aurel Stein, *Ruins of Desert Cathay*, Vol. II, pp. 232–233.
[2] 斯坦因 1907 年 6 月 3 日日記,斯坦因手稿第 199 號,73—73v 張;斯坦因手稿第 204 號,327—328 張。
[3] 斯坦因 1907 年 6 月 4 日日記,斯坦因手稿第 199 號,73v—77v 張;斯坦因手稿第 204 號,328—334 張。

證,王氏已通過無綫電給肅州發送了報告,報告中解釋説我的'嗜好'從性質上講是清純無害的。"[1]蔣孝琬在城裏還打聽到另一條重要情報,即因"采買糧"事件而引發的官民矛盾一觸即發,敦煌縣官府只等斯坦因離開敦煌縣境後,就要立即采取武力鎮壓[2]。斯坦因牢記在6月5日日記裏的第二件事,是5月31日從莫高窟去敦煌縣城化緣的王圓籙也於本日返回莫高窟。王圓籙進敦煌縣城化緣的真實目的,是探聽風聲。他在敦煌縣城居住了將近一個星期的時間,打探消息的結果,是他和斯坦因之間的錢物交易,並没有走漏風聲[3]。於是王圓籙鼓足勇氣,决定再和斯坦因做一筆交易。王圓籙很可能是和蔣孝琬一起返回莫高窟的,蔣孝琬應該再次慫恿王圓籙再給斯坦因出售一批文物。據斯坦因6月5日日記中記録道:"道士也返回,顯然樂意被迫交出'被搶劫和糟蹋了的古物'。"[4]

6月5日雖然天氣惡劣,但斯坦因仍繼續他在莫高窟的攝影工作。他首先拍攝了千佛洞第8號窟(莫高窟第61窟)第15幅畫面及其下方牆裙壁畫,然後攀岩登上位於崖面上層的幾個洞窟進行考察。斯坦因今天重點考察了千佛洞第9號窟(Ch. IX,窟號待考)、千佛洞第10號窟(Ch. X,窟號待考)、千佛洞第11號窟(Ch. XI,今編莫高窟第94窟)、千佛洞第12號窟(Ch. XII,今編莫高窟第156窟)、千佛洞第13號窟(Ch. XIII,今編莫高窟第130窟)、千佛洞第14號窟(Ch. XIV,今編莫高窟第150窟)、千佛洞第15窟(Ch. XV,今編莫高窟第148窟)和千佛洞第16號窟(Ch. XVI,今編莫高窟第146窟)[5]。

1907年6月6日,是斯坦因逗留莫高窟的第17天。本日,斯坦因首先"完成了對千佛洞第8號窟第15幅壁畫畫面的攝影工作"[6],又"爲'拓手'和藝術家付錢"[7],即爲他花錢雇來拓製《大中碑》等碑帖、塑造玄奘泥像的匠人支付了材料費和手工費。然後,斯坦因將工作的重點再次轉移到藏經洞文物上來。按照斯坦因6月6日日記中的話説:"開始着手重新審視出自千佛洞第1號窟的雜文書捆子。挑選出以前看漏了的

---

[1] 斯坦因1907年6月5日日記,斯坦因手稿第199號,77v張;斯坦因手稿第204號,335張。
[2] M. Aurel Stein, *Ruins of Desert Cathay*, Vol. II, p. 233.
[3] M. Aurel Stein, *Ruins of Desert Cathay*, Vol. II, p. 193; Aurel Stein, *Serindia*, Vol. II., p. 825.
[4] 斯坦因1907年6月5日日記,斯坦因手稿第199號,77v張;斯坦因手稿第204號,335張。
[5] 斯坦因1907年6月5日日記,斯坦因手稿第199號,77v—79張;斯坦因手稿第204號,335—338張。
[6] 斯坦因1907年6月6日日記,斯坦因手稿第199號,79張;斯坦因手稿第204號,338張。
[7] 斯坦因1907年6月6日日記,斯坦因手稿第199號,79張;斯坦因手稿第204號,338張。

絹畫等等。"[1]斯坦因將他挑選出來的特别文物重新標注捆子號。根據斯坦因6月6日日記,他在這一天整理出的藏經洞文物編號是:千佛洞第60號捆子(C. lx)、千佛洞第61號捆子(C. lxi)、千佛洞第63號捆子(C. lxiii)、千佛洞第64號捆子(C. lxiv)、千佛洞第65號捆子(C. lxv)、千佛洞第66號捆子(C. lxvi)。斯坦因在本日日記中中記錄了一件事:

> 將寫本堆清理了一半之後,重新找到了千佛洞第1號捆子,我在第一天檢查寫本堆時,曾羞答答地將一些精美的絹畫藏到了裏面!增補的部分中包括6—7件小絹幡,用錦緞和花織錦碎片製成的垂飾物。[2]

斯坦因檢查完藏經洞文物後,緊接著去了王圓籙處,就增買藏經洞文物一事進行談判。王圓籙於6月5日從敦煌縣城回來後,感覺到他和斯坦因之間的私人交易未被人發現,於是又壯起膽來,繼續和斯坦因做交易。關於這次交易,斯坦因在6月6日日記中記錄説:

> 關於購買增買捆子一事,進行了談判交涉。道士的要價是200色爾(兩),等於500盧比,可買50個捆子,比先前購買的那批捆子的價錢增加了一倍——他將留住它們。後來,他答應今天交出挑選出來的23包,再加上10捆子"經",價錢是125盧比,等於50色爾(兩),這一協議比較合理。最後達成的協議是,按照這一價格,接管今天挑選出來的東西,其中包括13捆子漢文卷子(絶大多數是完整的)。晚上11時,將所有搜集品帶回營帳。[3]

斯坦因和王圓籙達成交易後,晚上11時纔將搜集品帶回營帳,顯然也是爲了掩人耳目。

1907年6月7日,是斯坦因逗留莫高窟的第18天。斯坦因前一日(6月6日)與王圓籙交易之後,本日又把精力轉移到了莫高窟攝影上面來。斯坦因本日首先"從河對岸那排佛塔的南端給遺址的兩處地點拍攝了照片。後來拍攝了較上一層的洞窟,它們的前室斷裂"[4],主要調查和拍攝千佛洞第12號窟(莫高窟第156窟)。斯坦因在6月7日日記中,對該窟南壁、北壁下方繪製的"張議潮統軍出行圖"和"宋國夫人出行圖"記錄如下:

> 在南壁的牆裙上,畫著一隊騎馬的兵士和顯貴,隊列中有多面旌旗招展。其中

---

[1] 斯坦因1907年6月6日日記,斯坦因手稿第199號,79張;斯坦因手稿第204號,338張。
[2] 斯坦因1907年6月6日日記,斯坦因手稿第199號,79v張;斯坦因手稿第204號,338張。
[3] 斯坦因1907年6月6日日記,斯坦因手稿第199號,79v張;斯坦因手稿第204號,338—339張。
[4] 斯坦因1907年6月7日日記,斯坦因手稿第199號,79v張;斯坦因手稿第204號,339張。

有兩面旌旗的上面畫著紅底白太陽。有些騎士身著鎧甲,頭戴尖頂甲盔;有些人手執長喇叭,顯然還敲奏著定音銅鼓。馬匹的動作各異,栩栩如生。在壁龕下方的牆裙上,左邊畫著眾僧人跪獻禮品,右邊畫著正在行進的男女行列,也拿著禮品。北壁的牆裙毀壞嚴重,可以看出3輛空蕩蕩的大車,人們抬著的轎子,護衛隊,以及走在前面的一些也許是正在玩雜耍的人像。在入口北壁,畫著騎在馬上的旅行者或是獵人。在入口南壁,畫著狩獵情景。這一部分牆裙已被炊竈局部破壞。"[1]

從1907年6月7日開始,斯坦因開始出現發燒的癥狀,這迫使他想儘早離開莫高窟。6月7日下午,斯坦因開始爲他在敦煌考古過程中獲得的所有文物打包裝箱。斯坦因在6月7日日記中記錄道:"下午,忙著打包裝箱。發燒的熱病復發。"[2]根據斯坦因編寫的《千佛洞獲取物包裝記錄(1907年6月7日)》(Packing of C. acquisitions, 7. vi. 07)[3],他於本日首先包裝好的箱子是第3號馱箱,其內容是"敦煌長城烽燧遺址中發現的木質簡牘文書;阿拉梅克語文文書;木匣中裝著的棕櫚葉寫本。未謄抄的簡牘放在最頂上"[4]。

斯坦因於5月21日從敦煌縣城來到莫高窟的時候,已經預先爲今後包裝文物做好了準備,隨身帶來一些空箱子。斯坦因在莫高窟考古期間,又設法分批搞到一些空箱子。正如斯坦因在《契丹沙漠廢墟》中所說:"要在不引起敦煌方面懷疑的前提下獲得足夠的箱子,這件事有一些小小的麻煩。幸好我早已預見到了這一機會,事先就準備好了一些'空箱'。至於其餘的箱子,是靠僞裝隱蔽的方法悄悄獲得的,而且爲了謹慎起見是分批搞到的。"[5]斯坦因在《塞林底亞》中也說:"我事先就采取了預防措施,帶著一些'空箱子'來到遺址,而其餘的箱子也是通過小心謹慎分批分期的方式獲得的。這樣就避免了因突然預訂一大批箱子而在敦煌引起人們懷疑的危險。"[6]

十一

1907年6月8日,是斯坦因逗留莫高窟的第19天。斯坦因前日(6月7日)患病發

---

[1] 斯坦因1907年6月7日日記,斯坦因手稿第199號,80—80v張;斯坦因手稿第204號,340張。

[2] 斯坦因1907年6月7日日記,斯坦因手稿第199號,80v張;斯坦因手稿第204號,340張。

[3] 斯坦因《千佛洞獲取物包裝記錄(1907年6月7日)》,斯坦因手稿第199號,81—82張;斯坦因手稿第204號,341—344張。

[4] 斯坦因《千佛洞獲取物包裝記錄(1907年6月7日)》,斯坦因手稿第199號,81張;斯坦因手稿第204號,341張。

[5] M. Aurel Stein, *Ruins of Desert Cathay*, Vol. II, pp. 193–194.

[6] Aurel Stein, *Serindia*, Vol. II., p. 825.

燒,本日全天感覺臉部嚴重腫脹,但一直帶病艱難工作。斯坦因於本日"上午,從北方爲遺址拍攝了照片,也爲千佛洞第8號窟第15幅壁畫畫面和千佛洞第1號窟拍攝了照片"[1]。下午,敦煌颳起了強勁的北風,引起沙塵暴,使斯坦因無法從事攝影工作,於是便在下午和晚上繼續將敦煌考古期間所獲的文物打包裝箱。斯坦因在莫高窟爲文物打包裝箱過程中,計劃裝滿12隻箱子。他在6月8日日記中,詳細記録了計劃裝滿文物包裝箱的内容,其中"第1號至第4號箱子。第一批購買來的漢語文、藏語文卷子。平均每隻箱子中裝13個至15個捆子"[2],而第5—12號箱子,計劃内裝敦煌長城烽燧遺址出土文物和莫高窟藏經洞出土各種文物[3]。斯坦因對絹畫等文物比較重視,計劃將絹畫等物裝滿4隻箱子,即第7號箱子、第8號箱子、第9號箱子和第10號箱子。

1907年6月9日,是斯坦因逗留莫高窟的第20天。夜間和本日早晨,莫高窟颳了一場猛烈的大風。早晨6時一大早,敦煌駐軍最高長官沙州營參將林太清就來到莫高窟拜訪斯坦因,一直到上午10時30分纔離去。王家彦到訪後不久,林太清也來到千佛洞,其目的有二,一是觀察斯坦因的行動,二是暗示斯坦因最好儘早離開敦煌這個是非之地。林太清首先向斯坦因暗示,敦煌縣政府計劃以武力鎮壓農民反抗,等斯坦因一離開就采取軍事行動。斯坦因在《契丹沙漠廢墟》中記録道:

> 在我逗留千佛洞的最後時期,王氏的軍事同僚、年老但卻喜好笑談的林大人又出城來,短時間地拜訪我。他悄悄地向我透露道,他們兩個人都認爲,爲了謹慎起見,等我安全地離開敦煌縣境之後,他們再采取一些行動。我認爲這一暗示是非常體貼人的,最後決定帶著我的所有行李去安西,而不是像我最初打算的那樣,在我從山區考察歸來之前,將行李存放在友好的敦煌縣衙門裏。[4]

林太清拜訪斯坦因期間,還與斯坦因閑聊,給斯坦因講了敦煌的概況、敦煌附近的其他古跡,順便講了他自己的身世。斯坦因在6月9日日記中記録道:

> 林大人在早晨6時來訪!忙著應酬這位舉止文雅的老武士,直到上午10時30分!他告訴我一處古代的石窟寺,靠近石包城一帶。大約12年前,當他率領2000人從西寧追趕逃亡的叛亂者時,曾經到過這個地方。最後一個叛亂者是在千佛洞的峽谷中被斬首的。……關於緑洲以北的那座城(石包城)的廢棄,林大人歸納的

---

[1] 斯坦因1907年6月8日日記,斯坦因手稿第199號,80v張;斯坦因手稿第204號,341張。
[2] 斯坦因1907年6月8日日記,斯坦因手稿第199號,82張;斯坦因手稿第204號,343張。
[3] 斯坦因1907年6月8日日記,斯坦因手稿第199號,81—82張;斯坦因手稿第204號,341—343張。
[4] M. Aurel Stein, *Ruins of Desert Cathay*, Vol. II, p. 233.

原因首先是東干人的起義,其次是失控了的河水淹没了農田。人口缺乏又阻礙了開墾活動的進展。没有抱怨缺水問題。——甘州附近的廢墟遺址都位於城牆周圍30里以内的圈子裏;離最近的民居有25里;土壤屬於流沙。[1]

既然林太清到莫高窟拜訪斯坦因的主要目的是將斯坦因嚇走,他就要給斯坦因講一些唬人的事情。看到斯坦因發燒生病,他就給斯坦因講了一些有關敦煌近代流行瘟疫的情况。斯坦因6月9日日記記録説:

> 據林大人估計,敦煌現在的人口是8萬人。光緒二十一年(1895),敦煌流行了一場瘟疫,死亡的人數比8萬還要多,那場瘟疫和現在導致敦煌城中很多人死亡的流行病差不多,顯然屬於類似於白喉一類的病。以前負責看守我的營帳的那個小兵娃子,就在幾天前死去了。[2]

林太清説"敦煌現在的人口是8萬人",應該有所誇大。林太清告訴斯坦因説敦煌於1895年流行白喉,致使8萬多人死亡,目的是讓斯坦因將敦煌縣多年前流行的瘟疫與1907年流行的白喉聯繫起來,以達到嚇跑斯坦因的目的。

敦煌在晚清確實屢遭白喉瘟疫襲擊,據吕鍾《重修敦煌縣誌》記載:"穆宗同治……九年(1870),白喉傳染最劇,一人患則一家不免,一家患則一巷不免。患者九死一生,至有全家絶嗣、棄其手足骨肉而不顧者。……十年(1871),白喉症同。……德宗光緒……二十六年(1900),咽喉症傳染最劇,如同治九年(1870)。惟四十歲以上者傳染較少,共傷四千餘人。……宣統二年(1910)春,喉癥甚烈,患者十九不治,一年之内斃二千餘人。"[3]斯坦因訪問敦煌期間,敦煌仍流行白喉。斯坦因在《契丹沙漠廢墟》中記録説,他在1907年3月16日第一次探訪莫高窟時,途中所經一座廟宇中的僧人都進城爲驅除病魔而做法事去了:"據報告説,城裏正在舉辦宗教儀式,目的是驅除一種傳染病的侵襲,根據描述,這種傳染病像是流行性感冒。"[4]當斯坦因於1907年5月至6月在莫高窟工作時,由林太清派遣的護衛隊中的一個小兵,也在莫高窟因患白喉而死亡。斯坦因在本日日記中明確記載説:"以前負責看守我的營帳的那個小兵娃子,就在幾天前死去了。"斯坦因第二次中亞考察期間與敦煌考古有關的現金支出賬目表中也

---

[1] 斯坦因1907年6月9日日記,斯坦因手稿第199號,82v張;斯坦因手稿第204號,344—345張。

[2] 斯坦因1907年6月9日日記,斯坦因手稿第199號,82v張;斯坦因手稿第204號,344張。

[3] 吕鍾修纂,敦煌市人民政府文獻領導小組整理《重修敦煌縣誌》,蘭州:甘肅人民出版社,2002年1月,599頁。

[4] M. Aurel Stein, *Ruins of Desert Cathay*, Vol. II, p. 21.

記録,他在1907年6月12日的支出中有一項是"爲(已死亡)士兵的服務做出補償",賠償金額是50米斯卡爾(錢)銀子,也就是5兩銀子[1],可爲佐證。

林太清於6月9日上午10時30分離去之後,斯坦因又忙著爲藏經洞出土絹畫和寫本打包,直到中午1時纔完成包裝工作。包裝箱數目不斷增加,僅裝寫本的箱子就增加至12隻。斯坦因在6月9日日記中記錄道:

> 到午後1時,完成了絹畫和寫本的打包裝箱工作。不得不定做第11隻箱子。裝寫本的箱子現在總數達到12隻。下午,整理照片。因發燒而感到疲憊不堪。到晚上9時,突然颳起一陣強勁的北風。[2]

斯坦因近日出現發熱、臉部腫脹等病癥,本日已經"因發燒而感到疲憊不堪",非常擔心自己罹患白喉。他感覺自己已達到獲取藏經洞文物的主要目的,決定儘快從敦煌縣脱身。

十二

1907年6月10日,是斯坦因逗留莫高窟的第21天。本日下午颳著東北大風,斯坦因整日没有進洞窟,而是"全天忙於照片底版的鑒定和編號"[3]。同時,斯坦因仍盤算著再從王圓籙那裏購買一些寫本,但遭到了王圓籙的拒絶。斯坦因在本日日記中記錄道:"接近道士,建議他隨後再轉讓一些'經'給我,但是遭到拒絶,原因是他以前就有的那種恐懼擔憂心理以及其他一些事情。"[4]同一天,斯坦因的發燒病仍在繼續,使他感覺不好。斯坦因在6月10日日記中記錄道:"由於發低燒,感到非常難受。"[5]

1907年6月11日,是斯坦因逗留莫高窟的第22天。斯坦因本日全天仍忙著裝箱打包,爲離開莫高窟做準備。斯坦因本日日記中記錄説:"全天忙著裝箱,爲啓程旅行和寄存物品做準備。除了一般的帳篷用具之外,將自己的私用品縮減成兩隻馱箱。裝寫本的箱子(12隻)重約900磅,其餘的文物箱子(5隻)重200磅以上。"[6]斯坦因説,他裝寫本的箱子一共是12隻,重約900磅(大致相當於408.6公斤),裝其餘文物的箱

---

[1] 斯坦因1907年6月12日支出賬目,英文手寫原件藏牛津大學包德利圖書館,斯坦因手稿第364號,78頁。
[2] 斯坦因1907年6月9日日記,斯坦因手稿第199號,82v張;斯坦因手稿第204號,345張。
[3] 斯坦因1907年6月10日日記,斯坦因手稿第199號,83張;斯坦因手稿第204號,345張。
[4] 斯坦因1907年6月10日日記,斯坦因手稿第199號,83張;斯坦因手稿第204號,345張。
[5] 斯坦因1907年6月10日日記,斯坦因手稿第199號,83張;斯坦因手稿第204號,345張。
[6] 斯坦因1907年6月11日日記,斯坦因手稿第199號,83張;斯坦因手稿第204號,345張。

子一共是 5 隻,重 200 磅(90.8 公斤)以上。這樣,箱子的總數就增至 17 隻,比原計劃多出 5 隻箱子來。

斯坦因臨離開莫高窟之前,於 6 月 11 日對莫高窟的總體佈局和情況進行了一次考察。他在 6 月 11 日日記中,記録下了自己對莫高窟的總體印象[1]。斯坦因 1907 年莫高窟考古期間,一共爲 18 個洞窟編了號(千佛洞第 1—16 號窟,以及千佛洞第 2 號窟附近 a 號室、千佛洞第 3 號窟附近 a 號室)。斯坦因對莫高窟的編號雖屬首次,可惜數目太少,不成系統,此後從未被重視過。

1907 年 6 月 12 日,是斯坦因逗留莫高窟的第 23 天,也是最後一天。斯坦因在這一天結束了他在莫高窟的考古活動,並離開了莫高窟。前日(6 月 11 日)和本日早晨,敦煌縣衙門派來幫助斯坦因運輸行李的 5 輛 3 馬拉拽大車陸續到達莫高窟。斯坦因本日日記中説:"在前一天夜間,在早上,大車陸續到達(5 輛)。"[2]斯坦因在《契丹沙漠廢墟》中認爲:"事後我纔得知,人們早已迫不及待地盼望著,在形勢變得緊張之前,能讓我們以及屬於我們的所有東西都安全地離開敦煌。這次大車來得異常迅速,大概與這一願望有著某種關係。"[3]斯坦因先將文物箱子和其他行李裝上大車,然後派行李運輸隊繞開敦煌縣城,直接前往安西直隸州州城。而他本人與蔣孝琬一起,先在莫高窟與王圓籙道别,然後騎馬離開莫高窟,前往敦煌縣城。

關於斯坦因和王圓籙分手時的情景,斯坦因在《契丹沙漠廢墟》中説:"當我最後向千佛洞告别的時候,道士那張快活、輪廓分明的臉上又一次重新恢復了怯懦害羞但又自滿安詳的神態。我和道士是在十分和睦的氣氛下分手的。"[4]斯坦因在《塞林底亞》中説:"當我最後從千佛洞離去的時候,在他那張稀奇古怪的、棱角分明的臉龐上,又重新浮現出那種羞澀、但又自滿和安寧的表情來。我們在充滿和睦的氣氛裏分手道别。"[5]斯坦因在 6 月 12 日臨離開莫高窟前,給莫高窟的和尚、護衛隊隊長及其手下人贈送了禮金,然後於本日上午 8 時啓程。斯坦因本日日記中説:"給和尚、高大老爺及其忠實的狗腿子們交納了我的禮金後,直到上午 8 時,纔得以動身前往敦煌。"[6]斯坦因離開莫

---

[1] 斯坦因 1907 年 6 月 11 日日記,斯坦因手稿第 199 號,83—86 張;斯坦因手稿第 204 號,345—351 張。
[2] 斯坦因 1907 年 6 月 12 日日記,斯坦因手稿第 199 號,86v 張;斯坦因手稿第 204 號,351 張。
[3] M. Aurel Stein, *Ruins of Desert Cathay*, Vol. II, p. 233.
[4] M. Aurel Stein, *Ruins of Desert Cathay*, Vol. II, p. 194.
[5] Aurel Stein, *Serindia*, Vol. II., p. 825.
[6] 斯坦因 1907 年 6 月 12 日日記,斯坦因手稿第 199 號,86v 張;斯坦因手稿第 204 號,351 張。

高窟前,還"最後一次探訪第 7 號窟(莫高窟第 55 窟)"[1]。

斯坦因和蔣孝琬離開莫高窟後,於 6 月 12 日上午 11 時到達敦煌縣城。斯坦因先到達他稱之爲"舊花園"(old Bagh)的地方,即他在敦煌的舊居花園,距離縣城南城門大約半英里處。隨後,斯坦因和蔣孝琬進入敦煌縣城,先去沙州營參府衙門和林太清道別,再到敦煌縣知縣衙門和王家彥道別。在知縣衙門,斯坦因爲王家彥和他的老母親、妻子和孩子拍攝了一幅全家福照片。斯坦因在 6 月 12 日日記中記錄道:

> 綠洲青翠怡人,蝴蝶花仍在盛開。舊會客廳裏的變化很快,爲了特殊的場合被打掃得乾乾淨淨。首先見到林大人,然後見到王大老爺。再次和這位文雅幹練的學者愉快地暢談了一番。他已經爲我在安西的活動鋪平了道路,他還使肅州道臺消除了對我的圖謀所產生的疑慮。他那白髮蒼蒼的老母親是一位莊重的貴婦,擺好姿勢讓我給他們照了一張全家福照片。[2]

斯坦因於 6 月 12 日爲王家彥拍攝的這幅全家福照片,就是以前學界誤以爲汪宗翰全家福的照片,筆者已對此誤解加以修正[3]。隨後,斯坦因、蔣孝琬又跟隨王家彥一起,到林太清的衙門赴宴。斯坦因在 6 月 12 日日記中記錄道:

> 重新聚集在林大人家中,吃了一頓便飯。師爺後來告訴我説,從很遠的地方搞來的爲數不多的這幾道菜,竟值 10 兩銀子! 向我的好心的朋友們表達謝意。——在老劉大人家中告別。[4]

在林太清家中吃的這頓飯,應該算是林太清、王家彥等敦煌縣主要軍政官員歡送斯坦因的非正式宴會。斯坦因最後拜見的"劉大人"即劉鳳翥,曾在莫高窟和斯坦因打過交道。關於這輪道別活動,斯坦因在《契丹沙漠廢墟》裏記錄道:

> 離別使我突然産生了一種悲痛;但敦煌綠洲看上去又是緑油油的,使人心曠神怡;我向綠洲致意,就像一個從類似底比斯城的地方獲得自由的隱士一樣。我在敦煌的一整天都是非常忙碌的,忙着最後清理賬目,並對我的昂邦朋友們進行告別訪問。在王氏那涼爽而多蔭的衙門裏,我度過了愉快的一個小時;在那裏,我和這位文雅的學者朋友最後一次就當地的文物進行了暢談。他那白髮蒼蒼的老母親是一

---

[1] 斯坦因 1907 年 6 月 12 日日記,斯坦因手稿第 199 號,86v 張;斯坦因手稿第 204 號,351 張。
[2] 斯坦因 1907 年 6 月 12 日日記,斯坦因手稿第 199 號,86v 張;斯坦因手稿第 204 號,351 頁。
[3] Wang Jiqing, 'On the Photograph of "Magistrate Wang and His Family"', *IDP News*: *Newsletter of the International Dunhuang Project*, No. 10, Spring 1998, p. 6.
[4] 斯坦因 1907 年 6 月 12 日日記,斯坦因手稿第 199 號,86v 張;斯坦因手稿第 204 號,351—352 頁。

位高貴的主婦,剛從陝西來此地和兒子團聚;老夫人和她的兒子、兒媳婦一起擺好了姿勢,讓我給他們拍了一幅祥和的全家福(參見插圖照片第209幅)。當時我怎能預見到,此地很快就會出現流血和劫掠的場面!接著,我們又彙聚在林大人的餐桌上,吃了一頓雖不算豐盛但味道卻很美的飯。[1]

1907年6月12日傍晚6時,斯坦因一行離開敦煌縣城。敦煌縣大小官員身穿正式官服,在敦煌縣城東北門外爲斯坦因舉行了歡送儀式。斯坦因在6月12日日記中記錄到:

下午6時從花園啓程。發現昂邦們和他們手下所有的官員們,都聚集在城東北門外的寺廟附近歡送我,祝我一路順風。戴著紅纓官帽的一羣官員,以多彩的寺廟門廊爲背景,這是一幅構圖很好的畫面。在高廟的陰影中,透露出古代東方的景象,這便是我對敦煌的最後印象。[2]

斯坦因所說的"昂邦們",指敦煌縣知縣王家彥、沙州營參將林太清。他們手下的官員中,包括劉鳳翥等人。這是斯坦因最後一次和作爲敦煌縣知縣的王家彥見面,也是最後一次和沙州營參府林太清見面。因爲斯坦因離開敦煌後不久,敦煌縣便爆發了動亂,王家彥在動亂後下臺。

斯坦因這次離開敦煌後,直到1914年纔重返敦煌。斯坦因於1907年6月12日離開敦煌縣城後,於6月15日到達安西直隸州州城,於6月24日赴河西走廊祁連山脈、嘉峪關、肅州直隸州、甘州直隸州等地區考察。斯坦因考察完河西走廊,再返安西,又派蔣孝琬潛回敦煌縣莫高窟,再獲得230捆藏經洞出土寫本[3]。斯坦因一行於1907年10月8日離開甘肅省安西直隸州,向西經星星峽和苦水,返回新疆境內。

以上,筆者按照時間順序,對"斯坦因1907年敦煌莫高窟考古日記"(即斯坦因1907年5月21日至6月12日間在敦煌莫高窟進行考古期間記録的23天日記)進行了粗略的梳理。由於篇幅所限,本文沒有空間介紹更多的日記內容。筆者已經完成對"斯坦因1907年敦煌莫高窟考古日記"的整理、考釋、翻譯、研究工作,正在對斯坦因日記內容與斯坦因第二次中亞考察個人自述(遊記)《契丹沙漠廢墟》、詳盡報告書《塞林

---

[1] M. Aurel Stein, *Ruins of Desert Cathay*, Vol. II, pp. 233–234.
[2] 斯坦因1907年6月12日日記,斯坦因手稿第199號,86v張;斯坦因手稿第204號,352頁。
[3] Aurel Stein, *Serindia*, Vol. II., p. 825.

底亞》的相關章節進行比較研究。希望通過斯坦因留下的各種形式的記載,使它們之間得以相互補充,相互糾誤,相互提示,相互完善,最終能真實、客觀、準確、全方位地還原斯坦因1907年敦煌莫高窟考古活動的整個過程。

(作者單位:蘭州大學歷史文化學院)

段永恩生平考略

朱玉麒

一、段永恩的前期研究與新材料

由於敦煌吐魯番學研究的深入,清末民初任職新疆的武威籍文人段永恩,逐漸從歷史的塵封中走出而爲人所知。

最早對段永恩生平作了記錄的,是蘇裕民、譚蟬雪《永登縣博物館藏古寫經》的記載:

> 段永恩,字季承,甘肅武威人,《武威縣志》有簡單記載:"光緒丁未(1907)會考,曾任新疆莎車等縣知縣。"著有《養拙齋詩草》,編輯《武威李郭二家詩草》,爲《新疆圖表》的編纂成員之一。[1]

其後榮新江教授追蹤流散在日本的吐魯番文獻,又進一步對文書的題跋和收藏者段永恩做了研究,其《海外敦煌吐魯番文獻知見録》列出了當時所知段永恩題跋、收藏的海內外敦煌吐魯番文書,並對其生平作了如下記載:

> 段永恩,字季承,甘肅武威人,"光緒丁未會考,曾任新疆莎車等縣知縣"。[22]他還是1911年成書的《新疆圖志》一書的分纂之一,[23]著有《養拙齋詩草》,[24]是當時新疆官場上頗通書法文翰之士,因此當地官人常請他題跋,除以上所舉者外,尚有其爲張晉三藏卷所題跋語存世。[25]
>
> [22]見《武威縣志》。[23]見《新疆圖志》所列纂校銜名。[24]筆者曾請西北師範大學李并成先生向李鼎文先生請教有關段永恩事蹟,李先生告知段氏係李于鍇先生的學生,與李家相交甚密。他多年在新疆作官,抗戰時回鄉,約在1944年逝

---

[1] 蘇裕民、譚蟬雪《永登縣博物館藏古寫經》,《敦煌研究》1992年第2期,84頁。其言《新疆圖表》當係《新疆圖志》之誤。這一生平記録,由武威縣志編纂委員會所編《古詩話涼州》中也做了大致相同的記載,武威縣印刷廠,1985年內部印刷,265頁。

世。其《養拙齋詩草》現藏武威市博物館。段氏藏書甚富,也有吐魯番敦煌文書,惜"文革"中悉數抄去,至今下落不明。謹此感謝兩位李先生的教示。[25]見蘇裕民、譚蟬雪《永登縣博物館藏古寫經》,《敦煌研究》1992年第2期,82—83頁。[1]

在《新疆圖志》的研究中,魏長洪、高健的文章提及了列名"分纂"的"新疆即用知縣段永恩"在《新疆圖志》中的實際工作:

> 段永恩字季丞,甘肅武威人,曾任阿克蘇縣知事。自稱纂有藩部、金石、職官諸志。藩部志原創於方鼙觀察,因案卷未全而綴(輟),後由段氏完成。金石志由段氏創作於前,文篤周又續末篇。[2]

此後,在敦煌吐魯番文書的研究中論及段永恩的還有邰惠莉[3]、王素[4]、陳紅彥/林世田[5],但有關其生平的考訂沒有超出以上範圍。王冀青《斯坦因第四次中國考古日記考釋》在考釋1930年11、12月斯坦因在和闐縣逗留期間所結識的縣官時,提及這位"Tuan, Hsien-kuan"可能指段永恩,因此摘錄《新疆職官志》中段永恩的任職[6],對其在新疆的履歷作如下記載:

> 段永恩,近代新疆官員。1913年至1914年任溫宿縣知事,1917年任昌吉縣知事,1917年至1918年任浮遠縣知事,1921年至1923年任洛浦縣代知事,1927年先繼潘季魯後任阿克蘇縣縣知事,隨後任巴楚縣縣知事,1927年以後的活動不詳。[7]

即使通過以上學者的努力,我們對於段永恩的生平履歷,包括其最基本的生卒年在內,仍然留下許多空白。但是這樣的一個生平梗概,對於在晚清民國時政局多變的西北邊疆社會來說,已屬不易。類似段永恩這樣的風塵小吏多如過江之鯽,他們的命運浮沉在風雨飄搖的動盪年月,在歷史的長河中,更多的人最後是生死未卜而不知所終。

由於段永恩題跋和收藏的吐魯番文書的不斷出現,也由於《新疆圖志》整理工作的

---

[1] 榮新江《海外敦煌吐魯番文獻知見錄》,南昌:江西人民出版社,1996年,191、193頁。

[2] 魏長洪、高健《〈新疆圖志〉各分志作者摭拾》,《新疆地方志》1999年第2期,36頁。這一記載,緣自馮永軒1935年歲末在烏魯木齊撰成的《評〈新疆圖志〉》一文,載其著《新疆史地論叢》,中國社會科學院民族研究所民族歷史研究室,1981年內部油印本,105—106頁;余婉卉選編《馮永軒文存》,南京:江蘇人民出版社,2014年,129頁。

[3] 邰惠莉《甘肅藏非敦煌文獻的真偽、來源及相關問題》,《敦煌學輯刊》2000年第2期,71—78頁。

[4] 王素《敦煌吐魯番文獻》"段永恩舊藏"條,北京:文物出版社,2002年,108—109頁。

[5] 陳紅彥、林世田《敦煌遺書近現代鑒藏印章輯述(上)》,《文獻》2007年第2期,37頁。

[6] 胡正華主編《新疆職官志(1762—1949)》,烏魯木齊:新疆維吾爾自治區人民政府辦公廳等內部印刷,1992年。

[7] 王冀青《斯坦因第四次中國考古日記考釋》,蘭州:甘肅教育出版社,2004年,300頁。浮遠當作孚遠,今新疆吉木薩爾縣。

需要,段永恩的生平研究引起筆者的强烈興趣。筆者在榮新江教授的研究所提供的綫索指引下,於 2012 年有蘭州、武威之行,對於段永恩生平資料續有所得,因將其中新的資料公佈出來,爲新疆地方史和敦煌吐魯番學術史的進一步深入研究提供便利。

對於段永恩的探究,榮新江教授提及的西北師範大學李鼎文先生轉告"《養拙齋詩草》現藏武威市博物館"是個非常重要的信息,因此筆者經由武威市文廣局許建武局長的安排,造訪武威市博物館。但是接待我的梁繼紅副館長告以博物館並没有收藏這一詩集,可能的原因是李鼎文先生的記憶有誤;或者即使過去收藏,而在文革前後流失了。她向我展示了博物館收藏的段永恩爲友人題寫的詩作條屏和由段永恩於 1911 年纂修、1914 年付梓的《武威段氏族譜》(以下簡稱《族譜》),這對於我們瞭解段永恩先輩及其在 1911 年以前的經歷無疑是第一手的資料。《族譜》四卷,是段永恩在其伯父段樞未竟的族譜上纂修完成,並從新疆馳寄京師,由時任國會議員的弟弟永新校對付梓[1],刊印一百部,在族中流傳,至今自然是非常稀見[2]。其書套紅印製,一函四册,遍請當時名人如甘肅提學使馬鄰翼(1865—1938)、新疆布政使王樹枏(1851—1936)等題簽或作序、寫傳[3],非常考究。因爲當時已經有了照相技術,因此我們從這個族譜裏可以看到身著官服的段永恩肖像(圖 1)。

其後我造訪武威市涼州區圖書館,這裏也没有收藏任何與段永恩相關的古籍,而圖書館的老書記董巨林見告段永恩的弟弟段永新(1881—1961)是武威的名人,其女兒段靜容還健在,應該瞭解其父輩的情況。我因此在董先生的陪同下,於 2012 年 12 月 5 日訪問段靜容女士,她和丈夫張世瑾、二子張建勤熱情接待了我。從這位年屆 78 歲、與段永恩有過共同生活經歷的後人那裏,瞭解到有關段永恩的許多掌故。此後一年,2013 年 8 月,我又通過電話采訪段靜容女士,並承她告知其在西安的姐姐段靜瑜女士的聯繫方式,從曾經在新疆與段永恩也有過接觸的後者那裏,也瞭解到更多段永恩在新疆前後的事跡。

---

[1] 段永恩《武威段氏族譜自序》:"丁未,永恩筮仕新疆,聽鼓之暇,時出族譜遺稿反復卒讀,世次昭然,而傳記間有缺漏,引以爲憾。乃更徵文於通人達士以補……凡若干篇,合之遺稿,共成四卷,名曰《武威段氏族譜》,書成,就正於新城王晉卿方伯,承題序言,弁諸卷首,是亦家乘之光也。兹將譜稿馳寄京師囑吾弟永新詳讎付梓。"《族譜》卷首葉一○。

[2] 秦多文《段永恩傳略》據段氏後人回憶記載:"(段永恩)遍請名人爲之序言,全然纂就,將譜稿馳寄京師,囑其弟永新詳細校對,付梓刊行一百部,族中成年人各發一部,其餘藏多壽堂一待續發。……時逾半紀,歷劫數起,百部族譜,後來族中人竟找不出一部。"《武威段氏家族續譜》卷三,2000 年段氏自印本,6 頁。筆者由武威考察回來查檢,方知《武威段氏族譜》已經由《中國西北文獻叢書》影印出版(蘭州: 古籍書店,1990 年,第 66 卷)。

[3] 王樹枏序言又收入其《陶廬文集》卷四,乙卯(1915)冬月陶廬叢刻刊行本,葉六背至葉七背。題作"武威段氏家譜序"。

图1 《武威段氏族谱》书影及其中的段永恩照片（武威市博物馆藏本）

更令我意外的是，武威段氏在段静容這一輩的九世孫段濤和十世孫段培强等人組織下，於2000年新修了一部《武威段氏家族續譜》（以下簡稱《續譜》），也是一函四册，作爲自行印刷的非賣品，流傳在段氏後人手中。這些材料補足了1911年以後段氏家族以及段永恩本人的發展歷程（圖2）。

圖2 左圖，《武威段氏家族續譜》書影（段家自藏本）；
右圖，采訪段氏後人，右起：段靜容，張建勤，張世瑾，筆者，董巨林

在蘭州，甘肅省圖書館西北文獻中心果然是西北地區地方文獻首屈一指的收藏中心，在劉瑛主任的協助下，我找到了段永恩、段永新（榜名維新）兄弟的會考試卷。雖然二人的會考已經是科舉廢除之後清政府給予舊有舉貢生員的補償性出仕考試，但是這個自費印製的考卷，由北京宣武門外的文芳刻字石印鉛印店承印的本子，仍然像當年的進士試卷那樣，列出了詳細的生平履歷，包括家世和受業、受知的恩師名單，因此也成爲

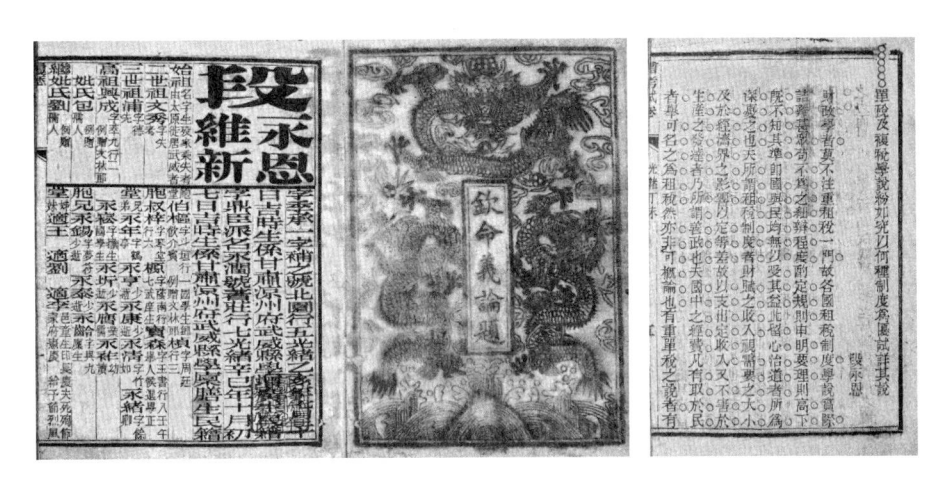

图 3 段永恩、段维新《会考试卷》书影（甘肃省图书馆藏本）

我们了解段永恩入仕、交游的重要见证（图3）。

本文即依此三种材料及采访段氏后人的记录，结合相关历史文献，对段永恩的一生做初步的探讨。

二、段永恩的家世与出身

关于段永恩的家世，今存《段永恩段维新会考试卷》（下简称《试卷》）、《族谱》、《续谱》均曾提及，特别是《族谱》的一张武威段氏十世世系表，将其始祖由清初从太原迁徙至武威定居以来的世系交代得非常清楚。我们将这一世系表中直接与段永恩有关的直系转录如下：

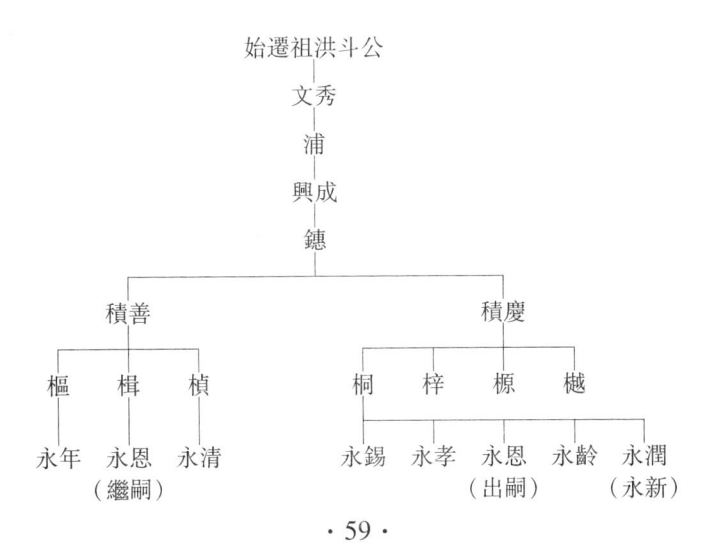

```
                    始迁祖洪斗公
                        │
                       文秀
                        │
                        浦
                        │
                       兴成
                        │
                        鏸
            ┌───────────┴───────────┐
           积善                    积庆
       ┌────┼────┐      ┌────┬────┼────┬────┐
       枢   楫   桢     桐   梓   楝   樾
       │    │    │     │    │    │    │
      永年 永恩 永清  永锡 永孝 永恩 永龄 永润
           (继嗣)              (出嗣)     (永新)
```

從以上的列表可知，段氏在武威的五世祖段鏶門下有積善、積慶兩子，積善的二子段楀無子，遂將堂弟段桐的第三子段永恩過繼爲後嗣。故《試卷》中的履歷上段楀、段桐均稱父，而在段桐名下標記"永恩本生"字樣。

武威段氏的家族興旺，王樹枏在讀過《族譜》而作序時，有一個概括：

> 蓋自五世祖鏶，始以賈起家，鏶之孫七人，有名樞自號斗垣者，善治生，其家始大。其從弟宗儒登壬午賢書，從弟桐生子五人，永齡、永恩、維新相繼以功名顯。[1]

綜合《族譜》的記載可知，段氏家族自始遷祖以來務農爲生，五世祖段鏶經商起家，六世祖段樞經營田産，家族因此興旺。由於這樣的基業，子弟紛紛讀書入仕，以科名傳家，獲得榮封。從段樞這一輩起，段宗儒（或作森、寶森，積善堂兄弟積穗二子）是第一個在光緒八年的甘肅省鄉試中式第七名舉人的。到了段永恩這一輩，相繼有三人獲得拔貢、優貢與舉人稱號，段永恩是其中的佼佼者。所惜他們的時代已經到了晚清，在迎接進一步的進士考試時，科舉制度被廢除。

段永恩本人的生年、字號、排行與出身，《試卷》、《族譜》也都有明確記載。《試卷》載：

> 段永恩，字季承，一字補之，號北園，行五，光緒乙亥年七月二十日吉時生，係甘肅涼州府武威縣學增廣生。民籍。
>
> 庚子、辛丑並科鄉試中式第四十名，覆試一等第一百十名。會考中式第一百八名，保和殿覆試三等第一百四十名。欽點知縣分發新疆即用。[2]

《族譜》上段永恩條的記載則是：

> 永恩字季承，一字今生，號北園，行六，濟川公繼嗣子，鳳山公四子也。光緒辛丑科舉人，丁未舉貢考職，欽點知縣，分省新疆即用。生於光緒元年七月二十日吉時，現年三十七歲。[3]

《續譜》中段永恩的傳記，由當代人秦多文撰寫。作者深惜段永恩資料的稀缺，不禁於文中感嘆説："因先生生平事跡知者無幾，又無資料，僅以現有口碑等撰之。"其生平超出《族譜》的內容並不太多。其中敷演成文的，只是根據能夠見到的三首詩作和

---

[1]《族譜》卷首，葉一背。
[2]《試卷》"履歷"，葉一正、葉五背。
[3]《族譜》卷二，葉一九正。

《族譜》,稱道其文采與修譜對段氏家族的貢獻;關於其主要的新疆履歷,也僅以"於新疆爲官多年,因路途遙遠,家鄉人亦不知其詳情"帶過。但其中如"卒於中華民國三十六年四月十八日申時"的細節,當是得自其後人的口述,因而非常重要,爲我們補足了《試卷》、《族譜》這些段永恩在世時不可能有的材料。

由上面的記載,我們可以確定段永恩的生卒時年,即生於光緒元年七月二十日,卒於民國三十六年四月十八日,享年七十三歲。按照公曆的換算,是 1875.8.20—1947.6.6。

段永恩的字號和家族排行,《試卷》和《族譜》的記載略有不一。綜合而言,是字季承,一字補之或今生,號北園;排行的變化,可能與是否計算其早夭的一位兄長有關。從目前能夠接觸到的文獻看,他後來的姓名段永恩没有改變過,字亦多用季承,有時又被寫作同音的季丞[1]、積丞[2],或自號季老[3];補之、今生、北園,則未見。

他的仕途出身,是按照科舉時代的人才培養途徑而逐步應試通籍的。從《試卷》可知,他以武威縣學增廣生的身份,參加了"庚子、辛丑並科鄉試",即光緒二十七年在蘭州舉行的甘肅鄉試,獲中 81 人中的第 40 名[4]。以 27 歲的年齡鄉試中式,無疑是科舉歷程的美好開端。但從鄉試到後來參加光緒丁未會考而出仕,卻蹉跎了六年,個中蹊蹺,《族譜》卷三上李宗訥《段篤天先生傳》(《段積慶傳》)下張銑(?—1911)的附識幫助我們揭開了緣由:

> 余入庠,應天梯、雍凉兩院月課,段君季承亦應童子試,輒冠其曹。未幾,以榜首爲諸生。余始知爲太公之孫、鳳山公之子,遂訂交焉。辛丑秋闈,相約必爲同年,已而果然。癸卯,余連捷,官刑曹。季承以外艱未出。甲辰會試河南,卷已中,旋以額滿見遺。自是詔罷科舉。丙午,余以知府改外,分省新疆,丁未舉貢考職,季承亦

---

[1] 李晉年《武威段氏族譜序》有"季丞任志局分纂,明文章體例者也。其纂述當與古人吻合。余忝叨莫逆,知無不言,故敢貢其一得以爲之序,季丞其謂然否。瀍州李晉年"句。《族譜》卷首,葉四背。又鄧纘先《贈段季丞明府》,詳下。

[2] 王樹枏《唐人寫經卷子》題跋有"辛亥孟夏,積丞出此屬題,爰爲考訂之如此"句,即指段永恩。參筆者《王樹枏吐魯番文書題跋箋釋》,《吐魯番學研究》2012 年第 2 期,89—90 頁。

[3] 段永恩《碎錦册》第二紙下題跋有"癸丑五月十七日,季老跋"句,參《中國歷史博物館藏法書大觀》第十一卷,楊文和分卷主編,京都:柳原書店,1999 年,209 頁。

[4] 光緒二十六年(1900)庚子歲是鄉試之年,也是光緒帝三十壽辰之年,循例將庚子科鄉試作爲恩科,正科鄉試遞推至辛丑(光緒二十七年)舉行。但因光緒二十六年正月義和團起義和八國聯軍攻陷北京,清廷下詔停止是年鄉試,改在光緒二十七年與辛丑歲鄉試一並舉行。是年在蘭州舉行的甘肅鄉試稱爲"辛丑科補行庚子恩科",共考取舉人 81 人。參鄧明《"羣賢畢至"中蘊藏的歷史信息》,《檔案》2007 年第 1 期,37—39 頁。

以知縣分發新疆。[1]

這一科名情況,在《族譜》附錄的張發彩所錄《武威段氏科名記》中,也有簡潔而更爲準確的記録:

> 段永恩,字季承,光緒十九年縣試案首,二十年入縣庠,二十五年歲試,考列一等,補增廣生員,二十年,應辛丑補行庚子恩正並科本省鄉試,中式第四十名舉人。三十年,甲辰科河南會試薦卷。三十三年丁未科舉貢考,中式第一百十八名,覆試三等第一百四十名。欽點知縣分發新疆即用。[2]

從張銑附識和科名記,我們可以瞭解到段永恩確實是個讀書種子,從童子試到爲縣學增廣生,都是以第一獲得晉階。但鄉試中式之後,卻因爲丁艱服喪而錯過了光緒二十九年癸卯的進士恩科考試。來年服闋,參加光緒三十年甲辰的正科考試,卷已薦而額滿落榜。

在期待再一年的科舉及第之夢時,清政府卻在光緒三十一年八月發佈了廢除科舉制度的上諭,延續了1300多年的科舉考試制度戛然而止。於是,段永恩只得參加了作爲對舊式貢舉人照顧性質的"舉貢考職"試,於光緒三十三年丁未獲得進一步的出身[3]。

在科舉廢除之前,晚清的科舉也已經根據歷史的進程而進行了有效的改革,在光緒二十七年七月十六日,曾經發佈上諭,規定自次年起,鄉試、會試頭場考中國政治史事論五篇,二場考各國政治藝學策五篇,三場考《四書》義兩篇、《五經》義一篇,而以上一切考試,策論均應切實敷陳,凡《四書》、《五經》義,均不准用八股文程式[4]。段永恩的鄉試試卷目前沒有見到,但是他在光緒上諭下達之前應考,因此是按照傳統的四書五經八股制藝中式的。

不過這個光緒上諭確實被雷厲風行地實行了,現在流傳下來的癸卯、甲辰會試試卷都按照上諭進行調整,從因循守舊的思想和程式中解放出來,開始關注經世新學的變化[5]。毫無疑問,科舉廢除之後的"舉貢考職"自然也順應了這種考試制度的新改革。

---

[1] 《族譜》卷三上,葉八正背。
[2] 《族譜》卷四,葉二三背。
[3] 相關論述,可參皮德濤《廢科舉前後關於舊有舉貢生員出路初探》,《上饒師範學院學報》2005年第1期,77—81頁。系統的研究,可參關曉紅《科舉停廢與近代中國社會》,北京:社會科學文獻出版社,2013年。
[4] 《清德宗實錄》卷四八五"光緒二十七年己卯"條,北京:中華書局,1986年,412—413頁。
[5] 相關研究,可參范沛濰《清末癸卯甲辰科會試述論》,《歷史檔案》1993年第3期,105—110頁;王瑶、李銀良《清末最後一次會試考述》,《黃河科技大學學報》2013年第1期,87—91頁。

前述光緒三十一年的上諭,就規定對舉貢人的考試"試以經義、史論一場,專門學一場,共爲兩場"[1],從保留下來的段永恩的試卷上,即可見這一規定的貫徹。其會考試卷的題目先後是《不寶遠物則遠人格所寶惟賢則邇人安義》《唐李泌請德宗釋怨結回紇論》《單稅及復稅學說紛如究以何種制度爲優試詳其説》。第一題是《尚書·旅獒》中強調政治品質的名句,是對考生經義的測試;第二題則是唐代政治史上的事件,自然是對史論的考驗;第三題討論財政稅收的決策,則爲經世專門學問的考量。以上題目,確實照應到了測試一個即將成爲官員的士人在舊學、新學方面的綜合修養和能力。

段永恩的新學知識獲得,我們也可以從《族譜》中張得善所撰《姑臧段濟川先生傳》(《段楫傳》)中瞭解一二:

> 光緒三十有一年,詔郡縣各舉品端學粹才優識卓者二三人,徵集各省師範學堂,藉以開通知識,灌輸文明。時甘督開館,延儒我鎮,適以菲材應選。途次姑臧,同年友段君季承與之俱。季承年最少,而老成持重,無一毫虛憍氣,於是恨相得晚。至蘭,居同齋,習同業也,乃益領其言論,知其志趣,余固欽佩莫名。[2]

對舊有舉貢生員入師範學堂以接受新學、適應新的人才應試内容,也是光緒三十一年上諭中擬定的出路安排,這一點,看來在甘肅省也得到了很好的貫徹。

在社會思潮劇變的時代,段永恩從鄉試的傳統到會考的新學考試,先後都能應試中式、脫穎而出,無疑是一個在舊學、新學和文藝、經世方面都能夠融會貫通的文士,因此他的試卷也得到了座師、房師的褒獎,其第一場經義、史論得到的批語是:"引證妥適,議論中肯。"第二場專門學得到的批語是:"晰理既精,擇言尤雅,是財政學極有悟會者。"這些似乎也都不是虛與委蛇的泛泛之評。他後來能夠在新疆動蕩的歲月裏歷任南北疆知縣並恪盡職守、全身而退,分纂《新疆圖志》並在吐魯番文書方面留下精美的題跋,這種吏治、文學的全面素養,都可以從當時的出身考試中尋出端倪。

三、段永恩在新疆的任職

段永恩在新疆的履歷大概可以分成三個階段。第一個階段是辛亥革命前的晚清時期,自光緒三十三年"舉貢考職"分發新疆即用知縣起,至宣統三年晚清覆滅。這一個時期,從現有資料來看,他得到了前甘肅師範學校總辦、現任新疆布政使王樹枏的關照

---

[1] 沈桐生輯《光緒政要》,臺北:文海出版社,1985年,2152頁。
[2] 《族譜》卷三上,葉一二正。

(參下節),被留在迪化參加了《新疆圖志》的分纂工作。

《新疆圖志》的纂修,是王樹枏在新疆布政使任内重要的文化建樹,其晚年所撰《陶廬老人隨年録》記載:

光緒三十三年丁未五十七歲

新疆僻處中國西偏,蒙哈纏回種類龐雜,通知漢人文字者甚稀,自開闢以來文獻寥寥,無可徵信。時桐城方繹民希孟、醴泉宋芝洞伯魯隨長庚將軍出關,霍邱裴伯謙景福謫戍新疆,皆方聞博雅之士。余於是創修《新疆圖志》,設局於藩署之西偏,志例皆余手定,分門纂輯。余無他嗜好,公餘之暇,借此消遣而已。[1]

在辛亥末年竣工的《新疆圖志》本名《新疆通志》,所以在布政使署所"設局"就叫"新疆通志局"。最後完成的《新疆圖志》由二十九志合成,共一一六卷二百多萬字,輝煌的通志工程在當初需要大量的人才分工合作,段永恩的到來自然是適逢其時,當即被留在志局從事編纂工作。據前引張得善的記載:"今年秋,余以宦遊,浪跡烏垣,當道正設局編纂《新疆通志》,命供分纂差。比至,則季承操筆經數年矣。"可見當他於宣統三年秋到達迪化時,《新疆圖志》仍然在招聘人才完成最後的工作,而那個時候的段永恩已經是志局的元老了。

《族譜》的自序署名還透露給我們段永恩在通志局分纂之外的一個職官信息:"宣統三年歲次辛亥秋九月,八世孫永恩謹序於迪化諮議局。"[2]所謂諮議局,是清政府爲預備立憲而設立的地方諮議機關,是晚清新政的産物。《新疆圖志·民政志》載:"諮議局,建築藩正街忠義祠東旁,於宣統元年九月初一日成立。議長一員,副議長二員,常駐議員四員,議員二十三員,滿營專額議員一員。謹案:光緒三十三年九月十三日,上諭令各省督撫於省會立諮議局。新省即於三十四年五月初一日設局開辦,並遴選官紳承充議員。又於七月十九日奉憲政編查館文……遵即改爲諮議局籌辦處。……至宣統元年九月初一日,諮議局成立後,詳請裁撤籌辦處,以符定章。"[3]其中附載的《議事細則》還提及"一切議員皆由三司詳請派委"。因此作爲"新疆即用知縣"的段永恩到達新疆之後,即受王樹枏賞識而留在藩司編纂《新疆圖志》,又適逢諮議局這個新生事物的設立,遂將段永恩委任爲議員而頂替其分發知縣,得以在迪化幫同完成其文化、政治

---

[1] 王樹枏《陶廬老人隨年録》,北京:中華書局,2007年,63頁。參蔣小莉《〈新疆圖志·建置志〉的成書及版本研究》,《西域文史》第5輯,北京:科學出版社,2010年,159—183頁。特別是其中"新疆通志局的設立"一節。

[2] 《族譜》卷首,葉一〇背、一一正。

[3] 王樹枏等纂修《新疆圖志》卷四五"民政"六,1923年東方學會印本,葉三正背。

事業。

段永恩作爲《新疆圖志》得力的編纂人員，完成了藩部、金石、職官諸志的編纂工作[1]，而且段永恩參與編纂，一直持續到了圖志的最後完成。《新疆圖志》卷八九通志局本《元敕賜西寧王忻都公神道碑》條記載：

> 此碑於宣統三年冬月經西涼段子永恩始訪得之，碑在涼州永昌縣東北鄉，今名曰高碑溝，建有碑亭，下以螭支之，數百年來完好如故。上有碑額，係篆字，長以漢慮俿尺度之，長二尺五寸，橫一尺五寸。[2]

由以上記載可知，在《新疆圖志》付梓的最後一刻，由於段永恩回鄉探親而從永昌拓得《元敕賜西寧王忻都公神道碑》，因爲事關吐魯番畏兀兒在元代遷居永昌故事，所以此碑被收錄在《新疆圖志·金石志》中。

張得善的《段楫傳》在表彰段楫厚德蔭人時，還專門提及"今季承以功擢同知陞銜"，同知在清代是知府、知州的副職，或者是設於少數民族聚居地的廳（如吐魯番直隸廳）的正職，州同和廳的同知爲從六品銜。段永恩的情形，應該是分纂《新疆圖志》有年，而獲得王樹枏等上級官員爲之請功，獲得了候補同知的職銜，較之他從內地前來時"即用知縣"的正七品官銜還是陞級了。

1910年澳大利亞人莫理循（George Ernest Morrison，1862－1920）考察西北，專門拍攝了新政事業中的"新疆諮議局"的大門[3]。這張難得的照片顯示的，不僅是晚清新政在邊疆的一個表現，也恰是段永恩在新疆最初的辦公之地（圖4）。

1911年，王樹枏因王高陞縱火案開缺，隨之辛亥革命爆發，新疆諮議局的建置自然也因之撤銷。朝代更迭，楊增新（1867—1928）從清代新疆的鎮迪道尹兼提法司轉爲民國新疆的省長兼督軍。在這樣的背景下，段永恩在清代的"新疆即用知縣"委任狀，纔由其另一位受知師楊增新兌現（參下節），而開始了在民國年間天山南北的縣知事生涯。

段永恩在新疆任職的第二個階段，就是楊增新、金樹仁（1880—1941）主政新疆的民國初期，時間從民國元年到二十二年間（1912—1933）。

---

[1] 參首頁注3。
[2]《新疆圖志》卷八九，烏魯木齊：新疆通志局活字本，1911年，葉三二背。這個內容在1923年東方學會天津印本中被刪除。而兩本均有記錄碑陰拓片保存在段永恩處的文字："其碑陰五十二行，行四十四字，額字四行，均畏兀文字……現在碑陰拓本猶存段大令永恩齋中，其行路尺寸比較前碑，略無差異。"
[3] 莫理循著，竇坤譯《一個澳大利亞人在中國》，福州：福建教育出版社，2007年，232頁。

圖 4　晚清新疆諮議局（莫理循攝）

目前我們知道的段永恩在楊增新時期的任職情況，主要得自《新疆職官志》中有關段永恩的歷官記載，即：曾任溫宿縣知縣(1913—1914)[1]、昌吉縣知縣(1917)、孚遠縣知縣(1917—1918)、洛浦縣代知事(1921—1923)、阿克蘇縣知事(1927)、巴楚縣知事(1927)。

民國十七年楊增新遇刺身亡後，金樹仁上臺，段永恩仍然在南疆擔任知縣一職。這一點我們可通過時人的記載得到印證。一是考古學家黃文弼(1883—1966)參加中瑞西北科學考查團，1929年7月間在莎車考察，記載了與莎車段縣長的交往：

> 7月25日……4點抵（莎車）回城，4點20分抵官廳，4點50分抵漢城。今日為（莎車）漢城巴扎，人衆擁擠，時澤普班人已來，縣署招［乎］（呼）收拾一店，即住焉。店頗寬敞，類和田之新店而稍小。住後稍息，即往［拜］（訪）段縣長，談數刻歸。
>
> 7月26日，上午［有兩湖同鄉約來拜。］有黃陂人曾洪勝〈萬選〉（來訪，彼係）

---

[1]　新疆檔案館藏有段永恩1913年擔任溫宿知縣時期呈報日本探險隊吉川小一郎六月、九月兩次出入並遊歷溫宿縣事情的申文四份，參新疆維吾爾自治區檔案館等編《近代外國探險家新疆考古檔案史料》，烏魯木齊：新疆美術攝影出版社，2001年，240、243—244頁。

[曾]隨楊贊緒來新,作過哨長。[邀余往中餐。][旁](傍)午,段縣長來談數刻。

7月29日,上午帶[下](從)人兩名往查艾將軍、孔將軍舊墳。……歸。略[憩](息),即至縣署談撥款事,段縣長召[之]。云順成來,[訓斥一番],說定明午交款,至[旁](傍)晚方歸。[1]

段縣長與黃文弼的交往,止於地方政府爲中央考查團在當地考察提供方便的公務而已。除了往復的應酬外,段縣長幫助黃文弼在當地錢莊云順成兌換銀錢方面給予了幫助。

這個段縣長就是段永恩,可由同期的鄧纘先(1870—1933?)的詩歌得到確證。鄧纘先,字芑洲,自號毳廬居士,廣東紫金人。其《毳廬詩草三編》卷三即收其《贈段季丞明府》七律一首:

> 自古涼州多俊傑,君家貂珥重南金。一登月殿聲華著,七宰名區德惠深。攻錯交情懷藥石,聯鑣仕路契苔岑。莎雞獻瑞民風變,浮玉應須卻贐琛。[2]

《毳廬詩草三編》以詩體分卷,每體內則按時間先後排列,該集略例云:"茲自戊辰起,至庚午止所作付刊,顏曰《毳廬詩草三編》。"上引詩歌後有《戊辰九日同鄭崧棋明府登金堆樓》詩,因知此詩亦當作於民國十七年戊辰。時鄧纘先任墨玉知縣。詩歌中表達了其與段永恩同爲知縣官而互爲他山之石、聯鑣仕路的深厚友情。段永恩時任莎車縣長,所以有"莎雞獻瑞"的比喻;而"七宰名區"的表述,也體現了段永恩由楊增新時期擔任六任知縣後由巴楚縣移任莎車的履歷的連續性。

根據吳藹宸(1891—1965)《新疆紀遊》記載,民國年間的西四城知縣是當時的肥缺:

> 陳清源署長談:南路縣缺以西四缺(疏附、莎車、葉城、和闐)爲最優。前清時代錢糧只完公耗、私耗兩種,縣知事每年收入甚豐。民國以來,楊督軍因協餉無著,極力整頓,所有陋規,涓滴歸公,縣缺分上、中、下三種。然西四缺仍較他缺爲優,有寧舍道尹、廳長之尊,而俯就縣長者。[3]

金樹仁對於段永恩的關照,除了前者本身是由楊增新從甘肅一手栽培、提拔的關係

---

[1] 黃文弼遺著,黃烈整理《黃文弼蒙新考察日記(1927—1930)》,北京:文物出版社,1990年,469—471、475頁。此處引用,根據黃紀蘇先生提供日記稿本增補:〈〉爲原文括弧,[ ]爲據日記稿本補正內容,( )爲據日記稿本刪除排印本內容。

[2] 鄧纘先《毳廬詩草三編》,黃海棠點校,上海:華東師範大學出版社,2012年,117頁。

[3] 吳藹宸《新疆紀遊》,上海:商務印書館,1936年再版,35頁。

外,還與金樹仁在新疆推行"親鄉"政策、起用同鄉的手段相關,當時民謠説:"早上學會河州話,晚上就把洋刀挎。"這種同爲楊增新袍澤故舊和甘肅同鄉的關係,使段永恩繼續得到金樹仁的關照,而分得了莎車縣的肥缺。

由此可知,段永恩在楊增新、金樹仁任内,都還是得到了照顧的。

段永恩在新疆任職的第三個階段,是民國二十二年盛世才(1895—1970)上臺之後直到其歸返故里前的十年(1934—1944)。這是新疆民國史上比較動亂的時期,段永恩也没有像以往兩個時期那樣得到知己的官長的庇護。我們還無法確切地知道段永恩此期的歷職情況,這些均有待於民國新疆檔案史料的公佈,以及類似其本人的著作如《養拙齋詩草》的發現。不過我們從馮永軒1935年在烏魯木齊與段永恩"常有過從"的記載來看(詳下節),那個時候段永恩已經賦閑烏魯木齊了。總之,盛世才時期的段永恩已經進入花甲老境,因此一旦當其侄女段靜瑜帶來段永新請他回鄉養老的召唤時,他毫不猶豫地帶著兒子回到了武威,最後終老於故鄉。

四、段永恩在新疆的交遊

段永恩在新疆的社會交遊,目前我們也只能從《試卷》、《族譜》以及同時人的相關記載中略知一二。

《試卷》中段永恩的履歷,開具了一個長達70多人的"受業、受知師"名單,作爲官場的通病,其中自然不乏僅僅只有一面之雅而作攀附的例子。但是研究這份早期入仕通籍的社會關係網,對於瞭解其學業歷程和後來在仕途中的進退,還是非常有幫助的。從段永恩一生主要在晚清民國的新疆履歷而言,《試卷》也透露出這些師承關係對他的有力奧援。這一方面的關係,主要是:

> 聯星橋夫子印魁。滿洲鑲紅旗人。貢生。現任新疆巡撫。前任甘涼兵備道。
>
> 榮華甫夫子印霈。滿洲正白旗人。新疆鎮迪糧務兵備道兼按察使銜。前甘肅蘭州道。
>
> 王晉卿夫子印樹枬,直隸新城人。丙戌進士。現任新疆布政使。前甘肅蘭州道、速成師範學堂總辦。
>
> 楊鼎臣夫子印增新。雲南蒙自人。己丑進士。奏調新疆候補道。前甘肅文武各學堂總辦。[1]

---

[1]《試卷》"履歷",葉三正、背。

聯魁(1849—?)、榮霈、王樹柟、楊增新，都是晚清政壇上秉持新疆大權的風雲人物；進入民國，前三人返歸內地，而楊增新在新疆的影響則無可比擬。他們曾經在甘肅的任職，一定給予了由甘省獲得功名而前往新疆任職的段永恩很多的心理慰藉。如果說聯魁、榮霈還只是作為父母官對於有功名的舉人官樣接見的泛泛之交；那麼曾經在科舉廢除之際擔任甘肅速成師範學堂總辦的王樹柟、甘肅文武各學堂總辦的楊增新，則是前揭段永恩於光緒三十一年入學甘肅師範學堂時期給予教誨、彼此印象深刻的業師。段永恩因此在晚清之際到達新疆之後就被王樹柟留任布政使銜署，參與《新疆圖志》的分纂並功陞同知；民國之後，仍然在楊增新的庇護下奔馳南北疆，成為楊氏在民國初期主政新疆期間可以親信的知縣事（詳上節）。

段永恩在新疆的知交，從《族譜》中也可略見。

一是王樹柟，宣統庚戌十二月十日在迪化（今烏魯木齊）為之作序，序中提及：

> 永恩光緒辛丑舉於鄉，丁未考職，以知縣分發新疆，與於《通志》校讎之役。因出其手訂族譜，丐序於余。[1]

二是李晉年(1860—1929)，字子昭，灤南縣人。光緒二十九年(1903)舉人，外放新疆，先後任職鎮西、沙雅、巴楚、墨玉。其為《族譜》作序云：

> 宣統庚戌，同年段季丞以其族譜稿示余索序，並垂詢作譜之例。余與季丞有通家之誼。自戊申共事志局，不敢以不文辭。[2]

李晉年與段永恩父輩有通家之誼，又是同年舉人，因此相知，而更重要的原因，是兩人同在王樹柟的新疆通志局編纂《新疆圖志》，故能"忞叨莫逆"，成為新疆交遊中的摯友。

三是張銑，字澤堂，武威人。前揭《族譜》中段永恩祖父段積慶傳記下的附識表明兩人為書院同學、舉人同年，其後銑以光緒二十九年成進士，三十二年由刑曹外放，任焉耆知府，與段永恩先後到新疆。宣統二年，任護理新疆提學使。其附識云：

> 丙午，余以知府改外，分省新疆，丁未舉貢考職，季承亦以知縣分發新疆。庚戌，余自焉耆奉檄護提學篆，時季承纂修族譜，囑余校閱。……宣統二年再任張銑謹識於烏垣官廨。[3]

---

[1] 《族譜》卷首，葉一背、葉二正。
[2] 《族譜》卷首，葉三正。
[3] 《族譜》卷三上，葉八正背。

這個附識就是在銑以護理新疆提學使駐迪化而與段永恩重逢時所作。兩人由同鄉、同年而同官新疆,自然更是莫逆之交。惜張銑後來以宣統三年回焉耆知府任,辛亥革命因擁護共和被哥老會殺害。

四是張得善,鎮番(今甘肅民勤)人,上引《段楫傳》記載,他與段永恩是甘肅師範學堂的同學,對段永恩的言論、志趣非常欽佩。《新疆圖志》"纂校銜名·分纂"中稱其爲"考職候補州判",也還是經過了類似段永恩那樣的"舉貢考職"方式,得以在宣統三年進疆候補。也還是因爲王樹枏的關係,被分配在通志局,而得以與段永恩再續舊緣:

> 今年秋,余以宦遊,浪跡烏垣,當道正設局編纂《新疆(疆)通志》,命供分纂差。比至,則季承操筆經數年矣。余批其著作,玩其詞章、考據,乃嘆士別三日,刮目相見,誠非虛語。公餘,出其所纂族譜若干卷見示。……獨季承所後父濟川先生傳尚闕如,余詫異之。季承曰:留此傳以待君久矣。余與季承交忝莫逆,雖不文,何敢辭。……宣統三年冬十一月蘇山張得善謹譔。[1]

張得善與段永恩的交情,接近張銑之於段永恩,因此而成爲新疆以莫逆相稱的同僚,承擔了段永恩父親的傳記作者。

五是盧殿魁(1868—1923)。《族譜》記錄段永恩的大兒子段焌的生平透露了兩者之間的關係:

> 焌字伯光,號勉勤,行五,季承公長子也。新疆迪化高等小學畢業。生於光緒二十三年七月二十一日子時,現年一十五歲。元配盧孺人,光緒甲午科舉人、新疆迪化縣知縣殿魁女,辛丑科舉人元胞侄女。生於光緒二十年九月初一日巳時,現年一十九歲。[2]

盧殿魁,譜名乾山,字紹亭。甘肅民勤人。光緒二十年中舉,民國年間,先後在迪化、巴楚、疏附、奇臺、庫車任縣知事。從段焌的生平可知,段永恩與這位甘肅鄉試前輩是兒女親家。

六是閻毓善(1872—1933),字慶皆,甘肅酒泉人,清舉人,民國六年任阿克蘇道尹,同年任新疆實業廳廳長。民國二年曾刊《龍沙鱗爪》,又撰有《晴雪山房文集》、《詩草》及《雜稿》等。其《武威段氏族譜後序》云:

---

[1]《族譜》卷三上,葉一二背、一四背。
[2]《族譜》卷二,葉二二背、葉二三正。

余於光緒甲辰(三十年,1904)入都筮仕,遇武威孝廉段君季承,性恂謹,不苟言笑,儉約自飭。心知其爲篤守薪傳者,然未及詳詢家世。壬子(民國元年,1912)春,其弟鼎丞明府被鄉人選預國會事,相值於都門,誠篤安詳,論事有定識。時相過談,交稱莫逆。因出季承所纂族譜,屬予爲之序言。余流覽既竟,乃怳然於季承兄弟之學、之識皆有自來,而吾向所臆度者果不妄也。……中華民國二年歲次癸丑夏五月,酒泉閻毓善序於京師寄廬。[1]

閻毓善在民國六年前往新疆任職,其對與舊識段永恩的重逢,自必會有不同尋常的親近之感[2]。

此外,段永恩曾經在烏魯木齊刊印的鄉賢郭楷、李蘊芳《姑臧李郭二家詩草》序中,也提到在新疆任官的蘭州人劉紹廷曾經與他一起擔任了校讎工作,時在丙辰(民國五年,1916)春季[3]。

段永恩在新疆的交遊,我們還可以從吐魯番文書的題跋中得見。有關段永恩與吐魯番文書的關係研究,筆者另文展開[4],此處略表一二。

一是張晉三。蘇裕民、譚嬋雪《永登縣博物館藏古寫經》揭示了永登縣所藏段永恩題跋的吐魯番文書卷子係皋蘭人張晉三舊藏,其中提及張晉三曾任迪化府同知,1912年調任吐魯番同知事。據《新疆職官志(1762—1949)》記載,此張晉三即張華齡,宣統三年(1911)在迪化縣知縣任上,民國元年(1912)7月6日任吐魯番廳同知,民國二年撤廳設縣,又任吐魯番縣知事至民國三年年底[5]。

二是梁素文。梁玉書,字素文,奉天(今遼寧瀋陽)人,光緒末年至新疆,任監理財政官。收集敦煌、吐魯番文書甚富,遍請迪化文人題跋,段永恩即其中題跋較多者。目前所知,日本靜嘉堂文庫收藏的八册吐魯番寫本,均係梁素文舊藏,而其中編號、題跋均出段永恩手筆;千葉縣國立歷史民俗博物館藏吐魯番出土的北館廚牒文書,上有段永恩題跋,末尾稱"素文先生以爲是否",知此文書也出自梁素文舊藏[6];東京書道博物館

---

[1] 《族譜》卷末閻序,葉一正、二背。
[2] 閻毓善傳記,可參鄧明《新疆實業廳長閻毓善事略》,《新疆文史資料精選》第四輯,烏魯木齊:新疆人民出版社,1998年,47—54頁。
[3] 段永恩《姑臧李郭二家詩草序》:"丙辰春……時金城劉君紹廷聽鼓烏垣,協同校讎,兩閱月始竣。……同里後學段永恩識於北庭城東寄廬。"《姑臧李郭二家詩草》,《中國西北文獻叢書》第166册影印丙辰刊本,3頁。
[4] 拙文《段永恩與吐魯番文獻的收藏與研究》,宣讀於2013年11月臺灣成功大學國文學系舉辦的"敦煌吐魯番國際學術研討會",同名論文集將由臺北新文豐出版公司近期出版。
[5] 《新疆職官志(1762—1949)》,106、139頁。
[6] 以上兩處藏品考證,參榮新江《海外敦煌吐魯番文獻知見錄》,184—191頁。

藏《至元通行寶鈔册》,係梁素文舊藏而由段永恩臨摹並作長篇考證者[1]。

在民國年間的遊記中,我們也可以看到段永恩的身影。

北京政府財政部特派員謝彬(1887—1948)考察天山南北,於民國六年9月25日途經孚遠縣(今吉木薩爾),在其《新疆遊記》中記述了那天的遊歷:

> 9月24日,晴,上午八時,發紫泥泉。……十里,孚遠縣城,俗呼濟木薩。住。是日行一百六十里,抵此已交念五午前二時矣。……9月25日,晴。……上午十時,偕知事段永恩,策馬遊瞻千佛洞。出南門西南行,十里,抵山口。新建王母宮三楹,規模整齊。工事甫竣,尚無居人。自此升坡,一里,千佛洞。梵宇一叢,修潔幽邃,足供遊覽,夏日避暑,尤爲合宜,孚遠近郊名勝也。正殿後倚佛洞,洞就岩鑿,形爲半規。然燭入視,中臥睡佛,長約二丈,金面漆身。諸大羅漢,亦皆塑像,非若庫車丁谷山之僅壁繪也。按,宋王延德《使高昌錄》云:時四月,師子王避暑北庭,邀延德。凡六日,至北庭,憩高臺寺。又明日,引延德遍遊境内佛宇,有曰應運泰寧之寺,貞觀十四年造。此洞概亦唐時高昌舊跡也。相傳發見於乾隆時,屢著靈異,土人奉之甚虔,香火極盛。舊曆六月六日千佛大會,演戲敬神,數百里内外士女,皆來祈福禳災。車水馬龍,肩摩踵接。如是半月,歲以爲恒。下午一時,發孚遠。[2]

謝彬在孚遠的時間,總共不到12小時,因此他與段永恩的交往也僅是官場上禮節性的迎來送往。只是這兩個人似乎都是文化水準較高的官員,因此會在短短的聚會中,興致很高地去看了唐代遺存下來的千佛洞。謝彬引用王延德行記來證明其爲唐代遺存、瞭解到千佛洞的再次發現時間以及清代廟會的繁榮情況,無疑都得自段永恩這位有學問的地方官員的介紹。

我們從同是新疆知縣官職的同僚鄧纘先的詩歌中,也可以看到兩人的交往。鄧纘先於民國三年應内務部考試,派分新疆縣知事,曾任省公署文牘、編輯,政務廳總務科長,烏蘇、葉城、疏附、墨玉、巴楚縣知事。著有《葉城縣志》《烏蘇縣志》《葉迪紀程》《毳廬詩草》等。其《毳廬詩草三編》卷三即收其《贈段季丞明府》七律一首,已見前引,是段永恩在南疆任莎車縣長時期接引的同道。莎車縣長任上,段永恩還接待過考古學

---

[1] 《台東區立書道博物館中村不折舊藏禹域墨書集成》,磯部彰編集,東京:文部科學省科學研究費特定領域研究《東亞出版文化研究》總括班,2005年,中册374—375頁。

[2] 謝彬《新疆遊記》,上海:中華書局,1923年,314頁。

家黃文弼,亦在前已揭示。

此外,魏長洪、高健《〈新疆圖志〉各分志作者摭拾》一文還提到:

> 1935年夏,馮永軒因公到新疆,"公事畢即縱覽西域志書",又訪問參與修纂《新疆圖志》的遺老段永恩、李晉年等人,涉獵各分志的作者爲他書所不載,有的分志作者與他書也不相同,做了搜遺補漏的貢獻,對研究《新疆圖志》甚有參考價值。[1]

馮永軒即馮德清(1897—1979),以字行。湖北黃安(今紅安)人。清華學校研究院國學門第一期畢業生。曾任教於武漢中學,於1935年赴任新疆師範學校校長、新疆編譯委員會委員長,有感於盛世才時期的新疆高壓政策,不久即返回武漢。先後在内地高校任教。著有《新疆史地論叢》等。馮永軒《評〈新疆圖志〉》曾經記載:

> 金石志,段先生作於前,文篤周又續末篇。王晉卿先生陶廬叢書中之新疆訪古錄,幾與金石志内容全同。此中經過,余居烏垣時,與段先生常有過從,未詢其故,可惜也。[2]

《評〈新疆圖志〉》雖然標記"民國廿四年歲末作於烏垣",但關於"余居烏垣時,與段先生常有過從,未詢其故,可惜也"的記載,可能是後來的追記,因爲根據馮永軒在新疆的行蹤,也就是1935年6月到1936年4月而已[3]。馮永軒可以説是段永恩在新疆後期有所交往的後生學者,馮永軒成爲新疆史地研究的專家,與在新疆期間訪問段永恩等故老而時相切磋是分不開的。

五、段永恩的晚年

段永恩晚年回到武威後的生活,也不見於相關的文字材料,筆者所撰主要是通過對段靜瑜、段靜容女士的采訪而寫成的。

據段靜容回憶,段永恩晚年能夠回歸故里的關鍵人物是他的弟弟段永新。《試卷》關於段永新的記載如下:

> 段維新,字鼎臣,派名永潤,號著莊,行七,光緒辛巳年十月初七日吉時生,係甘肅涼州府武威縣學廩膳生。民籍。

---

[1] 魏長洪、高健《〈新疆圖志〉各分志作者摭拾》,《新疆地方志》1999年第2期,34頁。
[2] 馮永軒《評〈新疆圖志〉》,《新疆史地論叢》,106頁;《馮永軒文存》,129頁。
[3] 馮永軒《馮永軒日記》,《馮永軒文存》,360—387頁。

庚子、辛丑並科鄉試薦卷。丁未補考丙午科優貢第八名,朝考二等第三名。欽點知縣簽分四川補用。[1]

《族譜》記載段永新的情況也非常簡略(圖5):

永潤,字雨亭,榜名維新,又名永新,字鼎臣,號著莊,行八,鳳山公五子也。光緒丙午科優貢,朝考二等。欽點知縣,簽分四川補用。[2]

從以上記載看,比段永恩年少六歲的段永新也以科舉功名的追求開始少年時代的讀書生活,只是時代發生的改變使他的功名夢想還不如段永恩。在辛丑鄉試薦卷發落之後,段永新便遇到科舉廢除的時代,只得通過變通的生員優貢考試而獲得陞遷的機會。《試卷》保留了他參加光緒三十三年優貢考試的試卷,是題爲《使於四方不辱君命義》、《趙充國論》的兩篇經義、史論(圖6)。雖然與段永恩同年獲得官職,但生員與舉人的起點不同,因此他所獲得的"補用知縣"還是要比段永恩的"即用知縣"蹉跎了很久。但是很快,他的陞遷發生了變化。《續譜》關於他的記載豐富而生動起來,簡略概括如下:

光緒三十四年,任成都造幣廠監造委員。民國二年,任民國國會議員;民國十年後,任綏遠實業籌備處處長、實業廳廳長;民國十八年,調任安徽宣城縣縣長;民國二十一年返回武威,先後任永昌縣、武威縣代縣長,古浪縣縣長。民國二十六年辭職,從此歸隱武威,以士紳身份從事地方文化事業的建設,先後擔任過武威銀行董事長、參議會議長等職。新中國成立後,曾經被選爲甘肅省監察委員、人民政府委員。

段氏家族在段永恩的時代,一直聚居在北門甕城,《試卷》記載:"世居府城北門甕城裏。"[3]據段永新第四女段靜容介紹,她的父親歸隱故里之後,即在龍門街(今發展巷)重修了段家大院,將遠在新疆的兄長段永恩一家接回故鄉安度晚年。而"龍門街段廳長"是武威城鄉老小無人不知的名人。

據段永新第三女段靜瑜回憶:1941年她16歲,與任職新疆邊務處駐武威的民勤人朱月恒(本名朱升元,1920—1990)結婚。1943年秋,邊務處工作結束,即赴新疆,在盛世才夫人邱毓芳任院長的新疆女子學院就讀。她到新疆後即給五伯父段永恩帶去父親段永新請他還鄉安度晚年的信。因此第二年段永恩即帶著兒子伯光一家返回了武威。

---

[1] 《試卷》"履歷",葉一正、葉五背。
[2] 《族譜》卷二,葉一九背。
[3] 張銑《段積慶傳附識》亦有類似記載:"段氏世居姑臧北門月城。"《族譜》卷三上,葉八正。姑臧即武威別稱。

段伯光曾經在葉城縣擔任過科長。段靜瑜還見到了段永恩的一個女兒,嫁給了張統領,沒有子嗣,盛世才上臺後,張統領也失業了。段靜瑜夫婦在1945年新疆動蕩的形勢下找到藉口返回了武威[1]。

段靜瑜回憶當時還有個二哥段瑑在新疆做官,她沒有見過,後來死在和田,是從段家的四房永齡家過繼大房永錫家的。段瑑的一個兒子段培華曾經留學蘇聯,擔任過賽福鼎的翻譯。在《族譜》"段燦"下記載(圖7):

> 燦又名瑑,字玉堂,號藍田,行二。夢丞公繼嗣,少丞公長子也。花翎四品頂戴,協參領銜,職視道府,現任伊犁陸軍馬標書記官兼二等參謀官。生於光緒十六年二月初七日酉時,現年二十二歲……[2]

段瑑較段永恩小15歲,在上引《年譜》纂成的民國三年任職伊犁。而根據段靜瑜的回憶,他可能後來到和田任職。所以1930年11、12月斯坦因在和闐縣逗留期間所結識的"Tuan,Hsien-kuan"、"一位活潑而略顯神經質的年輕人",有可能就是段瑑[3]。而據民國時期在新疆任職的潘祖煥、陳澧等人回憶,段瑑在1928年楊增新被刺、金樹仁

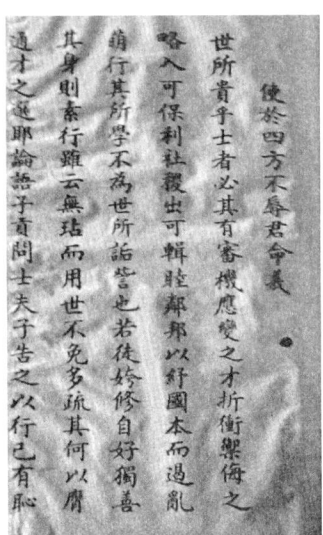

圖5 《族譜》中的段永新照片　　圖6 段永新優貢試卷　　圖7 《族譜》中段瑑照片

---

[1] 朱月恒有《戰鬥在河西》一文介紹其在新疆邊務處工作的前後情況,載《隱蔽的戰綫:新疆文史資料第19輯》,烏魯木齊:新疆人民出版社,1991年,145—149頁。
[2] 《族譜》卷二,葉二二正。
[3] 參王冀青《斯坦因第四次中國考古日記考釋》,300頁。

上臺之際出力,陞任省政府秘書,在三堂辦公,是金樹仁的親信[1]。段永恩、段琮叔侄在金樹仁執政時期一直得到很好的待遇,可能就是因爲同鄉等等的親密關係所致。

段永恩回到家鄉的情況,據段靜容回憶:段永恩回來的時候,年歲已經很老,因此她被父親安排專門伺候伯父,睡在同一個房間的大炕一側。段永恩每有走動,她都在一側扶持。過了兩三年,段永恩就去世了。她記得段永恩從新疆回來時,老伴已經去世。老伴臨死的時候,要他發誓不再娶,因此他是一個人回來的,帶回來的兒子伯光倒是有兩個太太。現在伯光已經去世,伯光的小兒子段培德仍在武威,大概也有65歲左右,但是没有見過祖父段永恩。

段永恩的配偶和子嗣,在《族譜》"段永恩"下記載:

> 元配李孺人,生殁未詳,葬癸山丁向祖塋。繼配王孺人,生於同治十三年六月二十一日子時,現年三十八歲。子二,長燉,次燨,女二。[2]

其子段燉、段燨,在《族譜》中也各有記載。段燉的記載見前揭,段燨的情況如下:

> 燨字仲明,行十三,季承公次子也。生於宣統二年三月二十三日巳時,現年二歲。[3]

《續譜·段永恩先生傳》記載:

> 子二,長燉,次燨少逝,女二。[4]

綜合以上情況推測,段永恩晚年回武威的時候,王氏夫人、二子段燨、一女均已在新疆亡故,一女在新疆嫁人,所以只有大兒子段燉(字伯光)帶著家眷隨其返回故里。段燉既已成家,段永恩回到武威的起居,自然就由侄女段靜容照顧了。

段靜容記得段永恩很有學問,走路、上廁所的時候,嘴裏總是念念有詞地吟誦著什麼。她小,陪侍旁邊,也跟著念念有詞,其實念什麼,也不知道。

段永恩去世後,埋在武威北門外的家族墓地中。後來番號爲一八二的國家地質勘測隊平整土地、蓋建大樓,墓地被夷爲平地。段氏後人只在段永新的墓上抓了把土,在

---

[1] 潘祖焕《金樹仁登臺和哈密事變》,《新疆文史資料精選》第二輯,烏魯木齊:新疆人民出版社,1998年,1—12頁。其中提及段琮勸説伊犁屯墾使張培元事,云:"張久住候信,最後由金的親信段玉堂(武威人)向張示意,久住恐與張不利,張始敗興回伊。"8頁。陳澧《金樹仁主新內幕回憶片斷》,《新疆文史資料精選》第二輯,13—26頁,關於段琮的記載見16、17頁。

[2] 《族譜》卷二,葉一九正。

[3] 《族譜》卷二,葉二二背至葉二三背。

[4] 《續譜》卷三,葉六正。

公墓爲他買了墓地,立了碑。段永恩就没有再立碑。

因爲吐魯番文書,我們關注了其早期的收藏和研究者段永恩。但是段永恩的意義又不僅僅在此。他是近代中國社會劇變中士人命運的縮影,也是近代新疆官場生態的表現。因此,由於段永恩的命運,我們對於中國近代史和西北邊疆史的理解也就有了鮮活的例證。

本文係 2011 年度國家社科基金重大項目"清代新疆稀見史料調查與研究"(編號:11&ZD095)成果之一。撰寫過程中,得到榮新江教授、張廷銀研究館員,段永恩後人段靜瑜、靜容女士等,以及甘肅省圖書館歷史文獻部、武威市文廣局、武威市博物館等的支持和幫助,謹此向以上個人和單位致謝。

(作者單位:北京大學中國古代史研究中心)

俞澤箴與京師圖書館敦煌遺書編目工作

劉 波

國家圖書館的前身京師圖書館於1910年接受學部調撥,入藏自甘肅解運入京的敦煌遺書。隨後,京師圖書館迅速着手進行整理、編目等工作,最初編成的目錄是於1912年6月以前成書的《敦煌經卷總目》八册[1]。這部目錄內容簡略,白化文稱其爲"財産帳"[2],方廣錩也認爲它"顯然是一種防盜式的財産帳"[3]。這一賬目式的、起初甚至連文獻題名都沒有著錄的目錄,遠遠不能滿足學術研究參考的需要。因此,京師圖書館在民國初年繼續編纂著錄更爲詳明的館藏敦煌遺書目錄,其成果最終體現在1931年出版的《敦煌劫餘錄》中。

然而,有關這一輪編目工作的過程、參與人員及其貢獻,長期以來敦煌學史論著中表述得並不夠清晰。最近,方廣錩據新出材料及自身編目、研究經驗,對俞澤箴與《敦煌經典目》的編纂、《敦煌劫餘錄》的成書等問題提出了新的看法[4],大體釐清了相關問題。本文在此基礎上,依據所見原始資料,對這個問題略加補充探討。

一、俞澤箴日記中所見的編目工作

有關京師圖書館早期的敦煌遺書編目工作,現在已經很難找到詳細、系統的記錄。幸運的是,孫玉蓉近年整理並部分發表的俞澤箴日記[5],透露了當年編目工作的一些

---

[1] 此目書影彩圖載《中國國家圖書館藏敦煌遺書》(南京:江蘇古籍出版社,1999年)第一册卷首彩圖部分;概況及卷尾題記,方廣錩《北京圖書館藏敦煌遺書勘查初記》(載《敦煌學輯刊》1991年第2期)、《中國國家圖書館藏敦煌遺書六種目錄述略》(載《上海師範大學學報》2013年第4期)兩文均有詳細介紹。

[2] 白化文《簡評〈敦煌劫餘錄〉和〈敦煌遺書總目索引〉》,《社會科學戰線》1989年第1期,322—323頁。

[3] 方廣錩《北京圖書館藏敦煌遺書勘查初記》,《敦煌學輯刊》1991年第2期,2頁。

[4] 方廣錩《中國國家圖書館藏敦煌遺書六種目錄述略》,《上海師範大學學報》2013年第4期,35—46頁。

[5] 孫玉蓉《俞澤箴整理敦煌寫經日記輯錄》,《文獻》2009年第1期,10—29頁。下文引用俞澤箴日記原文均出自該文,爲避繁瑣,一般不另出注,特此說明。

信息,讓我們可以略窺一斑。

俞澤箴(1875—1926),字丹石,浙江德清人,俞樾之侄孫。早年畢業於北洋大學,曾任無錫競志學校教員、廈門集美學校教務長、江蘇省立圖書館主任等。1919 年 11 月至 1926 年 7 月任職於京師圖書館[1],1925 年 5 月至 1926 年 5 月期間受聘兼任燕京大學國文系教職[2]。

俞澤箴在京師圖書館從事敦煌遺書編目,始於 1920 年。當年 3 月 24 日,京館主任張宗祥通知他與孫北海對調職務。次日,俞澤箴由庋藏科轉入寫經室。此後六年多,他一直是寫經室的實際負責人。調入寫經室之後的第二天,即 3 月 26 日,俞澤箴"開始量經",參與敦煌遺書整理編目工作。據俞澤箴日記,他所參與的工作主要有以下幾項:

其一,"檢點",可能指從庋藏處分類提取並清點寫卷,以備進行其他後續工作。如 1924 年 2 月 24 日"檢點《佛名經》",又如 1921 年 2 月 1 日記載"原擬賡續檢點散葉"。日記中,"檢點"也指從原庋藏處提取藏品,如 1925 年 5 月 7 日"以北京圖書館協會善本展覽會將次開會,檢點寫經二十卷,前往陳列"。

其二,"量經",即測量敦煌遺書長度、登記起訖字等相關事項。如 1920 年 3 月 28 日,"量經十五卷";又如 1920 年 5 月 28 日"量《妙法蓮華經》二十卷、《金經》一卷"。

其三,"檢查",可能指審定經名、考證版本、校核目錄著錄等相關事項。1924 年 2 月 24 日日記載:"繼續檢點《佛名經》。按此經與《正藏》諸品及《續藏》續收一種均有異同,大概即《開元·偽妄亂真》中所謂《大乘蓮華馬頭羅刹經》,後附《寶達菩薩問報應沙門經》,續藏所收有三十卷,而此本則僅二十卷。下星期檢查時,當細校之。"可見"檢查"包括審定經名、考證版本等工作。隨後,2 月 26 日至 3 月 22 日"檢查《佛名經》"。

其四,"整理庋藏",指捲收、包裹敦煌遺書,分類排序,收入書櫃。日記中一般將"整理"與"庋藏"分開使用,如 1920 年 5 月 2 日"整理秦譯《金剛經》三十卷",1921 年 5 月 24 日"整理《法華經》",1922 年 5 月 20 日"庋藏《金光明經》一百六十卷"等,1923 年 6 月 2 日"整理《藥師經》,因又得八卷添入,全部移動矣"。不過,也有很多時候二者連

──────────

[1]《工作人員名錄》,北京圖書館業務研究委員會編《北京圖書館史資料彙編:1909—1949》,北京:書目文獻出版社,1992 年,1376 頁。
[2] 孫玉蓉《北洋學子俞箴墀與創建期的燕京大學》,《天津大學學報》2007 年第 4 期,381—384 頁。

用,1920年4月2日"整理《金剛經》,皮藏新匱,登錄卷數",1921年4月21日"整理《稻竿經》二十七卷,皮藏新匱",1921年5月1日"整理皮藏《維摩經》百卷"。這些記載表明,"整理"和"皮藏"是連貫的事務,不妨將其視爲一項工作。值得提及的是,此次重新皮藏改變了原有的按千字文號排序的方式,改爲分類排序、按經類聚,同一部佛經則以卷次爲序,是京師圖書館敦煌遺書皮藏方式的首次大改革。

俞澤箴日記還大致透露了當時的工作流程。他在1921年12月28日日記中總結一年的工作:"今歲辦公比較上略勤於往歲,計量經二千餘卷、皮藏二千八百十二卷、檢查一千二百三十六卷,編訂普通室新書數百種,職務上似可告無罪。"可見敦煌遺書的整理工作,主要包括量經、檢查、皮藏三個環節,檢點則爲其他環節的前期準備。

至於這三個環節的前後順序,也可從日記中關於每種佛經的整理進程中得到一些信息。以《妙法蓮華經》爲例,1920年5月27日至1921年1月28日之間陸陸續續地"量",1921年5月24日至26日記載"整理《法華經》"。7月1日記載:"《法華經》檢查終了。今日開始皮藏一百卷。"7月2日至17日均記載"皮藏《法華經》"。可見《法華經》的整理工作,係先完成"量經",其次"檢查",最後"皮藏"。

又以《大般若經》爲例,1921年11月8日起開始"檢查",至1922年1月21日"告終",期間僅1921年11月25日、12月3日記載"量"該經;1922年1月24日之後,則不再"檢查",主要工作轉爲"量"該經,其間穿插別的工作,至1923年2月15日仍記載"量《大般若經》二十卷"。可見《大般若經》的整理,則是先"檢查",其次"量經",且期間偶有交錯進行。

據此我們大致可以推知寫經室整理館藏敦煌遺書的一般工作流程:"檢點"同類的經卷,先後進行"檢查"與"量經",最後"整理皮藏";"檢查"與"量經"兩項工作可以交錯進行。

北洋政府教育部曾直接過問寫經室編纂敦煌遺書目錄的工作進度。1922年11月3日日記載:"今晨見教部昨日公文,唐經有'限年終檢查終了'之語,伯誠等頗致恐慌。"可見敦煌遺書整理編目當時爲京師圖書館最重要的工作之一,以至於教育部公文中嚴督工作進度,使從事具體工作的館員倍感壓力。不過,當時政局混亂,京師圖書館館長、主任一年變更數次,所謂"限年終檢查終了"的指令並未嚴格執行。直到1925年,所編目錄《敦煌經典目》方纔告成。

1925年9月3日日記載:"依大正一切經編次館中所藏教煌經典。"這是每一部經分別完成檢查、量經等程序後，對目録進行匯總並加以編排的工作。這一工作很快完成。9月15日日記記載："今日寫經室添一書記傅潤田萬春，宛平人，以將結束寫經。"9月17日記載："今日傅潤田到館抄寫經目。"可知1925年9月中旬，《敦煌經典目》即已交付謄抄。兩個月後的11月22日，日記中記載"校《敦煌經典目》"。據孫玉蓉介紹，1925年11月以後，俞澤箴日記中就很少出現關於整理館藏敦煌遺書的記載了[1]，這意味著《敦煌經典目》的編纂工作即完成於這一時期。

二、參與編目工作的其他人士

排比俞澤箴日記中關於整理館藏敦煌遺書的記載，可知對每一部經的"檢查"、"量經"、"庋藏"等幾個環節的工作，俞澤箴本人極少全程參與，這説明另有其他同仁與他一起工作，多人分工合作。見於日記的，有孫初超、江味農、張書勳、鄧高鏡四位。

孫初超，字北海，1916年10月5日至1923年任職於京師圖書館[2]。曾於1918年8月底至9月初，與主任趙憲曾等共同檢查館藏敦煌遺書[3]。1919年1月，協同主任張宗祥清理敦煌寫經殘片[4]。因與善本室同仁關係不睦，1920年3月下旬與俞澤箴互換工作崗位，調往庋藏科[5]。

江味農（1872—1938），名忠業，又名杜，法號妙煦，別署勝觀、幻住，江蘇江寧人。光緒二十八年（1902）舉人，1918年受菩薩戒，同年到北方參加佛教賑籌會放賑工作，在北京結識時任教育部參事的蔣維喬[6]。同年經蔣維喬推薦，受聘入京師圖書館整理館藏敦煌遺書，任職時間爲1918年5月至1921年2月[7]。俞澤箴日記中有關於他的記載，如1920年4月4日："而味農、尹民乞假，唐經室亦早加封鎖。"1931年與蔣維喬等

---

[1] 孫玉蓉《俞澤箴整理敦煌寫經日記輯録》，《文獻》2009年第1期，29頁。
[2] 《工作人員名録》，《北京圖書館館史資料彙編：1909—1949》，1367頁。
[3] 事見《敦煌經卷總目》卷末趙憲曾1918年10月15日題記。題記全文載方廣錩《北京圖書館藏敦煌遺書勘查初記》，《敦煌學輯刊》1991年第2期，3頁。
[4] 事見《敦煌經卷總目》卷末張宗祥1919年1月14日題記。題記全文載方廣錩《北京圖書館藏敦煌遺書勘查初記》，《敦煌學輯刊》1991年第2期，3頁。
[5] 孫玉蓉《俞澤箴整理敦煌寫經日記輯録》，《文獻》2009年第1期，10頁。
[6] 蔣維喬（1873—1958），江蘇武進人，字竹莊。1902參加中國教育會，曾任愛國女校校長、商務印書館編輯所編輯。辛亥革命後任南京臨時政府教育部秘書長，不久赴北京任教育部參事，協助蔡元培進行教育改革。1913年10月辭職南歸，重返上海商務印書館。1917年9月，復任教育部參事，隨後轉而研究佛學。1922年7月任江蘇省教育廳廳長，其後歷任東南大學校長、上海光華大學教授等職。著有《學校管理法》、《佛學大要》、《孔子與釋迦》、《道教概説》、《中國佛教史》、《佛教論》、《中國近三百年哲學史》等。
[7] 《工作人員名録》，《北京圖書館館史資料彙編：1909—1949》，1366頁。

在上海組織省心蓮社,被推爲社長。1934年在省心蓮社講《金剛經》[1]。著有《金剛般若波羅蜜經講義》五卷[2],以敦煌本爲講經底本;輯有《佛説大乘稻芉經(附隨聽疏)》一卷[3]、《淨名經集解關中疏》兩卷[4],此二書爲敦煌佛教文獻校録整理的開創之作;整理有諦閑述《圓覺親聞記》[5]、《大乘止觀述記》兩種[6]。

張書勳,字尹民,1918年12月至1927年8月任職於京師圖書館[7]。俞澤箴日記中有關於他的記載,如1921年2月17日:"連日尹民等不事檢查經文,安坐一室補讀上年未經讀過雜誌,頗得樂趣。"

鄧高鏡,字伯誠,又作博誠,湖南寧遠人。1921年4月至1925年在京師圖書館工作[8]。曾任教於北京大學,對墨子及佛學頗有研究,著有《墨經新釋》[9],論文有《釋摩訶衍論考》等[10]。俞澤箴日記中有關於他的記載,如1921年5月20日:"爲伯誠檢查《摩訶般若波羅蜜經》五卷。"

以上所述,僅爲見於俞澤箴日記的京師圖書館寫經室館員。在此前後,必定還有其他館員參與了寫經室整理敦煌遺書的工作,比如張宗祥等。由於文獻不足,我們無法一一列出。僅從上述五人來看,俞澤箴、鄧高鏡曾任大學教職,江味農、鄧高鏡的佛學研究均頗有造詣,整體學術水平不俗。也正因爲這一點,寫經室纔能在短短數年內完成館藏敦煌遺書的整理校核,編成《敦煌經典目》。

需要説明的是,此輪編目工作,在俞澤箴調入寫經室之前就已經進行了較長時間。這可以從寫經室設置的經過看出端倪。

1924年3月29日教育部指令第805號核准的《京師圖書館暫行辦事細則》,第二

---

[1] 生平見:任繼愈主編《佛教大辭典》,南京:江蘇古籍出版社,2002年,913頁;蔣維喬《江味農居士傳》,載江味農《金剛經講義》,合肥:黃山書社,2006年,559—562頁。
[2] 署"江妙煦撰",上海省心蓮社鉛印,1940年,《藏外佛經》第八册影印,合肥:黃山書社,2005年;余晉、阮添愉點校本《金剛經講義》,合肥:黃山書社,2006年。
[3] 署"江杜輯",上海商務印書館鉛印,1919年。
[4] 署"釋幻住輯",上海商務印書館鉛印,1929年。
[5] 署"妙煦等手録",北京法輪星記印刷局鉛印,1918年。
[6] 署"江勝觀演述",民國間大藏經會鉛印;臺北:新文豐出版公司,1995年重版。
[7] 《工作人員名録》,《北京圖書館館史資料彙編:1909—1949》,1371頁。
[8] 《工作人員名録》,《北京圖書館館史資料彙編:1909—1949》,1364頁。
[9] 商務印書館,1931年。此書首列《經上》、《經下》、《經説上》、《經説下》四篇原文,次將《經上》、《經下》旁行排列,引《説》就《經》,略加注釋。北京大學出版部曾鉛印鄧高鏡注《墨經》一卷,蓋鄧高鏡曾以此書爲北京大學講義。
[10] 《師大國學叢刊》第一卷第一期(1931)。

十七條規定目錄課下設六組,其第五組職責爲"編輯唐人寫經目錄兼專門研究圖書館學"[1]。這裏的第五組,實即寫經室。第三十七條"善本書籍保存手續"規定"唐人寫經已編查者,應清量各卷尺寸,詳記起訖,登入量經細冊,分類列號庋藏"[2]。這份《辦事細則》是1923年章勤士擔任京師圖書館主任時期擬定的。據俞澤箴日記,1923年1月11日"章主任來館,言將改組,全館分三科,科設科長、副科長,囑大衆分擬組織大綱";3月22日,"午後主任來,商投票選舉各課課長事";3月24日"午後,主任召集館中同事,宣佈改訂新章,定星期選舉各課課長";5月26日"續開會,通過辦事細則"。《辦事細則》既由館內人士分頭草擬,一定程度上乃對既有工作格局與工作方式的確認,而並非重新規劃。因此,寫經室(第五組)的設立要遠早於教育部核定《辦事細則》的1924年3月[3];第三十七條關於敦煌遺書整理庋藏的規定,也只能視爲行之有年的工作規範。只有這樣理解《辦事細則》,纔能較準確地理解寫經室工作的延續性,把握相關敦煌遺書目錄的編纂過程。

三、關於《敦煌經典目》

《敦煌經典目》稿本現存國家圖書館古籍館。據同樣存於國家圖書館古籍館的《寫經室目錄次序表》稿本記載,此目全四十五冊,號數多的佛經每部一冊或多冊,如《妙法蓮華經》分四冊,《金剛經》、《金光明經》各分兩冊,《維摩經》、《楞伽經》、《大般涅槃經》、《藥師經》等各爲一冊;號數較少的則多種合爲一冊。

此目開本宏朗,每半葉六行,每行分八欄,版框、行格、欄綫及各著錄項的"尺"、"寸"、"行"、"紙"、"起"、"訖"、"號"等字樣,均爲印製。版面爲表格式。版心刊"敦煌經典目",每冊首葉題部類、經名。

正文每行著錄一號,每號著錄八項,自上而下依次爲:書名、尺寸、行數、紙數、起訖、原號、號次、備注。其中,"書名"載錄經名、卷次及品名;"起訖"分別著錄首二行起字各二字、尾二行止字各二字;"原號"指千字文號;"號次"則指該條目在該經目錄中的順序號(流水號);"備注"主要記載破損情況,如"首行微損"、"卷中碎損五行"等。冊

---

[1] 《北京圖書館史資料彙編:1909—1949》,1013頁。
[2] 《北京圖書館史資料彙編:1909—1949》,1016頁。
[3] 此前關於寫經室成立的介紹,有重新評估的必要。比如余欣《許國霖與敦煌學》一文中說:"1924年3月,京師圖書館在目錄課下設第五組,負責編輯唐人寫經目錄兼專門研究圖書館學。"(《敦煌吐魯番研究》第7卷,上海古籍出版社,2003年,67頁)即因誤讀《辦事細則》的產生和作用,從而對寫經組的成立時間發生誤解。

内部分條目貼有浮簽，內容爲經名及起句、止句文字。

值得注意的是，俞澤箴日記明確記載，此目編排體例參照的是日本大正年間佛學界開始纂修的《大正新脩大藏經》。《大正藏》"編纂中引進了西方的學術規範"，"體現了近代編藏理路從宗教性向學術性的演化"[1]，體例方面"力圖依據思想的發展與典籍的演變這樣的歷史綫索來安排大藏經的結構"[2]，是現代佛學研究學者使用最爲廣泛的一部漢文大藏經。《大正藏》的編纂始於1922年，當年11月的"新修大藏經編纂最高會議"上列出分類部目，次年3月完成了"入藏目錄"[3]，全部完成則是1934年。俞澤箴編排整理館藏敦煌遺書目錄時，《大正藏》尚在編輯過程中，此時選擇《大正藏》作爲參照，顯示了俞澤箴等編輯者對國際佛學界動態的準確把握。

與《敦煌經卷總目》相比，《敦煌經典目》著錄更爲詳細，考訂了經名，結構上不再以千字文編號爲序而改以文獻類聚，同一部經則以品次爲序，更便於檢索與研究參考。總體上看，《敦煌經典目》是一部體例嚴謹、著錄詳明、學術性較強的館藏敦煌遺書目錄。

《敦煌經典目》編成後，即有學者或學術機構要求抄錄。如1925年10月31日，日本學者加地哲定托俞澤箴抄此目[4]；1926年9月3日，教育部指令京師圖書館暫借敦煌遺書目錄予歷史博物館，錄副後交還[5]。可見此目雖未正式出版，但也通過一定渠道，在文獻整理、讀者服務等方面發揮了一定的作用。

遺憾的是，編寫完竣並已謄清的《敦煌經典目》未能正式出版印行，因此學界極少有所瞭解，更談不上利用它來開展敦煌文獻研究。幸運的是，這部目錄的成果，總體上體現在陳垣校錄的《敦煌劫餘錄》中。

四、《敦煌劫餘錄》及其成書過程

1931年中央研究院歷史語言研究所印行的《敦煌劫餘錄》，是第一部正式出版的國家圖書館藏敦煌遺書目錄，影響巨大且深遠。陳寅恪在此書序文中稱該書爲"治敦煌

---

[1] 方廣錩《略談漢文大藏經的編藏理路及其演變》，《世界宗教研究》2012年第1期，38—39頁。

[2] 方廣錩《〈大正新修大藏經〉評述》，載《隨緣做去　直道行之：方廣錩序跋雜文集》，北京：國家圖書館出版社，2012年，67頁。

[3] 方廣錩《〈大正新修大藏經〉評述》，《隨緣做去　直道行之：方廣錩序跋雜文集》，72頁。

[4] 孫玉蓉《俞澤箴整理敦煌寫經日記輯錄》，《文獻》2009年第1期，29頁。

[5] 《教育部訓令第205號》，《北京圖書館館史資料彙編：1909—1949》，149—151頁。按：敦煌經籍輯存會成立後，其事務所即設在歷史博物館，因此，此次錄副很有可能與敦煌經籍輯存會及陳垣編《敦煌劫餘錄》有關。不過，目前還沒有明確的資料證明這一點，其中的關聯還有待進一步考證。

學者不可缺之工具也"[1]。白化文指出:"從敦煌學發展史的角度來觀察,《敦煌劫餘錄》是世界上公佈的第一個館藏敦煌漢文文書目錄,是一個創舉。從圖書館學的角度來觀察,它也是世界上公佈的第一個敦煌漢文文書的分類目錄。"[2]林家平等認爲該書"是我國學者編撰的第一部大規模的關於敦煌文獻的目錄書,同時也是敦煌遺書整理編目工作進行最早、最好的目錄,在參考閱讀上起了很大的作用"[3]。

長期以來,《敦煌劫餘錄》一直是學界瞭解國圖藏敦煌遺書的主要工具。1960年代初,王重民等編纂《敦煌遺書總目索引》,北京圖書館藏卷部分主要係摘錄《敦煌劫餘錄》千字文號、經名等信息,吸收周叔迦等人的新考證成果,匯總改編成書,並注出《劫餘錄》頁數。《總目索引》删去了《劫餘錄》的其他著錄項,雖然簡便易查,但要瞭解更多的信息,仍然不得不依賴《敦煌劫餘錄》。20世紀90年代,施萍婷等增補修訂《總目索引》,編成《敦煌遺書總目索引新編》一書,總體上没有超出王重民原書的範疇,因而國圖藏卷部分目錄依然無法代替《敦煌劫餘錄》。直到21世紀初,方廣錩等新編的"條記目錄"陸續隨《國家圖書館藏敦煌遺書》出版,國圖藏卷纔有了更爲詳細的目錄。《敦煌劫餘錄》行用七十餘年,其學術影響力之深遠,由此可見一斑。

關於《敦煌劫餘錄》的成書過程,陳垣在該書序文中有詳細說明。陳垣編此目,經歷了三個時期:

其一爲1922年春兼任京師圖書館館長時,翻閱、考訂經卷。序稱:"十一年春,予兼長館事。時掌寫經者爲德清俞君澤箴,乃與俞君約,盡閱館中所藏,日以百軸爲度,凡三越月而八千軸畢。"[4]

其二爲1925年[5]從京師圖書館錄副編排。序稱:"十三年夏,都人士有'敦煌經籍輯存會'之設,假午門歷史博物館爲會所,予被推爲采訪部長。僉擬徵集公私所藏,匯爲一目,登報匝月,應者寥寥。予遂先就館中錄其副目,按部排比。……稿成,名曰《敦煌劫餘錄》。未及刊行,會又停頓。"這一段文字說明了此目的編輯,與陳垣參加敦煌經

---

[1] 陳寅恪《敦煌劫餘錄序》,載《敦煌劫餘錄》,中央研究院歷史語言研究所,1931年。
[2] 白化文《簡評〈敦煌劫餘錄〉和〈敦煌遺書總目索引〉》,《社會科學戰綫》1989年第1期,324頁。
[3] 林家平、寧强、羅華慶《中國敦煌學史》,北京:北京語言學院出版社,1992年,95—96頁。
[4] 陳垣《敦煌劫餘錄序》,載《敦煌劫餘錄》,中央研究院歷史語言研究所,1931年。以下此序原文均引自此本,不再出注,特此說明。
[5] 一般論者據此序所稱"十三年",認爲陳垣於1924年就京師圖書館所編敦煌遺書目錄錄副(如黄曉燕《敦煌經籍輯存會研究》一文),這是不準確的。陳垣對敦煌經籍輯存會成立時間的記憶有誤,因此錄副時間應爲敦煌經籍輯存會成立的1925年10月以後。詳見下文。

籍輯存會並被推爲采訪部長有關，而此目實爲該會所催生的最爲重要的成果。

其三爲1929至1930年增删改定全書。序稱："十八年春，中央研究院歷史語言研究所屬編北平圖書館敦煌寫經目錄，予乃重理舊稿，删其複出，補其漏載，正其誤考，又越年餘，今始寫定。……第十四帙中並有續考諸經，爲近日秋浦周君叔迦所考定，並依編入。"

圍繞這篇序文及《敦煌劫餘錄》的編纂過程，歷來學術界有一些誤解，需要在新資料的基礎上加以辨析。這當中突出的一個問題，就是陳垣是否在館長任期內完整翻閱了京師圖書館藏敦煌遺書。

長期以來，敦煌學史的研究者一般認爲，陳垣在俞澤箴的協助下，於1922年翻閱了館藏所有八千餘卷敦煌遺書。王重民在《敦煌遺書總目索引·後記》中説："1922年又由陳援庵先生（由俞澤箴協助）作了一次全面的檢閲、考訂，並詳細的紀錄下了編目上所需要的各種條件和資料。"[1]林家平等《中國敦煌學史》這樣記述這段經過："1922年，復由陳垣和俞澤箴作了一次全面的檢閱、改訂，陳、俞二人閱盡全部卷子，認爲其中遺文異文足資考證者甚多。"[2]郝春文《二十世紀的敦煌學》一文則説："1928年，京師圖書館更名北平圖書館，邀請陳垣對所藏敦煌文獻進行系統整理，於1930年完成了詳細記載每卷起訖、紙數、行數、題記和殘缺情況的《敦煌劫餘錄》。"[3]這些論述都是根據陳垣《敦煌劫餘錄序》關於1922年檢閲考訂敦煌遺書的記載，加以闡釋、演繹的。

這些論述不同程度地誤解了陳垣的序文。孫玉蓉根據俞澤箴日記關於陳垣到館考訂敦煌遺書的相關記載，指出"三月盡閲"的説法與事實有一定出入[4]。方廣錩結合自己主持編目工作的經驗，認爲"如果陳垣並無著錄草稿，僅用三個月的時間便將8000卷全部檢視一遍，並完成定名、著錄等工作，應該是比較困難的"[5]。他們的看法是可以信從的，主要原因有如下幾個方面：

其一，陳垣稱"與俞君約，盡閲館中所藏"，"約"字表明這段話所述乃是一種工作計劃，而並非實際執行的情況。方廣錩將其視爲"陳垣交待給寫經組的工作，同時陳垣本人也部分參與了閲經活動"[6]，是很貼近實際情況的論述。

---

[1] 王重民主編《敦煌遺書總目索引》，北京：商務印書館，1962年，548頁。
[2] 林家平、寧强、羅華慶《中國敦煌學史》，94頁。
[3] 郝春文《二十世紀的敦煌學》，《二十世紀的敦煌學》，上海古籍出版社，2006年，45頁。
[4] 孫玉蓉《陳垣〈敦煌劫餘錄序〉解疑》，《廣西社會科學》2008年第7期，121—122頁。
[5] 方廣錩《中國國家圖書館藏敦煌遺書六種目錄述略》，《上海師範大學學報》2013年第4期，40頁。
[6] 方廣錩《中國國家圖書館藏敦煌遺書六種目錄述略》，《上海師範大學學報》2013年第4期，40頁。

其二,從工作進度上推測,如果每日展閱百卷,必然只能粗略地翻過,難以同時進行考訂工作並記錄編目所需的資料。從俞澤箴日記中可以看到,"量經"一般每日可完成三四十卷,多者可達六十卷;"檢查"則一般每日二十餘卷,極少幾天能完成四十卷以上;"庋藏"則最多時一天可完成二百餘卷。同時進行檢查、量經等工作而能一日完成百卷,實在是難以完成的。

其三,從陳垣擔任館長的時間來看,也不允許他從容地盡閱所有館藏敦煌遺書。陳垣於1921年12月27日署理教育次長,暫代理部務,同時兼任京師圖書館館長[1],1922年1月4日到館[2],至5月27日辭去教育次長,歷時僅不足五個月。當時京師圖書館的館長例由教育次長兼任,而日常館務則由主任負責。這五個月中,京師圖書館館長只是陳垣的兼職,他並不實際主持館務,也不必每日蒞館視事,處理教育部部務當是其主要精力所繫。因此,陳垣在任職教育次長的五個月中,抽出三個月的工作時間來館翻閱敦煌遺書,可能性是非常低的。

當然,身為優秀學者的陳垣,並非空談無實的官僚。在其任職的五個月內,曾多次來館考訂敦煌遺書。俞澤箴日記中所記,有以下數則:1922年4月11日"午後,館長陳援庵垣來館檢查俟考各經及道經";12日"佐援庵館長續查景教經[3],無所獲";13日"佐館長查經";14日"續查經,今日告藏事"[4]。這次到館查經歷時四天,始告結束。俞澤箴日記所載陳垣到館工作的次數並不多,即便他的記載很有可能不完整,但也不至於遺漏太多。根據這些有限的記載可知,陳垣在任職期間,曾數度前往京師圖書館,在俞澤箴協助下考證此前未查出經名的佛經,親自從事考訂、編目工作。

此外,必須說明的是,陳垣長期在京任職任教,與京師圖書館、國立北平圖書館的關係始終頗為密切。他不僅經常在館查閱文獻,而且曾以國立北平圖書館委員會委員、購書委員會主席的身份指導館務工作。在擔任館長的五個月之外,陳垣完全有可能大量借閱館藏敦煌遺書,進行編目工作。因此,僅僅根據俞澤箴日記便簡單地否定陳垣通閱全部館藏敦煌遺書的可能性,也是不符合事實的。相反,根據《敦煌劫餘錄》對前此目錄的大幅修改、補充(詳見下文),我們有理由相信,陳垣應當通覽了絕大部分館藏敦煌

---

[1] 劉乃和等著《陳垣年譜配圖長編》,瀋陽:遼海出版社,2000年,108頁。
[2] 孫玉蓉《俞澤箴整理敦煌寫經日記輯錄》,《文獻》2009年第1期,19頁;孫玉蓉《為〈陳垣年譜配圖長編〉補遺指謬》,《天津大學學報》2008年第2期,143—144頁。
[3] 指BD00256(宇56)摩尼教經殘卷。
[4] 孫玉蓉《俞澤箴整理敦煌寫經日記輯錄》,《文獻》2009年第1期,20頁;孫玉蓉《為〈陳垣年譜配圖長編〉補遺指謬》,《天津大學學報》2008年第2期,144頁。

遺書,只是完成通覽的時間不限於任館長的五個月,而是長達數年。

五、《敦煌劫餘錄》的編纂基礎係《敦煌經典目》

陳垣在序中說明,民國十三年(1924)因敦煌經籍輯存會的推動,他"就館中錄其副目,按部排比",編成《敦煌劫餘錄》的初稿。這段記載中含有兩個問題,值得我們深究。

其一是時間。敦煌經籍輯存會的成立時間,歷來有1921年、1924年等不同說法,但主要根據均爲當事人的回憶性記述,很少使用直接記載。孫玉蓉[1]、黃曉燕[2]根據俞澤箴日記與《圖書館學季刊》、《北京大學研究所國學門週刊》所載資料,考定其成立時間爲1925年9月1日,這是可以信從的[3]。根據陳垣序中"登報匝月,應者寥寥"一語,我們可以推定,陳垣從京師圖書館抄錄敦煌遺書目錄副本的時間,當在1925年10月以後,甚至更晚的1926年9月以後[4]。

其二,陳垣所抄錄的用作《敦煌劫餘錄》底本的目錄,究竟是哪一種目錄?

方廣錩早年認爲,"《劫餘錄》是陳垣先生在《敦煌石室經卷總目》的基礎上創造性勞動的成果"[5]。白化文也指出:"其工作基礎,是一九一〇年學部諮甘肅有司,將藏經洞中殘卷'悉數運京,移藏部隸京師圖書館'的那份草目。"[6]他們都曾認爲《敦煌劫餘錄》的底本是敦煌遺書入館之初編成的《敦煌經卷總目》,這是早年敦煌學史研究者中頗具代表性的一種看法。

近年來,孫玉蓉[7]、黃曉燕[8]、方廣錩[9]先後刊文指出,陳垣所錄副的不是入藏

---

[1] 孫玉蓉《"敦煌經籍輯存會"成立時間探究》,《理論與現代化》2008年第4期,106—109頁;孫玉蓉《最早從事敦煌學研究的學術團體——敦煌經籍輯存會》,《文史知識》2009年第6期,126—129頁。
[2] 黃曉燕《敦煌經籍輯存會研究》,《大學圖書館學報》2011年第3期,112頁。
[3] 方廣錩《中國國家圖書館藏敦煌遺書六種目錄述略》一文也同意孫、黃二文關於敦煌經籍輯存會成立時間的考證,並據此認爲"陳垣去館中錄副的時間應該在1925年9月1日以後"。
[4] 上文已提及,1926年9月3日教育部曾指令京師圖書館將敦煌遺書目錄借予歷史博物館錄副,考慮到歷史博物館爲敦煌經籍輯存會事務所所在地,我們目前還不能排除此次錄副與輯存會及陳垣有關的可能性。如果此論成立,則陳垣抄錄目錄的時間當晚至1926年9月以後。
[5] 方廣錩《北京圖書館藏敦煌遺書勘查初記》,《敦煌學輯刊》1991年第2期,4頁。這是方教授早年的看法,近年已提出新的見解,詳見《中國國家圖書館藏敦煌遺書六種目錄述略》。
[6] 白化文《敦煌文物目錄導論》,臺北:新文豐出版公司,1992年,4頁。
[7] 孫玉蓉《陳垣〈敦煌劫餘錄序〉解疑》,《廣西社會科學》2008年第7期,121—122頁。
[8] 黃曉燕《敦煌經籍輯存會研究》,《大學圖書館學報》2011年第3期,115頁。黃曉燕該文準確指出了這一點,但由於時間判斷疏忽,誤認爲陳垣所錄爲"當時還未完全成書"的稿本。事實上,陳垣錄副時間爲1925年10月以後,其時《敦煌經典目》稿本已經完成。這是需要特別指出的。
[9] 方廣錩《中國國家圖書館藏敦煌遺書六種目錄述略》,《上海師範大學學報》2013年第4期,40頁。

之初編成的《敦煌經卷總目》,而是寫經室所編《敦煌經典目》或其未定稿,這是正確的。從時間上看,1925年9月中旬《敦煌經典目》已編成並交付謄抄,寫經室新添書記傅潤田從事抄寫工作,而陳垣録副的時間不早於1925年10月,恰好在該目完成以後。陳垣絕不會置自己曾參與編纂且已經完成的《敦煌經典目》於不顧,轉而抄録十餘年前編成的"財産帳式"的《敦煌經卷總目》作爲自己編目的基礎。

比對《敦煌劫餘録》與《敦煌經典目》、《敦煌經卷總目》的結構與内容,我們能清楚地看到這三部目録之間的關係。

總體結構方面,《敦煌劫餘録》以經名爲綱,與《敦煌經典目》相同。條目結構方面,《敦煌劫餘録》每行爲一個條目,著録一號,自上而下著録原號、起、止、紙、行、卷次、品次、附記八項。所謂"原號",即千字文號及號次;"起"著録首二行首二字,"止"著録尾二行末二字;"紙"、"行"則分别著録紙數、行數;不分卷或不分品的佛經及其他文獻,酌情取消"卷次"、"品次"項;"附記"記録殘損情況、迻録題記、説明卷背文字等。

將《敦煌劫餘録》與《敦煌經典目》對比,可見其條目結構上的相似性:"原號"、"起止"、"紙"、"行"即《敦煌經典目》的"原號"、"起訖"、"紙數"、"行數"四項;"品次"則摘取《敦煌經典目》"書名"項的品名部分;"附記"大致相當於《敦煌經典目》的"備注"項。《敦煌劫餘録》不著録"尺寸"、"號次"兩項,這是兩者在條目結構上的最大差别。可見《敦煌劫餘録》的條目結構與著録内容,大體上脱胎於《敦煌經典目》,而在著録項排列順序方面則作了調整。

爲了更明確地瞭解兩者之間的關係,我們不妨進一步考察具體的著録内容。以《大般若波羅蜜多經》爲例:《敦煌經典目》著録鱗87至鹹90共1409號,此1409號《敦煌劫餘録》全部著録且順序與之相同;《敦煌劫餘録》在此之外另增羽23、推64、宇90、鱗47等4號(詳見下文)。

《敦煌經典目》著録的《大般若波羅蜜多經》前三條爲[1]:

書　　名	尺　寸	行　數	紙數	起訖	原　號	號次	備　注
大般若波羅蜜多經第一卷 初分緣起品一之一	二四尺七寸	四五七行	一六紙	大般 大唐 起 一面 第一 訖	鱗字八七號	壹號	首五行碎損

---

〔1〕 原表格爲豎行,本文爲排版方便,改爲横行,特此説明。

（續表）

書　　名	尺　寸	行　數	紙數	起　訖	原　號	號次	備　注
大般若波羅蜜多經第一卷 初分緣起品一之一	一尺五寸	二八行	一紙	我皇御製起 處無俱訖	李字四三號	貳號	
大般若波羅蜜多經第一卷 初分緣起品一之一	一尺五寸	二六行	一紙	者得諸有起 飾紛西方訖	致字五三號	三號	

《敦煌劫餘錄》著錄的《大般若波羅蜜多經》前三條爲[1]：

原　號	起	止	紙	行	卷次	品　次	附　記
鱗87	大般大唐	一面第一	17	457	1	三藏聖教序 初分緣起品一之一	首五行碎損。 尾署"勘了"。
李43	我皇御製	處無俱賍	1	28	1	三藏聖教序 初分緣起品一之一	
致53	者得諸有	飾紛西方	1	26	1	初分緣起品一之一	

比較兩種目錄所著錄的《大般若波羅蜜多經》前三條，《敦煌劫餘錄》著錄的内容，絶大部分都能在《敦煌經典目》中找到依據，可見《敦煌劫餘錄》與《敦煌經典目》有著密切關係。

綜上所述，《敦煌劫餘錄》的結構、内容均與《敦煌經典目》極爲接近，《敦煌劫餘錄》無疑是在《敦煌經典目》的基礎上編成的。俞澤箴、江味農等寫經室館員持續數年的細緻工作，奠定了《敦煌劫餘錄》的基礎，他們對《敦煌劫餘錄》的成書居功甚偉。

反觀《敦煌經卷總目》，則與《敦煌劫餘錄》有較大的差別。首先，《敦煌經卷總目》按照千字文號排序，其總體結構與按經類聚的分類目錄《敦煌劫餘錄》有著根本的差別。其次，著錄項多寡懸殊，《敦煌劫餘錄》著錄經名、卷次、品次、紙數、行數、千字文號、起訖、附記等項，較爲詳細；而《敦煌經卷總目》每號僅著錄序號、尺寸、起字、止字等項，連經名簡稱都是後補的，極爲簡略。最後，著錄項的詳略方面有較大差異，如經名，《敦煌劫餘錄》著錄經名、卷次與品名，而《敦煌經卷總目》後補的經名均爲兩三個字的

---

[1] 原文爲豎行，本文改爲横行，以便排版；又原書無横欄綫，爲便於比較，本文增加欄綫，改爲表格式。

简稱;《敦煌劫餘録》著録起止字,均分別録首尾各兩行的每行各兩個字,而《敦煌經卷總目》則只著録首尾各二行的每行各一個字。

通過以上對比,可知《敦煌經卷總目》與《敦煌劫餘録》在結構、内容上差别較大,不具備在其基礎上編纂《敦煌劫餘録》的基本條件。因此,認爲《敦煌劫餘録》是以《敦煌經卷總目》爲基礎編纂的目録,是不符合史實的。

當然,這並不是説《敦煌劫餘録》與《敦煌經卷總目》二者毫無關係。經過比勘,我們發現,《敦煌劫餘録》著録部分寫卷時參考了《敦煌經卷總目》。

仍以《大般若波羅蜜多經》爲例,《敦煌劫餘録》在鹹 90 號之後,列有羽 23、推 64、宇 90、鱗 47 等四號,均僅著録館藏號、起止字、紙數、行數及附記,卷次、品次空缺。前三號附記均注"館舊目注是大般若經",鱗 47 附記注"此卷係節抄大般若經卷四十六、卷一六五、卷三六一、卷三六二、卷三六三"[1]。這裏所稱的"館舊目",即《敦煌經卷總目》。

查勘《敦煌經卷總目》,第一册宇 90 號天頭注"般若",地腳注有櫃屜號"結三";第七册鱗 47 號天頭注"節抄大般若經",地腳未標皮藏櫃屜號;第七册羽 23 號天頭注"大般若經,阿吒薄柏大元帥法",地腳未注皮藏櫃屜號;第八册推 64 號天頭注"大般若",地腳未注皮藏櫃屜號。

比對二者可知,《敦煌劫餘録》將《敦煌經卷總目》標注爲《大般若經》而未能查出卷次品名的羽 23、推 64、宇 90 等三號附録在該經的最後,這表明《敦煌劫餘録》編纂時參考了《敦煌經卷總目》。

六、陳垣對《敦煌劫餘録》的貢獻

上文所述,釐清了《敦煌劫餘録》編纂過程中的某些問題,肯定了俞澤箴等人的工作成績與貢獻。當然,本文無意否定陳垣對《敦煌劫餘録》的貢獻,相反,陳垣的創造性工作在該書編纂中起著決定性作用。陳垣多次到館親自參與館藏敦煌遺書的考訂工作,詳情已見上文,兹不贅述。在此主要從《敦煌劫餘録》本身來看陳垣的貢獻。

首先,編排方面。《敦煌經典目》的總體結構是參照《大正藏》確定的,如經藏以阿含部、本緣部、般若部、法華部、華嚴部、寶積部、涅槃部、大集部、經集部、密教部分部;《敦煌劫餘録》的經藏部分大體以華嚴部、方等部、般若部、法華部、涅槃部、阿含部的順

---

[1] 陳垣校録《敦煌劫餘録》,206 頁。

序排列,與清順治年間智旭所撰《閲藏知津》結構接近。二者在總體結構上,有較顯著的差別。可見陳垣在《敦煌經典目》的基礎上,對全目結構作了徹底的調整。

其次,著録内容的修正、完善與提升。即以前引《大般若波羅蜜多經》前三個條目爲例,其著録項有如下幾處修訂與補充:(1)鱗87號紙數由16紙修正爲17紙;(2)李43號末行止字由"俱"增補爲"俱胝";(3)鱗87、李43品名均增補"三藏聖教序"。經過修訂之後,著録更爲完整準確。類似的修正、增補,卷中俯拾皆是,不勝枚舉。

陳垣的增補工作在"附記"項表現尤爲突出。《敦煌經典目》的"備注"項非常簡單,主要内容爲寫卷殘損情況,已見前述。《敦煌劫餘録》"附記"項的内容則相對較爲豐富,除殘損情況外,還包括題記、背面文字等。仍以《大般若波羅蜜多經》爲例舉出數例,列表對比如下:

千字文號	《敦煌經典目》"備注"項	《敦煌劫餘録》"附記"項
鱗87號	首五行碎損。	首五行碎損。尾署"勘了"。
騰30號	首四十七行碎損。	首四十七行碎損。尾署"智照寫"。
闕56號	卷多碎損。	卷多碎損。首有武后新字。
調34號		後兩行係雜寫,非本卷經文。
荒63號		勸學品末重廿四行。
黄32號		卷首有小綢帶一根,約三寸許。字亦工楷。
生29號		書法頗佳。
裳81號		尾署"寅年三月廿九日已後欠經十八卷"十四字。
露16號		卷末兩行非本卷經文。背有字。
列3號		背面有字。
生97號	全卷碎損。	全卷碎損。下端火燒。
鳥28號		背後《六門陀羅尼》。

這幾個例子中,《敦煌經典目》"備注"項的内容全部見於《敦煌劫餘録》"附記"項,表明了兩者的沿襲關係;鱗87號、騰30號、裳81號,《敦煌劫餘録》"附記"項均補充了卷末題記;闕56號,補充了卷中有武周新字這一信息,可作爲年代考訂的重要依據;調34號、荒63號、露16號等,均記録了校勘經文的結論,揭示了文獻的内容;黄32號記録了卷首標帶的情況;黄32號、生29號記録了書法的情況;露16號、列3號、鳥28號均記載了卷背文字;生97號記載了火燒痕跡。這些記載揭示了敦煌遺書的文物、文獻特徵,便於學者全面瞭解其信息與文獻價值,對文獻研究而言有非常重要的參考意義。

以上所述,就是陳垣序中所説"重理舊稿,删其複出,補其漏載,正其誤考"的工作,這部分工作歷時年餘,方纔完成。

其三,吸收最新的研究成果。陳垣在序中説明:"第十四帙中並有續考諸經,爲近日秋浦周君叔迦所考定,並依編入。"第十四帙著録佛經85種302號,其經名爲周叔迦所考定。周叔迦應邀入館考訂敦煌遺書,始於1929至1930年度,當年《館務報告》載:"至總目中未注經名者之二百餘卷,亦有急速整理之必要。館中特約周叔迦先生詳加審查,已經查出十分之八。"[1]1930至1931年度[2],此項工作繼續進行,當年《館務報告》將"考定未經查明之經卷"列爲"唐人寫經之整理"工作的第二項[3],可見周叔迦完成考訂工作大致應在1930年下半年。這與陳垣編定《敦煌劫餘録》的時間,正好是相合的。也就是説,《敦煌劫餘録》吸收了當時國立北平圖書館敦煌遺書整理工作的最新成果。《敦煌劫餘録》第十四帙的編排方式與全書主體不一致,並未將各卷散入各經,而是將周叔迦所考定的部分集中在一起。這種編排方式,可能由於時間倉促,未能劃一體例,也有可能是出於表彰周叔迦工作成績的緣故,有意爲之。

綜上所述,《敦煌劫餘録》雖然是在《敦煌經典目》的基礎上編成的,但陳垣不僅參與了早年的基礎工作,而且設計了全目的總體結構,充實了著録的内容,提升了整部目録的學術水準,使其成爲中國敦煌學興起時代的代表性著作。《敦煌劫餘録》之所以能獲得崇高的學術地位,得到學界的高度評價,陳垣大量且卓越的整理、修訂、增補工作,是其中至關重要的因素。因此,將陳垣視爲此目的主要編者,是理所當然的。然而,陳垣在序言中説:"予於此録,始終碌碌,因人成事而已。"他並没有在書前署陳垣"撰"、"著"或"編",而署曰"新會陳垣校録"。這充分表達了陳垣對俞澤箴寫經室人員與周叔迦早前工作的肯定,展現了一位學者尊重他人研究成果的學術品格與謙遜的人格。

本文撰寫過程中得到國家圖書館林世田、張廷銀研究館員的幫助與指導,修改過程中又得到上海師範大學方廣錩教授的指教,受益匪淺,敬致謝忱。

(作者單位:中國國家圖書館)

---

[1]《國立北平圖書館館務報告(民國十八年七月至十九年六月)》,北平:國立北平圖書館,1930年,34頁。
[2] 國立北平圖書館這一時期的工作年度,係指上年之七月至下年之六月。
[3]《國立北平圖書館館務報告(民國十九年七月至二十年六月)》,北平:國立北平圖書館,1931年,33頁。

Wang Zhongmin's Years in Paris (1934 – 1939)

Nathalie Monnet

When we talk about *Dunhuangxue* 敦煌學, we think of the tremendous amount of knowledge acquired on ancient China and Central Asia in the course of the last century after the discovery of cave n° 17 in Dunhuang. But what could the manuscripts have taught us without the strenuous work of many talented scholars?

One of those exceptional scholars was Wang Zhongmin 王重民(1903 – 1975), a man whose activity has been instrumental in Dunhuang studies, both in France and in China. He crafted many tools that several generations of researchers have used to access original sources. His contribution to Dunhuang studies is well known to every Dunhuang scholar, but his life and work in Paris, where he lived from 1934 to 1939, is far less familiar. I have already written a detailed article on this topic[1]. Here, I will only bring up some of the data I have gathered.

Paul Pelliot 伯希和(1878 – 1945) was one of the leading sinologists in the first half of the 20th century. Not only did he bring to Paris a collection of Chinese printed books and rubbings, and a unique selection of manuscripts and paintings from Dunhuang, but as early as 1909 he also advocated and initiated scholarly exchanges between Chinese and French scholars. Throughout his life, Pelliot reinforced this intellectual bridge. In 1934, an agreement was signed between the Chinese and the French national libraries for the mutual exchange of librarians. Pelliot most certainly discussed the project with Director Yuan Tongli 袁同禮(1895 – 1965), head of the National Library in Beijing. He chose to send one of his

---

[1] 王重民巴黎往事追記(1934—1939),蒙曦(Nathalie Monnet)撰,羅棲霞譯,版本目錄學研究,第五輯,北京大學出版社,2014, pp. 3 – 38.

students, Miss Roberte Dolléans (1911 – 1972), who took on the Chinese name of Du Naiyang 杜乃扬. The National Library of Peiping, as it was called at the time, dispatched Wang Zhongmin 王重民 to Paris. Both librarians were initially scheduled to stay abroad one year but they both asked to extend their respective stays several times. Du Naiyang worked in Beijing until February 1938 and Wang Zhongmin stayed a year and a half longer in Paris, until August 1939.

The young Roberte Dolléans first met Director Yuan Tongli in Paris and then worked under his supervision in China. In her letters, she writes that she was very happy in Beijing and organized an exhibition of contemporary books on French art at the National Library. She was impressed by how dedicated the library staff was, even though the situation was not easy because most of the rare books had already been sent to Shanghai; from an old picture taken at the National Library of Peiping, we know that Zhang Xiumin 張秀民 was among her Chinese colleagues.

Upon coming back to France, Roberte Dolléans became the head of the Oriental section at the Department of Manuscripts of the French National Library. She later married and took on the name of Marie-Roberte Guignard. The Department of Manuscripts is not only the location where the entire collection of the Dunhuang manuscripts is kept, but it is also where, since the end of the 17th century, most Chinese documents have been stored. It currently preserves the largest French collection of original books from the Ming and Qing dynasties as well as an extensive collection of rubbings.

Wang Zhongmin's life in Paris

Before talking about Wang Zhongmin's scholarly achievements, I want to briefly mention some aspects of his private life. As soon as he got to Paris, he lived in a room located at 13 rue des Écoles, in the 5th district of Paris, near the Seine River. The building was most likely a hotel back in 1934, which it still is today. Between 1935 and 1938, Wang lived in a very typical old Parisian building at 30 rue Saint-André des Arts, at the heart of the Latin Quarter, the neighborhood most favored by intellectuals. During his entire stay in Europe he lived on and off in London for several months but decided to get married in France. After his son was born in Paris, he rented a furnished apartment for the whole family in a newly constructed Art Nouveau style building located at 78 rue Blomet, in the 15th district.

Wang Zhongmin befriended many Chinese expatriates. For his first meeting with Paul Pelliot, Wang asked to be accompanied by three of his compatriots living in Paris, Wang Haijing 王海鏡, Yu Daoquan 于道泉 and Wang Jingru 王靜如. Wang Haijing was one of the organizers of the association called "Faguo Bali Zhonghua minzhong kang-ri jiuguo hui" 法国巴黎中华民众抗日救国, that was established in Paris in 1936. Yu Daoquan 于道泉 became a linguist and a Tibetologist while Wang Jingru 王靜如 became a linguist, a historian and an anthropologist.

In 1937, Wang Zhongmin married Miss Liu Xiuye 劉修業, a name transcribed at that time as Lieou Sieou-yek. Like Wang, she was a librarian from the National Library of China. She had left Shanghai in August 1936 to work with him in Paris. The April 10, 1937 wedding invitation they sent to Paul Pelliot is still preserved. Their son was born in June 1939 and named Litton, in Chinese Lidun 黎敦, a name which had a special significance for the couple: the first character was chosen in reference to Paris (Bali 巴黎), the second to both London (Lundun 倫敦) and Dunhuang 敦煌.

Most people believe that while he was in Paris, Wang Zhongmin only worked on the Dunhuang manuscripts. But in fact, he worked on many other projects and wrote many bibliographical articles that were completely unrelated to the Dunhuang scrolls. Wang had to follow instructions given him by both the Director of the Beiping Library and the Director of the Department of Manuscripts at the National Library in Paris. He also gave advice to his wife for her bibliographical studies and helped several French sinologists with their research. We can summarize his activity as follows:

I. Oral instructions given to him by Yuan Tongli to work on:

I.1. The Dunhuang manuscripts in Paris and London.

I.2. Christian books published in China during the Ming and Qing dynasties.

I.3. Publications by the Taiping Heavenly Kingdom.

I.4. Unique exemplars of manuscripts and printed books kept overseas.

II. Assignments to write catalogs for the French National Library.

II.1. Of the printed books in the "Pelliot A & B collection".

II.2. Of the rubbings brought back by Pelliot.

II. 3. Of the Dunhuang manuscripts written in Chinese.

III. Various collaborative projects with Paul Demiéville, Nicole Vandier, Jean-Pierre Dubosc, and Marie-Roberte Dolléans.

IV. Work with Liu Xiuye on various bibliographical studies (Chinese novels, plays, and Christian material).

This brief summary of his activities shows that not one but four research topics were assigned by his supervisor Yuan Tongli in October 1934, when Yuan was in Paris. He instructed him to study the Dunhuang manuscripts kept not only in France but in Europe, the Christian books written in Chinese over the last two dynasties, the books published during the Taiping Rebellion, and to seek out unique copies of printed books and rare manuscripts. Wang did the research on all these topics and wrote many articles that were immediately published in Chinese journals. As an exchange librarian working in Paris, he also received assignments from the French National Library. During his spare time, he was also willing to help the French sinologists he befriended. Finally, he shared his research on Sino-European Christian material with his wife who, at the end of her stay, would go to the National Library every day to copy the prefaces of Christian books.

Wang regularly worked with French sinologists such as Nicole Vandier 尼古拉女士 (1908 – 1987), a French art historian who taught at the Louvre Museum and at the École Nationale des Langues orientales, the French school for Oriental languages. At the time she met Wang Zhongmin, she was preparing a catalog of Dunhuang paintings and banners deposited by Pelliot at the Louvre. She later wrote that Wang "would bring me, copied in his own handwriting, the texts of manuscripts related to my work."

In 1937, fifty Chinese paintings of the Ming and Qing dynasties collected by Jean-Pierre Dubosc, Du Bosi 杜博思, were exhibited at the French National Library. In the foreword of his catalog, Dubosc thanks Wang, whom he calls by his pen name, Wang Yeou-san (王又三).

Wang Zhongmin's work with Demiéville

Wang's best friend in Paris was Paul Demiéville, Dai Miwei 戴密微 (1894 – 1979). Throughout his entire stay in Paris, Wang kept friendly and scholarly relations with

Demiéville who was then a teacher of Chinese at the École Nationale des Langues Orientales.

Hu Shi 胡適 originally introduced Wang Zhongmin to Dai Miwei, as seen on Hu Shi's calling card that has come down to us. It reads: "Dear Mr. Demiéville: I am asking Mr. Wang Zhongmin to convey to you my best regards. I hope you will like him and will help him find his way in Paris."

Wang Zhongmin got Demieville to become deeply interested in the study of the Dunhuang manuscripts and his first contact with the sources of Sino-Tibetan relations was due to Wang. Every Wednesday, they would spend the day together, studying all the extracts of the Dunhuang manuscripts that Wang had copied during the week. Wang played a very important role in Demiéville's intellectual life. After Wang's departure and until the end of his career, Dai never ceased to focus his studies on the Dunhuang scrolls.

Demiéville's most important work, *Le Concile de Lhasa* [*Tubo sengzheng ji* 吐蕃僧诤记], was drafted in collaboration with Wang Zhongmin. Wang offered to gather all the relevant texts from the Dunhuang scrolls kept in Paris, London and China, while Dai Miwei wrote up the analyses of the documents. After going back to China, Wang had hoped to publish the book that would come out of their close collaboration. In 1949, it however became impossible to continue working together on their common project. Demiéville published the book by himself in Paris in 1950 and complied with their initial agreement to only include his own studies. He was still hoping that one day Wang would be able to edit a companion volume presenting all the original texts the latter had gathered and transcribed.

Wang Zhongmin's work at the French National Library

The core of Wang Zhongmin's activity was however devoted to writing three catalogs for the Department of Manuscripts at the French National Library, at that time called the Bibliothèque Nationale. There, as Du Naiyang later wrote, Wang "accomplished within his five-year stay a superhuman amount of work."

When Paul Pelliot came back from China at the end of 1909, he brought to the National Library thousands of Dunhuang manuscripts and several thousand books and rubbings. In 1934, the Library assigned Wang the task of writing catalogs for this new material, one for the collection of printed books called «Pelliot A & B», one for the rubbings, and three years later, one for the Dunhuang manuscripts in Chinese script.

The day following Wang's arrival in Paris, on September 29, 1934, he wrote Paul Pelliot a letter in which he asked to meet him. It is obvious that Wang Zhongmin clearly knew Pelliot was the man behind the exchange project. They later probably did not meet very often but Pelliot did supervise Wang's work at the Library.

Work on the collection of printed books *Pelliot A & B*

Wang Zhongmin began the arduous task of cataloguing the "Pelliot A & B" collection of printed books comprising more than 2,000 titles (*zhong* 種). Pelliot had bought these books in Shanghai and Beijing, and a small number were received as gifts from many of Pelliot's Chinese friends: Pei Jingfu 裴景福, Luo Zhenyu 羅振玉, Dong Kang 董康, Wang Renjun 王仁俊, Wang Shunan 王樹枏, Lan *guogong* 瀧國公 and Duan Fang 端方 (1861 – 1911). The French National Library preserves Wang Zhongmin's handwritten catalog in French of the Pelliot A & B collections. The pages were later bound to form two very thick volumes of about seven hundred pages each.

Wang Zhongmin's catalog of rubbings is another volume in which he wrote an introductory note dated February 19, 1938, and which was also later bound. During his expedition to China, Pelliot, whose interest in epigraphy is well known, had gathered several thousand rubbings. Some were collected on his way from Dunhuang to Xi'an, while others were bought at the Forest of Stelaes, the Beilin 碑林, in Xi'an. In the foreword to this catalog, Wang states that he had also included the rubbings given to the Library by Édouard Chavannes (1865 – 1918), also one of France's most eminent sinologists.

Wang was obviously a very diligent scholar. In the report of his first year of activity for the French National Library, we learn that within a nine-month period, he catalogued 900 printed books and around 1,400 rubbings. In addition, he managed to identify a few dozen fragments from the Dunhuang collection.

When Roberte Dolléans returned to Paris, Wang Zhongmin was busy in London examining the Stein collection of Dunhuang manuscripts and they wrote to each other several times. A letter written in February 1939 discusses the catalogs Wang had yet to finish in

Paris.

Wang's work on the Dunhuang manuscripts

Contrary to the general belief that Wang's work in Paris was devoted exclusively to the Dunhuang manuscripts, the first tasks given to Wang were the writing of the catalogs of Pelliot's collections of printed books and rubbings. It is only in November 1937 that Wang Zhongmin was officially allowed to write catalog entries for the Dunhuang manuscripts.

Wang did not only identify the texts but also participated in the work of the conservators. As is well known, in the 10th century, some discarded scrolls written on one side had been pasted together to create new scrolls, or had been repaired with parts of used sheets. Under Wang Zhongmin's guidance, conservators of the French National Library separated the layers to recover hidden texts. Wang Zhongmin also took several thousand photographs of the manuscripts.

First version of the catalog of the Dunhuang manuscripts

In June 1939, Du Naiyang informed Pelliot that she expected Wang to finish the catalog of the Dunhuang manuscripts by the end of the month and bring her the completed copy. She further expected the catalog to be quickly printed in France. But in his last letter before leaving Europe, dated July 23, 1939 Wang mentioned to Pelliot his recent identification of one scroll and added that he still had to identify several more. As he had not yet completed this task and had to leave for Washington, Wang took with him the catalog of the Dunhuang manuscripts he had compiled in Paris. It consisted of his entire card catalog, his notes as well as 15,000 photographs of various Dunhuang manuscripts. He apparently did not have the time to handcopy a second version of his catalog for Pelliot, as was expected of him. The last page of a draft that Wang left at the French National Library stops abruptly in the middle of an entry (Pelliot chinois 2,488).

The Bibliothèque Nationale had to wait until 1946 before Wang sent back the photographs of the remaining entries. This photographic copy clearly shows that Wang did not modify anything after his departure. He probably never found the time to revise the French catalog during his stay in Washington.

Wang continued to write to his French friends. In a March 1940 letter to Paul Demiéville, he fondly remembers his stay in Paris whom he calls his second mother country: "重民旅居巴黎久,不啻第二故鄉".

Attempts to publish the Dunhuang manuscripts

While in the United States, Wang tried to publish his catalog of the Dunhuang manuscripts and submitted several projects. For one of them he applied for the financial support of the Harvard-Yenching Institute. Back in Beijing, Wang wrote to Du Naiyang about yet another attempt to have the catalog published, this time with the help of the Beitang 北堂.

In 1949, Wang managed to have his articles on the *Taigong jiajiao* 太公家教 published in French by a French journal in Beijing, the *Bulletin franco-chinois* 漢學研究所集刊. Soon after, all relations between Wang Zhongmin and French scholars were broken. Wang had to wait till 1962 to see the catalog of the Dunhuang manuscripts published in China. Meanwhile, in France, at Demieville's initiative, a team of researchers from the French National Center of Scientific Research (CNRS) had started to revise the entire catalog. The first five hundred manuscripts entries were not published until 1970. The following catalogs were also slow to be released and the final volume was only published in 2001.

Wang's contributions to the study of Chinese books, rubbings and manuscripts kept outside China have benefitted a great many scholars who, with his bibliographic tools, have been able to locate new material that have led them to publish many groundbreaking research articles.

Wang was always keen to share his knowledge with others. In the same spirit of sharing all knowledge and giving access to documents to the greatest number of people, catalogs of the Dunhuang manuscripts have recently been put online and are accessible to everyone on the Web. Apart from the well-known IDP (International Dunhuang Project) Website and the Artstor digital library, *Dunhuangxue* researchers can also visit the Pelliot collection in the *Gallica* database on the French National Library's Website.

(作者單位：蒙曦,法國國家圖書館手稿部)

Foreign Travellers to Dunhuang, 1920 – 1960[1]

Susan Whitfield

Following the publications of Stein, Pelliot and others resulting from their visits to the Dunhuang Mogao caves in the early twentieth century the caves became more widely known and intrepid travelers, some living in China and some coming from abroad, started trying to visit the site. Some took cameras and, despite the difficult conditions, managed to make a photographic record of their visits. This article briefly introduces some of the travelers, their photographs and the recent work done by IDP on making these more accessible to scholars worldwide.

In modern times the first record of Dunhuang by Europeans was in 1879 when the site was visited by both the Russian Nikolai Mikhailovich Przhevalsky (1839 – 1888) and by the Austro-Hungarian team of Count Béla Széchenyi (1837 – 1908), Gusztáv Kreitner (1847 – 1893), and Lajos Lóczy (1849 – 1920)[2]. The site and its paintings were described in the latter's expedition report published in 1890[3], but it seems to have been a personal conversation between Lóczy and Aurel Stein (1862 – 1943) in 1902 that, Stein noted, had been a major factor in "inducing me to extend the plans of my expedition so far eastwards into China"[4]. He went to Dunhuang in 1907.

It was essential for Stein to publicize his work in order to support his case for funds for

---

[1] A brief report on the same subject is given in *IDP News* 42 (Autumn 2013), online at http://idp.bl.uk/archives/news42/idpnews_42.a4d.

[2] For further details and references see 'The East Asian Expedition of Count Béla Széchenyi (1877 – 1880).' http://dunhuang.mtak.hu/en/b.htm.

[3] *Gróf Széchenyi Béla keletázsiai utazásának (1877 – 1880) tudományos eredményei* (Scholarly results of the Eastern Asian travel of Count Béla Széchenyi). Kilán F., 1890.

[4] http://dunhuang.mtak.hu/en/b.htm.

future expeditions and to ensure the careful completion of this work[1].

In 1914 an exhibition was held of paintings, manuscripts and artefacts acquired by Stein, including many pieces from Dunhuang. The exhibition, which was opened by the King on 7th May, was in the new north wing of the British Museum (the King Edward the Seventh's Galleries, named after the King's father)[2]. The exhibition received considerable attention and remained on display until November[3]. It displayed over 500 items, including 124 paintings from Dunhuang. A catalogue (without images) was published by the British Museum, written by Laurence Binyon, then Assistant Keeper, Department of Prints and Drawings at the Museum[4].

Stein also was concerned to identify scholars who could catalogue and publish the material, including the manuscripts and paintings from Dunhuang. The Chinese manuscript catalogue was assigned to the French scholar, Paul Pelliot (1878 – 1945), although this was delayed and finally left to Lionel Giles (1875 – 1958)[5]. The paintings, however, were described in 1921 by Raphael Petrucci and Laurence Binyon in an Appendix to *Serindia*[6]. In the same year Stein produced an illustrated catalogue of forty-eight of the paintings[7]. This was followed in 1931 by a catalogue by the famous English sinologist

---

[1] See Helen Wang. 'Stein's Recording Angel — Miss F. M. G. Lorimer.' *Journal of the Royal Asiatic Society* 3rd Ser. 8.2 (1998): 207 – 228. DOI: http://dx.doi.org/10.1017/S1356186300009986 (About DOI), Published online: 24 September 2009.

[2] 'Wonders of the East. Exhibits in the British Museum Extension. Royal Opening Today.' *The Times* 7 May 1914, 'The King and the Museum. King Edward Gallery Opened.' *The Times* 8 May 1914. Both transcribed in Helen Wang. *Sir Aurel Stein in The Times*. London: Saffron Books 2002: 64 – 68.

[3] Susan Whitfield, forthcoming article.

[4] *Guide to an Exhibition of Paintings, Manuscripts and Other Archaeological Objects Collected by Sir Aurel Stein K. C. I. E. in Chinese Turkestan*. London: The British Museum 1914. Available on IDP, http://idp.bl.uk.

[5] Ursula Sims-Williams. 'Aurel Stein's Correspondence with Paul Pelliot and Lionel Barnett.' In Helen Wang (ed.). *Sir Aurel Stein: Colleagues and Collections*. London: The British Museum 2012. https://www.britishmuseum.org/research/publications/research_publications_series/2012/sir_aurel_stein.aspx. Frances Wood. 'A Tentative Listing of the Stein Manuscripts in Paris 1911 – 1919.' In Wang, ibid. Giles's catalogue did not appear until 1956.

[6] Raphael Petrucci and Laurence Binyon. 'Essays on the Buddhist Paintings form the Caves of the Thousand Buddhas.' In M. Aurel Stein, *Serindia*. Oxford: The Clarendon Press 1921: 'Appendix E': 1392 – 1431.

[7] M. Aurel Stein. *The Thousand Buddhas. Ancient Buddhist Paintings from the Cave-temples of Tun-Huang on the Western Frontier of China. Recovered and Described by A. Stein*. London: Oxford University Press for Bernard Quaritch, 1921.

Arthur Waley (1889 – 1966), reaching a larger audience[1]. By this time, the division of the collection between the two main funders of Stein's second expedition had been made with 11,000 items, including Dunhuang paintings, being sent to India[2].

Stein had taken some photographs of Dunhuang himself but did not have a specialist photographer with him[3]. Charles Nouette, a French photographer, was part of the team who visited Dunhuang in 1908 with Paul Pelliot, and he took many hundreds of photographs of the caves. Pelliot himself kept meticulous notes and these were subsequently published, giving greater access to knowledge of Dunhuang art[4]. Subsequently the Russian expedition led by Oldenberg also visited. Oldenberg himself was a trained artist and made many copies of the cave paintings[5]. His photographer, Samuel Dudin, also made a substantial photographic record[6].

Dunhuang started to figure on the itinerary of cultural tourists from the 1920s. One of the first published accounts is that of three Christian Methodist missionaries with the China Inland Mission. Mildred Cable (1878 – 1952), Francesca French (1871 – 1960) and her sister, Evangeline French (1869 – 1960) had been stationed at Huozhou, Shanxi for two decades before they applied to work in western China[7]. This was finally agreed by the

---

[1] Arthur Waley. *A Catalogue of Paintings Recovered from Tun-Huang by Sir Aurel Stein, K. C. I. E.: Preserved in the Sub-department of Oriental Prints and Drawings in the British Museum, and in the Museum of Central Asian Antiquities*, Delhi, London: The British Museum 1931.

[2] A catalogue of these has recently been completed by Lokesh Chandra, whose father's visit to Dunhuang is discussed below. Lokesh Chandra and Nirmala Sharma. *Buddhist Paintings of Tun-Huang in the National Museum New Delhi*. Niyogi Books: New Delhi, 2012.

[3] All Stein's photographs of Dunhuang are available on IDP, mostly under the shelfmark prefix Photo 392/26.

[4] *Mission Paul Pelliot: documents archéologiques publiés sous les auspices de l'Académie des Inscriptions et Belles-Lettres*. Paris: 1961-. The portfolio of photographs by Nouette, 'Grottes de Touen-Houang. Peintures et sculptures bouddhiques des époques des Wei, des T'ang et des Song.' was reprinted in a Chinese edition: 敦煌石窟. 北魏, 唐, 宋時期的佛教壁畫和雕塑. *Dunhuang shi ku. Bei Wei, Tang Song shi qi di fo jiao bi hua he diao su: di 1 hao — 182 hao ku ji qi ta*. Lanzhou: 甘肅文化出版社, 1998. A complete edition of the photographs is in preparation by Jérôme Ghesquière for publication by the Musée Guimet.

[5] Some of Oldenberg's copies were on display in the Hermitage, St Petersburg from 2013.

[6] The Dudin photographs were published in a final volume of the Dunhuang manuscript facsimiles (俄羅斯科學院東方研究所聖彼得堡分所藏敦煌文獻, 上海古籍出版社 1992-). For an article on Dudin by Lev N. Menshikov see http://idp.bl.uk/archives/news14/idpnews_14.a4d#4. It is hoped to make all this material available through IDP.

[7] W. J. Platt. *Three Women: Mildred Cable, Francesca French, Evangeline French*. London: Hodder and Stoughton 1964. Linda K. Benson. *Across China's Gobi: The Lives of Evangeline French, Mildred Cable, and Francesca French of the China Inland Mission*. Norwalk: Eastbridge 2008.

Mission in 1923 and they travelled west, setting up their base in Ganzhou, Gansu Province, in 1924[1]. From here they travelled widely into Qinghai and Xinjiang. Although their primary purpose was Christian evangelism — and they studied Uygur language to help with this — they were curious and observant travellers and note many details of people, places and local customs. They also took photographs. They visited Dunhuang for some weeks in June 1925 and again for eight months in 1931 – 1932. This latter visit was during the revolt of General Ma Zhongying, by whom they were detained before escaping to Urumqi[2]. Some of their photographs were later published in a popular account of their travels *The Gobi Desert*[3].

They do not mention the American art historian, Langdon Warner (1881 – 1955) who had removed wall paintings and statues during his visit in 1924 and whose attempted visit in 1925 was disrupted and cut short[4]. There was a growing awareness in Central China by this time of the importance of Dunhuang and archaeological sites in Xinjiang, and debate among scholars about the actions of the many foreign archaeologists who had explored and excavated here during the previous two decades, removing the finds to their home countries. Aurel Stein was to feel the effect of this on his final expedition to Chinese Central Asia in 1930, which was aborted in 1931 by the Chinese authorities and his finds confiscated[5].

There had been a growing interest in Europe of Chinese culture for several decades, facilitated by the translation and adaptations of Chinese poems and literature by leading literary and artistic figures, such as Arthur Waley and Ezra Pound in Britain[6]. The

---

[1] Mildred Cable and Francesca French. *Dispatches from North-West Kansu*. London: China Inland Mission 1925.

[2] Platt 1964: 132 – 140 & 164 – 173; Evangeline French, Mildred Cable and Francesca French. *A Desert Journal: Letters from Central Asia*. London: Hodder and Stoughton 1946: 196 ff.

[3] Mildred Cable and Francesca French. *The Gobi Desert*. London: Hodder and Stoughton 1942.

[4] Described by Chen Wanli 陳萬里, a Chinese member of the expedition, in his subsequent account, 西行日記 *Xixing riji* (*A Diary of Westward Travels*). (Beijing 1926). Available on http://ishare.iask.sina.com.cn/f/6277770.html.

[5] Wang Jiqing. 斯坦因第四次中國考古日記考釋: 英國牛津大學藏斯坦因第四次中亞考察旅行日記手稿整理研究報告 *Sitanyin di sici Zhongguo kaogu riji kaoshi: Yingguo Niujin daxue cang Sitanyin di sici Zhongya kaocha luxing riji shougao zhongli yanjiu baogao*. Lanzhou: Gansu Jiaoyu chubanshe 2004.

[6] Of course, there had been many previous translations into European languages notably Hans Bethege's translation of Li Bo's poems into German, which were then reused in 1907 by the composer Gustav Mahler for 'Das Lied von der Erde' (The Songs of the Earth).

expatriate English-speaking community in Peking included writers such as Harold Acton and Robert Byron. They were joined in the 1930s by Desmond Parsons (1910 – 1937), son of the Earl of Rosse from Birr Castle, Ireland. He immersed himself in Chinese language and culture. He was well aware of Stein's visits to Dunhuang, having studied Stein's 1921 catalogue of the paintings. In 1935 he decided to visit for himself, travelling from Xian by lorry, then the primary means of transport[1].

This was still a politically unstable time, but General Ma had been pushed west by Republican forces. And it was these local authorities who arrested Parsons at Dunhuang by 1 May 1935, accusing him of stealing artefacts from one of the caves[2]. His case soon came to the attention of the British Foreign Affairs Minister and the future British Prime Minister, Antony Eden, who were lobbied by his friends and family to secure his release. There were questions in the British Parliament on 13 May 1935 and the story was extensively reported in the British press[3]. Parsons was released in Lanzhou around this date and returned to Peking. Although his belongings had been confiscated, he was allowed to keep his camera, along with the negatives of the hundred or more photographs he had already taken. He returned to Europe over New Year 1935/1936 and published an article illustrated with his photographs on Dunhuang cave art, not mentioning his arrest, in the popular journal, *The Illustrated London News*[4].

Parsons had by this time been diagnosed with Hodgkin Disease and was to die in July 1937 aged 36. But a copy of the prints of his photographs was given to the Courtauld Institute in London, later transferred to the archives of the School of Oriental and African Studies. In 2013 the Earl of Rosse agreed to their transfer to the British Library, where they have been assigned the shelfmark prefix Photo 1275/1 – 115. They have been digitised and are all

---

[1] Letters in Birr Archives. See Declan Hayden. *Desmond Parsons*, 1935. In *IDP News* 42 (autumn 2013): 2 – 3. Online at http://idp.bl.uk/archives/news41/idpnews_42.a4d.

[2] See http://www.cngsda.net/art/2012/11/14/art_zl_7748.html. English translation in *IDP News* 44, pp. 4 – 5. Irene Vincent, see below, notes the small pieces of sculpture lying on the caves floors and the temptation to pick them up. She resisted, and by this time the Dunhuang Institute had made it clear that the removal of any artefact was forbidden.

[3] *Hansard* 13 May 1935: 15 & 16. See also Hayden 2013. Reported in *The Daily Mail* and *The Times*.

[4] 'The Caves of a Thousand Buddhas.' *The Illustrated London News* 20/5/1236: 969 – 971.

freely accessible online[1]. A copy of the digitised images was given to the Dunhuang Academy in 2014 for research and education with the agreement of the Earl of Rosse.

I have not managed to yet find any more accounts of visits by foreigners during the late 1930s. However, the building of a new road in Gansu — used for transporting war supplies from Russia during the Sino-Japanese War — made Dunhuang more accessible. Zhang Daqian (張大千) was there in 1941 when the Republican official You Yuren (于右任) visited. This was to lead in 1943 to the establishment of the Dunhuang Art Institute at the caves, with Chang Shuhong (常書鴻) as its first director.

Dunhuang welcomed several visitors in the Institute's inaugural year, among them Joseph Needham (1900–1995) and James and Lucy Lo (羅寄梅 羅先 née 劉). These visits have been documented elsewhere and will not be discussed here[2]. The photographs of Dunhuang taken by James and Lucy Lo, available for study in the Lo Archive at Princeton University, were digitized for the Mellon International Dunhuang Archive and are available through ArtStor[3]. A large selection is being published in a multi-volume work edited by Professor Jerome Silbergeld of Princeton. The Needham photographs, held in the Needham Research Institute (NRI), Cambridge, have been digitized by a joint project between the NRI and IDP, funded by the Dunhuang Foundation (USA) and are freely available online on IDP with the prefix NRI. These also include the photographs of Needham's subsequent 1958 trip to Dunhuang. The Dunhuang Academy has also been supplied with a copy for research and educational purposes.

Irene Vongehr Vincent and John Vincent were a young American couple living in Beijing with their two daughters and working for Associated Press. Irene had been born and brought up in southern China and therefore spoke and read Chinese. She had gone to university in the States and in 1939 taken a summer school in Chinese art at the University of Michigan. Here she studied the accounts of Stein, Pelliot and Langdon Warner. "I had spent three months at this heady banquet … After this hastily devoured — almost indigestible — feast,

---

[1] See, for example, http://idp.bl.uk/database/oo_loader.a4d?pm=Photo+1275/1(1).
[2] See NRI site, http://www.nri.org.uk/JN_wartime_photos/cft.htm. A Chinese TV documentary on Needham's visit was made in 2014.
[3] http://www.artstor.org/what-is-artstor/w-html/col-mellon-dunhuang.shtml.

the memory of the Thousand Buddha Caves had remained to haunt and tantalize me."[1] But, as she wrote, she little expected to have an opportunity to visit.

She returned to China with her husband and two young daughters and, despite the considerable difficulties, set out for Dunhuang by herself in summer 1948, by plane from Beijing to Lanzhou and then an oil truck to Jiuquan. Here she discovered that there was a passenger truck to Dunhuang twice a month.

She had managed to amass a reasonable supply of film stock, despite the shortages in China at this time. She arrived in Dunhuang in August 1948. Chang Shuhong, the Director of the Institute, was away in Nanjing organizing an exhibition of copies of the cave paintings but his wife welcomed her. She was allowed to stay there sleeping on a mud *kang* and rose early to take advantage of the morning light which illuminated the cave's interiors. She was assisted by a student from the Bailie School in Shandan, there to copy designs for the school's rug-weaving and silk-screen printing workshops. He held a sheet of white paper to reflect additional light into the caves. During her ten days there she took over seventy black and white photographs with her Rolleicord camera, keeping a record in her two photographic negative books. She had hoped to stay for several weeks but received a telegram after a few days which, she says, "made it pressing that I return to Lanchow within two weeks."[2] She therefore had to cut short her visit to ten days.

Irene made her journey back to Lanzhou but then returned almost immediately with her husband and daughters: presumably having decided it was safe for them all to travel and too good an opportunity to miss. Her husband had acquired more film stock and produced ninety colour glass negatives of their-four caves during their stay in Dunhuang of only a few days.

The Vincents returned to Beijing in time to see — and record — the entry of Communist troops into the city in January 1949. They left China soon after and, during a stay in London, showed the material to scholars and art historians. Basil Gray (1904 – 1989), then Head of the Oriental Department at the British Museum, heard of these. He had long studied

---

[1] Irene Vongehr Vincent. *The Sacred Oasis: Caves of the Thousand Buddhas Tun Huang*. London: Faber and Faber 1953: 43. The book is freely available online at https://archive.org/details/sacredoasis006071mbp.

[2] Vincent: 82 — the contents of the telegram are not known.

Dunhuang painting through the images of Pelliot and the accounts of other visitors, although had not visited himself. His study of the Vincent photographs led to his visit to Dunhuang in 1957 and his subsequent 1959 publication, *Buddhist Cave Paintings at Tunhuang*, with an preface by Arthur Waley[1]. The book was heavily illustrated with both the Vincents' photographs and those provided by the Dunhuang Institute. Although only John Vincent was credited on the cover, Basil Gray made reference to the work of John and Irene in his introduction.

The Vincent photographs remained with the family until I had a chance encounter with one of the daughters who had been a young child at the time of her Dunhuang visit, Bronwyn Vincent. Following this her father and the family very generously agreed to give the photographs to the British Library and, following digitization by IDP, also to give a copy of the digitized images to the Dunhuang Academy for educational and research purposes. Bronwyn Vincent revisited Dunhuang in 2013. All the images are online on IDP under the prefix Photo 1231.

The number of visitors to Dunhuang increased in the 1950s under the renamed Dunhuang Research Institute of Cultural Properties, many of them, like Basil Gray, invited by the Institute. I will discuss only one visitor from this era here, again because his photographic record of his visit has now been made available through IDP and to the Dunhuang Academy thanks to the generosity of his family.

Raghu Vira (1902 – 1963) was an Indian scholar and politician, who had acquired his PhD in London and a D. Litt. in Leiden. He was based in Delhi and, through his studies and a correspondence with Stein had become interested in the Dunhuang caves[2]. In May 1955 he was invited to China for a study trip and travelled there together with his daughter, Sudarshana. He discussed Dunhuang in his meeting with Zhou Enlai, and subsequently left Beijing for Dunhuang on 27th May. The delegation of twenty-nine, including students from Peking University, were joined by Chang Shuhong in Lanzhou on 28th May and reached Dunhuang on 30th May.

---

[1] Basil Gray, J. B. Vincent. *Buddhist Cave Paintings at Tun-Huang*. Chicago: University Press 1959.

[2] Unfortunately the correspondence with Stein was lost during the Partition of India in 1947.

The delegation remained there until 4th June. Raghu Vira kept a travel narrative and many photographs were taken during his stay. After his death in a car accident in 1963 a selections of the photographs along with his travel account in Hindi edited by his son, Lokesh Chandra, was published in India[1]. His son was also inspired by Dunhuang and is a leading scholar of Buddhist art. Among his many publications is a catalogue of the Dunhuang paintings in the National Museum of India, New Delhi[2].

Lokesh Chandra presented the slides of his father's visit to Dunhuang along with an English copy of the travel narrative to IDP at the British Library in 2013. The material is available on IDP and Professor Chandra also agreed that a copy of the digitized images be given to the Dunhuang Academy for research and educational purposes.

Since this time there have been countless visitors to the Dunhuang Mogao caves and probably many millions of photographs produced. Yet these early images are invaluable for showing the caves before many of the changes of the past century. Moreover, they are remarkable in their quality, given the extremely difficult conditions in which they were taken. They are testament to the determination of these early visitors to capture something of the wonders of the Mogao cave art so that they could share it with a wider world. This desire to make the richness of Dunhuang art more widely known has been continued by their families who have generously donated the images and allowed their digitization and online access for all.

（作者單位：魏泓，英國國家圖書館）

---

[1] *Prof. Raghuvira's Expedition to China Part 1: Travel Diary and Photographs.* International Academy of Indian Culture 1969.

[2] *Buddhist Paintings of Tun-Huang in the National Museum, New Delhi.* New Delhi: Nyogi Books 2012.

于闐文書所見古代于闐的典押制度[*]

段　晴

在已經發現的于闐語文書中，有三件文書完整地體現了古代于闐的典押制度。其一，即中國國家圖書館藏 BH4-66 之于闐語案牘，筆者曾以《高僧買奴》爲題刊佈於《敦煌吐魯番研究》第 11 卷[1]。其二，英藏 Or. 9268a，文書的拉丁字母文本以及英譯曾多次刊佈[2]。其三，中國國家圖書館藏編號 BH5-1 之下的《伏闍達 5 年蠲除契約》[3]。這三件之外，雖然還可見 Hedin 29 用詞提及"典押"，但文書殘破，不能讀出連貫的内容，因此忽略不計。

雖然對這三件文書多有解譯釋讀，然而其中真正的意義並未得到正確的闡釋，關鍵在於未能識別出 draṃmāja- 的真正含義。我在準備出版《中國國家圖書館西域文書》之二《于闐語卷一》時，重新審核了國圖 BH5-1 的内容，發現該件文書實際上涉及于闐的典押制度，記録了典押人身案的始末。而之前在《敦煌吐魯番研究》第 13 卷所發表的文章隱含了對文書的誤讀。重新定義于闐語之詞彙 draṃmāja-，恢復它原本的真實含義之後，曾經困擾于闐語領域的癥結迎刃而解，英藏 Or. 9268a 之文書的層次遞進，得以清晰再現。以下分别針對三篇于闐語文書，或部分修正曾經的誤讀，或作重新解讀。

---

[*] 本文爲國家社科基金重大項目"新疆絲路南道所遺存非漢語文書釋讀與研究"（12&ZD179）的成果之一。

[1]《敦煌吐魯番研究》第 11 卷，上海古籍出版社，2009 年，筆者的文章見 11—27 頁（以下簡稱"段 2009"）。

[2] 例如 Bailey 的轉寫見 *Khotanese Texts* II, p. 13, 載於 *Khotanese Texts* I–III, Cambridge: Cambridge University Press, reprinted 1980（以下簡稱 KT 1, KT 2 以及 KT 3）。Bailey 的譯文見 H. W. Bailey, *Saka Documents*, *Text Volume*, Corpus InscriptionumIranicarum, London: Percy Lund, Humphries & Co. LTD, 1968. P. 7. 又有 P. O. Skjærvø: *Khotanese Manuscripts from Chinese Turkestan in the British Library, a Complete Catalogue with Texts and Translations*. The British Library, 2002.（以下簡稱 *Catalogue*）, pp. 66–68.

[3] 筆者曾經以《〈伏闍達 5 年蠲除契約〉案牘》爲題，將此件文書刊佈於《敦煌吐魯番研究》第 13 卷，上海古籍出版社，2013 年，291—304 頁。

一、《高僧買奴》(國圖 BH4－66)

這件文書涉及典押事件的文字僅一句,位於封牘內側第 8—9 行。此案牘的上文記述了買賣的成交過程,屋悉貴的法師出錢 4000 文在傑謝購買了伊斯訶李(Iskhäli)售出的男丁,名曰可魯薩(Kharsa)。案牘接著敍述伊斯訶李出售人口的緣由,於是記錄了下面的話:

cvai ṣṭā gūmaya naḍi tse draṃmāji 2000 mūri ttū iysgärye aḍāryau jsa ra ysaṃthaḍi mūrī gvaṣce

因爲他曾經派出一男子到 Gūma 去充作 2000 文的典押。此人他已贖回,並結清了由此而生的利息。[1]

句中相關詞語注釋:

cvai < cu + -ī,cu 是關聯詞,在此句中表示"因爲",-ī 是單數第三人稱代詞黏著式縮略語(enclitic),此處指代《高僧買奴》案的賣主,即伊斯訶李。

ṣṭā < ṣṭāna,動詞 ṣṭ-"住,存在"的分詞。與前面處於斜格的代詞結合,詞組 cvaiṣṭā 直譯作"因爲從他處……"。

tse,完成時單數第三人稱 tsute 簡化而來(→tsve→tse),來自動詞 tsū-"行,去;出"的過去分詞 tsuta-。但是在此處,tse 的真正含義應是"出",即曾有一人被伊斯訶李派出。尚未發表的 BH3－19/2 是一件所謂破歷,記載了一座寺院每日所消耗的糧食等,其中第 5—7 行記錄如下:

5. /akādaśa' vī gana tsve 2 ṣaga hālai rrusa [2] ṣa[ga…

6. /20 2 bātaśa vī [gana] tsve 3 ṣaṃga hālai rru[sa…

7. /na 20 7 ttrauvaśa' vī gana tsve 4 ṣaṃga rrusa 2 ṣaṃ[ga…

於十一日,出小麥 2 斗半,青麥 2 斗……(5)22。於十二日,出小麥 3 斗半,青麥……(6)27。於十三日,出小麥 4 斗,青麥 2 斗。

這段文字的"出",對譯的是于闐語的 tsve,即 tsuta-(〈tsū-)的完成時第三人稱單數。此處 tsve"出"的含義,正是這裏討論的 naḍi tse"已出一男子"所隱含的。

draṃmāji 名詞,來自 draṃmāja-。在句中作爲 tsū-"所出"的目的,或者是單數屬/爲格,表示"充作抵押"。

---

[1] 此前發表的文章含有對這句話的誤譯。參閱段 2009,13 頁。

现在看来,似可采纳 Bailey 对於這個詞詞源的判斷[1]。他認爲,dramma 是名詞複數,源自希臘語的 δραχμή。在新疆出佉盧文獻中可見到變異字 drakhma 以及 trakhma。到了梵文則有 dramma。Bailey 判斷于闐語的 drammāja-誕生於該詞,表示'monetary',即"貨幣的,財政的"[2]。雖然 Bailey 最終未能破解該詞的詞義,但他所認證的詞源是準確的。

drammāja-從形態看,應如 Bailey 所判斷,是在 dramma 之後附加了詞綴-ja-。于闐語的詞綴-ja-,借自梵語詞根 jan-,在梵語可以作爲依注釋複合詞的後詞,表"從……所生"、"……所生"之意。由此,drammāja-的原始意義,應是"錢所生的"。加 ja-所構成的,一般是形容詞。但形容詞可以轉爲名詞。將 drammāja-反覆在上下語境當中驗證之後,確認 drammāja-是名詞,詞義爲"抵押品,典押物"。《高僧買奴》案牘涉及典押的文句不長,却提供了完整的語境,爲定義這個詞彙提供了頭緒,爲解開古代于闐的典押制度,呈現了清晰的綫條。

縱觀已解讀出的于闐經濟類文書,可歸納出古代于闐曾流行的多種經濟交換形式。其一,買賣。這是最直接的經濟交換,你賣我買。經過開價、付錢而完成交易,擁有者發生變更。例如《高僧買奴》案,伊斯訶李出賣一人口,高僧出 4000 文買下。從此可魯薩從屬寺院,從屬高僧。其二,租賃。典型的案例見於《和田博物館藏于闐語租賃契約》[3]。薩波思略曾於 785 年的先後幾年租賃桑樹。租期一年,並給付酬金。

其三便是典押。《高僧買奴》案,充當典押的是一名男子。他的主人曾將他作爲典押物給 Gumaya 的人,以獲得 2000 文。人身作爲典押品,舉債一方獲得銅錢作爲利好,但要付出代價,這便是在贖回此人時,在退還本金之外也還要交納利息。《高僧買奴》案顯示,伊斯訶李在出賣人口之前,曾將一名男子典押出去,以獲得 2000 文錢。他已經贖回那人,不但退還了本金,還額外付了利息。爲了贖人,伊斯訶李用掉了多於 2000 文的銅錢。而爲了再次用錢,他最終出賣人口。

---

[1] 關於這個詞的詞義以及詞源的討論見 H. W. Bailey, "Irano-Indica, II", *BSOAS*, 13(1), 1949, pp. 121-139,具體在 128—129 頁。另見 H. W. Bailey, *Khotanese Texts* vol. IV, Cambridge: Cambridge University Press, 1961(以下簡稱 KT 4), p. 70, 142。

[2] 詳見 KT 4, p. 70. Degener 也認爲這是一個添加了詞尾-ja-而構成的詞,但對 Bailey 的釋義表示懷疑,認爲其詞義尚未確定。詳見 Almuth Degener, *Khotanese Suffixe*, Alt- und Neu-Indische Studien, herausgegeben vom Institute für Kultur und Geschichte Indiens und Tibets an der Universität Hamburg. Stuttgart: Franz Steiner Verlag, 1989, 詳見 p. 210. 同樣是 drammāja-, Skjærvø 譯作'to make money',見 *Catalogue*, p. 67。

[3] 參閱段晴、和田地區博物館《和田博物館藏于闐語租賃契約研究——重識和田之桑》,載《敦煌吐魯番研究》第 11 卷,29—44 頁。

二、遥居力以 2500 文典得水作爲抵押
（英藏 Or. 9268a 于闐語案牘）

反復使用到 draṃmāja-一詞的例證出現在 Or. 9268a 之中。

典押制度,在古代社會似乎曾流行。以人身作抵押,也並非不正常。例如敦煌漢文書有多件將人身作爲典押的案例[1],因此在于闐世俗文書中找到典押人身案件的記載,尚不足爲奇。但英藏 Or. 9268a 案牘却非比尋常。所典押物品,非財非物非人身,而是流淌的水。將水作爲典押的案例尚屬首次發現。大約水作爲典押物超乎現代人的想象,所以最早釋讀這件文書的 Bailey,以及後來的 Skjærvø,均未能讀出關鍵部分。這裏再次給出文書的拉丁字母轉寫,並發表我的漢譯以及對相應文字、内容的解析。

封牘頂部（a）

1. ‖ ttā pāḍa pharṣṣa bara pyaṣṭi u braṃgalä

封牘下部（b）

1. ‖ ṣā' pāḍa ttye pracaina cu
2. yagurä ūtca nāti draṃmā-
3. ja pharṣa barana u braṃgalä
4. 2000 500 mūri[一]. phaṃnājāñi āṣeṃji[二]
5. jsa śau haḍä śā ṣṣava bastä ñāna[三] ūtca dva
6. bāga ūtca pharṣa bara bāyi u śau bāgä yagurä
7. khu pharṣa bara hīvye mūri haurī ā vā phaṃnāja
8. yagurä nauhyä salye mūri 2000 500 nāsti saṃ bisalū ni
9. nāsti u haṃda hve' himāte cu pyaḍa ūtca u-
10. ysginäte mūri śau dva heḍä tti buri va byāṃ vya pharṣa
11. chuṃgulä u malārrjuṇāṃ ṣṣanīrä u sucaṃdrä ǀ

---

[1] 例如有《通子典男契》等多部契約,參閲沙知録校《敦煌契約文書輯校》,南京:江蘇古籍出版社,1998年,348 頁。感謝中國社會科學院歷史研究所陳麗萍博士的提示。

封牘内側(c):

1. ‖ salī 4 māśtä 8 haḍā 27 ṣi' kṣuṇä miṣdāṃ gyastä hvaṃnä mistä rruṃ -
2. dänu rruṃdä viśya' dharmä ttye scye ttiña beḍa śe'yye śau hviṃdū salya mara
3. birgaṃdara auva ṣi' gvārä vye cu pharṣa bara u braṃgalā tta hvāṃdä si a-
4. śtä mānī hīvya ūtca phaṃnājāñi āṣṣeṃji jsa śau haḍā śā ṣṣava ba-
5. stä ñāna ttuā ṣṭana vaṃña draṃmāja viśtuṃ didä bāgä vī 2000 500 mūri nā-
6. ti mī yagurä ttuā ūtca draṃmāja hīvyau mūryau hīmya ḍamyāṣṭa hāvägārī-
7. na[四] haudä mī ṣi' yagurä tti mūri 2000 500 · nāṃdū mūṃ mihi braṃgalā u saṃgaśū-
8. rai u puñadarmä tti mūri uspurri 2000 500 aurīṣṭa pharṣa bara u pyaṃtsä

底牘内[1](d)

1. busvārāṃ āṃ gvārä tta tta padedāṃdä si hamya miṣa haṃtsa kīrä yanā-
2. dä paśä haṃbīśa 2 kūsa jsārä pharṣa bara nāsti u śau kūsä yagurä
3. nāsti khu phaṃnāja auvya ūtca uysginaṃde ttī vā yagurä hīvye mūri
4. 2000 500 nāsti[五]u khu pātcä pharṣa bara hīvye mūri himāṃde ya-
5. gurä vā hīvye mūri 2000 500 nāsti samū haḍi bisalū ni nāsti vi [pharṣṣa][2]
6. bara haḍi vina phaṃnājāṃ yagurä mūri ni nāsti ṣi' gvārä haṃgrīma ā vye pyaṃtsä pharṣa
7. chuṃgula u pharṣa vikrāntadattä · tti buri vara byāṃ vya parramai ṣanīrä saṃgadattä
8. sucaṃdrä · īrasaṃgä · puñaudakä · pa'jä[六] suvidattä · phaṃnājä buttanakä
9. ttī rä ṣā' pāda praṃāna himi khuī pharṣa bara pyaśdä

譯文:

此案牘破沙勃羅(Bara)已印封,以及勃朗宜李(Braṃgalä)。(a)

此案牘爲此緣故,因有遥居力(Yagurä)從勃羅以及勃朗宜李處得到作爲典押的水,以 2500 文。(b1-4)以從潘野人的(phaṃnāja-)湖(所得)一天一夜封住的渠水(之量),破沙勃羅引得兩份水,而遥居力引得一份水,(b4-6)直到破沙勃羅還上了自己的錢,或者到了年頭潘野的遥居力收到 2500 文。但他不能收取額外的錢。若是另有人贖

---

[1] Skjærvø 認爲底牘的第一行模糊不清。英國圖書館在國際敦煌項目之下提供的照片未能顯示這模糊的一行。網址:http://idp.bl.uk/database/oo_scroll_h.a4d? uid=14455002788;recnum=13794;index=2.

[2] 這裏的文字模糊,但 Skjærvø 讀出[pharṣṣa]。

· 117 ·

水阻流,應給付雙倍的錢。(b7－10)。以下這些人皆爲證人:破沙仲隅李(Chuṃgulä)以及莫勞忠(Malārrjunāṃ)、瑟尼洛(Ṣṣanīrä)和妙月(Sucaṃdrä)。(b10－11)

4(?)年8月27天。這是寬仁的天神、于闐偉大的王中王伏闍達的紀年。此時,恰逢 Ṣau 官桓度(Hviṃdū)的第二年。(c1－2)

在此拔伽城,形成了此契約:兹有破沙勃羅以及勃朗宜李如此説:"我們有自己的水,來自潘野的湖,以一天一夜封住的渠(爲量)。(c2－5)從這水中,今日我們拿出第三份作爲抵押,爲得2500文。(c2－5)遥居力用自己的銅錢取得這作爲抵押的水,成爲自家的利好。(c6)那遥居力已交納2500文。我們,即勃朗宜李、桑宜如力(Saṃgaśūrai)和不達米(Puñadarmä),已收訖。"(c6－8)

破沙勃羅監理,並當著居民的面,他們如此造下約定(c8－d1):他們將在同一耕地中共同耕作。秋天的收成中,破沙勃羅獲得兩石,遥居力獲得一石(d1－3),如是潘野居民贖回水,而遥居力也就拿到自己的2500文。(d3－4)若是破沙勃羅有了自己的銅錢,遥居力隨後僅僅收回自己的2500文,但是不收取額外的錢,不向破沙勃羅,也不向潘野人,遥居力拿不到額外的錢。(d4－6)

此契約形成於衆人聚合處,當著破沙仲隅李以及破沙勇賜(Vikrāntadattä)的面。(d6－7)

以下這些人皆是此案的證人:巡察吏瑟尼洛,桑宜德(Saṃgadattä),妙月(Sucaṃdrä),伊里桑宜(Īrasaṃgä),功德水(Puñaudakä),Pa'城(pa'ja)的悉萬賜(Suvidattä),潘野的波特那(Buttạnakä)。(d7－8)

此案牘隨即成爲決判,當破沙勃羅印封之後。

解析:

〔一〕Or.9268a 封牘下方(b)第1—4行。

ṣā' pāḍa ttye pracaina cu yagurä ūtca nāti draṃmāja pharṣa barana u braṃgalä 2000 500 mūri

此案牘爲此緣故,因有遥居力(Yagurä)從勃羅(勃羅)以及勃朗宜李(Braṃgalä)處得到作爲抵押物的水,以2500文。

句中 ūtca 是動詞 nāti(完成體單數第三人稱)的賓語,draṃmāja 是"水"的同位語,即"水作爲典押物",以此開始了這件典水案的契約。

契約簽訂於伏闍達在位期間。這位于闐王在位的年代大抵已經明確,他於公元

728年前後登上王位,但一些跡象顯示,此王在位的時間不長,大約只有5—6年[1]。依據史實可知,此件典押水的契約形成於8世紀30年代。

〔二〕phaṃnāja-"潘野的",從 Phaṃnai-加詞綴 ja-構成。Phaṃnā 即"潘野"(古代譯名),地名,于闐著名的六城之一。但"潘野"是依據 Phaṃnā-的依格 Phaṃña 譯出[2],正如傑謝也譯自 Gaysāta 的依格。如果較真,應譯作"在潘野"。

〔三〕"以渠"對譯原文的 ñāna,即 nātā-"河"的單數具/從格。

〔四〕封牘内側(c)第5—7行。

依據上文《高僧買奴》提供的綫索,我們知道了古代于闐典押制度的基本規則,即典押物可以是人身,以典押物换得錢而産生本金、歸還本金,贖回典押物或人身時,一定需要支付因本金而生的利息。但此《遥居力典得水》案不同尋常。在此案中,作爲典押物的是水,而水被使用、被消耗之後,無法歸還。因此水作爲典押,需要特殊處理。而典押水所獲得的本金是否産生利息之項,也相應要有特殊規定。封牘内側第5—7行,即下面這一句,是對債權人所獲利益的説明。

nāti mī yagurä ttuā ūtca draṃmāja hīvyau mūryau hįmya dạmyāṣṭa hāvāgārīna

遥居力已以自己的銅錢取得了那作爲典押的水,成爲自家的利好。

鑒於作爲典押物之水無法回收,因此遥居力也不能就本金而獲取利息。本金不能直接産生銅錢之利,是需要特殊處理項,僅針對典押物是水的案例,因爲水已經作爲利好被使用。關於這一特殊項,《遥居力典得水》之案牘反復强調,bisalū ni nāsti "不收取額外的錢",這個句子出現在封牘下部文字的第8—9行,又出現在底牘内側的第5行。如此反復以文字加以强調,一方面顯示了水作爲典押物的特殊性,另一方面恰恰證實了古代于闐典押制度有一定之規則。

〔五〕Or.9268a 底牘(d)第1—4行。

那麽,2500文典到了多少水呢?如何計算充當典押的水量呢?另外,若是破沙勃羅即舉債一方無力償還遥居力的本金,而水又已經消耗殆盡,該如何是好?債權人的利益如何得到保障?本案牘以清晰的文字闡明了這些問題。

聰明的古代于闐人先是用時間和空間交叉限定了用作典押的水量,以一條封住的

---

[1] 段晴《〈舅賣甥女〉案牘所映射的于闐歷史》,秦大樹、袁旔主編《古絲綢之路》,2011年亞洲跨文化交流與文化遺産國際學術研討會論文集,新加坡:八方文化創作室,2013年,33—60頁。具體見44頁。

[2] 張廣達、榮新江《于闐史叢考》(增訂本),北京:中國人民大學出版社,2008年,111頁。

渠一天一夜所得水爲總量,其中三分之一用作典押。以一晝夜渠中所蓄水之三分之一爲量,典押給債權人遥居力。通常典押,需要時間限制,到時候需償還本金,給付利息。那麽這次典押水的限期多麽長久呢？文書給出兩個時間點,其一：當出典水一方,即破沙勃羅和勃朗宜李還回那筆錢時,典押結束。其二,如果没錢,遥居力要等待到年頭上,最遲等待到糧食收成時,定然可以拿到錢。

最終年頭時歸還本金,是這次典押的時間終結點。那麽本金如何得到保障？如果勃羅和勃朗宜李最終没有錢償還,遥居力該如何獲得自己的本金呢？針對這第二種可能性,文書於底牘内側第1—4行做了明確的安排。爲了確保債權人可以收回本金,舉債人與債權人之間達成協議,他們共同經營同一塊地。到了收穫的季節,舉債方即勃羅和勃朗宜李等獲得收成的三分之二,而貸方即遥居力,獲得收成的三分之一。以這樣的方式,潘野的居民贖回自己的水,遥居力也就通過獲得糧食,而獲得了自己8月份時貸出的2500文錢。當然,這筆典押的終結,還可以在這之前完成,底牘第4—5行强調了此種可能性：若是隨後(khu pātcä)破沙勃羅有了自己的錢,遥居力便可拿到2500文。

值得注意的是,這件文書簽署於古代于闐曆的8月份,而文書强調共同耕種,並於年末收穫。這便給出了强烈的暗示,于闐語的8月,絶非漢曆的8月,不應是秋季。按照現在和田地區農作物成熟的時間表,冬小麥於第二年公曆6月收割,而春麥於春天下種,公曆7月收穫。和田地區出土漢語—于闐語雙語文書顯示,唐代時古代于闐出産小麥、大麥、粟以及青稞。依據開元十年30枚雙語木簡以及開元十五年的9枚木簡,納糧人大量上交小麥、青稞的時間在漢曆的8月,例如伊裏喪宜於開元十年8月5日交納了20.1 kūsa 小麥(ganaṃ),於8月6日交納了26 kūsa 青稞(rrusa)[1]。而9月則多見交納粟(gau'sa)。唐代漢曆8月初,約摸是公曆的9月末。此時,無論小麥、青稞皆已完成收割和晾曬。而大宗交納,似乎也意味著收穫期剛剛過去。

《于闐語高僧買奴契約》一文[2]涉及古代于闐的曆法。我曾以《贊巴斯特之書》第十七章末尾的文字爲依據,認爲相當於漢曆8月的braṃkhaysja 月,完全可能是于闐曆法之歲首月。若以此月爲歲首,第8月剛好合漢曆的3月,剛好是春天,是適於青稞等

---

[1] 一 kūsa 相當於一石。參閲榮新江、文欣《和田新出漢語—于闐語雙語木簡考釋》,《敦煌吐魯番研究》第11卷,45—69頁,具體見59、67頁。
[2] 參閲段2009,23頁。

穀物播種的季節,此時協商共同經營一塊地,然後在收穫的季節收回本金,即合在漢曆的7月,這個時間表似乎合情合理,沒有讓債權人遙居力等待太長久的時間。

〔六〕pa'ja- 從地名 Pa' 構成的形容詞。這裏沒有給出音譯,因爲考慮到古代地名,還是沿用古代的譯名爲好。目前尚未見到對 Pa' 的古代音譯名。但 Pa' 一地至少在8世紀後半以及9世紀初,曾是于闐重要的税收來源地之一,例如反映吐蕃時代于闐人向吐蕃進奉絁紬的 Hedin 13 號文書,記載有 Pa' 地人交納了絲織品,甚至可以推算出 Pa' 地有4家織户,曾經交納了總長度爲12.8尺的錦[1]。

三、《伏闍達五年蠲除契約》案牘(國圖 BH5－1)

中國國家圖書館藏編號 BH5－1 之下是《伏闍達五年蠲除契約》。這一件曾經由筆者發表於《敦煌吐魯番研究》第13卷。但當時對古代于闐的典押制度尚無正確認知,而且對於案牘中出現的句子未能正確理解,留下頗多遺憾。這一期是《敦煌吐魯番研究》第14卷,在這一期彌補我在前一期釋讀部分的誤解,再好不過。以下僅針對上期本人文章中未能正確釋讀的部分做補充説明,不再刊登案牘的全部西文轉寫以及譯文。

上一期未能解釋明白《蠲除契約》之案牘的來龍去脈,未能説明它的背景。這件旨在蠲除從前所簽署之契約的案牘,實際因一件人命案而起。事情緣由:有杜彌薩勞族落的(dumesalāṃ)賀悉俱布(haskabudä)曾將其子典押給克舍羅族落(khaṃśaraṃ)的慍悉具(auśyakä),被父親典押給對方的兒子名叫亨舉(hankaṃ)。以典押兒子的人身,賀悉俱布借到2000文錢。但是,尚未等到父親將亨舉贖回,他便喪命在克舍羅族落。經慍悉具報案,拔伽派出巡察吏,對死者進行驗屍。巡察吏未能在屍體上發現任何創傷,因此認定亨舉屬於自然死亡。兒子没了,賀悉俱布不願意交出典押兒子之身而得到的2000文。於是由于闐國的宰臣做主,舉債方與債權人平分了那2000文錢。亨舉最終用他的生命爲父親贏得1000文錢。

看來之前典押亨舉之身時,他的父親曾與債權人即慍悉具簽署過契約,並商定了價錢以及典押的時限。未曾料到,亨舉竟然在典押期間喪生。此典押事件未能正常執行,糾紛產生。最終是宰臣出面,拿出意見,讓雙方平分了最初的本金,蠲除從前簽署的典

---

[1] 關於 Hedin 13 以及 Pa' 地的織户可參閲 Duan Qing and Helen Wang, "Were Textiles used as Money in Khotan in the Seventh and Eighth Centuries?" *Journal of the Royal Asiatic Society*, Volume 23/Issue 02/April 2013, pp. 307－325. 具體見 p.324.

押契約。爲了蠲除以往的契約，雙方還需再立契約，於是雙方簽署了這件契約，即現今收藏在中國國家圖書館、編號爲 BH5－1 的案牘。

以下釋文，針對上一篇文章中未能解決的問題。句子之後的拉丁字母，如 a 代表封牘内側，b 代表底牘内側，後面的數字是行數。

dumesalāṃ haskabudä pūrä tsue drramājä hankaṃ nāma 杜彌薩勞族落的賀悉俱布（haskabudä）之子出作抵押，名叫亨舉（hankaṃ）（a3－4）

tsue[1]，完成體單數第三人稱陽性，晚期于闐語形式，從詞根 tsū-（走；出）的過去分詞 tsuta-構成。

tsū- drramāja-"出而作爲抵押"，再次驗證爲一組搭配。相同的用法已經出現在《高僧買奴》案牘，見本文第一節。

śūjyena śarkā samau yanīrā（b1－2）；**śūjena samau yuḍāṃdā 2000 mūri**（b5）

Śūjyena < śśūjäta-"相互，兩共"。Śūjyena 單數具格。

B1 句中的 samau 字跡有些模糊。但下文 b5 行有相同的語句出現，由此可確認是 samau。于闐文獻中，sama-是常見詞，作爲形容詞、副詞等，源自梵文的 sama-，言"平等，相等；平正"之義。梵文詞彙有 samabhāga，言"等分"。例如敦煌出梵文本《耆婆書》便用到了這一概念。例句如下：

ettā akṣa samā bhāga sami-piṇḍāṃ kārayetta[2]

應將這些以一兩爲等分的藥物壓碎。[3]

《耆婆書》也有于闐文本。相應這一句的于闐文本如下：

ṣa' baiśa paṃjsa mācāṃgye samāṃ[4] kūṭāña hatcahaṃbrrīhāña

應將所有這些等分量爲 5 mācāṃgye[5] 的（藥物）全部碾碎，攪拌在一起。

至此，"等量"的含義已經明晰。但是 samau 的詞形還有待於探討。與動詞 yan-"做；執行"搭配時寫作 samau，顯示它的原形應是 samaa-，作爲 samaa-的單數業格，或者

---

[1] 首次發表時，未能正確識別。

[2] 引自 KT 1, 150(61r4)。經陳明復原的梵文如下：etad akṣa sama-bhāga sama-piṣṭaṃ kūrayāt。見陳明《敦煌出土胡語醫典〈耆婆書〉研究》，臺北：新文豐出版公司，2005 年（以下簡稱陳明 2005），313 頁。引文省略了原文附帶的標點符號。"一兩"借了陳明的譯法，但 akṣa 不等同於漢語概念的一兩，參閲陳明 2005，526 頁。

[3] 陳明（2005，313 頁）譯："這些藥每種相同的分量爲 1 兩，應該將它們混合在一起，共同研磨。"

[4] samāṃ 完全可能是 samau，因爲晚期于闐語-āṃ 的寫法常常與-au 混淆，難以辨認。

[5] 于闐語原文見 KT 1, 151(61v2)。Mācāṃga- 'a measure of $\frac{1}{10}$ ounce'。十分之一盎司等於 2.83 克。參閲 H. W. Bailey, *Dictionary of Khotan Saka*, Cambridge: Cambridge University Press 1979, p. 327. 五盎司約等於 14 克。

已形成固定模式,由 samaa- 的單數業格轉化爲副詞也未可知。

B4-5 行的例句更爲清晰: śūjena samau yuḍāṃdä 2000 mūri "他們倆共平分 2000 文錢。" 其中 "2000 文",是 yuḍāṃdä(完成體第人稱複數 < yan-)的直接賓語,他們彼此進行平等分割的,正是這 2000 文錢。由此可知,于闐語的"平等劃分"是 samau yan-,而所劃分的是一個體現爲業格賓語的詞彙。

亨舉作爲人質被他的父親抵押給克舍羅族的慍悉具,慍悉具放出了多少錢呢? B4-5 行平分的 2000 文,應該正是亨舉抵押所得。亨舉用性命爲他的父親最終獲得 1000 文錢,並且免除了利息。

B1 行的 śarkā 之讀出不確定。但可以確定,這正是那個處於業格的詞彙,是平等分割的客體。于闐語有 śārka- "善,好",從 śāra- 派生。同樣從形容詞 śāra- 派生的,還有名詞 śāru 'goodness',提雲般若曾譯作"利益安樂"(段晴 2008,48)。由此想到,śarkā 或可能是從 śārka- 派生的名詞,這裏泛泛表示"利益",特指由典押人質而產生的銅錢。當然,這一層意義還有待於更多語句的驗證。

gvārä jeh- "清除字據,蠲除契約"

gvāra- 是熟詞,幾乎出現在每一件案牘之上。但它的真正含義却難以準確把握,所以貝利在詞典中給出多個詞義,如 'statement, affair, business'(Dict. 96)。然而 gvāra- 一詞的真正含義,至少在本案牘中十分明瞭。它是"字據",是"契約",是一件案牘(pāḍā-)的內容。譯作"字據"理由在於與它搭配的動詞 jeh-。

jeh- "清潔;清除"。過去分詞: jasta-。jehyarä (b2):命令語氣第二人稱複數; jastāṃdä (b4):完成時第三人稱複數。jeh- 的詞義毫無疑問,義淨譯《金光明最勝王經》之《大吉祥天女增長財物品》有"淨治一室(CBETA, T16, 439b)",其中"淨治一室",相當於于闐語的 ṣa bäsa hugyastu gyehāña。

gvārä jeh- "清除契約",恐非指意向性的解除,而是應落實到"清除"的行動。依據上文《遙居力》案(Or. 9268a)可知,達成典押交易的雙方仍需要立字據,並書寫在具有法律效應的案牘之上。現在看來,當亨舉的父親將兒子發往克舍羅族落的慍悉具處時,他與慍悉具曾簽署契約,立有字據。他們的字據寫在案牘之上。所謂"清除",應是針對原字據上的字。目前已經發現的于闐語案牘達到十幾件,唯見一件收藏在新疆博物館的案牘有明顯兩次書寫的痕跡。原有的字被清除,上面再寫上新的契約。見下圖:

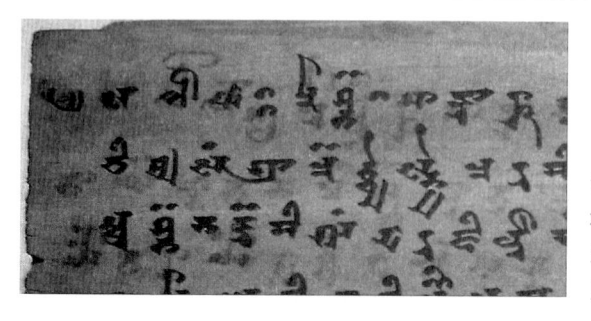

左圖取自新疆博物館藏一件案牘的局部。原有字跡隱約可見,第一行在 salī 10 2 māṣtä 1 haḍā 5 "12 年 1 月 5 日"之下,可見到 salī 30 8 māṣtä 5 haḍā… "38 年 5 月……天"。

顯然,"清除字據"還有待更多實例的驗證。目前在已經發現的于闐語文書中,BH5‑1 以其内容的唯一性,更需要靜待同類文書的出現。

jamā yan- "賠償"。

Jamā 是新破解的于闐語詞組,意爲"賠償"。從詞形來看,Jamā 似與于闐語的熟詞 gyamānā-/jamānā- "油膏"同源[1],後者對譯梵文的 vilepana "塗飾、塗抹",藏語的 byug-pa "塗油"。Bailey 曾經指出,jamā 從動詞 gyam- "to hold together, adhere"(Dict., 108)派生,即有"附件"、"繼發事件"之意[2]。

筆者原以爲,以本文案的語境,jamā yuḍāṃdä 跟在 gvārä jeh- 之後,應是與"清除字據"一致性的下一步驟,即對原寫有字的木牘進行塗抹。然而,在識讀收藏在新疆博物館的一件案牘時,筆者有了新的收穫。那是一件處理偷盜事件的案牘,大致内容爲:一個名叫 Śudapuñā 的家人偷了鄰家的芝麻。被探子發現,Śudapuñā 出面擺平。在此語境之下,Jamā 即"賠償"之含義凸顯。下面是從這件案牘的封牘上抄錄的一句話:

ṣä jamya vāḍä ttye prracai cu śudapuñä jamā yuḍä haskapuñāna 500

此賠償案牘爲此緣故:兹有首德福(Śudapuña)對賀悉福做了 500 文賠償。

Hedin 7verso 亦有涉及 gvārä 而用到 jamā 一詞,句子如下:

pheṃmāṃ kū-thaigä-ṣī [3] ñaṣṭa jamā pasti yiḍi akṣarau pajistāṃdä si gvārä be ma hūñarä [4]

將新確定的 jamā 一詞的含義代入,翻譯成漢語,此句如下:

---

[1] 關於"油膏",參閲 Dict, p. 108 的 gyam-、jam- 詞條。另見 Skjærvø 2004, p. 170.

[2] Bailey 的原文:"attachment", thence "sequence of events"。詳見 KT 4, p. 90.

[3] Skjærvø 正在準備一部新著作,重新整理翻譯 Hedin 文書。他爲筆者提供了尚未出版的文稿,與此處他的讀法有不同。因無法驗證,故而我的譯文仍基於貝利的轉寫。

[4] 原文見 KT 4, p. 26. Bailey 的英譯見 p. 86.

媿摩功德使所令賠付微不足道。他們要求簽字畫押時,(有人)説:"休提字據!"

本文以三件完整于闐語文書爲依據,恢復出古代于闐社會生活的一個側面,即典押制度。三件存世文書的兩件涉及人身典押,一件涉及水的典押。古代于闐社會的典押制度得以清晰再現,從典押産生舉債人的本金,典押有時間限制。期限到時,舉債人償還本金並給付利息。水作爲典押有其特殊性,詳見本文第二節。

(作者單位:北京大學東方文學研究中心)

試論回鶻文《玄奘傳》專有名詞的翻譯方式
——以回鶻文第九、十卷爲例

張鐵山　朱國祥

一、回鶻文《玄奘傳》與譯者勝光法師

《大慈恩寺三藏法師傳》（簡稱《玄奘傳》）是由玄奘弟子慧立按照玄奘口述而撰寫的一部名著，書中詳細記述了公元 7 世紀我國偉大的旅行家、翻譯家和佛教大師玄奘的生平事跡。特別是該書的卷一到卷五詳細記述了他在公元 629—645 年去印度期間在新疆地區、中亞和印度各地的見聞。該書與玄奘的另一名著《大唐西域記》一起構成今天我們研究古代新疆地區、中亞和印度歷史、地理和文化等方面的珍貴史料。早在北宋時期，漢文本《玄奘傳》就由勝光法師譯成回鶻文（回鶻文題爲：bodistw taito samtso ačarïnïng yorïɣïn uqïtmaq atlïɣ tsï ïn suïn tigmä kiwi nom bitig）。

關於《玄奘傳》的回鶻文譯者勝光法師（singqu säli），史無記載。根據耿世民先生的研究，勝光法師約生活於我國北宋時期（960—1127 年）的高昌王國初期，他的出生地是別失八里（唐稱北庭，遺址在今烏魯木齊北吉木薩爾縣境內）。從現存回鶻文文獻來看，勝光法師除把《玄奘傳》翻譯成回鶻文外，還譯有《金光明經》、《千手千眼觀世音菩薩廣大圓滿無礙大悲心陀羅尼經》、《觀身心經》、《大唐西域記》、《八陽神咒經》等[1]。從勝光法師的譯著中可以看出，他不僅是一位精通本族語回鶻文的大師，同時他也是一位精通漢語文、熟悉我國歷史和佛教典籍的翻譯巨匠[2]。

下面我們僅以 Kahar Barat 刊佈的回鶻文《玄奘傳》第九、十卷爲基礎，對回鶻文專有名詞的翻譯進行分類，並將其與漢文本原文進行對照，探討回鶻文《玄奘傳》的翻譯方式。

---

[1] 耿世民《試論古代維吾爾族翻譯家勝光法師》，《民族翻譯》2011 年第 1 期。
[2] 耿世民《回鶻文〈玄奘傳〉及其譯者勝光法師》，《中央民族學院學報》1990 年第 6 期。

二、回鶻文《玄奘傳》第九、十卷中的專有名詞翻譯舉要

回鶻文《玄奘傳》第九、十章中漢語音譯借詞有 250 個左右,而整篇回鶻文《玄奘傳》有 500 個左右。這裏所説的"專有名詞"除了漢語音譯借詞外,還有其他形式的。例如:

1. 禮部尚書　törü bölükintäki bitkäčilär(21－22/5)[1]
2. 八政　säkiz könilär(17/9)
3. 八藏　säkiz aɣïlïqlar(12/12)
4. 六經　altï bitiglär(14/13)
5. 馬祠　at savï(22/19)
6. 六英　altï ädrämlär(3/20)
7. 五緯　beš arqaɣ(5/20)
8. 夏孕殷吞　elig sämritip üküšüg ičgärü(4－5/34)
9. 内給事　ič tapïɣčï(5/42)
10. 王君德　eligimiz qutï(6－7/42)、want gün tik(14/71)
11. 長安　uzadï enčgülüg(2－3/44)
12. 萬年　tümän yašazun(3－4/44)
13. 芳林門　ädgü simäklig qapïɣ(1/46)
14. 安福門　qut omanmïš qapïɣ(5/46)
15. 雲楣　built qaš(7/58)
16. 楷　sïzïq(14/59)
17. 草　käzig(15/59)
    草書　tsao šu(23/61)
18. 行　tartïɣ(16/59)
19. 飛白　aqladï(18/59)
20. 中書　bitigliktäkilär(1/66)

---

[1]　"/"前的數字表示行數,後面數字表示頁碼,材料來源: Kahar Barat, *XUANZANG — Ninth and Tenth Chapters*, Indiana University Research Institute for Inner Asian Studies Bloomington, Indiana, 2000.

21. 凝陰殿 soɣïqï turulmïš soɣïnɣu(5 – 6/94)
22. 飛華殿 xua čäčäklär uč.. ordusï(1/116)
23. 積翠宮 čäčäklär ükülmïš ordu(9 – 10/116)
24. 嵩嶽 idiz taɣ(18/127)
25. 少峰 kičig sängir(19 – 20/127)
26. 玉華寺 güx xua si sängräm(3/190)
27. 肅誠殿 ayaɣlïɣïn bütmïš ordu(10 – 11/190)
28. 嘉壽殿 ädgü yašaɣuluq atlïɣ yaylïq(11 – 12/191)
29. 剌史 bälïq bägi(19/233)
30. 嵩山華山 tängridäm xua čäčäklig (taɣlar)(17 – 18/251)
31. 濛河 uluɣ taluy(13/259)
32. 孟諸 qamaɣ(16/259)
33. 虞、夏 tolp tavɣač eli(11/270)
34. 西州 kedin änätkäk eli(8/272)
35. 法雅 ačarï ädgü(2/276)
36. 三明 üč yaruqlar(20/9)

三、漢文《玄奘傳》專有名詞闡釋和回鶻文翻譯分類

勝光法師的回鶻文《玄奘傳》翻譯技巧達到了很高的境界。我們把漢文與回鶻文本《玄奘傳》作一個對照，則不難發現：回鶻文本《玄奘傳》不僅忠實於漢文《玄奘傳》的內容，同時也譯得圓通流暢。

據以上羅列的36個詞語，筆者把回鶻文本《玄奘傳》這些專有名詞的翻譯作一簡單分類。

（一）職官制度名的翻譯

職官制度詞語是漢文化中的專有名詞，這類專有名詞在漢民族中具有特殊含義，而在其他民族如回鶻文中則找不到"對應"詞語。勝光法師翻譯的方式就是：在語言形式，即字面上盡可能做到回鶻文與漢文詞義一致。如：

禮部尚書 törü bölükintäki bitkäčilär(21 – 22/5)，回鶻文 törü "法律、禮"、bölük "部分、部"、bitkäčilär "書寫者、書記官"，直譯爲 "禮部的書記官"。"禮部尚書"是主管朝廷

中的禮儀、祭祀、宴餐、貢舉的大臣。禮部是中國古代官署,南北朝北周始設,隋唐爲六部之一,歷代相沿。長官爲禮部尚書。

内給事 ič tapïɣčï(5/42),回鶻文 ič 與 tapïɣčï 的詞義分別是:内、傭人。"内給事"是宦官官名。漢少府有給事黄門。常侍皇帝左右,在内宫門聯繫内外及中宫以下衆事。唐内給事屬内侍省,員額十人。

中書 bitigliktäkilär(1/66),回鶻文 bitiglik 的詞義是"書寫的東西",合而直譯爲"書中者"。中書爲中國古代文官官職名。唐朝依然沿襲隋朝,唐太宗開始也加銜尚書令。唐中書令爲三省長官。

(二) 地名、人名、朝代等專有名詞的翻譯

在回鶻文《玄奘傳》中,地名多用音譯,而人名的翻譯,遵從"名從主人"和"約定俗成"的原則。但還有一些則采用的是直譯的方法。如:長安 uzadï enčgülüg(2-3/44)、萬年 tümän yašazun(3-4/44)。回鶻文 uzadï 與 enčgülüg 的詞義分別是"長"、"平安的"。而回鶻文 tümän 與 yašazun 的詞義分別是"萬"、"活著"。"長安"與"萬年"其實是唐朝縣名。唐長安城以朱雀陰大街爲界分爲東西兩部,街東歸萬年縣轄,街西歸長安縣轄。以此爲界,從城南面正中的明德陰引申出去,筆直達南山石泛峪的大路,就是萬年、長安兩縣郊區的分界。據宋敏求《長安志》卷一一《萬年縣志》和卷一二《長安志》知,唐萬年縣有四十五鄉,長安縣有五十九鄉,合共一百零四鄉,每鄉五里,應有五百二十里[1]。

西州 kedin änätkäk eli(8/272),回鶻文 kedin 與 änätkäk 的詞義分別是"西部"、"印度",el 義爲"國",合而爲"西印度國"。唐在今新疆境内所置三州之一。唐貞觀十四年(640)滅麴氏高昌,以其地置西州。西州是唐朝經營西域的軍事重地,其州治還是中西經濟、文化交流的重要城市。

王君德是唐朝内給事臣的名字。回鶻文譯者除了音譯此名 want gün tik(14/71)外,還直譯此名爲 eligimiz qutï(6-7/42),回鶻文 eligimiz 與 qutï 的詞義分別是"國王"、"福德",合而爲"我們國王的福德"。

"法雅"是唐太宗時期的一個和尚。回鶻文譯者將此直譯爲 ačarï ädgü(2/276),回鶻文 ačarï 與 ädgü 的詞義分別是"大師"、"好"。

虞、夏 tolp tavɣač eli(11/270),回鶻文 tolp 與 tavɣač 的詞義分別是"全部"、"中國",eli"國家"。"虞、夏"是中國古代朝代名稱。舜帝名重華,號有虞氏,諡號曰舜,國

---

[1] 武伯綸《唐萬年、長安縣鄉里考》,《考古學報》1963 年第 2 期。

號有虞。而夏朝,爲中國史書記載的第一個世襲王朝。夏朝是中國歷史上的"家天下",開創了中國近四千年世襲王位之先河。

(三)地理山川河流等專有名詞的翻譯

勝光法師在翻譯一些山川河流等專有地理名詞時多從字面上直接翻譯。如:

嵩嶽 idiz taɣ(18/127),回鶻文 idiz 與 taɣ 的詞義分別是"高"、"山"。嵩山位於中國中東部河南省西部,中國五嶽之一。由太室山與少室山組成。

少峰 kičig sängir(19－20/127),回鶻文 kičig 與 sängir 的詞義分別是"小"、"山麓"。"少峰"是中國古代山名。

嵩山華山 tängridäm xua čäčäklig(taɣlar)(17－18/251),回鶻文 tängridäm 與 čäčäk 的詞義分別是"神聖的、花的","山"。嵩山與華山是我國著名的五嶽名山。

濛河 uluɣ taluy(13/259),回鶻文 uluɣ 與 taluy 的詞義分別是"偉大"、"海"。濛河是中國古老河流之一。

孟諸 qamaɣ(16/259),回鶻文 qamaɣ 的詞義是"所有的"。"孟諸"實爲古大澤名,位於宋國,在今河南商丘東北、虞城西北。《爾雅·釋地》載:"魯有大野,晉有大陸,秦有楊陓,宋有孟諸,楚有雲夢,吳越之間有具區。"

雲夢 bulïtlar(16/259),回鶻文 bulïtlar 的詞義是"雲"。"雲夢"是中國古代的湖泊名稱。

(四)城門宮殿樓閣佛寺道教等專有名詞的翻譯

譯者勝光法師翻譯城門、宮殿、樓閣、佛寺、道教等專有名詞,也多從字面上直接翻譯。如:芳林門 ädgü simäklig qapïɣ(1/46),回鶻文 ädgü、simäklig、qapïɣ 的詞義分別是"好"、"林子"、"門"。盛唐時長安是當時世界上最大、最繁華的國際大都市。長安城開十二座城門,東西分別爲芳林門和光化門。

安福門 qut ornanmïš qapïɣ(5/46),回鶻文 qut、ornanmïš、qapïɣ 的詞義分別是"福"、"安置的"、"門",合而爲"安置福德的門"。唐代長安由宮城、皇城和京城三部分組成。皇城又稱子城,北邊無牆,和宮城聯爲一體。在皇城西牆和東牆的北部,分別矗立著安福門和延喜門兩座城門。文獻中此類記載很多,古代城門上均建有閣樓,故史料中"安福樓"、"安福門樓"與"安福門"指一個地方[1]。

---

[1] 侯振兵《唐長安皇城安福門延喜門社會功能之比較》,郭紹林主編《洛陽隋唐研究》(第三輯),北京:臺言出版社,2008年。

凝陰殿 soɣïqï turulmïš soɣïnɣu(5-6/94)，回鶻文 soɣïqï、turulmïš、soɣïnɣu 三個詞的意思分别是"冷"、"凝固的"、"殿"。"凝陰殿"是宫殿名稱。長安大内凝陰殿。譯場行止變遷的順序的一個地方。657年正月，長安大内凝陰殿西閣、大慈恩寺翻經院、大内順賢閣，出《十一面神咒》、《阿毗達磨發智論》等，始譯《大毗婆沙論》[1]。

飛華殿 xua čäčäklär uč..ordusï(1/116)，回鶻文 xua、čäčäklär、uč..、ordusï 的詞義分别是"花"、"花"、"飛"、"宫殿"。

積翠宫 čäčäklär ükülmïš ordu(9-10/116)，回鶻文 čäčäklär、ükülmïš、ordu 的詞義分别是"花"、"積累"、"宫殿"，合而爲"積累了花的宫殿"。658年二月，隨駕入洛，大内積翠宫、明德宫飛華殿，出《觀所緣緣論》等。譯場行止變遷的順序的一個地方[2]。

肅誠殿 ayaɣlïɣin bütmïš ordu(10-11/190)，回鶻文 ayaɣlïɣin、bütmïš、ordu 的詞義分别是"尊敬"、"完成"、"宫殿"。

嘉壽殿 ädgü yašaɣuluq yaylïq(11-12/191)，回鶻文 ädgü、yašaɣuluq、yaylïq 的詞義分别是"好"、"生活的"、"住地"。

（五）隱性文化詞以及書法字體等專有名詞的翻譯

隱性文化詞是指内涵義豐富的文化詞，這種文化詞義所指在源語文化背景下一般形成共同所認識的指向内容。如下文中八政、八藏、六經、六英、五緯、三明等詞語。這些詞在漢文化裏有一種不言而喻的所指内容，而在另一種非漢文化裏卻要費很大力氣加以解釋。回鶻文譯者對這類詞語的翻譯采用的是直譯法。如：

八政 säkiz könilär(17/9)，回鶻文 säkiz 與 Könilär 的詞義分别是"八"、"正確的"。"八政"是中國古代國家施政的八個方面。《書·洪範》記，八政：一曰食，二曰貨，三曰祀，四曰司空，五曰司徒，六曰司寇，七曰賓，八曰師。後世所稱"八政"多指此而言。

八藏 säkiz aɣïlïqlar(12/12)，回鶻文 säkiz 與 aɣïlïqlar 的詞義分别是"八"、"寶藏"。"八藏"一種是指佛所說之聖教分爲八種；另一個是指大小乘各有經、律、論、雜等四藏，合稱爲八藏。這裏"八藏"是指中國文化一個總的代表所稱。

六經 altï bitiglär(14/12)，回鶻文 altï 與 bitiglär 的詞義分别是"六"、"書"。所謂"六經"，指《詩》、《書》、《禮》、《樂》、《易》、《春秋》。

六英 altï ädrämlär(3/20)，回鶻文 altï 與 ädrämlär 的詞義分别是"六"、"道德"。漢

---

[1] 王亞榮《玄奘譯場助譯僧考述》，北京：宗教文化出版社，2005年，187頁。
[2] 王亞榮《玄奘譯場助譯僧考述》，187頁。

語"六英"是指古樂名。《淮南子·齊俗訓》載:"《鹹池》、《承雲》、《九韶》、《六英》,人之所樂也。"高誘注:"《六英》,帝顓頊樂。"

五緯 beš arqaɣ(5/20),回鶻文中的 beš 與 arqaɣ 義分別是"五"、"梭子"。五緯,或稱五星,是古代中國人將太白、歲星、辰星、熒惑、填星這五顆行星合起來的稱呼,五星與日、月合稱七政。

三明 üč yaruqlar(20/9),回鶻文 üč 與 yaruqlar 的詞義分別是"三"、"光明"。佛教中的"三明"是指天眼智明、宿命智明、漏盡智明。"三明"常與"六通"並列使用,而"六通"是指天眼、天耳、他心智、宿命智、如意通智、漏盡智。

楷 sïzïq(14/59)、草 käzig(15/59)、行 tartïɣ(16/59)、飛白 aqladï(18/59),漢文的楷、草、行、飛白都是漢字書法的一種字體。楷書是由隸書演變來的,也叫正楷、真書。草書形成於漢代,是爲了書寫簡便在隸書基礎上演變出來的。行書是在楷書的基礎上發展起源的,是介於楷書、草書之間的一種字體,是爲了彌補楷書的書寫速度太慢和草書的難以辨認而產生的。"飛白書"是一種特殊的書法。相傳東漢靈帝時修飾鴻都門的匠人用刷白粉的掃帚寫字,蔡邕見後,歸作"飛白書"。

四、《玄奘傳》專有名詞譯回鶻文翻譯方式探討

專有名詞在另一種語言辭彙裏實際上不具備固定的對應物,但任何一種語言原則上都可以表達任何概念。語言的辭彙中沒有專門表示某種概念的詞或固定片語,並不意味著通過該語言的手段不能表達這個概念[1]。勝光法師對《玄奘傳》中的專有名詞的翻譯,究其情況大致有這麼幾種方式:直譯、音譯、音譯加直譯、意譯等。

(一)直譯法。此種譯法並非一對一的死譯,而是按照字面翻譯,不作太多的引申和注釋。在意義上,采用對應法來翻譯漢語固有的專有名詞;從結構上看,主要是仿造漢語專有名詞的結構,很少改動原專有名詞的順序。這種直譯法使得在回鶻文中找到了近似等值物的"對應"詞。上文中職官制度類、地名人名朝代類、地理山川河流類、城門宮殿樓閣佛寺道教類、隱性文化及書法字體等類專有名詞類絕大多數是采用直譯方式來翻譯的。

(二)音譯法。此法是利用譯入語的回鶻文文字符號再現源語漢語的發音。音譯通常是以音節爲單位,音譯傳達的是它的聲符,此法常譯非本民族的專有名詞等名稱。

---

[1] 巴爾胡達羅夫《語言與翻譯》,北京:中國對外翻譯出版公司,1985 年,72 頁。

從翻譯層面上看它其實是音位層的翻譯。回鶻文《玄奘傳》裏有很多漢語借詞,一般都采用是音譯方式翻譯的。在回鶻文《玄奘傳》第九、十章中的漢語借詞有 250 個左右,而整篇回鶻文《玄奘傳》有 500 個左右漢語借詞。針對這些漢語借詞,勝光法師事實上絶大多數是采用音譯方式來譯。如上文的王君德 wang gün tik、草書 tsao šu,等等。

（三）音譯加直譯法。此法既用漢語音來音譯,同時又用回鶻文從字面上直接逐字譯漢字,其特點是把二者有機結合起來翻譯。如飛華殿 xua čäčäklär uč..ordusï,嵩山華山 tängridäm xua čäčäk,等等。

（四）意譯法。意譯法是當直譯有困難或勉强譯出而讀者無法理解時,只好犧牲原文的某些文化特色,配合上下文進行意譯,以保持原作内容的完整性。勝光法師對漢語專有名詞翻譯也采用了意譯法,如回鶻文譯者將"道教"譯爲 ïduq nom,回鶻文 ïduq 與 nom 的詞義分别是"神聖的"、"經"。在回鶻語—漢語兩種語言中,表達效果相似,但由於存在文化差異,而采用等效譯法,把道教看作是一種神聖的經,這就起到了異曲同工的翻譯效果。從上可看出,勝光法師用回鶻文譯漢語專有名詞時幾乎不用意譯的方式。

我們知道,漢語裏中一些專有名詞是很難翻譯的,但這些詞語在勝光法師的筆下,不僅譯得準確精賅,同時又做到了圓通自如地忠實原文,這表明他的翻譯技巧達到了一個很高的境界。

五、結　語

中國譯經史上,自安世高開始到鳩摩羅什這兩個半世紀的譯績,統稱"古譯";鳩摩羅什來到長安的業績主要是譯經,他開創了譯經史上的新時期,人稱"舊譯"時期;玄奘開創新翻譯風,被稱爲"新譯"[1]。安世高偏於直譯;支樓迦讖多用音譯;支謙一反前人,講究文麗簡約,力圖適應漢文讀者的要求;竺法護又很注重原文,追求存真;鳩摩羅什在總結前人經驗的基礎上,注重譯文的品質,他和他弟子傾向於意譯[2]。而玄奘是佛經"新譯"的創始人。玄奘大師既不贊成鳩摩羅什"不嚴於務利原文,而在取意"的意譯文風,也反對佶屈聱牙的直譯文體。他的翻譯要求文和義切合原作,不得有損於原典的意旨;同時又要求文從字順,便於讀者瞭解。這種不拘泥於直譯和意譯的翻譯方法最

---

〔1〕　孫其昌《中國佛教文化史》,北京:中華書局,2010 年,437 頁。
〔2〕　熱扎克·買提尼牙孜主編《西域翻譯史》,烏魯木齊:新疆大學出版社,1997 年,81 頁。

終形成了一種獨創的"精嚴凝重"的翻譯文體,而不是梵化的漢文[1]。勝光法師在翻譯回鶻文時,尤其對難度很大的漢語專有名詞翻譯,勝光法師做到了"文和義切合原作",不是漢回鶻化的回鶻文。這表明只有像勝光法師這樣的翻譯巨匠纔能達到玄奘譯經的那種境界。

(作者單位:張鐵山/中央民族大學中國少數民族語言與古籍研究所
朱國祥/貴州民族大學民族學與社會學學院)

---

[1] 王繼紅《玄奘譯經四言問題的構成方法——以〈阿毗達磨俱舍論〉梵漢對勘爲例》,《中國文化研究》2006年夏之卷。

吐蕃時期敦煌的寫經人

高田時雄

大量的藏文寫經没有流失到國外而是留在甘肅省内敦煌等地,這已是衆所周知的,但其全貌過去未能完全弄清[1]。然而前年(2011 年)秋天出版了大部頭的《甘肅藏敦煌藏文文獻敍録》[2],稱之爲學界盛事也毫不爲過。該《敍録》介紹了敦煌市博物館等甘肅省内的博物館、圖書館共 12 個單位以及一位私人藏家收藏的合計 6672 件的藏文寫卷的内容[3],對這些寫卷,不但標注了用紙的種類、裝幀方式、大小等,而且逐録了文獻的首題、尾題及題記的藏文,又進一步將其逐一翻譯成漢文。該書確屬劃時代的精心著作,在此想向從事編輯工作的各位先生表示深深的敬意。

文獻的内容幾乎全是《大般若經》[4]與《無量壽宗要經》[5],毋庸贅言,這是吐蕃末期在敦煌實施的寫經事業的産物。經典的文本本身千篇一律,並無特别的意義,但各寫卷的卷末所記的寫經人名與校經人名是解明這個寫經事業的實際情況的重要材料。

筆者幸蒙擔任《敍録》主編的敦煌研究院的馬德氏惠贈一部,對《敍録》中收録的寫

---

[1] 黄文焕氏對此有一系列的介紹,遺憾的是還很難説已經反映了其全貌。同氏《河西吐蕃文書簡述》,《文物》1978 年第 12 期,59—63 頁;《河西吐蕃經卷目録跋》,《世界宗教研究》(第二集),1980 年,56—62 頁;《河西吐蕃卷式寫經目録并後記》,《世界宗教研究》1982 年第 1 期,84—102 頁。

[2] 蘭州:甘肅民族出版社,2011 年,16 開本,共 892 頁。以下簡稱《敍録》。

[3] 在《敍録》出版之前,對各單位所藏的藏文寫卷的介紹是各自進行的。管見所及有以下論著:王南南、黄維忠《甘肅省博物館所藏敦煌藏文文獻敍録(上)》,《中國藏學》2003 年第 4 期,68—82 頁;傅立誠、楊俊《敦煌市博物館藏古藏文〈大乘無量壽經〉目録(一)》,《敦煌學輯刊》2004 年第 2 期,41—58 頁;傅立誠、楊俊《敦煌市博物館藏古藏文〈大乘無量壽經〉目録(二)》,《敦煌學輯刊》2005 年第 3 期,53—70 頁。此外,《敦煌研究》2006 年第 3 期設有同名的"甘肅藏敦煌藏文文獻敍録"專欄,公佈了馬德《甘肅藏敦煌藏文文獻概述》、張延清、梁旭澍、勘措吉、郭俊葉《敦煌研究院藏敦煌古藏文寫經敍録》,俄軍《甘肅省博物館藏敦煌藏文文獻補録》,勘措吉、黎大祥《武威市博物館藏敦煌藏文寫本》,孫宏武、寇克紅《張掖甘州區、高臺縣兩博物館藏敦煌藏文〈大乘無量壽經〉簡介》,張耀中《酒泉博物館古藏文〈大乘無量壽經〉敍録》,邱惠莉、范軍澍《蘭山范氏藏敦煌寫經目録》。

[4] 藏文直譯爲《十萬頌般若波羅蜜經》(She-rab-kyi-pha-rol-du-phyin-pa stong-phrag-brgya-pa),小文稱之爲《大般若》。

[5] 藏文是 Tshe dpag-du-myed-pa zhes-bya-ba theg-pa chen-po'i mdo.

經、校經人名進行了初步整理,在此試論整理過程中注意到的若干問題。

一、寫經人名的漢字復原

藏文《大般若經》、《無量壽宗要經》中以藏文記録了寫經人、校經人的人名。寫經事業動員了敦煌的許多漢人居民,其人名雖被轉寫爲藏文,當然還是漢人的人名,應可準確復原爲漢字,實際上也最好加以復原。但遺憾的是,《敍録》的許多復原是不正確的,恐怕會產生不少誤解。要將這些藏文轉寫的人名準確地復原爲漢字,需要根據當時敦煌所用的漢字音,該書顯然未採取這種嚴密的方法而是無原則地將其改寫爲漢字,導致有此失誤。

例如關於姓氏,Cang = 張、Wang = 王、Khang = 康、Sag = 索、Li = 李、"An = 安、"Im = 陰、Bam = 氾、Do = 杜、Song = 宋、Leng ho = 令狐、Meg le = 墨離等,都已準確復原爲漢姓,完全没有問題。

然而 Jin = 金、Lu = 陸、Ye'u = 佑、Zhim = 辛、Ge'u = 苟、'Go = 高、Sheg = 謝、Ha = 哈、Beg = 瓦、She'u = 猴、Bung = 王、Beng = 王、So = 索等,均需訂正如下。

Jin = 金→陳

Lu = 陸→盧

Ye'u = 佑→游

Zhim = 辛→任

Ge'u = 苟→高

'Go = 高→吳

Sheg = 謝→石

Ha = 哈→何

Beg = 瓦→白

She'u = 猴→燒

Bung = 王→馮

Beng = 王→彭

So = 索→蘇

漢人的姓數量有限,而且就敦煌居民的姓氏而言,還可以進一步縮小範圍,因此應該比較容易進行推定,但實際上未必都已準確地復原爲漢字。至於名的復原,可以設想其困難會大得多。例如《敍録》將 Cang"i tse 定爲"張議潮",從對音上看是不可能的。

或許這個人物應該復原爲"張意子",對此下文會再談到。

吐蕃時期敦煌通行的漢語依舊受到長安標準語的強烈影響,因此這些人名在音譯時用的是這種標準音。敦煌土著的所謂河西方言當亦同時通行,但該時期尚未出現在社會的表層。它是在進入歸義軍時期後逐漸在敦煌獲得標準語的地位,不久在用藏文書寫漢語時也使用這種字音,但吐蕃時期還未出現。試舉具體而典型的例子來看,宕攝字與梗攝字的鼻音韻尾在吐蕃時期尚未消失,例如"張"字是寫成 Cang 的,絕不會像河西方言那樣寫成 Co。在漢字人名的復原方面首先需要注意這個基礎方言的問題[1]。

在甘肅所藏的藏文寫卷中,寫經人、校經人的人名共出現了 4620 人次。其中有相當數量的人名是像 Song g-yu legs 那樣的漢姓蕃名。對其名的部分也進行意譯而將該人名全用漢字表示寫作"宋玉善"雖然不是不可能,但將這種漢姓蕃名寫作宋 g-Yu legs,名的部分仍用藏文,可區別於漢名,從這個角度來看長處較多。但對姓名均是漢字音譯的情形,當然最好復原爲原來的漢字。這樣纔能將吐蕃時期的寫經人名與漢文文書聯繫起來進行考證。換言之,像上舉的"張意子"的情形,可與漢文文書中出現的人名進行比較、推定,纔能確認藏文轉寫人名的漢字復原是否正確。

以下試舉幾個例子。

首先來看"張日興"。此人作爲《無量壽宗要經》的寫經人,在《敍錄》中以 Cang zhir hing 的形式出現了三次。另一方面,吐蕃時期的漢文文書中是在 P. ch. 3394《大中六年(852)僧張月光、呂智通易地契》中出現的。張日興是該契約的當事人張月光之弟,作爲保人列名,以藏文簽字(右圖)。關於大中六年,從時代上看雖已進入歸義軍時期,但有充分理由設想此人在吐蕃末期爲寫經事業所動員,而且以藏文畫押的行爲更容易使人想見他應是在寫經所工作過的人物。《敍錄》將其寫作"張席衡"是毫無根據的。

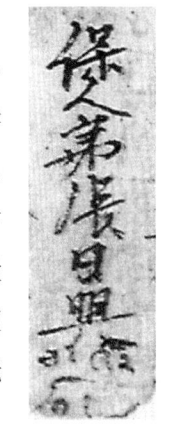

在《敍錄》中作爲藏文《大般若》寫經生出現的 'Jin 'Do tse 並非"金奴子",而應是"陳奴子"。這個陳奴子見於 S. 5824《應經坊請供菜牒》。這是指示向寫經人供應菜的文書,這種供應被定爲由行人部落及絲棉部落負擔,其中絲棉部落負擔部分的人名中有陳奴子。因此該文書的人名均是從事寫經者,是藏文轉寫人名的漢字復原的重要參考資料。需要注意的是,在《應經坊請供菜牒》中,與陳奴子同列的還有"安和子"之名。

---

[1] 詳見高田時雄《敦煌資料による中國語史の研究——九、十世紀の河西方言》,東京:創文社,1988 年。

據 S.5818 可知安和子在宴席中有猥褻言行而被要求加以處分,其中可見"寫番經判官安和子"的頭銜,表示安和子正是藏文經典的寫經人。可以確認陳奴子與安和子兩人作爲同事都從事過寫經。

"An weng tse 作爲藏文《大般若》寫經人共出現了十八次[1]。《敍錄》寫作"安旺財",實際應是"安榮子"。其名見於漢文文書,在吐蕃時期的隊編制名簿 P.ch.3249 中的《將安榮子隊下貳拾陸人》中,作爲率領二十六人的隊長出現的正是此人。

在《敍錄》中被寫作"張議潮"的 Cang ʾi tse,如上所述應復原爲"張意子"。Cang ʾi tse 作爲藏文《大般若》及《無量壽宗要經》的寫經人,前者五見,後者一見,無疑就是在 P.ch.2837 背面的《辰年施入疏》中寫明"二月八日弟子張意子謹疏"的施入笪籬五扇的張意子。

Bam cu cu 作爲藏文《大般若》的寫經人一共四見。此人當是見於 S.3287 背《子年五月左二將百姓氾履倩等戶口狀》的"氾住住"。《敍錄》寫作"氾君君",有誤。

儘管如此,《敍錄》中準確復原的情形當然也有,例如作爲藏文《大般若》的寫經人出現三次的 Li lug lug 無疑是"李六六"。此人之名見於 S.2228《亥年修城夫丁使役簿》,因此是吐蕃時期的敦煌居民。

此外,"王金剛"(Wang kim kang)在《敍錄》中作爲《無量壽宗要經》的寫經人兩次出現,已被正確地復原爲"王金剛"。P.ch.5003《社司轉帖》、P.ch.5003《社人納色物》、P.ch.5016《社司轉帖》可見其名。這些文書沒有年號,根據見於同一文書的其他人名來看,其爲吐蕃時期的文書是無可置疑的。

以上僅舉幾個例子來談,在進行寫經人名的漢字復原時,以當時字音的對應關係爲根據,同時考察其人是否見於吐蕃時期的漢文文書,這是關鍵所在。不過根據這個條件,未必能將所有藏文轉寫的人名都準確地復原爲漢字。如果不能復原,爲免產生誤解,最好不要無原則地將其轉化爲漢字。

關於吐蕃時期敦煌經常出現的漢姓蕃名,上文已舉

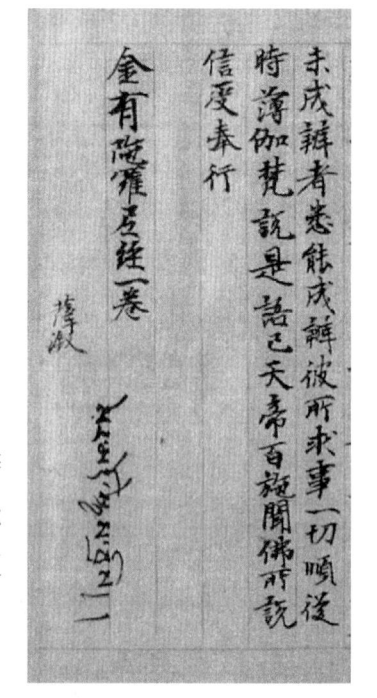

---

[1] 僅寫 Weng tse(榮子)之名的例子尚有 16 個,如是相同人物則合計多達 34 例。

Song(宋)g-yu legs 爲例,這些人是通常僅用蕃名而無漢名,抑或也有漢名,因時期與場合不同而分別使用? 對此問題不容易作出明確的解答,筆者傾向於後者,認爲漢名、蕃名兩者兼有的可能性較大[1]。這是因爲杏雨書屋所藏的羽191號寫本《金有陀羅尼經》的末尾作爲寫經人以藏文 Ser mdo skyes bris(薛 mdo skye 寫)署名的人,同時以漢字寫作"薛㵋",可知這個薛姓的人物既有"㵋"的漢名又有 mdo skye 的藏名(上頁圖)。順便提一下,mdo skye 直譯爲漢語就是"經生"。

二、見於《敍錄》的寫經人與校經人

上文已經談到,吐蕃時期寫經事業的主要對象是《大般若》與《無量壽宗要經》。迄今爲止,關於《無量壽宗要經》,對其寫經人及校經人已有比較詳細的整理與研究[2],至於《大般若》似乎尚未有過系統的研究。筆者想在今後作進一步的研究,作爲其準備工作對見於《敍錄》的兩經的寫經人與校經人試作統計性的整理,其結果是明確了以下的事實。

從《大般若》來看,比較後揭的表一與表二可知,寫經與校經通常是由不同的人來負責的,至少出現次數較多的人物中未見兩者都承擔的情形。但有同一人物進行寫經與校對的情形,是個例外。敦煌市博物館所藏的《大般若》(Db. t. 6127),卷末記有 Shin cheg gis bris ste zhus, yang zhu, sum zhus "神寂(?)抄寫,校對,二校,三校",因此有時是可能出現這種情形的。這種事例在《無量壽宗要經》中也可觀察到[3],但恐怕不能看作正規的方式,尤其是《大般若》給人以書寫與校對的分工更加明確的印象。

根據迄今爲止的研究,我們知道《無量壽宗要經》的寫經動員了大量的漢人,從表三的出現次數上位的過半數是包括漢姓蕃名者在内的漢人這一點,也可確認這個事實。試將其與表一的《大般若》寫經人作一比較,就可知道漢人的比率比《無量壽宗要經》更高,除了首位的 Jam dpal(文殊)之外全是漢人[4]。《無量壽宗要經》中的盧再興、張什德、康德德等姓名均用漢語,《大般若》與此不同,基本上是漢姓蕃名,這一點是耐人尋味的。關於與《無量壽宗要

---

[1] 這種情形類似於現代的香港人與海外華人在原來的漢名之外另有英文名字。在這個問題上從古至今没有太大差別是饒有興味的。

[2] 上舉黄文焕氏的介紹之後,日本有西岡祖秀《ペリオ蒐集チベット文『無量壽宗要經』の寫經生・校勘者一覽》,《印度學佛教學研究》33-1(1984),同《沙州における寫經事業——チベット文『無量壽宗要經』の寫經を中心として》,《講座敦煌6・敦煌胡語文獻》(1985),上山大峻《敦煌佛教の研究》(京都: 法藏館,1990)中有「『無量壽宗要經』の大量書寫」的部分(440—452頁),關於俄國所藏《無量壽宗要經》還有 Л. С. Савицкий, Описание Тибетских свитков из Дуньхуана, Москва: Наука, 1991.

[3] 上山大峻上揭書,442頁。

[4] 不過 Jam dpal(文殊)不見得就是藏人,也完全有可能是漢人。

經》不同的《大般若》書寫,或許有某種限制。再者,根據名字來推斷,可知《大般若》的校對似乎通常是由僧侶來負責的,可以認為其作業要求比《無量壽宗要經》更加嚴格。

其次希望比較一下表一與表三。關於《大般若》與《無量壽宗要經》的寫經,可知其寫經人無重複出現者。當然這是就出現次數較多的人名而言,實際上兩經的寫經均參加過的人雖然相當多,卻僅佔整體的一成到兩成左右,最多不過兩成左右。這個現象起因於時間上的差距,抑或作業性質的不同,由於牽涉到寫經所的編制問題,今後需作進一步的探討。

以上是受到《敍錄》出版的啓發,就吐蕃時期敦煌的寫經人的漢字復原問題談了若干意見,並揭示同時使用漢文文書探討從事寫經、校經人物的實際情形的可能性。而根據數據還明確了雖同是寫經,但《大般若》與《無量壽宗要經》有相當多的不同。希望能對今後的研究起到拋磚引玉的作用。

當然,為了進行真正的研究,不能僅限於甘肅藏的寫卷,還需要將散見於世界各國的所有材料匯集起來進行綜合的判斷,這是自不待言的。筆者也多少做了準備,此次因受時間限制,未能充分加以探討,希望近期有機會另稿論述。

表一 《大般若》寫經人出現次數

Jam dpal（文殊）	70	Sag dge legs 索	15
Cang rma legs 張	31	Wang stag zigs 王	15
Song g-yu legs 宋	30	Den stag legs 田	14
Do stag cung 杜	21	”An g-yug zigs 安	13
Dang g-yu legs 唐	20	Khang dpal legs 康	13
Leng ho lha skyes 令狐	19	Sag khri legs 索	12
”An weng tse（tshe）安	18	Son shin 'do 孫神奴	12
' Go stag cung 吳	18	Cang brtan legs 張	11
La stag tse 羅	17	Tsyang legs 'dus 蔣	11
Sag gung legs 索	17	Deng dpa' 'dus 鄧	10
Cang legs rma 張	16	Khang btsan slebs 康	10
Weng tse 榮子	16	Sag lha bzher 索	10
Cang dge brtan 張	15	Wang klu legs 王	10
”Im gtsug legs 陰	15	Wang stag cung 王	10

注：對於漢姓蕃名,僅以漢字表示其漢姓。Weng tse 榮子很可能與"安榮子"是同一人,或許應該合并。

表二 《大般若》校經人出現次數

Zhim chog(寂勝)	108	Leng ce'u 靈照	45
Sengge sgra(獅子吼)	83	Phab dzang 法藏	45
lha legs(天善)	77	Legs 'dus(善衆)	40
'phan legs(益善)	77	Rdo rje(金剛)	39
byang chub(菩提)	73	Bun shu 文殊	38
Phug'gi 福義	59	Yon tan(功德)	37
Phab ting 法燈	58	Dam tshong 談聰?	34
Dgem chog(最勝)	55	Ci dzeng 智淨	33
Dze cing 再珍?	54	Dam zhen 談善?	33
Dge brtan(善堅)	51	Hwe 'gog 惠□	33
Sha ri bu(舍利弗)	49	Chos grub(法成)	32
Ci sun 智□	47	Khrom kong(?)	32
Dge legs(妙善)	47	Ngang tshul(理趣)	31
Dpal gyi sgron ma(吉祥燈)	47		

注：括號內是藏文的意譯。音譯的漢名已復原爲漢字，未能通過漢文文書進行確認者加上問號。

表三 《無量壽宗要經》寫經人出現次數

Lu tse hing 盧再興	27	So hwa hwa 蘇和和	11
Cang shib tig 張什德	24	Brtan legs	10
Khang tig tig 康德德	21	Gu rib lhas btsa	10
Ser thong thong 薛通通	21	Heng dze'u 恒照	10
Snyal stag snya	19	Lha lod	10
Gzangs lha sto	17	'Go le'u le'u 吳老老	9
Jin lha bzher 陳	16	Khe rgad lha tse	9
Lu ju ju 盧住住	15	Leng ho zhun tse 令狐順子	9
Stag brtan	15	Mchims g-yug gzigs	9
Cang snang legs 張	11	Wang rma snang 王	9
Phan phan	11		

（作者單位：日本京都大學人文科學研究所）

英藏敦煌藏文 IOL. Tib. J. 26 號第二部分來源之研究[*]

才 讓

瓦累·布散(Vallée Poussin)編的《印度事務部圖書館藏敦煌藏文寫本手卷目錄,附榎一雄補漢文目錄》中將英藏 IOL. Tib. J. 26 號歸在第一類即戒律經典中,編號爲 26,總名稱爲"'dul ba"(戒律),內分兩個子目,其中第二部分定名爲"部派史",並轉錄、翻譯了該文獻的首題,轉錄了開頭和結尾部分的文字[1]。日本東洋文庫編的《斯坦因搜集藏文文獻解題目錄》同樣將 IOL. Tib. J. 26 號分爲兩部分,第一部分給出藏文名稱:*'Phags pa thams cad yod par smra ba'i rtsa ba'i dge slong ma'i so sor thar pa'i mdo'i 'grel ba//*(《聖説一切有部之根本比丘尼分別解脱經釋》),並指出該經文在北京版藏文《大藏經》中是第 5614 號。但對第二部分,其目錄子項大多是空白,亦未定名,只轉錄了首題和結尾部分[2]。新出的《英藏敦煌西域藏文文獻》中將第一部分定名爲《律雜事》,第二部分定名爲《異部宗輪論疏述記》[3]。IOL. Tib. J. 26 號中的第二部分主要譯自漢文佛典,內容講述印度佛教部派之起因,及部派之間的淵源關係等。本文將其轉錄、翻譯,並與相關漢文文獻進行比對,就其來源作進一步的研究。

---

[*] 本文是國家社科重大招標項目"敦煌吐蕃文獻分類整理與研究"(12ZD139)的子課題"吐蕃佛教文獻整理與研究"之階段性成果。

[1] Louis de La vallèe Poussin: *Catalogue of the Tibetan Manuscripts from Tun—Huang in the India Office library with an Appendix on the Chinese Manuscripts by kazuo Enoke*, London: Oxford University press, 1962. pp. 10 - 11.

[2] 見山口瑞鳳等編《斯坦因搜集藏文文獻解題目錄》(スタイソ搜集チベット語文獻解題目錄),第 1 分冊,東洋文庫,1977 年,21—22 頁。

[3] 金雅聲、趙德安、桑木主編《英國國家圖書館藏敦煌西域藏文文獻》第 4 册,上海古籍出版社,2012 年,220—223 頁,編號是 IOL. Tib. J. vol. 23 - 2。

一、IOL. Tib. J. 26 號第二部分首題之解讀

IOL. Tib. J. 26 號第二部分之首題及作者題名,現轉寫如下:

sde pa bco brgyad cI ltar gyes pa slobs dpon dbyIg nyen gyIs mdzad pa 'I bstan bcos chos brgyad ces bya ba /rgya la bzhugs pa'I 'grel pa /rgya 'i slobs dpon nam kwang pab shis byas pa las//

翻譯:"阿闍梨世友所著十八派如何分成之論典稱八法者,保存在漢地的注釋,由漢地阿闍梨 Nam Kwang 法師所作。"

上文中"slobs dpon"(阿闍梨),意譯"軌範師",意即教授弟子,使之行爲端正合宜,而自身又堪爲弟子楷模之師,故又稱導師。阿闍梨在顯宗中一般指授戒的師傅,在密宗中指傳授灌頂的上師。藏文文獻中多以"阿闍梨"爲佛教大師或佛教學者之尊稱。"世友"的名字藏文作"dByIg nyen",按後期藏文的寫法,其正寫應是"dByig gnyen",但古藏文中往往"nyen"、"gnyen"不分。"世友"又譯作"dByig gi gnyen po"。"gnyen"是"bshes gnyen"之略,即"親友"、"師友"之義,舊譯"善知識"。"dbyig"有"珍寶"、"財物"等義。"bshes gnyen"合起來應譯爲"寶友"或"寶親"。不過,可以肯定的是此處的"dByIg nyen"亦即漢文之"世友"。另外,藏文佛典中的"dByig gnyen"多指大乘佛教六大論師之一的世親。印度佛教史上有多位名叫世友(Vasumitra)的大師,但對他們生活的時代及生平,學界有爭議。一般認爲《異部宗輪論》的作者世友是貴霜王朝迦膩色迦王時期的人[1],當時在迦濕彌羅舉行第四次佛經結集,世友擔任指導者,編集《阿毗達磨大毗婆沙論》(以下簡稱《大毗婆沙論》)等。其宗派屬於"説一切有部",如《異部宗輪論疏述記》(以下簡稱《述記》)中云:"異部宗輪論者,佛圓寂後四百許年,説一切有部世友菩薩之所作也。"[2]

"chos brgyad"意譯"八法",玄奘所譯世友著作名《異部宗輪論》,譯者不詳的譯本作《十八部論》,真諦譯本作《部執異論》,均無"八法"。筆者懷疑,此處"chos brgyad"似有闕文,或者"chos"是"bco"(十)之誤,則"bco brgyad"指"十八部派"。"rGya"指"漢"或"漢地",此處指"唐朝"。" rGya 'i slobs dpon"可譯爲"漢之阿闍梨"或"唐之阿

---

[1]《異部宗輪論》以説一切有部教義爲基礎,並敍述小乘佛教二十部派產生之經過及各部派教義之異同,爲研究部派佛教史者所必讀。

[2]《卍新纂大日本續藏經》第 53 册,No. 0844,568 頁 b 欄。引自臺灣中華電子佛典協會(CBETA)之電子版。

闍梨"。"Nam kwang pab shi"之"Nam kwang",音讀近似"南公"或"南廣"[1]。而"pab shi"是漢語"法師"之音譯[2]。

上述藏譯本之內容以"大天五事"爲主,而漢文佛典中講述"大天五事"的主要有唐玄奘所譯《大毗婆沙論》、《述記》和發現於敦煌藏經洞的《大乘二十二問本》(以下簡稱《二十二》)。《述記》中"大天五事"之資料引自《大毗婆沙論》[3],幾乎一字不差。藏譯本不是直接譯自《大毗婆沙論》,因 IOL. Tib. J. 26 號第二部分之首題中提到了世友,並說是世友著作之注釋,而漢文佛典中對《異部宗輪論》作注的只有《述記》一種,很顯然所謂世友著作之注釋指的應是《述記》。《述記》之著譯者題名爲:"世友菩薩造,唐三藏法師玄奘奉詔譯,翻經沙門基記。"可知《述記》是窺基依據玄奘的翻譯和講解編纂成的,也可算是師徒二人之作[4]。窺基又被尊稱爲"基公",藏文之"Nam kwang"也有可能是指窺基。但問題是,藏譯這部分內容是直接譯自《述記》,還是別有來源呢?

曇曠之《二十二》對"大天五事"的內容亦有引述,《二十二》之最後一問云:"佛在世時,衆僧共行一法,乃佛滅後,分爲四部,不同於四部中,何是一法?"曇曠的回答中同樣講述了"大天五事",而且這部分內容也是出自《述記》或《大毗婆沙論》[5]。曇曠節選的內容長短與 IOL. Tib. J. 26 號第二部分的藏文大致相同,吐蕃人也有可能通過《二十二》瞭解到"大天五事"的相關內容。

二、藏譯本與《述記》、《二十二》之間的比對

以下之比對中,首先是將藏文分段轉寫和翻譯,其次將《述記》和《二十二問》的相關內容並列,最後分析三者之異同。

藏文轉寫:

第5葉A面(原件爲梵夾裝,頁面左側有頁碼,如標爲" 'dul lnga",即"戒律,第5

---

[1] 據周季文、謝後芳《敦煌吐蕃漢藏對音字彙》(北京:中央民族大學出版社,2006年)所列,吐蕃時期"nam"的漢語對音爲"男"或"南"(見該書第107頁),而"kwang"的對音爲"光"或"廣"(見該書第20頁)。

[2] P. t. 1262號《妙法蓮華經注音本》中也以"phab"爲漢語"法"之注音,而古藏文中"pha"和"pa"可以互換。

[3] 《大毗婆沙論》作者署名"五百大阿羅漢等造",譯者唐玄奘法師,有關"大天五事"的內容在《大毗婆沙論》99卷。

[4] 學術界及相關辭典中將這部著作或歸在玄奘名下,或歸在窺基名下。

[5] 對曇曠《大乘二十二問本》的研究,參見上山大峻《敦煌佛教の研究》,東京:法藏館,1990年;巴宙《大乘二十二問之研究》,《中華佛學學報》第2期,1988年,65—110頁;王邦維《〈大乘二十二問〉之最末一問:曇曠對部派佛教的認識》,《戒幢佛學》第2卷,長沙:嶽麓書社,2002年,64—67頁。

葉"。轉寫前的數字表示行序）：

3. rtsod pa'I gtan tshIgs 'dI skad du byung sto//sangs rgyas mya ngan las 'das pa'i 'og

4. du /lo brgya lag tsam zhig lon pa dang//rgyal po 'i khab ces bya ba na/tshong pa zhig gis rigs mnyam ba las chung ma blangs te /de dang rtse dga' yongs su

5. spyod pa las /bu khye'u zhig btsabs（btsas）nas//mying yang lha chen por zhes btags so//pha tshong la song ba 'i 'og du ma dang myi rigs pa byas te /pha slar 'ongs pa thos pa dang /

6. ma dang gros su byas nas pha bsad do//gtam de grags su dogs pas yul gzhan du song ba las /sngar bdag chag gis yon bdag byas pa 'i dgra bcom ba zhig

第 5 葉 B 面：

7. yod pa dang /myi snyan pa 'i grags shing 'phel du dogs nas sgyu thabs kyis de spyan drangs nas ste de yang bsad do//

翻譯：佛祖涅槃後，約一百年，名王舍城處，一商人因無後嗣，遂娶妻，與妻行各種嬉戲，生下一子，起名大天[1]。其父外出經商，之後子與母行不倫之事。聞父要返回，與母商議，殺害其父。怕事敗露，遂赴他鄉。（彼處）有一彼等曾作其施主之阿羅漢，又怕不雅之事敗露並流傳，遂設計邀請後，將阿羅漢殺害。

《述記》：昔末土羅國有一商主，少聘妻室，生一男子，顏容端正，字曰大天。未久之間，商主持寶，遠適佗國，輾轉貿易，經久不還。其子長大，染穢於母。後聞父還，心既怖懼，與母設計，遂殺其父，彼既造一無間業已。事漸彰露，便語其母[2]，輾轉逃隱波吒厘城。彼後遇逢本國所供養無學苾芻[3]，復恐事彰，遂設方計殺彼無學，既造第二無間業已[4]。

《二十二》：末兔羅國有一商人，婚娶幼妻，生一兒子，顏貌端正，字曰大天。商人賀遷，久滯他國。子既年壯，母逼行烝。後聞父還，心懷怖懼，與母設計，遂鴆殺之。恐事漸彰，共竄他國，逃難輾轉至波吒厘。彼城遇逢門師羅漢，恐泄家事，矯請殺之。[5]

---

[1] 大天：梵名"提婆達多"（Devadatta）。
[2] 語：《大毗婆娑論》中作"將"。
[3] 無學：《大毗婆娑論》作"阿羅漢"。
[4] 《卍新纂大日本續藏經》第 53 冊，No.0844，572—573 頁。引自臺灣中華電子佛典協會（CBETA）編電子版。
[5] 《大正藏》第 85 冊，1191 頁。引自臺灣中華電子佛典協會（CBETA）編電子版。另，參考了楊富學、李吉和《敦煌漢文吐蕃史料輯校》（第一輯）中的錄文（蘭州：甘肅人民出版社，1999 年，20—22 頁）。

比對：藏文與漢文所述故事情節完全吻合，只是藏文的翻譯多有省略，與《述記》相比，藏譯本省略了"一無間業"、"第二無間業"，及地名"波吒厘城"等。也有與漢文不一致處，如故事最初發生的地方，藏文作"王舍城"（是摩揭陀國之首都，佛傳法之地），而漢文是"末土羅國"，"城"與"國"亦有區別。"無學芯努"藏文譯爲"阿羅漢"，但語義相同，阿羅漢即爲"無學道"果位。《二十二》中多出"母逼行烝"、"鳩殺"等內容，而《述記》中未言"母逼行烝"和"鳩殺"。《二十二》中同樣省略了"一無間業"、"第二無間業"等內容。《述記》中的"本國"，《二十二》中作"門師"，藏文譯爲"bdag chag"（我等、我們）。相比而言，藏譯本與《二十二》更爲接近。

藏文轉寫：

第 5 葉 B 面：

ma yang gzhan zhig dang 'khi nas bu khros nas ma

8. yang bsad do//de ltar mtshams myed pa gsum byas kyang dge ba 'i rtsa ba ma chad de /sdig pa 'byung du rig nas//yul gzhan zhig du dge 'dun las rab du byung bar gsol ba dang//

9. dge 'dun gyIs khyang rab du phyung ste /bsnyen pa rdzogs par byas pa dang /de yang yid gzhungs pa zhig ste /nan tan brtson grus cher byas pas chos la yang mkhas par gyur te/

10. yul de 'i dge 'dun dang /rgyal po dang blon po dang yul gyI myi la stsogs pa kun gyis kyang bkur ste cher byas pas /de yang bkur sti dang grags pa la chags nas /lta ba

11. log par gyur te /brdzun gyi tshig gi bdag ni dgra bcom pa thob bo zhes yul der bsgrags pa dang /rgyal po la stsogs pas kyang//'phags pa'm so so skye bo 'i bye brag ma phyed

12. pas rgyal po pho brang du zan la bos pa las /de rgyal po btsun mo dang nang 'khor ma dag mthong nas//rmyI lam du khu ba shor te /gos slom 'khrur bcug pa las/[1]

翻譯：母亦與他人通，子憤恚，亦殺其母。如此雖造三無間業，但善根未斷。見消罪法，遂於他鄉請求僧伽出家，僧人亦允其出家，並授近圓戒[2]。其亦是聰慧者，認真勤學，對佛法亦能通達，當地的僧伽、國王、大臣及民衆等所有人對其做大供養。其亦貪

---

[1] Slom：應是"slob ma"一詞之縮寫。

[2] 近圓戒：即比丘戒。

戀供養和名聲,成邪見,謊言:"吾已得阿羅漢果。"於當地宣稱,國王等亦因不能分別聖者和凡夫的差別,請入王宫奉食,時其見王妃與侍女等。後於夢中遺精,遂讓弟子浣洗衣服。

《述記》:心轉憂戚,後復見母與餘交通,便憤恚言:"我事此故,造二重罪,移流佗國[1],玲婷不安。今復捨我,更好佗者,如是倡穢,諍[誰]堪容忍!"[2]於是方便,後殺其母,彼造第三無間業已。由彼不斷善根力,故深生憂悔,寢處不安,自惟重罪何緣當滅?彼復傳聞沙門釋子有滅罪法,遂往雞園僧伽藍所。於其門外,見一苾芻徐出經行,誦伽陀曰:"若人造重罪,修善以滅除,彼能照世間,如月出雲翳。"時彼聞已,歡喜踴躍[3],知歸佛教定當罪滅。因即往詣一苾芻所,殷勤固請,求度出家。時彼苾芻既見固請,不審撿問,遂度出家,還字大天,教授教誡。大天聰慧,出家未久,便能誦持三藏文義,言詞清巧,善能化導,波吒厘城無不歸仰。時無憂王聞已[4],召請,數入内宫,恭敬供養,而請說法。彼後既出,在僧伽藍不正思惟,夢失不淨,然彼先稱是阿羅漢,而令弟子浣所汙衣。

《二十二》:母後他非,其子遇見,悔恨交集,遂又殺之。雖造三逆,不斷善根,憂悔罪深,何緣當滅。傳聞沙門有滅罪法,遂至雞園伽藍門外,見一苾芻誦伽他曰:"若人造重罪,修善能滅除。彼能照世間,如日出雲翳。"大天聞偈,踴躍歸知,故請出家,有僧遂度。性識聰敏,三藏遽通,詞論既清,善於化導,彼吒厘人無不歸仰。既耽名利,惡見乃生,矯言"我得阿羅漢果"。五惡見事,從此而生。既稱得聖,人惑聖凡,育王頻請,說法供養,見諸宫女,不正思惟,於夜夢寐中,漏失不淨。

比對:如第一段所比較,藏譯本中省略了不少内容,如大天出家的情節等。具體的寺院、城市、國王等的名稱全部省略。也省略了僧人所誦偈文。而且對原文的部分句子進行了擴展,行文前後有所調整,如"波吒厘城無不歸仰"一句,藏文則爲"當地的僧伽、國王、大臣及民衆等所有人對其做大供養",將無不歸仰的内容具體化了。

《二十二》中有四處與《述記》不同,即"既耽名利,惡見乃生"、"矯言我得阿羅漢果"、"人惑聖凡"、"見諸宫女"。而在這四點上,藏譯本卻與《二十二》驚人地相一致。"矯言我得阿羅漢果"藏譯本中爲"謊言吾已得阿羅漢果",《述記》中大天稱阿羅漢事在

---

[1] 佗:《大毗婆沙論》作"他"。
[2] 諍:《大毗婆沙論》作"誰",應是。
[3] 踴:《大毗婆沙論》作"勇"。
[4] 無憂王:《大毗婆沙論》作"王"。

後面提及,而《二十二》、藏譯本則置前面,並説其謊言宣稱,使此事更爲醒目,而且前後文的邏輯更爲順暢。"既耽名利,惡見乃生"一句,藏文譯爲"其亦貪戀供養和名聲,成邪見"。"人惑聖凡"在藏文本中譯爲"國王等亦因不能分別聖者和凡夫的差別"。"見諸宮女"譯爲"見王妃與侍女等"。《述記》沒有説明大天何以"不正思惟",而《二十二》和藏譯本中加了大天見宮中女眷之因。顯然,這部分内容藏譯本與《二十二》最爲接近,而且這恐怕難用巧合來加以解釋。

藏文轉寫:

第 6 葉 A 面:

13. //khu ba mthong nas//slobs dpon dgra bcom ba la 'dI lta bu 'I zag pa mchIs sam/zhes zhus pa las/dang/des lan du gyu gyur smras pa//gang bdud kyIs gtses pa nI 'dI

14. lta bur gyur te /lha 'I bu'i bdud ni dge ba 'i chos la bgyegs(bgegs) byed cing 'tshe bar byed pas//myi slob pa 'i sar phyin tu zin kyang des 'tshe bar 'gyur ro//yang gcig du na zag pa rnam

15. pa gnyIs ste//nyon mongs pa 'i zag pa ni dgra bcom pa la myed/khu ba 'i zag pa nI myi slob pa la yang yod de/nga ni bdud kyis gtses pas khu ba shor ba yin no//des kyang slob

16. ma rnam bdag la snying nye zhing spro ba bskyed pa 'I phyir rims(rim) kyis phal cher dge sbyong gi 'bras bu bzhi thob pa yin bar lung bstan pa dang//slob ma rnams kyIs

17. bdag chag ji yang myi shes na /cI ltar 'bras bu thob pa yin zhes zhus pa dang// myi slob pa yang myi shes pa yod de /myi slob pa ni mang ba 'i phyir//kun nas myi shes pa 'i nyon

18. mongs pa ni myi slob pa la myed//kun nas nyon mongs pa ma yin ba 'i myi shes pa nI yod pas/khyod 'bras bu thob mod kyi rang gis shes par myi nus so//yang dus

翻譯:時(弟子)見到精液,遂求問道:"阿闍梨!阿羅漢有如此之漏嗎?"回答時謊言道:"諸凡受魔損害者會有如此之(漏),因天子魔者對善法行魔障並損害事,雖達無學地道[1],但亦受彼之損害。複次,漏失有二類:煩惱之漏失者,阿羅漢無;精液之漏失,無學道亦有。我因魔之損害而漏失精液。"其爲使弟子們忠心並歡喜,遂逐次授記

---

[1] 無學地道:又作無學位、無學地。爲佛教修行階位之一,與見道、修道合稱爲三道。係盡證真諦之理,解脱一切煩惱,學道圓滿,得阿羅漢果位。此處,阿羅漢與無學道乃同義。

言大多數弟子亦得沙門四果[1]。諸弟子求問道:"我等一無所知,如何得四果?"(回答説):"無學道亦有不知者,因無學道多故。染汙之無知者[2],無學道無;非染汙之無知者,無學道有[3]。故汝雖得果,但自己不知。"

《述記》:弟子白言:"阿羅漢者,諸漏已盡,師今何容,猶有斯事?"大天告曰:"天魔所嬈,汝不應恈然[4]。所漏失略有二種:一者煩惱,二者不淨。煩惱漏失阿羅漢無,猶未能免不淨漏失,所以者何?諸阿羅漢煩惱雖盡,豈無便利涕唾等事!然諸天魔常於佛法而生憎嫉,見修善者,便往壞之,縱阿羅漢亦爲其嬈,故我漏失,是彼所爲。汝今不應有所疑怪。"論是名第一惡見等起。又彼大天欲令弟子歡喜親附,矯設方便,次第記別四沙門果。時彼弟子稽首白言:"阿羅漢等應有證智,如何我等都不自知?"彼遂告言:"諸阿羅漢亦有無知,汝今不應於己不信。謂諸無知略有二種:一者染汙,阿羅漢已無;二者不染汙,阿羅漢猶有。由此汝輩不能自知。"論是名第二惡見等起。

《二十二》:浣衣弟子怪而問之:"豈阿羅漢有斯漏失?"大天矯答:"魔嬈使然,以漏失因,有其二種:煩惱漏失,羅漢即無;不淨漏失,無學未免。羅漢豈無便痢涕唾!然諸天魔常疾佛法,見行善者便往壞之,縱阿羅漢亦被嬈亂,故我漏失,是彼所爲,汝今不應有所疑怪。"又彼大天,欲令弟子益生歡喜,親附情殷,次第矯受四沙門果。弟子怪疑,咸來白曰:"阿羅漢等應各證知,如何我等都不自覺?"大天告曰:"諸阿羅漢亦有無知,勿自不信。謂諸無知亦有二種:一者染汙,羅漢即無;二不染汙,無學由[猶]有。由斯汝輩不能自知。"

比對:藏譯本内容相比《述記》亦有省略,《述記》中大天將不淨漏失列爲"便利涕唾"之類,更能迷惑弟子,而藏譯本中省略了"便利涕唾",自然使大天的狡辯遜色不少。對大天的罪名,《二十二》和藏譯本中一如前文,予以省略。《二十二》中的"煩惱漏失,羅漢即無;不淨漏失,無學未免"一句,藏譯本爲"煩惱之漏失者,阿羅漢無;精液之漏,失無學道亦有"。二者可謂絲絲入扣,而且《二十二》和藏譯本中阿羅漢、無學並舉,前者是音譯,後者是意譯,《述記》此處只用阿羅漢一詞。對兩種無知的表述方式,藏譯本

---

[1] 四果:指小乘聲聞修行所得之四種果位(境界),其階段依次爲預流果、一來果、不還果、阿羅漢果。或僅指第四之阿羅漢果。

[2] 染汙:即煩惱。

[3] 此兩句藏文原文爲:kun nas myi shes pa 'i nyon mongs pa ni myi slob pa la myed//kun nas nyon mongs pa ma yin ba 'i myi shes pa nI yod/直譯爲"無知之染汙者,無學道無;非染汙之無知者,有"。

[4] 恈:《大毗婆沙論》作"怪"。

與漢文有所不同。此段落,藏譯本與《二十二》較爲接近。

藏文轉寫:

第6葉B面:

19. gzhan zhig na slob pa(ma) rnams kyis zhus pa /'phags pa rnams ni the tsom thams chad las 'das so grag na//ci phyir rung//las dang 'bras bu dang bden ba dang dkon mchog la the tsom

20. 'tshal zhes smras pa//the tsom la rnam pa gnyis te bag la nyal gyi the tsom ni dgra bcom pa la myed//gnas dang gnas ma yin ba 'I the tsom nI dgra bcom ba la yod

21. pas /khyod rnams las dang 'bras bu dkon mchog la the tsom myed par ga la 'gyur//yang dus gzhan zhig na slom(slob) ma rnams kyis zhus pa//mdo dag las 'phags

22. pa rnams ni shes rab kyI spyan brnyes pas /rnam par grol ba dang /rang gi khong du chud cing rtogs par 'gyur zhes 'byung na /ci phyir bdag chag rnams slobs dpon gyi

23. ngag gi dbang las 'jug par 'gyur//des smras pa dgra bcom ba kha chig kyang gzhan gyi dbang la 'jug/rang gis myi rig ste/sha ri bu shes rab kyi mchog yin yang /bcom

24. ldan 'das kyIs lung ma bstan par rang gis myi rig na /khyod chag lta bu gzhan la rag lus dgos pa rnams lta smos kyang ci dgos//

翻譯:復於他時,諸弟子求問道:"據稱諸聖者已從一切疑惑中超越,何故(我等)對於業、果、諦實、三寶亦有疑惑?"(回答説):"疑惑有二種:隨眠疑惑者,阿羅漢無[1];處和非處之疑惑,阿羅漢有[2]。故汝等對於業、果、諦實、三寶豈會無疑惑呢!"復於他時,諸弟子求問道:"經典中説因諸聖者得慧眼,能自解脱、能自證知。何故我等由師言而入(得阿羅漢)?"其回答説:"部分阿羅漢亦依他因而入,自己不能見。如舍利子者雖是智慧第一,若無世尊之授記,自己不知,則汝等需憑依他者等何須説!"

《述記》:時諸弟子復白彼言:"曾聞聖者已度疑惑,如何我等於諦實中,猶懷疑惑?"彼復告言:"諸阿羅漢亦有疑,有二種:一者隨眠性疑,阿羅漢已斷;二者處非處疑,阿羅漢未斷。獨覺於此而猶成就,況汝聲聞於諸諦實能無疑惑而自輕耶!"論是名第三

〔1〕 隨眠:隱匿、潛伏之義,是煩惱或煩惱種子之異名。隨眠疑惑,即疑隨眠,是貪、嗔、癡、慢、疑、見六種根本煩惱之一種。

〔2〕 處與非處:處,指道理。善因善果、惡因惡果之理稱爲是處,反之稱爲非處。如行善往生善趣是應理處,往生惡趣是不應理處;行惡往生惡趣是應理處,往生善趣是不應理處。只有佛者纔能如實了知處與非處之理,是佛具有的十種智力之一,稱爲處非處智力(gnas dang gnas ma yin pa mkhyen pai stobs)。

惡見等起。後彼弟子披讀諸經,説阿羅漢有聖慧眼,於自解脱,能自證知。因白師言:"我等若是阿羅漢者,應自證知,如何但由師之令入?都無現智,能自證知?"彼即答言:"有阿羅漢,但由佗入,不能自知。如舍利子智慧第一、大目犍連神通第一,佛若未記,彼不自知,況汝鈍根,不由佗人,而能自了!故汝於此,不應窮詰。"論是名第四惡見等起。

《二十二》:又於一時,弟子啓白:"曾聞聖者已度諸疑,如何我等尚疑諦實?"大天又告:"諸阿羅漢亦未免疑,疑有二故:隨眠性疑,羅漢已無;處非處疑,無學猶有。獨覺於此而尚有之,況汝聲聞能無疑惑!"設諸弟子披讀諸經,因白師言:"經説無學有聖慧眼,我於解脱應自證知,如何但由師言悟入?"彼即答言:"有阿羅漢,但由他入,不能自知。如舍利子,智慧第一,佛若不記,猶不能知。況汝等輩,非由他入,不能自知,是故汝等,不應自輕。"

比對:《二十二》和藏文中省略了第三惡見、第四惡見之名。《二十二》所舉的例子中也省略了目犍連,藏文亦然。"尚疑諦實"句,藏譯本多出"業、果、三寶"。此段《二十二》語言簡潔,藏譯本與之較爲相近。

藏文轉寫:

第6葉B面:

des sdig pa de ltar byas mod kyi log par

第7葉A面:

25. //lta bar ma gyIr ste/'di snyam ste/bdag gis sdig pa 'dI 'dra ba'i sdig pa chen po byas na de 'i rnam par smyin pa 'i 'bras bu sdug bsngal cI lta ba zhig myong bar 'gyur

26. zhig gu snyam nas /mye(mya) ngan chen pos khong dgrug(dkrug) mtshan mo smre sngags 'don ching /'di skad kyis /hu sdug bsngal che 'o zhes bos pa dang//de slob ma rnams kyis thos nas/

27. ngo mtshar du gyur te nang par/phyag byas pa dang /myi bde ba myed dam zhes dris pa dang /des kyang bdag bde'o zhes smras so//slob ma rnams kyis mdang cI phyir pa kyI hud sdug bsngal

28. che 'o zhes bos//des kyang gya gyur smras pa /de nI 'phags pa 'I lam bos par zad(zer) de//cI phyir zhe na /de la 'phags pa 'I lam nI sems rtse gcIg du ma bos na mngon sum

29. du myi 'gyur bas /de mngon sum du gyur bar bya ba 'i phyir /sdug bsngal che '

o zhes bos pa yin no zhes smras pho//de nas lha chen po des slob ma rnams la sngar smras pa 'I lta ngan pa

30. ni dngos po lnga//tshigs su bcad pa gcIg du bsdus nas smras pa //lhag ma rnams nI ma rig bslus /the tsom cad rnams gzhan gyIs bslus la 'jig//

第7葉B面：

31. lam nI sgra 'I rgyu las byung//'dI ni sangs rgyas bstan pa 'o//

翻譯：其雖造如此之罪過，卻沒有轉變爲邪惡之見。如此思維：吾造如此大罪業，則異熟的果報不知受如何之痛苦。因大悲痛而心意混亂，於晚間發出哀號，發如此聲："呼！大苦。"其之諸弟子聽聞後感驚奇！早上，致禮聞訊道："没有不安吧？"其亦回答云："吾安。"諸弟子問："何故昨晚發'苦哉'聲？"其亦謊言道："此乃呼聖者之道。若問何故，則於聖道若不專心呼喊，則不成現前，故爲使其成現前，發'大苦'之聲。"之後，彼大天對諸弟子前所言惡見者五事，以偈頌攝集而言："遺漏無知誘，猶豫他誘入，道者因聲起，此乃佛之教。"

《述記》：然彼大天，雖造衆惡，而不斷滅諸善根，故後於中夜，自惟罪重當於何處受諸劇苦，憂惶所逼，數唱"苦哉"。近住弟子聞之驚怪，晨朝參問："起居安不？"大天答言："吾甚安樂。"弟子尋白："若爾，作夜何唱苦哉？"彼遂告言："我呼聖道，汝不應怪。謂諸聖道，若不至誠，稱苦召命，終不現起，故我作夜，數唱苦哉。"論是名第五惡見等起。大天於後集先所説五惡見事，而作頌言："餘所誘無知，猶豫佗令入，道因聲故起，是名真佛教。"

《二十二》：然彼大天雖造衆罪，不起邪見，不斷善根。後於夜中，自懷罪重，當於何處受諸極苦，憂惶所逼，數唱苦哉。近住弟子驚怪來聞，彼便告言："我呼聖道，謂有聖道，若不至誠稱苦命唤，終不現前，故我昨夜唱苦哉矣。"大天於後集先所説五惡見事而作頌："餘所誘無知，猶預他命入，道因聲故起，是名真佛教。"

比較：與《述記》相比，《二十二》中多出"不起邪見"，藏譯本亦然，譯爲"未成邪見"。但藏譯本省略了"不斷善根"句。《述記》中的"晨朝參問起居"一句在《二十二》中省略，而藏譯本中譯爲"早上，致禮聞訊"，與《述記》接近。藏文中四句偈頌的譯法亦與原文略有不同。此段，藏文既有與《二十二》吻合處，也有不同處。

藏文轉寫：

第7葉B面：

dus gzhan zhig gi tshes bco lnag pa 'I gso sbyin gyI so sor thar pa klog pa 'I res lha chen po la bab nas//

32. seng ge khrI la 'dug ste/so sor thar pa mjug du phyIn pa pa'I rjes la sngar bdag gIs nyid kyIs byas pa'I tshig de yang smras so//de 'I tshe 'khor de na mang du thos shIng / tshul khrIms

33. dang ldan ba dang /tI(ting) nge 'dzIn thob ste /slob pa dang myI slob pa yang mang du tshogs pas//de rnams kyIs tshIg bshad de thos nas lung gI gtan tshigs dang gtugs te//

34. sbyar nas /mnyam bar bzhag ste ye shes kyI brtags na /don dang yang 'gal/bar/rig nas/bka' stsal pa yang ma yIn la ngo mtshar du ma gyur pa yang myed pas

35. smras pa /phyin chad tshig bshad 'dI ma smra shIg//'di ni sangs rgyas kyIs brtan (bstan) pa 'i chos 'dul ba yang ma yin no//zhes smras pa dang de las glings nas nam

36. nangs kyi bar du rtsod de ma zhi nas /dge 'dun yang phyogs phyogs su chad ched de rtsod pa yang cher gyur nas /

翻譯：有一時之十五日，輪至大天在布薩時誦分別解脱戒[1]，彼登獅子座，誦完分別解脱戒後，其亦言前所作之偈頌。爾時，眾中有多聞並持戒，獲禪定者，（得）有學、無學道者亦多與會。彼等聞如此説法，遂尋找經典之依據，（看是否）相合，之後禪定，以智慧觀察，見與義相違。遂言："非是佛語，而成稀奇之説，從今不要作如此講説，此乃非佛講授之法，亦非戒律。"如此説後，至天亮間爭論不休，僧人亦分成不同派系，爭論亦大起。

《述記》：於後漸次雞園寺中上坐苾芻多皆滅没故，十五日夜布灑陀時，次當大天升座説戒，彼便自誦所造伽陀。爾時，眾中有學、無學、多聞、持戒、修靜慮者，聞彼所説無不驚訶："拙哉！愚人寧作是説，此於三藏，曾所未聞。"咸即對之，翻彼頌曰："餘所誘無知，猶豫佗令入，道因聲故起，汝言非佛教。"於是竟夜，鬥諍紛然，乃至終朝，朋黨轉盛。

《二十二》：十五日夜，布灑陀時，次當大天升座誦戒，彼便自誦所造伽他。爾時，眾中有學、無學、多聞、持戒、修靜慮者，聞彼所説無不驚呵："咄哉！愚人寧作是説，此於三藏，曾所未聞！"咸即翻彼所説頌云："餘所誘無知，猶豫他令入，道因聲故起，汝言非

---

[1] 布薩：是梵語音譯，藏文作 gso sbyog，説戒、長淨之義，屬於佛教之一種宗教儀式。按佛教戒律規定，同住之比丘每半月集會一處，請精熟律法之比丘説戒本，以反省過去半月內之行爲是否合乎戒本。若有犯戒者，則於眾前懺悔，使比丘均能長住於淨戒中，長養善法，增長功德。又，在家信徒於六齋日受持八齋戒，亦稱布薩，起到長善淨惡之作用（以上據《佛學大辭典》、《藏漢大辭典》）。

佛教。"於是竟[夜]鬥諍紛然,乃至崇[終]朝,朋黨轉盛。

比對:此段内容,《二十二》、藏譯本與《述記》相比,省略了雞園寺。《述記》中大天之所以能升座説法,是因上座比丘大多皆去世之故,即比大天資格老的僧人亦不在,遂布薩時輪值大天説法。而《二十二》和藏譯本只説輪值大天説法,省略了上座去世等内容。因此,相比而言,藏譯本與《二十二》接近。但藏譯本與《述記》和《二十二》亦有不同之處,如《述記》中的"説戒",在藏文中具體化了,譯爲念誦"分别解脱戒"。《述記》中"有學、無學、多聞、持戒、修靜慮者"並列,藏譯本中將聞、戒、修合一,即僧衆中有多聞並持戒,得禪定者。藏譯本將有學、無學置於後面。這樣翻譯,符合佛教的修學次第,意思更爲明瞭。接下來的部分,藏譯本與《述記》與《二十二》亦有較大的出入。僧人何以知大天所言非法,認爲經過了尋找經典依據、禪修和智慧觀察,方知大天所言非法。《述記》中反對大天者,改動大天的偈頌以爲反擊,但藏譯本中卻改成了另外一段話,勸告大天今後不要作如此之説。藏文本的這種譯法可視爲譯者對原文的一種解讀和詮釋。

藏文轉寫:

第 7 葉 B 面:

rgyal po dang blon po la stsogs pas /res kyIs

第 8 葉 A 面:

37. //dge 'dun gyI sdums byas na yang ma dum ste/zhI bar ma gyur pas/rgyal po la stsogs pa yang ngo mtshar gyI the tsom skyes nas/smras pa/sngon sangs rgyas kyis rtsod pa zhI

38. bar bya ba 'i chos 'ga' yang ma gsung pa lta zhes byas pa dang/kha cig gis smras pa la gsungs so///'o na gnas brtan chen po rnams ltar mad ches gsol pa yang phyogs gcIg

39. du bzhugs su gsol//lha chen po mad ces gsol ba yang yang phyogs gcIg du bzhugs su bsol(gsol) zhes byas ba dang//de bzhin du phyogs phyogs

40. su 'kod de/de 'i tshe gnas brtan chen po phyogs su rgan rims(rim) mang yang /dge 'dun gyI yang grangs nyung bar gyur//lha chen po gi phyogs su rgan rIms(rim) su nyung

41. mod kyi /dge 'dun gyI grangs mang bar gyur pas na /de ltar gnas brtan gyI sde dang /dge 'dun phal cen gyI sde dang /de gnyis su gyes par gyur to//

翻譯:國王和大臣等輪流爲僧伽説和,但未能勸和,沒有平息(爭論)。國王等驚奇而生起疑惑,言:"往昔佛在平息爭論方面没有説少許法嗎?要看(經典)。"部分人言:"有講説。""如此,則信奉諸大上座者請住於一邊,信奉大天者亦請住於另一邊。"如此分開安置,其時大上座一方多老僧輩,但僧伽之數亦少;大天一方老輩僧人雖少,但僧伽之數增多,如此分成了上座部和大衆部兩部。

《述記》:城中士庶,乃至大臣,相次來和,皆不能息。時無憂王聞之,自出詣僧伽藍,於是兩朋各執己誦,時王聞已,亦自生疑,尋白大天:"孰非孰是,我等今者,當寄何朋?"大天白王:"戒經中説,若欲滅諍,依多人語。"王遂令僧,兩朋別住。賢聖朋内,耆年雖多,而僧數少;大天朋内,耆年雖少,而衆數多。王遂從多,依大天衆,訶伏餘衆,事畢還宫。爾時,雞園諍猶未息,後隨異見,遂分二部,一上座部,二大衆部。

《二十二》:城中士庶,乃至大臣,相次來知[和],皆不止息。王聞見已,亦復生疑,遂乃令僧兩朋別住。賢聖朋内,耆年雖多,而僧數少;大天朋内,耆年雖少,而衆數多。王遂從多,依大天語,訶伏餘衆,事畢還宫。

比較:藏譯本中同樣省去了具體的王名,而且王對爭議雙方的處置方面,藏譯本與《述記》和《二十二》有出入。按《述記》,無憂王以少數服從多數爲原則,認可了大天之説,而對少數派進行了指責。顯然,無憂王處置不當。但藏譯本中則理解爲,國王爲了平息紛爭,將兩派分别安置,遂産生了兩個部派。但從敍述之層次看,藏譯本與《二十二》較爲接近。《述記》和《二十二》中此以下之内容,藏文没有翻譯。可知藏文是有選擇地翻譯了佛教最初分裂爲兩派的起因,即大天五事的來源。

藏文轉寫:

第8葉A面:

de nas sangs rgyas

42. mye ngan las pa 'I nas nyIs brgya dang po 'i tshe//dge 'dun phal chen gyi sde las rtsod pa byung nas//rtsa ba ma gtogs par sde lngar gyes pa la//shar gyi ri bo 'i sde dang//

43. nub kyi ri bo 'i sde dang /gabs(gangs) 'i ri 'i sde dang /'jig rten las 'das smra ba 'i sde dang//brtag par smra ba 'i sde dang /lnga 'o//sangs rgyas mye ngan las pas lo sum

第8葉B面:

44. brgya dang po nas bzhi brgya 'i bar du gnas brtan gyI sde las rtsod pa byung nas / gnas brtan pa'I sde dang /thams cad yods(yod) par smra 'i sde dang /' phags pa kun gyIs

bskur ba 'I

45. sde 'o//de nas gnas brtan gyI sde nyId la rtsod pa byung nas rtsa ba ma gtogs par gsum du gyes te /gang zhe na gtsug lag khang cen gyI dang /rgyal byed tshul gnas kyI sde dang /'jIgs byed ri gnas kyi sde

46. 'o//thams chad yod par smra ba'I sde las kyang rtsod pa byung nas /rtsa ba ma gtogs par bdun du gyes te /gang zhe na gzhI thams chad yod par smra ba 'I sde dang /'od srung gI sde dang/ sa ston pa'I sde

47. dang/chos srung ba'I sde dang /mang du thos pa'i sde dang /gos mar gyI sde dang /rnam par phye ste smra ba 'I sde 'o//'phags pa kun gyIs bgur ba 'I sde dang /las kyang rtsod pa byung nas rtsa ba ma gtogs

48. par gsum du gyis nas ste/gang zhe na /sar sgrog rI 'i sde dang /srung ba 'I sde dang /gnas ma bu'i sde'o zhes rtsaod pa byung ba 'I gtan tshIgs rgya las bsgyur ba'I yi ge las 'dI skad du

49. 'byung ste /bco brgyad kyi so sor lta ba dang /mying nI slobs dpon dul ba 'I lhas gzhung lugs kyI bstan bcos lta ba bsdus pa las zhIb du ' byung ste//sde bco brgyad kyI mying

50. bdags pa de yang yul dang /don dang slobs dpon gyi dbye bas rnam pa bco brgyad du bshad do zhes 'byung ste /lha ched po la stsogs pa rtsod pa 'I rtsa ba cI las gyur pa ni myi 'byung /so sor thar pa 'i

51. gleng zhi 'di bshad pa 'i skabs su gtan tshigs mdo tsam zhig bris te/zhib du'dul ba phra mo las 'byung ba bzhin sbyor chig////////[1]

翻譯：之後佛滅第一個二百年時，僧伽大衆部出現爭議，除根本部外，分出五部，即東山部、西山部、雪山部、説出世間部、説分別部。佛滅後第一個三百年至四百年間，上座部出現紛爭，（分出）上座部、説一切有部、聖衆敬部。之後上座部自身出現紛爭，除本部外，又出現三個部派，若問是何，則即大伽藍部、住勝園林部、住怖畏山部。説一切有部内亦出現紛爭，除本部外，分出七部[2]，若問是何，則即説一切有部、飲光部、化地

---

[1] 原文參見金雅聲等主編《英藏敦煌西域藏文文獻》，上海古籍出版社，2012年，220—223頁。另見"國際敦煌項目"（IDP）公佈的圖版。

[2] 此處敍述似有誤，從説一切有部分出六部，加本部是七部。

· 159 ·

部、守法部、多聞部、紅衣部、説分別部。聖衆敬部中亦出現紛争,除其本部外,分出三部,若問是何,則即住薩卓山部、守護部和住母子部云云。出現紛争之原因,漢譯文中有如上之語。十八部派各自之見解和名稱等,在阿闍梨戒天的教理之論典《見解集》中有詳論,言十八部派的得名,因地方、見解和阿闍梨的分別而成十八部派,不説因大天等之紛争所致。講説分別解脱經緣起時,略寫理由。詳情如律雜事中所述般可知。

此部分介紹部派佛教内部的分裂,即十八部派的源流。藏文所述與漢文有别,這部分不是譯自於漢文,而是另有所據。正如文中所説:"出現紛争之原因,漢譯文中有如上之語。"説明當時缺乏對"大天五事"詳加介紹的相關藏文文獻。

通過以上的比對,可作如下的推斷:

第一,藏文只是節譯了大天五事的部分。在翻譯手法上采用了意譯,而且没有照譯全文,對原文的内容有省略,尤其略去了相關的地名、人名。原文敍事的部分順序,藏文本有所調整。

第二,《述記》之文直接引自《大毗婆沙論》。《二十二》的内容,與《述記》等相比,略有改動或簡化,不是直接引用。兩種漢文佛典與藏譯本比對的結果,我們傾向於認爲藏文不是直接譯自《大毗婆沙論》或《述記》,而是翻譯自《二十二》,或者説是《二十二》藏譯本的節選。不然,難以解釋藏譯本爲何與《二十二》如此接近。

第三,關於題名中提到世友及漢譯本等問題,筆者以爲,因《二十二》中引用了《述記》或《大毗婆沙論》的相關内容,曇曠雖没有注明出處,但文中的偈語等與《述記》或《大毗婆沙論》中的完全一致,其來源是很顯然的。而作爲吐蕃的學者必須搞清這一問題,即淵源問題,纔會更有説服力。因此,通過某種途徑瞭解到漢文本中有《述記》之存在,而且把它視爲世友之作品的注解,但可能没有接觸到原文,遂對書名、譯者等作了含糊不清的記述。

三、餘　　論

敦煌藏文佛教文獻中的不少論著無作者署名,或因現存文獻本身的殘損,無從得知原本是否有作者題名。這樣一來,不少佛教著作的來源不清,甚至在判斷是譯本還是本土的著述方面也有困難。根據吐蕃時期編纂的《旁塘宫目録》等看,吐蕃時代本土的著述亦有不少,但由於其中的不少文獻没有傳至後世,而現存部分的研究成果又相對較少,尤其是《丹珠爾》所存吐蕃時代的著述與相關敦煌文獻之間的比對方面的研究成果稀有,致使吐蕃佛教文獻中本土著述的面貌及流傳情況並不清晰。在 IOL. Tib. J. 26 號中發現與《大毗婆沙論》、《述記》、《二十二》相關的内容,對我們研究唐代漢藏佛教交流及吐蕃佛教具有一定的學術價值。IOL. Tib. J. 26 號中的兩部分内容之間有一定的關聯,即後者是對前者内容的補充。雖然這兩部分均未著作者或編者之名,但第二部分既然引用了漢文佛教文獻中的資料,這爲我們瞭解作者的身份提供了一定的綫索。至少我們也可判斷其第二部分内容的編者應是吐蕃人,而非印度人,進而可以將這部分歸爲吐蕃本土佛學著作之列。

何以在講戒律(別解脱經)時,要敍述佛教部派的分裂或起源問題呢？這可能與佛教戒律的傳承有關,因律藏均由諸部派所傳承。正如王邦維教授所説:"佛教的部派問題,自一開始就與佛教的律的傳承有最大的關係,因此不管是在印度還是在中國,往往是傳律的僧人最關心部派的分別。"[1]故在講説戒律時,先説部派之起因和産生。而關於部派産生的起因,佛教有不同的説法。"大天五事"是北傳佛教系中較爲著名的説法,南傳佛教系以"十事非法"爲主因(漢譯《十誦律》中亦提到了"十事非法")。

吐蕃學者之所以通過《二十二》轉引《述記》之内容,因《述記》是對《異部宗輪論》的注解。查藏文《丹珠爾》,《異部宗輪論》的藏譯本名爲《論典之分別莊嚴輪》(gZhung lugs kyi bye brag bkod pa'i 'khor lo),結尾作者題名云:"由大德世友著,完畢。"(gZhung lugs kyi bye brag bkod pa'i 'khor lo btsun pa dbyig gi bshes gnyen gyis mdzad pa rdzogs so)[2],譯者是印度的法師達摩噶熱(Dharm'ka ra)和吐蕃的譯師桑軍(bZang skyong)[3]。另有兩部與世友所作相關的著作,一部名《異部説集》,其後記云:"從大德世友所著《論典異部次第念誦輪》中,由持律阿闍黎戒天(又譯爲"調伏天")作《異部説集》,完畢。"(gZhung tha dad pa rim par bklag pa'i 'khor lo btsun pa dbyig bshes kyis mdzad pa las/sde pa tha dad pa bsdus pa zhes bya ba 'dul ba 'dzin pa slob dpon dul ba'i lhas mdzad pa rdzogs so)[4]無譯者題記,譯者不詳;一部名《異部詳解》(sDe pa tha dad par byed pa dang rnam par bshad pa),作者是阿闍黎巴夏(bHa sha),譯者是慈程加瓦

---

[1] 王邦維《〈大乘二十二〉之最末一問:曇曠對部派佛教的認識》,載《戒幢佛學》第二卷,長沙:嶽麓書社,2002年,66頁。

[2] 中國藏學中心《大藏經》對勘局對勘、編輯《中華大藏經·丹珠爾(對勘本)》93卷,北京:中國藏學中心出版社,2002年,1126—1140頁。

[3] 漢、藏文《異部宗輪論》方面的比較研究參見寺本婉雅、平松友嗣共編譯注《藏漢和三譯對校異部宗輪論》,東京:國書刊行會,1974年。

[4] 《中華大藏經·丹珠爾(對勘本)》93卷,1171頁。

(Tshul khrims rgyal ba)〔1〕。此三部著作初譯自吐蕃時代,《異部宗輪論》的譯師桑軍據《布頓佛教史》記載應屬於前弘期的譯師。《異部說集》收入吐蕃時期編的《旁塘宮目錄》和《蘭噶宮目錄》中〔2〕,亦見於敦煌寫卷,即P.T.889號,殘存尾題與上述《丹珠爾》本同。《異部詳解》亦見於《旁塘宮目錄》中,云:"《異部次第念誦》由阿闍梨巴夏(bHasha)作,計七十五頌。"〔3〕但《丹珠爾》譯經題記中提到的譯師慈程加瓦應是公元11世紀的,即爲阿底峽大師擔任翻譯的納措譯師,筆者以爲《異部詳解》可能前後翻譯過兩次。

這三部著作中,只有《論典之分別莊嚴輪》(即《異部宗輪論》)提到了大天的五種觀點,如云:"依他者完成(玄奘漢譯本作'餘所誘')、無知、猶豫、依他者行(玄奘漢譯本作'他令入')、道發聲(玄奘漢譯本作'道因聲起')。"(gzhan gyis nyer bsgrub pa dang/ mi shes pa dang/ som nyi dang/ gzhan gyis rnam par spyod pa dang/ lam sgra 'byin pa dang)〔4〕但未提大天之名。《異部宗輪論》這段敍述言簡意賅,意多未詳,尤其不知其出處,若無解釋,不少內容不明所以。而大天之故事《大毗婆沙論》記之最詳,但該論無藏譯本。因此,對於吐蕃人而言,欲知"大天五事"是有困難的。於是吐蕃學者從漢文佛典中尋求《異部宗輪論》之釋文,從而瞭解"大天五事"之具體所指和來源傳說。

對於曇曠所作之《二十二》,上山大峻、戴密微、巴宙等研究者認爲是爲回答吐蕃贊普赤松德贊所問而作。至今在藏文文獻中未發現《二十二》的譯本,曾有學者認爲P.T. 823是曇曠著作的藏譯本,但若仔細比對,就會發現二者並非同一文獻。如果本文的推斷不誤,IOL.Tib.J.26號第二部分即部派紛爭的起因部分來自《二十二》的話,則從側面能證明曇曠的《二十二》或部分內容曾經被翻譯爲藏文,至少也能説明吐蕃人知道《二十二》之存在。

吐蕃時期有關"大天五事"的譯文似乎未傳至後世,藏傳佛教"宗義"類著作中,僅管見所及,未發現有"大天五事"之論述。如土觀所著《佛教宗派源流·晶鏡》中就部派

---

〔1〕《中華大藏經·丹珠爾(對勘本)》93卷,1144—1163頁。或譯爲《異部總精釋》。

〔2〕《旁塘宮目錄》云:"《論典相異次第念誦輪》之《異部說集》,五十頌。"(北京:民族出版社,2003年,42頁)《蘭噶宮目錄》云:"《十八部派之名稱和次第》,阿闍梨戒天作,六十五頌。《論典相異次第念誦輪》之《異部說》,阿闍梨世友作,五十頌。"(《中華大藏經·丹珠爾(對勘本)》121卷,1812頁)《蘭噶宮目錄》的記載有誤,《異部説》即《異部説集》的作者是戒天,他是在世友著作的基礎上寫的。所記《十八部派之名稱和次第》,在《旁塘宮目錄》中其作者爲"Ta □ da ba"(塔□提婆)。《十八部派之名稱和次第》未見於《丹珠爾》,可能亡佚未傳。

〔3〕《旁塘宮目錄》,42頁。

〔4〕《中華大藏經·丹珠爾(對勘本)》93卷,1127頁。漢藏各譯本對"五事"的不同譯法參見寺本婉雅、平松友嗣共編譯注《藏漢和三譯對校異部宗輪論》,8—9頁。

分裂起因,提到了不同説法,但未言及"大天五事"。至20世紀50年代,法尊法師將漢文《大毗婆沙論》譯成了藏文,彌補藏文《大藏經》無《大毗婆沙論》譯本之缺憾。法尊法師的譯稿生前一直未得出版,稿子下落不明。幸運的是後來發現《大毗婆沙論》譯稿在西藏保存完好,2012年由中國藏學出版社影印出版。這樣有關"大天五事"的記述再次從漢文佛典譯成了藏文,爲藏傳佛教界瞭解部派紛爭的起因提供了新材料,也可謂漢藏佛教千年之間因緣不斷。

(作者單位:西北民族大學)

Dunhuang Tibetan Buddhist Manuscripts and Later Tibetan Buddhism: A Brief Review of Recent Research

Matthew Kapstein

Introduction

In recent decades, new research on Dunhuang Tibetan documents relating to the study of religion has advanced our understanding of developments during the obscure historical period following the fall of the old Tibetan empire in the mid-ninth century. The contributions that I will be discussing here have been accomplished by a number of scholars and my own role here has been a modest one. Nevertheless, it may be useful to attempt a general synthesis, in order to clarify for non-Tibetologists the manner in which new and specialized research on Dunhuang Tibetan texts has transformed our view of the evolution of Tibetan Buddhism towards the end of the first millennium. For it appears to be a general problem within the field of Dunhuang Studies that work in any given area is often not effectively communicated within the larger field, a circumstance impeding our collective ability to study questions of transmission across differing cultural spheres and to undertake comparative researches as well.

The materials I shall summarize all touch on a key issue in the historical study of Tibetan religion. Tibetan ritual systems are, as is well known, mostly based on the tantras, the scriptures of esoteric Buddhism, often termed "Mantrayāna" or "Vajrayāna." The tantras are in turn often divided into two major groups in Tibet: those of the so-called "new mantra traditions" (*gsang sngags gsar ma pa*), which are followed primarily by the Sakyapa (*sa skya pa*), Kagyüpa (*bka' brgyud pa*) and Gelukpa (*dge lugs pa*) orders of Tibetan

Buddhism; and those of the "old mantra traditions" (*gsang sngags rnying ma pa*), which are peculiar to the Nyingmapa(*rnying ma pa*) order. Though there is some overlap between these two categories (for example, the *Guhyasamājatantra* and the *Mañjuśrīnāmasaṃgīti* belong to both "old" and "new" traditions, as do many of the "exoteric" tantras, on which see below), each includes a very large corpus of texts and rituals that it does not share with the other. The distinction of the two traditions also entails there being different pantheons, iconographies, and maṇḍalas, as well as specific approaches to contemplation and yoga proper to each. Among the Nyingmapa, for instance, the culminating systems of meditation are those designated as the Great Perfection (*rdzogs chen*), iconically associated with the Buddha Samantabhadra, while the new schools favor the Great Seal, or Mahāmudrā, whose icon is Buddha Vajradhara.

The histories of the "new mantra traditions" are in general relatively clear, even if the appearance of clarity frequently proves to be deceptive: they are mostly based on tantras that were current in India during the early second millennium and in many cases the Sanskrit originals of the major texts survive. The "old mantra traditions," however, present us with a mystery. According to the Nyingmapa themselves, their esoteric teachings follow Indian currents of tantra that were prominent several centuries before the "new mantra traditions" arose and were transmitted to Tibet primarily during the time of the Tibetan ruler Tri Songdetsen (Khri Srong-lde-btsan, reigned 755-ca. 797). Many scholars — including both traditional Tibetan and modern historians — have found this to be problematic. They object that the genuine documents from the age of Tri Songdetsen and his immediate successors that have come down to us — above all the official catalogues of translated scriptures (studied recently in HALKIAS 2004, HERRMANN-PFANDT 2008) — contain virtually no hint that the distinctively Nyingmapa tantras were in circulation in Tibet at that time. In spite of this, by the early eleventh century, when the "new mantra traditions" were beginning to form, the main currents of the "old mantra traditions" had definitely developed already.

Tibetan historiography is troubled by this state of affairs, for traditional sources maintain that the mid-ninth century decline of the monarchy marked the beginning of a long hiatus in Buddhist activity in Tibet. According to authors favorable to the Nyingmapa, the "old mantra traditions" therefore had to have been introduced before about 850, and their absence from the catalogues merely reflects the strictures of extreme esotericism with which they were surrounded. Against this, the critics argue that the distinctive forms of Nyingmapa esoteric Buddhism were falsely fabricated by unscrupulous persons in Tibet, who took advantage of post-imperial lawlessness to misrepresent their inventions as authentic Indian Buddhist tantric teachings.

Contrasting with both of these perspectives, however, what contemporary scholars of the history of Tibetan religion have increasingly come to recognize is that the Dunhuang Tibetan documents are where we must turn to understand developments during the Tibetan age of obscurity towards the end of the first millennium. Instead of the activities of a few charlatans, we find evidence here of the emergence of tantric ritual systems in milieux involving varied interactions among Indian and Tibetan Buddhists, and perhaps also Inner Asian and Chinese Buddhist adepts and their disciples as well. A substantial survey of the Tibetan tantric documents from Dunhuang may be found in DALTON AND VAN SCHAIK 2006, a catalogue of the relevant works conserved in the Stein collection of the British Library and now an essential tool for research. A large proportion of the texts classified there as "tantric" are examples of the numerous *dhāraṇī*-scriptures that were ubiquitous in mid-first millennium Mahāyāna settings, both in India and China, and that are well represented in the early Tibetan catalogues to which I have just referred. For present purposes, however, I will focus not on texts of this type, whose credentials as "tantric" are in some cases open to discussion. Instead, my primary concern in what follows will be with only those documents that have a distinctive relationship with later Nyingmapa tantrism.

The Structure of Nyingmapa Teaching and Its Dunhuang Antecedants

The Nyingmapa, like the Tibetan Bön religion, adopted a general scheme for the classification of Buddhist teachings — resembling in some respects the Chinese *panjiao* 判教 systems — but based on the concept of "nine sequential vehicles" of teaching, or *theg pa rim pa dgu* in Tibetan:

I. Three vehicles derived from the teachings of the sūtras

1. Śrāvakayāna

2. Pratyekabuddhayāna

3. Bodhisattvayāna

II. Three vehicles derived from the "exoteric" tantras

4. Kriyātantra

5. Cāryatantra

6. Yogatantra

III. Three vehicles derived from the "unsurpassed," esoteric Yogatantras

7. Mahāyoga

8. Anuyoga

9. Atiyoga (= the Great Perfection)

The antiquity of this scheme within Nyingmapa doctrinal works was considered in KARMAY 1988: 146 – 149, and the treatment of the nine vehicles in the Dunhuang document PT 849, its formulation in Bön and in an influential Nyingmapa version attributed to Padmasambhava (in the *Garland of Views*, or *Man ngag lta ba'i phreng ba*) were compared in KAPSTEIN 2000: 13 – 17. DALTON 2005 continues the investigation of early Tibetan sources relative to the "vehicles," including some references to works preserved at Dunhuang, though primarily considering texts of likely antiquity that are known, however, from later Nyingmapa collections.

On the basis of these studies, it is now clear that, although the elements that would be subsequently given stable form in the classical Nyingmapa system of nine vehicles, as outlined above, were already present in the Dunhuang archive, the system was still evolving, and not yet fixed in form. Thus, in PT 849, the first two vehicles are listed as the "vehicle of men" and the "vehicle of gods," perhaps reflecting the inspiration of passages in the *Laṅkāvatārasūtra*, a scripture that was quite popular among the early Chan lineages as known from both Chinese and Tibetan Dunhuang collections. Though these mundane vehicles were dropped from the later system of nine vehicles, some Nyingmapa works nevertheless preserve them, under the designation of a single "worldly vehicle of gods and men" (*'jig rten lha mi'i theg pa*), which is then treated as a "half vehicle" prior to the canonical nine. Similarly, although PT 849's discussion of the nine vehicles does use the terms *mahāyoga*, *anuyoga*, and *atiyoga*, they are not in this case the designations of full-fledged vehicles, as they are in the developed Nyingmapa system. Rather, in accord with the usage that we find also in some of the "new tantric traditions," they seem to denote phases of ritual practice within the tantric vehicles generally.

The tantric corpus of the Dunhuang Tibetan collection thus seems to reflect a period prior to the systematization of the Nyingmapa tradition as we know it, but during which the structural elements of that tradition were already coming into use and available for reappropriation. The question as to whether this suggests that works such as the *Garland of Views* and other texts studied in DALTON 2005 should be taken to post-date the Dunhuang archive, or whether it is merely an accident that the "classical" Nyingmapa system does not appear to be found there, remains quite open.

Padmasambhava and Other Nyingmapa Heroes

Although the system of nine vehicles as it is found in Padmasambhava's *Garland of Views* has been authoritative for the Nyingmapa for the past thousand years, it has not been possible to establish that this text was in circulation, at least in its present form, before the mid-eleventh century. Indeed, not long ago some even questioned whether its author, Padmasambhava, who is all-important for the mythology of the Nyingmapa tradition, was himself known prior to the eleventh century. The figure of Padmasambhava, however, has also begun to be clarified thanks to materials from Dunhuang and other early sources (above all the *Sba/Dba' bzhed*; see WANGDU and DIEMBERGER 2000, and, for evidence from Dunhuang regarding the antiquity of the *Sba/Dba' bzhed*, see VAN SCHAIK and IWAO 2009). Though it was long thought that no trace of this famous teacher was to be found in Dunhuang texts, the study of PT44 in BISCHOFF AND HARTMANN 1971 demonstrated that he is the central actor in at least one important narrative, relating to the tranmission of the tantras of Vajrakīla. The same text has been studied anew in KAPSTEIN 2000: 158 – 160 and in CANTWELL AND MAYER 2008, which treats at great length the relationship of Padmasambhava with the Vajrakīla tantras, as evidenced within the Dunhuang corpus. DALTON 2004 offers further reflections on Dunhuang sources that may have contributed to the development of the Padmasambhava legend. CANTWELL AND MAYER 2012, an exemplary study of the tantra entitled *Noble Noose of Methods* (*'Phags pa thabs kyi zhags pa*), offers further evidence bearing on the development of the Padmasambhava legends. As for the *Garland of Views* itself, although it is mentioned in the *Sba bzhed* and exists in a version in old Tibetan orthography accompanied by an 11th century commentary, it is not so far documented among the Dunhuang finds or other pre-11th century documentary sources. It is, however, closely related with the tantras of the *Māyājāla* (*Magical Net*) cycle, the *Guhyagarbha* (*Secret Nucleus*), above all, and, as will be seen below, evidence that this cycle had emerged is present in Dunhuang Tibetan texts.

Besides Padmasambhava, one finds references in some Dunhuang documents to teachers who would later figure among the culture heroes of the Nyingmapa. The best-studied example is perhaps Buddhagupta, whose manual of meditation according to the Great Perfection (IOL J Tib 594) is studied in KARMAY 1988: 59–76. PT44, mentioned already for its account of the Padmasambhava legend, mentions several other adepts who are prominent in Nyingmapa sources, notably the famous Tibetan translator Pagor Vairocana, as well as an Indian or Nepali master named Pra-ba-se, perhaps to be identified with the Prabhahasti of later tradition. KARMAY 1981 exams, on the basis of a Dunhuang fragment, the formation of one of the key legends of Nyingmapa Buddhism, that of the Indian king Dza.

The Mahāyoga Systems

Within the system of the nine vehicles, the distinctively Nyingmapa tantric corpus is the domain of the three final vehicles, those of the "Great Yoga" (*mahāyoga*, *rnal 'byor chen po*), "Subsequent Yoga" (*anuyoga*, *rjes su rnal 'byor*), and "Extreme Yoga" (*atiyoga*, *shin tu rnal 'byor*), this last also known as the "Great Perfection" (*rdzogs pa chen po*). While the first and the last are well represented within the Dunhuang corpus, the second presents some particular difficulties to which we shall have occasion to return below. (The three lower categories of tantra — Kriyātantra, Cāryatantra, and Yogatantra — are to a large extent shared by the old and new tantric systems in Tibet, and often have close parallels in East Asian esoteric Buddhism as well. However, I will refer to them only in passing here; more detailed consideration of their place in the Dunhuang archive must await another occasion.)

For the later Nyingmapa tradition, many of the most important tantric systems are classified as Mahāyoga, the "Great Yoga." The term seems to refer in the first instance to texts and practices that were thought to occupy the highest rank among the Yogatantras, works of which class, such as the well-known *Sarvadurgatipariśodhana* and the *Tattvasaṃgraha* (which belongs to East Asian tantrism as well), had begun to circulate in Tibet during the late 8th and early 9th centuries. The designation Mahāyoga perhaps marked a new, superior dispensation among these tantras, and came to be regarded as a distinctive class of tantra in itself, as it is for the Nyingmapa.

However, when the term appears in the Dunhuang documents, although it sometimes does seem to denote a specific class of tantric practice, this is not always so. In some instances, it perhaps refers to the contemplative or ritual practice that is judged by the author of the work in which it occurs to be most excellent. This, I think, is sometimes the case when the term is found in connection with the Chan 禪 teaching and this usage has been the subject of some confusion. Although there is clear evidence for a syncretistic Chan-Tantric teaching in some Dunhuang documents (see, e.g., VAN SCHAIK and DALTON 2004, MEINERT 2009), the mere occurrence of the expression *rnal 'byor chen po*, Mahāyoga, should not be taken to imply this automatically. It perhaps sometimes only means a "great contemplative method."

Be this as it may, in its Nyingmapa usage Mahāyoga is associated with particular groups of Tantras, in the first instance the extensive corpus collectively termed the "Magical Net" (*Māyājāla*, *Sgyu 'phrul drwa ba*) of which the most important is the "Tantra of the Secret Nucleus" (*Guhyagarbhatantra*, *Rgyud gsang ba snying po*). Following a pioneering article on Mahāyoga in Dunhuang sources, EASTMAN 1983, a series of contributions has begun to clarify the extent of the Mahāyoga's elaboration in the Dunhuang texts. Included are Eastman's own contributions to the topic as treated in SNELLGROVE's *Indo-Tibetan Buddhism* (1987), and a series of important articles on the subject by VAN SCHAIK (2008a, 2008b). That the entire class of the Māyājāla tantras was already in an advanced stage of development by the mid-tenth century has been shown in KAPSTEIN 2006.

TAKAHASHI 2010 provides a complete edition and translation of the "Questions of Vajrasattva" (*rdo rje sems dpa'i zhu lan*) a major doctrinal treatise related to the Mahāyoga system, and known from three Dunhuang exemplars, that would indeed continue to be transmitted in virtually identical form in the later Nyingmapa tradition. CANTWELL and MAYER 2012 critically investigates the evolution of the "Noble Noose of Methods" *Upayapāśa*, a distinctive Mahāyoga tantra of the Nyingmapa, beginning with the Dunhuang version of the text and continuing throughout the later Nyingmapa manuscript and print textual traditions.

An important branch of the Nyingmapa Mahāyoga systems concerns mortuary rituals based on the maṇḍala-s of the Māyājāla. KAPSTEIN 2010 takes up the Dunhuang evidence for one such ritual corpus, the *Na rak dong sprug*, or 'Churning the Pit of Hell,' and its primary tantra, the "Taintless Tantra of Contrition," *Dri med gshags rgyud*. IMAEDA 2010 adds an important note on the manner in which what appears to be an indigenous Tibetan ritual tradition of 'calling the dead' is seen in Dunhuang sources, and the role this may have played in the formation of the famous "Tibetan Book of the Dead."

The ritual systems considered in KAPSTEIN 2010 demonstrate a close relationship, for the Nyingmapa, between mortuary rituals and rites for the expiation of broken vows, the link being due to the close connection that is believed to hold between the transgression of vows and evil rebirth. VAN SCHAIK 2010 explores in particular the treatment of tantric vows in the Dunhuang Tibetan corpus.

Later Nyingmapa sources often divide the corpus of Mahāyoga tantras into two categories, called *rgyud sde*, the "class of the tantras," and *sgrub sde*, the "class of [the practical methods of] attainment." The maṇḍala systems of the Māyājāla are the main exemplars of the former, while the latter embrace the maṇḍala systems sometimes referred to as the "eight transmitted precepts" (*bka' brgyad*). In the Dunhuang archive, this distinction of the two classes seems not to be mentioned. However, it is clear that elements of both classes are beginning to be formed. We have referred to the materials relating to the Māyājāla tantras above. The second class, that of "attainment," is most prolifically represented at Dunhuang by numerous texts devoted to the deity of the "diamond spike," or "dagger," Vajrakīla (or Vajrakīlaya), sometimes also called the "Vajra Youth" (Tib. *rdo rje gzhon nu*, Skt. Vajrakumāra). This rich aspect of the Dunhuang tantric traditions has now been very well studied thanks to the sustained efforts of CANTWELL and MAYER (2008a, 2008b, 2012), mentioned earlier in connection with Dunhuang references to Padmasambhava and the tantra of the "Noble Noose of Methods." We may add here that their work may be now taken as the model for critical research on Dunhuang tantric materials and their continuity in relation to later Tibetan tantrism. Their painstaking editions of the texts on which their research is based demonstrate clearly that, between the Dunhuang materials and later sources, there was no radical rupture, but rather a history of continuous development.

In the Vajrakīla and certain other tantric systems, mentioned above, exorcism and the suppression of demonic forces are important foci of ritual activity. DALTON 2011 offers an innovative synthesis of materials bearing on this, focusing on selected Dunhuang documents and their relation with Nyingmapa textual sources, and tracing this theme in a wide range of later Tibetan materials.

Dzogchen, the "Great Perfection"

Finally, we must mention the new light that Dunhuang documents have shed upon the remarkable tradition of meditation shared by the Nyingmapa and Bön, that is, the system of the Great Perfection, or Dzogchen (*rdzogs chen*). Just a few decades ago, it was often considered that this was simply a Tibetan inflection of influences stemming from Chinese Chan traditions. Now it is known that such an assessment was much too simplistic. Key here were the pioneering contributions of KARMAY (1985, 1988), demonstrating a number of Dunhuang texts directly related to later Bön and Nyingmapa Dzogchen materials. This line of research was subsequently amplified in VAN SCHAIK 2004, VAN SCHAIK and DALTON 2004, and MEINERT (2002, 2007), all of which contribute to clarifying the relationship between Chan and early Dzogchen in the Dunhuang sources. In connection with what was said earlier regarding the sometimes fluid use of the term *mahāyoga/rnal 'byor chen po* in Dunhuang materials, we see, once again, that dogmatic bounds were not yet rigid, and that aspects of Chan, early Dzogchen, and tantrism were capable of interpenetrating one another to various degrees in the religious milieux around Dunhuang during the late first millennium.

Conclusions

If there is a clear conclusion that emerges from these investigations, it is that the major features of the Nyingmapa tradition had begun to take form during the ninth and tenth centuries in the framework of an emerging body of coherent doctrinal and ritual systems and not as isolated fabrications. And *all* of the systems concerned — with perhaps the exception of Tibetan Chan, to the extent that this may have existed as an independent system — continued to evolve under the aegis of post-tenth century Nyingmapa Buddhism. Included here were the framing narrative of Padmasambhava's mission in Tibet, the general architecture of the "nine sequential vehicles," the burgeoning Mahāyoga corpus — both in the aspects that would later be termed *rgyud sde*, the "tantric corpus" focusing on the Māyājāla cycle and the maṇḍalas of the hundred peaceful and wrathful divinities, and the *sgrub sde*, the "sādhana corpus" focusing on the maṇḍalas of Vajrakīla and related deities— and the culminating contemplative teachings of the Dzokchen, or Great Perfection. What seems to be most evidently absent from this framework is a developed system of *anuyoga*, for, although the term itself is documented within the Dunhuang documents, the emphasis upon the subtle, inner body and the exercises of tantric yoga associated with it seem not to be known in the Dunhuang Tibetan texts. It appears, therefore, that their incorporation within the structure of Nyingmapa teaching was in large part a response to the influx of such materials into Tibet from the eleventh century on. (Cf. the conclusions of GERMANO 1994 on this question in its relation to the later Dzogchen traditions.)

In the foregoing summary of recent research, I have focused primarily on the contribution of the Dunhuang Tibetan documents to the study of specifically Tibetan religious history. An important question, however, remains: just what do the materials surveyed here have to tell us about the religious life, not of Tibet, but of Dunhuang? This is by no means easy to answer, given the present state of our knowledge. It is possible, however, to offer a few tentative reflections on the directions we must pursue in order to answer it properly.

The first, and by far most important issue, that has not yet been satisfactorily clarified concerns the comparison between the types of esoteric Buddhism we find in Dunhuang Tibetan and Chinese sources, including the non-textual sources (e. g. , paintings and diagrams). On the basis of what is known to date, there are certainly some areas in which Sinophone and Tibetophone esoteric Buddhist communities shared closely similar materials: this seems to have been the case, for instance, with respect to the cults of Avalokiteśvara as Amoghapāśa, the wrathful divinity Mahābala, and perhaps that of the eight Mahābodhisattva

（八大菩萨） as derived from the *Vajraśikharatantra*, among other sources. (On aspects of Chinese Buddhist esotericism at Dunhuang, a selection of representative writings in Western languages is given in bibliography.) But on the other hand, there also seem to be aspects of tantrism, as known through Dunhuang texts, that are distinctive to either Chinese or Tibetan contexts. This may be true of a number of the Tibetan tantric materials I have surveyed above.

In treating of works of this last category, the Tibetan tantric traditions known from Dunhuang but apparently absent from Dunhuang Chinese sources, additional questions for future research remain: do these materials reflect the religious life of Tibetophone communities in and around Dunhuang? or are they merely texts that arrived and were fortuitously conserved in Dunhuang, despite their provenance among Tibetan Buddhists from outside of the Dunhuang region? The research on the paper used for Dunhuang Tibetan manuscripts, recently undertaken by A. Hellman-Ważny, may eventually help to resolve these questions, for Hellman-Ważny has convincingly shown that some Dunhuang Tibetan works are written on paper that is certainly of Tibetan origin. (Refer to HELMAN-WAŻNY and VAN SCHAIK 2012 for a review of current work on the material aspects of the Dunhuang Tibetan documents.) But though the analysis of paper can be of help here, it cannot resolve the entire problem, for it is always possible that scribes in and around Dunhuang made some use of paper of Tibetan origin, and by the same token that the Tibetans of the regions that are now in parts of Qinghai, Gannan, etc., made use of paper imported from central China. In short, analysis of the materials must be supplemented by better knowledge of cultural history.

Leaving these unresolved matters aside, it is at least clear that Tibetan tantrism, as we see it developing in Dunhuang documents, overlapped with but was by no means identical to the esoteric Buddhism known from contemporaneous Chinese sources, and that it was certainly continuous with the tantrism of the Tibetan "old school," Nyingmapa, as it continued to evolve after the tenth century. Of course, relations with developments elsewhere in Inner Asia, among the Uighur and others, remain to be explored. We are only now beginning to gain a clear picture of Tibetan esoteric Buddhism as it is represented in the Dunhuang sources, but this still leaves many larger questions untouched.

Bibliography

BISCHOFF, F. A. 1956. *Contribution à l'étude des divinités mineures du Bouddhisme tantrique: Ārya Mahābala-nāma-Mahāyanasūtra/Tibétain Mss. de Touen-houang et chinois*. Paris: Geuthner.

BISCHOFF, F. A. and C. HARTMAN. 1971. Padmasambhava's Invention of the phur-bu Ms. Pelliot tibétain 44. In *Études tibétains dédiées à la mémoire de Marcelle Lalou*. Librairie d'Amérique et D'Orient. Paris: Adrien Maisonneuve.

CANTWELL, C. and R. MAYER. 2008a. The Dunhuang Phur pa Corpus: A Survey. *In* O. Almogi (ed.), *Contributions to Tibetan Buddhist Literature* (*PIATS 11*). Halle: International Institute for Tibetan and Buddhist Studies.

———. 2008b. *Early Tibetan Documents on Phur pa from Dunhuang*. Vienna: Verlag der Österreichischen Akademie der Wissenschaften.

———. 2012. *A Noble Noose of Methods, The Lotus Garland Synopsis: A Mahāyoga Tantra and its Commentary*. Vienna: Verlag der Österreichischen Akademie der Wissenschaften.

DALTON, J. P. 2004a. The Development of Perfection: The Interiorization of Buddhist Ritual in the Eighth and Ninth Centuries. *Journal of Indian Philosophy* 32.1: 1 – 30.

———. 2004b. The Early Development of the Padmasambhava Legend in Tibet. In *Journal of the American Oriental Society* 124.4 (2004): 759 – 772.

———. 2005. A Crisis of Doxography: How Tibetans Organized Tantra during the 8th – 12th Centuries. In *Journal of the International Association of Buddhist Studies* 28.1: 115 – 181.

———. 2011. *The Taming of the Demons: Violence and Liberation in Tibetan Buddhism*. New Haven: Yale University Press.

DALTON, J. P. and S. VAN SCHAIK. 2006. *Tibetan Tantric Manuscripts from Dunhuang: A Descriptive Catalogue of the Stein Collection at the British Library*. Leiden: EJ Brill.

EASTMAN, K. W. 1983. Mahāyoga Texts at Tun-huang. *Bulletin of the Institute of Buddhist Cultural Studies* 22: 42 – 60.

GERMANO, D.. 1994. "Architecture and Absence in the Secret Tantric History of rDzogs Chen," *Journal of the International Association for Buddhist Studies*, 17/2: 203 – 335.

GRINSTEAD, E., trans. 1994. The Sūtra of the Eleven-headed Avalokiteśvara Bodhisattva. *In* H. H. Sørensen (ed.), *The Esoteric Buddhist Tradition: Selected Papers from the 1989 Seminar for Buddhist Studies Conference*. SBS Monographs 2. Copenhagen-Aarhus: The Seminar for Buddhist Studies, 97 – 125.

HACKIN, J. 1924. *Formulaire sanscrit-tibétain du Xe Siecle*. Paris: Librairie Orientaliste Paul Geuthner.

HALKIAS, G. T. 2004. "Tibetan Buddhism Registered: An Imperial Catalogue from the Palace Temple of 'Phang-thang," *The Eastern Buddhist* XXXVI (1-2): 46-105.

HELMAN-WAŻNY, A., and S. VAN SCHAIK. 2012. "Witnesses for Tibetan Craftsmanship: Bringing together Paper Analysis, Palæogrpahy and Codicology in the Examination of the Earliest Tibetan Manuscripts." *Archæometry* (2012): 1-35.

HERRMANN-PFANDT, A. 2008. *Die lHan kar ma: ein früher Katalog der ins Tibetische übersetzten buddhistischen Texte. Kritische Neuausgabe mit Einleitung und Materialien.* Wien: Verlagder Österreichischen Akademie der Wissenschaften.

IMAEDA, Y. 1979. Note préliminaire sur la formule *Oṃ maṇi padme hūṃ* dans les manuscrits tibétains de Touen-houang. *In* M. Soymié (ed.), *Contributions aux études sur Touen-Houang.* Geneva/Paris: Droz, 71-76.

———. 1981a. *Histoire du cycle de la naissance et de la mort: étude d'un texte tibétain de Touen-houang.* Hautes études orientales, 15. Genève: Droz, 1981.

———. 1981b. "Un extrait tibétain du *Mañjuśrīmūlakalpa* dans les manuscripts de Touen-houang," in *Nouvelles contributions aux études de Touen-houang.* Geneva/Paris: Librairie Droz, 303-320.

———. 2007. The *History of the Cycle of Birth and Death*: A Tibetan Narrative from Dunhuang. In M. T. Kapstein and B. Dotson (eds.), *Contributions to the Cultural History of Early Tibet.* Leiden: Brill, 105-181.

———. 2008. The Provenance and Character of the Dunhuang Documents. *The Memoirs of the Toyo Bunko* 66: 81-102.

KAPSTEIN, M. T. 2000. *The Tibetan Assimilation of Buddhism: Conversion, Contestation, and Memory.* New York: Oxford University Press.

———. 2006. New Light on an Old Friend: PT 849 Reconsidered. *In* C. Wedermeyer and R. Davidson (eds.), *Tibetan Buddhist Literature and Praxis (PIATS 2003, Volume 4).* Leiden: Brill, 9-30.

———. 2009. The Treaty Temple of the Turquoise Grove. *In* M. Kapstein (ed.), *Buddhism Between Tibet and China.* Boston: Wisdom: 21-72.

———. 2010. Between *Na Rak* and a Hard Place: Evil Rebirth and the Violation of Vows in Early Rnying ma pa Sources and Their Dunhuang Antecedents," in M. T. Kapstein and S. van Schaik, eds., *Esoteric Buddhism at Dunhuang: Rites for this Life and Beyond*, pp. 163-203.

KAPSTEIN, M. T. and S. VAN SCHAIK. 2010. *Esoteric Buddhism at Dunhuang: Rites for this Life and Beyond.* Brill's Tibetan Library. Leiden: E. J. Brill.

KARMAY, S. G. 1981. King Tsa/Dza and Vajrayāna. *Mélanges chinois et bouddhiques* 20: 192-211.

———. 1985. rDzogs chen in its earliest text: a Manuscript from Dun-huang. In B. N. Aziz and M. T. Kapstein (eds), *Soundings in Tibetan Civilization*. New Delhi: Manohar, 272 – 282.

———. 1988. *The Great Perfection: A Philosophical and Meditative Teaching of Tibetan Buddhism*. Leiden: Brill.

KUO LIYING. 1994. *Confession et contrition dans le bouddhisme chinois du Ve au Xe siècle*. Paris: Ecole française d'Extrême-Orient.

———. 1998. Maṇḍala et rituel de confession à Dunhuang. *Bulletin de l'école française d'Extrême-Orient* 85: 227 – 56.

———. 2000. Dessins de *maṇḍala* à Dunhuang: le manuscript Pelliot chinois 2012. In M. Cohen (ed.), *La Sérinde, Terre d'échanges*. Paris: La Documentation française, 49 – 78.

LALOU, M. 1936. Notes à propos d'une amulette de Touen-houang, les litanies de Tārā et la Sitātapatrādhāraṇī. *Mélanges chinois et bouddhique* IV: 135 – 149.

———. 1939 – 1961. *Inventaire des Manuscrits tibétains de Touen-houang conservés à la Bibliothèque Nationale (Fonds Pelliot tibétain)* [3 vols]. Paris: Bibliothèque Nationale.

———. 1949. Les chemins du mort dans les croyances de Haute-Asie. In *Revue de l'histoire des religions*: 42 – 48.

DE LA VALLÉE POUSSIN, Louis. 1962. *Catalogue of the Tibetan Manuscripts From Tun-Huang in the India Office Library*. Oxford: Oxford University Press.

MAYER, R. 2004. Pelliot tibétain 349: A Dunhuang Tibetan Text on rDo rje Phur pa. *Journal of the International Association of Buddhist Studies* 27/1 (2004): 129 – 164.

———. 2007. The Importance of the Underworlds: Asuras' Caves in Buddhism, and Some Other Themes in Early Buddhist Tantras Reminiscent of the Later Padmasambhava Legends. *Journal of the International Association for Tibetan Studies* 3.

MAYER, R. and C. CANTWELL. 1994. A Dunhuang Manuscript on Vajra-kīlaya [IOL MSS TIB J 754, 81 – 82]. *Tibet Journal* 19.1: 54 – 67.

MEINERT, C. 2002. Chinese Chan and Tibetan Rdzogs chen: Preliminary Remarks on Two Tibetan Dunhuang Manuscripts. In H. Blezer (ed.), *Religion and Secular Culture in Tibet: Tibetan Studies II (PIATS 2000)*. Leiden: E. J. Brill, 289 – 307.

———. 2006. Between the Profane and the Sacred? On the Context of the Rite of 'Liberation' (*sgrol ba*). In Michael Zimmermann (ed.) *Buddhism and Violence*. Kathmandu: Lumbini International Research Institute, 97 – 128.

———. 2007. The Conjunction of Chinese Chan and Tibetan Rdzogs chen Thought: Reflections on the

Tibetan Dunhuang Manuscripts IOL Tib J 689 - 1 and PT 699. *In* M. Kapstein and B. Dotson (eds) *Contributions to the Cultural History of Early Tibet*. Leiden: Brill, 239 - 301.

MOLLIER, C. 2008. *Buddhism and Taoism Face to Face*. Honolulu: University of Hawai'i Press.

VAN SCHAIK, S. 2004. The Early Days of the Great Perfection. *Journal of the International Association of Buddhist Studies* 27.1: 165 - 206.

———. 2006. The Tibetan Avalokiteśvara Cult in the Tenth Century: Evidence from the Dunhuang Manuscripts. *In* C. Wedermeyer and R. Davidson (eds.), *Tibetan Buddhist Literature and Praxis (PIATS 2003, Volume 4)*. Leiden: EJ Brill. 55 - 72.

———. 2007. Oral Teachings and Written Texts: Transmission and Trans-formation in Dunhuang in *Contributions to the Cultural History of Early Tibet*, ed. Matthew T. Kapstein & Brandon Dotson. Leiden: Brill, 183 - 208.

———. 2008a. A Definition of Mahāyoga: Sources from the Dunhuang Manuscripts. *Tantric Studies* 1: 45 - 88.

———. 2008b. The Sweet Saint and the Four Yogas: A 'Lost' Mahāyoga Treatise from Dunhuang. *Journal of the International Association of Tibetan Studies* 4. http://www.thlib.org? tid = T5564.

VAN SCHAIK, S. and J. P. DALTON. 2004. Where Chan and Tantra Meet: Buddhist Syncretism in Dunhuang. *In* Susan Whitfield (ed), *The Silk Road: Trade, Travel, War and Faith*. London: British Library Press, 61 - 71.

VAN SCHAIK, S. and I. GALAMBOS. 2012. *Manuscripts and Travellers: The Sino-Tibetan Documents of a Tenth-Century Buddhist Pilgrim*. Berlin/Boston: De Gruyter.

VAN SCHAIK, S. and IWAO, K. . 2009. "Fragments of the Testament of Ba from Dunhuang" *Journal of the American Oriental Society* 128 (3): 477 - 487.

SNELLGROVE, D. L. 1987. *Indo-Tibetan Buddhism: Indian Buddhists and Their Tibetan Successors*. Boston: Shambhala.

SOYMIÉ, M. 1987. Notes d'iconographie bouddhique — des Vidyārāja et Vajradhara de Touen-houang. *Cahiers d'Extrême-Asie* 3: 9 - 26.

STEIN, R. A. 1970. Un document ancien relatif aux rites funéraires des Bon-po tibétains. *Journal Asiatique* 258: 155 - 185.

———. 1987. Un genre particulier d'exposés du tantrisme ancien tibétain et khotanais. *Journal Asiatique* 275: 265 - 282.

STRICKMANN, M. (ed.). 1981 - 83. *Tantric and Taoist Studies in Honour of R. A. Stein*. 3 vols. *Mélanges Chinois et bouddhiques* 20, 22, 23. Brussels: Institut Belge des Hautes Études Chinoises.

STRICKMANN, M. 1996. *Mantras et mandarins: Le bouddhisme tantrique en Chine*. Paris: Gallimard.

TANAKA, K. 1992. A Comparative Study of Esoteric Buddhist Manuscripts and Icons Discovered at Dunhuang. *In* Ihara Shōren and Yamaguchi Zuihō (eds), *Tibetan Studies: Proceedings of the 5th Seminar of the International Association for Tibetan Studies, NARITA 1989*. Narita: Naritasan Shinshoji: I. 275–79.

TANAKA, K. 2000. 敦煌密教と美術 (*Tonkō mikkyō to bijutsu: Essays on Tantric Buddhism in Dunhuang: Its Art and Texts*). Kyōto: Hōzōkan.

WANGDU, P., and H. DIEMBERGER. 2000. *dBa' bzhed: The Royal Narrative Concerning the Bringing of the Buddha's Doctrine to Tibet*(Vienna: Österreichische Akademie der Wissenschaften.

[作者單位: Ecole Pratique des Hautes Etudes (Paris) and The University of Chicago]

敦煌遺書中寫本的特異性
——寫本學劄記

方廣錩

敦煌遺書爲我們重建寫本學提供了豐富的資料。

寫本由抄寫者逐一抄寫而成。這一形成方式決定了寫本的兩個基本特點——唯一性與流變性。

如果我們考察某一具體寫本,並將它與其他寫本相比較,則可以發現,任何一部寫本,它的謀篇佈局、分段起訖、點捺撇橫、墨色行款,與其他寫本——哪怕是同一個人抄寫的同一部典籍——均不可能完全一致。從這個角度講,任何一部寫本都是唯一的。我把寫本的這一特性,稱之爲寫本的"唯一性"。這與後代刻本之凡同一副版片刷印的典籍,相互間完全相同,形成鮮明對照。

正因爲寫本具有上述"唯一性",所以當我們從總體考察某一類寫經時,可以發現它們又表現出另一種特性,亦即同一種典籍,或同一時期抄寫的某一批經典,它們雖然或相互繼承,表現出親緣關係;或相互類似,表現出具有若干"同類項",但從總體看,相互間形態千差萬別,表現出某種不確定性。我把寫本的這一特性,稱之爲寫本的"流變性"。

寫本"唯一性"與"流變性"互爲表裏,成爲我們考察寫本的基本關注點。

需要指出的是,上述寫本的"唯一性"與"流變性",均建立在寫本有跡可循的基本規範上。諸如寫本如非稿本,均依據某一底本抄出,抄本與底本形成遞承親緣關係;與這一基本規範相應的流變性,則表現爲寫本可能出現異本。又如篇幅較長的文獻均從右向左抄寫在粘接起來的紙張上,若文獻篇幅太長,所粘接紙張太多,則會分截爲若干卷;與這一基本規範相應的流變性,則表現爲隨著底本或紙張的不同,同一典籍有時會出現異卷。再如,一般來說,寫本的字體會逐漸趨近時代風尚,但寫經生書體的變化往往會有所滯後。還有,某一時間段內,某種紙張會集中出現,某種抄寫風格會集中出現。

如此等等。

但是，正因爲寫本是抄寫者逐一抄寫而成，便會出現某些難以預測的個性化特點，從而使寫本形態違反寫本的基本規範。此外，敦煌遺書發現以來，人們曾對它進行種種加工，包括著録、修復、作僞等等，也會使它的形態發生變化，從而可能誤導人們對敦煌遺書的認識。我把敦煌遺書中的寫本偶而會出現的違反寫本基本規範的性質，稱之爲寫本的"特異性"。下面舉例説明。有關今人對敦煌遺書進行修復、作僞而形成的問題，將另文論述，不包括在本論文中。

一、反向抄寫　錯亂行款

下面是斯01624號背的圖版：

斯01624號正面原抄《天福七年(942)大乘寺常住什物點檢歷》(擬)，其後作廢，有人利用其背面空白紙抄寫《泗州僧伽大師實録鈔》(擬)、《唐虢州萬迴和尚傳鈔》(擬)、《三寶感應録·宋寶誌傳鈔》(擬)三個有關高僧行狀的文獻。兩個文獻連續抄寫，然後略留空白，抄寫《三寶感應録·宋寶誌傳鈔》(擬)。三者均屬神通感應類，故卷尾有"感通"兩個大字。在此討論第三個文獻。

現按照圖版，將《三寶感應録·宋寶誌傳鈔》(擬)録文如下。每行用(1)~(14)等數字編號，行末加行號"／"。

(1) 真容而福至聞　尊號以災消福利昭彰／

(2) 今日當將慈悲不替觀到此土存殁三十／

(3) 六化具載傳記辭　帝歸鍾山入滅矣昔泗／

(4) 州大師懺悔却復本形重歸大内且化緣／

(5) 畢十二面觀音菩薩形相僧謠乃哀求謠/
(6) 變容證言 和尚乃以爪釐面開示下筆/
(7) 和尚或其形貌莫能得定僧真 和尚曰可/
(8) 與吾寫真否僧謠聖者僧寶意處/
(9) 見供奉張僧謠邀入山遠迎請入內殿/
(10) 道場供養因詣賢銜花嚴神獻果梁武/
(11) 帝遣使並寶輦人家供敬分形赴齋尋/
(12) 隱鍾山百獸者遊於楊州擎杖每懸剪刀/
(13) 尺拂謹按三寶感通錄曰宋末沙門寶/
(14) 志/

上述文獻難以卒讀。但文中提到張僧繇為寶誌邈真故事,該故事在大藏經所收宋代佛教典籍中頗見記敍。按照這一綫索細讀原文,又因《泗州僧伽大師實錄鈔》(擬)開頭文字作"謹按《唐泗州僧伽大師實錄》云"、《唐虢州萬迴和尚傳鈔》(擬)開頭文字作"謹按《傳記》",而本文獻倒數第二行有"謹按《三寶感通錄》曰"云云,可以得知此文獻的底本原係從左向右抄寫,但斯01624號背的抄寫者不察,按照從右向左的慣例抄寫,且沒有保持底本的行款,以致出現目前這種爪剖正文、文理錯亂的狀況。

為了讀通這篇文字,需要恢復底本的行款。下文依據佛典中相關記載,按照本文獻的文氣,擬出底本的行款。底本行款用"‖"表示,"‖"前的1.~15.等數字為所擬底本從左向右每行的編號。斯01624號背原文獻的行款"/"保持不變。

15. ‖真容而福至聞 尊號以災消14. ‖福利昭彰/
今日當將慈悲不替觀13. ‖到此土存歿三十/
六化具載傳記12. ‖辭 帝歸鍾山入滅矣昔泗/
州大師11. ‖懺悔却復本形重歸大內且化緣/
畢10. ‖十二面觀音菩薩形相僧謠乃哀求9. ‖,謠/
變容證言 和尚乃以爪釐面開示8. ‖下筆/
和尚或其形貌莫能得定僧7. ‖真 和尚曰可/
與吾寫真否僧謠6. ‖聖者僧寶意處/
見供奉張僧謠邀5. ‖入山遠迎請入內殿/
道場供養因詣賢4. ‖銜花嚴神獻果梁武/
帝遣使並寶輦3. ‖人家供敬分形赴齋尋/

· 183 ·

隱鍾山百獸 2. ‖ 者遊於楊州擎杖每懸剪刀/

尺拂 1. ‖ 謹按《三寶感通錄》曰宋末沙門寶/

志/

按照上述考訂結果,可按照從左向右抄寫的形式,恢復底本的形態。

15. 真容而福至聞　尊號以災消。

14. 福利昭彰/今日當將慈悲不替觀

13. 到此土存歿三十/六化具載傳記

12. 辭　帝歸鍾山入滅矣昔泗/州大師

11. 懺悔却復本形重歸大內且化緣/畢

10. 十二面觀音菩薩形相僧謠乃哀求

9. 謠/變容誑言　和尚乃以爪釐面,開示

8. 下筆/和尚或其形貌莫能得定僧

7. 真。　和尚曰可/與吾寫真否僧謠

6. 聖者僧寶意處/見供奉張僧謠遞

5. 入山遠迎請入內殿/道場供養因詣賢

4. 銜花巖神獻果梁武/帝遣使並寶輦

3. 人家供敬分形赴齋尋/隱鍾山百獸

2. 者遊於楊州擎杖每懸剪刀/尺拂

1. 謹按三寶感通錄曰宋末沙門寶/志/

故本文獻的正確行文應該如下。錄文中加上底本的每行編號 1.～15.、斯 01624 號背抄本的原行號及每行編號(1)～(14)。

錄文：

1. 謹按《三寶感通錄》曰：宋末沙門寶(13)/志(誌)(14)/

2. 者,遊於楊(揚)州。擎杖每懸剪刀、(12)/尺拂(紼)。

3. 人家供敬,分形赴齋。尋(11)/隱鍾山,百獸

4. 銜花,巖神獻果。梁武(10)/帝遣使並寶輦,

5. 入山遠迎,請入內殿(9)/道場供養。因詣賢

6. 聖者僧寶意處,(8)/見供奉張僧謠(繇)遞

7. 真。　和尚曰："可(7)/與吾寫真否?"僧謠(繇)

8. 下筆。(6)/和尚或(惑)其形貌,莫能得定。僧

9. 繇(繇)(5)／變容,謼(徑)言:"和尚!"乃以爪鏖(劈)面,開示

10. 十二面觀音菩薩形相。僧繇(繇)乃哀求、

11. 懺悔。却復本形,重歸大内。且化緣(4)／畢,

12. 辭　帝,歸鍾山入滅矣。昔泗(3)／州大師

13. 到此土存歿,三十(2)／六化,具載傳記,

14. 福利昭彰。(1)／今日、當時,慈悲不替。觀

15. 真容而福至,聞　尊號以災消。

（録文完）

如將所標底本行編號、抄本行號、抄本行編號都去掉,按内容分段,則録文如下:

録文：

謹按《三寶感通録》曰：

宋末沙門寶志(誌)者,遊於楊(揚)州。擎杖每懸剪刀、尺拂(綈)。人家供敬,分形赴齋。尋隱鍾山,百獸銜花,巖神獻果。

梁武帝遣使並寶輦,入山遠迎,請入内殿道場供養。因詣賢聖者僧寶意處,見供奉張僧繇(繇)逸真。　和尚曰:"可與吾寫真否?"僧繇(繇)下筆。和尚或(惑)其形貌,莫能得定。僧繇(繇)變容,謼(徑)言:"和尚!"乃以爪鏖(劈)面,開示十二面觀音菩薩形相。僧繇(繇)乃哀求、懺悔。却復本形,重歸大内。

且化緣畢,辭　帝,歸鍾山入滅矣。

昔泗州大師到此土存歿,三十六化,具載傳記,福利昭彰。今日、當時,慈悲不替。觀真容而福至,聞　尊號以災消。

（録文完）

因爲寶誌被視作觀音的化身,而泗州僧伽大師也被認爲是觀音的化身,故有最後一段議論。但文首所謂"謹按《三寶感通録》曰"云云,似謂該故事出於《集神州三寶感通録》。《集神州三寶感通録》,唐道宣著,三卷,其中並無張僧繇爲寶誌逸真故事。則或上述出處有誤；或該《三寶感通録》並非道宣所著,而是目前尚不知道的另一種典籍。待考。

如前所述,就大藏經資料而言,張僧繇爲寶誌逸真故事最早出現在宋代的典籍中,但從斯01624號可知,早在晚唐五代,這一故事已經成型並廣泛流傳。

二、正面可綴　背不可綴

一般情況下,一個寫卷如正反面均抄寫文獻,一旦被撕裂,則正面的文獻可以綴接,背面的文獻也可以綴接。這屬於寫本的常態或基本規範,無須贅言。但有時也有例外。

此次整理英國敦煌遺書,發現斯 01611 號與斯 01624 號、斯 01625 號、斯 01774 號、斯 01776 號 A、斯 01776 號 B 等諸號相互有一定的關聯。

斯 01611 號,正面抄寫隋朝第三祖僧璨行狀。背面大致爲雜寫。

斯 01624 號,正面抄寫某寺常住什物點檢歷,尾與斯 01776 號 B 可綴接。背面爲僧伽、萬迴、寶誌行狀。

斯 01625 號,正面抄寫天福三年某寺入破歷計會。背面爲佛圖澄因緣傳、釋智興判。

斯 01774 號,正面抄寫天福七年大乘寺智定等一伴交歷。背面爲禪師氾惠淨頌。

斯 01776 號 A,正面抄寫顯德五年某寺庫內什物點檢歷。背面爲唐朝第五組弘忍行狀。

斯 01776 號 B,正面抄寫某寺常住什物點檢歷,首與斯 01624 號可綴接。背面爲唐朝第六組惠能行狀。

考察上述 6 號,可以得出如下幾點印象:

(一)由於斯 01624 號與斯 01776 號 B 可以綴接,所以以上遺書實際共包括 4 件寺院經濟文書。據前此研究成果,這三件遺書情況如下:

斯 01625 號爲天福三年(938)大乘寺文書。

斯 01774 號爲天福七年(942)大乘寺文書。

斯 01624 號與斯 01776 號 B 爲天福七年(942)大乘寺文書。

斯 01776 號 A 爲顯德五年(958)大乘寺文書。

亦即年代雖然不同,內容雖有參差,但均爲大乘寺的寺院經濟文書。

(二)6 號均抄有僧人行狀。其中斯 01611 號抄在兩面均空白的紙上,其餘 5 號抄在大乘寺文書的背面。

5 號文書中所涉及僧人,包括禪宗三祖、五祖、六祖 3 人。此外有佛圖澄、釋智興、氾惠淨、僧伽、萬迴、寶誌 6 人。值得注意的是:

從字體、墨色判定,斯 01611 號(三祖)與斯 01776 號 A 背(五祖)、斯 01776 號 B 背

（六祖）、斯1625號背（佛圖澄、釋智興）爲同一人、同時所寫。墨色雖有不同，但從字跡判定，斯01774號與前諸號亦爲同一人所寫。但斯01624號背（僧伽、萬迴、寶誌）的墨色不同，字體與前者有異，雖然主題近似，與前恐非同一人所寫。

考察文獻中對上述9位僧人行狀的行文，斯01611號有"璨大師付法並袈裟與道信時"云云，明確表現出壁畫榜題的形態，故我將它定名爲《禪宗諸師受法壁畫榜題稿·三祖》（擬）。可以推論，斯01776號A背（五祖）、斯01776號B背（六祖）爲同一人出於同一目的所寫，故亦可仿此定名。斯1625號背（佛圖澄、釋智興）雖爲同一人所抄，但故事完整，且均有首題，抄寫形態與前述禪宗三祖不同，主題主要體現神通感應。雖然不排除它們也是壁畫榜題稿的可能，但在沒有可靠證據的情況下，按照其本身的首題定名爲妥。斯01774號背（汜惠淨頌）形態與斯1625號背（佛圖澄、釋智興）相同，有首題，故事完整，亦爲神通感應。至於斯01624號背（僧伽、萬迴、寶誌），其主題雖然也是神通感應，且集中表現觀世音靈驗，卷尾之"感通"二字揭示該卷主題。因此，斯01624號背、斯1625號背、斯01774號背所抄文獻即使也可以視作壁畫榜題稿，那也應該是另一組壁畫，與前此之禪宗祖師無關。由此，從內容判定，僧伽、萬迴、寶誌與惠能亦非同一文獻，應分別錄文。

上述三件大乘寺文書中年代最遲者爲顯德五年（958），故上述9位僧人行狀均應抄寫於顯德五年（958）之後。

當時應還抄寫有禪宗初祖、二祖、四祖的行狀以爲壁畫榜書稿，尚待考尋。

（三）斯01624號與斯01776號B之天福七年（942）大乘寺文書可以綴接。

下面兩張圖版，右邊爲斯01624號的尾部，左邊是斯01776號B的首部。從圖版可以看出，這兩個遺書首尾的可以綴接，所抄爲《天福七年（942）大乘寺常住什物點檢歷》（擬）。

由於斯01624號、斯01776號B等兩號可以綴接，故前此研究者錄文時將這兩號背面的六祖、僧伽、萬迴、寶誌行狀也合并錄爲一個文獻。如前所述，斯01624號與其他諸號墨筆、字體略有異，恐非同一人所寫，則將六祖、僧伽、萬迴、寶誌三者合并爲一個文獻亦可商榷。毋寧說，禪宗三祖、五祖、六祖應爲同一組文獻。

此外，由於沒有正確考察這組文獻的關係，前此將斯01624號抄寫僧伽、萬迴、寶誌行狀的一面當作正面，而將《天福七年（942）大乘寺常住什物點檢歷》（擬）當作背面。但《天福七年（942）大乘寺常住什物點檢歷》（擬）又與斯01776號B可以綴接。於是有的研究著作將這一綴接表述爲"斯01624號背＋斯01776號B"，顯得非常彆扭。

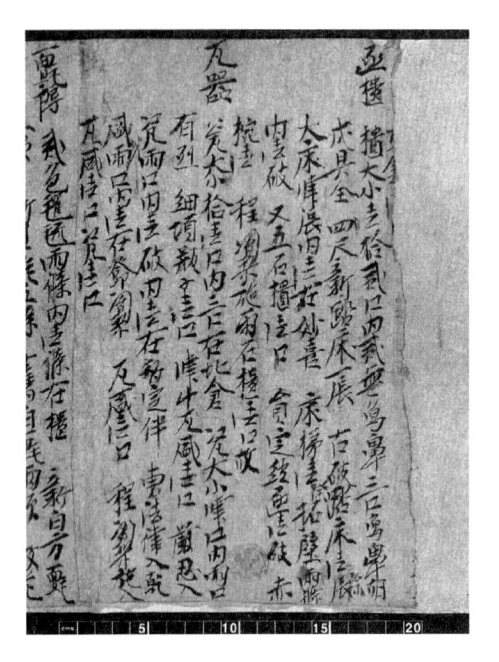

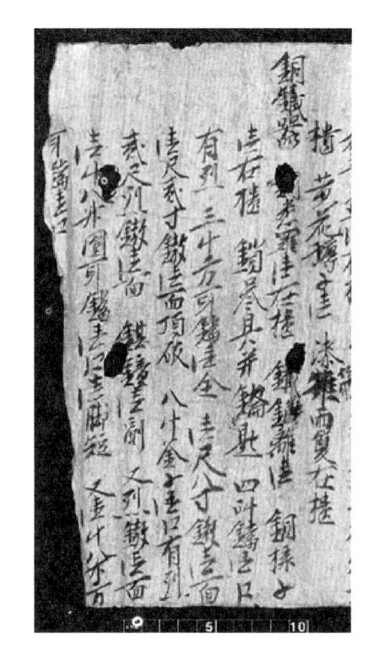

斯 01776 號 B 首部　　　　　　　　　　　斯 01624 號尾部

　　仔細考察這批遺書，發現其實爲將過時作廢的大乘寺文書撕開以後，分別作爲獨立的單位予以利用。因此，雖然斯 01624 號、斯 01776 號 B 等兩號正面的大乘寺文書可以綴接，不等於背面的文獻也可以綴接，或也屬於同一文獻。這是敦煌遺書録文時需要注意辨别的。

三、爪剖舊卷　另組新卷

　　凡屬正反面抄寫的卷子，比較常見的是該卷原爲同一遺書，僅在正面、反面各抄一個或幾個其他文獻。借用我在《敦煌遺書中多主題遺書的類型研究（一）》[1]中"遺書生命體説"，常見有兩種情况：第一種，該遺書在生命的第一階段就已經是正反面各被抄寫一個或幾個文獻，此時正反面文獻往往有內在邏輯聯繫。如《敦煌遺書中多主題遺書的類型研究（一）》中的類型二。第二種，該遺書在生命的第一階段僅在正面有文獻，後來因爲被人利用其背面空白紙抄寫其他文獻，進入生命的第二階段。此時正反面

---

[1]《敦煌遺書中多主題遺書的類型研究（一）》，載《中國社會科學院敦煌學回顧與前瞻學術研討會論文集》，上海古籍出版社，2012 年。

文獻往往無内在邏輯聯繫。如上文中的類型一、類型四。

這裏討論的"爪剖舊卷,另組新卷"與上文的類型四有點相似,應該看作是類型四的一個變種。典型的類型四,是指將若干破舊廢棄的卷子剪接拼粘,形成新卷子,然後利用其背面空白紙抄寫其他文獻。借用"遺書生命體説",即遺書目前的生命形態,是由若干個小生命輪迴投胎,匯聚而成。這些小生命在聚集成新生命時,本身基本保持了相對的完整性。它的變種則"爪剖舊卷,另組新卷",亦即這些小生命被五馬分尸,然後胡亂綴接成一個新卷子。遇到這種情況,編目時如何釐定那些被爪剖的舊卷之間的相互關係,頗費思量。

如斯00721號,用74張廢棄寫卷綴接而成,然後利用連綴廢卷的背面空白紙抄寫《金剛般若經旨讚》卷下。這74張紙,紙質不一、長短不一,原分屬《涅槃經疏》(擬)、《淨住子》卷十八、《維摩義記》卷二、《大乘法界無盡藏法釋》(擬)4個文獻。大約因這4個文獻原已殘破,爲了利用其中保存較好的紙張,便將殘破較甚的紙張剪除。故除了《大乘法界無盡藏法釋》(擬)文字集中,没有被剪開外,其餘3個文獻均被剪開爲若干段,每段長短不一,然後錯雜綴接。故原卷背面從右向左,現大致分爲如下20個單元:

01. 第01紙～第06紙,133行,原屬《涅槃經疏》(擬)。
02. 第07紙～第10紙,042行,原屬《淨住子》卷十八。
03. 第11紙～第12紙,011行,原屬《涅槃經疏》(擬)。
04. 第13紙,　　　　　017行,原屬《淨住子》卷十八。
05. 第14紙～第16紙,050行,原屬《淨住子》卷十八。

以上兩個單元雖均屬《淨住子》卷十八,但不能綴接。

06. 第17紙～第18紙,029行,原屬《涅槃經疏》(擬)。
07. 第19紙～第20紙,023行,原屬《淨住子》卷十八。
08. 第21紙,　　　　　012行,原屬《涅槃經疏》(擬)。
09. 第22紙～第30紙,155行,原屬《淨住子》卷十八。
10. 第31紙～第33紙,043行,原屬《涅槃經疏》(擬)。
11. 第34紙,　　　　　002行,原屬《淨住子》卷十八。
12. 第35紙～第40紙,129行,原屬《維摩義記》卷二。

第35紙上邊原有數字編號"卌二",但在與第34紙粘接時被疊壓。

上述6紙,每兩紙接縫處上邊均有數字編號,依次有5個,爲"卌一"、"卌"、"卅九"、"卅八"、"卅七"。

13. 第 41 紙， 019 行，原屬《涅槃經疏》（擬）。

14. 第 42 紙～第 44 紙，069 行，原屬《維摩義記》卷二。

第 42 紙與第 43 紙、第 43 紙與第 44 紙接縫處上邊有數字編號，依次爲"卅五"、"卅四"。

15. 第 45 紙～第 47 紙，046 行，原屬《維摩義記》卷二。

第 45 紙與第 46 紙、第 46 紙與第 46 紙接縫處上邊有數字編號，依次爲"卅三"、"卅二"。

以上兩個單元雖屬《維摩義記》卷二，但不能綴接。

16. 第 48 紙， 013 行，原屬《涅槃經疏》（擬）。

17. 第 49 紙～第 54 紙，128 行，原屬《維摩義記》卷二。

上述 6 紙，每兩紙接縫處上邊均有數字編號，依次有 5 個，爲"卅"、"廿九""廿八"、"廿七"、"廿六"。

18. 第 55 紙～第 56 紙，028 行，原屬《涅槃經疏》（擬）。

19. 第 57 紙～第 61 紙，107 行，原屬《維摩義記》卷二。

上述 5 紙，每兩紙接縫處上邊均有數字編號，依次有 4 個，爲"廿四"、"廿三""廿二"、"廿一"。

第 61 紙與第 62 紙接縫處上邊亦有數字編號，爲"廿"。

20. 第 62 紙～第 74 紙，357 行，原屬《大乘法界無盡藏法釋》（擬）。

上述 13 紙，每兩紙接縫處上邊均有數字編號，依次有 12 個，爲"十九"、"十八""十七"、"十六"、"十五"、"十四""十三"、"十二"、"十一"、"十""九"、"八"。

第 62 紙與第 61 紙接縫處上邊亦有數字編號，爲"廿"。

從上邊接縫處的編號，可知該連綴廢卷的形成過程爲：先連綴《大乘法界無盡藏法釋》（擬）與《維摩義記》卷二，其後曾經被剪開，再連綴《淨住子》卷十八與《涅槃經疏》（擬），然後用背面空白紙抄寫《金剛般若經旨讚》卷下。其後《金剛般若經旨讚》卷下首部殘破，從而形成目前形態。現存《涅槃經疏》（擬）包括 01、03、06、08、10、13、16、18 等 8 個單元，《維摩義記》卷二包括 12、14、15、17、19 等 5 個單元，《淨住子》卷十八包括 02、04、05、07、09、11 等 6 個單元。上述 19 個單元相互錯雜，文字互不關聯。即使 04、05 兩個單元均爲《淨住子》，實際這兩個單元的文字並不連接。

編目時，將這些被五馬分尸的 19 個單元逐一辨析，盡可能查找出處，最終歸并著錄爲《涅槃經疏》（擬）、《維摩義記》卷二、《淨住子》卷十八等三個文獻。

關於上述文獻的著録及其文獻研究價值,可參見《英國圖書館藏敦煌遺書》第十二册中的相關條記目録,此不贅述。

嚴格地説,《敦煌遺書中多主題遺書的類型研究(一)》中的類型三,也屬於本文論述的"爪剖舊卷,另組新卷"的特異形態,只是該舊卷被分尸兩處罷了。

四、後人著録　誤作原題

敦煌遺書,特別是英國的敦煌遺書,卷背常有一種特殊的數碼及對寫卷内容的著録。關於這種數碼,我已經在1990年發表論文《斯坦因敦煌特藏所附數碼著録考》[1],指出它爲蘇州碼子,這種蘇州碼子及對寫卷内容的著録,絶大部分爲蔣孝琬所寫,個别爲斯坦因所寫[2]。在那篇論文中,我對蔣孝琬的著録工作做了評價,稱他比較謹慎,"凡是原卷存有經名可資參考者,蔣氏的著録基本上都準確,但有時也因過分機械地依據原卷經名而定名,不省察具體情况,故而有誤,凡原卷殘破,未留經名可資參考者除個别特徵明顯的給予定名外,其餘幾乎都未定名。總的來説,凡已定名者,基本上可以信從。"現在看來,這一評價應該修訂。因爲蔣孝琬曾經憑印象或臆測爲若干遺書定名,而他的錯誤定名曾長期誤導敦煌學界,乃至直到今天。

如斯01638號,所抄爲《法句譬喻經》卷一"多聞品第三"的第一個故事,參見大正0211,04/0578B06~0579A12。原文無首尾題,抄録時行文較爲自由,個别字句有修改,但内容没有大的變化。

蔣孝琬爲本號編目時,因不識内容,自行擬名作"釋家勸化愚頑經",作爲注記寫在背面。日本《大正藏》將該"釋家勸化愚頑經"誤認爲該文獻之原題,便將本文獻作爲疑僞經收入第85卷疑僞部,即爲大正2918號,録文略有誤。《翟林奈目録》亦犯同樣錯誤。劉銘恕在《敦煌遺書總目索引·斯坦因劫經録》中雖然沿用"釋家勸化愚頑經"這一名稱,但指出它實際抄自《法句譬喻經》卷一,故特别注明:"此晉法炬、法立合譯之《法句譬喻經》第一卷一品之别行單出者。"第一個發現該文獻的原始出處,功不可没。《敦煌遺書總目索引新編》沿用劉銘恕著録,但在文獻名稱"釋家勸化愚頑經"後誤標"首題"。

---

[1]《斯坦因敦煌特藏所附數碼著録考》,載《一九九〇年國際敦煌學術討論會論文集》,瀋陽:遼寧美術出版社,1995年7月。

[2] 在《斯坦因敦煌特藏所附數碼著録考》一文中,我推測那些比較拙劣的漢文著録爲斯坦因所寫。現在這一推測已經證實。詳情將另文論述。

此次編目,擬名作《法句譬喻經多聞品鈔》。

上面幾條,都是對英國藏敦煌遺書編目時做的一點劄記。它們説明,雖然從總體看,敦煌遺書符合寫本的一般規範。但由於寫本本身的特點,加上敦煌遺書特有的傳播、整理史,也使它顯示出若干特異的形態。我們在整理、研究敦煌遺書的時候,既要關注它的一般規範,也要注意它的特異形態,纔能把整理、研究工作做好。

(作者單位:上海師範大學敦煌學研究所)

從 Codicology 的角度來看敦煌漢文文獻

石塚晴通　唐　煒

1. Codicology

Codicology：不僅指寫本，其中也包括印刷本、文字、書寫（印字）材料、書寫（印字）、形態、本文、容受（訓讀）、繼承等，當然也包括科學分析，Codicology 是一門綜合性的文獻學研究。本論文謹從 Codicology 學的觀點來闡述敦煌漢字文獻。

1.1　漢字

判定漢字字體的各時代、各地域的標準及變遷過程，首先要弄清漢字的書體、字體、字形的定義。

書體：是漢字存在的形狀，與社會是共通的樣式。其中有很多是由漢字資料的目的所決定的。比如：楷書、草書等。

字體：是存在於書體內的每一個社會共通的基準。

字形：是字體內對每一個漢字書寫（印字）形成的形狀。其次，石塚晴通漢字字體規範數據庫（HNG）的活用，也闡述了字種的定義[1]。

字種：是被社會公認的，一般可指音韻與意思可以共通相互交換的漢字字體的綜合。

1.2　漢字字體規範數據庫（HNG）的概要

探討漢字字體各時代、各地域的標準及變遷過程，漢字字體規範數據庫（Hanzi Normative Glyphs，略稱 HNG）是極有價值的資料庫。此數據庫的責任者是北海道大學的名譽教授石塚晴通教授，此數據庫是經過長年的積累，以"石塚漢字字體資料"（紙卡79 種文獻約 50 萬字）爲基礎，同時在北海道大學大學院、文學部語言情報學講座從事

---

[1]　石塚晴通《圖書寮本日本書紀　研究篇》，東京：汲古書院，1984 年。

漢字研究的學生的協力下作成的。

在東京外國語大學亞非語言文化研究所的支援和技術指導下,HNG 於 2004 年公開於網絡。HNG 可顯示初唐寫本至中國南北朝、隋文獻、開成石經、宋版中的標準字體的存在及中國周邊民族的漢字文獻中的標準字體狀況,另外還可顯示出日本上代至近世初期漢字文獻中的漢字字體的情況。現已公開的文獻,是 2009 年末至今的文件,其中有漢籍、佛典、國書等 64 種文獻。上網就可檢索表現漢字文化圈整體範圍時代的資料。另外還有一部分資料正在整理中,尚未公開。

1.3 檢索方法

HNG(http：//joao-roiz.jp/HNG/)的檢索畫面如圖 1 所示,檢索對象和異體率形成單一的結構。

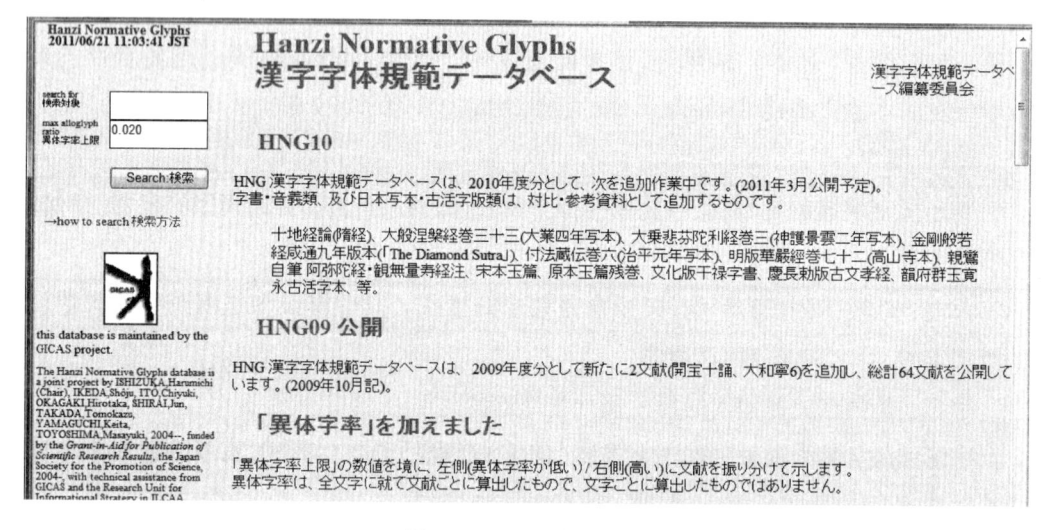

圖 1　HNG 的檢索畫面

漢字的檢索適應各種的指定方法。

(1) 漢字・漢字的列　漢字自體　字,學而,弁辨辯辦（文字列以單字的分解形式檢索）

(2)《大字典》番號　D 數字　D2267（字）

(3) 諸橋《大漢和辞典》番號　M 數字　M6942（字）

(4) 部首　R 部首番號,R 部首字,R 字　R140,R 艸,R 花（140 番「艸」部的意）

D/M/R 不附加數字是,1～214 部首番號,215 以上以《大字典》番號爲基準。

漢字・漢字的數列,因爲文字列以單字分解檢索,想檢索的漢字複數指定後可以顯示結果。另外,此方法也適用對異體字的檢索,比方說,以"龍"和"竜"兩字作分別檢索,另外再以"龍竜"的形式檢索會得出同樣的結果。也對應檢索 Unicode(擴張 A,B)。

表示部首的檢索,是以部首順序排列的,與其他調查資料比較時很方便。圖 2 是"R 龍"指定後顯示出的檢索結果。

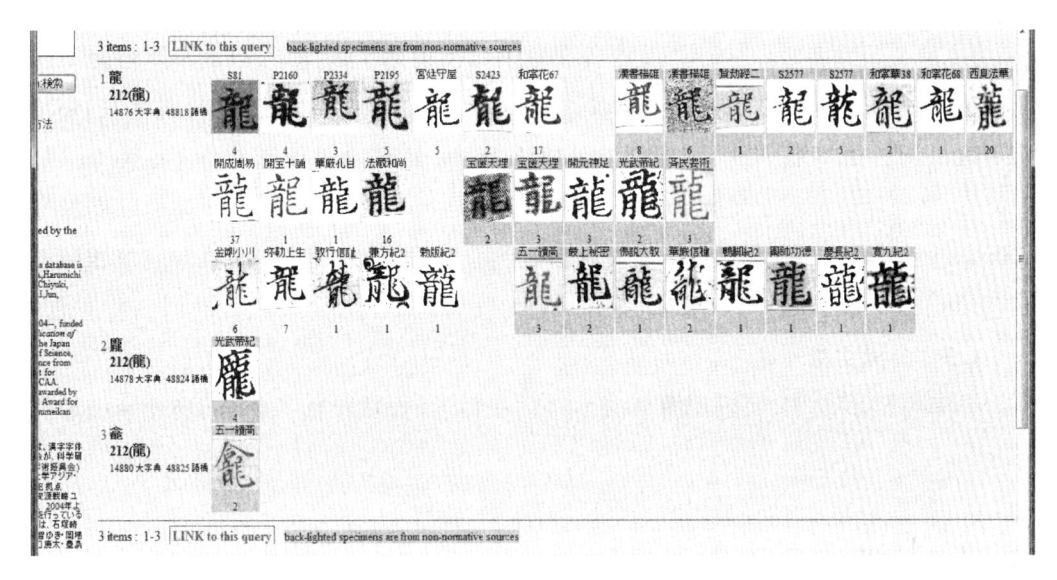

圖 2 "R 龍"的檢索結果

如圖 2 所示,HNG 中的"龍",並且與"龍"的字體很接近的字被使用,而現在通常使用的字體"竜"卻沒有被使用。"龍"字檢索結果的第一行使用的是中國寫本及中國周邊寫本、版本,第二行使用的是中國開成石經、宋版,第三行使用的是日本寫本、版本。這些例子都不適用,第四行使用的是韓國寫本、版本。

圖 3 是 S.81"龍"字的用例卡片(未公開)。第一行的最左側"龍"的畫像上 S81 是 HNG 文獻名的略稱,大英圖書館所藏斯坦因敦煌本的 S.81 是大般涅槃經卷第十一(506 年書寫)(參照後面文獻名一覽表)。畫像下的是 4 和此字體的用例數。

圖 3 卡片的用例

檢索結果畫面(圖2)的右側、有文獻名和用例數及亮色來顯示的是異體率高,非標準的文獻漢字字體。第一行上面的《漢書·揚雄》中的"龍"的左上部分"立"有 8 例,"丘"有 6 例可以看到。

1.4 異體率

標準的文獻存在著標準字體,也就是説根據異體率(異體字率)可以明示。按以下的公式可以計算:

異體率 = 異體的總字數/(文獻的總字數 – 孤例的總字數)×100

用異體率式數次寫漢字時,字體的比例就會不安定。"異體"就是其中不安定的字體,是少數使用的字體。"孤例"是指各文獻中只出現過 1 個例子,因爲不能把握不安定的字體,將此例從總數中排除。列舉《開成石經·論語》爲例,從文獻的總字數14325字中除孤例的總字數 469 字,剩下的 13856 字中,異體的總字數是 5 字,異體率是0.03%,從而可以理解字體顯著的規範性。文獻是否是標準的,其基準就是以異體率1.00% 爲大概標準。私文獻的場合異體率比例較高,異體率與書誌數據傾向的相關請參考[2][3]。

1.5 公開文獻一覽

公開的 64 件文獻中,通用番號(1—64)、資料名(作成年代)、略稱、異體率請參照下表。

① 中國寫本(1—17)及中國周邊寫刊本(18—24)

② 中國開成石經·宋版(25—37)

③ 日本寫刊本(38—51)及日本書紀寫刊本(52—60)

④ 韓國寫刊本(61—64)

如圖 2 所説明的那樣,HNG 的檢索結果,以 4 區分的爲順序。

表　HNG 引用文獻一覽

no	分　類	資料名(作成年代)	略　稱	異體率	全　　　體	異體
1	南北朝寫本	S.81 大般涅槃經卷十一(506)	S.81	0.87%	928 字種 959 字體 6661 字	58 字
2	〃	S.2067 華嚴經卷十六(513)	S.2067	0.49%	629 字種 643 字體 7528 字	37 字
3	〃	P.2179 誠實論卷八(514)	P.2179	0.65%	556 字種 565 字體 6138 字	40 字
4	〃	P.2160 摩訶摩耶經卷上(586)	P.2160	0.90%	1046 字種 1088 字體 6008 字	54 字

(續表)

no	分類	資料名（作成年代）	略稱	異體率	全體	異體
5	隋寫本	P.2413 大樓炭經卷三（589）	P.2413	1.06%	547字種 574字體 4626字	49字
6	〃	隋經賢劫經卷二（610）	《賢劫經二》	1.11%	884字種 927字體 7762字	86字
7	〃	P.2334 妙法蓮華經卷五（617）	P.2334	0.41%	632字種 647字體 5672字	23字
8	初唐寫本	今西本妙法蓮華經卷五（671）	《宮廷今西》	0.64%	633字種 645字體 4344字	28字
9	〃	P.2195 妙法蓮華經卷六（675）	P.2195	0.58%	612字種 620字體 4371字	24字
10	〃	守屋本妙法蓮華經卷三（675）	《宮廷守屋》	0.81%	585字種 592字體 5685字	46字
11	〃	S.2577 妙法蓮華經卷八（7C末）	S.2577	2.03%	780字種 823字體 5605字	114字
12	〃	上野本漢書揚雄傳（初唐）	《漢書·揚雄》	4.57%	1573字種 1701字體 4510字	206字
13	則天寫本	守屋本花嚴經卷八（則天期）	《花嚴守屋》	1.24%	443字種 467字體 5166字	64字
14	盛唐寫本	S.2423 瑜伽法鏡經（712）	S.2423	0.89%	939字種 965字體 7733字	69字
15	〃	唐經四分律卷第二十（740頃）	《正四分20》	0.71%	430字種 458字體 9875字	69字
16	〃	阿毘達磨大毘婆沙論卷百七十（8C初）	《正毘170》	2.46%	169字種 196字體 6366字	156字
17	〃	阿毘達磨大毘婆沙論卷百七十八（8C初）	《正毘178》	1.88%	646字種 685字體 6133字	111字
18	高昌寫本	大品經卷二十八（高昌期）	《京博大品》	0.13%	271字種 273字體 1547字	2字
19	吐蕃寫本	S.5309 瑜伽師地論卷三十（857）	S.5309	2.97%	709字種 800字體 7499字	223字

(續表)

no	分類	資料名(作成年代)	略稱	異體率	全體	異體
20	大和寧寫本	花嚴經卷三十八(9—10C)	《和寧花38》	1.29%	590字種 620字體 7066字	91字
21	〃	守屋本花嚴經卷六十七(9—10C)	《和寧花67》	1.02%	852字種 899字體 9975字	99字
22	〃	守屋本花嚴經卷六十八(9—10C)	《和寧花68》	1.25%	801字種 828字體 7245字	87字
23	〃	書道博本花嚴經卷六(9—10C)	《和寧花6》	1.19%	472字種 491字體 6832字	80字
24	西夏版	妙法蓮華經卷一(1149)	《西夏法華》	1.55%	834字種 893字體 9085字	141字
25	開成石經	論語(837)	《開成論語》	0.03%	1322字種 1328字體 14325字	5字
26	〃	周易(837)	《開成周易》	0.18%	1404字種 1420字體 23248字	43字
27	〃	孝經(837)	《開成孝經》	0.00%	478字種 478字體 1967字	0字
28	北宋版	東禪寺版阿毘達磨大毘婆沙論卷百七(1100)	《東禪毘婆》	0.60%	357字種 368字體 6979字	42字
29	〃	開元寺版道神足無極變化經卷四(1126)	《開元神足》	1.03%	674字種 692字體 5528字	57字
30	〃	通典卷一(11C)	《通典卷一》	0.88%	1126字種 1147字體 6483字	57字
31	〃	齊民要術卷五(12C初)	《齊民要術》	1.78%	994字種 1051字體 5464字	97字
32	〃	寶篋印陀羅尼經(970年代)	《寶篋天理》	4.41%	615字種 679字體 2621字	107字
33		開寶藏十誦律卷四十六(974)	《開寶十誦》	0.35%	571字種 588字體 7600字	26字
34	〃	金剛般若經(北宋期?)	《京博金般》	0.64%	442字種 449字體 5414字	34字

(續表)

no	分類	資料名(作成年代)	略　稱	異體率	全　　體	異體
35	南宋版	華嚴經内章門等雜孔目卷一(1146)	《華嚴孔目》	0.63%	779字種 814字體 16967字	107字
36	〃	法藏和尚傳(1149)	《法藏和尚》	0.76%	1577字種 1613字體 6967字	53字
37	〃	後漢書光武帝紀(1198)	《光武帝紀》	0.80%	1192字種 1225字體 6622字	53字
38	日本寫本	小川本金剛場陀羅尼經(686)	《金剛小川》	0.29%	501字種 509字體 6118字	18字
39	〃	和銅經大般若經卷二百五十(712)	《和銅250》	0.13%	161字種 166字體 7476字	10字
40	〃	高山寺本彌勒上生經(738)	《彌勒上生》	0.74%	587字種 605字體 3523字	26字
41	〃	守屋本五月一日經續高僧傳(740)	《五一續高》	1.45%	1400字種 1463字體 5928字	86字
42	〃	五月一日經四分律卷第十六(740頃)	《正四分16》	0.97%	436字種 469字體 9824字	94字
43	〃	高山寺本大教王經卷一(815)	《金剛大教》	0.78%	495字種 508字體 6645字	52字
44	〃	金剛大教王經卷第二(12C初)	《院政大教》	1.76%	457字種 493字體 5711字	98字
45	〃	東禪寺版寫大教王經卷一(12C)	《佛説大教》	2.75%	794字種 845字體 4291字	118字
46	〃	東禪寺版寫最上秘密那拏天經(12C)	《最上秘密》	3.63%	435字種 466字體 2853字	64字
47	〃	明惠自筆華嚴信種義(1221)	《華嚴信種》	1.07%	633字種 651字體 6262字	67字
48	〃	親鸞自筆教行信證卷四(1224)	《教行信證》	0.89%	612字種 633字體 6149字	55字
49	日本版本	寬治二年刊本成唯識論卷十(1088)	《成唯識10》	1.41%	467字種 490字體 7290字	103字
50	〃	春日版大般若經卷八十(13C)	《春日般若》	0.45%	374字種 380字體 7677字	34字

(續表)

no	分類	資料名(作成年代)	略稱	異體率	全體	異體
51	〃	守屋本藥師功德經(1412)	《藥師功德》	2.37%	832字種 884字體 4927字	109字
52	日本書紀寫本	岩崎本卷二十四(10C)	《岩崎紀24》	2.15%	1099字種 1173字體 5401字	116字
53	〃	圖書寮本卷二十四(1142頃)	《圖書紀24》	1.77%	1079字種 1147字體 5260字	93字
54	〃	鴨脚本卷二(1236)	《鴨脚紀2》	3.04%	1090字種 1168字體 8805字	257字
55	〃	兼方本卷二(1286)	《兼方紀2》	0.55%	1143字種 1166字體 10006字	55字
56	〃	兼右本卷二十四(1540)	《兼右紀24》	1.88%	1098字種 1157字體 5425字	102字
57	日本書紀版本	慶長敕版卷二(1599)	《敕版紀2》	0.66%	1141字種 1163字體 9920字	65字
58	〃	慶長十五年版卷二(1610)	《慶長紀2》	2.82%	1140字種 1228字體 9998字	282字
59	〃	寬文九年版卷二十四(1669)	《寬九紀24》	2.74%	1091字種 1178字體 5429字	149字
60	〃	寬文九年版卷二(1669)	《寬九紀2》	2.82%	1140字種 1256字體 10021字	283字
61	韓國寫本	新羅本花嚴經卷八(754—755)	《花嚴新羅》	0.35%	471字種 481字體 6539字	23字
62	韓國印刻本	晉本華嚴經卷二十(10C)	《古麗華20》	0.46%	457字種 476字體 7682字	35字
63	〃	高麗初雕本瑜伽師地論卷五(11C)	《初麗瑜5》	0.89%	598字種 610字體 6188字	55字
64	〃	高麗再雕本華嚴經卷六(13C)	《再麗華6》	0.06%	490字種 494字體 8063字	5字

初唐標準字體的存在是根據敦煌所出初唐宮廷寫經被證明的。南北朝、隋的標準字體僅根據敦煌寫本是遠遠不夠的[1]，《漢書·揚雄》(S. 2577、S. 5309)等非標準的文獻，主要是私人學習用的課本，所以出現很高的異體率現象，這是爲了觀察字體的標準而被收錄。

2. 書　　誌

2.1　敦煌寫本的科學分析

Stein collection 和 Pelliot collection 的紀年寫本的全部紙張的分析，主要是使用電子顯微鏡 100/200/500 倍攝影及簾目機械測定，由龍谷大學古籍數據 Digital Arcaiv 研究中心的坂本昭二負責。測定結果表明：北朝寫本的紙多數是從舊麻布中提煉的麻紙(Ragpaper)，但是若干的論疏是楮紙，如 S. 2660《勝鬘義記》(504 年)、P. 2907《大般涅槃經卷三十二》(512 年)、P. 2104《十地義疏卷三》(565 年)等；南朝寫本幾乎全是麻紙；隋寫本多數是楮紙，一直被稱作薄的黃麻紙其實幾乎都是楮紙；初唐宮廷寫經寫本均爲特製麻紙(簾目 11 本/1 cm，33 本/3 cm)，一般情況下，初唐、盛唐、中唐的寫經是黃楮紙，吐蕃期以後的敦煌寫本多爲從舊麻布中提煉出來的(Ragpaper)。

如圖所示：

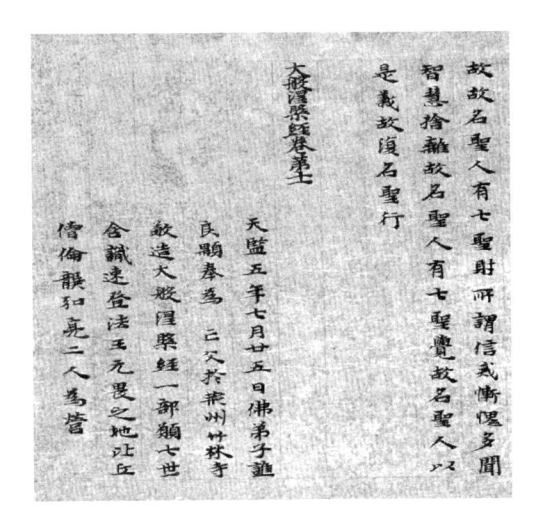

S. 81　大般涅槃經卷十一 506 寫本　南朝經　麻紙　簾目 10.5 本/1 cm

---

[1]　石塚晴通《漢字字體規範數據庫(HNG)——敦煌寫本的位置》，《敦煌·吐魯番出土漢文文書的新研究》，東洋文庫，2009 年第一版，修訂版 2013 年。

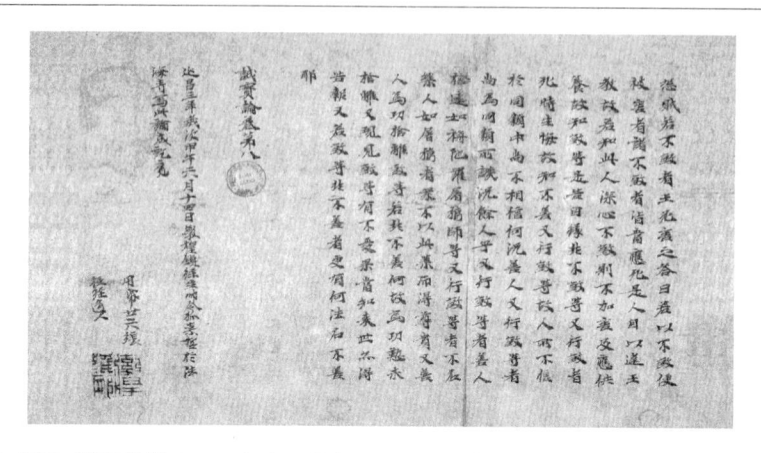

P. 2179　誠實論卷八 514 寫本　　北朝經　麻紙（故麻布再生）簾目 4.8 本/1 cm

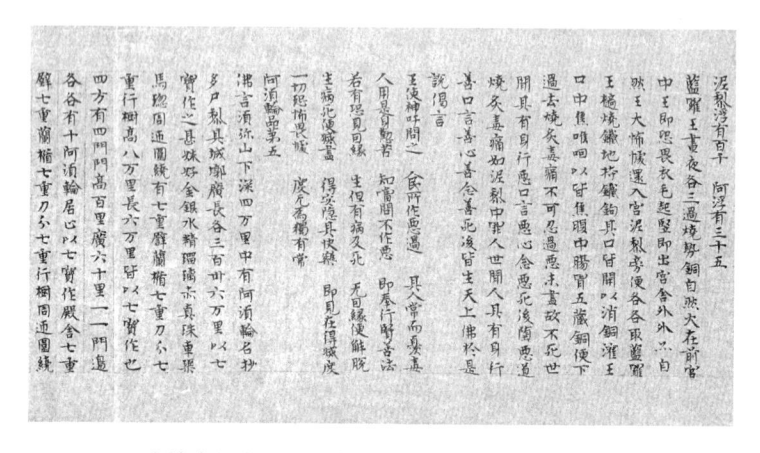

P. 2413　大樓炭經卷三 589 寫本　　隋經　楮紙 簾目 7.1 本/1 cm

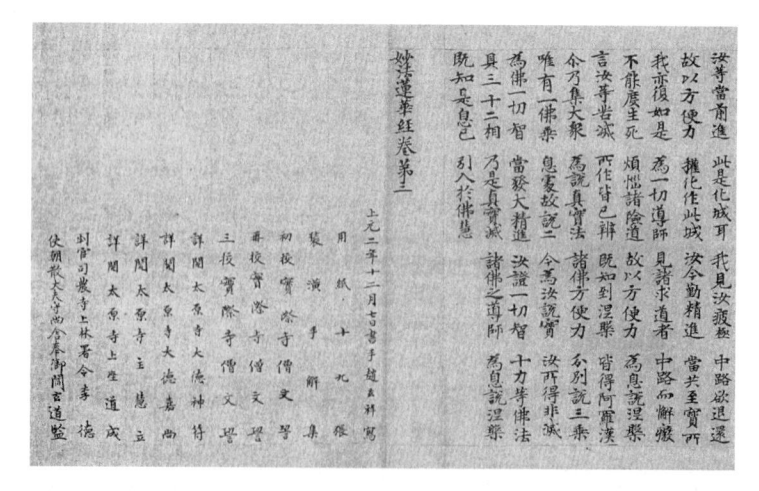

宮廷守屋　妙法蓮華經卷三 675 寫本　　初唐宮廷寫經　麻紙 簾目 11 本/1 cm

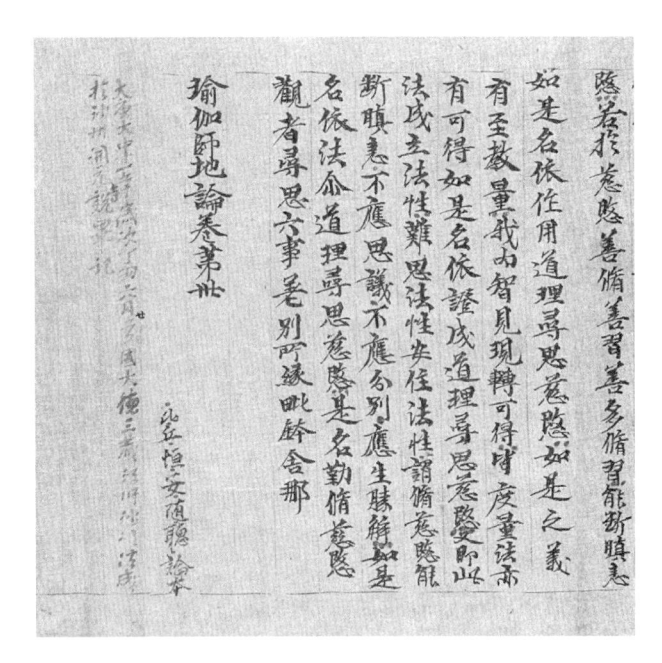

S.5309 瑜伽師地論卷三十 857 寫本　吐蕃以降寫本　麻紙（故麻布再生）簾目 4.3 本／1 cm

宮廷守屋 電子顯微鏡 200 倍攝影及機械測定

　　精緻的紙在攝影放大到 100 倍時要分辨出麻與楮是不容易的，然而，放大到 200 倍的時候就能很清楚地辨別出麻、楮。

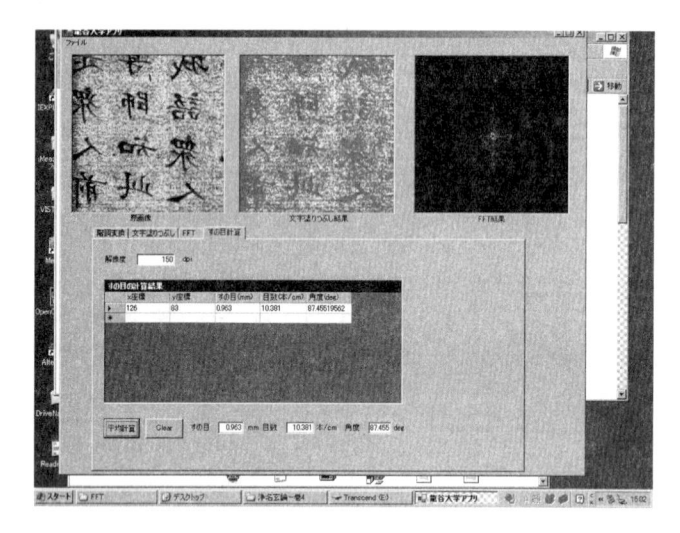

宮廷守屋 機械測定（簾目）

用肉眼辨別出的數據竟然同機器測定的相同。

3. 寫本和印刷本

3.1

所謂的印刷本，有雙重的性格，一面是提示規範，另一面是産量，作爲標準的印刷本教材，9世紀後半出現萌芽，10世紀被確定下來。

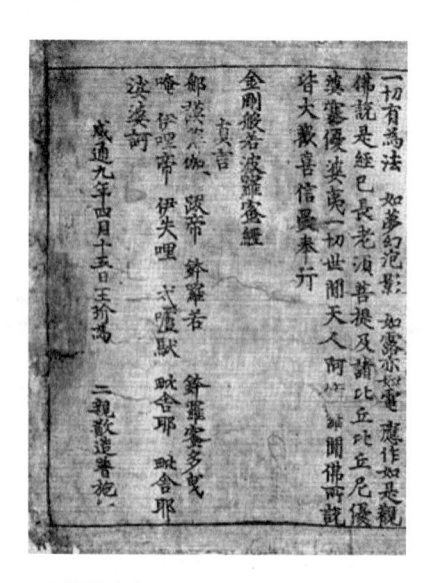

大英圖書館藏 金剛般若經 868 年刊

3.2

從 S. P. 2 金剛般若經 868 年刊本的異體(字)率、材料紙(再生紙)、版式(不定)等看,這種版本還不能作爲正式的教材。尚未發現敦煌本的印刷本作爲正式教材,而至開寶藏的被作爲正式的教材的實際情況確有所發現。

S. P. 2 金剛般若經楮纖維及襤褸布纖維(第 2 紙)[1]

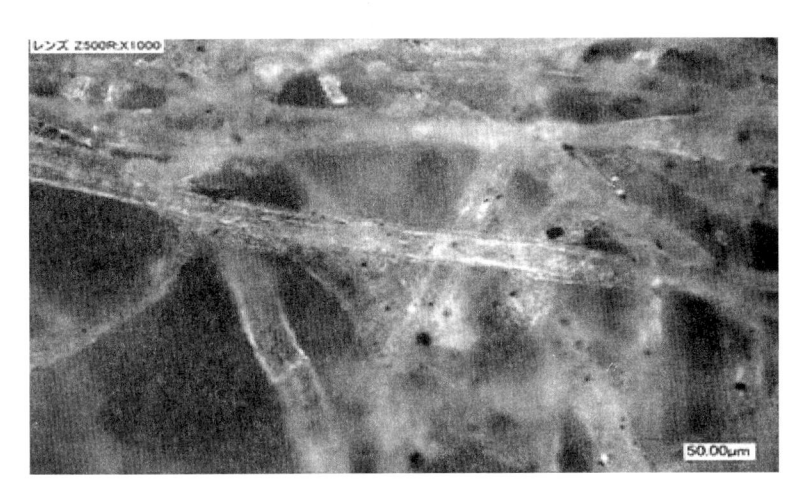

S. P. 2 金剛般若經楮纖維(1000 倍)

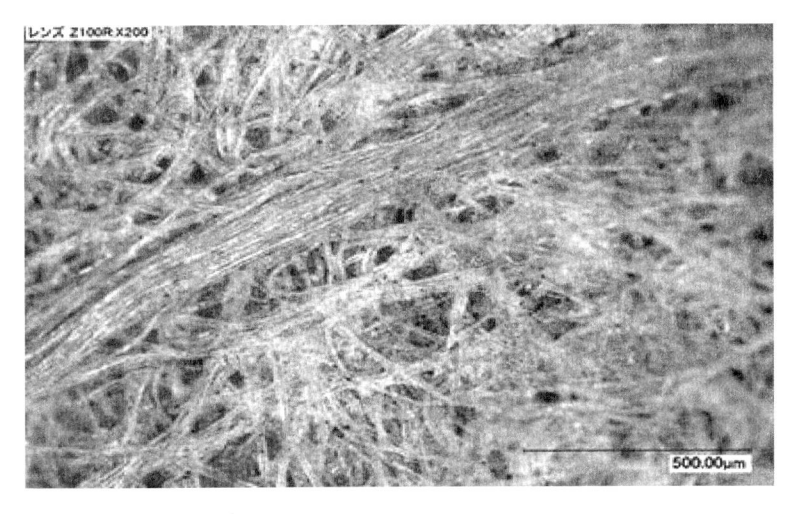

襤褸布纖維(200 倍)

---

[1] 坂本昭二、江南和幸、Frances Wood、松岡久美子、Hutt Graham、Mark Barnard、Susan Whitfield、岡田至弘、石塚晴通《大英圖書館藏斯坦因蒐集金剛般若經的科學分析》(June 2012 Kyoto,日本文化財科學會第 29 回大會)。

書道博物館本　開寶藏十誦律卷四十六 974 年刊

4. 容　　受

  漢字文獻是根據時代、地域(國)的標準被傳承的。漢字文獻通過本國的語言,經過訓讀而容受並被擴大,而句讀、科段、破音等基礎手法,與 7、8 世紀的敦煌本中手法相同,並且這種手法廣泛出現在時代、地域(國)文獻中。

S. 2577　妙法蓮華經卷第八

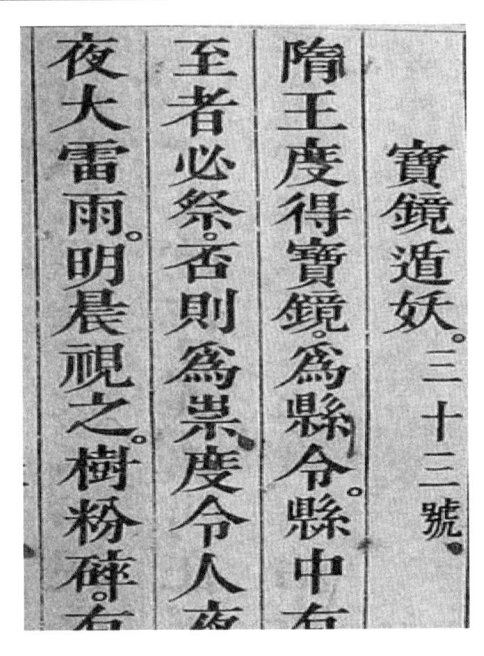

越南極東學院舊藏 阿彌陀經疏鈔事錄 1873 年刊

參考文獻：

石塚晴通(1984)《圖書寮本日本書紀　研究篇》,汲古書院。

石塚晴通(1999)《漢字字體の日本的標準》,《國語と國文學》第76卷第5號。

石塚晴通・豊島正之・池田證寿・白井純・高田智和・山口慶太(2005)《〈資料・情報〉漢字字體規範データベース》,《日本語の研究》第1卷第4號。

石塚晴通(2008)《漢字字體規範データベース(HNG)の現狀と展望》,《日本語學會平成20年度秋季大會研究發表予稿集》。

石塚晴通(2009)《漢字字體規範データベース(HNG)―敦煌寫本の位置―》,《敦煌・吐魯番出土漢文文書の新研究》,東洋文庫。

石塚晴通(2010)《漢字畫像情報多量データベース―HNG(漢字字體規範データベース)を中心として―》,《東洋學へのコンピュータ利用第21回研究セミナー》,京都大學。

石塚晴通・池田證寿・高田智和・岡墻裕剛・斎木正直(2011)《漢字字體規範データベース(HNG)の活用―漢字字體と文獻の性格―》,じんもんこん2011,龍谷大學。

石塚晴通編《漢字字體史研究》,勉誠出版,2012。

Ishizuka Harumichi/Ikeda Shoju/Shirai Jun/Takada Tomokazu/（2004）"The data-base focusing on the standard of writing Chinese characters in Dunhuang manuscripts"

"Proceedings of the Nara Symposium for Dijital Silk Roads".

國立情報學研究所

ISHIZUKA Harumichi(2006)"Database of the normative glyphs in the Hanzi scripts"
The International Dunhuang Project "IDP NEWS" No. 28, The British Library.

ISHIZUKA Harumichi(2009)"Current status and future prospects of the Hanzi Normative Glyphs(HNG)Datebese" http://idp.bl.uk/pages/education research.

(作者單位：日本北海道大學)

俄羅斯科學院檔案館
С·Ф·奥登堡館藏中文文獻

波波娃

2013年是傑出社會活動家、東方學家、著名中亞探險家С·Ф·奥登堡誕辰150周年(1863—1934年)。

С·Ф·奥登堡1885年畢業於聖彼得堡大學,自1889年以來,他執教於東方語言學院,1894年獲得教授職稱。在俄羅斯帝國以及前蘇聯時期,С·Ф·奥登堡作爲學術組織進程的關鍵人物長達25年:被推選爲院士(1900年),全俄蘇科學院任秘書(1904—1929年),"Bibliotheca Buddhica"系列創始人、主編(自1897年起),俄羅斯考古協會東部分會秘書(1898—1905年),以及俄羅斯帝國地理學會正式成員(自1896年)、理事會理事(1913年)。

С·Ф·奥登堡是俄羅斯中東亞歷史考古人種及語言關係學研究委員會(PKCA,1903年至1923年)創始人、主席(自1918年起),該研究委員會爲中東亞學國際研討協

會俄羅斯分會,成立於 1902 年漢堡第 13 屆東方學國際研討會。從 1916 年直到去世,С·Ф·奧登堡始終擔任亞洲博物館館長,該館於 1930 年改組爲蘇聯科學院東方學研究所(今俄羅斯科學院東方文獻研究所)。

在俄羅斯,作爲在十月革命後能夠重建科學院並使其在俄羅斯研究機構中保持領先地位的社會活動家,С·Ф·奧登堡是最著名的公衆人物。諸多學術著作都是反映他早期的政治活動和作爲憲政民主黨參與反君主制的學生運動的内容,1917 年 С·Ф·奧登堡加入臨時政府,任部長一職[1]。

С·Ф·奧登堡着手進行的兩次中亞考察,被稱爲第一次(1909—1910 年)及第二次(1914 年至 1915 年)俄羅斯中亞考察。兩次考察,考察隊將數量衆多的材料於 1949 年自俄羅斯科學院東方文獻研究所(前蘇聯科學院東方學研究所列寧格勒分所)送往俄羅斯科學院檔案館,現在與涉及 С·Ф·奧登堡政治與社會科研活動相關的衆多館藏文件一同加以保存。

1934 年,С·Ф·奧登堡遺孀 Е·Г·奧登堡將他的部分文獻移交至蘇聯科學院檔案館,俄羅斯科學院檔案館聖彼得堡分館 С·Ф·奧登堡館藏(№ 208 館藏)形成。部分材料於 1937 年、1949 年自蘇聯科學院東方學研究所轉入檔案館,1957 年 Е·Г·奧登堡的孫子——Г·Д·果羅瓦切夫將部分材料轉交至檔案館。在最後進入的材料中,有部分是奧登堡的手稿、書信,Е·Г·奧登堡關於丈夫的回憶錄,以及學術生平材料 10 捆[2]。

最初,即 1938 年,蘇聯檔案館助理研究員 И·С·洛謝娃已對該館藏進行了整理。1958 年,依照檔案館館長 Г·А·克尼亞澤夫的指示,助理研究員 Е·С·庫利亞布克對該館藏進行了重新設計(目錄 3"信函"已由 М·В·克魯季克娃重新整理[3])。現今,該館存收有 1747 年至 1963 年間超過 1572 件的藏品,被編爲 5 個目錄。

經俄羅斯科學院檔案館聖彼得堡分館館長 И·В·東克那博士認定:館藏第一部

---

[1] Сергей Федорович Ольденбург. Сб. статей. М., 1986; *Каганович Б. С.* Сергей Федорович Ольденбург: Опыт биографии. СПб., 2006; *Вигасин А. А.* Изучение Индии в России (очерки и материалы). М., 2008. С. 205 – 236.

[2] *Чугуевский Л. И.* Архив востоковедов (б. Азиатский архив)//Письменные памятники и проблемы истории культуры народов Востока: 23-я годичная сессия ЛО ИВ АН СССР. Материалы по истории отечественного востоковедения. Ч. 3. М., 1990. С. 49, 75 – 76.

[3] Труды Архива АН СССР. Вып. 5. Под ред. Г. А. Князева, Л. Б. Модзалевского. М. - Л., 1946. С. 157 – 158; Вып. 19. Отв. ред. Г. А. Князев. М. - Л., 1963. С. 121 – 125.

目錄,其中包括與 С·Ф·奧登堡組織領導下的兩次中亞探險相關的十幾部文件(目錄1,162—196 單元),其整理情況極不理想。標題往往沒有反映出真實準確的文件內容:學術、學術組織及財務文獻被按照不同情況加以分散存放,或者相反地,以非結構化方式存儲於同一個藏品單元中,文獻標注日期及東方語言代碼經常出錯等。學術著作、說明材料等片段這些檔案系列總體而言不屬於這一單元。例如:在考察地圖及圖片中發現有俄羅斯軍事測量師記錄下的 19 世紀 60 年代至 90 年代反映 19 世紀下半紀中世紀遺址平面圖中國地名錄的副本,以及遠東地區考古遺址照片。在 20 世紀 90 年代中期,С·Ф·奧登堡的所有材料,依照院士 Г·М·班卡爾德-列文的指示從聖彼得堡轉運至莫斯科,這些材料在俄羅斯科學院莫斯科檔案館的牆裏幾年了。

С·Ф·奧登堡的一些手稿儲存於俄羅斯科學院檔案館聖彼得堡分館的其他館藏中,包括科學院、學術團體和理事機構:人類學與民族志博物館、東方研究所、俄羅斯中亞和東亞研究委員會、科學院院員個人館藏等,以及聖彼得堡和莫斯科其他聯邦專業學術檔案館。

俄羅斯聯邦國家檔案館也有 С·Ф·奧登堡的個人館藏(581 館藏,目錄 1,101 存儲單元,1853 年至 1918 年)。С·Ф·奧登堡的專題文獻存於莫斯科的俄羅斯帝國對外政策檔案館,以及聖彼得堡俄羅斯地理學會、國家埃爾米塔日博物館東方部檔案館、俄羅斯科學院物質文化歷史研究所學術檔案館、人類學與人種學博物館(藏珍館)影像庫、俄羅斯科學院俄羅斯文學研究所(普希金館)文獻部(736 部藏品,19 世紀至 1936 年印刷出版物故事場景卡片索引)。俄羅斯科學院東方文獻研究所東方學檔案館保存有 9 個俄羅斯中亞考察照片資料夾。

大部分 С·Ф·奧登堡的檔案材料與其科研活動相關。作爲印度學家,С·Ф·奧登堡的學術興趣均與"北傳佛教"文獻研究相關,他是科學新分支——中亞文字學和古文字學的開拓者之一[1]。1892 年,由青年學者俄羅斯帝國考古協會院士、東區分會主

---

[1] Памятники индийской письменности из Центральной Азии. Изд. текстов, исследование и коммент. Г. М. Бонгард-Левина и М. И. Воробьевой-Десятовской. М., 1985; *Бонгард-Левин Г. М.* Индологическое и буддологическое наследие С. Ф. Ольденбурга//Сергей Федорович Ольденбург. М., 1986. C. 39 – 42; *Tyomkin E. N.* S. F. Oldenburg as Founder and Investigator of the St. Petersburg Collection of Ancient Manuscripts from Eastern Turkestan//Tocharian and Indo-European Studies. 1997. Vol. 7. P. 199 – 203; *Бонгард-Левин Г. М.*, *Воробьева-Десятовская М. И.*, Темкин Э. Н. Академик С. Ф. Ольденбург – исследователь древних культур Центральной Азии//Памятники индийской письменности из Центральной Азии. Изд. текстов, исследование и (轉下頁)

管人 B·P·羅森(1849—1908 年)開始研究駐喀什俄羅斯總領事(1882 年至 1903 年)尼古拉·費多羅維奇·彼得羅夫斯基(1837 年至 1908 年)收藏品中的古代文獻及考古古跡。在發表於俄羅斯教育科學院東方分院 1892 年《學報》上的文章《Н·Ф·彼得羅夫斯基喀什文獻》中,奥登堡首次向世界公佈了發現於龜兹用斜體婆羅謎文(北印度文字)寫成的出自 Н·Ф·彼得羅夫斯基收藏品中的失傳"未知文體"碑文,獨立的科學分支——吐火羅學開始形成[1]。

正是 С·Ф·奥登堡,促進了國際合作以及各國印歐及中亞印度文化學術研究團隊建設。

對於我們來說,最有趣的,是與 С·Ф·奥登堡考察活動相關的材料。

1892 年底,院士 B·P·羅森計劃派遣他們年輕的同行 С·Ф·奥登堡以及 Ф·И·謝爾巴茨基前往中亞進行考察。然而,由於資金匱乏,其計劃歷經 17 年等待之後纔得以實施。

С·Ф·奥登堡的老友,科學院人類學及人種學博物館保管員 Д·А·克列門兹(1848—1914)於 1898 年在俄羅斯科學院資助下沿塔里木盆地北部綠洲進行遊歷,並在其私人信件中表示:"在吐魯番地區幹上一百年,相當於在整個歐洲幹上一百年。"[2] 奥登堡於 1904 年夏付諸實施的計劃,在 Н·Ф·彼得羅夫斯基有生之年也未能實施。最終,1909 年至 1910 年以及 1914 年至 1915 年,由 С·Ф·奥登堡帶領、俄羅斯中東亞

(接上頁) коммент. Г. М. Бонгард-Левина, М. И. Воробьевой-Десятовской и Э. Н. Темкина. Вып. 3. М., 2004. С. 14 – 33; *Мясников В. С.* О роли Российской академии наук в исследовании Восточного Туркестана// Тангуты в Центральной Азии. Сб. ст. в честь 80-летия проф. Е. И. Кычанова. Сост. и отв. ред. И. Ф. Попова. М., 2012. С. 262 – 270.

[1] *Ольденбург С. Ф.* Кашгарская рукопись Н. Ф. Петровского//ЗВОРАО. 1893 (1892). Т. 7. Вып. 1 – 4. С. 81 – 82, 1 табл. (отд. отт.: СПб., 1892); *Ольденбург С. Ф.* Отрывки кашгарских санскритских рукописей из собрания Н. Ф. Петровского. I//ЗВОРАО. 1894 (1893 – 1894). Т. 8. Вып. 1 – 2. С. 47 – 67; *Ольденбург С. Ф.* К кашгарским буддийским текстам//ЗВОРАО. С. 151 – 153; *Ольденбург С. Ф.* Еще по поводу кашгарских буддийских текстов//ЗВОРАО. Вып. 3 – 4. С. 349 – 351; *Ольденбург С. Ф.* Предварительная заметка о буддийской рукописи, написанной письменами kharosthi. Изд. факультета восточных языков Имп. С.-Петербургского университета ко дню открытия XI международного конгресса ориенталистов в Париже. СПб., 1897; *Ольденбург С. Ф.* Отрывки кашгарских санскритских рукописей из собрания Н. Ф. Петровского. II: Отрывки из Pancaraksa//ЗВОРАО. 1899 (1897 – 1898). Т. 9. Вып. 1 – 4. С. 207 – 264; *Ольденбург С. Ф.* Отрывки кашгарских санскритских рукописей из собрания Н. Ф. Петровского. III// 1904 (1902 – 1903). Т. 15. Вып. 4. С. 0113 – 0114 (重版書: Публикации С. Ф. Ольденбурга санскритских фрагментов из Центральной Азии//Памятники индийской письменности из Центральной Азии. Вып. 3. С. 34 – 74).

[2] СПФ АРАН. Ф. 208. Оп. 3. Д. 269. Л. 15 об.; Из писем Д. А. Клеменца С. Ф. Ольденбургу// *Ольденбург С. Ф.* Этюды о людях науки. Сост. А. А. Вигасин. М., 2012. С. 233.

歷史考古語言及人種學研究委員會裝備的兩支探險隊組建而成。

С·Ф·奧登堡館存檔案文件反映了學者們是如何精心準備此次行程的：攻讀文學，學習未發表報告、喀什描述，收集中文、英文及俄文地圖。

奧登堡第一次俄羅斯中亞考察帶到聖彼得堡超過30箱藏品（壁畫、木製雕像還有其他藝術作品），爲亞洲博物館收藏中添加中亞藏品近百項文獻片段，這些片段大多是在挖掘中發現的，還有1500多張寺院、洞窟、廟宇等照片。

奧登堡第二次中亞考察的對象主要是敦煌莫高窟佛窟建築，在返回途中，他再次探訪了1909年底至1910年第一次考察時去過的吐魯番綠洲古跡。第二次考察的主要目的是爲尋找判定佛教藝術時間序列的依據，並收集具有中亞區域獨特風格特性的資料。第二次俄羅斯中亞考察運回29包材料，重量超過89磅：中印雕塑、繪畫和裝飾藝術古跡藏品（2500項），2000多底片、圖紙以及描圖紙，佛窟平面圖以及壁畫，卷邊花飾副本，壁畫記錄，С·Ф·奧登堡完成的450個洞窟的詳細描述，附有全部特色（壁畫，佛像等）以及其特有的顏色和款式的詳細目錄。

第二次俄羅斯中亞考察所得中文、維吾爾文、藏文文獻以及木刻已經將亞洲博物館文獻收藏品存儲單元拓展了兩萬左右。收集的考古學和人種學古跡於1930—1934年進入俄羅斯科學院人類學與民族志博物館。在С·Ф·奧登堡的敦促下，這些古跡藏品（包括目錄集錦、豐富的考察照片、平面圖、摹圖以及插圖資料）轉移至艾爾米塔什博物館東方部保存。

很遺憾，С·Ф·奧登堡已發表的只是有關1909—1910年考察的一個簡短的初步報告[1]以及一些有關1914—1915年考察的短評論文章[2]。

1923年，一些德國出版公司向С·Ф·奧登堡提出出版俄羅斯中亞考察文獻一套六卷的建議，但希望"在俄羅斯將這些資料首次出版"的奧登堡拒絕了這一建議。1926

---

[1] Ольденбург С. Ф. Разведочная археологическая экспедиция в Китайский Туркестан в 1909 - 1910 гг.// ЗВОРАО. 1913 (1911 - 1912). Т. 21. С. XX - XXI; Русская Туркестанская экспедиция 1909 - 1910 года, снаряженная по высочайшему повелению состоящим под высочайшим его императорского величества покровительством Русским комитетом для изучения Средней и Восточной Азии. Краткий предварительный отчет составил С. Ф. Ольденбург. С 53 таблицами, 1 планом вне текста и 73 рисунками и планами в тексте по фотографиям и рисункам художника С. М. Дудина и планам инженера Д. А. Смирнова. Изд. Имп. Академии наук. СПб., 1914.

[2] Ольденбург С. Ф. Русские археологические исследования в Восточном Туркестане//Казанский музейный вестник. 1921. № 1 - 2. С. 25 - 30; Ольденбург С. Ф. Пещеры тысячи будд//Восток. 1922. Кн. 1. С. 57 - 66; Ольденбург С. Ф. Искусство в пустыне//30 дней. 1925. № 1. С. 47 - 52.

年,奥登堡接受 Van Oest 出版社的建議出版第二次俄羅斯中亞考察資料英法文版八卷、小對開系列叢書"Ars Asiatica",附有 400 張珂羅版印刷品、十色表、平面圖以及圖紙。然而,由於俄羅斯 20 世紀初軍事及社會政治的動蕩,巨大的行政工作負荷使得 С·Ф·奥登堡有關中亞語言文化諸多研究計劃未能實施。

未出版的 С·Ф·奥登堡赴中亞兩次野外考察的考察資料存放在俄羅斯科學院檔案館聖彼得堡分館 С·Ф·奥登堡個人館藏中(No 208)。兩次考察所得資料以及在中亞工作的東方學家、俄羅斯外交官官方及私人信函存放於俄羅斯科學院檔案館以及俄羅斯中東亞歷史考古人種學以及語言關係學研究委員會(No 148,110 例爲 1900—1923 年間)進行展示。С·Ф·奥登堡館藏總計有出自 726 名通信人之手的信件。以上所有信函首先是將考察隊所得轉運到亞洲博物館、俄羅斯考古學會博物館、俄羅斯科學院人類學與民族博物館時與外交部和財政部、俄羅斯和外國的組織以及學者關於組織和開展考察的往來檔。此外還有報告、手寫地圖和平面圖、照片、水彩畫及素描、收藏品收集列表、新入文獻、考古及人種學課題記錄册。其中最有價值的是 С·Ф·奥登堡和地形學家、土地測量師 Н·А·斯米爾諾夫,以及藝術家 С·М·度丁與俄羅斯第二次中亞考察隊藝術家兼攝影師 Б·Ф·羅姆彼堡描繪的古代建築及考古遺跡平面圖,遺址、廟宇、洞窟描述、壁畫輪廓副本,摘要。此外還有截至目前仍未公佈的部分報告的野外手寫日誌。第一次俄羅斯中亞考察期間 С·Ф·奥登堡、Н·А·斯米爾諾夫、С·М·度丁的部分野外手寫日誌存於國立艾爾米塔什博物館檔案館俄羅斯中亞考察館藏中。

1930 年,Е·Г·奥登堡在 Ф·И·謝爾巴茨基院士協助下嘗試出版其丈夫的學術遺產未果,而這些手稿此前沒有任何一份見光。按照 С·Ф·奥登堡第二次俄羅斯中亞考察的野外日記,Е·Г·奥登堡將六本日記本中的內容彙編成了規模近一千打字頁的手稿《敦煌千佛洞描述》[1]。佛教寺廟千佛洞石窟打字版描述一式三份進行列印:第一份保存於國立艾爾米塔什博物館東方部;第二份存於蘇維埃科學院東方學研究所,由院士 Ф·И·謝爾巴茨基進行手寫修正;第三份存於蘇聯科學院檔案館。С·Ф·奥登堡館藏轉交時,最後的兩個副本一個有封面,另一個沒有,存放於學術檔案館。2000 年,依照國立艾爾米塔什博物館東方部副本,該著作中文翻譯系列叢書《俄羅斯收藏之敦煌藝術古跡》於上海出版,該著作包括第二次俄羅斯中亞考察圖片、平面圖、全景圖以及照片。兩次參與奥登堡考察的 С·М·度丁於 1916 年出版的關於新疆建築遺跡

---

[1] СПФ АРАН. Ф. 208. Оп. 1. Дд. 167-172.

的書册也完成了中文翻譯(北京,2006年)[1]。1995年,學術革命時期H·B·基雅貢諾夫引入關於施克什整理的C·Ф·奧登堡第一次俄羅斯中亞考察材料[2]。C·Ф·奧登堡所領導的兩次俄羅斯中亞考察隊野外材料完整的出版物原著文字——俄羅斯20世紀東方主義主要任務之一至今尚未解決。

C·Ф·奧登堡中文館存藏品主要存於兩個存儲單元中:

1) 館藏208,目錄1,存儲單元130"不同語言文獻副本"(289頁)。

2) 館藏208,目錄1,存儲單元187"中國西部探險材料,東方語言文獻(維吾爾語手稿,奧斯曼土耳其信件)"(112頁)。

很遺憾,1924年列寧格勒遭受嚴重水災期間,很多紙張及照片因被浸泡、粘黏、變色等而蒙受重大損失。

這些館存的研究難處在於,這些材料不系統且凌亂。主要部分是賬目(基本上是報銷費用)以及中國官員的名片。很遺憾,兩次探險獲取的名片也是混亂的。這些名片中的一些反面是奧登堡手寫留下的解釋。不過,這些很可能可以編輯成與奧登堡來往的中國官員的名單:楊增新、彭緒瞻、易壽崧、葉藝香、傅崇義、聯魁、榮霈、易郁薈、杜彤、周源、科饒特、科福、袁潁祐、額勒敦布、王樹枏、王秉章、甘毓霖、鄭有敍、張齡,其中一些高地位的,如多凌,任命署理古城城守尉特授陸軍步兵中校,雲峰新疆奇臺、塔城道臺張健。在該材料中,有一封感謝信。奧登堡的中國名片頗爲有趣,探險敦煌,С·Ф·奧登堡自己介紹歐利德,翰林院總辦[Непременный секретарь Академии наук]。

從我們的角度來看,在學術革命時期,這些材料的引入將爲中國西北部文化遺產國際研究史帶來全新的細節。

附:

1. 俄羅斯科學院檔案館聖彼得堡分館,館藏208,目錄1,存儲單元130,75頁:

(1) 扎　　　　庫車州

---

[1] Дудин С. М. Архитектурные памятники китайского Туркестана (из путевых записок). Пг., 1916. 104 с.; Дудин С. М. Техника стенописи и скульптуры в древних буддийских пещерах и храмах Западного Китая. Пг., 1917; С·М·杜丁。中國新疆的建築遺址。何文津、方久忠譯,北京,2006。

[2] Дьяконова Н. В. Шикшин. Материалы первой Русской Туркестанской экспедиции акад. С. Ф. Ольденбурга: 1909–1910 гг. М., 1995.

(2)［印章：］欽命二品銜

甘肅新疆鎮迪兵備道兼按察使陸軍督練□□
參議官兼參謀處總辦隨帶加六級紀卿二十次

(3) 札飭事案准

(4) 駐烏魯木齊俄領事官科：照稱茲有寄

(5) 致俄翰林額勒敦布查第五百二十八號包

(6) 封一個相應備文照，請貴道飭驛進至庫

(7) 車州交該處俄鄉約哈勒木哈滅得轉呈

(8) 該俄翰林查收可也。爲此照會，請煩查照

(9) 施行等。因到司准此合行札，飭爲此札。仰

(10) 該州即便道，照飭差妥，交該處俄鄉約哈

(11) 勒木哈滅得轉呈該俄翰林額勒敦布查收

(12) 並取收條存查，切切此札。

(13) 計付包封一個。

(14) 宣統元年十一月

2. 俄羅斯科學院檔案館聖彼得堡分館，館藏208，目錄1，存儲單元130,54頁：

(1) 逕啓者，本公使將有墩煌之行，如有外

(2) 來信件，希即寄交墩邑寓所。遇有本公

(3) 使應發電報，並請送交

(4) 尊處電局以便拍發。所需電費本公使

(5) 業有款項寄存該局。或有外來電報，一

(6) 經電局交到，尚祈寄墩，寔敦至誼，此致

(7) 安西郵局長照。

(8) 名另具

(作者單位：俄羅斯科學院東方文獻研究所)

印度新德里國立博物館藏敦煌吐魯番等地文物[*]

王 素

2011年3月19日至28日,我隨同北京故宫學術考察團,先後對斯里蘭卡和印度的一些古代遺址和國立博物館進行了參訪,堪稱收穫甚豐。

在斯里蘭卡公元5世紀建築的著名的錫吉里耶(獅子巖)皇宫遺址參訪時[1],我從皇宫貯水池旁水井上面俯看,發現水井下面有溝渠相連,仍能聽到潺潺的流水聲,不禁興奮不已。因爲,這就是斯里蘭卡的"坎兒井"。公元5世紀,相當於吐魯番歷史上的麴氏高昌王國前中期。關於吐魯番"坎兒井"技術的淵源,主要有四種説法:(一)林則徐於道光二十一年(1841)謫貶新疆之後所創造;(二)漢代關中井渠的移植,林則徐謫貶新疆之後所復興;(三)源於古代的波斯,18世紀末由中亞傳入;(四)當地各族人民根據自己所處自然地理條件而於元、明之後發明創造。但都不能解決在所謂"坎兒井"技術發明的元、明之前,漢唐高昌人民如何維持農業生産、做到"穀麥一歲再熟"等問題。我曾經通過考證認爲:古代高昌的水利灌溉,即《魏書》、《北史》的《高昌傳》所説的高昌"地多石磧……引水溉田",就是坎兒井系統。在同樣的自然地理條件下,出自同樣的需要,任何文明古國,都有可能創造出"坎兒井"技術,這是殊途同歸,不存在誰仿效誰的問題[2]。斯里蘭卡日照長,積温高,雖然雨水較多,但蒸發量更甚,具有與高昌、波斯相類似的自然地理條件,至少在公元5世紀就發明了"坎兒井"技術。這證明我的殊途同歸的理論是正確的。

---

[*] 本文爲作者"故宫博物院藏敦煌吐魯番文獻"項目成果的一部分,得到故宫博物院2006年度科研項目經費資助,謹此致謝!

[1] 關於斯里蘭卡公元5世紀建築的錫吉里耶(獅子巖)皇宫的詳細情況,可以參閲考察團團長李文儒《感悟皇宫:巖石上的宫殿》,《紫禁城》2012年第1期,62—67頁。

[2] 王素《高昌史稿·交通編》,北京:文物出版社,2000年,24—25頁。

在印度参访,重点是新德里国立博物馆以及该馆收藏的中国文物,也就是斯坦因第二、第三次中亚考察在敦煌吐鲁番等地收集的艺术品[1]。我们知道:1906年至1908年,斯坦因第二次中亚考察,是沿丝绸南路北上,先重访第一次中亚考察到过的和田(Khotan)和尼雅(Niya),再发掘了楼兰(Lou-lan)、米兰(Miran)等古代遗址,到敦煌(Dunhuang)发掘了汉代长城烽燧遗址,拍摄了莫高窟洞窟壁画,买走了藏经洞二十四箱文献和五箱绢画及其他丝织品,到吐鲁番(Turfan)考察了一些古代遗址,为第三次中亚考察作准备,然后再经焉耆(Karashar)、库车(Kucha)、喀拉墩(Kara-dong)回到和田,发掘了老达玛沟(Old Domoko)和麻札塔格(Mazar Tagh)[2]等古代遗址[3]。1913年至1915年,斯坦因第三次中亚考察,也是沿丝绸南路北上,先发掘了和田的麻札塔格、巴拉瓦斯特(Balawaste)、瓦石峡(Vash-shahri)等古代遗址,以及尼雅、楼兰等古代遗址,再到敦煌获得了藏经洞五百七十件写本,发掘了敦煌至酒泉间的汉代长城烽燧遗址,接着深入居延发掘了西夏黑水城(喀喇浩特,Kara-Khoto)遗址,到吐鲁番的阿斯塔那(Astana)划分十个墓区发掘了三十四座墓葬,揭取了吐峪沟(Toyuk)、柏孜克里克(Bezklik)等石窟壁画,回程还调查、发掘了焉耆的七格星(Sorchuk)古代遗址和库车的一些古代遗址[4]。印度新德里国立博物馆收藏的敦煌吐鲁番等地艺术品,大多出于上述古代遗址。当然,也有少部分艺术品,可能出于斯坦因第一次中亚考察到过的古代遗址,如和田的约特干(Yotkan)古代遗址等。

我们在中国驻印使馆文化处官员的陪同下,到新德里国立博物馆参访,受到该馆中亚部主任(佚名)与古物室负责人萨贺(B. K. Sahay)博士和哈斯纳(Chhaya Bhattacharya-Haesner)博士的热情接待。据他们介绍:该馆有中亚部、出版部、教育部、

---

〔1〕 据荣新江介绍:"斯坦因第二、三两次中亚考察的一部分经费来自印度政府,所以根据英、印双方的古物分配方案,一大批以文物为主体的斯坦因中亚收集品于1918年运往印度新德里。1929年建立的中亚古物博物馆,主要就是收藏这些斯坦因的收集品。1949年,印度国立博物馆建成。到1958年,中亚古物博物馆被合并为国立博物馆的一部分,藏品归新馆中亚古物部保存。收藏在新德里的斯坦因中亚收集品,主要是壁画、绢幡画、木雕、陶制小雕像、钱币、陶瓷器、皮制品、玻璃器、金银制品等文物材料,有不少佉卢文木简也保存在这里,汉文文献很少,藏品总数在一千一百件以上。这些材料有的已见于斯坦因本人的《西域考古记》和《亚洲腹地考古记》,但其时尚未区分哪些后来属于印度所有。"见《海外敦煌吐鲁番文献知见录》,南昌:江西人民出版社,1996年,38页。按:荣新江关于新德里国立博物馆收藏斯坦因收集品的记述,与我在新德里国立博物馆瞭解的情况基本符合。

〔2〕 另参侯灿《麻札塔格古戍堡及其在丝绸之路上的重要位置》,《文物》1987年第3期,63—75页。

〔3〕 A. Stein, Serindia, Detailed report of explorations in Central Asia and Westermost China, 5 vols., Oxford, 1921.

〔4〕 A. Stein, Innermost Asia, Detailed report of explorations in Central Asia, Kan-su and Eastern Iran, 4 vols., Oxford, 1928. 另参傅乐焕《斯坦因第三次中亚考古盗去我国文物简述》,《文物参考资料》1951年第5期,144—211页。

複製部、攝影部、公共關係部及展覽部、圖書館、修復實驗室等多個部門,藏有印度及外國文物二十餘萬件,包括與佛教、印度教有關的服飾、雕刻、繪畫、細密畫、古錢幣、建築飾物以及其他各種東西方文物等。敦煌吐魯番等地藝術品均由該館中亞部古物室管理,並常年開設專門的展廳進行展出。敦煌吐魯番等地藝術品的收藏庫房就在展廳隔壁,更換展品和修復藝術品都十分方便。薩賀博士和哈斯納博士引導我們參觀了展廳和庫房。

展廳約有五百平方米,展品約有二百件左右。所有展品都嵌在玻璃框中和放在玻璃櫃内,保護措施較爲到位,缺點是有些反光,給欣賞和照相帶來不便。展品陳列基本是"因地制宜",没有刻意分類。大致情況是:

敦煌藝術品數量較多。在展廳長期展出的主要爲佛教絹麻幡畫等。其中,觀世音菩薩絹幡畫最多,有一般絹畫三件、十一頭絹畫一件、著色麻織幡畫二件、大悲手印絹畫一件等。也有普通菩薩絹幡畫多件。佛與西方極樂世界絹畫次之,有懸掛刺繡佛絹畫一件、藥師佛絹畫一件、阿彌陀佛西方極樂世界絹畫三件等。還有觀世音菩薩與佛像及供養人絹畫一件、南无北方毗沙門天王紙本畫稿一件(圖1)等[1]。

圖1　敦煌南无北方毗沙門天王紙本畫稿

吐魯番藝術品數量也不少。在展廳長期展出的主要爲阿斯塔那墓葬出土的各類陶俑、花園美人絹畫、伏羲女媧絹畫等,以及吐峪溝石窟的壁畫和柏孜克里克石窟的壁畫等。其中,陶俑最多,有泥灰質騎士俑一件,出自阿斯塔那3墓區2號墓;泥灰質女俑一件,出自阿斯塔那10墓區1號墓;泥灰質女俑頭一件,出自阿斯塔那1墓區8號墓。花園美人絹畫不太多,至少有兩幅均出自阿斯塔那3墓區4號墓。伏羲女媧圖絹畫似乎不少,至少有三幅均出自阿斯塔那9墓區2號墓。還有不少器物,如木質海碗一件,也出自阿斯塔那9墓區2號墓。此外,就是吐峪溝遺址的壁畫(圖2)多件和柏孜克里克遺址的壁畫多件。

---

[1] 另參查雅·哈斯奈爾著、楊富學譯《敦煌佛教藝術的多樣性——新德里國立博物館的中亞收藏品》,《敦煌研究》1995年第2期,80—88頁。按:該文原擬附插圖38幅,列有目録,但最終未見。據編者《附記》,知實際情況是:"截止印行之日,我們一直未能得到作者的插圖照片,不得不均付闕如。"

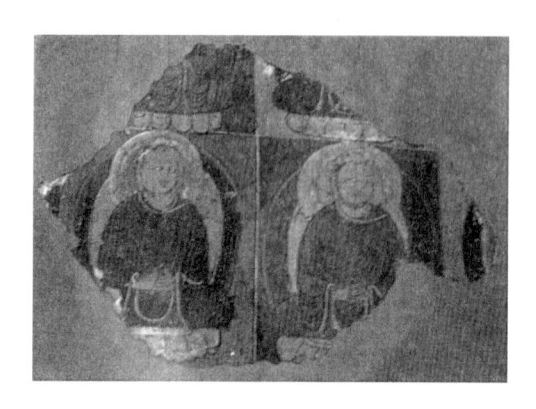

图 2　吐鲁番吐峪沟遗址壁画　　　　图 3　和田约特干出土旅行者的赤陶水壶

甘、新、内蒙等其他地点出土的艺术品数量也不少。在展厅长期展出的主要有和田约特干遗址出土的旅行者用赤陶水壶一件（图 3）、和田古代居住遗址出土的赤陶猴子顶碗一件（图 4）、焉耆七格星遗址的泥灰质菩萨雕塑一件、米兰遗址的佛与六个僧侣及供养人壁画一件、和田巴拉瓦斯特遗址的毗卢遮那佛壁画一件（图 5）、和田巴拉瓦斯特遗址的印度教因陀罗神壁画一件，还有佉卢文木简多件等。

图 4　和田古代居住遗址出土赤陶猴子顶碗　　　　图 5　和田巴拉瓦斯特毗卢遮那佛壁画

库房分内库和外库，共两百平方米左右。内库是真正的收藏艺术品的库房。外库类似修复室和预展室，随处可见尚待修复的艺术品以及准备换展的艺术品，如有敦煌佛教绢画多件、吐鲁番阿斯塔那墓葬出土陶俑多件和围棋盒一件以及新疆各地佛教遗址的壁畫多件等。

通過上述介紹,可以看出,印度新德里國立博物館藏敦煌吐魯番等地文物,都值得研究者關注。但就我而言,最值得關注的,還是吐魯番阿斯塔那墓葬出土的文物。這是因爲,如前所說,斯坦因第三次中亞考察,在吐魯番的阿斯塔那劃分十個墓區發掘了三十四座墓葬。這些墓葬出土的文獻,都藏於英國圖書館;出土的文物,部分藏於印度新德里國立博物館。這種同一墓葬出土的文物和文獻分屬兩國和兩館的情況,對於研究工作無疑十分不利。關於這些墓葬出土的文獻,前人已經做了很多整理工作[1]。現在,可以根據這些整理成果,做一些相關綜合研究工作和墓葬出土文物和文獻復原工作。前揭泥灰質女俑和泥灰質女俑頭分別出自阿斯塔那 10 墓區 1 號墓和阿斯塔那 1 墓區 8 號墓,此兩墓未見出土文獻,可以不論。譬如:

前揭泥灰質騎士俑一件,出自阿斯塔那 3 墓區 2 號墓,展品說明板原注時代爲"7th-10th Cent. A. D."。按:該墓出土唐付青麥收領賬一件,中有人名"張惟謙";還出土唐開元(713—741 年)錢一枚。據吐魯番出土唐天寶二年(743)籍後高昌縣戶等簿賬有人名"張惟良",唐天寶元年(742)後張惟遷等配役名籍有人名"張惟遷",唐天寶某載正月西州羣頭馬貴言牒有人名"張惟謹"[2],均與"張惟謙"同輩,該墓時代應在唐天寶稍後不久,展品說明板應注時代爲"8th Cent. A. D."。

前揭花園美人絹畫兩幅,均出自阿斯塔那 3 墓區 4 號墓,展品說明板原均注時代爲"7th-8th Cent. A. D."。按:該墓出土官府及民間文獻二十四件,有紀年者,最早爲武周天授元年(690),最晚爲唐景龍三年(709),墓葬時代應距此不太遠,展品說明板也應注時代爲"8th Cent. A. D."。

前揭木質海碗一件和伏羲女媧圖絹畫三幅,均出自阿斯塔那 9 墓區 2 號墓,展品說明板原均注時代爲"7th-8th Cent. A. D."。按:該墓有棺三具:最早入葬者爲氾延仕妻董真英,出土有唐乾封二年(667)董真英墓誌一方和同年董真英隨葬衣物疏一件。稍

---

[1] H. Maspero, *Les Documents Chinois de la troisième expédition de Sir Aurel Stein en Asie Centrale*, London, 1953; 郭鋒《英國圖書館藏未經馬斯伯樂刊佈之斯坦因第三次中亞探險所獲漢文文書》,原載《敦煌學輯刊》1990 年第 2 期,收入《唐史與敦煌文獻論稿》,北京:中國社會科學出版社,2002 年,360—386 頁;郭鋒《斯坦因第三次中亞探險所獲甘肅新疆出土漢文文書——未經馬斯伯樂刊佈的部分》,蘭州:甘肅人民出版社,1993 年;陳國燦《斯坦因所獲吐魯番文書研究》,武漢大學出版社,1994 年;沙知、吳芳思《斯坦因第三次中亞考古所獲漢文文獻》(非佛經部分),上海辭書出版社,2005 年;沙知《〈斯坦因第三次中亞考古所獲漢文文獻〉(非佛經部分)勘誤》,《敦煌吐魯番研究》第 10 卷,上海古籍出版社,2007 年,371—382 頁。

[2] 唐長孺主編《吐魯番出土文書》(肆),北京:文物出版社,1996 年,209、244 頁;榮新江、李肖、孟憲實主編《新獲吐魯番出土文獻》,北京:中華書局,2008 年,350 頁。

後入葬者爲氾延仕本人,出土有永昌元年(689)氾延仕墓誌一方,棺上覆蓋唐光宅元年(684)婺州信安縣租布題一幅。最後入葬者爲佚名女尸,棺上覆蓋唐神龍二年(706)婺州蘭溪縣庸調布題一幅。可見伏羲女媧圖絹畫三幅,應爲一棺一幅。如此,則三幅伏羲女媧圖絹畫,其中二幅的展品説明板應注時代爲"7th Cent. A. D.",另一幅的展品説明板應注時代爲"8th Cent. A. D."。

這裏只是舉幾個例子,説明將阿斯塔那墓葬出土的文物和文獻結合起來,進行相關綜合研究和墓葬出土文物和文獻復原,至少可以糾正展品説明板的錯誤。當然,這種墓葬復原和相關綜合研究,價值和意義並不止此。最重要的是,斯坦因第三次中亞考察所寫"詳細報告"(參見前注),離真正的考古發掘報告還有較大距離,可以將阿斯塔那墓葬出土的文物和文獻結合起來,通過相關綜合研究和墓葬出土文物和文獻復原,按單個墓葬編撰發掘報告。這個工作如果能夠做好,一定會成爲學術界的福音,並推動吐魯番學的發展。

(作者單位:故宫博物院)

"五胡"時代户籍制度初探
—— 以對敦煌・吐魯番出土漢文文書的分析爲中心

關尾史郎

長期以來,五胡十六國時代(以下簡稱五胡時代)往往被渲染成政治、社會紊亂的時代。然而從編撰後的史料可知,這段時期也與中國歷史上其他時代相同,存在由政府製作户籍,藉以掌握、管理民户的情況。例如公元370年,前秦擊敗敵國前燕時,便曾檢閲"名籍",得2458969户、9987935口[1]。在户籍實物方面,20世紀以來在敦煌及吐魯番等西北地區已有陸續出土,目前已有五份户口籍册被確認。這其中既有分量極少、缺乏史料價值者,也有難以考證爲户籍正文者。然而在考察五胡時代掌握民户的方法及其實情時,這些都可以說是不可或缺的貴重史料。

筆者至今針對該户籍公開發表過數篇小文[2]。在本文中欲將研討對象擴及與户籍功能相關聯之簿籍,對户籍制度作一初步研討。對該簿籍,目前已有許多研究成果。在此首先要說明的是,筆者注重的是在該時代中,政權是以什麽樣的方式成功掌握、管理治權下的民户[3]。

---

[1]《晉書》卷一一三《苻堅載記上》,並參池田温《中國古代籍帳研究——概觀・録文》(東京大學出版會,1979年)第2章2。

[2] 關尾《〈承陽〉備忘——〈吐魯番出土文書〉劄記再補》,《東洋史苑》第50・51號,1998年,收入小口雅史編《在ベルリン・トルファン文書の比較史的分析による古代アジア律令制の研究》(平成17—19年度科學研究費補助金・基盤研究(B)研究成果報告書),東京:法政大學文學部,2008年;同《サンクトペテルブルグ藏、户籍樣文書簡介》,《法史學研究會會報》第8號,2003年,收入鈴木佳秀編《ペテルブルグの文書館史料を用いた、ユーラシア諸民族の多元的宗教生活の歷史的研究》(平成14—16年度科學研究費補助金・基盤研究(B)研究成果報告書),新潟大學大學院現代社會文化研究科,2005年;同《從吐魯番帶出的"五胡"時期户籍殘卷兩件——柏林收藏的"Ch6001v"與聖彼得堡收藏的"Дx.08519v"》,新疆吐魯番地區文物局編《吐魯番學研究——第二屆吐魯番學國際學術研討會論文集》,上海辭書出版社,2006年;同《トゥルファン新出〈前秦建元廿年(384)三月高昌郡高寧縣都鄉安邑里户籍〉試論》,《人文科學研究》第123輯,2008年;同《〈前秦建元廿年(三八四)三月高昌郡高寧縣都鄉安邑里户籍〉新釋》,《東方學》第127輯,2014年。

[3] 本報告爲日本學術振興會平成24—26年度科學研究費補助金・基盤研究(B)《學界未利用の(轉下頁)

一、户籍及其格式

首先還是刊載一下户籍的資料。若依照時代前後順序,則五胡時代的五件户籍如下所示:

(1)《前秦建元廿年(384)三月高昌郡高寧縣都鄉安邑里户籍》(06TSYIM4:5-1,5-2【寫·錄】[榮他(主編)2008:176—179頁]【錄】[張2010:224—227頁])

(2)《西涼建初十二(416)年正月敦煌郡敦煌縣西宕鄉高昌里户籍》(B.L.S.113【寫】[周(主編)1990:50—51頁]【錄】[郝(編)2001:183—187頁][小口(編)2008:13—15頁])

(3)《北涼承陽二(426)年十一月高昌郡高寧縣殘户籍》(Ch6001v【寫】[西脇1997:圖版11]【錄】[小口(編)2008:12頁])

(4)《年次未詳高昌郡高昌縣都鄉殘户籍?》(Дx.08519v【寫】[上海他(編)2000:60頁]【錄】[鈴木(編)2005:62頁])

(5)《北涼年次未詳殘户籍(草案?)》(06TSYIM4:3—13背面【寫·錄】[榮他(主編)2008:214頁])

其中(4)僅能解讀"高昌郡高昌縣都鄉□"1行共8個字。至於(5)(共5行)中,第1行的"□莨五十一□",在名字(莨)與年齡(五十一)中缺了應有的"年"字,格式與(1)和(2)有微妙的差異。除此之外,與(1)—(3)是以風格圓潤的隸書體、以較小的字體撰寫相對,(5)和一般官方文件相同,是以較大的楷書撰寫,這也是不同之處。若要判定其爲户籍正本,會顯得困難,因此在名稱中加上"草案"兩字。基於以上理由,(4)、(5)兩件不列入本回的考察對象。

除去這兩件之後,重新審視(1)—(3)這三件史料。正如以往研究所知,在(2)中,稱謂、名字、年齡等與户成員相關資料記載在上段。以丁中制區分的細目與成員人數合計則記載在下段。相對的在史料(1)中,與户的成員相關的資料記載在上段(某些事例中,部分資料延續至中段),丁中制的細目與成員合計人數記載於中段,下段則列舉關於田土保有權、奴婢所有權的轉移等資料。亦即(2)爲2段式,而(1)則爲3段式,其中

(接上頁)在東歐·北歐所藏西域出土文書を用いた,東アジア新古文書學の創造的研究》(代表:小口雅史法政大學教授/課題號:24401026)研究成果之一。

記載的事項也有所增加[1]。(3)僅存丁中制的細目與成員合計的部分,但可判斷爲與(2)同屬於 2 段式。亦即,4 世紀的(1)采用 3 段式的格式,時代較晚的 5 世紀的(2)(敦煌出土)和(3)(吐魯番出土)則爲 2 段式。由此可知,記載事項的多寡不受吐魯番或敦煌等户籍登記地的影響,而是由時代或政權决定。

重新觀察(1)下段的記載,可知田土所有權的轉移已經另外記載於貲簿中[2],(1)之中缺少了原爲必須項的田土屬性資料,從部分文字中可見刻意省略的痕迹[3]。由此可知,至少在製作(1)的時期,下段的記載事項已經不是户籍的必備信息,它正逐漸喪失存在的意義。若從這個觀點來看,在(2)和(3)裏所省略的(1)下段的記載事項,也可以得到合理的解釋。亦即(2)和(3)的格式,並不代表户籍制度本身有弛緩或執行不徹底。以上是我們首先要確認的前提條件。

二、户籍製作程序

接下來要討論五胡時代的户籍是如何製作的。很遺憾的是,我們連其是否和唐代一樣、利用户籍的基礎資料手實與計賬等作成都不得而知。也因此很難回答這個問題。不過就(2)來說,由於其中没有與户口異動相關的注記,池田温氏推斷該籍册是以造册時間"建初十二年正月時爲基準進行登記"[4]。至少其中看不到造册時參考前籍的痕迹。池田認爲雖然由于其中有改名的注記而不能否定前籍的存在,但這並不能作爲證明前籍存在的積極證明。因爲改名的注記,亦有可能是以本人或家人的申告爲依據。只不過每户明記造册年月"建初十二年正月"[這一點(3)也同樣明記"承平二年十一月"],可見打算與前籍等其他籍册相區別,從(1)中删除列舉有田土保有權、奴婢所有權轉移資料的下段,就成了(2)的格式(包括造籍年月記載方法)。由這兩點看來,認爲(2)[還有(3)]同樣有前籍存在,纔比較接近事實吧。

相對於此,在(1)中對於新入籍的口注記爲"新上"。另外對於從前籍中消失的口注記有"物故"、"從夫"、"還姓"等理由,可見是一邊比照前籍一邊製作的籍册。尤其

---

[1] 榮新江《吐魯番新出〈前秦建元二十年籍〉研究》,《中華文史論叢》2007 年第 4 期,收入榮新江、李肖、孟憲實主編《新獲吐魯番出土文獻研究論集》,北京:中國人民大學出版社,2010 年;張榮强《〈前秦建元籍〉與漢唐間籍帳制度的變化》,《歷史研究》2009 年第 3 期,收入《漢唐籍帳制度研究》,北京:商務印書館,2010 年。

[2] 參照關尾《〈北涼年次未詳(5 世紀中頃)貲簿殘卷〉の基礎的考察》(上),《西北出土文獻研究》第 2 號,2005 年。

[3] 參照關尾《〈前秦建元廿年(三八四)三月高昌郡高寧縣都鄉安邑里户籍〉新釋》。

[4] 參照池田《中國古代籍帳研究》,36 頁。

"新上"會集中在各户的末尾一并記載。由此可見是先以户爲單位抄寫前籍的内容後,纔注記消失的人口,以及列舉新增的人口[1]。簡單來説,如果没有前籍的話,就無法製作(1)。這麽説來,從前籍到製作(1)爲止的時間間隔,就算不能斷定爲像後代一樣是3年,至少也能推斷是相近的間隔期間。而且可以推測,在這段時間内,會有相關機構小心地儲存、保管前籍。

在唐代的户籍中,人員死亡時會注記爲"某年籍後死"、"某年帳後死"等。以(1)的注記與其相較,死亡時只單單寫著"物故"而已(這項用詞與長沙吴簡中的《師佐簿》相同[2]),不像唐代那般依照年次或籍帳分別記載。在本報告中,將既有資料整合解釋爲前籍。但在五胡時代可能没有確立如唐朝一般、爲累積户籍的基礎資料而每年製作手實與籍帳的制度。(1)—(3)的成立月份各不相同,也可能是反映出這方面的背景。

三、家 口 帳(Ⅰ)

在20世紀末於湖南省長沙市走馬樓出土的長沙吴簡裏,有許多稱作《吏民人名年紀口食簿》的名籍簡册[3]。其中包含嘉禾五年(236)與六年(237)的記録。由此可知當時這類"名籍"是每年製作的資料。這項資料以户口及資産爲對象,是課徵賦税的基礎,功能據推測與唐代的差科簿相近。製作這些簿籍時,應當是從户籍中篩選必要的資料,另外追加新的必要信息。不過在五胡時代的敦煌、吐魯番文書中没有找到類似的簿籍。但是另有一種似乎與上一節提到的以户籍爲基礎製作的公文相似,亦即下面的"家口帳"。

(6)《北涼年次未詳(五世紀中期)蔡暉等家口帳》(75TKM91: 3/1(a),3/2(a)【寫·録】[唐(主編)1992: 80頁])

(7)《北涼年次未詳(五世紀中期)魏奴等家口帳》(79TAM382: 4—6,5—6【寫】[吐博(編)1992: 59頁圖100](一部)[柳1997: 400頁]【録】[柳1997: 17頁以下][Yamamoto&others(co-ed.)2001: A9頁以下])

這兩項資料,都是在一行内寫著相當於户長的人物姓名與口數,格式相同。在口數

---

[1] 參照關尾《〈前秦建元廿年(三八四)三月高昌郡高寧縣都鄉安邑里户籍〉新釋》。
[2] 參照關尾《長沙吴簡中の名籍について——史料羣としての長沙吴簡·試論(2)》,《唐代史研究》第9號,2006年。
[3] 關於其樣式,請參照石原遼平《長沙吴簡名籍考——書式と出土狀況を中心に》,《中國出土資料研究》第14號,2010年。

方面,(6)爲 1—5 口(共 15 家,其中 1 家不詳),(7)則是 1—7 口(共 16 家),平均一家的口數爲 3.4[1]。推測應該不是男丁或成丁等特定口數,而是全家的總數。其中,前者記載口數時會寫作"四口"(第 1、10 行)或"肆口"(第 5 行),標記方式不太一致。與(6)的另一面資料《北涼年次未詳(五世紀中期)某人隨葬衣物疏》(75TKM91:3/1(b),3/2(b)【寫·錄】[唐(主編)1992:55 頁])共 9 行相對,(6)共有 15 行(兩者皆以殘存部分計算)。從行數多達 1.5 倍以上即可得知,該資料是以與户籍相同的圓潤較小字體書寫的。同樣的狀況也可在(7)中發現。因此,上述資料應爲具有一定程度公信力的簿籍,同時具有高度實用性,以使其有存在的意義。之所以這樣説是因爲在(6)的 15 家中,有 3 家(3 口、4 口、5 口各 1 家)以朱筆添上"除"字。這個字無疑代表免除課役。很有可能從一開始就爲了寫入這類標記,纔從户籍或與吴地《吏民人名年紀口食簿》相當的簿籍中,摘録相當於户長的人員姓名與每户人口項目做記録。至於這些簿籍是否就只爲了記載"除"字而特別製作,答案應該是否定的。在(6)中寫有"除"字的僅有 3 家,只佔整體的 20%。在另外 80% 的 12 家版面上還有大片留白。在思考這個問題時,《高昌年次未詳(6 世紀末期?)和婆居羅等田租帳》(64TKM5:22,23,2427,29,25,26,30,28【寫·錄】[唐(主編)1992:275 頁以下])可以作爲參考。這份簿籍時代晚了 1 世紀以上,在相當於户長的姓名之下記載有土地面積。其後另行登記有日期及斛斗數。(某些個案中甚至並記有似乎爲繳納人的姓名)。斛斗數定額爲每 1 畝 3 斛,很有可能是租酒,而日期自然是繳納的日期了[2]。亦即,可推想是首先製作記載有(葡萄園的)保有者姓名與面積的簿籍,當租酒入庫之後,於該項目中填寫繳納日期與繳納額度。而

---

[1] 詳情如下:

口　數	(6)的家數	(7)的家數	合　　計
1 口	1 家	1 家	2 家
2 口	5 家	2 家	7 家
3 口	3 家	4 家	7 家
4 口	3 家	5 家	8 家
5 口	2 家	2 家	4 家
6 口	無	1 家	1 家
7 口	無	1 家	1 家
不明	1 家	無	1 家
合計	15 家	16 家	31 家

[2] 關尾《トゥルファン出土高昌國税制關係文書の基礎的研究——條記文書の古文書學的分析を中心として》(五),《人文科學研究》第 83 輯,1993 年。

如果繳納人與保有者不同時,一並記載繳納人姓名。已經完成繳納的案件一律用朱筆以大字寫一個"了"字。值得注意的是,其中有兩個案例沒有日期與斛斗數,而是用朱筆寫一"除"字。很有可能是在大多數的稅捐繳納完畢時,以簿籍重新比對收到的租酒,對確認無誤的項目標記上"了"字。而對免除課役(實例中爲租酒),或者不需徵收租酒的案例則標記"除"字。兩相比較之下,(6)之中僅標示有"除"字,漏掉了對其他12家關鍵性的繳納記録。遺憾的是我們無法解釋發生這個現象的理由何在,不過其做爲簿籍的功用,以及使用方式,應當是沒有兩樣的。問題在於,在(6)之中,是以什麽樣的方式記載繳納記録。關於這一點,與(6)、(7)形狀不同的《家口帳》,可以提供這個問題的綫索。

四、家 口 帳（Ⅱ）

至於其他《家口帳》,有下列幾項可供參考。

(8)《北涼承平七(449)年？計口出絲帳》[1](06TZJI：170,179,169,178,177【寫・録】[榮他(主編)2008：282 頁以下])

(9)《北涼年次未詳李超等家口殘帳》(66TAM59：4/4—5(a)【寫・録】[唐(主編)1992：21 頁])

(10)《北涼年次未詳昌居等家口殘帳》(66TAM59：4/7(b)【寫・録】[唐(主編)1992：21 頁])

我們會將上述的(6)、(7)暫定爲《家口帳》,是因爲在(8)(全 13 行)中有"家口合六十八出糸四斤四兩(下略)"(第 1 斷片第 4 行)、"右廿五家口合百六十出糸十斤(下略)"(第 3 斷片第 2 行),以及在(9)(全 2 行)之中有"峙等六家"(第 2 行)等字樣。這些文獻中,在相當於户長的姓名後,不换行地列舉各家的人口數。其中(9)、(10)只有殘片,也有可能不是簿籍而是公文的一部分。然而在(10)(全 3 行)之中,第 1、2 兩行有以朱筆直書的痕跡(第 3 行因缺損而不詳)[2],所以應該還是簿籍用途。相同地,在(8)的上述 2 行上方也以朱筆標記出"了"字[3]。(10)因文件天頭、地脚缺損,因此"了"字缺了頭部與尾部。另外文件(10),可能在做完簿籍用處之後,又翻面作爲《北涼

---

[1] 關於年代,請參照孟憲實《吐魯番新出一組北涼文書的初步研究》,沈衛榮主編《西域歷史語言研究集刊》第 1 輯,北京：科學出版社,2007 年,收入榮新江等主編《新獲吐魯番出土文獻研究論集》。

[2] 參(8)所附注釋。

[3] 參(10)所附題解。

年次未詳殘辭》(66TAM59：4/7(a)【寫·録】[唐(主編)1992：24頁])循環利用。此外(10)是以字帶圓潤的行書書寫,相對地(9)則是以方正的楷書字體書寫,很明顯原本是其他用途的簿籍,而且文書的類別、風格有可能不同。另外,(8)的風格和(10)相近。

在上述資料中,新提出的(8)有裴成國的研究報告[1],推論這應該是合計各羣組的家數與口數之後,記載相對應繳納的絲額度。在全30家之中,口數最少者爲1(1家),最大口數14(1家)。推測不是男丁或成丁,而是全家口數。若將絲額度除以口數,則各羣組每口應負擔額度爲1兩。假設上述羣組如裴氏所論爲里的話[2],則該資料與前述的户籍相同,是以縣爲單位匯整記録的。不過以字體風格判斷,簿籍本文是由同一人物一口氣抄寫完成。字體可能因爲是一次完成,顯得比(6)、(7)細小,簿籍的官方性質恐怕不夠。或許是像(6)一樣,在家口帳中以家爲單位記載繳納紀録(納入日期與絲額度)後,另外參照這份文件,以不換行的方式列舉相當於户長的姓名與每户口數。最後則是每個羣組(里?)的合計家數與口數,以及1兩乘以口數的納絲額度。另外第1斷片第4行下略部分有記載"嚴鋭、牛國入口",在第3斷片第2行下略部分又有"田七子"等字樣。裴氏認爲其中牛國在本文中已有"牛國十二口"的記載。他應該是屬於這羣組的一員,且家中口數極多(雖然另有14口的例子)。因而推測他在徵收與繳納絲時承擔部分工作。若這項推測成立,則(8)應該是在各家繳納工作幾乎結束時製作,"了"字也像(6)一樣,是在完成與家口帳的校對作業,或是與繳納的絲完成清點作業後,纔以朱筆標記。

不過從(8)中可知,一如裴氏强調的,在北涼政權下,不論年齡、性别,是以口爲單位課徵1兩的絲。而實際繳納時,至少是以各家爲單位匯整課徵。課徵者在這時候必須優先掌握各家合計口數。若從這個角度去理解的話,也就能夠容易接受這兩種形狀相異的家口帳格式爲何如此設計了。

結　　論

本文僅以户籍及與籍深度相關之簿籍類爲考察對象,研討五胡時代的户籍制度。由於該類文書數量不多,一再推測之下纔能擠出這麽點結果。最後想補充與本文内容

---

[1] 裴成國《吐魯番新出北涼計貲·計口出絲帳研究》,《中華文史論叢》2007年第4期,收入榮新江等主編《新獲吐魯番出土文獻研究論集》。

[2] 裴成國《吐魯番新出北涼計貲·計口出絲帳研究》,《新獲吐魯番出土文獻研究論集》,107頁。

有關聯的一點信息。

在之前提及吴的《吏民人名年紀口食簿》之中,儘管格式略有變化,大體上是由記載每户成員稱謂、姓名、年齡等與户籍相同資料的個别簡(正文簡),以及列舉該户合計的"口食"(口數)、"事"、"筭"(算)、"貲"(資)等數據的集計簡所構成。其中個别簡記載有各口的年齡及役務内容、疾病障礙、口算數(有成丁時)等,具有如唐代的差科簿的功能。而集計簡的合計口數,附記有男女性别細目,但未附記丁中制的規定細目[1]。最重要的資料是該户的合計口數。而"事"以下的資料大體來説,是役制對象員數,口算對象員數,以及資産額[2]。我們是基於《吏民人名年紀口食簿》的記載内容,以及1—7口的每家口數來判斷,纔解釋認爲(6)、(7)的口數也是該當家户的合計口數。然而這並不表示在吴的時代税役采行一套無論年齡性别的基礎制度。這點是我們要先聲明的[3]。

又,關於五胡時代的税役制度,後趙有"户貲二匹、租二斛"[4],成漢則有"其賦男丁歲斛三斛,女丁半之,户調絹不過數丈、絲數兩,事少役稀"[5]等記載。至於北魏前期也有"秋七月,詔河南六州之民,户收絹一匹、綿一斤、租三十石"[6]的記録。後趙、成漢是4世紀前半,北魏則是5世紀後半的事例。不過姑且不論租,調(後趙爲貲)則是一律以户爲單位課徵。這應該是繼承自西晉的户調制。在這等局勢下,要大膽判斷僅有北涼是以家内口數爲依據課徵絲爲税制基礎,還是不禁讓人感到猶豫。我們在此避免急於下定論,而是設法對"户籍"及"貲簿"進行基礎的、史料學的分析[7]。並在此向各位約定,將以此爲起點着手研討與土地相關之文書行政體系,是爲本報告之結尾。

---

[1] 參照石原《長沙吴簡名籍考——書式と出土狀況を中心に》。
[2] 參照張榮强《説孫吴户籍簡中的"事"》,北京吴簡研討班編《吴簡研究》第1輯,北京:崇文書局,2004年,收入《漢唐籍帳制度研究》。
[3] 最新成果是蔣福亞《走馬樓吴簡經濟文書研究》,北京:國家圖書館出版社,2012年。
[4] 《晉書》卷一○四《石勒載記上》。
[5] 《晉書》卷一二一《李雄載記》。
[6] 《魏書》卷七上《高祖紀上》延興三年(473)七月條。並參堀敏一《魏晉の占田・課田と給客制の意義》,《東京大學東洋文化研究所紀要》第62輯,1974年,收入《均田制の研究——中國古代國家の土地政策と土地所有制》,東京:岩波書店,1975年。
[7] 報告者對此問題也有專論。詳見關尾《〈北涼年次未詳(5世紀中頃)貲簿殘卷〉の基礎的考察》(上);同《〈北涼年次未詳(5世紀中頃)貲簿殘卷〉の基礎的考察》(下),《西北出土文獻研究》第11號,2013年。

圖錄・錄文（已見於注釋者除外）

郝春文

    2001　（編）《英藏敦煌社會歷史文獻釋錄》第 1 卷,北京：科學出版社。

柳洪亮

    1997　《新出吐魯番文書及其研究》,烏魯木齊：新疆人民出版社。

榮新江、李　肖、孟憲實（榮等）

    2008　（主編）《新獲吐魯番出土文獻》全 2 册,北京：中華書局。

上海古籍出版社、俄羅斯科學院東方研究所、俄羅斯科學出版社東方文學部（上海等）

    2000　（編）《俄藏敦煌文獻》第 14 卷,上海古籍出版社、俄羅斯科學出版社東方文學部。

唐長孺

    1992　（主編）《吐魯番出土文書》（壹）,北京：文物出版社。

吐魯番博物館（吐博）

    1992　（編）《吐魯番博物館》,烏魯木齊：新疆美術攝影出版社。

西脇常記

    1997　《ベルリン・トルファン・コレクション漢語文書研究》,京都大學總合人間科學部西脇研究室。

T. Yamamoto, Y. Dohi（Yamamoto & Dohi）

    1985　（co-ed.）*Tun-huang and Tur-fan Documents Concerning Social and Economic History* II, *Census Resisters*, 2vols（The Toyo Bunko, Tokyo）.

T. Yamamoto, O. Ikeda, Y. Dohi, Y. Kegasawa, M. Okano, Y. Ishida, T. Seo（Yamamoto & others）

    2001　（co-ed.）*Tun-huang and Tur-fan Documents Concerning Social and Economic History* V, *Supplement*, 2vols（The Toyo Bunko, Tokyo）.

周紹良

    1990　（主編）《英藏敦煌文獻（漢文佛經以外部分）》第 1 卷,成都：四川人民出版社。

（作者單位：日本新潟大學）

敦煌大族、名士與北涼王國
——兼論五涼後期儒學從大族到名士的轉變

馮培紅

北涼分爲兩個歷史階段,前期由漢人段業執政,爲時甚暫(397—401年);後期爲盧水胡人沮渠蒙遜父子所取代,統治長達六十年(401—460年)[1]。段業執政時,敦煌先是歸屬於北涼版圖,但實力頗强的敦煌大族卻謀求獨立,很快便擺脱了段業的統治,擁戴李暠在敦煌建立了西涼政權。不久,段業爲沮渠蒙遜所弑。在北涼、西涼對峙時期,405年李暠曾將大批敦煌民衆東遷到西涼新都酒泉及其周邊,420年沮渠蒙遜攻克酒泉後,又將一些敦煌大族及名士進一步遷徙到北涼國都姑臧,委以重用,爲沮渠氏北涼的文化建設作出了重要貢獻。王夫之説:"禿髮、沮渠、乞伏,蠢動喙息之酋長耳,殺人、生人、榮人、辱人唯其意,而無有敢施殘害於諸儒者。且尊之也,非草竊一隅之夷能尊道也,儒者自立其綱維而莫能亂也。至於沮渠氏滅,河西無復孤立之勢,拓跋焘禮聘殷勤,而諸儒始東。闞駰、劉昞、索敞師表人倫,爲北方所矜式,然而勢屈時違,只依之以自修其教,未嘗有乘此以求榮於拓跋,取大官、執大政者。嗚呼!亦偉矣哉!"[2]他所舉闞駰、劉昞、索敞三名儒士,都是敦煌人,足見在十六國後期及北魏時代,敦煌儒學具有一定的影響。前兩人並非敦煌大族,只能算是儒學名士,連傳統大族索敞及陰興也只能擔當劉昞的助教,説明在五涼後期這些名士的儒學成就已經超過了敦煌大族,如劉昞就被稱爲"儒宗"[3]。對敦煌大族、名士與北涼王國的關係,本文分段業、沮渠氏兩個階段進行考察,前者仍以敦煌大族爲切入點,探討他們擺脱段業北涼、尋求獨立的過程;後者

---

* 本文爲國家社科基金項目"漢宋間敦煌大族研究"(11BZS011)之子成果。
[1] 439年,北魏攻克北涼國都姑臧,沮渠氏殘餘勢力逐漸退出河西,進入西域,並在高昌建立了後裔政權,直到460年爲柔然所滅。
[2] 王夫之《讀通鑑論》卷一五《宋文帝》十三則,北京:中華書局,1975年,中册,429—430頁。
[3] 《魏書》卷五二《劉昞傳》,北京:中華書局,1974年,1161頁。

則兼論敦煌大族與名士,以説明敦煌儒士對北涼文治建設的作用,並反映出五涼後期儒學從大族到名士的轉變特徵。

一、段業北涼與敦煌大族的獨立動向

397年,在盧水胡人沮渠男成和建康郡漢人高遠、粟特人史惠[1]的推戴下,後涼建康太守段業自稱涼州牧,改元神璽,建立北涼。《資治通鑑》卷一一〇東晉安帝隆安二年(398)條云:

> 段業使沮渠蒙遜攻西郡,執太守吕純以歸。純,光之弟子也。於是晉昌太守王德、敦煌太守趙郡孟敏皆以郡降業。業封蒙遜爲臨池侯,以德爲酒泉太守,敏爲沙州刺史。

這段史料中最堪注意的,是敦煌郡被升格爲沙州,孟敏仍然被任命爲當地最高長官,而晉昌太守王德則被東調到酒泉任職。這表明在段業北涼時,敦煌的地位較爲特殊而重要。早在345年,前涼國主張駿在境内分置涼、河、沙三州,"敦煌、晉昌、高昌、西域都護、戊己校尉、玉門大護軍三郡、三營爲沙州"[2],首次將敦煌郡升格爲沙州,大大提升了它的地位,到張祚稱帝時一度更名爲商州。前秦、後涼在敦煌是否設置沙州,未見史籍記載。前秦以梁熙爲涼州刺史,管轄整個河西走廊,後涼敦煌太守孟敏以郡降附段業,似都説明敦煌只設郡,而不置州。到段業北涼時,纔再次將敦煌郡升格爲沙州,大概仍轄敦煌、晉昌、高昌三郡及三營。唐代敦煌文獻P.2005《沙州都督府圖經》卷第三兩處提到敦煌太守趙郡孟敏:

> (1)孟授渠,長廿里。右據《西涼録》,敦煌太守趙郡孟敏於州西南十八里,於甘泉都鄉斗門上開渠溉田,百姓蒙賴,因以爲號。

> (2)孟廟。右在州西五里。按《西涼録》,神[璽]二年(398),敦煌太守趙郡孟敏爲沙州刺史,卒官,葬於此,其廟周迴三百步,高一丈三尺。

李正宇認爲,這裏的"《西涼録》"當爲"《後涼録》或《北涼録》"之誤[3]。後涼或北涼

---

[1] 羅豐在考論河西地區粟特人時,曾提到"後涼吕光時亦有建康郡人史惠",參其《胡漢之間——"絲綢之路"與西北歷史考古》叁之十《流寓中國的中亞史國人》,北京:文物出版社,2004年,231頁。另參寇克紅《建康史氏考略》,《社科縱横》2008年第10期,117—119、124頁。

[2] 《晉書》卷一四《地理志上》,北京:中華書局,1974年,434頁。《資治通鑑》卷九七繫此條於東晉穆帝永和二年(345),北京:中華書局,1956年,3068頁。

[3] 李正宇《古本敦煌鄉土志八種箋證》,蘭州:甘肅人民出版社,2008年,16、29頁圖版,70—71頁注40、110頁注146。

時,敦煌太守孟敏開鑿了孟授渠;北涼神璽二年,孟敏降附段業,被提升爲沙州刺史。由於他對敦煌社會的發展作出了貢獻,得到敦煌人民的紀念,直到唐代孟授渠、孟廟仍然存在,前者繼續發揮著水利灌溉的作用。

段業北涼時,敦煌郡被升格爲沙州,這既是敦煌地區實力強大的反映,同時也爲敦煌獨立建國奠定了基礎。400年孟敏去世以後,敦煌政要與本地大族逐漸走上了擺脱北涼統治的獨立化道路。《晉書》卷八七《涼武昭王李玄盛傳》云:

> 敏尋卒,敦煌護軍馮翊郭謙、沙州治中敦煌索仙等以玄盛溫毅有惠政,推爲寧朔將軍、敦煌太守。玄盛初難之,會宋繇仕於業,告歸敦煌,言於玄盛曰:"兄忘郭黁之言邪?白額駒今已生矣。"玄盛乃從之。尋進號冠軍,稱藩於業。業以玄盛爲安西將軍、敦煌太守,領護西胡校尉。[1]

李暠(字玄盛)從效穀令陞爲敦煌太守,不是經過北涼國主段業的任命,而爲敦煌護軍郭謙、沙州治中索仙所推戴,説明此時段業的權力已經行使不到沙州。除了郭謙之外,李暠的上臺主要得到了敦煌大族索仙、宋繇等人的大力支持。早在後涼時,太史令郭黁就對李暠的同母弟宋繇説:"君當位極人臣,李君有國土之分,家有驪草馬生白額駒,此其時也。"[2]白額駒之預言雖不可信,但説明李暠在敦煌大族宋繇的扶持下,將要建立獨立的國家。李暠被推戴爲敦煌太守,向段業自稱藩臣,反映了他在敦煌大族的支持下尋求獨立的動向。段業命令敦煌大族出身的右衛將軍索嗣回到故鄉,取代李暠爲敦煌太守。李暠驚疑未定,將出迎之,遭到敦煌大族效穀令張邈及宋繇的阻止,他倆勸道:

> 呂氏政衰,段業闇弱,正是英豪有爲之日,將軍處一國成資,奈何束手於人!索嗣自以本邦,謂人情附己,不虞將軍卒能距之,可一戰而擒矣。[3]

張邈、宋繇把敦煌郡當作"一國成資",説明這些敦煌大族有著極强的獨立傾向,具備了西涼建國的政治基礎。索嗣雖然也出自敦煌大族,但他受命於段業,欲使敦煌成爲北涼治下之一郡,自然不能使本邦人情相附。

出仕於段業北涼政權中的敦煌大族,出現了明顯的政治分化,一派如李暠的異父同母兄弟宋繇,"後奔段業,業拜中散、常侍"[4],而當李暠被推舉上臺時,他馬上脱離北

---

[1]《晉書》卷八七《涼武昭王李玄盛傳》,2257—2258頁。
[2]《晉書》卷八七《涼武昭王李玄盛傳》,2257頁。
[3]《晉書》卷八七《涼武昭王李玄盛傳》,2258頁。
[4]《魏書》卷五二《宋繇傳》,1152頁。

涼,回到故鄉敦煌,明確支持李暠;另一派如右衛將軍索嗣,沮渠蒙遜曾説:"段業愚闇,非濟亂之才,信讒愛佞,無鑒斷之明。所憚惟索嗣、馬權。"[1]可見索嗣在段業北涼政權的重要地位,但段業聽從了李暠、沮渠男成的離間之言,誅殺了索嗣。筆者曾指出:"李暠與索嗣之爭的意義,並不僅限於敦煌一地的統治權,更重要的是李暠及其僚屬由此擺脱了段業北涼王國的統治,走上獨立建國之路。"[2]索嗣事件以後,段業"分敦煌之涼興、烏澤、晉昌之宜禾三縣爲涼興郡,進玄盛持節、都督涼興已西諸軍事、鎮西將軍,領護西夷校尉"[3],使李暠的權力進一步東擴至涼興郡,爲其建國創造了更好的條件。

《魏書》卷九九《私署涼王李暠傳》云:

> 天興(398—403)中,暠私署大都督、大將軍、護羌校尉、秦涼二州牧、涼公,年號庚子,居敦煌,遣使朝貢。[4]

對於李暠的官職記載,《晉書》卷八七《涼武昭王李玄盛傳》完全相同,而《資治通鑑》卷一一一東晉安帝隆安四年(400)條則曰:"冠軍大將軍、沙州刺史、涼公、領敦煌太守。"[5]此條可能本自《宋書》卷九八《氐胡·大且渠蒙遜傳》:"是月,敦煌太守李暠亦起兵,自號冠軍大將軍、西胡校尉、沙州刺史,太守如故。稱庚子元年,與蒙遜相抗。"[6]該史料是南梁時追記西涼事,朝代相隔,地域懸遠,恐有未當,如説400年李暠與沮渠蒙遜相抗就不準確。從李暠建國時所置僚屬有牧府左長史、牧府右司馬看,應以《魏書》、《晉書》所載秦、涼二州牧爲確。五涼國主一般稱涼州牧,不過前涼張駿曾被推舉爲領秦、涼二州牧[7],那是因爲張駿東討秦州、西伐西域,勢力空前强大之故。西涼雖然偏處於河西西端,僅爲涼州西隅之一角,但李暠出自秦州隴西郡,企圖統一整個河隴地區,故自稱秦、涼二州牧,這一稱謂亦見於《晉書》本傳所載他給東晉安帝所上之奏表,當無疑義。需加注意,敦煌大族雖然支持李暠從段業北涼中獨立出來,在敦煌建立國家,但是否願意東伐北涼乃至收復秦隴,則是頗有疑義的。

---

[1]《晉書》卷一二九《沮渠蒙遜載記》,3191頁。
[2] 馮培紅《敦煌大族與西涼王國關係新探》,《敦煌吐魯番研究》第13卷,上海古籍出版社,2013年,150頁。
[3]《晉書》卷八七《涼武昭王李玄盛傳》,2258頁。
[4]《魏書》卷九九《私署涼王李暠傳》,2202頁。
[5]《資治通鑑》卷一一一東晉安帝隆安四年(400)條,3515頁。
[6]《宋書》卷九八《氐胡·大且渠蒙遜傳》,北京:中華書局,1974年,2413頁。
[7]《晉書》卷八六《張軌傳附張駿傳》云:"於是刑清國富,羣僚勸駿稱涼王,領秦、涼二州牧,置公卿百官,如魏武、晉文故事。"2235頁。

二、沮渠氏北涼王國中的敦煌大族

　　401年，沮渠蒙遜弑殺段業，建立沮渠氏北涼政權。在沮渠氏統治前期，北涼與西涼並立對峙，互爲敵國，所以在北涼王國中的敦煌大族比較少。筆者在考察西涼敦煌大族時，已經提到了在北涼王國中，有行敦煌太守索元緒及中書侍郎張穆、太史令張衍、永安令張披等人，皆出自敦煌，但卻出仕於沮渠氏北涼[1]。他們沒有生活在西涼本土，自然是有其原因的。例如索元緒之父索嗣，最初在段業北涼政權中擔任右衛將軍，且與李暠反目敵對；當沮渠蒙遜攻克敦煌後，遂以原籍敦煌的大族索元緒行敦煌太守。張穆最初在後涼做官，隨著時勢的風雲變化，歷經後秦、南涼，最後轉仕於北涼。後秦統治河西時，他被姚興任命爲涼州治中；到北涼時，沮渠蒙遜"以敦煌張穆博通經史，才藻清贍，擢拜中書侍郎，委以機密之任"。敦煌大族出身的張穆，不僅長於吏幹，擔任北涼要職，執掌機密之任；而且精通經史，文才優美。蒙遜西擊烏啼虜、卑和虜後，"遂循海而西，至鹽池，祀西王母寺。寺中有《玄石神圖》，命其中書侍郎張穆賦焉，銘之於寺前，遂如金山而歸"[2]。宗敞曾對南涼國主禿髮傉檀說："張穆、邊憲，文齊楊、班。"[3] 把張穆比作西漢的揚雄，擅長作賦。這種兼具吏幹、文才的特點，是許多五涼敦煌大族所具備的。另據《續敦煌實錄》所載，張披、張衍也是敦煌人，都是二涼對峙時期的北涼官員[4]。沮渠蒙遜在進攻西涼前夕，太史令張衍說"今歲臨澤城西當有破兵"，並隨軍出征。史載"蒙遜博涉羣史，頗曉天文"，他對張衍說："吾今年當有所定，但太歲在申，月又建申，未可西行。且當南巡，要其歸會，主而勿客，以順天心。計在臨機，慎勿露也。"[5] 可證蒙遜確實懂得天文星象，與張衍具備同樣的文化知識。他定下聲東擊西之計，最後在都瀆澗一舉擊敗西涼軍隊，殺死國主李歆。他將此密計告知出自敦煌大族的張衍，足見對他非常信任。永安縣令張披向蒙遜上書獻木連理之祥瑞，則是仕於敵國的敦煌大族諂媚北涼的政治表現。從以上三位張氏人物看，他們或具備吏幹、文才，或精通天文、祥瑞等知識，是敦煌大族在文化知識上的典型反映，他們均服務於與本土西涼對立的北涼王國。

　　420年，北涼軍隊攻入西涼國都酒泉，次年進克敦煌，統一了河西走廊。在攻克酒

---

[1]　馮培紅《敦煌大族與西涼王國關係新探》，151—152頁。
[2]　《晉書》卷一二九《沮渠蒙遜載記》，3195、3197頁。
[3]　《晉書》卷一二六《禿髮傉檀載記》，3149頁。
[4]　張澍輯，李鼎文校點《續敦煌實錄》卷一，蘭州：甘肅人民出版社，1985年，25、26頁。
[5]　《晉書》卷一二九《沮渠蒙遜載記》，3189、3198—3199頁。

泉以後,沮渠蒙遜對敦煌大族宋繇、張湛與名士闞駰、劉昞等人倍加禮待,充分利用他們的文化知識爲北涼王國的文化建設服務,取得了極爲顯著的成效,這在十六國胡族政權中是件引人注目的事,值得大書特書。

五涼時期,敦煌大族兼具吏幹、文才,尤其是注重事功實踐,這在宋繇、張湛等人身上體現得極爲明顯。宋繇的父祖在五涼時歷代仕宦,他本人是西涼國主李暠的異父同母兄弟,扶持乃兄建國西涼,並在李暠死前受命輔佐李歆,出任武衛將軍、廣夏太守、軍諮祭酒、録三府事等内外重職。《魏書》卷五二《宋繇傳》記載他是敦煌人,曾祖宋配、祖宋悌、父宋僚爲前涼重臣,他自己:

> 遂隨彦(指其妹夫張彦)至酒泉,追師就學,閉室誦書,晝夜不倦,博通經史,諸子羣言,靡不覽綜。……家無餘財,雅好儒學,雖在兵難之間,講誦不廢。每聞儒士在門,常倒屣出迎,停寢政事,引談經籍。尤明斷決,時事亦無滯也。沮渠蒙遜平酒泉,於繇室得書數千卷,鹽米數十斛而已。蒙遜嘆曰:"孤不喜克李歆,欣得宋繇耳。"拜尚書吏部郎中,委以銓衡之任。蒙遜之將死也,以子牧犍委託之。牧犍以繇爲左丞,送其妹興平公主於京師。世祖拜繇爲河西王右丞相,賜爵清水公,加安遠將軍。世祖併涼州,從牧犍至京師。[1]

傳中"博通經史"之語,與前揭對敦煌張穆的描述完全一致。沮渠蒙遜攻克酒泉後,在宋繇家中得到數千卷書,這是敦煌大族擁有文化知識的反映;而從宋繇輔佐李暠父子來看,他更重要的是具備精練的吏幹素質,故沮渠蒙遜得到宋繇後,任命他爲尚書吏部郎中,委以權衡之任,甚至在臨終前夕也像李暠一樣,把兒子沮渠牧犍託付給他。宋繇没有像唐契、唐和兄弟那樣,逃往伊吾追隨西涼餘裔,而是積極地爲北涼王國服務,更加體現了敦煌大族的務實特點。在護送沮渠牧犍之妹興平公主到北魏代京後,"繇又表請公主(指牧犍之妻、北魏世祖之妹武威公主)及牧犍母妃后定號。朝議謂:禮,母以子貴,妻從夫爵,牧犍母宜稱河西國太后,公主於其國内可稱王后,於京師則稱公主,詔從之"[2],維護了北涼王國的利益。

據《北史》卷三四《張湛傳》記載,他是敦煌郡淵泉縣人[3],當爲東漢名臣張奐的後

---

〔1〕《魏書》卷五二《宋繇傳》,1152—1153 頁。
〔2〕《魏書》卷九九《盧水胡沮渠蒙遜傳》,2206 頁。
〔3〕《北史》卷三四《張湛傳》原作"敦煌深泉人也",校勘記〔一三〕指出:"按'深泉'本作'淵泉',見《漢書》卷二八下《地理志》敦煌郡。《北史》避唐諱改。"1265、1284 頁。崔鴻著,屠喬孫、項琳輯《十六國春秋》卷九七《北涼録四·張湛》(文淵閣《四庫全書》史部載記類,上海古籍出版社新 1 版,2003 年,第 463 册,1087 頁)作"敦煌酒泉人",誤。

代,傳文説他是曹魏執金吾張恭的九代孫,"爲河西著姓"。其祖張質、父張顯仕於五涼,位至郡守。西涼滅國以後,張銑、張湛兄弟皆爲沮渠蒙遜所重用,尤其是張湛位至高官:

> 仕沮渠蒙遜,位兵部尚書。……兄銑,字懷義,閑粹有才幹,仕沮渠蒙遜,位建昌令。[1]

張顯擔任兵部尚書,官位比宋繇的尚書吏部郎中要高,其兄張銑則出任地方縣令。這種情況與前揭中書侍郎張穆、太史令張衍、永安縣令張披類似。另外,P.2005《沙州都督府圖經》卷第三"一所異怪"條提到奉常張體順:

> 老父投書。右按《十六國春秋》,北涼永和三年(435)正月,有一老父見於城東門上,投書於地,忽然不見。書一紙,八字滿之,其文曰:"涼王卅年,若七年。"涼王且渠茂虔訪於奉常張體順,順曰:"昔虢之將亡,神降於莘。此老父之見,國之休祥。深願陛下尅念脩政,以副卅之慶。若盤於遊田,荒於酒色,臣恐七年將有大變。"虔不悦,卒爲魏所滅。[2]

查諸本《十六國春秋》,對"老父投書"一事皆有記載,但"張體順"則皆寫作"張慎"。"順"、"慎"二字形近易誤,兩者或即同一人。羅振玉認爲,"張體順,今本《北涼録》作張慎,誤。體順於李暠時爲寧遠將軍,李歆時爲左長史(見《西涼録》),殆西涼亡而仕北涼者"[3],肯定了敦煌本的價值。據《晉書》卷八七《涼武昭王李玄盛傳》可知,張體順原爲西涼重臣,初仕李暠爲右司馬,次遷寧遠將軍、建康太守;李歆時陞任爲左長史,位高權重。西涼亡國後改仕北涼,沮渠蒙遜任命他爲奉常,説明敦煌大族張體順具備淵博的禮儀文化知識,比較適宜擔任奉常這個九卿禮官。沮渠牧犍(即茂虔)時,出現了老父投書"涼王三十年,若七年"之讖語,此事發生在敦煌城東,並由敦煌大族奉常張體順去解讀,自然是最爲適合的。

與張衍一樣,敦煌趙歅也在北涼王國中擔任太史令,通曉天文曆法知識。《魏書》卷一〇七上《律曆志上》云:

> 高宗踐祚,乃用敦煌趙歅《甲寅》之曆,然其星度,稍爲差遠。[4]

---

[1] 《北史》卷三四《張湛傳》,1265頁。
[2] 李正宇《古本敦煌鄉土志八種箋證》,28頁圖版。
[3] 羅振玉《沙州志殘卷校録劄記》,黄永武主編《敦煌叢刊初集》第1冊《敦煌石室遺書百廿種》,臺北:新文豐出版公司,1985年,85頁。
[4] 《魏書》卷一〇七上《律曆志上》,2660頁。

《宋書》卷九八《氐胡·大且渠蒙遜傳》亦載"河西人趙畋善曆算",並且提到元嘉十四年(437)沮渠牧犍向劉宋獻書,其中就有"《趙畋傳》並《甲寅元曆》一卷"。趙歐即趙畋,是北涼時期敦煌人。《隋書》卷34《經籍志三》"《河西甲寅元曆》一卷"下注"涼太史趙畋撰",知其在北涼時官任太史令。該志中記載他的著作頗多,如《七曜曆數算經》一卷、《陰陽曆術》一卷、《趙畋算經》一卷等[1]。敦煌的曆法知識不僅東傳到了北魏,而且還流播到江南劉宋境内。西涼初,政府班子名單中有一位驛馬護軍趙開[2],敦煌文獻 S.113《西涼建初十二年(416)正月敦煌郡敦煌縣西宕鄉高昌里籍》中有三位趙氏婦女,且所有人都居住在趙羽塢中[3],可見在西涼時,趙氏在敦煌確實形成了一定的勢力。有學者認爲,趙氏是敦煌乃至河西地區的大姓[4],而山口正晃則說,"從五胡十六國到北朝乃至唐代,河西地方的趙氏並非一流的名族,卻保持著一定的勢力",只不過是"河西地方的小豪族"[5]。從《魏書》所言"敦煌趙畋"看,北涼、北魏時期的敦煌趙氏至少已經成爲當地的二流大族,與敦煌張氏一樣通曉天文曆法知識。

自前涼以來,敦煌大族就在諸涼政權中爲官參政,積累了豐富的從政經驗。他們不僅有家族實力作爲背景支撐,而且具備深厚的文化知識,爲其從政提供了良好的條件。宋繇及諸張氏人物在北涼王國中充分發揮其政治才幹,而張衍、張體順、趙畋等人則利用他們掌握的天文曆法與禮儀知識,爲北涼王國服務,也具有自身的特色。

442 年,北涼殘餘勢力在沮渠無諱的帶領下,從敦煌向西撤入西域,並在高昌建立了北涼後裔政權。《張季宗及夫人宋氏墓表》云"河西王通事舍人敦煌張季宗之墓表,夫人敦煌宋氏";《張幼達及夫人宋氏墓表》云"龍驤將軍、散騎常侍敦煌張幼達之墓表,夫人宋氏";《張興明夫人楊氏墓表》云"折衝將軍、新城太守敦煌張興明夫人楊氏墓表"。據侯燦、吴美琳考訂,這三方墓表的時代均爲北涼後裔政權時期[6]。墓主張氏的姓名前皆冠"敦煌"二字,表明他們是從敦煌西遷到高昌的。張季宗"夫人敦煌宋氏"亦標明敦煌郡望,其他宋、楊二氏雖然未標明郡望,但極可能亦出敦煌。敦煌大族張、宋等

---

[1]《隋書》卷三四《經籍志三》,北京:中華書局,1973 年,1022—1025 頁。

[2]《晉書》卷八七《涼武昭王李玄盛傳》,2259 頁。

[3] 周紹良主編《英藏敦煌文獻(漢文佛經以外部分)》第 1 卷,成都:四川人民出版社,1990 年,50—51 頁。

[4] 如陸慶夫認爲西涼趙開是敦煌大姓,張金龍亦說北魏時趙氏是河西大姓。分參齊陳駿、陸慶夫、郭鋒《五涼史略》第四章《漢人李暠建立的西涼政權》(陸慶夫撰),蘭州:甘肅教育出版社,1988 年,77 頁;張金龍《魏晉南北朝禁衛武官制度研究》,北京:中華書局,2004 年,下册,673 頁。

[5] 山口正晃《敦煌研究院藏〈北魏敦煌鎮軍官籍簿〉(敦研 068 號)について》,高田時雄責任編集《敦煌寫本研究年報》創刊號,京都大學人文科學研究所西陲發現中國中世寫本研究班,2007 年,66—70 頁。

[6] 侯燦、吴美琳《吐魯番出土磚誌集注》,成都:巴蜀書社,2003 年,上册,7—14 頁。

成爲高昌北涼後裔政權中的重要支持力量。

三、敦煌名士與沮渠氏北涼的文化建設
——兼論五涼後期儒學從大族到名士的轉變

　　如果說以宋繇、張湛等人爲代表的敦煌大族,在北涼王國中主要是發揮他們的吏幹才能的話,那麽一些名士則真正踐行了儒學文化事業,甚至連敦煌大族也都跟隨他們學習文化知識。這是五涼後期在文化史上的一大轉變。武守志曾說,"具有自己特色的河西儒學,其運行的螺旋式圓圈是圍繞著敦煌儒士旋轉的。……敦煌儒士不僅在數量上佔了絕對優勢,而且在學術成就上也居於遥遥領先的地位","河西儒學泰斗,要數敦煌劉昞"。他所說的敦煌儒士雖然也包括宋、陰、索、氾等大姓,但真正頂尖的學者則是劉昞、闞駰等非大族出身的名士,如其指出:"在河西家族之學發展成爲地域性國學的過程中,劉昞起了很大作用。"[1] 這些敦煌名士能夠超越和取代大族,成爲河西乃至全國公認的學術領袖,跟前涼以來儒學教育的廣泛普及是密不可分的,也跟大族們投身於參政實踐有關。

　　《魏書》卷五二收有闞駰、劉昞等人的列傳,分別云:

　　　　闞駰,字玄陰,敦煌人也。祖倞,有名於西土。父玟,爲一時秀士,官至會稽令。駰博通經傳,聰敏過人,三史羣言,經目則誦,時人謂之宿讀。注王朗《易傳》,學者藉以通經。撰《十三州志》,行於世。蒙遜甚重之,常侍左右,訪以政治損益。拜祕書考課郎中,給文吏三十人,典校經籍,刊定諸子三千餘卷。加奉車都尉。牧犍待之彌重,拜大行,遷尚書。

　　　　劉昞,字延明,敦煌人也。父寶,字子玉,以儒學稱。……蒙遜平酒泉,拜祕書郎,專管注記。築陸沉觀於西苑,躬往禮焉,號玄處先生,學徒數百,月致羊酒。牧犍尊爲國師,親自致拜,命官屬以下皆北面受業焉。時同郡索敞、陰興爲助教,並以文學見舉,每巾衣而入。[2]

闞、劉二姓,在漢至十六國時期並非敦煌大族。闞駰之祖父闞倞雖然有點名氣,但史籍不載其事跡,亦無官職;而父親闞玟官至會稽縣令,纔在政治上略微抬頭。北涼末,闞爽在高昌自立爲太守,勢力頗大,但他是否出自敦煌則不得而知。劉昞之父劉寶,只是一名儒學學者;劉昞娶郭瑀之女爲妻,郭瑀官任博士,教授弟子五百餘人,與劉氏門第、學

---

[1] 武守志《五涼時期的河西儒學》,《西北史地》1987 年第 2 期,6—7 頁。
[2] 《魏書》卷五二《闞駰、劉昞傳》,1159—1161 頁。

術相類。後藤勝指出,北涼王國中的漢人名族有安定梁氏、房氏、西平田氏,以及敦煌劉氏、武威段氏[1]。對於敦煌劉氏,他未作進一步闡述,也没有列舉出具體人物。查北涼史籍,除了敦煌劉昞外,還有太史令劉梁、門下校郎劉祥[2],但不知他倆是否出自敦煌。前涼時,"張重華護軍參軍劉慶在東苑專修國史二十餘年,著《涼記》十二卷"[3],亦爲史官。《晉書》卷八六《張軌傳附張天錫傳》記載"安定梁景、敦煌劉肅並以門胄"[4],我們不知道劉昞與劉肅是否有關聯,即或有之,敦煌劉氏最多也只能算是本地的次等士族。從前涼後期開始,很多儒學教學活動在祁連山中的石窟裏舉行,一些著名學者的門徒動輒成百上千,這樣一來使得河西儒學不再只是局限於世家大族,而是全面地空前興盛並普及開來[5]。因此到五涼後期,闞倞、劉寶、郭瑀這些並非大族出身的名士,能夠成爲著名的儒學學者,也就不難理解了。正如武守志指出,五涼時期的河西儒學側重於功利性的現實追求,這在敦煌大族的身上體現得最爲明顯,他們積極從政,出任各級官職,投入較大的參政熱情,以致學術的重心逐漸轉移到名士手中。讀《魏書》卷五二可以發現,宋繇、張湛等人雖然好學博通,但並無著作問世,主要事跡是在任官;而闞駰、劉昞號稱宿讀、儒宗,著述極多,而且主持國家文化事業,是名副其實的名士大儒;索敞雖爲大族,卻"爲劉昞助教,專心經籍,盡能傳昞之業",所以在入魏以後有所撰述。

　　北涼沮渠蒙遜父子雖然出自盧水胡族,直到五涼時期仍以部落的形態居住在臨松山一帶[6],但卻十分重視文化建設,崇儒重佛[7],尤爲禮遇敦煌士人,利用他們發展文教事業,以使北涼加快漢化步驟,獲取河西大量漢族民衆的認可與支持。420年北涼攻克酒泉後,將敦煌名士及大族遷徙到國都姑臧,隨即開展大規模的官府文化事業。例如,闞駰被任命爲秘書考課郎中,帶領三十人整理經、子典籍,僅諸子就達三千餘卷,是個非常龐大的文化工程。劉昞曾任西涼儒林祭酒,北涼時官拜秘書郎,亦爲學官,被尊爲玄處先生,著書教學,有門徒數百。沮渠牧犍繼承乃父的文化政策,對劉昞尤爲尊重,

---

[1] 後藤勝《河西王國の性格について》,《歷史教育》第15卷第9・10合併號,1967年,32頁。
[2] 《晉書》卷一二九《沮渠蒙遜載記》,3194、3198頁。
[3] 劉知幾《史通通釋》卷一二《外篇・古今正史第二》,上海古籍出版社,2009年,333頁。
[4] 《晉書》卷八六《張軌傳附張天錫傳》,2251頁。
[5] 馮培紅《五涼的儒學與佛教——從石窟的早期功能談起》,《蘭州學刊》2006年第1期,50—52頁。
[6] 《晉書》卷一二九《沮渠蒙遜載記》云:"沮渠蒙遜,臨松盧水胡人也。"當沮渠羅仇、麴粥被吕光所殺時,"宗姻諸部會葬者萬餘人",蒙遜"遂斬光中田護軍馬邃、臨松令井祥以盟"(3198—3199頁)。可知在後涼時,沮渠氏仍然保持部落形態,聚居在臨松山。
[7] 張學榮、何靜珍《論涼州佛教及沮渠蒙遜的崇佛尊儒》,《敦煌研究》1994年第2期,107—109頁。

"牧犍尊爲國師,親自致拜,命官屬以下皆北面受業焉"[1],於此可見北涼推行儒學文教政策之一斑。從前揭《宋書》卷九八《氐胡·大且渠蒙遜傳》所記蒙遜向劉宋請書與牧犍獻書的目錄看,北涼著作頗爲豐富,其中大多爲敦煌人所撰,反映了以敦煌名士爲主導的北涼儒學之興盛。

與此同時,出自敦煌大族的索敞、陰興卻成爲劉昞的助教。《魏書》卷五二《索敞傳》云:

> 索敞,字巨振,敦煌人。爲劉昞助教,專心經籍,盡能傳昞之業。涼州平,入國,以儒學見拔,爲中書博士。[2]

儒學從傳統大族到新興名士的轉移,是五涼後期的一大變化。西晉、前涼時,敦煌大族索氏湧現出索襲、索紞等著名學術人物,前者"遊思於陰陽之術,著天文地理十餘篇",諡曰玄居先生[3];後者"受業太學,博綜經籍,遂爲通儒。明陰陽天文,善術數占候"[4]。索氏家族的"通儒"式學問,表明當時的儒學知識主要掌握在大族之家;但到北涼時,索敞還需要跟隨劉昞學習,後者倒成了"蔚然儒宗",説明在五涼時期,儒學學術逐漸從大族之家轉向了新興的名士,這也是五涼文化興盛的重要原因[5]。

四、結　　語

漢晉時期,敦煌大族集爲官作宦、文化知識於一身,壟斷了本地區的各項權力。西晉末年,天下大亂,出仕京城洛陽的敦煌大族退歸河西,一部分人如宋配、氾瑗等積極投身政治活動,依靠河西地方政權發展自身家族;另一部分人如氾騰、索紞等則隱居不仕,得列《晉書》列傳。隨著五涼政治的風雲變幻,敦煌大族與地方政治的關係日愈密切,參政實踐也在一定程度上影響了他們的學術。與此同時,前涼後期儒家私學的教育活動蓬勃興起,祁連山中聚徒授學動輒成百上千,使得學術中心逐漸發生轉移,出現了從大族到名士的轉變。如果説郭瑀、劉寶還只是純粹的學者的話,那麼到西涼時,劉昞出任儒林祭酒、從事中郎及撫夷護軍,則已是學官一體,成爲名副其實的學術領袖。

---

[1]《魏書》卷五二《劉昞傳》,1160頁。
[2]《魏書》卷五二《索敞傳》,1162頁。
[3]《晉書》卷九四《隱逸·索襲傳》,2448—2449頁。
[4]《晉書》卷九五《藝術·索紞傳》,2494頁。
[5] 趙以武《五涼文化述論》,蘭州:甘肅文化出版社,1989年。

儘管沮渠蒙遜説"朕不喜克李歆,欣得宋繇耳"[1],但實際上在北涼王國中參政的敦煌大族並不多,原本的從政實踐已經明顯弱化,甚至連家傳學術也逐漸消褪,這從宋繇、張湛等人並無著作問世已然可見。這一時期最能夠體現敦煌特點的,是以劉昞、闞駰等名士爲主導的儒學文化的興盛,尤其在北涼王國中體現得淋漓盡致。這一點也反映出敦煌大族經過五涼王國的政治與社會變遷,其家族自身已經發生了顯著性的變化,失去了藉以依託的政治與文化根基;而儒學從大族向名士的轉移,代表了五涼後期一種社會文化的新動向。439年北魏攻克姑臧後,將宋繇、張湛、索敞等敦煌大族遷到代京平城。對於包含這些敦煌大族在内的河隴士族遷代及其對北魏的文化影響,陳寅恪作過論述並產生了很大的影響[2]。然而,闞駰、劉昞這兩位河西學術領袖並未隨例入京,而是在涼州出任樂平王拓跋丕的從事中郎。闞駰在拓跋丕卒後纔赴京師,但是"家甚貧弊,不免饑寒",最後在貧困中死去;劉昞一直居住在姑臧,老年思鄉西返,在途中遇疾而卒,其子則"並遷代京。後分屬諸州,爲城民",子孫後代境遇極差。北涼儒學興盛,但其學術領袖卻不爲北魏所用,因此正如李智君所論,河西學術對於北魏的學術影響是不可高估的[3]。而隨同沮渠無諱一道撤入西域的張季宗、幼達、興明及宋氏等敦煌大族,繼續成爲高昌北涼後裔政權的支持力量。

(作者單位:蘭州大學敦煌學研究所)

---

[1]《魏書》卷五二《宋繇傳》,1153頁。
[2] 陳寅恪《隋唐制度淵源略論稿》,北京:中華書局,1963年,2、19—41頁。
[3] 李智君《公元439年:河隴地域學術發展的轉捩點》,《中國文化研究》2005年夏之卷,60—74頁;《五涼時期移民與河隴學術的盛衰——兼論陳寅恪"中原魏晉以降之文化轉移保存於涼州一隅"説》,《中國史研究》2006年第2期,67—84頁。

尉遲氏族源考
——中古尉遲氏研究之一

趙和平

一、尉遲敬德地望太原郡

尉遲敬德在中國可以説是一個家喻户曉的人物,之所以著名,得益於其門神形象。這樣一位被後世尊爲神的人物,他的籍貫與族屬卻撲朔迷離,或曰出自于闐,或曰出自代北;或曰胡人,或曰鮮卑人,莫衷一是。若干年前讀《太平廣記》,卷一四六"尉遲敬德"條云:

> 隋末,有書生居太原,苦於家貧,以教授爲業。所居抵官庫,因穴而入,其内有錢數萬貫,遂欲攜挈。有金甲人持戈曰:"汝要錢,可索取尉遲公帖來,此是尉遲敬德錢也。"書生訪求不見,至鐵冶處,有鍛鐵尉遲敬德者,方袒露蓬首,鍛煉之次,書生伺其歇,乃前拜之。尉遲公問曰:"何故?"曰:"某貧困,足下富貴,欲乞錢五百貫,得否?"尉遲公怒曰:"某打鐵人,安有富貴?乃侮我耳!"生曰:"若能哀憫,但賜一帖,他日自知。"尉遲不得已,令書生執筆,曰:"錢付某乙五百貫,具日月,署名於後。"書生拜謝持去,尉遲公與其徒拊掌大笑,以爲妄也。書生既得帖,卻至庫中,復見金甲人呈之,笑曰:"是也。"令繫於樑上高處,遣書生取錢,止於五百貫。後敬德佐神堯,立殊功,請歸鄉里,敕賜錢並一庫物未曾開者,遂得此錢。閱簿,欠五百貫。將罪主者,忽於樑上得帖子,敬德視之,乃打鐵時書帖,累日驚嘆,使人密求書生,得之,具陳所見,公厚遺之,仍以庫物分惠故舊。[1]

這條出自盧肇撰《逸史》的短文生動活潑,與兩《唐書》傳及許敬宗撰墓碑與佚名撰墓誌中的尉遲公大不相同。六年前在抄録此條並作劄記時説:"此太原隋時數萬貫之庫物,

---

[1]《太平廣記》卷一四六《定數一》,北京:中華書局,1961年,1048頁。

至唐初猶存,隋藏富於官可見一斑;借錢書帖,敦煌契券多有實例,此得一傳世例證;尉遲公音容笑貌躍然紙上。"這樣一位可愛可親的"門神",到底是哪里人呢?

《舊唐書》卷六八《尉遲敬德傳》:

> 尉遲敬德,朔州善陽人。大業末,從軍於高陽,討捕羣賊,以武勇稱,累授朝散大夫。[1]

《新唐書》卷八九《尉遲敬德傳》:

> 尉遲敬德,名恭,以字行,朔州善陽人。隋大業末,從軍高陽,積閲爲朝散大夫。[2]

許敬宗撰《唐并州都督鄂國公尉遲恭碑》:

> 公諱恭,字敬德,河南洛〔陽〕人也。一作朔州善陽人。……曾祖本貞,後魏中郎將、冠軍將軍、漁陽郡開國公,贈中外六州諸軍事,諡曰懋。……大父益都,北齊左兵郎中、遷金紫光禄大夫,入周濟州諸軍事濟州刺史。……考伽,隋授儀同三司。衛王記室,皇朝追封常寧安公,贈汾州刺史、幽州都督。……以顯慶三年十一月二十六日遘疾,薨於長安之私第,春秋七十有四。……賜司徒使持節都督并蔚嵐代等四州諸軍事并州刺使,餘官封並如故。……有子右領軍將軍寶琳。[3]

《大唐故開府儀同三司鄂國公尉遲君墓誌並序》:

> 公諱融,字敬德,河南洛陽人也。重山昭慶,玉理導其昌源;流星降祉,石細開其遠胄。自幽都北徙,弱水西浮,派別枝分,承家啓祚。曾祖本貞,後魏西中郎將、冠軍將軍、漁陽懋公,贈六州諸軍事幽州刺史;祖孟都,齊左兵郎中、金紫光禄大夫,周濟州刺史……父伽,隋儀同,皇朝贈汾州刺史,幽州都督,幽、檀、媯、易、平、燕等六州諸軍事,幽州刺史、常寧安公。……顯慶三年十一月二十六日終於隆政里之私第,春秋七十有四。……可贈司徒,使持節都督并、汾、箕、嵐等四州諸軍事,并州刺史,餘官封如故。……有子銀青光禄大夫、上柱國、衛尉少卿寶琳。[4]

《大唐故司徒公并州都督上柱國鄂國公夫人蘇氏墓誌銘並序》:

> 夫人諱斌,京兆始平人。……以隋大業九年歲次癸酉五月丁丑朔廿八日甲辰

---

[1] 《舊唐書》卷六八《尉遲敬德傳》,北京:中華書局,1975年,2495頁。
[2] 《新唐書》卷八九《尉遲敬德傳》,北京:中華書局,1975年,3752頁。
[3] 《全唐文》卷一五二《唐并州都督鄂國公尉遲公碑》,北京:中華書局影印本,1983年,1554—1557頁。
[4] 周紹良、趙超《唐代墓誌彙編》,上海古籍出版社,1992年,290—292頁。按:此誌有蓋,文曰:"大唐故司徒并州都督上柱國鄂國忠武公尉遲府君墓誌之銘。"

終於馬邑郡平城鄉京畿里之第,春秋廿有五。鄂公傷伉儷之長往,惜音儀之永謝,思葛覃而動詠,賦長簟而傷神,以貞觀八年十二月廿二日旋志於舊殯之所。公以位顯望隆,勳高德重,同伊吕之先覺,摛吴鄧於後塵,而懸車告老,用安靖退,赤松之遊無驗,頹山之痛遄及,爰發明詔,陪葬昭陵。……乃遣公孫潞王府倉曹參軍循毓馳驛迎夫人神柩於先塋,仍令所司造靈轝發遣,葬事所須,並令官給。……粵以顯慶四年歲次己未四月丁未十四日庚申合葬於昭陵東南十三里安平鄉普濟里之所。……其子銀青光禄大夫行衛尉少卿上柱國寶琳。[1]

尉遲敬德卒於顯慶三年(658),逆推當生於開皇五年(585);夫人蘇氏,卒於大業九年(613),逆推當生於開皇九年(589)。兩《唐書》說尉遲敬德是朔州善陽人,許敬宗撰碑說是"河南洛[陽]人(一作朔州善陽人)"[2],墓誌作"河南洛陽人",則敬德或作朔州善陽人,或作河南洛陽人。

尉遲敬德之侄《唐京兆大慈恩寺窺基傳》云:

> 釋窺基,字洪道,姓尉遲氏,京兆長安人也。尉遲之先與後魏同起,號尉遲部,如中華之諸侯國,入華則以部爲姓也。魏平東將軍說,六代孫孟都生羅、伽,爲隋代州西鎮將,乃基祖焉。考諱宗,唐左金吾將軍松州都督江由縣開國公,其鄂國公德則諸父也,唐書有傳。……[玄]奘師始因陌上見其眉秀目朗,舉措疏略,曰:將家之種不謬也哉?脱或因緣,相扣度爲弟子,則吾法有寄矣。……至年十七,遂預緇林,及乎入法,奉勅爲奘師弟子,始住廣福寺,尋奉勅別選聰慧穎脱者入大慈恩寺,躬事奘師學五竺語,解紛開結,統宗條然,聞見者無不嘆服。凡百犍度跋渠,一覽無差,寧勞再憶。年二十五應詔譯經,講通大小乘教三十餘本……造疏計可百本。……以永淳元年壬午示疾,至十一月十三日長往於慈恩寺翻經院,春秋五十一。[3]

---

[1] 周紹良、趙超《唐代墓誌彙編》,288—289頁。按:此誌有蓋,文曰:"大唐故司徒并州都督上柱國鄂國公忠武公夫人蘇氏墓誌之銘。"

[2] 《全唐文》中,"一作朔州善陽人"爲雙行小注,可能所據底本不同;又"善陽"爲"陽善"之誤倒。

[3] 贊寧《宋高僧傳》卷四,《大正大藏經》第五〇卷,725—726頁。《元和姓纂(附四校記)》卷一〇(中華書局,1994年)在219段正文:"又後魏平東將軍尉遲說。六代孫孟都,生羅、伽。羅,隋代州西鎮將,生運,運生紹宗,左屯田將軍,油江伯。孫環,邛州刺史。伽,隋烏程鎮將軍;生敬德,唐右武侯大將軍,同州刺史。鄂州忠公;生寶林,司衛卿、右衛將軍,生修寂、修儼。"岑校前三段與窺基傳有關,今轉録如下:A[岑校]"又後魏平東將軍尉遲說",《宋僧傳》四《窺基傳》:"姓尉遲氏,……魏平東將軍說。" B[又]"六代孫孟都生羅迦,羅隋代州西鎮將軍"。《窺基傳》:"六代孫孟都,生羅迦,爲隋代州西鎮將,乃基祖焉。"以羅迦爲一人,與《姓纂》羅、迦兩人異,疑《姓纂》近是。C[又]"生運,運生紹宗,左屯田將軍油江伯"。《窺基傳》:"考諱宗,唐左金吾將軍。松州都督、江油(轉下頁)

· 247 ·

奘門龍象窺基爲尉遲敬德之侄,卒於永淳元年(682),逆推當生於貞觀六年(632),十七歲出家,當在貞觀二十二年(648),在玄奘門下學五竺語及佛學直至二十五歲。《窺基傳》稱其爲"京兆長安人",則尉遲敬德地望又加一"京兆長安"也。

《魏書》卷七下《高祖紀》:

〔太和十九年六月〕丙辰,詔遷洛之民,死葬河南,不得還北。於是代人南遷者,悉爲河南洛陽人。[1]

《周書》卷四《明帝紀》:

〔明帝二年三月〕庚申,詔曰:"三十六國,九十九姓,自魏氏南徙,皆稱河南之民,今周室既都關中,宜改稱京兆人。"[2]

西魏、北周都城即長安,京兆人即"京兆長安人"。而"朔州善陽",在敬德妻蘇氏的《墓誌》中稱"終於馬邑郡平城鄉京畿里之第",隋代馬邑郡即唐代的朔州,即今山西北部朔縣。敬德之妻卒於馬邑郡(唐代朔州),可見是其家族長期居住之地;因敬德得以陪葬昭陵,所以蘇氏棺柩纔由其孫由朔州迎往昭陵與尉遲公合葬。

尉遲敬德《碑》云"父伽,隋授儀同三司,衛王記室",《墓誌》云"父伽,隋儀同"。檢《隋書》卷二八《百官下》,"儀同三司"或"儀同"爲散官,爲正五品階;"衛王記室"爲職事官,官階爲從六品,屬中低級官員。明乎此,《逸史》中所載尉遲敬德隋末在太原"袒露蓬首"打鐵爲生纔有確解。

尉遲敬德籍貫爲朔州善陽人,死後追贈爲并州刺史,應與尉遲一系世居馬邑郡(隋)有關。敦煌所出姓望氏族寫卷中,有兩件與尉遲氏有關。

北京圖書館(今稱國家圖書館)原位字79號(BD8414號)寫本"姓望氏族譜"[3],

(接上頁)縣開國公,其鄂國公德,則諸父也。"宗即此紹宗。依今本《姓纂》,窺基應是羅之曾孫,即敬德侄孫,與《僧傳》差一代,蓋今本"生運,運"三字,是涉前文尉遲迴而後衍,應刪去,如此,則兩書相吻合。十六衛有屯衛,無屯田衛。江油屬龍州,此作"油江"應乙正。《慈恩傳》七,貞觀二十二年,皇太子遣率尉遲紹宗領兵。前文所引尉遲敬德《碑》及《墓誌》、《窺基傳》及《姓纂》卷一〇第219段之誤則明矣,此處不再一一出校。

[1] 《魏書》卷七下《高祖紀》,北京:中華書局點校本,1974年,178頁。

[2] 《周書》卷四《明帝紀》,北京:中華書局點校本,1971年,55頁。

[3] 北京圖書館藏位字79號(BD8414號)寫本被發現後,引起中外學者的極大關注,如繆荃孫《唐貞觀條舉氏族事件卷跋》、向達《敦煌叢鈔敍錄》、牟潤孫《敦煌唐寫姓氏錄殘卷考》、王仲犖《唐貞觀八年條舉氏族事件殘卷考釋》、唐耕耦《敦煌唐寫本天下姓望氏族譜殘考若干問題》、宇都宮清吉《關於唐代貴族的考察》、仁井田陞《敦煌發現的天下姓望氏族譜》、池田溫《唐代的郡望表》等等,至20世紀80年代中期,中日不少著名史學家都有對位字79號文書的研究。好友鄧文寬《敦煌文獻〈唐貞觀八年高士廉等條舉氏族奏抄〉辯證》(《中國史研究》1986年第1期,160—173頁)一文的注釋中引用了截止到1985年時的中外學者論文,讀者可參看,這裏不再一一轉引。本文不準備對位字79號(BD8414號)文獻深入研究,故而只引一些作者的結論。唐耕耦《敦煌的四件唐寫本姓(轉下頁)

第3行下欄"太原郡十一姓",其下雙行殘存"郝、温、閻、解、于、令狐、尉"七姓。唐耕耦云:"尉,繆〔荃孫〕作尉遲,向〔達〕作尉□,但從膠片上看,尉下紙仍完好,無遲字。魏書官氏志云,西方尉遲氏後改爲尉氏。"唐先生"斷定殘卷甲(位字79號)所載郡姓係輯自唐初或唐以前的各種著作"。唐先生追述太原郡沿革説:"按太原郡,秦置,屬古并州,兩漢因之,兼置并州。曹魏并州所領有太原郡。後魏亦爲太原郡,兼置并州,北齊,北周皆因之。隋初郡廢,置并州,又改爲太原郡。《新唐書·地理志》:太原府、太原郡,本并州,開元十一年爲府。殘卷太原郡并州,爲隋以前之制,又與隋建置相合,與唐初亦合。(《通典》卷一七九)。"至遲唐初時,尉(遲)氏即爲全國三百九十八姓,太原十一姓之一也。若未長期在并州生活,何以能入太原郡十一姓之中?

王仲犖先生針對S.2052號寫本,著有《〈新集天下姓望氏族譜〉考釋》的長文[1],爲免枝蔓,這裏只引王先生的結論,不作更多評論。王先生認爲:"斯坦因敦煌文書第二〇五二號《新集天下姓望氏族譜》大概是唐德宗時代的作品。"S.2052"并州太原郡出廿七姓",在"弘、王、郭、郝、温"以下第六姓即爲"尉遲"。對尉遲姓王先生云:"《魏書·官氏志》:'西方尉遲氏',《魏書·太祖紀》:'天興六年春正月,朔方尉遲部别帥率萬餘家内屬,入居雲中。'按北魏孝文帝自代遷洛,代人南遷者,並爲河南人。西魏都長安,又改代人郡望爲長安人。此尉遲氏望出太原。"

王先生又云:"這個《新集天下姓望氏族譜》很完整,很全面,凡十道中記載了九道九十一郡七百七十七個姓氏和郡望。……代北的鮮卑姓氏,北魏孝文遷都洛陽後以河南爲其郡望,西魏北周都長安以京兆爲其郡望。在《新集天下姓望氏族譜》中,洛州河南郡郡姓中列有穆、獨孤、丘、祝、元、賀蘭、慕容、古、山、侯莫陳、宇文諸氏,可以證明他們都是漢族完全融合以後的鮮卑姓氏。同時,他們也分居到河東道、河北道、河南道諸州居住,成爲當地的望族了。如澤州高平郡有獨孤氏,并州太原郡有尉遲氏,冀州渤海郡有赫連氏和紇干氏,許州潁州郡有豆盧氏,兗州太山郡有斛斯氏,徐州蘭陵郡有万俟氏,可見鮮卑望族不僅代居京兆、洛陽,而且分佈居住在大河南北了。"

尉遲氏無論是河南洛陽人、京兆長安人、太原郡人,其成爲"郡望"淵源有自,《魏

(接上頁)望氏族譜(?)殘卷研究》一文(載北京大學中國中古史研究中心編《敦煌吐魯番文獻研究論集》第二輯,北京大學出版社,1983年,211—280頁)是一篇綜合性研究姓望氏族譜的文章,衆多學者一致認定位字79號文書内容爲貞觀八年(634)之事,其内容應出自唐初之前無疑,所以,這裏借用唐耕耦先生的一些論述。

[1] 王仲犖《〈新集天下姓望氏族譜〉考釋》,北京大學中國中古史研究中心編《敦煌吐魯番文獻研究論集》第二輯,77—177頁。下文所引王先生語均出自此書。

書·官氏志》中説:

> 太和十九年,詔曰:"代人諸胄,先無姓族,雖功賢之胤,混然未分。故官達者位極公卿,其功衰之親,仍居猥任。比欲制定姓族,事多未就,且宜甄擢,隨時漸銓。其穆、陸、賀、劉、樓、于、嵇、尉八姓,皆太祖已降,勳著當世,位盡王公,灼然可知者,且下司州、吏部,勿充猥官,一同四姓。"[1]

詔書"制定姓族",是以君權定"穆、陸、賀、劉、樓、于、嵇、尉八姓""一同四姓",而"四姓"即人們習知的崔、盧、李、鄭。而尉姓,即孝文改制前之尉遲氏,與勳臣八姓提升至與山東四大姓同等對待之地位。

二、尉遲氏的族源

尉遲敬德原配夫人蘇氏葬於隋代之馬邑郡,史書稱敬德爲朔州善陽人得其實。那麽,此一尉遲氏究竟起源於何地呢?在探討這個問題之前,先要釐清一個問題,即史籍出土碑誌中"尉遲"和"尉"兩種稱謂是否所指爲一事。姚薇元先生在《北朝胡姓考》内篇第二尉氏條内作了精細的考證,姚先生舉出尉遲苟仁即尉元,尉剛、尉迥即尉遲綱、尉遲迥,尉長命即尉遲長命三例後,概括説:"據此三證,可知代郡尉氏,確爲尉遲氏所改。魏有束州侯尉古真、安城侯尉撥,皆代郡人,當與尉元、尉長命同屬尉遲一族。魏中嶽碑陰題名有扶風公尉遲初真,殆古真之兄弟行也。"[2]

魏晉以降至唐宋,"尉"姓與"尉遲"姓可視爲一,出現混用的原因在於魏孝文帝遷洛之後,改尉遲氏爲尉氏,而西魏、北周又回改"尉"爲"尉遲",而東魏、北齊治下地域則襲孝文帝之制爲尉氏單姓,故而形成史籍、碑誌、詩文中兩姓並見的現狀,以至於《元和姓纂》中將尉氏置於卷八,尉遲氏置於卷十,將事實上的一姓割裂爲二。明乎此,本文將尉氏與尉遲氏作一姓來討論。

在展開討論之前,先列舉八條相關資料。

(1)尉遲運墓誌:

大周使持節上柱國盧國公墓誌:

> 公諱運,字烏戈拔,河南洛陽人。軒轅誕聖,則垂衣服冕;昌意秉德,則降居藏

---

[1] 《魏書》卷一一三,3014頁。
[2] 姚薇元《北朝胡姓考》,北京:中華書局,1962年,189—198頁。姚先生對尉遲氏的探討,是目前我看到的最爲詳盡的,本文受此書啓發甚多,但"尉氏條"中的有些看法筆者並不贊同,當在下文及以後的文章中闡明。

用。洪源沘彌,九河注而不究;深抵輪囷,十日棲而愈茂。始祖吐利,封尉遲國君,從魏聖武南遷,因以國命氏。祖俟兜,贈使持節太傅,柱國大將軍、長樂定公。……尚太祖文皇帝姊昌樂長穆公主。亡考綱,使持節太傅、柱國大將軍、大司空、吳武公。……大成元年二月廿四日遘疾薨於秦州,春秋卅有一。[1]

尉遲運(539—579)爲尉遲綱(517—569)第二子,《周書》卷二〇《尉遲綱傳》説,"尉遲綱字婆羅,蜀國公迥之弟也。少孤,與兄迥依托舅氏","〔天和〕四年五月,薨於京師,時年五十三"[2]。

(2)《周書》卷二一《尉遲迥傳》:

尉遲迥字薄居羅,代人也。其先,魏之别種,號尉遲部,因而姓焉。父俟兜,性弘裕,有鑒識,尚太祖姊昌樂大長公主,生迥及綱。俟兜病且卒,呼二子,撫其首曰:"汝等並有貴相,但恨吾不見爾,各宜勉之。"……迥少聰敏,美容儀。及長,有大志,好施愛士。稍遷大丞相帳内都督。尚魏文帝女金明公主,拜駙馬都尉。[3]

(3)《北史》卷六二《尉遲迥傳》:

尉遲迥字薄居羅,代人也。其先,魏之别種,號尉遲部,因而氏焉。父俟兜,性弘裕,有鑒識,尚周文帝姊昌樂大長公主,生迥及綱。迥年七歲,綱年六歲,俟兜病且卒,呼二子,撫其首曰:"汝等並有貴相,但恨吾不見爾,各勉之。"武成初,追贈柱國大將軍、太傅、長樂郡公,謚曰定。[4]

尉迟运之父尉迟纲,伯父尉迟迥(516—581),祖父尉迟俟兜(? —522)[5]。

(4)《元和姓纂》卷八:

《官氏志》,北方尉遲部,如中華諸侯也。魏孝文改爲尉氏。尉托奇枝爲廬汗莫賀弗,六代孫後周長公俟兜,生迥、綱。迥,太師、相州總管、蜀國公,生寬、誼。綱,

---

[1] 羅新、葉煒《新出魏晉南北朝墓誌疏證》,北京:中華書局,2005年,304—307頁。據羅、葉的"疏證",尉遲運墓誌與其妻賀拔毗沙墓誌同時在20世紀80年代末出土於咸陽底張灣,拓片圖版及録文見《中國北周珍貴文物》,101—104頁,羅、葉録文有訂正。羅、葉的"疏證"中説:"尉遲運,《周書》卷四〇、《北史》卷六二有傳,内容與墓誌大同小異,可以互補。尉遲運生於西魏文帝大統五年(539),卒於北周大成五年(579)。"尉遲運之祖尉遲俟兜、父尉遲綱在《周書》《北史》亦有傳。據《周書》卷二〇《尉遲綱傳》,其死後,第三子安以嫡嗣,而尉遲運爲尉遲安之兄,當爲庶出。"

[2] 《周書》卷二〇,339—341頁。

[3] 《周書》卷二一,349頁。

[4] 《北史》卷六二《尉遲迥傳》,北京:中華書局點校本,1974年,2209頁。

[5] 據《周書·尉遲綱傳》,綱卒於天和四年(569)四月,時年五十三,逆推當生於北魏孝明帝熙平二年(517);據《北史·尉遲迥傳》,迥及綱爲同母弟,且長於綱一歲,則迥當生於熙平元年(516),後起兵反楊堅被殺,死於大象二年(581)。迥七歲,綱六歲,尉遲俟兜卒,應爲北魏正光三年(522),只是生年不詳。

後周大司空、吴國公,生運、安、允。安允,安生耆福,唐庫部員外。

岑仲勉先生校云:

  A. 官氏志北方尉遲部。今志作"西方尉遲氏",按于闐王姓尉遲,見新書二二一上,其在西方,似有更久遠之歷史,余以爲應從志作西。

  B. 尉托奇枝爲庉汗莫賀弗。"托奇枝",卷十尉遲姓下作"托哥拔",《疏證》以爲"枝"即"拔"譌。"庉汗"疑可汗之異譯。此下之文,羅校以爲與下尉遲復出,然此條不如尉遲條之多誤。[1]

(5)《元和姓纂》卷一〇:

〔尉遲〕與後魏同起,號尉遲部,如中華之諸侯,至孝文時,改爲尉遲氏。後有托哥拔,五代孫乙紇豆生侯兜。祐。兜、樂生迴、綱。

岑校云:

  後有托哥拔五代孫乙紇豆。"托",庫本、嘉本均作托。按卷八尉姓作"尉托奇枝",哥拔、奇枝,皆渉相似,未詳孰是。前云六代孫侯兜,此云五代孫乙紇豆,世次相符。[2]

(6)《尉遲敬德墓誌》:

  自幽都北徙,弱水西浮,派别枝分,承家啓祚。[3]

(7)《窺基傳》:

  尉遲之先,與後魏同起,號尉遲部,如中華之諸侯國,入華則以部爲姓也。魏平東將軍說,六代孫孟都生羅、伽,爲隋代州西鎮將,乃基祖焉。考諱〔紹〕宗,唐左金吾將軍松州都督江油縣開國公,其鄂國公德則諸父也,唐書有傳。[4]

(8)《元和姓纂(附四校記)》卷一〇:

  又後魏平東將軍尉遲說。六代孫孟都,生羅、迦。羅,隋代州西鎮將軍。[5]

上列八條資料,來自尉遲迴、尉遲綱,尉遲敬德兩枝,均出自代人。我們按歷史的順序先梳理一下尉遲迴、綱一系。

---

[1]《元和姓纂(附四校記)》卷八,1202—1203頁。
[2]《元和姓纂(附四校記)》卷一〇,1513頁。此篇文字錯訛較多,前輩學者多已做過校正,爲免枝蔓,在不影響文義的情況下,不做過多校語。
[3] 周紹良、趙超《唐代墓誌彙編》,291頁。
[4] 贊寧《宋高僧傳》卷四,725—726頁。
[5]《元和姓纂(附四校記)》卷一〇,1516頁,219段。

尉遲綱第二子《尉遲安墓誌》説:"始祖吐利,封尉遲國君。從魏聖武南遷,因以國名氏。祖俟兜。"《周書·尉遲迥傳》説:"其先,魏之別種,號尉遲部,因而姓焉。"《北史·尉遲迥傳》説:"其先,魏之別種,號尉遲部,因而氏焉。"《元和姓纂》卷八説:"《官氏志》,北〔按當作西〕方尉遲部,如中華諸侯也,魏孝文改爲尉氏,尉托奇枝爲廂汗莫賀弗,六代孫後周長〔樂〕公侯(俟)兜。"《元和姓纂》卷一〇説:"〔尉遲氏〕與後魏同起,號尉遲部,如中華之諸侯,至孝文時改爲尉遲(遲字衍)氏。後有托哥拔,五代孫乙紇豆生侯(俟)兜。"這些資料,使我們大致可以勾畫出尉遲部的來龍去脈。

魏聖武,指詰汾。據《魏書》卷一《序紀》:"聖武皇帝諱詰汾。獻帝命南移……始居匈奴之故地。"[1]則東漢末年,鮮卑由大興安嶺北端之嘎仙洞一帶向南遷移,尉遲部即爲三十六國、九十九姓之一。而《尉遲敬德墓誌》説"自幽都北徙,弱水西浮,派別枝分,承家啓祚",正好對應了這一段歷史。

"尉托奇枝爲廂汗莫賀弗",此十字至關重要。托奇枝,似應爲托哥拔,與一般鮮卑姓名近似。廂汗,可能爲"窟汗",亦即"可汗",即一部落之酋長。而"莫賀弗"一詞最爲關鍵。好在姚薇元先生在《北朝胡姓考》內篇第二勳臣八姓之《周書》卷二〇《賀蘭祥傳》"其先與魏俱起,有紇伏者,爲賀蘭莫何弗,因以爲氏"後有一長注,全引如下:

> 按《隋書》卷84《室韋傳》云:"每部置莫何弗以貳之。"《遼史》卷百十六《國語解》:"莫弗紇,諸部酋長稱,又云莫何弗。"賀、何同語異譯字,可知"莫何弗"乃夷語酋長之稱。《魏書》103《高車傳》作"莫弗",蓋"莫何弗"之略。據《通典》197 突厥條:"其勇健者,呼英賀弗。""英"當爲"莫"之訛。可知"莫賀弗"乃"勇健者"之意。夷言稱領袖曰"莫何弗",意爲"勇健者"。中土稱領袖曰"長"意謂"年高者"。夷俗尚武而中國敬老,於是可尋味焉。[2]

鮮卑部族首領稱爲"莫何"者,尚有河西鮮卑乞伏國仁之祖紇干:"四部服其雄武,推爲統主,號之曰乞伏可汗託鐸莫何。託鐸者,言非神非人之稱也。"[3]《晉書》此處只解"託鐸",未解"莫何",而"莫何"即"莫何弗",即"勇健者",乃酋長之稱。

尉托哥拔廂汗莫賀弗五代孫爲乙紇豆,六代孫爲俟兜,七代孫爲迥(薄伐羅)、綱(婆羅),八代孫爲運(烏戈拔)。從尉遲迥一系可以看出,這一枝實與鮮卑皇族元氏(拓

---

[1]《魏書·序紀》,2—3 頁。
[2]《北朝胡姓考》,33—35 頁。
[3]《晉書》卷一二五《乞伏國仁載記》,3113 頁。

跋氏)同起。我們能否推出尉托哥拔廆汗莫賀弗的一些信息呢?

我們還要借用姚薇元先生《北朝胡姓考》中提供的一種年代推定法。此書第92—93頁推定婁黑女之祖爲婁提時注云:

> 通常推算年代,皆假定三十年爲一世。婁黑女卒於北齊天保五年,公元554年,爲59歲,從此上推兩世六十年爲494年,即太和十八年。是時其祖爲59歲,則在太和初年(477年)時,爲40歲左右,正年富力強,立功取封之時,與〔婁〕昭傳"以功封真定侯",情形正合。[1]

尉遲綱卒於天和四年(569),爲53歲,以三十年爲一世,上推七世共210年爲公元359年,則當東晉升平三年、前秦甘露元年,此時正是什翼犍定都盛樂之後不久;若以尉遲迥卒於大象二年(581),爲65歲,上推七世當爲公元371年,則當東晉太和元年、前秦建元七年;尉托哥拔廆汗莫賀弗在公元360—371年間當爲54—65歲,正是晚年時。在《魏書》、《北史》等正史中,目前已知與拓跋氏皇室有關的尉氏人物,最早出現的當屬尉古真。

《魏書》卷二六《尉古真傳》:

> 尉古真,代人也。太祖之在賀蘭部,賀染干遣侯引乙突等詣行宫,將肆逆,古真知之,密以馳告,侯引等不敢發,染干疑古真泄其謀,乃執拷之,以兩車軸押其頭,傷一目,不伏,乃免之。登國初,從征庫莫奚及叱突鄰,並有功。……泰常三年,除定州刺史。卒,子億萬襲。卒,子盛襲。[2]

《資治通鑑》卷一〇六孝武帝太元十年(385)八月條:

> 賀訥弟染干以〔拓跋〕珪得衆心,忌之,使其黨侯引七突殺珪;代人尉古真知之,以告珪,侯引七突不敢發(……西方尉遲氏,後改爲尉氏。),染干疑古真泄其謀,執而訊之,以兩車輪夾其頭,傷一目,不伏,乃免之。[3]

此事發生在公元385年8月,拓跋珪在陰山(今内蒙古大青山)北珪舅氏賀蘭部駐地。"代人尉古真"既知其謀,當是"莫何弗"一類人物,他又能"知之",且"以告珪",説明他有面見拓跋珪的自由,更證明尉古真是某國或某姓酋長。本傳中説尉古真"從平中原,以功賜爵柬州侯,加建節將軍";"泰常三年(418)除定州刺史,卒"。以三十年爲一世的

---

[1]《北朝胡姓考》,92—93頁。
[2]《魏書》卷二六,655頁;《北史》卷二〇《尉古真傳》略同。
[3]《資治通鑑》卷一〇六"孝武帝太元十年八月條",北京:中華書局點校本,1956年,3351頁。

推算方法,尉古真當爲尉托哥拔廆汗莫賀弗的孫輩,即尉遲迥、綱之五世祖。

據《魏書·尉古真傳》、《北史·尉古真傳》,尉古真弟尉諾長子眷,"高宗時,率師北擊伊吾,克其城,大獲而還。尋拜侍中、太尉,進爵爲〔漁陽〕王。與太宰常英等評尚書事。……以眷元老,賜杖履上殿,和平四年(463)薨。……〔諾〕子多侯,襲爵。……太和元年(477)爲妻元氏所害"[1]。

尉古真之侄尉眷能官至侍中、太尉,爵爲漁陽王,且"評尚書事",乃宰相事權,除去軍功、事功的因素外,尉古真在公元385年的救主,以及可能是尉遲部莫賀弗都有關係。

另外一枝與尉托哥拔廆汗莫賀弗可能有關的尉氏是尉元。《魏書》卷五○《尉元傳》:

> 尉元,字苟仁,代人也。世爲豪宗。父目斤,勇略聞於當時。泰常(416—423)中,爲前將軍,從平虎牢,頗有軍功,拜中山太守。〔尉〕元年十九,以善射稱。……太和初,徵爲内都大官。既而出爲使持節、鎮西大將軍、開府、統萬鎮都將,甚得夷民之心。三年(479),進爵淮陽王,以舊老見禮,聽乘步挽,杖於朝。……十三年,進爲司徒。十六年,例降庶姓王爵,封山陽郡開國公,食邑六百戶。……十七年(493)七月,元疾篤,高祖親幸省疾。八月,元薨,時年八十一。……子羽,名犯肅宗廟諱,……遷洛,以山陽在畿内,改爲博陵郡開國公。後爲征虜將軍;恒州刺史。卒,仍以爲贈,諡曰順。[2]

尉元,"代人也,世爲豪宗",其"父目斤,勇略聞於當時,泰常中爲前將軍、中山太守"。尉目斤的活動年代與尉古真、太真、諾兄弟相近,從年代上講,尉目斤與古真兄弟當爲尉托哥拔廆汗莫賀弗的第三代,"莫賀弗"一詞與"世爲豪宗"之漢語意義相近。尉元在太和時由尚書令晉位司徒,爵爲淮陽王,乃人臣極致,恐怕也和其祖輩是與後魏同起一部的部酋相關。綜合以上分析與推論,尉古真、尉元、尉遲迥、綱三家都應出自尉托哥拔廆汗莫賀弗,而其始祖爲聖武帝詰汾時的"尉遲國君吐利"。

本文開頭即全文引用《逸史》中"尉遲敬德"在太原打鐵之事,那麽,尉遲敬德一枝與上文三枝尉遲究竟有何關係?前文已述,尉遲敬德夫人蘇氏大業九年葬於馬邑郡,則尉遲敬德祖墳在馬邑郡。《宋高僧傳》之《窺基傳》説:"尉遲之先,與後魏同起,號尉遲部,如中華之諸侯國,入華則以部爲姓也。魏平東將軍説,六代孫孟都生羅、伽。"《元和

---

[1]《魏書》卷二六,656—658頁;《北史》卷二○《尉古真傳》略同。
[2]《魏書》卷五○,1109—1116頁。

姓纂》卷一〇説:"又後魏平東將軍尉遲説,六代孫孟都生羅、伽。"《尉遲敬德墓誌》説:"自幽都北徙,弱水西浮,派别枝分,承家啓祚。"尉遲敬德一枝遠源應是與魏同起的尉遲部(國)始祖吐利;近源則是"後魏平東將軍説"。

據尉遲敬德《碑》及《墓誌》、《窺基傳》、《姓纂》,這一枝的始祖應是吐利,遠祖是尉托哥拔庘汗莫賀弗,近代祖先是"後魏平東將軍尉遲説"。尉遲説六代孫孟都,七代孫羅、伽(迦),八代孫恭、紹宗,九代孫窺基、寶琳。而五代孫爲本真,本真以上至尉遲説有三代人名不詳。這裏的關鍵是孟都之六世祖尉遲説,究係何人? 我們這裏仍然借用姚薇元先生提供的以三十年爲一世的方法逆推。窺基生於公元632年,卒於公元682年,享年51歲。基乃九世孫,逆推270年,當公元412年,尉遲説當51歲左右。

《魏書》卷二六《尉古真傳》:

> 太真弟諾,少侍太祖,以忠謹著稱。從圍中山,諾先登,傷一目。太祖嘆曰:"諾兄弟並毁其目,以見功效,誠可嘉也。"寵待遂隆。除平東將軍,賜爵安樂子。從討姚平,還,拜國部大人。太宗初(409),爲幽州刺史,加東統將軍,進爵爲侯。長孫道生之討馮跋也,諾與驍騎將軍延普率師次遼西,轉寧東將軍,進爵武陵公。諾之在州,有惠政,民吏追思之。世祖時,薊人張廣達等二百餘人詣闕請之,復除安東將軍、幽州刺史,改邑遼西公。兄弟並爲方伯,當世榮之。燕土亂久,民户凋散,諾在州前後十數年,還業者萬餘家,延和中(432—434)卒。第八子觀,襲爵。[1]

尉諾"少侍太祖",則在20歲以下即是太祖(道武帝拓跋珪)之親信,後"除平東將軍",太宗初(拓跋嗣,409年之後)爲幽州刺史,加東統將軍,晉爵爲侯,此時大約40多歲,或年近50歲。"復除安東將軍,幽州刺史,改邑遼西公","延和中卒",則70歲左右卒於幽州刺史任上。窺基之九世祖尉遲説只有"後魏平東將軍"一條史料,以三十年一世的推算方法,則尉遲説與尉諾的活動年代恰好相合,《尉諾傳》中有"延和中卒,第八子觀襲爵",那麽,尉諾至少有八個兒子,在《魏書·尉古真傳》中,諾八子中所記爲長子眷,眷弟地幹、侯頭、力斤、爲陳五人,而第八子觀無歷官和事跡,另有兩子無任何信息。尉遲諾與尉遲説從年代、歷官上十分近似,尉遲説只記"後魏平東將軍",而尉諾也曾爲"平東將軍",後爲"安東將軍、幽州刺史、遼西公"。"平"、"安"一字之差,諾與説很可能爲同一人。

尉遲説五代孫本真,"後魏中郎將,冠軍將軍,漁陽郡開國公";尉諾五世孫尉瑾官

---

[1]《魏書》卷二六,655頁;《北史》卷二〇《尉古真傳》略同。

吏部尚書,大約卒於561—562年[1],尉遲説六代孫孟都,"北齊左兵郎中,遷金紫光禄大夫,入周濟州諸軍事濟州刺史",尉諾六世孫德載,"北齊時位通直散騎侍郎";則尉遲説與尉諾五代孫、六代孫官職及活動年代相似,或可推定説、諾爲一人的旁證。倘若此説成立,那麽,尉遲敬德一枝與尉古真、太真、諾一枝爲同一家族。

在北魏、東魏北齊、西魏北周的政治、軍事舞臺上活躍的尉遲氏四枝著名家族,均出於與後魏同起的尉遲國君吐利、尉托哥拔廆汗莫賀弗一系,其來源當爲鮮卑三十六國、九十九姓之一,即後世所稱之代人。

三、"西方尉遲氏"新解

《魏書》卷一一三《官氏志》説:"西方尉遲氏,後改爲尉遲。"[2]《元和姓纂(附四校記)》卷八説:"《官氏志》,北方尉遲部,如中華諸侯也,魏孝文改爲尉遲氏。"在這句下,岑仲勉先生校云:"今《志》作'西方尉遲氏',按于闐王姓尉遲,見《新書》二二一上,其在西方,似有更久遠之歷史,余以爲應從《志》作'西'。"將《官氏志》中"西方尉遲氏"與于闐王室相聯繫,是20世紀上半葉許多中外學者的看法,爲避免繁冗,我們這裏以向達先生的有關論述來説明。

《唐代長安與西域文明》是向達先生的代表性論文之一,第二節"流寓長安之西域人"第一例即爲"于闐尉遲氏",爲便於討論,今將此條内有關尉遲敬德者全文録出:

于闐王室,相傳在唐以前即屬 Vijaya 一族。據斯坦因(M. A. Stein)及 Sten. Konow 諸人研究,西藏文獻中之 Vijaya 即 SaKa 語中之 Viśa',中國史籍中于闐王室尉遲氏即 Viśa' 一辭之譯音。于闐國人入居中國,遂俱氏尉遲。至於唐代流寓長安之尉遲氏諸人,淵源所自,大別有三:一爲出於久已華化之後魏尉遲部一族;一爲隋唐之際因充質子而入華者;其一則族系來歷具不明者。今分舉如次:

唐代住居長安久已華化之尉遲氏,自以尉遲敬德一族,最爲著名。尉遲敬德(《舊唐書》卷68,《唐書》卷89有傳),以高宗顯慶三年(公元658年)卒於長安私第,據宋敏求《長安志》,在西市南長壽坊。其子寶琳附見兩《唐書》傳及許敬宗撰《敬德碑》。敬德猶子窺基大師,字洪道,尉遲〔紹〕宗子,所謂獎門龍象者是也。《宋高僧傳·窺基傳》云:"窺基字洪道,姓尉遲氏,京兆長安人也。尉遲之先與後

---

[1]《北史》卷二〇,736—737頁;參《北齊書》卷四〇《尉瑾傳》,北京:中華書局點校本,1972年,527—528頁。
[2]《魏書》卷一一三,3012頁。

魏同起,號尉遲部,如中華之諸侯國;入華則以部爲氏也。魏平東將軍説六代孫孟都生羅伽,爲隋代州西鎮將,乃基祖焉。考諱宗,唐左金吾將軍松江都督江油縣開國公。其鄂國公德則諸父也,《唐書》有傳。"敬德出於後魏尉遲部。《魏書·官氏志》謂爲西方尉遲氏。按韋述《兩京新記》,長安嘉會坊褒義寺本隋太保吳國公尉遲剛宅,剛兄即尉遲迥。永平坊宣化尼寺則隋開皇五年周昌樂公主及駙馬都尉尉遲安捨宅所立。尉遲迥、尉遲安皆出於尉遲部,嘉會、永平、長壽三坊,自北而南彼此毗連,則此部人之占籍長安,最遲亦當在周隋之際,而敬德一族與此輩必有若干之關聯也。日本羽溪了諦以爲後魏尉遲部實始於《窺基傳》中平東將軍説,尉遲説即于闐史上之 Vijaya-Kirti,尉遲即 Vijaya 之音譯,説則譯 Kirti 一字之義(Kirti 出於梵語之 Klit)云云。羽溪氏説,尚待佐證,唯久已華化之敬德一族,其先亦出于闐,則無可疑也。

向達先生據西洋人 Stein、Konow,東洋人羽溪了諦等及他本人的研究,認爲"〔尉遲〕敬德一族,其先亦出于闐,則無可疑也"。而岑仲勉先生也認爲:"于闐王姓尉遲,其在西方,似有更久遠之歷史。"問題的關鍵是《魏書·官氏志》"西方尉遲氏"一句如何解讀。

《魏書》由魏收(505—572)主撰,完成於天保五年(554),十《志》稍晚於紀傳成書。《官氏志》中有關姓族之原始資料今已不詳出處,仔細閱讀,可以發現一些脈絡。《官氏志》在論氏姓第一段末尾説:

> 初,安帝(按:推寅之父)統國,諸部有九十九姓。至獻帝(按:聖武皇帝詰汾之父鄰)時,七分國人,使諸兄弟各攝領之,乃分其氏,自後兼併他國,各有本部,部中別族,爲内姓焉。年世稍久,互以改易,興衰存滅,間有之矣,今舉其可知者。

此段之後,緊接著就是帝室十姓的來源及後所改姓。下一段説:

> 神元皇帝時(名力微,活動於曹魏至西晉初),餘部諸姓内入者。
>
> 丘穆陵氏,後改爲穆氏。
>
> 步六孤氏,後改爲陸氏。
>
> 賀賴氏,後改爲賀氏。
>
> 獨孤氏,後改爲劉氏。
>
> 賀樓氏,後改爲樓氏。
>
> 勿忸于氏,後改爲于氏。

在于氏之後有 68 姓,至"乙弗氏,後改爲乙氏"之後接:

>　　東方宇文、慕容氏，即宣帝時（按：推寅稱宣帝）東部，此二部最爲強盛，別自有傳。
>
>　　南方有茂眷氏，後改爲茂（荗）氏。宥連氏，後改爲雲氏。
>
>　　次南有紇豆陵氏，後改爲竇氏。

在竇氏後有4姓，下一行爲：

>　　西方尉遲氏，後改爲尉氏。

在尉氏後有15姓，下一行說：

>　　凡此諸部，其渠長皆自統衆，而尉遲已下不及賀蘭諸部氏。
>
>　　北方賀蘭，後改爲賀氏。

賀氏之後又9姓，最後一姓爲羽氏，其下說：

>　　凡此四方諸部，歲時朝賀，登國初，太祖散諸部落，始同爲編民。[1]

《官氏志》中共錄109姓，即109個部落的名稱，我們特別要注意的是，在太和十九年詔書中的勳臣八姓（穆、陸、賀、劉、樓、于、嵇、尉），前六姓排在諸姓內入之首，尉遲氏在西方諸姓之首，嵇氏在北方賀蘭氏之後排在第三位，"紇奚氏，後改爲嵇氏"。

這裏的"四方"諸姓的"四方"到底指以何地爲中心的四方，是問題的關鍵。《資治通鑑》卷一一〇《晉紀》三十二安帝隆安二年（398）十二月條：

>　　十二月，己丑，魏王珪即皇帝位，大赦，改元天興。……追尊遠祖毛以下二十七人皆爲皇帝（原注：魏謚毛爲成皇帝，五世至推寅，南遷大澤，方千餘里，謚宣皇帝。七世至鄰始南出，居匈奴故地，謚獻皇帝。獻帝之子曰詰汾，謚聖武皇帝）。謚六世祖力微曰神元皇帝，廟號始祖；祖什翼犍曰昭成皇帝，廟號高祖；父寔曰獻明皇帝。……又用崔宏議，自謂黃帝之後，（原注：魏收曰：魏之先出自黃帝，黃帝子曰昌意。昌意之子受封北國，有大鮮卑山，因以爲號，其後世爲君長，統幽州之北，廣漠之野。黃帝以土德王，北俗謂土爲"托"，謂后爲"跋"，故以托跋爲氏。）以土德王。徙六州二十二郡守宰、豪傑二千家於代都，東至代郡，（原注：魏都平城，以平城爲代都，依漢建國之名也。漢平城縣本屬雁門郡，而代郡至桑乾，後漢徙高柳，晉徙平舒。魏收《地形志》之上谷郡，晉之代郡也。唐爲蔚州之地。魏之代都，唐爲雲州雲中縣之地。）西極善無，南及陰館，（原注：善無縣，漢屬雁門郡，後漢屬定襄郡，元魏天平二年置善無郡。班《志》，陰館縣屬雁門郡，本樓煩鄉，景帝後三年置。

---

[1]《魏書》卷一一三，3012頁。

陰館縣有累頭山,治水所出《五代史志》,代州雁門縣有累頭山,即漢之陰館縣已併入雁門縣矣。)北盡參合,皆爲畿内,其外四方,四維置八部師(帥)以監之。[1]

以平城(今大同)爲中心,東至代郡(其東部即爲慕容氏之勢力範圍),西及善無(按:《北齊書·尉景傳》即稱其爲"善無人",尉遲恭"朔州善陽",在平城的西南,均爲平城之西),南極陰館,北盡參合,這裏的"四方"即《官氏志》所指"四方"。"西方尉遲氏"即指在平城西部畿内之地的善無、善陽一帶,是"徙六州二十二郡守宰、豪傑二千家於代都"的"守宰、豪傑"中的一姓或一國。明乎此,我們就可以理解《魏書》中的尉古真、尉元、尉摽;《北周書》之尉遲迥、尉遲綱、尉遲安;《北齊書》中之尉景、尉長命、尉瑾等人爲何能稱爲"代人"了,順此思路,遷洛之後的尉遲(尉)氏稱爲河南洛陽人,西遷長安的西魏、北周尉遲氏稱京兆長安人,也就與"北方尚冠冕"之風契合,與"與魏同起"的勳臣之高自標置吻合。

簡言之,筆者認爲,《官氏志》中之"西方尉遲氏"是指匯集在代都平城畿内"西方"之尉遲部,這一部落(國)的遠祖爲吐利,近祖是尉託哥拔庽汗莫賀弗,而尉遲敬德之八世祖尉遲説,應是尉古真之兄弟行,或即尉古真之弟尉諾;敬德一族與遠在于闐的尉遲氏並無多大關係。至於説到于闐之尉遲氏一系的來源,當在筆者的另一篇討論中古尉遲的論文裏發表,讀者可以俟諸來日。

筆者《于闐尉遲氏源出鮮卑考——中古尉遲氏研究之二》刊於《敦煌研究》2014年第3期,201—212頁,論文在前人研究的基礎上,梳理出目前已知于闐王尉遲氏的世系;對公元445年吐谷渾主慕利延入于闐,"殺其王 有其地"做了再討論;從史籍中輯出3—5世紀尉遲部活動於以尉遲川爲中心的青海湖四周,論證了于闐尉遲氏"殿門東向","妻戴金花","貌不甚胡、頗類華夏"等特徵與吐谷渾的一致性;認爲于闐尉遲氏乃吐谷渾之一部分,乃5世紀中慕利延入于闐後留作統主者。有興趣的讀者可參看。

2014年7月12日校補記

(作者單位:首都師範大學歷史學院)

---

[1] 《資治通鑑》卷一一〇,3483—3485頁。

武則天時期的"祥瑞"
——以《沙州圖經》爲中心

孟憲實

武則天稱帝過程中,積極爲自己的政治目標製造輿論,神化自己也神話武周。陳寅恪先生以來,學者對於武則天利用佛教爲自己造勢已經多有研究,讓我們對於武周政治有了很重要的瞭解。傳世史書給我們留下許多記載,證明武則天很重視祥瑞、禎祥這類事情,但同時又露出很多僞造的馬腳,反而證明武則天的極端政治實用主義傾向,對於傳統悠久的祥瑞十分不尊重。進一步觀察,所有揭露武則天僞造神跡的文字,都是在後武則天時代形成的,而那個時代正是全力批判武則天的思潮在發揮主導作用,所以我們看到的武則天及其祥瑞的故事都是否定性的,其實並不是武則天時代的真相。幸而敦煌保留下來的《沙州圖經》是武則天時代的產物,尤其是"祥瑞"的廿條中,有四條屬於武周時期,是沒有被後來的批判歷史遮蔽的,讓我們今天得以回到武則天時代的情境中,研究探討事情的基本過程。

一、傳世文獻有關武則天"好祥瑞"的書寫

武則天稱帝,主要是最高政治權力的獲得與運用的過程。其中,充分利用意識形態的功能,強化輿論宣傳作用,也是其獲得、鞏固政治權利的重要組成部分。不管是強扭天意附會自設的政治目標,還是引導輿論爲自己的政治服務,武則天的所作所爲本質上都是歷史的一部分。"好祥瑞",就是武則天遺留下來的重要時代特徵。

武則天好祥瑞,《資治通鑑》有多處記載,而夾敍夾議的記載方式,又把相關事實記錄在案。光宅元年,《通鑑》記載道:

> 及太后稱制,四方爭言符瑞;嵩陽令樊文獻瑞石,太后命於朝堂示百官,元常

奏："狀涉諂詐，不可誣罔天下。"太后不悦，出爲隴州刺史。[1]
長壽元年，《通鑑》再次記載道：

> 太后好祥瑞，有獻白石赤文者，執政詰其異，對曰："以其赤心。"昭德怒曰："此石赤心，他石盡反邪？"左右皆笑。[2]

同一年，又一件與祥瑞相關的事件發生，由此更可以看到武則天對於進獻祥瑞的人士多能理解，認爲他們動機良善，《通鑑》的記載文字如下：

> 襄州人胡慶以丹漆書龜腹曰："天子萬萬年。"詣闕獻之。昭德以刀刮盡，奏請付法。太后曰："此心亦無惡。"命釋之。[3]

現有的文獻記載中，武則天因爲好祥瑞，結果常常祥瑞與災異不分，誤把災異當成祥瑞，不僅人爲地製造了鬧劇，而且成了典型的政治笑話。長安元年三月，關於一場大雪是否是祥瑞的問題，朝臣之間發生認知分歧，結果不歡而散。《通鑑》的記載文字如下：

> 是月，大雪，蘇味道以爲瑞，帥百官入賀。殿中侍御史王求禮止之曰："三月雪爲瑞雪，臘月雷爲瑞雷乎？"味道不從。既入，求禮獨不賀，進言曰："今陽和布氣，草木發榮，而寒雪爲災，豈得誣以爲瑞！賀者皆諂諛之士也。"太后爲之罷朝。[4]

同月，另一個祥瑞案件發生，依然是認知分歧，還是王求禮不同意宰相的判斷，這讓武則天不免傷心。《通鑑》的記載如下：

> 時又有獻三足牛者，宰相復賀。求禮揚言曰："凡物反常皆爲妖。此鼎足非其人，政教不行之象也。"太后爲之愀然。[5]

武則天好祥瑞，更有甚者涉嫌造假。《酉陽雜俎》有這樣的記録：

> 予數見還往説，天后時，有獻三足烏，左右或言一足僞耳。天后笑曰："但史册書之，安用察其真僞乎？"《唐書》云："天授元年，有進三足烏，天后以爲周室嘉瑞。睿宗云：'烏前足僞。'天后不悦。須臾，一足墜地。"[6]

---

[1]《資治通鑑》卷二〇三，武則天光宅元年，北京：中華書局，1956年，6421頁。
[2]《資治通鑑》卷二〇五，長壽元年，6484頁。
[3]《資治通鑑》卷二〇五，長壽元年，6484頁。
[4]《資治通鑑》卷二〇七，長安元年三月，6554—6555頁。
[5]《資治通鑑》卷二〇七，長安元年三月，6555頁。《新唐書·五行二》的記載與此相關："長安中，有獻牛無前膊，三足而行者。又有牛膊上生數足，蹄甲皆具者。武太后從姊之子司農卿宗晉卿家牛生三角。"（北京：中華書局，1975年，905頁）
[6]《酉陽雜俎》續集四，北京：中華書局，1981年，239頁。有關《唐書》的此條文字，可以確認是唐代的確實記載，參見吴玉貴《唐書輯校》下，北京：中華書局，2008年，1157—1158頁。

關於睿宗説出三足烏真相的事,《册府元龜》也有同樣的記載:"睿宗爲皇太子,有進三足烏者,天后以爲周室嘉應,太子曰:'烏前足僞也。'天后不悦,須臾而一足墮地,果如其言。"[1]

以上這些傳世文獻的記載,把武則天"好祥瑞"的形象揭示得入木三分,把武則天利用祥瑞爲自己政治服務的態度、手段一一展示開來,武則天的可憎面目從而得到充分呈現。

但是,武則天是一個成功實現自己政治目標的政治家,從而造就了中國歷史上唯一的女皇。有很多證據可以表明,武則天在通往自己的女皇之路上,雖然也經常利用非常手段,但是如上文所列,這樣利用祥瑞,不僅露骨而且不無愚蠢,這些文獻的記載,是武則天當政時期對待祥瑞現象的真實反映嗎?

唐高宗顯慶四年(659),有臣下妄報祥瑞,遭到唐高宗的批評。武則天當時已經是皇后,此事或有所聞。《唐會要》的記載爲:

> 顯慶四年八月二十五日,司勳員外郎源行守家毛桃樹生李桃,太子詹事李寬等上表陳賀。上謂侍臣曰:"凡厥休祥,雖云美事,若其不實,取笑後人。朕嘗見先朝説隋煬帝好聞祥瑞,嘗有野雀集於殿上,校尉唱云'此是鸞鳥'。有衛士報云:'村野之中,大有此物。'校尉乃笞衛士,仍奏爲鸞。煬帝不究真虚,即以爲瑞,仍名此殿爲儀鸞。嗤笑至今未弭。人之舉措,安可不思。今李寬等所言,得無類此。凡祥瑞之體,理須明白,或龍飛在泉,衆人同見,雲色雕綺,觀者非一。如此之輩,始號嘉祥。自餘虚實難明,不足信者,豈得妄想牽率,稱賀闕前。"[2]

利用祥瑞爲自己的政治目標進行宣傳,製造輿論,動機和效果就當時的社會而言,是不可否認的現實存在,但是過於露骨會適得其反。唐高宗所謂"若其不實,取笑後人"的道理,難道武則天會渾然不覺?

現在所見的傳世文獻,特別是以《資治通鑑》爲代表的史學著作,無不是後武則天時代的産物,武則天時代的歷史,已經遭到徹底否定。那麽有關武則天時期的祥瑞記載,不僅關涉到武周的歷史定位,也關涉到武周歷史的書寫。從否定武周合法性、合理性,到否定武周的歷史事實,如此思想和寫作後來都不缺乏,而把武則天的祥瑞問題寫成鬧劇,也是否定武周的一種春秋筆法。所以,我們在面對這些傳世文獻的時候,不僅應該瞭解書寫的事實,也應該瞭解他們的書寫方式,因爲書寫方式貫徹的是他們的立

---

[1]《册府元龜》卷四六《帝王部·智識》,南京:鳳凰出版社,2007年,500頁。
[2]《唐會要》卷二八《祥瑞上》,上海古籍出版社,1991年,620—621頁。

場。只有如此體認,我們的研究纔有可能接近歷史真相。

就武則天時期的祥瑞問題而言,首先的任務是先回到第一現場,即武則天控制中國的那個時代,認識祥瑞究竟是怎樣的一種事物。

二、《沙州圖經》及其祥瑞書寫

毋庸諱言,後武則天時代的批判運動,部分地恢復了歷史的真相,但同時也遮蔽了部分歷史的真相。今天,我們要回到歷史的第一現場,要穿越紛亂的文獻荆棘會遭遇很多困難,因爲區分文獻的真僞及其書寫,畢竟不是輕而易舉的事。幸運的事,我們今天仍然能夠找到一些武則天時期的資料,而這些資料恰好沒有經過後來的否定性改造,是武則天時期歷史的真實遺存。

這裏,首先要提出的就是來自敦煌藏經洞的文獻,最充分展現那個時代特有的風貌的就是《沙州圖經》。《沙州圖經殘卷》,或稱《沙州都督府圖經殘卷》,現在有多個藏號,即有 S.2593V、P.2005、P.2695、P.5034,而後面的三個號,内容保存比較多。最全的是 P.2005,P.2695 只保存了最後一段,P.5034 所記則斷斷續續[1]。本文利用這組文書,關心的是其中的"祥瑞"條。《沙州圖經》中,祥瑞明文寫作"廿祥瑞",即二十條祥瑞。第一條祥瑞是"同心梨",是後涼吕光的麟慶元年敦煌獻同心梨的記載。這説明,沙州祥瑞項目是古今貫通的。除後涼一條外,"赤氣龍跡"、"白雀"、"大石立"、"瑞葛"、"嘉木"、"白狼、黑狐、黑雉"、"鳳凰"等七條九項,都屬於西涼時期。之後,就是武德開始的唐朝部分。爲了便於後文分析,現寫全文如下:

《沙州都督府圖經》祥瑞目下的祥瑞(高祖至武則天時期)

白龍

右唐武德五年夏四月癸丑,白龍見於平河水邊,州司録奏。

甘露

右武德六年六月己丑,甘露降,彌漫十五里。

木連理

右唐調露元年,於敦煌鄉董行端園内,木生連理。

甘露

右唐垂拱四年,董行端園内,甘露降於樹上,垂流於地,晝夜不絶。

---

[1] 參見唐耕耦編《敦煌社會經濟文獻真蹟釋録》第一輯,北京:書目文獻出版社,1986年,38頁。

野穀

右唐聖神皇帝垂拱四年,野穀生於武興川,其苗高二尺已上,四散似蓬,其子如葵子,色黄赤,似葵子,肥而有脂,炒之作䴽,甘而不熱,收得數百石,以充軍糧。

瑞石

右唐乾封元年有百姓嚴洪爽於城西李先王廟側得上件石,其色翠碧,上有赤文,作古字,云:下代卅卜年七百。其表奏爲上瑞,當爲封嶽並天,咸置寺觀,號爲萬壽,此州以得此瑞石,遂寺觀自號靈圖。

白雀

右唐咸亨二年有百姓王會昌於平康鄉界獲白雀一雙,馴善不驚,當即進上。

黄龍

右唐弘道元年臘月爲高宗大帝行道,其夜崇教寺僧徒都集,及直官等同見空中有一黄龍見,可長三丈以上,鬐須光麗,頭目精明,首向北升,尾垂南下,當即表奏,制以爲上瑞。

五色鳥

右大周天授二年一月,百姓陰嗣鑒於平康鄉武孝通園內見五色鳥,頭上有冠,翅尾五色,丹嘴赤足,合州官人、百姓並往看,見羣鳥隨之,青、黄、赤、白、黑五白色具備,頭上有冠,性甚馴善。刺史李無虧表奏稱:"謹檢《瑞應圖》曰:'代樂鳥者,天下有則見也。'止於武孝通園內,又陰嗣鑒得之,臣以爲,陰者,母道;鑒者,明也,天顯。"

日揚光　慶雲

右大周天授二年冬至日得支慶(度)崔撝等狀稱:"今日冬至卯時,有五色雲扶日,闊一丈已上,其時大明,大授(校)一倍以上,比至辰時,復有五色雲在日四邊,抱日,光彩其(甚)鮮,見在官人、百姓等同見,咸以爲聖神皇帝陛下受命之符。"刺史李無虧表奏:"謹檢《瑞應圖》曰:'聖人在上,有大光,天下和平。'又曰:'天子孝,則景雲出遊。'有人從巳西巳北巳東來者咸云:'諸處赦日,亦總見五色雲抱日。'"

蒲昌海五色

右大周天授二年臘月得石城鎮將康拂耽延弟地舍撥狀稱:"其蒲昌海水

舊來濁黑混雜,自從八月已來,清明徹底,其水五色,得老人及天竺婆羅門云:
'中國有聖天子,海水即清無波。'奴身等歡樂,望請奏聖人知者。"刺史李無虧
表云:"淮海水五色大瑞,謹檢《瑞應圖》、《禮升威儀》曰:'人君乘土而王,其
政太平,則河傔 海夷也。'天應魏國,當塗之兆,明土德之昌。"

白狼

右大周天授二年,得百姓陰守忠狀稱:"白狼頻到守忠莊邊,見小兒及畜
生不傷,其色如雪者。"刺史李無虧表奏:"謹檢《瑞應圖》云:'王者仁智明恚
心即至,動准法度,則見。'又云,'周宣王時白狼見,犬戎服者。天顯陛下仁智
明恚,動准法度,四夷賓服之征也。又見於陰守忠之莊邊者,陰者,臣道,天告
臣子,並守忠於陛下也。前件四瑞,諸州皆見,並是天應。陛下開天統殊微號,
易服色,延聖壽,是以陽鳥疊彩,暎澄海以通輝;瑞鳥摛祥,對景雲而共色;胡戎
唱和,識中國之有聖君;遐邇謳謡,嘉大周之應寶命。"

以上錄文,來自 P.2005,與 P.2695 殘卷對比,雖然所有的文字都是從武德六年"甘露"條開始,但這一條就有了差異,前者爲七月己丑,後者是六月己丑。前者的標題文字是高一格另行書寫,而後者是標題文字之後空兩格書寫,格式是不同的。另外,天授二年的"慶雲"條,前者寫作"日揚光 慶雲",而内容卻是同一的[1]。對此,王仲犖先生指出,從祥瑞"木連理"開始"自此條起,至卷末,伯希和敦煌文書第二六九五號并同,蓋同出一本,但行格稍異,筆跡顯爲兩人耳"[2]。可見,此件文書存在若干抄本。

觀察這個初唐祥瑞名單,有一些難以理解的地方。在高宗時期的祥瑞中間,插入兩條垂拱時期的祥瑞。高宗祥瑞的排列,先調露元年(679),然後是乾封(666—668)、咸亨二年(671)和弘道元年(683)。對此,文書 P.2005 和 P.2695 殘卷的處理一模一樣。在垂拱四年的"野穀"條中,已經使用了"唐聖神皇帝垂拱四年"的字樣,而聖神皇帝是天授元年武則天改唐爲周之後的尊號。把"唐"和"聖神皇帝"加寫在一起,很具有政治諷刺意義,但這裏的書寫顯然不是爲了諷刺,混同唐周關係的錯誤,或許是不經意的,或許重視不足。

毫無疑問,《沙州都督府圖經》殘卷保存的武則天時期的祥瑞資料,雖然僅僅是沙

---

[1] 有關該圖經的研究,參見鄭炳林《敦煌地理文書匯輯校注》該卷的"解題",蘭州:甘肅教育出版社,1989年,20頁。

[2] 王仲犖《〈沙州都督府圖經〉殘卷考釋》,收入作者《敦煌石室地志殘卷考釋》,上海古籍出版社,1993年,109—141頁。

州一地,但不無一葉知秋的價值。這是比傳世資料更直接的武則天時期的資料,研究價值甚高[1]。在武則天的四個祥瑞條目中(三個天授元年,一個天授二年),都是在刺史李無虧在職時候奉表上報的,顯然李無虧是沙州進獻祥瑞的關鍵人物。近來李無虧墓誌得以發現[2],我們對這位沙州刺史的祥瑞事業及其背後的地方關係都有了進一步瞭解的機會[3]。不僅如此,關於《沙州都督府圖經》的編修年代也因此有了研究新進展[4]。

通過《沙州圖經》我們可以清楚地看到,武則天時期的祥瑞現象,簡直就是一場造神運動,從中央到地方,到處都有祥瑞的發現。以至於當時三年一造的地方"圖經",祥瑞都是一個固定的項目。在《沙州圖經》中,牧監、羈縻州、江河淮濟、海溝、陂、宮、郡縣城、關鑣津濟、嶽瀆、鐵、碑碣、名人、忠臣孝子、節婦烈女、營壘、陵墓、臺樹、郵亭、鑛窟、帝王遊幸、名臣將所至、屯田等項目,"右當縣並無前件色"[5],但是敦煌縣卻不乏祥瑞。包括天授時期在任的沙州刺史李無虧在內的歷屆沙州地方政府領導人,都比較注意配合中央的政治意圖,在尋找祥瑞爲中央添彩問題上都很積極努力。

在祥瑞問題上擁有積極主動的精神,如李無虧這樣的人物,是沙州的地方特産嗎?當然不是。李無虧並非敦煌當地人士,他在中央仕宦多年,可以認爲是當時政治環境下的一般性官員。而有關沙州祥瑞的書寫,也是當時一般性的書寫。詳細描寫祥瑞出現的情景,提供發現人員的具體信息,還包括其他證明人的情況。報告書寫者,還要查閱相關著作,直接證明祥瑞的價值,申明祥瑞的意義。《沙州圖經》的祥瑞書寫,不過是武則天時代利用祥瑞造神運動的冰山一角,而這份文獻的珍貴性,正體現在它的原始性上,讓我們真切地看到武則天時代祥瑞的書寫原貌。

三、祥瑞與造神

帝王天命的神聖性,是一個否定不徹底的觀念,革命時期往往是"王侯將相寧有種

---

[1] 利用《沙州都督府圖經》資料研究武則天的祥瑞問題,文章不多。介永強《武則天與祥瑞》(趙文潤主編《武則天研究論文集》,太原:山西古籍出版社,1981年,160—167頁)、史佳楠《試談武則天利用符瑞的原因及特點》(《乾陵文化研究》五,西安:三秦出版社,2010年,30—40頁)都沒有使用這個資料。對此研究,可參考牛來穎《唐代祥瑞與王朝政治》,《唐文化研究論文集》,上海人民出版社,1994年,535—543頁。

[2] 王團戰《大周沙州刺史李無虧墓及徵集到的三方唐代墓誌》,《考古與文物》2004年第1期,20—26頁。

[3] 參見孟憲實另文《沙州祥瑞與沙州地方政治》,《田餘慶先生九十華誕頌壽論文集》,北京:中華書局,2014年,568—578頁。

[4] 李宗俊利用李無虧墓誌,在王重民、周紹良武周說的基礎上再加論證,參見《〈沙州都督府圖經〉撰修年代新探》,《敦煌學輯刊》2004年第1期,53—59頁。

[5] 《敦煌社會經濟文獻真蹟釋錄》第一輯,17頁。

乎"的否定意見佔據上風,而新的政治秩序一旦樹立成功,天命論往往成爲主流。武則天篡唐,因爲没有一個軍事鬥爭的階段(武裝革命),從而無法否定天命,最需要證實的是天命的改變而已。證明了武則天擁有天命,自然就完成了全部論證,因爲天命唯一論是天命論的自明理據。

事實上,武則天的政治提升過程遇到的反抗力量很有限。揚州事變很不成功,不僅因爲李敬業有稱帝企圖,也因爲李敬業起事完全没有獲得社會支持,甚至他的叔叔都拒絶參與。李唐皇室成員的反抗理據最充足,但是他們的表現確實太差,導致垂拱四年(688)的軍事行動如同兒戲般失敗。不管是李敬業起兵還是琅琊王李沖起兵,都没有表現出正義性來,以至於一般民衆都認爲是反叛而不是起義。這從軍事力量對比上或許可以獲得部分原因,這就是陳寅恪先生早就論證過的關中本位政策在府兵制度下的表現,即所謂"舉天下不敵關中"的實力分佈狀況[1]。既然不是通過軍事鬥爭實現的改朝换代,官場生態就成爲很關鍵的因素。在强大的中央集權體制之下,個人的政治選擇其實十分有限,爲了安全而從衆,是普遍性的趨勢。而一旦進入官場,陞官與人生成功的形影關係,也會誘使更多的人走上趨炎附勢的道路,畢竟絶大多數人都是識時務者。

所以,當武則天的朝廷致力於製造武則天的神跡的時候,一方面充分利用人們的天人感應觀念,一方面利用官場的安全自保心理。真實的情況永遠是祥瑞與怪異並存,不管經典和傳統理論的規定如何清晰,在面對具體對象的時候,困惑依然不可避免,如此,政治覺悟纔是關鍵,纔能夠讓祥瑞的故事及其主旨繼續進行下去。武則天對官員發現祥瑞的獎勵是很顯然的,這樣的官員會樹立起一個政治榜樣,讓更多的後來人踴躍學習。這方面,朱前疑就是一個代表性的符號。神功元年(697),《資治通鑑》如此記録下朱前疑的故事:

> 先是,有朱前疑者,上書云:"臣夢陛下壽滿八百。"即拜拾遺。又自言:"夢陛下髮白再玄,齒落更生。"遷駕部郎中。出使還,上書云:"聞嵩山呼萬歲。"賜以緋算袋,時未五品,於緑衫上佩之。會發兵討契丹,敕京官出馬一匹供軍,酬以五品。前疑買馬輸之,屢抗表求進階;太后惡其貪鄙,六月,乙丑,敕還其馬,斥歸田里。[2]

神功元年,武則天稱帝八年,無論是政治實際還是武則天的個人感受,政治形勢已經穩

---

[1] 陳寅恪《唐代政治史述論稿》之《唐代革命及黨派分野》,上海古籍出版社,1982年,50—51頁。
[2] 《資治通鑑》卷二〇六,6517—6518頁。

定,局面完全在掌握之中,不論是社會上還是朝堂上,武則天的統治正如日中天。這個時候,對於那些似是而非的合法化證明,已經不需要了,武則天自己也不再有興趣。但是朱前疑此前走這條路已經習慣甚至上癮,依然積極進取,結果讓武則天再也不耐煩了,"斥歸田里"。就朱前疑而言,此前的一切努力都歸零處理。

當造神成爲政治潮流之時,如果表現不積極可能也會有危險。《資治通鑑》記載的一個人品很差的酷吏的成長故事,就可以看到這樣的背景:

> 衡水人王弘義,素無行,嘗從鄰舍乞瓜,不與,乃告縣官瓜田中有白兔。縣官使人搜捕,踩踐瓜田立盡。[1]

白兔是中級祥瑞。王弘義後來成長爲一名酷吏,他除了本性頑劣以外,也是一個聰明人,善於利用政治形勢爲自己的目標服務。但是,縣官的表現雖然僅僅是上了王弘義的當,充當了王弘義報復鄰居的工具,但是搜捕白兔,卻是他必須完成的事情。這裏,除了在積極的意義上,上報祥瑞有利於自己官場發展,可能也有消極意義,即如果搜捕白兔不積極,可能帶來政治上的風險。在政治風向十分清楚的時候,官員們的選擇也是有限的。雖然其實並沒有白兔,但縣官在踩踐農民的瓜田之後反而會輕鬆下來,努力也是一種政治表態,至少是一種有利於自身安全的表態。

在武則天祥瑞造神的運動中,推波助瀾者大有人在,不過如李千里這樣的情況,也應該屬於小部分人羣的自保選擇。《舊唐書》記載太宗孫子、吳王李恪兒子李千里,情況如下:

> 吳王李恪之子李仁,後更名千里,"天授後,歷唐、廬、許、衛、蒲五州刺史。時皇室諸王有德望者,必見誅戮,惟千里褊躁无才,復數進獻符瑞事,故則天朝竟免禍"。[2]

或者李千里根本缺乏政治覺悟,不知道武則天奪得的正是自家的天下,或者他確實聰明,用這種完全無恥的方式求得自保。對此,我們已經無法求證。但是李千里的故事證明了這樣一個事實,即積極幫助武則天證明武周合法,是明確無誤的政治表現,如果因本人無能而不具有任何政治威脅,如李千里這樣,那麼生命安全就可以獲得保障。

在紛亂的背景下,個人被政治的洪流裹挾前行,至少看上去這些政治行動波瀾壯闊,勢如破竹。天授元年(690),在武周建立大勢若趨的政治背景下,《通鑑》記載道:

---

[1] 《資治通鑑》卷二〇四,6464 頁。
[2] 《舊唐書》卷七六《太宗諸子》,北京:中華書局,1975 年,2650 頁。

> 九月,丙子,侍御史汲人傅遊藝帥關中百姓九百餘人詣闕上表,請改國號曰周,賜皇帝姓武氏,太后不許;擢遊藝爲給事中。於是百官及帝室宗戚、遠近百姓、四夷酋長、沙門、道士合六萬餘人,俱上表如遊藝所請,皇帝亦上表自請賜姓武氏。[1]

傅遊藝又是一種政治人物,也具有符號意義。他率先請命,具有榜樣作用,武則天雖然不答應,但卻陞了他的官。武則天的用意太明顯,百官宗室等等各路代表人物不得不親自表態。六萬人紛紛上表,如此大的規模,駭人聽聞。在皇帝制度下,武則天所要表達的是人心所向,民意如此,如果不替代李唐,那就太違背民心了。加上一直以來不斷湧現的各種祥瑞,武周建立正是順天應人的體現。如同酷吏政治一樣,當武則天的政權確實穩固之後,祥瑞的政治價值不能不有所降低,罪大惡極的酷吏們,被當作廢棄的犬類殺掉,而依靠祥瑞官運亨通的朱前疑等也不能在這條路上走下去了。

在朝廷積極引導祥瑞潮流的時候,我們看到的情況正如《沙洲圖經》所呈現的那樣,全國上下,祥瑞如同雨後春筍一般到處生長出來,而語言和書寫方式也如出一轍。武則天的造神運動,積極參與者官職陞遷,仕途遠大;懷疑者受到打擊,甚至命喪九泉。《通鑑》記載一件尚書左丞馮元常的故事,時間是光宅元年(684),其文如下:

> 及太后稱制,四方爭言符瑞;嵩陽令樊文獻瑞石,太后命於朝堂示百官,元常奏:"狀涉諂詐,不可誣罔天下。"太后不悦,出爲隴州刺史。[2]

其實,是否爲祥瑞,本來就有覈實的程序,但因爲武則天政治意圖明確,不容人質疑,從而讓希圖僥倖者有了機會。垂拱二年(686),雍州新豐縣發生山體變化,有山踴出,被造神運動理解爲"慶山",而表示懷疑者則受到打擊。對此,《通鑑》的記載如下:

> 己巳,雍州言新豐縣東南有山踴出,改新豐爲慶山縣。四方畢賀。江陵人俞文俊上書:"天氣不和而寒暑並,人氣不和而疣贅生,地氣不和而堆阜出。今陛下以女主處陽位,反易剛柔,故地氣塞隔而山變爲災。陛下謂之'慶山',臣以爲非慶也。臣愚以爲宜側身修德以答天譴;不然,殃禍至矣!"太后怒,流於嶺外,後爲六道使所殺。[3]

觀察《通鑑》的筆法,雖然此事獲得了普遍的承認,即"四方畢賀",但卻用更多的文字記

---

[1]《資治通鑑》卷二〇四,64—67頁。

[2]《資治通鑑》卷二〇三,武則天光宅元年,6421頁。

[3]《資治通鑑》卷二〇三,垂拱二年九月,6442頁。《舊唐書》卷三七《五行志》記此事於光宅元年,應從《通鑑》。《新唐書》或記十月己巳,或記九月。根據吳玉貴先生考證,應爲十月己巳,九月無己巳日,見吳玉貴《資治通鑑疑年録》,北京:中華書局,1994年,219頁。

述了俞文俊的意見和最後結局,《通鑑》贊成俞文俊的立場鮮明。然而,就當時的情况看,主流當然是擁護"慶山説",認爲新的山峰的出現,是巨大祥瑞[1]。

《新唐書·則天皇后本紀》記此事爲:垂拱二年"十月己巳,有山出於新豐縣,改新豐爲慶山,赦囚,給復一年,賜酺三日"[2]。因爲慶山的出現,朝廷給予極大重視,其中頗有惠民政策。《全唐文》保存崔融替涇州刺史書寫的《賀慶山表》,與《新唐書》的説法完全呼應,其文如下:

> 臣某等言:某日奉某月詔書,新豐縣有慶山出,曲赦縣囚徒,改新豐爲慶山縣,賜天下酺三日。凡在含生,孰不慶幸? 中賀。微臣詳窺海記,博訪山經,方丈蓬萊,人跡所罕到,層城元圃,道家之妄説。伏惟皇太后陛下應天順人,正位凝命,中外咸一,陰陽以和。嘉木四方而平春,露草三旬而候月,沖恩浹洽,嘉貺騈闐,當雍州之福地,在漢都之新邑。聖渚潛開,神峰欻見。政平而湧,自蕩於雲日,德茂而生,非乘於風雨。游龍蜿蜿,疑呈八卦之圖;鳴鳳嗈嗈,似發五音之奏。仙蠠曳繭,美稼抽芒,一人有合於天心,百姓不知其帝力。方驗鎮星垂象,山萌輔地之徵,太歲加年,水兆載坤之應。天人交際,影響合符。雷雨既作,嘉氣沖於三象,鍾石以陳,歡心動於萬物。臣幸忝簪帶,濫守藩隅,不獲馳蒼闕而拜手,望紫庭而繼足。殊祥踵至,寶算無疆,厚賚傍霑,羣生幸甚,不任悚踊之至。謹遣某官奉表以聞。[3]

崔融的賀表是有代表性的,應該是《通鑑》所謂"四方表賀"之一,爲朝廷獲得上天的贊許而歡呼雀躍。因爲慶山的出現,證明了政治清平,道德昌盛,總之是天意贊美的充分表達。與這類來自政治系統的、正規而衆多的四方表賀相比,俞文俊的上書不僅數量極少,而且反對立場鮮明。他認爲朝廷現在女人處陽位,導致陰陽顛倒,新山的出現不是慶山而是災異,是上天警示的"天譴"。同樣的一個自然現象,正反雙方都在利用同一種理論加以論證,或看作是祥瑞,或看作是災異。毫無疑問,俞文俊這樣的人物是絶對少數,他努力給武則天的朝廷添亂,最後受到打擊是必然的。

就官場個人而言,在武則天的造神時代,存在兩條路徑的選擇,而選擇的不同會導致截然相反的結果。在中央掌控强大的權力和無限的資源的背景下,順從與反對,絶然成就兩種人生境遇,而絶大多數人的選擇是順從,敢於出面反對的只是鳳毛麟角。於

---

[1]《唐六典》記載,祥瑞有大、上、中、下四等,而慶山是大瑞。見《唐六典》卷四"禮部郎中、員外郎"條,北京:中華書局,1991年,114—115頁。
[2]《新唐書》卷四《則天皇后本紀》,北京:中華書局,1975年,85頁。
[3]《全唐文新編》卷二一八,長春:吉林文史出版社,1999年,2485頁。

是,首先我們得承認,就武則天時期而言,祥瑞是武則天造神政治運動的一部分,至少從表面看上去,當時的祥瑞鋪天蓋地,人人爭言祥瑞。而《沙州圖經》等爲代表的文獻,就留下了這個時期的主要證據。

四、後武則天時代的批判

上文論證的一個基本事實是武則天有意識地利用了當時的意識形態,大造輿論,爲自己的政治目的服務,所謂符瑞之類,就是這場造神運動中的重要組成部分。不管後來的人如何批判,就當時的情形而言,因爲武則天擁有的政治資源豐富,加上掌控穩固的國家政權,投機者自然紛至沓來,即使有人心中並不支持,也難以直接反對,所以武則天的造神運動確實贏得了浩大聲勢。就武則天造神運動而言,這是第一現場,或者是歷史事件本身。但是,隨著武周政權的失敗、李唐王朝的恢復,武則天稱帝本身成爲批判的對象,那麼伴隨著稱帝的種種行爲也不再合法。揭露武則天"好祥瑞"的書寫與文字,是否定武則天稱帝整體運動的一部分。如果説,武則天當初的造神運動充分利用了祥瑞,那麼還是這些祥瑞,如今又成爲武則天走下神壇的因素,而且,無論政治力度還是功能,與當初並無二致。

揭露造神運動的荒謬,方法並不複雜。如果説,造神運動是依靠天意顯現來完成的話,那麼揭露的方法無非就是拆穿真相,證明天意並不存在,只有人爲的製造。如今,我們看到武則天的祥瑞故事,更多的就是這種批判產物。且看如下一些文字:

1. 胡慶造僞

襄州人胡慶以丹漆書龜腹曰:"天子萬萬年。"詣闕獻之。昭德以刀刮盡,奏請付法。太后曰:"此心亦無惡。"命釋之。[1]

2. 貓與鸚鵡共處

太后習貓,使與鸚鵡共處,出示百官。傳觀未遍,貓饑,搏鸚鵡食之,太后甚慚。[2]

3. 梨花開

太后出梨花一枝以示宰相,宰相皆以爲瑞。杜景儉獨曰:"今草木黄落,而此

---

[1] 《資治通鑑》卷二〇五,長壽元年,6468頁。
[2] 《資治通鑑》卷二〇五,6484頁。

更發榮,陰陽不時,咎在臣等。"因拜謝。太后曰:"卿真宰相也!"[1]

  4. 大足

  春,正月,丁丑,以成州言佛跡見,改元大足。[2]

  5. 三月瑞雪

  是月,大雪,蘇味道以爲瑞,帥百官入賀。殿中侍御史王求禮止之曰:"三月雪爲瑞雪,臘月雷爲瑞雷乎?"味道不從。既入,求禮獨不賀,進言曰:"今陽和布氣,草木發榮,而寒雪爲災,豈得誣以爲瑞!賀者皆諂諛之士也。"太后爲之罷朝。[3]

以上羅列,限於眼界,絕不盡數,但可以據此進行一些研究嘗試[4]。

除了這些文字以外,我們看到還有繼續揭露的書寫,而有些書寫又走向另外一個極端,用想象和僞證去揭露武則天當時造神運動的虛假。比如,有關大足元年改元之事,有一種説法就特別滑稽。《朝野僉載》是這樣書寫的:

  則天好禎祥,拾遺朱前疑説夢云,則天髮白更黑,齒落更生,即授都官郎中。司刑寺囚三百餘人,秋分後無計可作,乃於圜獄外羅牆角邊作聖人跡,長五尺。至夜半,三百人一時大叫。內使推問,云:"昨夜有聖人見,身長三丈,面作金色,云'汝等並冤枉,不須怕懼。天子萬年,即有恩赦放汝'。"把火照之,見有巨跡,即大赦天下,改爲大足元年。[5]

《通鑑考異》注意到這條資料,但没有采納,理由是:"改元在春不在秋,又無赦。今不取。"所以,《通鑑》採用上文的第4的寫法[6]。而《朝野僉載》這種書寫,走到了另一極端,司馬光的《通鑑》在揭露武則天方面是積極的,但是也無法同意這種以僞證僞的手法。

三足牛和三足烏的故事,無法證明他們的關係,但是,他們有一個共同的功能,即拆穿武則天的符瑞把戲。三足烏的故事,《朝野僉載》引自《唐書》,但現在的兩《唐書》皆無記載。另外《太平御覽》也引用了《唐書》這一條,其文作:

  天授元年,有進三足烏者,天后以爲周室嘉瑞。睿宗時爲皇嗣,言曰:"烏前足

---

[1]《資治通鑑》卷二〇五,延載元年九月,6497頁。
[2]《資治通鑑》卷二〇七,6554頁。
[3]《資治通鑑》卷二〇七,長安元年三月,6554頁。
[4] 史佳楠《試談武則天利用符瑞的原因及特點》作《武則天利用祥瑞災異表》,統計過武則天時期的符瑞,把高宗時期的符瑞也統計進來,而真正屬於武則天時期的可惜卻有不少遺漏。
[5]《朝野僉載》卷三,北京:中華書局,1979年,72—73頁。
[6]《資治通鑑》卷二〇七,6554頁。

僞。"天后不悦。須臾,一足墜地。果如其言。[1]
根據吴玉貴先生的研究,此文確實屬於《舊唐書》[2]。

有關三足烏的故事,在《南部新書》里,有更深一步的"揭露",其文曰:

> 天后時,有獻三足烏者,左右或言一足僞耳。天后笑曰:"但令史册書之,安用察其真僞。"[3]

用武則天親口説出的話來證明,武則天對於獻瑞的態度過於實用主義,甚至可以公然罔顧事實,不僅欺騙當今,還要欺騙歷史。但武則天能否如此愚蠢地自我拆臺,大可懷疑。

襄州人胡慶以丹漆書龟腹僞造符瑞的事,當李昭德揭發出來,"奏請付法"的時候,太后曰"此心亦无恶",命释之[4]。這跟三足烏的故事異曲同工,證明武則天並不在乎符瑞的真實與否,直欺天意。雖然後一故事《通鑑》有記載,但武則天如此明目張膽地作僞,顯然並不利於武則天的權威統治,恐怕太低估了武則天的智力。所以,筆者懷疑這也是揭露批判時代的另一種極端表現。

根據《朝野僉載》的另一記載,武則天時代開始時候確實符瑞泛濫,後來發現多是人爲的假象,便宣告停止。其文曰:

> 唐同泰於洛水得白石紫文,云"聖母臨水,永昌帝業",進之,授五品果毅,置永昌縣。乃是白石鑿作字,以紫石末和藥嵌之。後并州文水縣於穀中得一石還如此,有"武興"字,改文水爲武興縣。自是往往作之。后知其僞,不復采用,乃止。[5]

對於武則天及其武周而言,允許公然僞造符瑞,顯然是有損政治權威的,不僅天命難以證明,反而愚弄天意,在政治上也絕對得不償失。所以,這個記載應該可信。最不可忽視的問題是,在那個時代,對於天人感應學説,不僅僅是一套政治語言和符號,更重要的是有著深厚的社會基礎,即人們普遍相信。造神運動有荒誕的部分,但是作爲主持者,起碼不能破壞了人們信仰的底綫,大造聲勢是爲了讓人們更加相信而不是引發人們的疑心。即使有人僞造,如武承嗣那樣,造僞者一定也小心翼翼地躲在暗處。

武承嗣造僞,其實也是後來批判運動中纔得以揭發出來的。最初,從《新唐書》的

---

[1]《太平御覽》卷九二○,北京:中華書局,1960年,4083頁。
[2] 吴玉貴《唐書輯校》下,第1959條,1155—1156頁。
[3]《南部新書》戊,北京:中華書局,2002年,71頁。
[4] 此事《朝野僉載》也有記載,略有不同。其文曰:襄州胡延慶得一龜,以丹漆書其腹曰"天子萬萬年"以進之。鳳閣侍郎李昭德以刀刮之並盡,奏請付法。則天曰:"此非噁心也,舍而勿問。"見《朝野僉載》卷三,72頁。
[5]《朝野僉載》卷三,72—73頁。

記載來看,很符合第一現場的氣氛。垂拱四年"五月庚申,得'寶圖'於洛水。乙亥,加尊號爲聖母神皇"[1]。不言寶圖的造僞問題。而《舊唐書》則予以揭露,其文曰:

> 夏四月,魏王武承嗣僞造瑞石,文云:"聖母臨人,永昌帝業。"令雍州人唐同泰表稱獲之洛水。皇太后大悦,號其石爲"寶圖",擢授同泰遊擊將軍。[2]

至《資治通鑑》,則書寫更加詳細,其文爲:

> 武承嗣使鑿白石爲文曰:"聖母臨人,永昌帝業。"末紫石雜藥物填之。庚午,使雍州人唐同泰奉表獻之,稱獲之於洛水。太后喜,命其石曰"寶圖",擢同泰爲遊擊將軍。五月,戊辰,詔當親拜洛,受"寶圖";有事南郊,先謝昊天;禮畢,御明堂,朝羣臣。命諸州都督、刺史及宗室、外戚以拜洛前十日集神都。乙亥,太后加尊號爲聖母神皇。[3]

《舊唐書》開始揭露武承嗣指使人造僞,僞造的人就是唐同泰。而《通鑑》更進一步指出唐同泰使用了什麽具體材料充填鑿痕。可以想見的是,如此清楚地瞭解武承嗣造僞,甚至造僞手段都無一不在掌握之内,這些信息的獲得時間肯定不是武則天的時代,一定是在後武則天時代。

同樣還是這件事,在武則天時代則是另外一種存在。《全唐文》中保留的李嶠代表朝廷百官書寫的賀表,稱作《爲百寮賀瑞石表》,就可以看作當時朝廷的主流表態。節其文如下,以觀賀表的寫作:

> ……伏見雍州永安縣人唐同泰,於洛水中得瑞石一枚,上有紫脈成文曰"聖母臨人、永昌帝業"八字。臣等抃窺靈跡,駭矚珍圖,俯仰殊觀,相趨動色。竊惟聖德奉天,遞爲先後,神道助教,相因發明。陛下對越昭升,欽若扶揖,允塞人祇之望,實當天地之心,所以幽贊嘉兆,傍通景貺。且人稱同泰,縣實永安,姓氏將國號元符,土地與石文明應。表裏潛會,樞機冥發,明宴坐之逾昌,驗皇基之永泰。則自然之無朕,不測之謂神。非夫道格昊蒼,德充幽顯,豈能發何言之微旨,臻不召之靈物。考皇圖於金册,搜瑞典於瑶編,則有蟲畫成文,魚鱗吐匭,丹書集於昌户,綠錯薦於堯壇。或詞隱密微,或氣藏讖緯,莫究天人之際,罕甄神秘之心,未有昭聖毓靈,發祥隤祉,明白顯著,燭曜暉光,若斯之盛者也……臣等遇偶休明,榮參簪笏。千年旦

---

[1]《新唐書》卷四《則天皇后》,87頁。
[2]《舊唐書》卷六《則天皇后》,119頁。
[3]《資治通鑑》卷二〇四,垂拱四年四月—五月,6448頁。

暮,邂逅累聖之期。百辟歌謳,喜屬三靈之慶,無任忭藻踴躍之至。謹奉表詣闕陳賀以聞。[1]

李嶠是武則天時代的朝廷大手筆,其文筆且不必説,就其思想而言,絕對代表朝廷的精神,就事實層面而言,也與後來的敘述絲絲入扣,節拍符合。此事後來大逆轉,當是大環境改變造成的。武承嗣死於武則天之前,生前没有遭受清算,真正的後武則天時代的到來,已經是開元時代了。或許當時唐同泰依然健在,應該只有他的證詞纔能説明瑞石的具體製造過程[2]。

後武則天時代對武則天的批判與否定,重點在於武周政權。而否定武周政權的合法性,則無法不對武則天的祥瑞展開批判。武則天時代,證明武則天擁有天命並不是難題,而否定武則天的祥瑞卻事態嚴重。同樣,武則天要把這些證明自己天命的文字寫入她的實録,寫入當時的國史,自然也不困難。刪除武則天的自吹自擂,這在後武則天時代,在批判武則天的運動中,很容易理解。現在所知的武則天應徵和符瑞也保留不多,比如《唐會要》、《册府元龜》中,在《應徵》和《祥瑞》的專題中,都没有武則天的資料,而武則天時代一定存在這些資料。所以,現在所見的傳世文獻,應該存在一個刪除武則天祥瑞等資料的過程,而這只能在後武則天時代纔會發生。當然,如《全唐文》中的部分文獻,敦煌所藏的《沙州圖經》等,應該屬於漏網之魚,也可以叫做刪除未盡。

這其中,最典型的應屬袁天綱相面之事。一方面,在袁天綱傳中並不迴避,直接寫入了袁天綱爲幼年武則天相面之事,同時在《舊唐書》"方伎"列傳的序言又指出:"國史載袁天綱前知武后,恐匪格言,而李淳風刪方伎書,備言其要。舊本録崔善爲已下,此深於其術者,兼桑門道士方伎等,並附此篇。"[3]其中,所謂"袁天綱前知武后,恐匪格言"是對袁天綱爲武則天算命一事的批評,但是因爲舊史記載清楚,"備言其要",《舊唐書》只好接受保持原樣,僅僅在序言中表達懷疑而已。李君羨故事也是一樣。武則天時代把這些證明自己革命合法論的證據滲透在國史之中,後來刪除未盡,再後來的人尊重故事,不敢刪除,於是有所保存[4]。

───

[1]《全唐文新編》卷二四三,2742頁。
[2] 孫英剛近來對此又有新解,認爲慶山問題也有佛教理論背景,見《慶山還是祇闍崛山:重譯〈寶雨經〉與武周政權之關係》,收入作者《神文時代——讖緯、術數與中古政治研究》,上海古籍出版社,2014年,285—310頁。
[3]《舊唐書》卷一九一,5088頁。
[4] 有關李君羨故事的始末,並袁天綱相面事,作者有另文討論,請參考《李君羨案件及其歷史闡釋》,《北京大學學報》(哲學社會科學版)2011年第4期,114—127頁。

《大雲經疏》的故事,學界研究較多。傳世文獻清楚地記録了武則天情夫薛懷義主持此事,結論也很清晰。但是,敦煌文獻《大雲經疏》的發現,促進了這個問題的新研究。傳世文獻是後武則天時代的産物,主要表達批判武則天的結論,而敦煌本的發現,致使《大雲經疏》原來的面貌得以重現,其研究價值一如《沙州都督府圖經殘卷》。武則天利用《大雲經疏》爲自己稱帝製造輿論,在全國範圍内修建大雲寺,供奉《大雲經疏》,聲勢浩大,是她造神運動比較重要的一個措施。利用原來的《大雲經》,武則天的御用和尚們,主要是利用"疏"的方式爲武則天稱帝摇旗吶喊,更多的手段不是利用符瑞,而是利用讖言[1]。

自然界的一些怪異現象,當時人不理解,或者理解爲妖怪,或者理解爲符瑞,都屬於時代局限所致。比如,母雞變雄雞,是自然現象,而同時也一定有雄雞變母雞的情況,但是後者與武則天稱帝不能進行邏輯聯繫,所以不被重視。嘉麥、嘉禾、牛三足之類,如今生物科學已經能夠解釋清楚,但當時,卻要辯論究竟屬於祥瑞還是怪異。嵩陽令樊文獻瑞石,元常認爲是詔詐,結果遭遇貶官。而宰相杜景儉否認九月梨花開是祥瑞,卻受到武則天的表揚。武則天的輿論需要是有時間性的,她的一時心情也可決定事情的結局。李昭德揭露僞造祥瑞是安全的,而江陵人俞文俊反對慶山之説,是在否定武則天的天命,被殺的結局是當然的。

對於武則天時期的造神運動,雖然我們看到的更多的是後武則天時代的文字和書寫,但是透過這些文字的表面,我們至今依然能夠感到那個時代強大的政治壓力、濃烈的社會氣氛和人心深處的虚弱與暗淡。而這些故事的另一層面,只有到後武則天時代纔會顛倒價值進行重構。後武則天時代,顯然不能從武則天下臺即神龍政變算起。中宗時期,武三思還在發揮巨大作用,武則天安排的李武緊密關係依然存在,加上韋后集團的問題,唐朝直到玄宗開元時期纔終於步上正軌。所以,從思想上清算武則天的遺産,在政治上對武則天提出批判,只有到了開元時期纔具備條件。武則天是中宗、睿宗的母親,是玄宗的祖母,在以孝治天下的時代,隔代批判要比下一代的批判稍顯容易一些[2]。

---

[1] 參見林世田《武則天稱帝與圖讖祥瑞——以 S.6502〈大雲經疏〉爲中心》,《敦煌學輯刊》2002 年第 2 期;《〈大雲經疏〉初步研究》,《文獻》2002 年第 4 期。上述二文均收入作者《敦煌遺書研究論集》,北京:中國藏學出版社,2010 年,分見 3—15、39—54 頁。

[2] 玄宗在祭祀儀式上的變化,始於開元四年,而這一年睿宗去世。參見金子修一《玄宗的祭祀和則天武后之關係》,《武則天與廣元》,北京:文物出版社,2014 年,261—267 頁。

所以，後武則天時代，對於武則天進行否定的途徑，除了政治革新之外，屬於意識形態方面的工作，主要是通過修史來完成的，或者我們能夠看到的較多的證據，是通過修史完成的。具體而言，主要是唐朝《國史》和《武則天實錄》。唐朝官修國史，與武則天時代相關的，是長安三年(703)的修撰。根據《唐會要》的記載：

> 長安三年正月一日敕："宜令特進梁王三思與納言李嶠、正諫大夫朱敬則、司農少卿徐彥伯、鳳閣舍人魏知古、崔融、司封郎中徐堅、左史劉知幾、直史館吳兢等修《唐史》，采四方之志，成一家之言，長懸楷則，以貽勸誡。"[1]

這部《國史》修撰完成，但後來影響不大，主要是沒有流傳，或者說流傳的不是這個版本。其後，吳兢從開元十四年開始繼續修撰，但直到天寶八載(749)去世，也沒有最終完成。唐朝後來影響較大的是韋述在此基礎上所修的《國史》，從開國到玄宗時代，終成113卷[2]。

長安時期修撰的唐《國史》，貫徹武則天時代的意識形態是無可懷疑的，武則天晚年的這個修史行動，目標恐怕也是要把自己的功績牢牢刻寫在歷史的豐碑上。但是，這部書沒有流傳下來。而從吳兢到韋述，之所以念念不忘要繼續書寫《國史》，其中就應該存在立新廢舊的努力，而韋述最終獲得成功，以至於我們今天也無法排除他的影響。用《國史》修撰的方式剷除武則天的意識形態影響，韋述的《國史》應該是立下首功的。

國史之外，對後來歷史記憶產生重大影響的就是武則天的實錄。根據《唐會要》的記載，《則天實錄》第一次修成是神龍二年：

> 神龍二年五月九日，左散騎常侍武三思、中書令魏元忠、禮部尚書祝欽明及史官太常少卿徐彥伯、秘書少監柳沖、國子司業崔融、中書舍人岑羲、徐堅等，修《則天實錄》二十卷，文集一百二十卷，上之。賜物各有差。[3]

中宗時期修撰的《則天實錄》，又是由武三思掛帥，延續武則天的意識形態也是沒有問題。但是，到開元四年(716)我們看到，新修的《則天實錄》已經宣告完成，也是《唐會要》的記錄：

> 開元四年十一月十四日，修史官劉子玄、吳兢，撰《睿宗實錄》二十卷，《則天實錄》三十卷，《中宗實錄》二十卷成，以聞。[4]

---

[1] 《唐會要》卷六三《史館上》，1291頁。
[2] 參見謝保成《隋唐五代史學》，廈門大學出版社，1995年，100—101頁。
[3] 《唐會要》卷六三《史館上》，1291頁。
[4] 同上。

《唐會要》還記載,因爲這幾部重要實錄的修成,姚崇特別申請給撰修人員以特別的獎勵,玄宗給予恩准。劉子玄即劉知幾,他與吳兢完成的《則天實錄》,肯定與前一版本大有不同。比如《唐會要》記錄吳兢故事,有長安三年(703)二張與魏元忠鬥爭的事,而張說在其中擔任的角色並不光彩,後來張說擔任宰相看到了《則天實錄》,特別耿耿於懷,而吳兢堅持不改一字。這是一則有名的故事,武則天袒護二張,清晰明白。但是,如此文字,在神龍的《則天實錄》中,可以肯定決不會如此。所以,這部《則天實錄》,也是後武則天時代的代表作,有關武則天衆多的批判故事,這部《實錄》應該都是重要史源。

再回到祥瑞問題上來,其實古人也存在有批判的立場。《朝野僉載》有一段這樣的文字:

> 河東孝子王燧家貓犬互乳其子,州縣上言,遂蒙旌表。乃是貓犬同時産子,取貓兒置狗窠中,狗子置貓窠内,慣食其乳,遂以爲常,殆不可以異論也。自連理木、合歡瓜、麥分歧、禾同穗,觸類而長,實繁有徒,並是人作,不足怪也。[1]

認爲一切祥瑞都是人作的,這恐怕是最徹底的批判立場了,但事實上,卻有一些自然現象是真實的,比如"禾同穗"之類。相信天人感應,以至於達到迷信的程度,這是一種極端,而徹底否定一切祥瑞,認爲皆無事實根據,也不是理解當時觀念的有效途徑。

比較理性的觀念是值得肯定的,在無法徹底否定天人感應的大背景下,對待祥瑞采取理性看待的方針,既不否定,也不迷信,這已經十分難得。而唐太宗則具有代表性。唐太宗曾經這樣表達過他的觀點:

> 自昔帝王,受天明命。其當二儀感德,百靈錫祉;莫不君臣動色,歌頌相趨。朕恭承大寶,情深夕惕,每見表奏符瑞,慚恧增懷。且安危在乎人事,吉凶繫於政術。若時主昏虐,靈貺未能成其美;如治道休明,咎徵不能致其惡。以此而言,未可爲恃。今後麟、鳳、龜、龍大瑞之類,依舊表奏。自外諸瑞,宜申所司,奏者唯顯瑞物色目及出見處,更不得苟陳虛飾,徒致浮詞(貞觀二年九月)。[2]

然而,即使清醒如唐太宗,最多希望謹慎處理祥瑞問題,避免落下笑柄,並不能從根本上否定祥瑞及其觀念系統。畢竟,符瑞代表上天對帝王統治的嘉許,是帝王統治合法性的天意證明,而這正是古代政治理論的主流。對此,《白虎通》就有經典解說:

> 天下太平,符瑞所以來至者,以爲王者承天統理,調和陰陽,陰陽和,萬物序,休

---

[1] 《朝野僉載》卷三,72—73頁。
[2] 《唐大詔令集》卷一一四《政事·祥瑞》,北京:中華書局,2008年,594頁。

氣充塞,故符瑞並臻,皆應德而至。德至天,則斗極明,日月光,甘露降。德至地,則嘉禾生,蓂荚起,秬鬯出,太平感。[1]

只要是帝王,從內心深處是無法否定祥瑞觀念的,因爲他們自己的天命也需要這些理論來證明。

何以武則天時代,在祥瑞問題上出盡醜態呢?其一,武則天的奪權有著太多的不自信,祥瑞對她政治事業的支持很大,或者說武則天對祥瑞的需求很迫切,於是在輿論和氛圍的營造中,難免出錯出醜。其二,武周的歷史太過短暫,很快進入否定的批判期,這讓武則天的很多祥瑞變成了出醜。設若沒有批判,如同古代其他王朝一樣,大家都樂觀其成,至少不去認真追究,那麼武則天的祥瑞也不會成爲鬧劇或者笑話。如果武周的歷史更長一些,即使後來有人有追究的興趣卻沒有可供拆穿的資料,也不會如武周一樣難堪。

總之,傳世文獻中,有關武則天應徵和祥瑞的資料,有部分屬於刪除未盡的結果,還保存了武則天時期的樣貌。有的則屬於後武則天時代的批判產物,揭露當時的偽造,批判武則天對天意的濫用以及種種虛偽言行。這是兩個歷史時期的歷史狀態,同一個問題表現出來的正反兩種立場,而對於我們今天的研究而言,既要承認兩個歷史階段的差異,也要辯證地對待兩個時期的資料。同時我們也得承認,第一個時期的歷史有被遮蔽的部分,而第二個批判時期確實恢復了部分歷史真相,但批判也導致了另外一種遮蔽。對於我們今天的研究者而言,必須做到面對兩種遮蔽纔能夠接近我們的研究目標。

(作者單位:中國人民大學國學院)

---

[1]《白虎通疏證》卷六《論符瑞之應》,北京:中華書局,1994年,283頁。

中古時期西域水利考（五）

——柳中縣、蒲昌縣水渠考

李 方

筆者考察中古時期西域的水利，撰寫了 4 篇論文，分别研究了高昌國時期的水渠、唐代高昌縣水渠[1]、高昌國水渠與唐西州水渠的關係。本文擬討論唐西州柳中縣、蒲昌縣的水渠。

我們知道，孫曉林《唐西州高昌縣的水渠及其使用、管理》是第一篇以唐代高昌縣水利爲研究主題的論文[2]，文中對唐西州高昌縣的水渠及其管理使用等問題進行了詳細的考證，並根據出土文書的有關記載，列了一張"唐西州高昌城周圍的水渠配置清單"，及一張"唐西州高昌城周圍灌溉渠系示意圖"。筆者的論文主要在孫文的基礎上向前推進。孫文名爲"唐西州高昌縣的水渠"，但實際上也涉及高昌縣之外的西州水渠，只是正文没有明確指出來，且數量不多而已。孫文在其"唐西州高昌城周圍的水渠配置清單"所列城東水渠中，有 4 條專門用括弧注明城名的水渠：宋渠（高寧）、辛渠（酒泉）、璨渠（酒泉）、北部渠（高寧），此高寧和酒泉就是高昌縣之外的柳中縣屬下兩個城，孫文括注高寧、酒泉的含義，就是指這些水渠流經柳中縣的高寧城或酒泉城。另外，孫文還列舉了一條高寧渠，此雖未括注地點，但顧名思義，高寧渠應以高寧城而命名，也就是説，應在柳中縣的高寧城周。總之，這 5 條水渠皆在高昌城東，皆流到柳中縣，其中 3 條流經柳中縣高寧城，2 條流經酒泉城。陳國燦先生也談到這 5 條水渠分别流經柳中縣高寧城和酒泉城的問題[3]。

---

[1] 其中一篇補"新"水渠，即前人未曾注意的水渠；一篇對前人已研究的水渠進行補證和糾謬。見《中古時期西域水渠研究（二）》，《敦煌吐魯番研究》第 13 卷，上海古籍出版社，2013 年；《中古時期西域水渠研究（三）》，《吐魯番學研究》2013 年第 1 期。

[2] 孫曉林《唐西州高昌縣的水渠及其使用管理》，武漢大學歷史系魏晉南北朝隋唐史研究室編著《敦煌吐魯番文書初探》，武漢大學出版社，1983 年，519—543 頁。

[3] 陳國燦先生將高寧城、酒泉城這兩個城的位址，具體框在今吐魯番鄯善縣的吐峪溝鄉境内。 （轉下頁）

拙文《中古時期西域水渠研究（二）》曾考證指出：有 2 條水渠，即王渠、杜渠是高昌縣與柳中縣共有的。另外，胡虜渠也可能在柳中縣。保守一點說，這 2 條水渠加上孫文列舉的 5 條水渠，我們至少已得知了柳中縣的 7 條水渠。

下面，筆者擬根據新掌握的材料，再考證補充 8 條柳中縣及蒲昌縣的水渠。這 8 條水渠就是：新渠、枌渠、魏略渠、界對渠、阿魏渠、魯渠、屯續渠、谷中渠。以下一一引證。

（一）魏略渠

出土文書中有關"魏略渠"的記載僅 1 件，這就是阿斯塔那 189 號墓所出《唐西州高昌縣梁仲德等户主田畝簿》。這件文書共存八片，第一片略載：

```
1   户□□□□□□□賓（一）  ［下殘］
2   一段壹畝半常田城東廿里柳中縣 東 至 渠   西 至 渠 □□□□
3   一段壹畝常田城東廿里柳中縣　東至道　西辛懷尉　南至道　北辛文師
4   一段三畝潢田城東卅里柳中縣魏略渠　東廢寺　西至渠　南至荒　北
至渠
5   一段壹畝潢田城東卅里柳中縣　東至渠　西康義才　南至渠　北曹龍逹
6   一段壹畝半潢田城東卅里柳中縣杜渠　東安君善　西安善　南至荒　北康
海龍［1］
```

這裏明確記載"城東卅里柳中縣魏略渠"，此"城"指高昌城。題解稱："本件紀年已缺。但帳內'一段'的一字不作大寫，當在開元前。又帳中所見田畝位置，約在柳中縣，而稱'城東若干里'。柳中縣在高昌縣之東，故知此簿屬高昌縣。"這件高昌縣田畝簿上所載"魏略渠"，則在高昌城東四十里的柳中縣界內，惜不知在哪個城鄉。文中所謂柳中縣"杜渠"的記載，已見上述。

（二）界對渠

池田温先生將 64 件相關大谷文書拼接成一件《唐開元廿九年（741）西州高昌縣給田簿》，其中有多個水渠名，"界對渠"是其中之一，凡 2 見。略引如下。

（接上頁）他說："在此（吐峪溝）鄉境內，至少有兩城：一為高寧城，一為酒泉城，兩城距高昌城均在 30 里。"見氏著《鄯善縣新發現的一批唐代文書》，《吐魯番學新論》，烏魯木齊：新疆人民出版社，2006 年，52 頁。

［1］ 中國文物研究所《吐魯番出土文書》圖版本（肆），北京：文物出版社，1996 年，110 頁。

(1) 第 1 件共存 22 行,第 21 行載:

　　　□□□部田 城東卅里柳中縣界對渠　東楊連子　西荒　南渠　北渠

(2) 第 5 件第 10 行載:

　　　一段貳畝部田城東卅里柳中縣界對渠　東渠　　□□□[1]

這 2 件文書都記載了柳中縣有"界對渠",該渠距高昌城東四十里。惜兩件文書皆未明確記載該渠流經柳中縣的哪個城鄉。

(三) 屯績渠

有關"屯績渠"的文書亦僅 1 件,即上舉池田温先生《唐開元廿九年(741)西州高昌縣給田簿》中的第 8 件,其第 4 行載:

　　　一段三畝常田 城東卅里柳中縣屯績渠　東範　西至渠　南至渠 北王素[2]

這裏也明確記載了"屯績渠"在高昌城東四十里,屬於柳中縣。惜未明確記載該渠流經柳中縣哪個城鄉。

(四) 魯渠

有關"魯渠"的文書亦僅 1 件,即上舉池田温先生《唐開元廿九年(741)西州高昌縣給田簿》中的第 5 件,其第 14 行載:

　　　□□□高寧城魯渠　　□□□[3]

這件文書雖然殘缺較嚴重,但相對較多地保留了有關魯渠的信息,告訴我們魯渠在高寧城。由於我們知道高寧城屬柳中縣,所以,不僅使我們得知柳中縣還有一條魯渠,而且得知魯渠流經柳中縣的高寧城。

(五) 新渠

目前所見記載"新渠"的文書有 2 件,皆爲 2001 年鄯善縣徵集文書。文書原載陳國燦先生《鄯善縣新發現的一批唐代文書》[4],後收入《新獲吐魯番出土文獻》。引如下。

---

[1] 池田温《中國古代籍帳研究》,東京大學東洋文化研究所,1979 年,418、421 頁。
[2] 池田温《中國古代籍帳研究》,422 頁。
[3] 池田温《中國古代籍帳研究》,421 頁。
[4] 《吐魯番學新論》,36—52 頁。按,這批文書是從一雙陪葬的紙鞋中拆出來的,共有唐代文書 23 件。

(1)《唐儀鳳三年(678)十月三十日西州柳中縣高寧鄉人左盈雲租田契》,共6行:

1　□鳳三年十月卅日高寧鄉人左盈雲,交
2　用麥壹拾百升,粟貳拾百升,于同鄉人辛阿塠
3　邊祖夏新渠口分常田貳[
4　麥粟即當立契交相付[
5　□子日,不得問佃時麥粟,[
6　□先悔者,別[
　　(後缺)[1]

這是柳中縣高寧鄉人左盈雲向同鄉人辛阿塠租"新渠"口分常田的契約,左盈雲與辛阿塠皆爲高寧鄉人,因此,"新渠"應在柳中縣高寧城鄉。這是一條前所未知的水渠,陳國燦先生在公佈這件文書時已指出來:"夏新渠,在已出的吐魯番文書中,尚未見到,推測應是流經高寧鄉境内的一條渠。"(見上引文)

(2)《唐以口分田爲質貸銀錢契》,殘存5行,引如下:

(前缺)
1　新渠口□
2　質取銀□
3　中壹□
4　錢貳□
5　仰妻□
　　(後缺)[2]

這件文書第1行有"新渠"。這條信息除了可以與上舉第1件相印證之外,還可以説明新渠在當時人們的生産生活中佔有一定的位置,在這一批鄯善縣新發現的唐代23件文書中,就有2件記載了這條水渠。

這件文書無紀年,但據整理者介紹,從鄯善縣洋海下村古墓獲得的這一雙紙鞋拆出的23件唐代文書中,有紀年者,自唐總章二年(669)至武周長安三年(703)。推知紙鞋的主人是在武周長安末至唐中宗神龍年間入葬的。其中一些缺紀年的文書,應大體上在神龍年間或神龍以前。這件文書也不例外。

---

[1]《新獲吐魯番出土文獻》,北京:中華書局,2008年,362頁。
[2]《新獲吐魯番出土文獻》,373頁。

綜合這2件文書可知,唐代柳中縣高寧城周有"新渠"。

(六) 枌渠

目前僅見一件記載枌渠的文書,這就是阿斯塔那506號墓所出《唐張小承與某人互佃田地契》。共存11行,引如下:

1　□□承匡渠西奇口分常田五畝東王令瑋　南　　西官田　北蘇祁奴
2　────年十一月廿四日□逐隱便將上件地
3　────酒泉城口分枌渠常田一段五
4　────家各十年佃□如以後兩家
5　────種,各自收本地。如營田以後,
6　─────役,各自承只,不得遮護。兩
7　　共平章,恐人無信,故立此契爲記。
8　　數內一畝地子,張處直　地主張小承年卌二
9　　邊收麥兩斛一斗　　保人弟□────
10　契有兩本,各執一本。　保人張處直□────
11　　　　　　　　　　保人[1]

在這件互佃契約中,張小承以自家的"匡渠西奇口分常田五畝"與某人的"酒泉城口分枌渠常田一段五(畝)"互佃交替耕種(爲期十年)。互佃的原因,大約是雙方常田皆離自己的住家距離太遠,爲了節約勞動力和時間,所以自願交換耕種。筆者曾經考證"匡渠"在"高昌城東二里",而據這件文書,"枌渠"在"酒泉城",酒泉城距高昌城東約四十里,二者距離確實較遠。因此,我們根據這件契約得知,柳中縣酒泉城有"枌渠"。整理者在"枌渠"下劃橫綫,即也認爲這是專有名詞即水渠之名。

這件文書無紀年,但墓解稱:"本墓所出文書甚多,據所見紀年,起唐開元十八年(公元七三〇年),迄大曆七年(公元七七二年)。"據此,該文書應是唐代文書,該渠也應屬於唐代時期。

文書出自506號墓,拆自墓主人張無價的紙製長靴。據同墓所出大曆七年(772)六月張無價之女馬寺尼法慈牒稿,知其父死於大曆七年六月,此契約必在大曆七年之前。吳震先生考曰:"此墓下限不晚於大曆七年(772),是此契不遲於大曆六年。本契

───────
[1]《吐魯番出土文書》圖版本(肆),581頁。

稱年,必非天寶、至德年間所立,宜在其後。大曆以前,至德以後,其間年號依次有乾元、上元、寶應、廣德、永泰。……契約文言明,有效期爲十年。設大曆六年期滿作廢,上推十年爲上元二年(761),但當年九月已去年號,但稱'元年',又稱月建,不言月數。本契立於十一月,是必不遲於上元元年(760)。"因此,本契立於乾元元年(758)、二年或上元元年這三年的可能性最大。

吴震先生説:"檢渠之名前所未見,但酒泉城約在高昌城東 20 至 30 里之間,此渠亦當在其附近。"[1]

(七) 阿魏渠

有關"阿魏渠"的文書,目前僅見 1 件,見上述池田温先生《唐開元廿九年(741)西州高昌縣給田簿》中的第 4 件,第 8 行載:

一段三畝部田　城東六十里橫截城阿魏渠

三易[2]

這件文書告訴我們,高昌城東六十里橫截城旁有一條"阿魏渠"。唐代橫截城究竟屬於西州哪個縣? 王素先生指出: 橫截,高昌郡時期已置縣,麴氏王國前期置橫截郡,爲郡治,又附郭縣治。"唐滅高昌,降爲城,屬蒲昌縣。"並舉證:"大谷 2604 號:'(高昌)城東六十里橫截城阿魏渠。'《唐上元二年蒲昌縣界長行小作狀》:'山北橫截等三城。'(文書十,252 頁;圖文肆,556 頁)"[3]王素先生不僅説明了唐時橫截城隸屬於蒲昌縣,而且舉文書以證之(此大谷 2604 號,就是本文所引的這件文書),並且將橫截的行政設置及其隸屬關係的發展演變軌跡論證得很清楚。然則阿魏渠流經蒲昌縣的橫截城。

(八) 谷中渠

有關"谷中渠"的文書目前僅知 2 件。上舉池田温先生《唐開元廿九年(741)西州

---

[1]《吐魯番出土的兩件唐人互佃契》,《新疆社會科學》1987 年第 2 期,40—44 頁,此據同作者《吴震敦煌吐魯番文書研究論集》,上海古籍出版社,2009 年,483 頁。

[2] 池田温《中國古代籍帳研究》,420 頁。

[3] 王素還指出,橫截城在今漢墩的説法可信。見氏著《高昌史稿·交通篇》第一章"高昌的地理",北京:文物出版社,2000 年,51、61 頁。又,榮新江先生也贊同此説,見氏著《吐魯番新出送使文書與麴氏高昌王國的郡縣城鎮》,《敦煌吐魯番研究》第 10 卷,上海古籍出版社,2007 年,21—41 頁。

高昌縣給田簿》中的第 23 件第 4 行載：

　　一段貳畝薄田 城東六十里谷中渠[1]

　　這裏記載了"谷中渠"，但未詳該渠在高昌縣或柳中縣還是蒲昌縣？根據文書所謂"在高昌城東六十里"，估計也應在蒲昌縣。因爲前所謂"阿魏渠"即在高昌城東六十里的蒲昌縣，而這裏的"谷中渠"也在高昌城東六十里，方位與里數皆相同，其地理位置也應相同。但是否是流經蒲昌縣橫截城？則不敢斷言。因爲，相同的方位和里數並不一定是同一個城鄉。如柳中縣的高寧城和酒泉城，兩者都在高昌城東 20 里、30 里（按照陳國燦先生的考證，高寧城在高昌城東偏北 30 里，酒泉城在高昌城東偏南 30 里）。因此，可以說，該"谷中渠"有可能流經蒲昌縣橫截城，也可能不流經橫截城，但無論如何，視之爲蒲昌縣水渠應是不錯的。

　　這裏，筆者一共討論了 15 條水渠。其中 5 條是已知的柳中縣水渠，2 條是拙文《中古時期西域水渠研究（二）》討論高昌縣水渠時新得知的（高昌縣與柳中縣共有的），8 條是本文重點討論的。在這 15 條水渠中，13 條流經柳中縣，2 條流經蒲昌縣。

　　具體而言，本文重點討論的 8 條水渠中，有 2 條爲蒲昌縣水渠，其餘 6 條爲柳中縣水渠。而柳中縣這 6 條水渠中，有 2 條流經高寧城，1 條流經酒泉城，其餘 3 條不詳具體位置。如加上前面已知的孫文所列柳中縣 3 條流經高寧城的水渠，2 條流經酒泉城的水渠，則可知柳中縣高寧城有 5 條水渠，酒泉城有 3 條水渠。

（作者單位：中國社會科學院中國邊疆史地研究中心）

---

[1]　池田溫《中國古代籍帳研究》，426 頁。

唐代訴訟文書格式初探
——以吐魯番文書爲中心*

黄正建

一、問題的提出

  唐代訴訟文書采用什麽格式,史籍很少記載,即使不多的一點記載,也因語焉不詳,多有矛盾,而一直爲我們所不明。正因如此,關於這一問題的研究者也不多,似乎還没有專門的論著出現。

  最近,有陳璽《唐代訴訟制度研究》問世(以下簡稱爲《訴訟制度》)[1],書中在第一章第二節《起訴的程式要件》中,列有《唐代律令關於起訴程式之一般規定》與《出土文書所見唐代訴牒之格式規範》兩小節。在前一小節中,作者指出:"唐代訴訟實行'書狀主義'原則,當事人訴請啓動訴訟程式,均需向官司遞交書面訴狀。"[2]這裏稱唐代訴訟文書爲"訴狀"。又引復原唐《獄官令》35條及唐律,認爲"唐律嚴懲代書辭牒誣告他人之行爲……若於他人雇請代書訴狀文牒之際,加狀不如所告,但未增重其罪者,依律科笞五十"[3]。這裏稱訴訟文書爲"辭牒"或"訴狀文牒"。作者還説:"刑事、民事案件訴事者在向官府告訴前,均需製作訴牒,作爲推動訴訟程式的基本法律文書。法律對於訴牒的格式與内容均有較爲嚴格的要求。"[4]這裏稱訴訟文書爲"訴牒"。作者舉了幾個例子,説"其中皆有辭狀文書作爲有司論斷之基本依據"[5]。這裏稱訴訟文書爲"辭

---

* 基金項目:本文係2014年度國家社科基金重大項目"中國古文書學研究"(14ZDB024)階段性成果之一。
[1] 陳璽《唐代訴訟制度研究》,北京:商務印書館,2012年。
[2] 《唐代訴訟制度研究》,18頁。
[3] 《唐代訴訟制度研究》,19頁。
[4] 《唐代訴訟制度研究》,20頁。
[5] 《唐代訴訟制度研究》,20頁。

狀文書"。

這樣,我們在該書不到 3 頁的篇幅上,就看到作者對訴訟文書有以下幾種不同稱呼:訴狀、辭牒、訴狀文牒、訴牒、辭狀文書。甚至在同一句話中,可以前面稱"訴牒"後面稱"訴狀"[1]。此外還有"辭狀文牒"[2]、"訴牒辭狀"[3]等説法。其中如"訴牒辭狀"並列,作者寫爲"訴事人遞交的訴牒辭狀",則不知兩者是一種文書,還是兩種不同的文書。

這種混亂,實際也説明了訴訟文書在唐代稱呼的不確定性,以及使用時的混淆。那麽,唐代訴訟文書[4]在當時到底如何稱呼? 它在實際使用時有無變化? 其格式究竟如何? 這些就成了本文希望解决的問題。

二、唐代法典中的稱呼

首先我們要看看唐代法典中對訴訟文書有怎樣的稱呼。《訴訟制度》引用了唐代法典中的一些條文[5],但論述的重點不在訴訟文書的稱呼上,即没有明確指出法典對訴訟文書的具體稱呼。現在讓我們再重新梳理一下唐代法典的相關條文。

1. 復原唐《獄官令》35 條前半:

> 諸告言人罪,非謀叛以上者,皆令三審。應受辭牒官司並具曉示虚得反坐之狀。每審皆别日受辭。(若使人在路,不得留待别日受辭者,聽當日三審。)官人於審後判記,審訖,然後付司。

按:此條唐令是根據《唐六典》卷六《刑部郎中員外郎》條、《通典》卷一六五《刑法》三《刑制》下,以及《天聖令》宋 29 條等復原而成[6]。令文中稱訴訟文書爲"辭牒";稱接受訴訟文書爲"受辭"或"受辭牒"。

2. 唐《鬭訟律》"告人罪須明注年月"條(總第 355 條):

> 諸告人罪,皆須明注年月,指陳實事,不得稱疑。違者,笞五十。官司受而爲理

---

[1] 《唐代訴訟制度研究》,21 頁正數第 2—3 行。
[2] 《唐代訴訟制度研究》,25 頁。
[3] 《唐代訴訟制度研究》,33 頁。
[4] 本文一般稱其爲"訴訟文書",具體行文時,依據文書在當時的不同稱呼,分別稱其爲"辭"、"牒"、"狀"或"訴辭"、"訴牒"、"訴狀"。
[5] 《唐代訴訟制度研究》,19—20、29 頁。
[6] 復原令文及依據,見天一閣博物館、中國社會科學院歷史研究所天聖令整理課題組《天一閣藏明鈔本天聖令校證(附唐令復原研究)》,北京:中華書局,2006 年,624 頁。《獄官令》的復原由雷聞撰寫。

者,減所告罪一等。即被殺、被盜及水火損敗者,亦不得稱疑,雖虛,皆不反坐。其軍府之官,不得輒受告事辭牒。

疏議曰:告人罪,皆注前人犯罪年月,指陳所犯實狀,不得稱疑。"違者,笞五十",但違一事,即笞五十,謂牒未入司,即得此罪。官司若受疑辭爲推,並准所告之狀,減罪一等,即以受辭者爲首,若告死罪,流三千里;告流,處徒三年之類。……"其軍府之官",亦謂諸衛及折衝府等,不得輒受告事辭牒。[1]

按:此條律文稱訴訟文書爲"辭牒"或"告事辭牒"。接受訴訟文書者爲"受辭者"。訴訟文書不實,爲"疑辭"。又稱呈遞"入司"的文書爲"牒"。另外要注意:律文中所謂"准所告之狀"中的"狀",指"實狀"即情況、事狀,而非文書形式之"書狀"之義。

3. 唐《鬬訟律》"爲人作辭牒加狀"條(總356條):

諸爲人作辭牒,加增其狀,不如所告者,笞五十;若加增罪重,減誣告一等。

疏議曰:爲人雇倩作辭牒,加增告狀者,笞五十。若加增其狀,得罪重於笞五十者,"減誣告罪一等",假有前人合徒一年,爲人作辭牒增狀至徒一年半,便是剩誣半年,減誣告一等,合杖九十之類。[2]

按:此條律文亦稱訴訟文書爲"辭牒",可以雇人書寫。如果在辭牒中增加所告罪狀,要笞五十。律文中的"狀"是"情狀"、"罪狀"之意,也不是文書形式之"狀"。

以上是法典中關於訴訟文書最基本的條文。從中可知,在唐代法典中,對訴訟文書最正規、最嚴謹的稱呼,應該是"辭牒"。從其中"受辭"、"受疑辭"看,又以"辭"爲訴訟文書的大宗,其次爲"牒"。

法典中也有"狀",例如"辭狀"[3]、"告狀"[4]等,但正如前面所說,這裏的"狀"都是情狀、罪狀,即文書內容,還不是一種文書形式的意思[5]。

三、吐魯番出土文書中所見唐代訴訟文書中的《辭》

《訴訟制度》重視敦煌、吐魯番文書中保存的訴訟資料,在《出土文書所見唐代訴牒

---

[1]《唐律疏議》卷二四,北京:中華書局,1983年,444頁。
[2]《唐律疏議》卷二四,444頁。
[3]《唐律疏議》卷二九《斷獄》"雇倩人殺死囚"條(總471條),547頁。
[4]《唐律疏議》卷二九《斷獄》"依告狀鞫獄"條(總480條),555頁。
[5] 參錢大羣《唐律疏義新注》,南京師範大學出版社,2007年,960、975頁。

之格式規範》一小節中收録了訴訟文書(書中稱"訴牒")23件,爲我們研究訴訟文書提供了一定的幫助[1]。但是作者没有區分"辭"和"牒",使用了一些"狀",未能講清它們之間的關係,也没有復原出"辭"和"牒"的格式。凡此種種,都有重新研究的必要。

關於"辭"和"牒"的區别,是研究唐代文書制度者的常識。但相關資料其實有些差異。常引的是《舊唐書·職官志》所云:"凡下之所以達上,其制亦有六,曰表、狀、箋、啓、辭、牒(表上於天子。其近臣亦爲狀。箋、啓上皇太子,然於其長亦爲之。非公文所施,有品已上公文,皆曰牒。庶人言曰辭也)。"[2]這其中的"有品已上",《唐六典》作"九品已上"[3],是史料的差異之一。此外,引文的注中説"非公文所施,有品已上公文,皆曰牒",文氣不順。既有"皆"字,當言"公文及非公文所施,皆曰牒"纔對,否則"皆"字没有著落。《唐會要》没有"非公文所施"字樣,作"下之達上有六(上天子曰表,其近臣亦爲狀。上皇太子曰箋、啓。於其長上公文,皆曰牒。庶人之言曰辭)"[4]。到底哪種説法正確,現已無法判明,就"辭"、"牒"的區别而言,起碼有兩點可以肯定:一、有品的官吏所上公文曰牒;二、庶人之言曰辭。至於是"有品"還是"九品",從實際使用的例子看,似應以"有品"爲是。如果上文推測的"皆"字與公文和非公文的聯繫有道理,則有品官吏所上公文及非公文皆曰牒。簡單説,在上行文書的使用上,品官(含職官、散官、勳官、衛官等)用"牒",庶人用"辭"。這一區别也適用於訴訟文書場合。

關於吐魯番文書中的"辭",中村裕一早在20世紀90年代就有過研究。他在《唐代公文書研究》第五章《吐魯番出土の公式令規定文書》第二節《上行文書》第四小節《辭》中指出:辭式文書是庶民向官府申請時用的文書,實例只存在於吐魯番文書中,應該爲《公式令》所規定。《辭》在北朝已經存在,傳到高昌成了高昌國的《辭》,也爲唐代所繼承。唐代《辭》與高昌國《辭》的區别是後者没有寫明受辭的機構。《辭》的文書樣式是:開頭寫"年月日姓名 辭",結尾寫"謹辭"。書中列舉了6件唐代《辭》的録文[5]。

中村裕一的研究已經涉及唐代《辭》的主要方面。本文要補充的内容是,其一,將

---

[1]《唐代訴訟制度研究》,21—24頁。
[2]《舊唐書》卷四三,北京:中華書局點校本,1975年,1817頁。
[3]《唐六典》卷一《三師三公尚書都省》,北京:中華書局,1992年,11頁。不過此中華書局的點校本,據《舊唐書》、《唐會要》等作了一些校訂,非本來面貌,使用時需要注意。
[4]《唐會要》卷二六《牋表例》,北京:中華書局,1990年,504頁。引用時標點有所變動。
[5] 中村裕一《唐代公文書研究》,東京:汲古書院,1996年,191—196頁。

《辭》的格式更完備地表示出來。其二,補充一些《辭》的文書,並作簡單分析。最後,總結一下《辭》的特點,以便與作爲訴訟文書的《牒》進行比較。

完整的訴訟文書的《辭》,應該具備以下格式:

年月日(籍貫身份)姓名　辭

標的(即所訴人或物)

受訴機構(一般爲:縣司、州司、府司、營司等):所訴內容。結尾——謹以辭(或諮、狀)陳,請裁(或請……勘當;請……)。謹辭。

(實用訴訟文書,後面附有判詞)

吐魯番文書中的《辭》,僅就《吐魯番出土文書》一至十册[1]統計,有近30件,若包括案卷中所引的《辭》,約有40件之多。以下舉幾個相對比較完整的例子。

例一,唐貞觀廿二年(648)庭州人米巡職辭爲請給公驗事[2]

1 貞觀廿二　　　　庭州人米巡職辭:
2 　米巡職年參拾　　奴哥多彌施年拾伍
3 　婢娑匐年拾貳　　駝壹頭黄鐵勤敦捌歲
4 　羊拾伍口
5 州司:巡職今將上件奴婢、駝等,望於西
6 州市易。恐所在烽塞,不練來由,請乞
7 公驗。請裁。謹辭。
8 　巡職庭州根民,任往
9 　西州市易,所在烽
10 塞勘放。　懷信白。
11 　　　　廿一日

此件《辭》嚴格説不是訴訟文書,而是申請書。是米巡職向庭州提出的申請,目的是希望發給他公驗,好去西州貿易。處理此件《辭》的即寫判詞的"懷信",應該是庭州的户曹參軍事[3]。此件《辭》的申請人,應該是一般的庭州百姓。

---

[1] 國家文物局古文獻研究室、新疆維吾爾自治區博物館、武漢大學歷史系編《吐魯番出土文書》第一至十册,北京:文物出版社,1981年至1991年。

[2]《吐魯番出土文書》第七册,8—9頁。前引中村裕一書中亦有引用。

[3] 比照西州處理申請過所事務,在此處寫判詞的即户曹參軍事,如梁元璟。參李方《唐西州官吏編年考證》,北京:中國人民大學出版社,2010年,118—119頁。

例二,唐永徽三年(652)士海辭爲所給田被里正杜琴護獨自耕種事[1]

　　1　□徽三年□□□□□□海辭
　　2　　　口分常□□□□□
　　3　縣司：士海蒙給田,已□□□貳載未得田地。
　　4　今始聞田共同城人里正杜琴護連風(封)。其地,琴護
　　5　獨自耕種將去,不與士海一步。謹以諮陳訖。
　　6　謹請勘當,謹辭。

此件《辭》是某士海上訴至縣裏,說本應給自己的田地被里正耕種,請縣裏核查處理。"某士海"應該是一般百姓。

例三,唐麟德二年(665)牛定相辭爲請勘不還地子事[2]

　　1　麟德二年十二月　日,武城鄉牛定相辭：
　　2　　寧昌鄉樊董堌父死退田一畝
　　3　縣司：定相給得前件人口分部一畝,徑(經)今五年
　　4　有餘,從㗱(索)地子,延引不還。請付寧昌鄉本
　　5　里追身,勘當不還地子所由。謹辭。
　　6　　　付坊追董堌過縣
　　7　　　對當。果　示
　　8　　　　　　十九日

此件《辭》是牛定相上訴縣裏,要求調查樊董堌五年不還他地子的原因。縣裏接到《辭》並審理後,縣令或縣丞某"果"[3]下判詞,命令坊正帶樊董堌到縣裏接受詢問並與牛定相對質[4]。以此件《辭》來上訴的牛定相,應是一般百姓。

例四,唐總章元年(668)西州高昌縣左憧憙辭爲租佃葡萄園事[5]

　　1　總章元年七月　日高昌縣左憧憙辭
　　2　　張渠蒲桃一所(舊主趙回□)

---

[1]《吐魯番出土文書》第七册,23頁。
[2]《吐魯番出土文書》第五册,92頁。中村裕一書已引。
[3]"果"爲縣令或縣丞,參李方前引書,177—178頁。
[4] 關於本件文書的性質,參陳國燦《唐代的"地子"》,見《唐代的經濟社會》,臺北：文津出版社,1999年,156—157頁。
[5]《吐魯番出土文書》第六册,426頁。

3　縣司：憧憙先租佃上□桃,今□□□□□□
4　恐屯桃人並比鄰不委,謹以辭陳,□□□□
5　公驗,謹辭。

此件《辭》是左憧憙上訴縣司,就一所葡萄園的租佃糾紛,請縣裏出示公證(公驗)。上訴者應是一般百姓。

例五,唐儀鳳二年(677)西州高昌縣寧昌鄉卜老師辭爲訴男及男妻不養贍事[1]

1　儀鳳二年四月　日寧昌鄉人卜老師辭
2　　　男石德妻漢姜
3　□□□□老師上件男妻,從娶已來,經今一十□□
4　□□□□咸亨二年,其男及妻遂即私出在
5　□□□□兩眼俱盲,妻服□□□□□
6　□□□不應當。既是兒妻□□□□和
7　□□□□不取言教所由,謹辭。

此件《辭》殘缺較多,在第3行開頭,應有"縣司"字樣。《辭》的內容是卜老師訴其兒子並兒媳私自出走,不贍養自己。咸亨二年是公元671年,即兒子夫婦出走已經6年了。上訴人卜老師應是普通百姓。

例六,唐永隆二年(681)衛士索天住辭爲兄被高昌縣點充差行事[2]

1　永隆二年正月　日校尉裴達團衛士索天住辭
2　　　兄智德
3　府司：天住前件兄今高昌縣點充
4　行訖,恐縣司不委,請牒縣知,謹辭。
5　　　　　付司　伏生示
6　　　　　　　六日
7　　　　　正月六日　　畢
8　　　　　司馬
9　　　　　差兵先取軍人
10　　　　　君柱等,此以差

---

[1]《吐魯番出土文書》第七册,528頁。
[2]《吐魯番出土文書》第六册,559頁。前引中村裕一書中亦有部分引用。

11　　　　　行訖。准狀別牒高

12　　　　　昌、交河兩縣,其

13　　　　　人等白丁兄弟,請

14　　　　　不差行。吴石仁

15　　　　　此以差行訖,牒

16　　　　　前庭府准狀,

17　　　　　餘准前勘。待

18　　　　舉　　示

19　　　　　　　六日

20　　　　依判。伏生 示

21　　　　　　　六日

此件《辭》是軍府(前庭府?)衛士索天住上訴至西州都督府[1]的訴《辭》,説自己的兄弟索智德已被點充府兵,請都督府牒下高昌縣告知。上訴人是府兵的衛士。寫"付司"的"伏生"是西州都督[2]。前引唐《獄官令》云:"官人於審後判記,審訖,然後付司。"此件文書的處理則是先"付司",通判官給出意見後,長官批示"依判"。給出具體意見的通判官"待舉"是西州長史[3]。當然,所判意見針對的其他幾件訴《辭》,因文書殘缺而不爲我們所知了。

例七,唐景龍三年(709)嚴令子妻阿白辭[4]

27　景□三年十二月　　日寧昌鄉人嚴令子妻白辭

28　　夫堂弟住君

29　縣司:阿白夫共上件堂弟同籍,各自别居。一

30　户總有四丁,三房别坐。籍下見授常田十

31　畝已上。除夫堂兄和德爲是衛士,取四畝分

32　外,餘殘各合均收。乃被前件夫堂弟見

33　阿白夫並小郎等二人逃走不在,獨取四畝,

---

[1] 西州設有前庭、岸頭、蒲昌、天山四個軍府,完全聽命於西州都督府。參陳國燦、劉永增編《日本寧樂美術館藏吐魯番文書》,北京:文物出版社,1997年,10—11頁。

[2] 前引李方書,8—9頁。

[3] 前引李方書,35—38頁。

[4] 《吐魯番出土文書》第七册,508—509頁。前引中村裕一書亦曾引用。

34 唯與阿白二畝充二丁分。每年被徵阿白

35 兩丁分租庸,極理辛苦,請乞處分,謹辭。

此件《辭》是《高昌縣處分田畝案卷》的一部分[1]。案卷有"高昌縣之印"數方,因此本件《辭》應是訴訟文書的原件。文書内容是嚴令子妻阿白訴丈夫的堂弟嚴住君多佔了她的地,每年還要交兩個丁男(此二丁男已經逃走)的租庸,請縣裏處分。從後面的案卷看,縣裏接到訴《辭》後命坊正帶嚴住君來縣裏詢問。嚴住君用《辯》作了回答,說自己沒有多佔,阿白所少的地,是北庭府史匡君感花了一千文錢從阿白手中買來的,有保人作證。由於文書後殘,最後如何判決我們不能詳知。此件《辭》的上訴人阿白,應該是一般百姓。若與此《辭》前面殘存的另一件董毳頭《辭》看,筆跡完全不同,知是本人所寫,當然也可能是雇人所寫,總之,不是由官府出人統一謄清的。

例八,唐景龍三年(709)張智禮辭[2]

104 景龍三年十二月　日寧昌鄉人張智禮辭

105 縣司:智禮欠口分常田四畝,部田六畝,未□

106 給授。然智禮寄住南城,請勘責□□□□

107 於天山縣寬□請授。謹辭。

108　　　付　司　虔□　□

此件《辭》亦爲上述案卷中的一件。内容是張智禮向縣裏申請,請於寬鄉天山縣補足所欠口分常田和部田。《辭》中沒有"標的",是因爲申請人無法指定該得的田地的位置。下令"付司"的"虔□",是高昌縣令[3]。張智禮應是普通百姓。

例九,唐開元三年(715)交河縣安樂城萬壽果母姜辭[4]

1　開元三年八月日交河縣安樂

2　城百姓萬壽果母姜辭:縣司:

3　阿姜女尼普敬,谷□山人年卅三,

4　不用小法(注?)。請裁辭。

此件《辭》的筆跡極拙劣,可能是擬的草稿,因此"縣司"沒有另抬頭,不符合《辭》的

---

[1] 案卷全部殘存177行,見《吐魯番出土文書》第七册,506—523頁。
[2] 《吐魯番出土文書》第七册,516頁。
[3] 前引李方書,194—195頁。其實署名之"虔□"並無法識讀,更無法用標準繁體字寫定,有的錄文即錄爲"管皇"。
[4] 《吐魯番出土文書》第八册,73頁,前引中村裕一書亦曾引用。

一般格式。"請裁"後面也缺了"謹"字。《辭》的內容不明,上訴人阿姜是個"百姓"。

例十,唐寶應元年(762)百姓曹没冒辭爲康失芬行車傷人事[1]

8　元年建未月　日,百姓曹没冒辭。

9　　　女想子八歲

10　縣司:没冒前件女在張遊鶴店門前坐,乃

11　被行客靳嗔奴扶車人,將車輾損,腰骨

12　損折,恐性命不存,請乞處分。謹辭。

13　　　　付本案　鉾

14　　　　示

此件《辭》是《康失芬行車傷人案卷》中的一件,内容是曹没冒向縣裏起訴康失芬駕車將其女兒撞傷一事。縣裏接到訴《辭》後,命將肇事人帶到縣裏詢問,最後判決是"放出勒保辜,仍隨牙"[2]。上訴人是天山縣百姓,"鉾"是天山縣令[3]。本件《辭》的字跡樸拙,與前後所存《牒》、《辯》不同,應是本人書寫。

通過以上十例,我們可以看出,使用《辭》來上訴或申請的人,基本是百姓(内有婦女二人,即嚴令子妻阿白和萬壽果母阿姜)和衛士。檢查其他殘存的《辭》,則使用者還有僧人、里正、健兒、興胡[4]等,都是沒有官品的"庶人"。

從内容看,十件中多與田畝糾紛有關(五件),其他四件分别爲差兵役、行車撞人、贍養糾紛、請公驗,餘一件内容不明。查閲其他殘存的《辭》,所訴内容還包括因病請白丁充侍、請從兄男充繼子、舉取練絹糾紛、番期舛誤、勘查鞍具並轡、受雇上烽、租佃糾紛、因病不堪行軍、賠死馬並呈印、查找失蹤兄弟、請頒發市券、請改給過所等[5],其中有些不是訴訟,只是申請,可見《辭》是一種用途廣泛的私人上行文書,其中訴訟用者可稱爲訴《辭》,申請用者可稱爲申《辭》。

從格式看,其最重要的特徵是:一、"年月日姓名　辭"置於《辭》的首行,這與下面

---

[1]　《吐魯番出土文書》第九册,129頁。

[2]　案卷共60行,研究者衆多,可參看劉俊文《敦煌吐魯番唐代法制文書考釋》,北京:中華書局,1989年,566—574頁。

[3]　參前引李方書,213—215頁。

[4]　分别見《吐魯番出土文書》第四册,46、244頁;第八册,91頁;第九册,27頁。其中"里正"的《辭》是一個極殘的殘卷,詳情不明。若參下節,里正也可使用《牒》。或許里正用《牒》是比較規範的。

[5]　分别見《吐魯番出土文書》第六册,197、203—204、470—471頁;第七册,42—43、78、111、330、358、394—395頁;第八册,91、385—387頁;第九册,27、35頁。

要説的《牒》以及《辯》[1]不同。二、姓名前要寫明籍貫如某鄉人或身份如百姓、衛士等。這與《辯》明顯不同。後者不必寫籍貫、身份（保辯除外），但一定要寫年齡。這可能是因爲《辭》是最初的法律文件，看重的是身份；《辯》是面對官府詢問的回答，身份已知，故需強調未知的年齡。三、一定要有受理機構如縣司等，這與下面要説的《牒》不同。四、最後以"謹辭"結尾。區别《辭》、《牒》的重要標識，即一爲"謹辭"結尾，一爲"謹牒"或"牒"結尾。

至於爲何《辭》要將年月日姓名置於首行，而《牒》則否，目前還不能很好解釋。我的初步想法是：訴訟文書中，訴訟人非常重要，須承擔真實起訴、訴辭真實的責任，必須首先讓官府知道，因此列在首行。宋元以後的訴訟文書，首列告狀人[2]，也是這個道理。而《牒》演化自官文書，但省略了收發信機構，造成首行無發信人即訴訟人的狀況。也正因如此，《辭》的形式爲以後的訴訟文書所繼承，而《牒》的形式則被此後的訴訟文書淘汰了。

四、吐魯番出土文書中所見唐代訴訟文書中的《牒》

如上節所説，唐代訴訟文書最基本的形式是"辭牒"。《辭》是一般庶人所用，《牒》則爲"有品已上"者使用。

關於《牒》，相關研究甚多。國内方面，盧向前《牒式及其處理程序的探討——唐公式文研究》是比較早的綜合研究[3]。文中分牒式文書爲平行型、補牒型、牒上型和牒下型四種，特别強調主典之"牒"，"僅僅是'判案'環節中的一個組成部分，必須把它和原始的牒文區分開來，當然也不妨仍然稱它爲牒"[4]。這後一個結論很重要，日本學者的意見即與此不同。日本方面，前引中村裕一《唐代公文書研究》在前人研究的基礎上，專設一節研究《敦煌發見の公式令規定文書》之《牒》，認爲敦煌文獻中最多的公文書是牒式文書；牒和狀一樣，是公私均廣泛使用的文書；並復原了祠部牒的樣式、列舉了一件

---

[1] 關於《辯》，參見拙作《唐代法律用語中的"款"和"辯"——以〈天聖令〉與吐魯番出土文書爲中心》，載《文史》2013年第1輯。《辯》雖然也將答辯者置於首行，但年月日則放在文書末尾。

[2] 例如南宋李元弼《作邑自箴》所列"狀式"，就是如此。見《四部叢刊續編》本，上海古籍出版社，1984年（據商務印書館1934年版重印），葉40b—40a。

[3] 原載《敦煌吐魯番文獻研究論集》第三輯，北京大學出版社，1986年，後收入《唐代政治經濟史綜論》，北京：商務印書館，2012年，307—363頁。以下引用即出自該書。

[4] 前引盧向前書，363頁。

首尾完整的敦煌縣向括逃御史上的《牒》[1]。中村又在《吐魯番出土の公式令規定文書》之《牒》中指出有品者對官府使用的文書稱《牒》；吐魯番出土的牒式文書數量很多；並列舉了五個例子。文中著力分析了"謹牒"和"故牒"的區別，但沒有區分不同樣式的《牒》，所舉 5 例中大部分屬於公文書[2]。最近，赤木崇敏發表了《唐代前半期的地方公文體制——以吐魯番文書爲中心》的長文[3]，文中將牒式文書分爲兩類：牒式 A 與牒式 B，並認爲前述盧向前所說的一類牒實爲《狀》（詳後）。他所歸納的兩類牒式的格式如下：

牒式 A

發件單位　　件名（爲……事）

收件單位　（正文）……牒至准狀（式）。故牒（或謹牒）。

　　　　　　　　年月日

　　　　　　　　府

某曹參軍事

　　　　　　　　史

牒式 B

發件單位　　牒　收件單位

　　件　名

牒……（正文）……謹牒

　　　　年月日　發件者　牒

以上列舉的中外學者的研究，大多集中在公文書的《牒》的研究上，對於私文書的《牒》，特別是用作訴訟文書的《牒》著力不多。本文即在以上研究的基礎上，著重探討一下訴訟文書的《牒》的格式、使用者及其内容。吐魯番文書中確實有很多《牒》，但如果我們接受赤木崇敏的意見，其中有許多就不是《牒》而是《狀》了。這一問題我們下節討論，這裏僅列舉比較典型的《牒》。

首先要指出的，是作爲訴訟文書的《牒》的格式，與赤木所說的牒式 B 很近似，但由於是私人用文書，所以沒有所謂"發件單位"與"收件單位"。没有"發件單位"很好理

---

[1] 前引《唐代公文書研究》，107—115 頁。
[2] 《唐代公文書研究》，186—190 頁。
[3] 原載《史學雜誌》第 117 編第 11 號（2008 年），修改後收入鄧小南、曹家齊、平田茂樹主編的《文書・政令・信息溝通：以唐宋時期爲主》，北京大學出版社，2012 年，119—165 頁。

解,因爲是私人行爲;但没有"收件單位",即没有如《辭》中所列的"縣司"等受理機構,就不太好理解了。

與《辭》一樣,我們先將完整的訴訟文書的《牒》的格式整理如下:

標的(所訴人或物)

牒:所訴内容。結尾——謹以牒陳,請裁(或"請乞判命"、"請追勘當"、"請處分"等),謹牒。

年月日　　籍貫身份姓名　　牒

例一,唐永徽元年(650)嚴慈仁牒爲轉租田畝請給公文事[1]

1　　常田四畝　東渠
2　牒　慈仁家貧,先來乏短,一身獨立,
3　更無弟兄,唯租上件田,得子已供喉命。
4　今春三月,糧食交無,逐(遂)將此田租與安横
5　延,立卷(券)六年,作練八匹。田既出賃,前人從
6　索公文。既無力自耕,不可停田受餓。謹以
7　牒陳,請裁。謹□
8　　　　　永徽元年九月廿　日雲騎尉嚴慈仁

此件《牒》是上訴人嚴慈仁爲將租來的田轉租給安横延,而安横延要求出具公文,因此申請發給公文。嚴慈仁爲雲騎尉,是正七品上的勳官,所以用《牒》不用《辭》。請注意,此件《牒》即没有寫受理機構,其年月日和姓名置於最末行。

例二,唐開耀二年(682)寧戎驛長康才藝牒爲請處分欠番驛丁事[2]

1　□□□□□兔雙　龍定□　趟頭洛　宋卯義
2　丁頭德　左辰歡　翟安住　令狐呼末　泛朱渠
3　龍安師　竹士隆
4　牒:才藝從去年正月一日,至其年七月以前,每番
5　各欠五人,於州陳訴。爲上件人等並是闕官白
6　直,符下配充驛丁填數,准計人別三番合上。其
7　人等准兩番上訖,欠一番未上,請追處分。謹牒。

---

[1]《吐魯番出土文書》第六册,223頁。前引中村書亦有引用。
[2]《吐魯番出土文書》第六册,570頁。

8　　　　　　　　　開耀二年二月　　日寧戎驛長康才藝牒

此爲康才藝"於州陳訴"的《牒》,内容是彙報應該上三番的驛丁,只上了兩番,請處分。"驛長"在唐代没有品級,但屬於可免課役的、有一定權力的職役(或稱色役)。或者這樣身份的上訴人也用《牒》。當然還有一種可能,即此《牒》屬於一件公文書,是官府(驛)上於官府(州)的《牒》。

例三,唐□伏威牒爲請勘問前送帛練使男事[1]

1　　前送帛練使王伯歲男
2　　□伏威曹主並家口向城東園内就涼。
3　　□□午時,有上件人於水窗下窺 頭 看
4　　□□遣人借問,其人遂即躁口,極無
5　　上下,請勘當。謹牒。
6　　　　　　　　　　　　]伏威牒

此《牒》某伏威上訴,説王伯歲的兒子偷看他們全家乘涼。從"水窗"字樣看,他們全家可能在沐浴(洗涼水澡)。由於王伯歲的兒子是官員子弟,因此提起上訴。由於文書殘缺,不知上牒的年月以及"某伏威"的身份。文書2行言其爲"曹主",但唐代並無"曹主"這一職官,推測是某種低級官吏的俗稱[2]。無論如何,他應是官吏,所以使用了《牒》。

例四,武周載初元年(689)史玄政牒爲請處分替納逋懸事[3]

1 令狐隆貞欠垂拱四年逋縣米三斗三升二合
2　　青科(稞)七斗二升　粟一石四斗
3 牒:玄政今年春始佃上件人分地二畝半,去
4 年田地乃是索拾拾[4]力佃食,地子見在
5 拾力腹内。隆貞去年五月身死,地[5]亦無人受
6 領。昨被里正成忠追徵,遣替納逋縣,又不追

---

[1]《吐魯番出土文書》第七册,110頁。
[2] 據《資治通鑑》卷一八三隋煬帝大業十二年(616)十月條,稱"獄吏"爲"曹主"。北京:中華書局,1956年,5707頁。
[3]《吐魯番出土文書》第七册,410—411頁。其中武周新字改爲通行繁體字。
[4] 原注:索拾拾力,其中有一"拾"字當衍。
[5] 若參另一件同樣内容的《牒》的草稿,"地"後面漏了"子"字。因此無人受領的不是"地"而是"地子"。見《吐魯番出土文書》第七册,412頁。

7 尋拾力。今年依田忽有科税,不敢詞訴,望

8 請追徵去年佃人代納。請裁。謹牒。

此《牒》是史玄政説自己租的地,欠了去年的"地子",而所欠"地子"應由去年租此地的索拾力交納。史玄政是里正[1],曾署名爲"前官"[2]。由於未見他曾擔任其他職官的記録,因此或許這裏的"前官"即指里正,也就是説,當地人將"里正"視爲"官"。無論如何,史玄政與一般庶人不同,上訴使用了《牒》。文書最後没有年月日和署名,不知是否因闕文之故。

例五,武周久視二年(701)沙州敦煌縣懸泉鄉上柱國康萬善牒爲以男代赴役事[3]

1 牒:萬善今簡充馬軍,擬迎送使。萬

2 善爲先帶患,瘦弱不勝驅使,又複

3 年老,今有男處琮,少年壯仕,又便弓

4 馬,望將替。處今隨牒過,請裁。謹牒。

5 　　　久視二年二月　日懸泉鄉上柱國康萬善牒

6 　　　付同

(後缺)

此件《牒》出自敦煌,内容是康萬善因年老患病,申請由其子替他充任馬軍。可能因爲是上訴人訴自己的事,所以前面没有標的(也可能前面有缺文)。康萬善是上柱國,正二品勳官,所以使用了《牒》。從其籍貫只署"懸泉鄉"看,上訴所至機構應該是縣一級。

例六,唐景龍三年(709)品子張大敏牒[4]

82　一段二畝永業部田城東五里左部渠 東張陀　西圍　口口　北渠

83　一段一畝永業部田城東五裏左部渠 東荒　西渠　南渠　北荒

84 牒:上件地承籍多年,不生苗子,虛掛

85 籍書,望請退入還公,並於好處受地。謹牒。

86　　　景龍三年十二月　日寧昌鄉品子張大敏

87　　　付　司　虔□　示

---

[1] 參前引李方書,323—326頁。
[2] 《吐魯番出土文書》第七册,449頁,時間是武周聖曆元年(698)。
[3] 《吐魯番出土文書》第七册,230頁。武周新字改爲通用繁體字。
[4] 《吐魯番出土文書》第七册,514—515頁。

88　　　　　　　　廿五日

89　　　　十二月廿五日録事趯　□

此件《牒》與上節《辭》中的例七、例八同屬《高昌縣處分田畝案卷》，是其中的一件原件。《牒》的内容是申請退還"不生苗子"的劣地，要求授予好地。申訴人張大敏是品子，雖非官吏，但也不同於一般庶人，因此使用的是《牒》而非《辭》。

例七，唐開元二十年（732）瓜州都督府給西州百姓遊擊將軍石染典過所[1]

15　　　作人康禄山　石怒怂　家生奴移多地

16　　　驢拾頭 沙州市勘同，市令張休。

17 牒：染典先蒙瓜州給過所，今至此市易

18 事了，欲往伊州市易。路由恐所在守捉不

19 練行由。謹連來文如前，請乞判命。謹牒。

20 印　開元廿年三月廿　日，西州百姓遊擊將軍石染典牒。

21　　　　任去。琛示。

22　　　　　　廿五日。

23 印

24 四月六日伊州刺史張賓　押過

此件《牒》連在瓜州所發過所後，是原件，内容是石染典因要去伊州，請允許持此過所繼續前往。20 行的印以及"琛　示"上的印均爲"沙州之印"，23 行的印爲"伊州之印"。因此此《牒》所上當爲沙州，"琛"當爲沙州刺史或都督，過所在伊州已經使用完畢。申請人石染典是遊擊將軍，爲從五品下武散官，所以使用的是《牒》，而同樣申請過所的"甘州張掖縣人薛光泚"用的就是《辭》[2]。不過要注意的是，石染典雖是遊擊將軍，但署名時仍稱"百姓"，作"百姓遊擊將軍"云云，故知當時署名爲"某縣某鄉人"，一定是庶人；署名"百姓"則可能是庶人也可能有某種身份。

例八，唐開元二十二年（734）楊景璿牒爲父赤亭鎮將楊嘉麟職田出租請給公驗事[3]

1 _____]鎮押官行赤亭鎮將楊嘉麟職田地七十六畝 畝別粟六斗，計册五石六斗，草一百五十二圍。

---

[1]《吐魯番出土文書》第九册，41—42 頁。
[2]《吐魯番出土文書》第九册，35 頁。
[3]《吐魯番出土文書》第九册，101 頁。

2　　　　　　　　]璿父上件職田,先租與蒲昌縣百姓范小奴。其開廿二年
3　　　　　　　　]付表兄尹德超。景璿今卻赴安西,恐有□□
4　　　　　　　　]縣分付並各給公驗,庶後免有交錯,謹牒。
5　　　　　　　　]開元廿二年七月　日,赤亭鎮將男楊景璿牒。
6　　　　　付　司　賓　示
7　　　　　　　廿七日

此《牒》是楊景璿因其父的職田先後租與多人,恐互有差錯,申請縣裏提供公證(公驗)。其父楊嘉麟是鎮押官,代行鎮將事。鎮將,若是下鎮鎮將的話,是正七品下。楊景璿不知是否有品級,總之不是一般庶人,所以使用了《牒》。下令"付司"的"賓",據考證是張待賓,時爲西州都督或刺史[1]。如此,則此《牒》雖向縣申請給公驗,但直接遞到州裏。或是因爲"鎮"直接由州(或都督府)管轄。

例九,唐寶應元年(762)康失芬行車傷人案卷[2]

1　　　男金兒八歲
2　牒:拂郍上件男在張鶴店門前坐,乃被行客
3　靳嗔奴家生活人將車輾損,腰已下骨並碎破。
4　今見困重,恐性命不存,請處分。謹牒。
5　　　　元年建未月　日　百姓史拂郍　牒。
6　　　追問錚示
7　　　　四日

此件《牒》與上節《辭》例十,同屬《康失芬行車傷人案卷》,內容也是起訴靳嗔奴家人行車將自己的孩子撞傷。雖然兩件訴訟文書起訴內容相同,但前例用的是《辭》,本例用的是《牒》,原因不明。兩個起訴人署名都是"百姓",或許本件"百姓史拂郍"與《牒》例七之"百姓遊擊將軍石染典"類似,雖名"百姓"實際是一個有品級或有身份的前任官吏。

例十,唐大曆三年(768)曹忠敏牒爲請免差充子弟事[3]

1　　　　手無四指□

---

[1] 前引李方書,19—20頁。
[2] 《吐魯番出土文書》第九册,128頁。
[3] 《吐魯番出土文書》第九册,158頁。其中第4行三"得"字與第5行,是後人戲書,與本件內容無關(參原注)。

2 牒：忠敏身是殘疾，復年老，今被鄉司不委，差充子弟，

3 渠水窓，經今一年已上，寸步不得東西，

4 貧下交不支濟，伏望商量處分。謹牒。　得得得

5 得得貧貧　　貧　是大曆收謹謹

6 　　　　　　大曆三年正月　　　日百姓曹忠敏牒

此《牒》是曹忠敏因殘疾（手無四指），加上年老，申請免去差充子弟。申訴人身份爲"百姓"，但使用了《牒》。或許到唐後期，《辭》的使用減少，《牒》的使用增多、泛化了。

以上與《辭》相仿，也舉了十個例子。從這十個例子看，使用《牒》作爲訴訟或申請文書的有雲騎尉、驛長、曹主、里正、上柱國、品子、遊擊將軍、鎮將男等，均非一般庶人（白丁）。從殘存的其他《牒》看，還有前倉督、別將賞緋魚袋、前鎮副、流外等[1]。開元以後，一些"百姓"也開始使用《牒》，如例九、例十。還有"百姓尼"[2]。這些"百姓"使用《牒》，或者是因爲他們另有如"遊擊將軍"等身份，或者是因爲開元以後《牒》的使用泛化造成的。

從内容看，以上十例涉及田畝租賃、違番欠番（這個可能是官方行爲）、偷看就涼、兵役替代、田租（地子）糾紛、田畝授受、職田租賃、駕車傷人、申請免役、請給過所等，從其他《牒》的例子看，還有買馬付主、請給市券、患病歸貫、異地請祿、申請墓夫等[3]。這些内容主要是民事糾紛而無刑事訴訟。爲何沒有刑事訴訟文書的《牒》（以及《辭》）留存呢？這是一個需要繼續研究的問題。

從格式看，《牒》與《辭》的不同是：一、申訴人的籍貫、身份、姓名及年、月、日置於末行。二、起首寫"牒"字，但並無受理機構如縣司、州司等。三、結尾寫"謹牒"。爲何有這種不同，也是應該繼續研究的重要問題。

《牒》中間還有一大類，其特點是以"牒，件狀如前，謹牒"結束。赤木崇敏等一些學者認爲這種格式的《牒》實爲《狀》。我們將其與《狀》一並討論。

五、吐魯番出土文書中所見唐代訴訟文書中的《狀》

《狀》在訴訟文書中佔有重要位置，所謂"訴狀"、"告狀"等，都與《狀》有直接關係。

---

[1] 分別見《吐魯番出土文書》第七册，57 頁；第九册 32、56、135 頁。

[2] 《吐魯番出土文書》第十册，8 頁。

[3] 分別見《吐魯番出土文書》第七册，26 頁；第九册，29、52、135 頁；第十册，8 頁。

但是如前所述,《狀》又並非法典規定的訴訟文書名稱,因此,《狀》在唐代究竟有何意義,它與《辭》、《牒》的關係如何,它是一種獨立的訴訟文書嗎？這就成了很難回答的問題。下面我們就嘗試對這一問題進行一點初步探討。

關於《狀》的研究更多。這不僅是因爲它是唐代使用廣泛的官文書,而且因爲它與書儀相關,又是使用廣泛的上奏和書信文書。中村裕一在前引《唐代公文書研究》第三章《敦煌發現の公式令規定文書》第二節《上行文書》第三小節《狀》中,認爲狀與表類似,是個人書簡之一,公私皆用,"對狀的用途不可能予以定義"。文中列舉了五代時的兩個狀,特別指出有的狀是以"狀上"起首,而以"牒"結句,即存在著以"牒"結句的狀。他又指出,認爲這些以"牒"結句的文書是"狀",是後人的判斷,後人的判斷則未必正確[1]。作者又在第五章《吐魯番出土の公式令規定文書》第二節《上行文書》第三小節《狀》中認爲在敦煌沒有唐代的狀的留存,但在吐魯番文書中有。文中重申了寫有"件狀如前"的牒應是《狀》,並指出：在上申文書中,何時使用狀,何時使用牒,有無規律性,是今後應該探討的問題[2]。

赤木崇敏繼承了中村裕一的看法,以《石林燕語》爲依據,明確指出寫有"牒,件狀如前,謹牒"字樣的文書是《狀》,並給出了狀式文書的樣式[3]：

  發件單位 狀上 收件單位
    件名
  右……（正文）……謹（今）錄狀（以）上（言）。
  牒,件狀如前。謹牒。
     年月日 發件者 牒。

關於《狀》的最新研究還有吳麗娛(2008)《試論"狀"在唐朝中央行政體系中的應用與傳遞》[4]。文章探討的主要是作爲公文書的奏狀、申狀在中央行政體系中的運用。作者(2010)又有《從敦煌吐魯番文書看唐代地方機構行用的狀》[5]一文,列舉了衆多例證,認爲狀和牒由於中轉的原因產生混用,即用牒的方式將"狀"的內容遞交。到晚唐五代,雖不需遞交而可以直接申上,但保留了"牒件狀如前,謹牒"的格式,它實際上

---

[1] 前引中村裕一書,102—107頁。
[2] 前引中村裕一書,183—185頁。
[3] 前引赤木崇敏文,129—131頁。
[4] 原載《文史》2008年第1輯,後收入前引《文書·政令·信息溝通：以唐宋時期爲主》,3—46頁。
[5] 《中華文史論叢》2010年第2期,上海古籍出版社,53—114頁。

是狀。文章還以"縣"的申狀爲例,給出了申狀的標準格式。此文結論雖與赤木的文章略同,但精深過之,對其變化背後原因的探討更是很有説服力。

不過吴麗娛文章(2010)雖然涉及個人用"狀",但與赤木文章一樣,主要探討的是地方機構行用的狀,也没有專門研究訴訟文書。那麽,作爲私人訴訟用文書,有没有《狀》呢?那些寫有"牒,件狀如前,謹牒"的訴訟文書是如吴麗娛或赤木所説那樣的《狀》嗎?

首先要説明,在唐代法典中的"狀",如前所述,主要是"事狀"、"情狀"、"罪狀"之意。所謂"具狀申訴"[1]之中的"狀"有些或應作此解。吐魯番文書中的"狀"有些或即此義。例如一件訴訟文書《辭》的範本:

7 請乞從兄男紹繼辭　　縣司:治但某維緣□□
8 今□不□□□□□□年過耳順,今既孤
9 □□□□□□□□□獨,扶養無人,求
10 侍他邊,仍生進退。今有從兄男甲乙,性行淳和,爲人
11 慈孝,以狀諮陳,請乞紹繼,孤貧得濟,謹辭。

此處的"以狀諮陳",在下面另一件《辭》的範本中,寫作"以狀具陳"[2]。兩處"狀"都是"事狀"、"情狀"之意。再一例:

《唐上元二年(675)府曹孝通牒爲文峻賜勳事》[3]的最後三行爲:

7 實給牒,任爲公驗者。今以狀牒,牒至□□□□
8 驗。故牒。
9 勘同　福　　上元二年八月十五日府曹孝通牒

此件爲《牒》無疑,且是下行的《牒》,所以用了"故牒"而非"謹牒"。其中的"狀"也是"事狀"、"情狀",意思是"今以事狀牒告與你,牒至後按照牒的内容行事"。

因此在唐前期,牒文中所謂"件狀如前"中的"狀"大致多爲此意。"件狀如前"與"件檢如前"、"件勘如前"、"檢案連如前"一樣[4],都是主管案件的官員處理完案件後,向上級彙報時使用的詞句,"狀"應該是動詞。這其中"件"的含義,按照司馬光《書儀》

---

[1] 見《唐律疏議》卷八《衛禁律》"私度及越度關條"(總82條),173頁。錢大羣將此處的"具狀"翻譯爲"呈狀",恐不確,參錢大羣前引書,277頁。
[2] 分别見《吐魯番出土文書》第六册,203—204頁。
[3] 《吐魯番出土文書》第六册,508頁。
[4] 例子甚多,不録。

的解釋,爲"多件"的意思。他在列舉"牒式"時說:"牒(云云,若前列數事,則云:牒件如前云云)謹牒。"[1] 單獨一件,就只說"狀如前"、"檢如前"、"勘如前",意思是"事狀復述(或呈報)如前"、"翻檢案卷(結果)如前"、"核查案件(結果)如前"等等。舉一個例子:

唐永淳元年(682)坊正趙思藝牒爲堪當失盜事[2]

1 ☐☐☐☐坊
2 麴仲行家婢僧香
3 右奉判付坊正趙藝專爲勘當
4 者,准狀就僧香家内撿,比鄰全無
5 盜物蹤跡。又問僧香口云:其銅錢、
6 耳當(璫)等在廚下,坡(陂)子在一無門房内
7 坎上,並不覺被人盜將,亦不敢
8 加誣比鄰。請給公驗,更自訪覓
9 者。今以狀言。
10 ☐狀如前。謹牒。
11   永淳元年八月 日坊正趙思藝牒

第10行所缺的字應是"牒"。由於此《牒》只是一件事,所以不必說"牒,件狀如前",而只要說"牒,狀如前"即可。《牒》的内容是某坊正趙思藝接到上級要求(奉判)並按照其中内容(准狀)核查僧香家被盜事,最後將調查後的事狀言上,再寫套話"牒,狀如前,謹牒"。

此例當屬官文書。從其他例子我們也可以看到,在出現"牒,件狀如前,謹牒"(包括"牒,件檢如前"等)字樣的文書中,最後署名的必定是處理此案卷的官吏,如府、史、典、錄事等。從這個意義上說,我同意盧向前的意見,即這種類型的文書在唐前期是判案中的一個環節,雖與原始的《牒》不同,但還應該算是《牒》,而不是狀(只有到了唐後期,這種《牒》纔具有了《狀》的性質,詳下)。前述吴麗娱文(2010)認爲前期存在一個用"牒"將"狀"中轉的過程,但是這件文書是坊正趙思藝自己上的牒,不存在中轉問題,但仍使用了"狀如前"的詞句,可見這裏的"狀"當爲動詞。

---

[1] 司馬光《書儀》卷一,文淵閣《四庫全書》影印本,上海古籍出版社,1987年,第142册,461頁。
[2] 《吐魯番出土文書》第七册,76頁。

需要强調指出的是,這種附有"牒,件狀如前,謹牒"字樣的《牒》,由於大多與處理案卷有關,屬於公文書,因此實際並不在我們探討的訴訟文書的範圍内。

不過,由於"狀"除了"事狀"、"情狀"、"罪狀"的含義外,它本身也是一種文書形式,因此出現在文書中的"狀",漸漸與《辭》和《牒》有了某種程度的混淆[1]。《辭》和《牒》有時也被稱爲狀。於是出現了"辭狀"("右得上件□等辭狀")[2]、"牒狀"("右得上件牒狀")[3]等稱呼。到《寶應元年康失芬行車傷人案卷》中,如前所述,兩個被撞傷的百姓,起訴書一個用的是《辭》,一個用的是《牒》,但到官府詢問當事人時,變成"問:得史拂郍等狀稱:上件兒女並在門前坐,乃被靳嗔奴扶車人輾損"云云[4],《辭》和《牒》都成了《狀》。可見這時,"狀"的用法已經泛化,可以代指《辭》和《牒》了。

不僅如此,在一些"牒,件狀如前"類《牒》文書中,逐漸在結尾出現了"請處分"、"請裁"等申請處分字樣,甚至出現了"謹狀"、"狀上"。這就使這類《牒》超出了轉述事狀、彙報檢案結果等事務的功能,標誌著《狀》作爲一種相對獨立的訴訟文書開始出現。

於是《牒》和《狀》開始混淆。一件《天寶年間事目歷》有如下記載:"兵李惟貴狀爲患請□莫茱萸等藥"、"兵袁昌運牒爲患請藥□□□□。"[5]同樣是兵,同樣是因患病請藥,一個用《牒》,一個用《狀》,可見二者已經混淆不清了。

到唐晚期,隨著這種個人使用的、寫有"狀上"、"請處分(請裁)"之類字樣的《牒》文出現,《狀》作爲一種訴訟文書正式出現了。目前我們所能見到的此類《狀》的實例,主要出現在敦煌。這是因爲敦煌文書主要是唐後期五代的文書,而吐魯番文書主要是唐代前期的文書。所以一般來說,吐魯番文書中有《辭》而《狀》少見,敦煌文書中無《辭》而有《狀》。

這種主要出自敦煌的訴訟文書的《狀》,其格式大致如下:

身份姓名　狀

　　右(直接寫所訴内容)。結尾——伏請處分(或伏請判命處分、伏請公憑裁下處分)

---

[1] 關於與"牒"的混淆,前述吳麗娱文(2010)有很好的分析。但其原因,除因中轉造成的混淆外,《牒》《狀》本身性質的相近,恐怕也是一個原因。
[2] 《景龍三年高昌縣處分田畝案卷》132行,《吐魯番出土文書》第七册,519頁。
[3] 《開元年間高昌縣狀爲送闕職草事》5行,《吐魯番出土文書》第九册,118頁。
[4] 《康失芬行車傷人案卷》18—19行,《吐魯番出土文書》第九册,130頁。
[5] 《吐魯番出土文書》第八册,500頁。

牒,件狀如前,謹牒。
年月日身份姓名　牒

舉一個例子:

唐景福二年(893)九月盧忠達狀[1]

1 百姓盧忠達　　狀
2 　　右忠達本户於城東小第一渠地一段
3 　　廿畝,今被押衙高再晟侵
4 　　劫將,不放取近,伏望
5 　　常侍仁恩照察,乞賜公憑。伏請
6 　　處分。
7 牒,件狀如前,謹牒。
8 　　景福二年九月　日押衙兼侍御史盧忠達　牒[2]

此件《狀》的内容是訴田畝糾紛。申訴者是押衙兼侍御史。要注意,其身份雖是押衙,但仍自稱"百姓"。這或可解釋我們在《牒》一節中困惑的現象,即爲何有的百姓使用了"有品"者纔能使用的《牒》。現在看來,一些低級胥吏(估計是前任胥吏)自稱爲"百姓"的現象十分普遍。因此稱"百姓"者中,有些實際是或曾經是官吏。

《敦煌社會經濟文獻真蹟釋録》中還收有多件此類訴訟文書的《狀》,可參看。

從這類《狀》的格式,可知有這樣幾個顯著特點:1. 身份、姓名既置於首行,又置於末行,即既同於《辭》又同於《牒》,是混合了辭牒格式的格式。2. 没有專門的"標的",而是直接敍述所訴事項,這實際是吸收了官文書處理案卷的《牒》的格式的結果。"牒,件狀如前,謹牒"也説明了這一點。以上兩點可證明訴訟文書的《狀》是從《辭》、《牒》發展而來的。3. 《敦煌社會經濟文獻真蹟釋録》中所録的幾件訴訟文書的《狀》,都不是向某機構申訴,而是請求官員個人處分,如本件的"常侍",以及其他各件的"大夫阿郎"、"殿下"、"司空"、"僕射阿郎"、"司徒阿郎"等[3]。因此頗懷疑這類《狀》的格式是敦煌地區特有的[4]。

---

[1] 唐耕耦、陸宏基編《敦煌社會經濟文獻真蹟釋録》第二輯,北京:全國圖書館文獻縮微複製中心,1990年,291頁。《唐代訴訟制度研究》已經引用。文書爲伯二八二五號,上述作者的録文均有誤,今對照圖版重新謄録。
[2] "牒"字基本不存,《真蹟釋録》録作"狀",並無根據。按此類《狀》的格式,應該是"牒"字。
[3] 參見前引《敦煌社會經濟文獻真蹟釋録》第二輯,288—295頁。
[4] 前述吳麗娛文(2010)認爲這應來自中原,又認爲這是不需向縣而直接向節度使申訴造成的(98頁)。

總之，唐末訴訟文書中的這種《狀》，因帶有"牒，件狀如前，謹牒"字樣，應該説屬於訴訟文書的《狀》的初步形成階段，帶有《辭》、《牒》的濃厚色彩。而且，正像中村裕一所説，雖然這種文書因有"狀"或"狀上"等字樣，因此我們稱其爲"狀"，但這是我們現在的稱呼，也許當時人仍然稱其爲《牒》呢。

到宋代特别是南宋，訴訟文書的"狀式"就没有了"牒，件狀如前，謹牒"字樣，但仍然前列告狀人，後以"謹狀"（或"具狀上告某官，伏乞……"）結束，年月日後復有告狀人姓名並"狀"字[1]。元代黑水城文書中的訴訟文書，也是前寫"告狀人某某"，後寫"伏乞……"，年月日後再寫告狀人姓名並"狀"字[2]。它們與唐代訴訟文書中《狀》的繼承關係是很明顯的。

六、唐代史籍中關於訴訟文書的稱呼

如上所述，從法典用語及出土文書的實例看，訴訟文書在唐代的稱呼、形式、格式有多種，且互有交叉，復有演變。大致説來，正規的稱呼應該是《辭》和《牒》，同時，其内容常被稱爲"狀"並與實體的《狀》逐漸混同，出現了"辭狀"、"牒狀"等稱呼。到唐後半期，作爲訴訟文書的《狀》開始出現。此時的《狀》帶有鮮明的《辭》《牒》特點。

與以上狀況相適應，在唐代史籍（法典之外）中，對訴訟文書的稱呼也很不固定，大致説來，有以下稱呼[3]。

1. 辭牒

"辭牒"在史籍中使用不多，主要即出現在南北朝至唐代的史籍中。例如有：

《文苑英華》卷三六一引楊夔《公獄辨》云："縉紳先生牧於東郡，繩屬吏有公於獄者。某適次於座，承間諗其所以爲公之道。先生曰：吾每窺辭牒，意其曲直，指而付之，彼能立具牘，無不了吾意，亦可謂盡其公矣。"[4]楊夔不同意縉紳先生的説法，此當别

---

[1] 參見前引《作邑自箴》卷八，葉40—41。又南宋陳元靚《事林廣記》卷之八《詞狀新式》記"寫狀法式"爲：首行寫"告狀人　厶人"；中寫内容；後寫"具狀上告某官，伏乞……"；末行寫"年月日告狀人　厶人　狀"（長澤規矩也編《和刻本類書集成》影印本，上海古籍出版社，1990年，396頁），反映了宋元時期的訴訟文書樣式。

[2] 例如黑水城元代文書《失林婚書案文卷》中F116：W58號，其首行寫"告狀人阿兀"，中寫所告内容，然後寫"具狀上告　亦集乃路總管府，伏乞……"，末行"至正二十二年十一月　告狀"，後缺，所缺文字當是"人阿兀狀"，可參見F79：W41號文書，其末行寫"大德六年十二月　日取狀人楊寶　狀"（李逸友編著《黑城出土文書（漢文文書卷）》，北京：科學出版社，1991年，164、150頁）。這一訴訟文書樣式與前引《事林廣記》所列"詞狀新式"相同。

[3] 以下所引資料，使用了《四庫全書》電子版的檢索功能。

[4] 《文苑英華》，北京：中華書局影印本，1982年，1854頁。

論,其中提到的"辭牒",顯然是訴訟文書。

《白居易集箋校》卷二二《和三月三十日四十韻》回憶他在蘇杭當刺史時事説:"杭土麗且康,蘇民富而庶。善惡有懲勸,剛柔無吐茹。兩衙少辭牒,四境稀書疏。俗以勞倈安,政因閑暇著。"[1]看來蘇杭地區訴訟較少,這裏的"辭牒"也指訴訟文書。

2. 辭狀（附詞狀）

"辭狀"似最早出現在《後漢書》,以後直至《大清會典則例》都有使用,但最集中的,出現在唐五代史籍中。例如有:

《舊唐書》卷八八《韋嗣立傳》,引韋嗣立反對刑法濫酷所上的《疏》,在説到酷吏鍛煉冤獄時説:"雖陛下仁慈哀念,恤獄緩死,及覽辭狀,便已周密,皆謂勘鞠得情,是其實犯,雖欲寬舍,其如法何? 於是小乃身誅,大則族滅,相緣共坐者,不可勝言。"[2]其中的"辭狀"應指訴訟文書或案卷。

《舊唐書》卷一八五下《裴懷古傳》言裴懷古爲監察御史,"時恒州鹿泉寺僧淨滿爲弟子所謀,密畫女人居高樓,仍作淨滿引弓而射之,藏於經笥。已而詣闕上言僧咒詛,大逆不道。則天命懷古按問誅之。懷古究其辭狀,釋淨滿以聞,則天大怒"[3]。這其中的"辭狀"顯然指訴訟文書。

《資治通鑑》卷二百高宗顯慶四年(659)四月條言許敬宗等誣告長孫無忌謀反,高宗頗有疑惑,向許敬宗詢問。許敬宗在回答了長孫無忌謀反的原因後説:"臣參驗辭狀,咸相符合,請收捕准法。"[4]這裏的"辭狀"指訴訟文書。《册府元龜》卷三三九《宰輔部·忌害》記此句爲"臣參驗辭伏,並相符合,請即收捕,準法破家"[5]。其中的"辭伏"或當爲"辭狀"之誤[6]。

《册府元龜》卷六一七《刑法部·正直》記:"王正雅,文宗時爲大理卿。會宋申賜事起,獄自內出,無支證可驗。當是時,王守澄之威權,鄭注之勢在庭,雖宰相已下,無能以顯言辨其事者。惟正雅與京兆尹崔管上疏,言宜得告事者,考驗其辭狀以聞。由是獄稍

---

[1]《白居易集箋校》,上海古籍出版社,1988年,1471頁。
[2]《舊唐書》,北京:中華書局,1975年,2868頁。
[3]《舊唐書》,4808頁。
[4]《資治通鑑》,6313頁。
[5]《册府元龜》,北京:中華書局影印本,1982年,4011頁。
[6]《四庫全書》本《册府元龜》即作"辭狀"(907册,775頁)。但如果"辭伏"不誤,則此處"辭"指訴訟文書,"伏"指"伏辯"即認罪文書,也可通。

辯,以管與正雅挺然申理也。"[1]這裏的"辭狀"與"告事者"相連,也指訴訟文書。

《通典》卷二四《職官六·御史臺》言:"舊例,御史臺不受訴訟。有通辭狀者,立於臺門,候御史,御史竟往門外收采。知可彈者,略其姓名,皆云'風聞訪知'。"[2]這裏的"辭狀"與"訴訟"相連,顯然指訴訟文書。

"辭狀"又有寫作"詞狀"者。即以上條關於御史風聞的例子而言,《唐會要》卷六〇《御史臺》作"故事,御史臺無受詞訟之例。有詞狀在門,御史采有可彈者,即略其姓名,皆云'風聞訪知'"[3],將《通典》中的"辭狀"寫作"詞狀"。

《唐律疏議》卷三〇《斷獄》"官司出入人罪"條(總487條)云:"疏議曰:'官司入人罪者',謂或虛立證據,或妄構異端,捨法用情,鍛鍊成罪。故注云,謂故增減情狀足以動事者,若聞知國家將有恩赦,而故論決囚罪及示導教令,而使詞狀乖異。稱'之類'者,或雖非恩赦,而有格式改動;或非示導,而恐喝改詞。情狀既多,故云'之類'。"[4]

《舊唐書》卷一九〇中《李邕傳》記李邕天寶年間爲北海太守,"嘗與左驍衛兵曹柳勣馬一匹,及勣下獄,吉溫令勣引邕議及休咎,厚相賂遺,詞狀連引,敕刑部員外郎祁順之、監察御史羅希奭馳往就郡決殺之"[5]。

唐代以後,"辭狀"多寫作"詞狀"。宋代政書《宋會要輯稿·刑法》就有多處"詞狀",例如《禁約門》宋徽宗宣和五年(1123)中書省言"鄉村陳過詞狀,未論所訴事理如何"、"或因對證,勾追人户到縣,與詞狀分日引受"[6]。元代政書《元典章》在《刑部》卷一五《書狀》"籍記吏書狀"、"詞狀不許口傳言語"、"站官不得接受詞狀"等條中也都明確使用了"詞狀"[7]。不知上述三例唐代史籍中的"詞狀"是唐代史籍的原文呢還是後代刊本的改寫[8],從宋元時代固定使用了"詞狀"看,改寫的可能還是很大的。

3. 牒狀

"牒狀"的使用極少,檢索《四庫全書》,只有17處:最早出自《魏書》,最晚到宋金

---

[1]《册府元龜》,7422頁。其中的"宋申賜"當作"宋申錫"。
[2]《通典》,北京:中華書局點校本,1992年,660頁。
[3]《唐會要》,1041頁。
[4]《唐律疏議》,563頁。
[5]《舊唐書》,5043頁。
[6] 馬泓波點校《宋會要輯稿·刑法》,開封:河南大學出版社,2011年,251頁。
[7] 陳高華、張帆、劉曉、党寶海點校《元典章·刑部》卷一五《書狀》,北京:中華書局、天津古籍出版社,2011年,1745—1752頁。
[8] 其中中華書局點校本《唐律疏議》使用的底本是元刻本,見《點校説明》(5—6頁);《唐會要》與《通典》有"詞"與"辭"的不同,二者都不能確證唐代史籍中使用了"詞狀";唯《舊唐書》中的"詞狀"來源待考。

時期。唐代史籍中的兩處,均與訴訟文書關係不大。其中一處出自《少林寺准敕改正賜田牒》,是少林寺方面回答有關機構對他們"翻城歸國"的質疑,説他們曾發牒給當時"翻城"帶頭者的劉翁重、李昌運,結果李昌運的回答"與(劉)翁重牒狀扶同"[1]。這裏的"牒狀"實際指劉翁重的答辭,與訴訟文書關係不大,但仍然是訴訟過程中的一種證詞文書。

4. 訴狀

"訴狀"的使用少於"辭狀"而多於"牒狀",共74處。始於《宋書》,使用直至明清,而以宋朝最多。唐代史籍大約只有兩三處。例如:

《册府元龜》卷四五七《臺省部·總序》言知匭使始末云:"唐太后垂拱元年置,以達冤滯。天寶九載改爲獻納,乾元元年復名知匭。嘗以諫議大夫及補闕拾遺一人充使,受納訴狀。每日暮進内,向晨出之。"[2]這裏的"訴狀"顯然指訴訟文書,不過《册府元龜》此處的《總序》是宋人所作,不能確證這是唐人的稱呼。

《册府元龜》卷四九一《邦計部·蠲復》記元和六年十月關於放免租稅制曰:"又屬霖雨所損轉多,有妨農收,慮致勞擾,其諸縣勘覆有未畢處,宜令所司據元訴狀,便與破損,不必更令撿覆;其未經申訴者,亦宜與類例處分。"[3]這裏的"訴狀"與下列"申訴者"相關,指訴訟文書無疑。

《續玄怪錄》卷二《張質》講亳州臨涣縣尉張質被追到陰間,"入城郭,直北有大府門,門額題曰'地府'。入府,經西有門,題曰'推院'。吏士甚衆,門人曰:'臨涣尉張質。'遂入。見一美須髯衣緋人,據案而坐,責曰:'爲官本合理人,因何曲推事,遣人枉死?'質被捽搶地,叫曰:'質本任解褐到官月余,未嘗推事'。又曰:'案牘分明,訴人不遠,府命追勘,仍敢詆欺'。取枷枷之。質又曰:'訴人既近,請與相見'。曰:'召冤人來'。有一老人眇目,自西房出,疾視質曰:'此人年少,非推某者'。仍敕録庫撿猗氏張質,貞元十七年四月二十一日上臨涣尉。又撿訴狀被屈抑事。又牒陰道亳州,其年三月臨涣見任尉年名,如已受替,替人年名,並受上月日。得牒,其年三月見任尉江陵張質,年五十一,貞元十一年四月十一日上任,十七年四月二十一日受替。替人猗氏張質,年四十七。檢狀過,判官曰:'名姓偶同,遂不審勘。錯行文牒,追擾平人,聞於上司,豈斯

---

[1]《全唐文》卷九八六,北京:中華書局,1983年,10197頁。其中的"扶同"應是"狀同"。
[2]《册府元龜》,5423頁。其中"知匭"的"知"原缺,據《四庫全書》本補之。
[3]《册府元龜》,5873頁。

容易。本典决於下：改追正身，其張尉任歸'"。[1]這裏的"訴狀"與"訴人"相聯繫，所指必爲訴訟文書。

唐代史籍中關於訴訟文書的稱呼肯定還有許多，我們只列舉了四種，即"辭牒"、"辭狀"、"牒狀"、"訴狀"，從中可見稱呼的不固定。但若細細分析，這四種稱呼又各有不同："辭牒"和"牒狀"用例都很少；"訴狀"似只出現在唐代後半期；使用最多的是"辭狀"。因此，雖然我們說唐代當時對訴訟文書沒有統一的稱呼，但大致而言，多用"辭狀"，後來逐漸演變爲"訴狀"。這種稱呼的變化，與《辭》、《牒》逐漸演變爲《狀》是相一致的。

七、簡短的結論

以上我們通過一些實例，介紹和分析了唐代訴訟文書中的《辭》、《牒》、《狀》，以及唐代史籍中對訴訟文書的相關稱呼，由此可得出一些簡單的結論：

訴訟文書在唐代法典上的稱呼是"辭牒"。就實際使用看，在唐前期，普通庶民使用《辭》，有品級或有一定身份的人使用《牒》。《辭》的格式特點是年月日姓名及"辭"置於首行，且有受理官司的名稱，最後有"請裁，謹辭"類套話。《牒》的格式特點是年月日姓名置於末行，沒有受理官司的名稱。在"標的"之下以"牒"起首，結尾有"請裁，謹牒"字樣，最後在姓名下復有"牒"字。《辭》和《牒》的內容都可以稱爲"狀"，是"事狀""情狀"、"罪狀"之意，後來受實體文書的《狀》的影響，逐漸出現了"辭狀"、"牒狀"類稱呼，訴訟文書中也開始出現"狀上"、"請處分，謹狀"類字樣，後來出現了個人使用的訴訟文書的《狀》。這種《狀》含有《辭》和《牒》的特點：庶民和官員都可以用；姓名置於首行（此似《辭》），年、月、日、姓名復置於末行（此似《牒》）；前多有"狀上"（此似《辭》），後有"請處分，謹狀（或請裁下）"，最後有"牒，件狀如前，謹牒"（此似《牒》）。當《狀》逐漸出現後，《辭》就變得少見了，《牒》也逐漸被淘汰（因其首行不列訴訟人或告狀人）。這可以說是《狀》吸收了《辭》、《牒》的特點，從而使用廣泛化所造成的結果，影響直至後代。

唐朝人對訴訟文書多稱其爲"辭狀"（或許是因爲行文需要，即因四六文等行文節奏的緣故，需要將"辭"之類文字變成雙字節，於是添加了"狀"字）或"詞狀"，到後期，漸有"訴狀"的稱呼產生。此後，"狀"就成了訴訟文書的固定稱呼。在宋代，史籍多稱

---

[1] 李復言《續玄怪錄》，上海古籍出版社，1985年，170頁。

"詞狀"和"訴狀",元代亦然。這就與唐代的《辭》和《狀》有了很明顯的繼承關係。除此之外,稱"辭牒"或其他的也還有一些,大約都不佔主要地位,换句話説,《辭》、《牒》作爲訴訟文書曾經的形式或稱呼,逐漸退出歷史舞臺了。

回到文章開頭的問題:我們今天敍述唐代訴訟文書,或以訴訟文書來研究各種問題,應該如何稱呼呢? 我想,叫"辭狀"、"訴狀"都可以,而前者或更具唐朝特色。

關於唐代訴訟文書的實况,以上只是作了極其粗淺的介紹和分析,若要得出更符合唐朝實際的結論,可能還需要再搜集更多的文書資料和傳世史籍資料,這一工作,希望在今後能繼續進行下去。

(作者單位:中國社會科學院歷史研究所)

舟橋管理與令式關係
——以《水部式》與《天聖令》爲中心

牛來穎

一、既 往 研 究

唐代敦煌文書中，P.2507號《水部式》作爲法律文獻，經過中外幾代學者不同角度的探索和考辨，在學術史上留下了皇皇數百篇成果。研究包括著錄、校釋和在相關研究中的屢屢引用。從20世紀20年代，羅振玉開始於《鳴沙石室佚書》、《鳴沙石室古佚書》刊錄《水部式》全文，並據以勘校《唐六典》，進而探討海運各條史料。陶希聖也在《唐代管理水流的法令》論及唐代灌漑用水、水碾的相關管理、河上交通及海上運輸等規定[1]。日本學者的研究有仁井田陞《敦煌發見唐水部式の研究》[2]、那波利貞《唐代の農田水利に関する規定に就きる》[3]、佐藤武敏《敦煌發見水部式殘卷訳注-唐代水利史料研究（2）》[4]、《敦煌發見のいわゆる唐水部式殘卷について》[5]、岡野誠《敦煌發見唐水部式の書式について》[6]、愛宕元《唐代の橋梁と渡津の管理法規について-敦煌發見「唐水部式」殘卷を手掛りとして-》[7]等。王永興《敦煌寫本唐開元水部式校釋》在文本校勘和解讀的基礎上，重點探討番役與造舟爲樑問題[8]。《水部式》的

---

[1]《食貨》4：7，1936年。
[2]《服部先生古稀祝賀記念論文集》，1936年。
[3]《史學雜誌》54：1·2·3，1943年。
[4]《中國水利史研究》2，1967年。
[5]《東洋研究》73（大東文化大學東洋研究所），1985年。
[6]《東洋史研究》46：2，1987年。
[7] 梅原郁編《中國近世の法制と社會》，京都大學人文科學研究所，1993年，中文版《關於唐代橋樑和津渡的管理法規——以敦煌發現唐〈水部式〉殘卷爲綫索的研究》，收入《中國法制史考證》丙編，第2卷，北京：中國社會科學出版社，2003年，458—492頁。
[8]《敦煌吐魯番文獻研究論集》第三輯，北京大學出版社，1986年。

錄文還見於 1978 年池田温、岡野誠"Tun-hang and Turfan Ducuments Concerning Social and Economic History"一文,以及劉俊文《敦煌吐魯番唐代法制文書考釋》[1]等。

對於《水部式》的研究,最初與最多的是關於農田水利灌溉與行水原則的研究,進而是河、海運輸問題。對具體問題的研究,特別是新材料的出現,拓展了研究視野,如《天聖令》中相關內容與《水部式》的比較,有助於深入對令式問題的研究。本人曾經借助西市博物館新收藏的《唐韋少華墓誌》中記録的墓主主持修繕東渭橋的細節,探討地方橋樑營繕工程實施,進而與《水部式》修橋細則相印證[2]。本文將延續對這一問題的探討。另外,中國學者對《水部式》研究的重要里程碑是在 20 世紀 80 年代,恰逢敦煌吐魯番學會成立三十周年,本人選擇這一題目,也是期冀從學術史上作一番回顧和緬懷。

二、蒲津橋及與《水部式》成文年代的關係

關於《水部式》的年代,羅振玉在著録時並未解決,提出具體年代考證的是仁井田陞先生,他曾經作過幾度推斷,其一爲開元七年(719)式,其二爲開元十三年(725)以後式,即爲開元二十五年(737)式,分別見於《故唐律疏議製作年代考》、《敦煌發見唐水部式の研究》和《中國法制史》(1964 年)第三部第十九章。

此外,趙吕甫《敦煌寫本唐乾元〈水部式〉殘卷補釋》將製作年代定爲乾元年間[3]。而在岡野誠的研究中,除了確證《水部式》文書的性質、書式及對文書年代的辯證,同意仁井田陞開元二十五年説。王永興《敦煌寫本唐開元水部式校釋》則認同仁井田陞開元十三年以後説。鄭炳林《敦煌地理文書匯輯校注》在《水部式》題解下,根據同州河西縣的稱謂變化和中橋、通靈陂、孝義橋的建造年代提出,文書的撰寫當在天寶七載(748)以後,《水部式》是開元、天寶年間的制度[4]。

正如佐藤武敏研究中發現的,唐代《水部式》條目排列上的混亂是不爭的事實,綜上各位研究,在諸多可以印證年代坐標的細節中,大致包括以下幾個關鍵點:一是仁井田陞發現的京兆府、河南府、京兆少尹等用詞;二是殘卷中出現的莫州,將年代定位於開元二十五年;三是貫穿禁苑的漕渠修建的時間。本文認爲,還有一個節點或許可以爲

---

[1] 劉俊文《敦煌吐魯番唐代法制文書考釋》,北京:中華書局,1989 年。
[2] 《唐史論叢》第 16 輯,西安:陝西師範大學出版社,2013 年。
[3] 《四川師範學院學報》1991 年第 2 期。
[4] 鄭炳林《敦煌地理文書匯輯校注》,蘭州:甘肅教育出版社,1989 年。

《水部式》年代認定提供一種可能。這就是蒲津橋的改造中的重要一環。

唐代蒲州在開元九年爲河中府,置中都,"一準京兆、河南"[1]。開元十二年近畿地區四輔州中,蒲州位列其中。蒲津要隘集渡口、關卡和津橋爲一體,在交通地位上尤爲重要。嚴耕望《唐代長安、太原驛程考》記載:"蒲坂之地,爲河東、河北陸道進入關中第一鎖鑰,故建長橋,置上關,皆以蒲津名。"[2]

《隋書》卷二四《食貨志》記載:

> 諸州調物,每歲河南自潼關,河北自蒲坂,達於京師,相屬於路,晝夜不絕者數月。[3]

正如張説《蒲津橋贊》記載:

> 域中有四瀆,黄河是其長。河上有三橋,蒲津是其一。隔秦稱塞,臨晉名關,關西之要衝,河東之輻湊,必由是也。[4]

延續前代蒲津造浮橋的歷史,隋唐時期依舊於此造橋。據《唐會要》卷八六《橋樑》記載:

> 開元九年十二月九日,增修蒲津橋,絙以竹葦,引以鐵牛,命兵部尚書張説刻石爲頌。[5]

《資治通鑑》卷二一二同年也記載:

> 新作蒲津橋,鎔鐵爲牛以繫絙(時鑄八牛,牛下有山,皆鐵也,夾岸以維浮梁。蒲津東岸即河東縣,西岸即河西縣。)[6]

這是在蒲州升爲河中府的同年開始的修繕工程。不久後,在開元十二年再次實施修繕工程,正是因爲"絙以竹葦,引以鐵牛",以竹索牽引鐵牛尚有缺憾,見《蒲津橋贊》稱:

> 其舊制,橫絙百丈,連艦十(千)艘,辮修筏以維之,繫圍木以距之,亦云固矣。然每冬冰未合,春冱初解,流澌崢嶸,塞川而下,如磴如臼,如堆如阜,或撼或掜,或磨或切,綆斷航破,無歲不有。雖殘渭南之竹,仆隴坻之松,敗輒更之,罄不供費,津吏或罪,縣徒告勞,以爲常矣。[7]

---

[1] 《資治通鑑》卷二一二,北京:中華書局,1956 年,6743 頁。
[2] 《新亞學報》10:1,1971 年,收入《唐代交通圖考》1,1985 年,91—128 頁。
[3] 《隋書》卷二四,北京:中華書局,1973 年,681—682 頁。
[4] 《張説集校注》卷一三,北京:中華書局,2013 年,655 頁。
[5] 《唐會要》卷八六,北京:中華書局,1955 年,1577 頁。
[6] 《資治通鑑》卷二一二,6748 頁。
[7] 《張説集校注》卷一三,655 頁。

文中提及"辮修笮以維之",笮,爲竹篾所撐成的繩索。因爲以竹纜繩連接舟船,在每年冬季封凍與春季開河的凌汛期,往往不免出現斷裂以毁橋斷運之事發生。爲了徹底解決蒲津橋體(腳船連接)的牢固問題,張説主持了開元十二年的修繕,見《蒲津橋贊》所述:

> 開元十有二載,皇帝聞之曰:嘻!我其慮哉!乃思索其極,敷祐於下;通其變,使人不倦;相其宜,授彼有司。俾鐵代竹,取堅易脆,圖其始而可久,紓其終而就逸,受無疆惟休,亦無疆惟恤。於是大匠蔵事,百工獻藝,賦晉國之一鼓,法周官之六齊,飛廉煽炭,祝融理爐,是鍊是烹,亦錯亦鍛。結而爲連鎻,鎔而爲伏牛,偶立於兩岸,襟束於中潬。鎻以持航,牛以鷟纜。亦將厭水物,莫浮梁;又疏其舟間,畫其鷁首;必使奔湍不突,積凌不隘。新法既成,永代作則。[1]

此番修橋在技術和材料上的改進在於"俾鐵代竹",將原來繫舟的竹索改换爲鐵鏈。

由此,在開元九年和十二年分别兩次對蒲津橋進行了修繕。前者只是熔鑄了鐵牛,但是仍然以竹索連接舟船,雖有大的改進但仍留有弊端;後者則改進材料以鐵鏈换下了竹索,徹底解決了浮橋舟船連接的牢固性問題,使之可以抵禦凌汛到來時對橋體的撞擊和磨損。這樣,從蒲津橋橋樑建設的細節上獲知,在開元十二年以後,這座浮橋已經不再用竹爲綑了。

在《水部式》中,對於修橋所用材料及其來源的記述具體到材料的種類和供應州。如116—118行内容:

116 (前省)大陽、蒲津橋竹索,每三年一度,令司竹監給竹,

117 役津家水手造充。其舊索每委所由檢覆,如

118 斟量牢好,即且用,不得浪有毁换。(後省)

規定了包括蒲津橋和大陽橋在内的竹索替换和竹子供應州。這條規定在蒲津橋開元十二年改换鐵索後即不再適用,所以,從時間上來看,内容是開元十二年以前的規定。那麽,當這條材料放入年代坐標系中來考察的話,是否意味著《水部式》這部分内容的時間性,應該是開元十二年以前的式文?鑒於前人對《水部式》年代考察中的細節關注,蒲津橋的改建或許也能算作是一個視點。《水部式》年代最終的確定有待更多能够坐實的研究,包括對令、式内容上時間矛盾的理解,以及法典形成過程中的細節關注。

---

[1]《張説集校注》卷一三,656頁。

三、舟橋管理及法典中的令式關係

唐代法典中涉及工程水利的法規，在律令格式等不同法典中都有相應內容，如《雜律》、《營繕令》、《工部格》、《工部式》、《水部格》、《水部式》。以最主要的工部而言，工部"掌天下百工、屯田、山澤之政令"，郎中員外郎掌經營興造之衆務，包括"城池之修濬，土木之繕葺，工匠之程式"[1]。遺憾的是，諸多令式均已遺失，工部格、式俱佚。霍存福《唐式輯佚》中僅復原一條，是依據《唐六典》卷二三"將作監丞"條注文中"以從別式"的文字作爲推測的。徵諸史籍，《長編》卷三三七神宗元豐六年(1083)御史楊畏在上言中提及工部式：

> 樞密院左知客、勾當西府周克誠二月辛亥申本府，以左右丞兩位修葺廳堂，乞批狀送工部下將作監。今詳狀後批"依所申"，乃止是蒲宗孟、王安禮簽書，用尚書省印，既不赴王珪、蔡確書押，又不經開拆房行下。至壬子酉時下工部，工部案驗批稱"不候押，先印發"，是夜四鼓，巡兵下符將作監。準格，尚書省掌受付六曹諸司文書，舉省內綱紀程式，又內外文字申都省開拆房，受左右司分定，印日發付；而工部式，修造有委所屬保明取旨，有令申請相度指揮，程式甚嚴，蓋不可亂，尚書省職在舉之而已。今克誠狀不由都省，宗孟、安禮爲左右丞直判官，依申用省印發之，而王珪、蔡確百官之長，初不承稟，循私壞法，無復綱紀。大臣如此，何以輔人主正百官！其工部既見狀無付受格式而闕僕射簽書，所宜執議稟白，豈容略不省察？又非倉卒事故，何致不俟郎官簽付而承行疾若星火？媚權慢法，莫甚於斯！伏望並加推治。[2]

最後，神宗下詔令御史中丞黃履與楊畏等人限期推究。這條材料中間接地呈現了工部之於上行尚書都省與下行將作監司的關係，以及各司之間公文遞送的程式。其中除宋代新設專司外，程式與唐大致一樣。尤其是工部式申明工程由所屬官司申報的精神主旨。但遺憾的是，即使其中提及工部式，也沒有記錄式文內容。所以，在相對於工程技術內容較多的法典，如水利、營造等的相關法典缺失嚴重。

關於工程法，在唐律以外，幸好有《水部式》殘卷與天一閣發現的《天聖令·營繕令》，以綜合的令典和單一部門式對工程建設管理進行規定，包括城池、土木建築、津

---

[1] 《唐六典》卷七，北京：中華書局，1992年，216頁。
[2] 《續資治通鑑長編》卷三三七，北京：中華書局，2004年，8124—8125頁。

樑、道路、渠堰、舟船,以及工役程期、物料用度、人功役使等,使我們可以一窺唐代工程管理實施中令、式的內容與規範側重。

從職司隸屬關係來看,水部爲工部下轄四司之一,營繕令實施的主要職司爲將作、少府、都水監[1],而以工部總轄。所以,從所涉及的職司上講同屬一系。

《天聖令·營繕令》作爲第一部國家工程實施法典的呈現,其意義重大,不僅在於我們得以從中瞭解各項具體令條以及規範內容,更重要的是,一向以人文文化爲時代特色的唐代文化,在以往與宋代文化對比中其科技文化相對缺失的詬病下,《營繕令》在國家工程秩序和系統保障中,以立法的確定性、各資源要素的考量的方向性,闡釋了唐代時人對於工程意義的構想或理解,凸顯了科技在國家制度中的地位與重要,並爲盛唐氣象增添了科學技術文化的色彩。《水部式》中關於農田水利與水力動力的廣泛應用而采取的原則及秩序都充分表達了這一制度的發展趨勢。

唐代開元式共删改修訂三次,分別爲開元三年、開元七年和開元二十五年,先後由姚崇、宋璟、李林甫負責修撰。對式集中研究的有霍存福《令式分辨與唐令的復原——〈唐令拾遺〉編譯墨餘録》、《唐式輯佚》,韓國磐《傳世文獻中所見唐式輯存》[2]、黃正建《唐式攟遺(一)——兼論式與唐代社會生活的關係》[3]、《〈天聖令〉中的律令格式敕》[4]。長期以來,因爲令、式之間的親緣關係,在分辨具體的令、式上的確有難度,而《唐六典》的編撰原則是以令、式入六司,在引録時文字取捨和敘事側重不同,也造成今日令、式區分上的困難。

《水部式》中有關舟船的內容見於:其一, 50—51 行、54—56 行,是運輸所用船與關津渡船。其二,123—132 行是河陽橋、大陽橋、蒲津橋浮橋船,142—144 行爲孝義橋船。其中 123—132 行的 10 行文字爲:

123 諸浮橋腳船,皆預備半副,自余調度,預備

124 一副,隨闕代換。河陽橋船於□[5]、洪二州役丁匠造

125 送。大陽、蒲津橋船,於嵐、石、隰、勝、慈等州折丁

126 采木,浮送橋所,役匠造供。若橋所見匠不充,亦

---

[1] 《〈營繕令〉與少府將作營繕諸司職掌》,《唐研究》第 12 卷,北京大學出版社,2006 年,101—121 頁。
[2] 韓國磐《傳世文獻中所見唐式輯存》,《廈門大學學報》1994 年第 1 期。
[3] 《98'法門寺唐文化國際學術討論會論文集》,西安:陝西人民出版社,2000 年,451—456 頁。
[4] 《唐研究》第 14 卷,北京大學出版社,2008 年。
[5] 據 113—114 行供造河陽橋竹索的三州:宣州、洪州、常州,推測此處缺字或是"宣"。

127 申所司量配。自余供橋調度並雜物一事以□[1]，
128 仰以當橋所換不任用物迴易便充，若用不足，即
129 須申省，與橋側州縣相知，量以官物充。每年出
130 入破用，録申所司勾當。其有側近可采造者，役
131 水手、鎮兵、雜匠等造貯，隨須給用，必使預爲支
132 擬，不得臨時闕事。

首先，浮橋所用的腳船，河陽橋、大陽、蒲津橋造船運送方式不同。河陽橋在宣州、洪州當地役使丁匠造船，之後，運抵河陽橋所。同樣，孝義橋所需材料，由宣、饒州造成之後，運至橋所。而大陽和蒲津橋則選擇在嵐、石、隰、勝、慈等州采伐木材，順流將木材運至橋所後，由匠人打造船隻，其原因據愛宕元研究，是爲了躲避三門砥柱[2]。不僅如此，在前述繫船所用的竹索也是如此。河陽橋浮橋所需竹索，如《水部式》113—122行所規定：

113 （前省）河陽橋每年所須竹索，令宣、常、洪三州□丁
114 匠預造。宣、洪各大索廿條，常州小索一千二百條。
115 腳以官物充，仍差綱部送，量程發遣，使及期
116 限。（下省）
（中省）
118 （前省）　　　　　其供橋雜
119 匠，料須多少，預申所司量配，先取近橋人充，若
120 無巧手，聽以次差配，依番追上。若須並使，亦任
121 津司與管匠州相知，量事折番，隨須追役。如當
122 年無役，准式征課。

與前引116—118行大陽、蒲津橋每三年一修的周期有所不同的是，河陽橋每年修換竹索，而且竹索供應地也不是前者那樣由司竹監供應，而是出自宣州、常州和洪州，有大索、小索兩種，數量亦有不同。至於孝義橋，《水部式》記載：

142 孝義橋所須竹籚，配宣、饒等州造送。應□□
143 塞系籚，船別給水手一人，分爲四番。其洛水 [　]
144 籚，取河陽橋故退者充。

---

[1] 應補"上"。
[2]《關於唐代橋樑和津渡的管理法規——以敦煌發現唐〈水部式〉殘卷爲綫索的研究》，《中國法制史考證》丙編，第2卷，458—492頁。

雖然未明確更換時間，但是，在做法上與河陽橋相同，是由宣、饒等州造就成品後運送至橋所。無論是造竹索，還是造腳船，在四座浮橋中，分作兩種辦法。大陽橋、蒲津橋以原料送橋所，由津橋所在當地"役匠造供"或"役津家水手造充"。而原料的送達仰仗原始的漂流方法。於是，就有了因自然水流運送木材中對不免發生散失木材為下游接得後的相關處理辦法，即《水部式》當中第89行的："如能接得公私材木筏等，依令分賞。"式文提及的"令"，即《雜令》中的有關規定，見《天聖令·雜令》宋14條：

> 諸竹木爲暴水漂失有能接得者，並積於岸上，明立標榜，於隨近官司申牒。有主識認者，江河五分賞二、餘水五分賞一。非官物，限三十日外，無主認者，入所得人。官失者不在賞限。

復原爲唐令18條：

> 諸公私竹木爲暴水漂失有能接得者，並積於岸上，明立標榜，於隨近官司申牒。有主識認者，江河五分賞二、餘水五分賞一。限三十日外，無主認者，入所得人。

"依令"是式文中令文互見的形式，同樣，在令文中也體現有相應的式文內容，有《天聖令》爲證。《雜令》和《水部式》的規定包括對公、對私兩種情況，於私則是指商品經營中的運輸材木，而像前面歷數的各橋用材，則是指公共領域，這四座浮橋是位列國家專管的11座重要橋樑之中的。但是《營繕令》中只涉及官船，不同於《水部式》和《雜令》中兼有公私船的制度約束，由此可以推定，唐代《營繕令》關於舟船的管理，是建立在國家營造和修葺的立場上，其對於工人和物料統一的預算和支派，是國家實施統一財政管理的體現。所以說，《營繕令》是關於國家公共工程的法典。具體做法見《天聖令·營繕令》宋22條：

> 諸官船，每年具言色目、勝受斛斗、破除、見在、不任，帳申。

在復原唐令時改"帳申"爲"附朝集使申省"。而這一環節，在《水部式》中也有同樣內容，即129—130行的"每年出入破用，録申所司勾當"。

如前所述，大陽、蒲津橋所依賴的是司竹監的竹與嵐、石、隰、勝、慈等州的木材。一如《唐六典》卷二二所說："竹出司竹監，松出嵐、勝。"[1]司竹監在盩厔縣東十五里，"園周迴百里，置監丞掌之，以供國用。"[2]松木與竹材浮流至橋所，於側近就地營造。除《水部式》所載外，史籍中亦有關於關內造舟的記錄。《新唐書》卷四八《百官志》載，武德初所置百工監，"掌舟車及營造雜作"，"又置就谷、庫谷、斜谷、太陰、伊陽

---

[1]《唐六典》卷二二左尚署令條，574頁。
[2]《元和郡縣圖志》卷二《關内道》，31—32頁。

五監"[1]。斜谷亦有造舟,可參見《包拯集校注》卷二《請權罷陝西州軍科率》:

> 一、鳳翔府斜谷造船務每年造六百料額船六百隻,方木物料等,自來分擘與秦隴鳳翔府諸處采買應付。慶曆六年、七年材料等共三十二萬,見欠七萬有零。慶曆八年材料等共二十一萬七千有零,全欠。
>
> 一、斜谷務又打造咸陽陝府橋腳船四十四隻,合用材料共三萬一千有零,見配買次。[2]

與大陽、蒲津橋不同的河陽橋,孝義橋從宣、饒、常、洪的船隻、竹索的造送,則從一個側面反映出運河運輸的盛況,經由運河至淮河、黃河的運路,不僅有繁忙的糧運,還有供應國家重要交通樞紐的津樑建材的運送船隻。

其次,《水部式》中竹索供應的內容,在《天聖令·營繕令》宋20也有規定:

> 諸堰穴漏,造絙及供堰雜用,年終豫料役功多少,隨處供修。其功力大者,檢計申奏,聽旨修完。

令條中涉及修堰、修橋所需人力的預算以及申奏,造絙也是從役功的角度出發,而未及物料。至宋代《政和令》中才見到人力與物料的雙重規定[3]。

最後,《水部式》與《營繕令》、《雜令》等內容上的交叉和對相關制度規定的詳略與側重的不同,不僅豐富了我們對於制度的立體認識,也以不同類別的法典形式突出了各自的特點和相互兼容,有助於聯繫地把握制度的不同面向。

附表 《營繕令》《雜令》相關水利條文

《營繕令》			
類 別	頁 碼	宋 令	復 原 唐 令
津橋	422頁 673頁	宋18 京城內諸橋及道,當城門街者,並分作司修營,自餘州縣料理。	復原22 諸兩京城內諸橋及當城門街者,並將作修營,自餘州縣料理。
	422頁 673頁	宋19 諸津橋道路,每年起九月半,當界修理,十月使訖。若有阬、渠、井、穴,並立標記。其要路陷壞,停水,交廢行旅者,不拘時月,量差人夫修理。非當司能辦者,申請。	復原23 諸津橋道路,每年起九月半,當界修理,十月使訖。若有阬、渠、井、穴,並立標記。其要路陷壞,停水,交廢行旅者,不拘時月,量差人夫修理。非當司能辦者,申請。

---

[1] 《新唐書》卷四八,北京:中華書局,1975年,1274頁。
[2] 《包拯集校注》卷二,合肥:黃山書社,1999年,108頁。
[3] 《宋會要輯稿》方域一〇之三三,北京:中華書局,1987年,7490頁。

(續表)

類別	頁碼	《營繕令》 宋　令	復　原　唐　令
堤堰	422頁	宋20 諸堰穴漏,造絙及供堰雜用,年終豫料役功多少,隨處供修。其功力大者,檢計申奏,聽旨修完。	
	422頁 674頁	宋26 諸近河及陂塘大水,有堤堰之處,州縣長吏以時檢行。若須修理,每秋收訖,勸募衆力,官爲總領。或(若?)古陂可溉田利民,及停水須疏決之處,亦准此。至春末使訖。其官自興功,即從別勅。若暴水泛溢,毀壞隄防,交爲人患者,先即修營,不拘時限。應役人多,且役且申。(若役急,有軍營之兵士,亦得充役。)若不時經始致爲人害者,所轄官司訪察,申奏推科。	復原30 諸近河及大水,有堤堰之處,刺史、縣令以時檢行。若須修理,每秋收訖,量功多少,自近及遠,差人夫修理。若暴水泛溢,毀壞隄防,交爲人患者,先即修營,不拘時限。應役人多,且役且申。若要急,有軍營之兵士,亦得通役。
	422頁 674頁	宋28 諸傍水隄內,不得造小隄及人居。其隄內外各五步並隄上,多種榆柳雜樹。若隄內窄狹,隨地量種,擬充隄堰之用。	復原32 諸傍水隄內,不得造小隄及人居。其隄內外各五步並隄上,多種榆柳雜樹。若隄內窄狹,隨地量種,擬充隄堰之用。
官船	422頁 673頁	宋21 諸官船貯在州鎮者,皆逐便安置,並加覆蓋,量遣人看守及隨壞修理。不堪修理者,附帳申上。若應須給使者,官司親檢付領,行還收納。	復原25 諸有官船之處,皆逐便安置,並加覆葢,量遣兵士看守,隨壞修理。不堪修理者,附帳申上。若應須給使者,官司親檢付領,行還收納。
	422頁 673頁	宋22 諸官船,每年具言色目、勝受斛斗、破除、見在、不任,帳申。	復原26 諸官船,每年具言色目、勝受斛斗、破除、見在、不任,附朝集使申省。
	422頁 673頁	宋23 諸官船行用,若有損壞,州無船場者,官司隨事修理。若不堪修理,須造替者,每年預料人功調度,申三司聽報。	復原27 諸官船行用,若有損壞者,隨事修理。若不堪修理,須造替者,豫料人功調度,申尚書省。
	422頁 673頁	宋24 諸私家不得有戰艦、海鶻、蒙衝、黃龍、雙利、平乘、八棹、舴艋、艓子等。自外雜船,不在禁限。	復原28 諸私家不得有戰艦、海鶻、蒙衝、黃龍、雙利、平乘、八棹、舴艋、艓子等。自外雜船,不在禁限。

(續表)

\《雜令》 ||		
類別	頁碼	宋 令	復 原 唐 令
行水	430頁 750頁	宋15 諸取水溉田,皆從下始,先稻後陸,依次而用。其欲緣渠造碾磑,經州縣申牒,檢水還流入渠及公私無妨者,聽之。即須修理渠堰者,先役用水之家。	復原19 諸取水溉田,皆從下始,依次而用。其欲緣渠造碾磑,經州縣申牒,公私無妨者,聽之。即須修理渠堰者,先役用水之家。
舟船	430頁 750頁	宋16 諸要路津濟不堪涉渡之處,皆置船運渡,依至津先後爲次。州縣所由檢校,及差人夫充其渡子。其沿河津濟所給船艘、渡子,從別勅。	復原20 諸要路津濟不堪涉渡之處,皆置船運渡,依至津先後爲次。州縣所由檢校,及差人夫充其渡子。
舟船	430頁	宋17 諸官船筏行及停住之處,不得約止私船筏。	
舟船	430頁	宋18 諸州縣及關津所有浮橋及貯船之處,並大堰斗門須開閉者,若遭水泛漲並淩澌欲至,所掌官司急備人功救助。量力不足者,申牒。所屬州縣隨給軍人並船,共相救助,勿使停壅。其橋漂破,所失船木即仰當所官司,先牒水過之處兩岸州縣,量差人收接,遞送本所。	
舟船	432頁	唐5 諸船運粟一千五百斛以下,給水匠一人;一千五百斛以上,〔水?〕匠二人。率五十斛給丁一人。其鹽鐵雜物等,並准粟爲輕重。若空船,量大小給丁、匠。	

資料來源:《天一閣藏明鈔本天聖令校證》,北京:中華書局,2006年。

(作者單位:中國社會科學院歷史研究所)

關於敦煌《朋友書儀》的研究回顧與問題展説

吴麗娱

《朋友書儀》是敦煌所發現書儀中的一類,因 S.6180 殘卷出現的"《朋友書儀》一卷"書題而得名。在敦煌書儀中,《朋友書儀》被認爲是唯一一種月儀性質的書儀,不但提供了相關類型,從中也可以追尋到早期月儀的發展綫索。羅振玉《貞松堂西陲秘笈叢殘》最早發佈的影印圖版中即録有一件《朋友書儀》殘卷。20 世紀 70 年代那波利貞在他的《唐代社會文化史研究》中也專門提到了這件文書(P.2505)[1]。80 年代初以來,兩岸三地的中日學者關於《朋友書儀》的研究陸續展開,周一良先生以及趙和平、郭長城、王三慶、黄亮文、張小艷、丸山裕美子等先生和筆者,都先後從不同方面進行探討,取得了不少成果。本文試圖對此加以總結,同時也針對其中的一些問題提出個人看法,希望能引起研究者的關注和興趣。

一、《朋友書儀》的研究和進展

《朋友書儀》在敦煌的收藏頗豐,學者最初發現有 13 個卷號,此後陸續增爲 16 號[2]。郭長城和趙和平分别對《朋友書儀》的卷子做過清理,趙和平並結合、參考諸卷文字過録爲"《朋友書儀》一卷"。此後王三慶、黄亮文合作文章也附有録文[3]。就此

---

[1] 那波利貞《唐代社會文化史研究》第一編《唐の開元末・天寶初期の交が時世の一變轉期たるの考證》,東京:創文社,1974 年,72—75 頁。

[2] 13 號爲 P.2505、P.2679、P.3375、P.3420、P.3466、P.4989v、S.5660v、S.6180、S.6246、S.5472、S.361v、貞松堂本、上海圖書館藏本,見郭長城《敦煌寫本朋友書儀試論》,《漢學研究》第 4 卷第 2 期,1986 年,291—299 頁;趙和平《敦煌寫本〈朋友書儀〉殘卷的整理與研究》,《敦煌研究》1987 年第 4 期,44—55 頁;並見《敦煌寫本書儀研究》,臺北:新文豐出版公司,1993 年,112—126 頁。張小艷增 Дx.5490、Дx.10465,見氏著《敦煌書儀語言研究》,北京:商務印書館,2006 年,18—19 頁。黄亮文又檢出 P.3715v 前 5 行所抄爲《朋友書儀》内容,見《法、俄藏敦煌書儀相關寫卷敍録》,《敦煌學輯刊》2010 年第 2 期,135—148 頁。

[3] 兩種録文分見趙和平《敦煌寫本書儀研究》,73—110 頁;王三慶、黄亮文《〈朋友書儀〉一卷研究》,臺北敦煌學會編印《敦煌學》第 25 輯,2004 年,52—73 頁。

而言,兩種録文已經盡可能地恢復和展現了《朋友書儀》的全貌,提供了較好的研究基礎。而梳理《朋友書儀》迄今已經取得的成果和進展,主要集中在以下幾個方面:

1.《朋友書儀》的特色、形態與版本、系統劃分

《朋友書儀》顧名思義用於朋友之間,周一良先生指出其特徵是:"一、書札中心思想都是敍離别之情的,與索靖《月儀》相同,全不涉及其他書儀中日常交往和慶弔方面。二、文字比較優美、帶感情,不像另兩種類型書儀那樣盡是枯燥的套話。三、生活及時代氣息甚濃,一讀即感到是當時遠在西陲的遊子所寫書信。"[1]而對書儀的結構研究者也取得基本一致的看法。趙和平總結"完整的敦煌本《朋友書儀》由三部分組成"。其第一部分是"辯秋夏春冬年月日",臚列節氣時候用語的套話。第二部分名爲"十二月相辯文"[2],乃是按月編排,每月一通的駢文體書信及四言的答書。十二月末另附有一通求謀官職書札以及一通關於婦女的書信,但對於這兩通無關内容的書疏,尚無合理解釋。第三部分則爲形式不同的四言爲主的十二月儀。其中 S.5472 在正月前有"朋友相念"四字,郭長城與趙和平都認爲可能是這組書儀的名稱。

《朋友書儀》的 13 個卷號並非來自一個抄本,卷子的形態不一,長卷、册頁或雜寫殘片均有。其中 S.5660 最長,但卷子上部齊頭缺字。郭長城已提出在主要的五個版本中,分爲 P.2505 與 P.3375 及 P.2679、P.3466、S.5660 兩系,認爲後一系文字較佳。另認爲 S.5472(存甲乙兩式)亦接近後者,而 P.4989v 與 S.5472 乙式接近。趙和平則明確將卷子分爲三個系統,P.2505、P.3375、P.3466、P.3420 爲其一;P.2679、S.5472、S.5660、S.361 爲其二;P.4989v 爲其三,其他則難以確定。王三慶與黄亮文對諸卷作了更細緻的描述[3],雖然劃分系統與趙和平不盡相同,但均注意到各系的較大差異,以及 P.4989v 形式、文字的特殊性。王、黄認爲可以將之作爲《朋友書儀》第四部分,但筆者認爲,雖然大部分卷號可以認爲是來自一卷,但 P.4989v 也很可能是來自《朋友書儀》的不同版本,或者説敦煌的《朋友書儀》並不是通常認爲的只有一種。

---

[1] 周一良《敦煌寫本書儀考(之二)》,《敦煌吐魯番文獻研究》第 4 輯,1987 年,20—22 頁,説見 21 頁。並見《敦煌寫本書儀考》,71—74 頁。以下引文不再一一説明。

[2] 按此行文字郭長城和趙和平都認爲是第一部分的總結,但周先生認爲是第二部分標題,筆者曾提出是後兩部分的總題(《關於〈朋友書儀〉的再考察》,《中國史研究》2001 年第 3 期,63—77 頁),但由於第二部分與第三部分之間有其他内容隔開,現改從周説。

[3] 按其文認爲 S.6180 自成一系,P.3375、P.2505、S.5472 與 S.5660、P.2679、P.3466 與 P.3420 分屬兩個系統,其中 P.3375 與 P.2505 是書跡筆勢與行款幾近相同,應爲同一抄手抄寫之副本;而 S.5660、P.2679、P.3466 與 P.3420 雖底本系統接近,但因抄手不同而有異。其中 P.3466 與 P.3420 爲同一寫卷割裂爲二者。認爲 P.4989 文字與 S.5566 文字差異較大,應獨立分出,作爲書儀的第四部分。

可以證明《朋友書儀》版本不一的還有丸山裕美子所介紹的日本靜岡縣磯部武男氏藏敦煌《朋友書儀》斷簡[1]。這件書儀僅13行，存三、四、五月殘文。其形式與上述敦煌整理本第三部分的書儀很像。丸山裕美子提出書儀中有一些詞句與敦煌本意思相近，如"經遠"和"經往事"，"況在官司，情懷抱很"與"況在異域，能不思念，中心遥遠，未蒙延屈"；但内有"田農至重，不可失時"一類關係農事的詞句，與前者所描寫的邊關生活不同，顯示出作者所處生活環境的差别。故判斷斷簡乃《朋友書儀》的中原版，也即敦煌《朋友書儀》的原版。

當然斷簡是否是敦煌《朋友書儀》原版尚不能定論，但《朋友書儀》性質的書儀絶非只有一種，這類書儀的集合與製作，從新發現的吐魯番書儀也能夠證明（詳下）。

2.《朋友書儀》的淵源——索靖《月儀帖》的敦煌發現與《唐人月儀帖》的流傳

《朋友書儀》與月儀的關係是學者研究的一個重點。周先生除了指出文獻關於月儀的記載，並從索靖《月儀帖》和北宋以來流傳的、題爲昭明太子蕭統或梁元帝蕭繹撰《錦帶書》和"臺北故宫博物院"藏《唐人十二月朋友相聞書》上溯《朋友書儀》的淵源問題，並對其文體和特色作了簡要介紹，對清人姚鼐關於《月儀帖》出自唐人的看法提出質疑[2]。筆者在周先生討論的基礎上，對月儀和《朋友書儀》中出現的四言和駢體文兩種文體作了進一步研究，認爲四言者多爲魏晉人所用，而四六駢體則盛於齊梁。索靖《月儀帖》中兼用四言和駢體，它所體現的似乎是一種漸變。駢體的發展雖盛於齊梁，但始於魏晉，與索靖同時代的陸機、潘岳已有此類作品，文風有頗多相似之處。雖然後人多認爲《月儀帖》是唐人僞作，但竊以爲應如周先生所説，是"文字本身，恐怕仍出於晉人之手"。

月儀類作品能夠傳世，很大程度是由於書法，今存索靖《月儀帖》見於北宋建中靖國元年（1101）劉燾集刻的《元祐秘閣續帖》，僅存九個月，缺四、五、六月份。近年，學者在敦煌文獻中亦發現了臨摹的殘片。先是西林昭一發現《俄藏敦煌文獻》第12卷所收 Дх.5748 即索靖《月儀帖》佚文，在此基礎上丸山裕美子又指出 Дх.4760、Дх.6025、Дх.6048 也是《月儀帖》斷簡。近者蔡淵迪撰文又增 Дх.6009，從而使五卷得以綴合[3]。

---

[1] 丸山裕美子《靜岡縣磯部武男氏所藏敦煌・吐魯番資料管見》，《唐代史研究》第2號，1999年6月，16—20頁。

[2] 周一良《敦煌寫本書儀考（之二）》《書儀源流考》（原載《歷史研究》1990年第5期），並參《唐五代書儀研究》，72、94—95頁，下不一一説明。

[3] 以上參見西林昭一《ロシアへ渡った敦煌文書——新発現の書（28）》，《書聲》535，2001年，（轉下頁）

蔡氏指出敦煌墨本較北宋《續帖》本至少早了一百多年，其文物、文獻價值至爲重大，甚至有個別字尚可補存世帖本之失，可謂一字千金。

《朋友書儀》第二部分（即"十二月相辯文"）的答書（無正月），基本是四言體。論者均注意到它與"臺北故宫"所藏《唐人月儀帖》的關係。此《月儀帖》缺少正、二、五三個月，是僅存九個月的殘本。周先生指出："（臺北）故宫博物院所印金朝以來流傳的《唐人十二月朋友相聞書》（亦稱唐人月儀帖），是用章草所寫，附真書小字釋文，其體裁與文風，與第一類型的朋友書儀中'十二月相辯文'極爲相似"，認爲"唐人月儀帖當是較早的流行内地的書儀。儘管如此，敦煌寫本'十二月相辯文'中不少文句格式，卻沿襲未變。"爲此他將兩者的三、四、六月文字相對照證明其相似性。郭長城也從《故宫書畫録》卷三所載《唐人十二月朋友相聞書》一册，和趙秉冲奉敕所寫"御題"（被判定是爲清高宗作），提到《宣和書譜》及宋人曾惇《石刻鋪敍》所言，從而得出《相聞書》爲唐人所書而名爲明人王肯堂（鬱岡齋）所標的結論；並據《故宫書畫録》卷一有《明董其昌臨月儀帖》一卷和《石渠寶笈續編》清高宗《御臨董其昌臨月儀帖》録文，判斷《朋友書儀》答書部分的文字，時代可追溯至釋智永的《月儀獻歲帖》；並提出唐無名人《月儀帖》及董其昌所臨，亦應爲智永所作。

2004年王三慶又撰文，從印鑒等認爲《唐人月儀帖》入藏清宫的時間不會早於嘉慶初年，對郭氏關於"御題"是清高宗的説法予以糾正；並進一步説明曾惇所言之來龍去脈，以及《唐人十二月朋友相聞書》的現存狀況，卷末解縉、王文治跋語後記與金昌宗以來的鈐印情況[1]。文中介紹了王肯堂其人及募勒、刻印《鬱岡齋墨妙》的由來。並以所刻至今保存，十二月俱全，其首行題"唐無名書月儀"，次行題作"十二月朋友相聞書"，説明所題爲原名，認爲鬱岡齋本是故宫藏本還未斷裂或遺失之前迻録，可補故宫藏本不足。其文最後還提出，根據《唐人十二月朋友相聞書》與《朋友書儀》一卷的録文比較，"不但肯定歷來題作唐人書的正確，還可以考訂這個册子和唐代敦煌本《朋友書儀》存有血統淵源，而《十二月朋友相聞書》必定是原來祖本的簡本或别本的一部分，也可能是唐代綜合以前各種朋友往來聞問的書儀，成爲敦煌本《朋友書儀》的内容形式"。

（接上頁）28—31頁；丸山裕美子《敦煌寫本「月儀」「朋友書儀」と日本傳來『杜家立成雜書要略』——東アジアの月儀・書儀》，土肥義和編《敦煌・吐魯番出土漢文文書の新研究》，東洋文庫，2009年，116—119頁；蔡淵迪《俄藏殘本索靖〈月儀帖〉之綴合及研究》，《敦煌吐魯番研究》第12卷，上海古籍出版社，2011年，451—462頁。

[1] 王三慶《故宫藏本〈唐人十二月相聞書〉研究》，《遨遊在中古文化的場域——六朝唐宋學術研討會論文集》，臺北：里仁書局，2004年，385—434頁。

他還根據元朝陸友仁《研北雜志》録《月儀獻歲帖》文字,認爲即唐無名氏所録,從而肯定了郭長城的看法,並考證《唐人月儀帖》從北宋徽宗時入藏秘府到入金、元,至明、清的延傳脈絡,對《唐人月儀帖》的來源提供了合理的解説。

在王三慶之後,丸山裕美子也對"臺北故宫"藏《唐人月儀帖》、鬱岡齋所收《唐無名書月儀》及《明董其昌臨月儀帖》加以比較,認爲前兩者更爲接近,而董其昌本略有差異。又比較鬱岡齋所録本和敦煌寫本《朋友書儀》,發現除了一月無載,二月、三月、四月、六月、七月、八月、十月、十一月的答書兩者基本一致,五月略有差異,只有九、十二兩月有較大差別[1],這也證明了其來源版本的不盡相同。

王三慶的上述文章還討論了敦煌本《朋友書儀》一類作品産生和消亡的原因,指出六朝以來,門第與出身,家庭教育與個人素養,幽雅書法風格及具有文彩絢麗的書函,成爲甄選人才最可靠有力的品質保證。但隋唐以後,代之而起的選才制度是科舉取士,世家没落,縟禮繁文的儀節被簡化,導致文風轉變,所以唐以後這類作品日趨没落,乏人問津,並逐漸流失,只是因書法纔被傳存於秘府。但月儀類作品是否因此在後世完全絶跡了呢?王三慶近年復討論唐以後月儀書的流變,並通過元朝劉應李《新編事文類聚翰墨大全》所收兩種與婚禮結合的實用月儀書,論述了其價值和流變問題。認爲它還是作爲一種伏流,潛行於民間的應用文書裏,並隨著印刷術的發展,流傳得十分廣遠[2]。

3. 吐魯番"朋友書儀"的發現與不同類型月儀的合集問題

從敦煌《朋友書儀》分爲兩部分的月儀,以及其中"十二月相辯文"答書對《唐人月儀帖》的吸收,可以知道《朋友書儀》其實是不同種類的月儀集合。那麽,如何解釋這種現象呢?對此趙和平提出:"初唐以後,月儀類書儀在我國史籍中不再見有著録,而已知的著述下限則是唐朝的許敬宗。我們有理由認爲,月儀類書儀最晚出現於西晉時,開元、天寶以後不再有人撰寫《朋友書儀》一類的單行書儀,而把這部分内容歸入綜合類書儀中。"並認爲單純的《朋友書儀》在開元、天寶之後已成爲過時的文字。

儘管如此,這類作品不會立時消失。新的創作没有了,但集合舊作卻成爲時尚,不僅敦煌《朋友書儀》如是,日本書道博物館所藏朋友性質的吐魯番月儀也證明了這

---

[1] 丸山裕美子《敦煌寫本「月儀」「朋友書儀」と日本傳來『杜家立成雜書要略』——東アジアの月儀・書儀》,土肥義和編《敦煌・吐魯番出土漢文文書の新研究》,119—125頁。

[2] 王三慶《唐以後"月儀書"之編纂及其流變》,《張廣達先生八十華誕祝壽論文集》,臺北:新文豐出版公司,2010年,901—920頁。

一點[1]。

　　此卷原名誤定爲《月令》,但實際由詩文雜寫和幾組月儀組成。不久前,筆者與陳麗萍對這件卷子略加整理,過録文字,並將相關内容重作組合及拼接,仍暫定名爲《朋友書儀》,進行了初步研究[2]。内考訂本卷詩文雜鈔中的唐玄宗《初入秦川路逢寒食》一首爲開元十年作品,由此判斷本卷製作時間在唐開元中後期。並分析了幾組月儀在形制、開頭結尾、用語等方面的區别,如第一組失題,開頭爲"四月孟夏　微熱　漸熱　已熱"、"八月仲秋　已涼　甚涼　極涼"一類,其形式與敦煌本《朋友書儀》第三部分及磯部武男藏《朋友書儀》結構相似,但字句用語不同。第二組題《十二月朝□□(〔朝友相?〕王三慶認爲三字應爲"朝夕相")聞書》,以月份爲各月首題,如"三月"、"五月"等,内容用語大部與存世《唐人月儀帖》(《十二月朋友相聞書》)和敦煌本《朋友書儀》第二部分答書一致。第三組是由《問知友深患書》和《答問患重書》組成的《問疾書》,内容形式類似《杜家立成雜書要略》。第四組題《(十二月?)相文卷一本》,形式與第一組近似,而内容詞句與敦煌本第三部分相同。從而認爲敦煌本與本卷應有共同淵源,其題目或者也可用作這類書儀的參考。不過,兩種書儀明顯不是一件或是一個版本。吐魯番"朋友書儀"只是月儀的匯集而没有修改,敦煌《朋友書儀》卻有適應時勢和地方特色的較大變化。説明一方面這類書儀仍被參考沿用,另一方面書儀形式内容也迎合現實需求被不斷改造更新,表明了文化承傳中必經的過程。最近又見到王三慶關於此卷的討論,文中特别介紹了卷子的來源及收藏情况,亦分爲四種不同類型,並將其中的《十二月朝□□文書》(闕字作"夕相")與"臺北故宫"藏《唐人十二月相文書》(闕文以鬱岡齋本訂補)以及《朋友書儀》的《十二月相辯文》相近系統的文字按月排列作了比較[3]。吐魯番《朋友書儀》顯然也是敦煌《朋友書儀》研究的拓展和參照。

4.《朋友書儀》與《杜家立成雜書要略》的關係

　　朋友性質的書儀除了按月編排的月儀外,還有一類是按事編排,其代表作即日本正倉院所藏《杜家立成雜書要略》。周一良先生介紹説:"日本正倉院還藏有相傳爲奈良

---

〔1〕見磯部彰編《台東區立書道博物館所藏中村不折舊藏禹域墨書集成》第3卷,文部科學省科學研究費特定領域研究(東アジア出版文化の研究)研究成果,2005年,284—287頁。

〔2〕吴麗娱、陳麗萍《中村不折舊藏吐魯番出土〈朋友書儀〉研究——兼論唐代朋友書儀的版本與類型問題》,《中國社會科學院敦煌學研究回顧與前瞻學術研討會論文集》,上海古籍出版社,2012年,163—195頁。

〔3〕王三慶《〈中村不折舊藏禹域墨書集成〉"月儀書"研究(初稿)》,《慶賀饒宗頤先生九十五華誕敦煌學國際學術研討會論文集》,北京:中華書局,2012年,660—665頁。《再論〈中村不折舊藏禹域墨書集成·月令〉卷之整理校勘及唐本"月儀書"之比較研究》,《成大中文學報》第40期,2013年,33—74頁。

時期光明皇后(701—760)手書的《杜家立成雜書要略》一卷,也是從中國傳入的書。此書包括三十六組書札,每組一題,如'雪寒喚知故飲書'、'賀知故得官書'、'就知故乞粟麥書'、'同學從征不得執卦與書'等,皆附有答書。體裁以四字句爲主,先結合季節寒暄,再進入本題。這種有往有來的體裁,與索靖《月儀》相同,但不是以月爲題,而是涉及各個方面。書名稱爲雜書,雜字當即指此,書即書札之意。日本内藤湖南氏認爲此書屬於《月儀》之類的書儀,是正確的。"[1]

對於《杜家立成》的研究開始於20世紀20年代,其中内藤湖南最早提出此書屬於《月儀》之類的看法。而圍繞書儀的撰者和寫作年代這一最集中的問題,提出撰者爲杜友晉說,但因年代不合而明顯難以成立[2]。此後的50年代中西野貞治提出書儀中的"秦王"一稱是李世民,時間限定在武德元年(618)至九年(626),而作者是李世民側近的京兆杜氏一員[3]。但同年福井康順根據《隋書》卷七六《文學・杜正玄傳》關於杜正玄"援筆立成","又著文章體式,大爲後進所寶,時人號爲文軌。乃至高麗、百濟,亦共傳習,稱爲杜家新書",以及《北史・杜銓附杜正藏傳》關於杜正藏作"《文軌》二十卷"、"謂之杜家新書"的記載,斷定爲杜氏兄弟(正玄、正藏、正倫)所作[4]。80年代啓功先生的文章也認爲所謂"立成"者即《隋書》卷七六《杜正玄傳》所言杜氏兄弟所作"杜家新書",但認爲"秦王"是隋楊俊,考證寫作時間在開皇間,並提出"此卷文筆駢儷,微多俗套之語,蓋應酬箋啓,有其必然者。故亦未嘗無委婉之詞,有趣之事,藉可見當時社會生活之一斑者"[5]。

1994年以"日中文化交流史研究會"署名的《杜家立成雜書要略——注釋與研究》一書,除有"注釋篇"對三十六組書札加以錄文、校勘和注釋之外,復有"研究篇"和"本文影印篇",其"影印篇"製作了清晰的圖版,"研究篇"分章敘述《杜家立成》的成立、内容與構成、語言特色,及對日本的影響。其中在前人研究基礎上,除肯定西野貞治的

---

[1] 《書儀源流考》,《唐五代書儀研究》,103—104頁。
[2] 内藤湖南《正倉院尊藏二舊抄本に就きて》,《支那學》3—1,1922年;《研幾小錄》,東京:弘文堂,1928年;收入《内藤湖南全集》7,東京:築摩書房,1970年,133—141頁。《杜家立成雜書要略跋》,《寶左盦文》,1923年;收入《内藤湖南全集》14,東京:築摩書房,1976年,33頁。
[3] 西野貞治《光明皇后筆の杜家立成をめぐって》,《萬葉》26卷,1958年,42—51頁。
[4] 福井康順《正倉院御物「杜家立成」考》,《東方學》17,1958年;收入《福井康順著作集》,京都:法藏館,1987年,342—345頁。
[5] 啓功《堅淨齋隨筆》,《學林漫錄》第10輯,北京:中華書局,1985年,28—33頁,引文見30頁。按文據其中《相喚募討匈奴書》内"秦王"一稱,認爲應指隋之秦王楊俊,因考書儀撰寫年代在其任并州總管時,下限不晚於他被罷職的開皇十七年(597)七月。

"秦王"爲太宗説,還進一步提出撰者是杜氏三兄弟中杜正倫的看法[1]。

此後,仍不斷有商補和探討的文章出現[2],而關於《杜家立成雜書要略》與月儀和《朋友書儀》的關係,也是研究者所討論和關注的問題之一。丸山裕美子比較了《杜家立成》與《唐人月儀帖(十二月朋友相聞書)》在文辭句式方面的某些相似處,以及與南朝齊王簡棲(王巾)所作《頭陀寺碑文》以及王羲之楷書《樂毅論》同作爲光明皇后手書摹本的記載,還有奈良時代木簡之上《杜家立成雜書要略》書名及開頭部分的發現,由此而討論了書儀對日本文化的影響[3]。永田知之除總結前人關於《杜家立成》撰者時代的不同觀點,還通過與敦煌《朋友書儀》的比較討論了《杜家立成》的語彙、文章構成和文思、收載書簡的用途、作爲實用和鑒賞的優美文學之作的雙重定位,以及鑒定存世書跡真僞、糾正前人之説的意義等[4]。而趙和平亦比較了《杜家立成》與《朋友書儀》的同異,分析了《杜家立成》在書儀序列中的地位,指出在武則天以後所見吉凶書儀中,一般都包含有"四海"、"平懷"往來相與書的内容。所整理的開、天時期杜友晉撰《吉凶書儀》、《書儀鏡》以及晚唐的一些書儀,關於朋友之間來往的書札,與《杜家立成》中相對應的同書題書札内容都十分相似。並將《杜家立成》與晚唐《新集書儀》加以比較,結論是《杜家立成》類專供朋友間往來的信札已融入綜合類書儀中[5],不再單行。而筆者與陳麗萍也發現"問疾書"一類吐魯番書儀與《杜家立成》的一致性[6]。因此這類書儀與月儀作爲朋友往來的性質相同,只不過已將月儀原來的單純寫景敍情一變而爲生活中朋友交往的具體事宜,突出了社交往還的性質和意義,從而能與實用性的吉凶書儀接軌,這也是書儀服從社會需要而發展的必然結果。

---

[1] 日中文化交流史研究會《『杜家立成雜書要略』——注釋と研究》,東京:翰林書房,1994 年。按關於《杜家立成》的研究介紹,並參見周一良《書儀源流考》,103—104 頁;永田知之《『杜家立成雜書要略』初探——敦煌書儀等との比較を通して》,京都大學人文科學研究所《敦煌寫本研究年報》第 3 號,2009 年,37—44 頁。

[2] 如山川英彦《杜立成雜書要略注補》(《名古屋大學中國語學文學論集》10,1997 年)、王三慶《〈杜家立成雜書要略〉及其相關研究》(《新國學》第 2 卷,成都:巴蜀書社,2000 年)、王曉平《『杜家立成雜書要略——注釋と研究』商補》(《人間文化學部研究年報》5,2003 年)等文。

[3] 丸山裕美子《敦煌寫本「月儀」「朋友書儀」と日本傳來『杜家立成雜書要略』——東アジアの月儀・書儀》,125—129 頁。

[4] 永田知之《『杜家立成雜書要略』初探——敦煌書儀等との比較を通して》,44—57 頁。

[5] 趙和平《敦煌本〈朋友書儀〉與正倉院藏〈杜家立成雜書要略〉的比較研究》,《趙和平敦煌書儀研究》,上海古籍出版社,2011 年,112—146 頁,説見 123—127 頁。

[6] 吴麗娱、陳麗萍《中村不折舊藏吐魯番出土〈朋友書儀〉研究——兼論唐代朋友書儀的版本與類型問題》,《中國社會科學院敦煌學研究回顧與前瞻學術研討會論文集》,187 頁。

二、《朋友書儀》研究存在的爭議與問題申述

從以上總結的進展情況和成就可以得知,關於《朋友書儀》,收穫主要在文獻整理方面,至於書儀的書體、内容等文學歷史方面問題雖然也有論述,深入的研究卻不多。這反映學者比較關注書儀的形成淵源,對書儀產生的現實來源和時代背景卻相對有所忽略,但兩者實際缺一不可。由於筆者在這方面作過一些補充[1],所以這裏在介紹所存在問題時也申明自己的觀點,同時對《朋友書儀》的製作、傳播時代及緣由提出一些新的揣測。

1. 複書的遺存及其變化

周一良先生在分析索靖《月儀帖》時指出,其形式是"每月兩通,以四字句爲主。一通開始是帶有標題性的'正月具書,君白',接著結合月份說一些有關氣候的寒暄話,再進入正文,如闊別敍舊之類,末尾又以'君白'結束。君字是用來代替人名的。另一通的性質,則是對前者的復信"[2]。筆者在此基礎上,即將此書儀與杜友晉《吉凶書儀》中的通婚書和一些告哀、弔答書相對照,發現這種月日在前、兩重首尾的形式不是兩通書信,而是所謂一書兩紙的典型複書,其"君白"也屬自我謙稱的"名白"之誤。從書儀的内容看,其上紙多爲敍時景寒暄及遥思朋友之情,下紙則誇讚朋友境遇才德或再敍朋友契闊。兩紙轉折自然,内容毫無重複而是各有側重,與其認爲是對答不如說是上下呼應,因此兩紙實應合爲一首。

複書對尊長者所用,其實遠不限於常所說通婚書和告哀弔答書。吐魯番出土72TAM169:26(B)高昌書儀中給長輩的平居書信已證明這一點,故可以肯定最早的月儀也用複書。另外敦煌《朋友書儀》中是否有複書遺存是值得探討的一件事。其書儀第三部分有兩敍(或三敍)節候的文字,如據 S.5472 所錄二月是:

> 二月仲春漸暄,離心抱恨,尉(慰)意無由。結友纏懷,恒生戀想。陽風氣動,節氣暄和,百草競新,梅花漸散(變),雲光朗起,散影隨時。 仲春漸暄,不審體内如何?某乙恒居草室,長在蓬菴,細碎卑微,離朋別侶(侶),春和芳節,逐伴思朋。念友交游,纏懷散悶。單行弊語,略寄空心;不恥淺言,願公任意。

以上由於開頭和中間有兩個時候語"仲春漸暄"將書儀割成兩段,所以一般認爲是

---

[1] 吳麗娛《關於〈朋友書儀〉的再考察》,《中國史研究》2001年第3期,63—77頁。
[2] 《書儀源流考》,《唐五代書儀研究》,94頁。

兩篇,或認爲是往返書疏,也即第二個"仲春漸暄"之下是答書。但是仔細分析,第一段只是敍季候景致,第二段纔是問候朋友及談自己處境、想念朋友和敍交誼等。一封信似乎不應僅敍景致即結束,而應加上後面的内容纔完整。又如對照吉凶書儀看,像"孟春猶寒,不審尊體(或尊體起居)何如"這樣的話大都是放在書信的中間(單書)或後面(複書),而不是像現代習慣以問候語開頭。且上下内容的安排與索靖《月儀帖》非常相似,上述吐魯番"朋友書儀"也有兩組同樣的類型,筆者懷疑這種類型是刻意的創造,既不是上下兩篇更不是往返的致書和答書,而是複書形式的一種變異。但這一看法未能得到回應,事實上也還值得再探討。

另外複書本身形式變化同時,還有書體性質結合内容的發展,即包括月儀和吉凶書儀在内複書減少甚或消失後,别紙用法出現,而且於晚唐五代官場普及。P.4092《新集雜别紙》有"月旦賀官玖拾貳首",都是按十二月編排的賀官儀。這類賀官儀結合藩鎮的"月旦起居"(銜參),本有致長官的正狀,但這裏都是去掉正狀的别紙。内容是節候景致加上對長官的祝福及表達自己遭逢任用提拔的感謝,可以算是月儀的一種變體。這類十二月儀在 P.3723《記室備要》、P.3931《靈武節度使表狀集》等都有出現,應是晚唐五代多見的一種形式。

2. 《朋友書儀》所反映的地域、時代和作者

《朋友書儀》的地域在書儀中似乎是一個不難確定的問題。那波利貞據 P.2505 卷各月文範中提到的一些地名指出,其中的"蘭山是今天甘肅省寧夏府以西土名阿拉善山或乞伏山即賀蘭山的略稱……靈武是今天甘肅省寧夏府靈武縣地方",作者"最思慕之地的堯都、晉邑、魏地即山西省地方,掩(淹)留之地是靈州、豐州、蘭山即甘肅省地方是明確的。對紅顔美貌在邊州破滅的感嘆可以見出是中年以後滯留邊州、遠戍從役的官員,這樣作爲邊塞戍卒的文字纔可能産生"。因此他得出結論說是此書儀決非一時創作,而是基於親身體驗,"蓋今山西地方出身卻做了甘肅地方官吏的人的真情流露"[1]。

書儀製作者所在地是西北或今甘肅寧夏地方這一點似乎是没有疑問的。但問題在於對書儀創作的時代以及這位滯留西陲的"官吏"或者周先生所説"西陲遊子"是什麽人,看法並不盡相同。趙和平認爲《朋友書儀》的主體即第二部分全用駢文,用典頻繁而文字優美,可與齊梁之際著名書札相比;又從辭中典故時間最晚的是吳均《續齊諧

---

[1] 那波利貞《唐代社會文化史研究》第一編,73、75 頁。

記》，判斷"《朋友書儀》成書當在梁代以後，而書儀中不見隋及唐初的典故，所以成書時代可能在隋末唐初時"。他並根據藤原佐世《日本國現在書目録》中有許敬宗撰"《月儀》四卷"，懷疑《朋友書儀》的撰者是許敬宗。

説《朋友書儀》的作者是許敬宗固然會有很多問題。因爲書儀中已見到了中宗景龍二年（708）以後纔出現的三受降城——"三堡"的地名，而且所反映的"望豐州之鄉邑，地多運暮（幕或募？）之營；看勝部之川原，北連峰戍之類，兵旗遍野，戰馬朝嘶"場景也與唐初西北情狀不符，更遑論身爲貴胄的許敬宗不可能有戍守邊陲的經歷。這一點，筆者在舊文中已提出，並認爲書儀表現戰爭場景，可能製作於開、天時期。王三慶、黃亮文則在討論"《朋友書儀》的内容成分考察及著作時代"時，據其S.361v卷正月下有"維乾寧貳年（895）歲次乙卯三月廿三日爲□"的題署文字，認爲"該書的編輯不應在晚唐五代以後"；並根據對地理名稱的考釋和安史亂前"晉地"尚處於安定，符合書儀所謂遊園賦詩、忻杯聚樂的條件，提出書儀製作大體在天寶或安史之亂初（詳下）。其文也認爲趙和平所説許敬宗著述首先是書儀卷數不合，"再者亦無法解釋死在咸亨初年（咸亨元年是670年）的許敬宗作品何以會有後來設置的'温池'出現"；結論是"比較合適的説法恐怕還是認爲一位遠在朔方節度下的僚佐匯聚前人作品，改編成適合於邊城幕僚役士撰寫信函時的參考作品"。

不過，趙和平學長近期贈送筆者的自選集仍收録了他1987年發表於《敦煌研究》的原文。其《朋友書儀》與《杜家立成》比較一文中也提到，他推斷《朋友書儀》作者爲唐初之"姦臣"許敬宗的説法受到學術界的一些質疑，但仍堅持認爲"從文字内容來看，其文風與齊梁的書札一脈相承，其作者應具有南朝文化的深厚背景，應出身於江南世族"。

竊以爲，這裏兩種認識截然不同，是由於存在一個誤區，即《朋友書儀》的原作（或原集）和改編是兩回事，不能混爲一談。趙和平的著眼點和所説特色，應當是書儀未改編以前（或者吸收某些原始月儀）的情況，而筆者與王、黄兩位先生所論，乃是針對書儀改編以後的現狀。前者雖然重要，但僅注意前者而忽略後者也是有問題的。其實仔細辨認，書儀被改編的痕跡十分明顯，主要存在於作爲主體的第二部分駢文體去書，現僅舉三月一首説明：

三月季春^{上旬云已喧，中旬云甚喧，}_{下旬云極喧。} 姑洗。自别相思，情懷夜月，恒戀妖質，念積金屋，愁飛氣而添雲，淚垂珠而益露。想纏綿於往日，等合韻之笙竽；情繾綣於昔時，似和音之琴瑟。誰謂朱顏一别，關河隔萬里之歡；玉貌蹔（暫）分，邊塞起千山〔之〕恨。舊時花顔,托夢裏而申交;昔日翠眉,囑游魂而送悟。<small>王景妻囑魂千里相迎。</small>相(想)上官清夜遊園,命琴公而共酌;良霄(宵)對笛,咸躍鯉而非憚(潭)。<small>馬融吹笛,躍鯉飛聽。</small>筵賞不羨於孟常(嘗),<small>孟常(嘗)家養客數千人。</small>屈友豈殊(慚)於贈縞。追車命駕,誰〔思〕蘭桂之交;敦契投歡,豈命(念)建豐之友。某乙懸心塞外,駈(驅)役於邊州;積念思鄉,悽驟於戎硎。流襟之淚,誰爲申裁?慷慨之情,豈能潘(判)割?嬌鶯百囀,旅客羞聞;戲鳥遊林,羈賓報見。三春澤鴈,不附行書;九〔夏〕江魚,元無受信。

從録文可以看出,這首書儀確如趙和平所説,是用了不少典故,大部分文字都表現出優美的齊梁風格。而真正與西北邊塞有關的内容只有"誰謂朱顔一别"和"某乙懸心塞外"兩句。兩句雖被巧妙地嵌入,但明顯與上下文關係不大,取消兩句,上下文依舊能通,加上反而顯得生硬。特别是第二句,本來陳述友情想念朋友都是虛寫,加上一句有具體地點場景的内容便顯得十分突兀。

當然書儀每月一首改造的程度不一樣,有的改句多一些,有的可能取消了原句而有所變化和創新。如"二月"的一首,開頭便是"分顔兩地,獨悽愴於邊城;二處懸心,每諮嘆(嗟)於外邑",已經代替了原來那種輕愁薄恨、優美纏綿、鋪陳華麗的語言。而新增諸如"蘭山四月,由(猶)結冷而霜飛;靈武三春,地乏桃花之色"、"某乙離家棄梓,遠役邊州,别於枌榆,遠赴積石,荒庭獨嘆"那樣的詞句多是寫實,文字直白淺易,明顯與齊梁的文雅旖旎之風搭不上邊。但是值得注意的是,這樣兩種風格拼湊在一起的情況,也只在此第二部分駢體去書中出現,而答書和第三部分書儀基本都是没有塞外風光的。如取消這些後加的邊塞内容,以前的原本倒是符合六朝唐初風格的。

上面已經説過,敦煌《朋友書儀》與吐魯番"朋友書儀"雜抄本一樣,是由幾種首尾形式、文字不同的月儀組合在一起的。因此,原來的《朋友書儀》不僅有《錦帶書》那樣的南朝四六駢文,也有晉以來多行的四言爲主的月儀。而唐初以來,既然不再有更新的創作,抄寫匯聚前人之作便成爲特點。因此唐以前(含唐初)的兩種文體被保留了。至於再改造時仍用前人文本,這在敦煌書儀中,並非只有《朋友書儀》,晚唐書儀尤其突出。且不論表狀箋啓書儀格式用語的互鈔並見,就説吉凶書儀,也多是以"集"爲名,如張敖《新集吉凶書儀》、《新集諸家九族尊卑書儀》,五代《新集書儀》等,其内容都是根據需要匯集、增減前人書儀内容,或者修改、補充一些程式用語。《朋友書儀》則與之類似,只是由於一直以來並無新本,所以采用較早的舊傳作底本便無足奇怪了。

這樣,我們就看到了兩種不同風格文字出現在同一組書儀的情況,因此在判斷書儀的寫作年代時,必須有以區分。其實,即使從采用駢文和典故而言,也不能認爲是只有南朝齊梁之際纔有的特點。中晚唐五代由於官場表狀箋啓類書儀盛行，駢體文的學習已經普及於官場和社會，駢文甚至成爲政治性的實用文體而盛行。關於這一點，筆者在以往的討論中已經有詳細説明[1]。但時代不同，駢文與駢文是不一樣的。從單純的唯美趨向實用是書儀的發展特點。《朋友書儀》表現西北邊疆之風土和人情的駢體文與原來哀怨綺麗的文字在風格上完全可以區分，這些新插入内容顯然是深受時風影響及迎合現實需要的。但是這樣一來，就有對《朋友書儀》的製作年代重加考量的問題，而這一點，與我們下面要討論的書儀製作目的和流傳也是有關聯的。

3. 《朋友書儀》年代、來源與傳播途徑的再考察

《朋友書儀》的一個特點是出現了很多西北地區的大小地名。對此王、黄二氏文指出，"書中所述的行政管轄區域含括了豐勝靈等州及其所屬縣城"。文據書儀中提到的靈武、豐州、勝州、寧遠、金河、懷遠、榆多（即榆多勒城）、温池等地名，判斷"《朋友書儀》所述的地點不外在黄河兩條縱流中間或旁邊，應在所謂的'朔方節度'轄區之内"。而由於"安史亂前，史書稱此一地區爲朔方節度"，"安史亂後，藩鎮漸起，黄河兩縱流間，始逐漸分屬於各節度之轄區内"，所以他們認爲"就此種種現象看來，《朋友書儀》所述各地涵蓋範圍可能是安史亂前的朔方節度轄區"。"換句話説，除了還未深入考知的地名外，幾乎是以朔方邊城爲中心，向黄河曲流之地輻射開來。所以《朋友書儀》的編輯年代必在温池設置與天寶年間王忠嗣奏置經略軍於榆多勒城之後，或者天寶十四年（755）安史之亂初，但是不可能晚於吐蕃據有河西之前"。

但王、黄文中考證温池、榆多勒城等地名或相關事件不晚於天寶，最多只是它們出現的上限，這些地名在天寶以後並沒有消失，與朔方轄區是否改變無直接關係，且即使改變，也並不能證明這些地名存在的下限，因而就沒有辦法單純用它們來判斷書儀的製作時間。另外，這些邊塞風光無疑是書儀作者能夠見到的，但從地圖上就可以看出，豐、勝、靈等州土地廣闊，諸州間距離甚遠。既然書儀如所説是爲"適合於邊城幕僚役士撰寫信函時的參考作品"，則書儀便顯然不是爲了寫景而寫景。而問題就在於，無論是官員抑或役士，一般常居都只能在一個地點，書儀的主人公卻能夠放眼遼闊世界，將如此豐富的大小景觀一覽無餘，且所見竟都是在黄河兩岸，用藩鎮佔地廣的理由實在是解釋不通的。

---

[1]《略論表狀箋啓書儀與晚唐五代政治》，《中國社會科學院歷史研究所集刊》第2集，北京：商務印書館，2004年，339—359頁。

竊以爲,論者可能並没有注意到連接這些地點的黄河水運之重要,以及書儀主人公與這條水運綫的關係,於此筆者在舊作中已經作過一些討論。這是因爲我發現,書儀中有多處與船和水有關的描寫。如"某乙懸心塞外,驅役於邊州;積念思鄉,凄驟於戎舸(軍用大船)"(三月);"河邊媚柳,接勝地而連陰;靈武浮萍,牧金花於紫水"(七月);"但謂家之(乏)衣纓,長居丘(兵)役,別平河之南運,驟西武之般輪"(八月);"黄河帶九曲之源,三堡接斜川之嶺。邊城漢月,切長樂之行人;塞外風塵,傷金河之役士","晝艫舟而起恨,切切相思;夜舳舸之悲啼,心中結念";(十月);"蘭蓬絶徑,蘆葦侵天,唯舟行人,能不棲愴"(十一月),等等。説明寫信者不僅可以隨時看到河邊景致,且根本就是長期生活在船中水上之人。其晝夜於"戎舸"、"艫舟"之嘆恨悲啼和自平河(在勝州榆林郡)至西武(靈武?)的快速轉遷尤透露出身份的特殊。其中多處關於豐州、勝州、靈武風光以及主人公停留於船中水上的深情描述,其實是長期往還於黄河水運綫的運卒們生活場景和思想感情的自然流露與表達。

因此書儀的景物描寫與黄河水運是分不開的。拙文曾以書儀中"三堡"——三受降城的出現和開元中朔方節度使的設立,説明開、天以後六城水運使(又稱朔方水陸運使)的設置,並提出書儀有可能是開、天時代的看法。六城,即《資治通鑑》卷二一八胡三省注"朔方所統有三受降城,及豐安、定遠、振武三城,皆在黄河外"[1]。唐後期又變爲"五城"。《通鑑》卷二二五大曆十一年(776)二月"辛巳,增朔方五城戍兵以備回紇"條下胡注"時三受降城屬振武軍使,朔方統豐安、定遠、新昌、豐寧、保寧,謂之塞下五城"。岑仲勉則謂五城是"定遠、豐安二軍,東、中、西三受降城",又認爲六城應加上榆多勒城[2]。而無論六城、五城,都是水運的流經地,書儀中"勝府"、"豐都"、"寧遠"、"三堡"、"新昌"、"榆多〔勒〕"及"蘭山"、"温池"等赫然在目,其大小地名無一遺漏地在這條水運綫上,綫索十分清楚。

黄河水運是供應朔方以及特別是代北軍需的一條重要路綫。而所以形成這條路綫,正是由於關内道的置軍和防禦依賴河東的供應。《新唐書·食貨志》稱:"初,度支歲市糧於北都,以贍振武、天德、靈武、鹽、夏之軍,費錢五六十萬緡,泝河舟溺甚衆。"[3]《新唐書》此段史料所言是建中以前,可見用北都太原的糧食供應在朔方和代北的邊

---

[1] 《資治通鑑》卷二一八,北京:中華書局,1956年,6980頁。
[2] 岑仲勉《唐史餘瀋》卷二《朔方節度下之五城六城》,北京:中華書局,1960年,108—110頁。
[3] 《新唐書》卷五三《食貨志》,北京:中華書局,1975年,1372頁。

軍,是一直以來的既定政策。而敦煌 P.2507《開元水部式殘卷》記載"勝州轉運水手一百廿人,均出晉、絳兩州,取勳官充,不足兼取白丁,並二年與替"[1]的規定,對於爲什麽家鄉在"堯都"、"晉地"的人會來到黃河水運服役也等於提供了答案。而事實上,從事水運者遠不止這些人。《唐會要》卷八八《鹽鐵使》記載"近在豐州界"的胡落池,"每年採鹽一萬四千餘石,給振武、天德兩軍及營田水運官健。自大中四年,党項叛擾,餽運不通,供軍使請權市河東白池鹽供食。其白池隸河東節度使,不隸度支"[2]。

胡落池(後來改白池)鹽被用來供振武、天德兩軍和營田、水運官健説明兩件事:一是水運官健離豐州不甚遠或就在豐州,故能就近食到胡落池的鹽。二是這裏專門提到水運官健食鹽問題,説明人數應當相當多,書儀"望豐州之鄉邑,地多運暮之營"的説法正與之相應。這個"運暮",趙和平疑爲"連幕",王、黄録爲"運幕",筆者則認爲有可能是"運募"(即招募的運卒)。但無論是"幕"或"募",竊以爲"運"字大抵總是不錯的。一個運字,足以説明那是運卒的宿營所在,可見豐州之地確有大批從事水運的官健。依照《水部式》所形成的傳統,他們中許多人可能仍來自山西,故書儀言乘坐軍用大船"戎舸"的"役士"仍來自"晉地"。用"戎舸"恰合用"官健"運輸的意義,可見他們是黃河之上浩浩蕩蕩的大軍,對代北和朔方的供給及防禦起著極爲關鍵的作用,如此便難怪《朋友書儀》會以他們的生活場景爲出發點,注意到他們的需要。

但與此有關,要問的是這卷改編過的書儀究竟是什麽時候的呢? 筆者曾以爲開、天時代,而王、黄二位文認爲是天寶,雖都有一些依據,現在看來卻不無問題。因爲首先,即上面所説黃河水運唐後期一直存在,書儀地名不反映下限。有些地名是唐後期更重要,例如新昌正是唐後期被列爲"五城"之一,而溫池安史亂後陷落吐蕃,據《唐會要·鹽鐵使》是"大中四年(850)三月,因收復河隴,敕令度支收管",其作用是在大中以後纔顯現。前揭《唐會要》關於給水運官健供鹽的材料也提到大中前後。

丸橋充拓著文梳理了這一北地的水運使之沿革,並討論其設置與唐後期度支北邊財政之關係[3]。認爲安史亂後漕運業務喪失,度支不得不以臨時的糧料使負責物資的支給和分配。然而貞元年間吐蕃的入侵刺激了度支機構的發展,出現了代北水運使和度支巡院,作爲派出機關重新建構了度支領導下的財政體系。據他考證,通過代北水運

---

[1] 録文見劉俊文《敦煌吐魯番唐代法制文書考釋》,北京:中華書局,1989年,330頁。
[2] 《唐會要》卷八八《鹽鐵使》,上海古籍出版社,1991年,1910頁。
[3] 丸橋充拓《唐代後半の北邊財政——度支系諸司を中心に》,《東洋史研究》第55卷1期,1996年,35—74頁。

使對度支營田使的兼任,確立了度支巡院、代北水運使和供軍使三種機構的體制。據知代北水運使院設於代州,開成二年(837)一度移於振武軍,至開成三年復依舊置[1],所管轄應當主要在代北。丸橋氏還注意到會昌年間由於回鶻入侵,李德裕奏狀要度支置和糴使,於秋收時和糴貯蓄。"且以和糴爲名,兼令與節度使潛計會設備,如萬一振武不通,便改充天德軍運糧使。勝州隔河去東受降城十里,自東受降城至振武一百三十里。此路有糧,東可以壯振武,西可以救天德。所冀先事佈置,即免臨時勞擾"[2],其中提到的地方原來正由代北水運使管轄。指出代北的物資輸送路如果麻痹,自關内道中部靈武向天德、三受降城方面的搬運路就必須加強,這樣就出現了大中末由朔方節度使唐持兼靈武六城水運使的任命。僖宗朝又有大同軍防禦使段文楚兼任代北水運使的情況,雖然如丸橋氏所言,這"意味著代北水運使從度支的管轄下脱離",但不妨礙黄河水運至少一直到晚唐仍然活躍,此其一也。

其次,書儀的寫作也不支持將時代斷爲開、天。如上所述,《朋友書儀》無疑是將中原製作改編而成。而來自地方或者藩鎮的書儀或者文集的製作大多是在中晚唐。傳世文獻中幾乎沒有這樣的唐前期製作。敦煌書儀中除《書儀鏡》一件有天寶中西部邊境戰爭内容,因而製作可能較早之外,其他産自地方的書儀多在中晚唐甚至五代。吉凶書儀是如此,表狀箋啓書儀更是如此。王、黄文認爲《朋友書儀》是藩鎮僚佐的製作,但藩鎮僚佐所作的書儀或文集,更是都在中晚唐。而駢體文的興起,大致也是在中晚唐。《朋友書儀》對駢文書儀的修改,不應該是在開元天寶,因爲彼時此文學風氣尚未興起,此其二也。

再次,書儀的主人公不止一次地稱自己的家鄉爲"堯都"、"晉地"、"晉邑"。儘管太原作爲唐朝廷的發祥地,從來得到重視,"天授元年(690)置北都兼都督府。開元十一年(723),又置北都,改并州爲太原府。天寶元年,改北都爲北京"[3],爲此書儀若借古地名及傳説而將之稱爲"堯都"、"晉地"似乎不奇怪,詩文中借用或也平常;但如此專以春秋國名爲地稱的,復多與藩鎮有關。如《資治通鑑》載德宗時河北藩鎮結盟反叛朝廷,"(朱)滔乃自稱冀王,田悦稱魏王,王武俊稱趙王,仍請李納稱齊王。是日,滔等築

---

[1] 《册府元龜》卷四九八《邦計部‧漕運》,北京:中華書局,1960年,5971頁。
[2] 文見李德裕《要條疏邊上事宜狀》,傅璇琮、周建國《李德裕文集校箋》,石家莊:河北教育出版社,2000年,253頁。
[3] 《舊唐書》卷三九《地理志》二,北京:中華書局,1975年,1481頁。

壇於軍中,告天而受之"[1]。而藩鎮稱地爲國,至晚唐五代更爲普遍,如李茂貞所在稱岐,而晉也爲李克用專稱,封王均加其名。地名專稱與藩鎮有關,不在開、天,此其三也。

由此筆者認爲,個人過去關於書儀時代是開、天的推測或許應當糾正,《朋友書儀》的製作時間大範圍更可能是在唐後期至晚唐五代。前已説到王三慶、黄亮文二先生之文分析S.361v卷,認爲卷子的編輯不晚於"維乾寧貳年(895)"一行題署文字的年代。如其如此,則《朋友書儀》的寫作自不晚於此年。但該卷正面爲抄寫整齊的《書儀鏡》,背面則包括《朋友書儀》在内都是雜寫。仔細察看,同樣的題署文字在卷中有兩處,看來都與雜鈔的書儀無關。而書儀寫在其中一處題署文字的右邊,行文卻是自左至右而非一般舊體文的自右至左,給人的印象是應該先有題署後有書儀,書儀雜抄純粹是將就已有字紙的廢物利用,否則書儀不應當是自左開始。如此乾寧二年就不能作爲書儀寫作時間的限制,但除此卷外,趙和平提到P.2505有廣順三年(953)題記,卻可以證明《朋友書儀》的流傳一直到後周,這似乎也説明其製作不會太早。

那麼《朋友書儀》具體何時製作又自何時流入敦煌呢？筆者提出一種設想,即弄清這一點或許應該與佔據河東、代北的後唐政權聯繫起來。《通鑑》引《僖宗實録》載乾符元年(874)十二月李克用殺大同防禦使段文楚,自稱防禦留後[2],中和二年(882)十二月被任爲雁門(即大同)節度使[3]。中和三年七月,李克用因鎮壓黄巢起義有功被唐朝廷任命爲河東節度使,其父李國昌被命爲代北節度使,實則代掌雁門[4]。

據《資治通鑑》卷二五三所言,段文楚被李克用所殺是與他主掌水運有關的:"會大同防禦使段文楚兼水陸發運使,代北薦飢,漕運不繼,文楚頗減軍士衣米,又用法稍峻,軍士怨怒。"李克用於是借機起兵,除文楚而代之,這樣代北水運實際上完全被轉移到了李克用手上。據樊文禮先生所論,李克用之後又相繼奪取了昭義鎮,收復了代北地區,從而使他的統治範圍擴大到了今山西的大部分地區以及河北、内蒙等地。在這一勢力範圍内,除河東節度使外,尚設有昭義、振武、大同以及代北等節鎮[5]。而李克用既任河東節度使,便可以繼續過去以晉地水手擔任水運役卒的傳統。所以筆者推測在李克用任使和後唐莊宗、明宗取得政權之後,大概都是通過水運保持著太原與代北、朔方

---

[1]《資治通鑑》卷二二七建中三年(782)十一月條,7336頁。
[2]《資治通鑑》卷二五三乾符五年正月甲戌《考異》引《僖宗實録》,8196—8197頁。
[3]《資治通鑑》卷二五五中和二年(882)十二月,8283頁。
[4]《資治通鑑》卷二五五中和三年七月條《考異》,8297、8299頁。
[5] 以上並參見樊文禮《李克用評傳》,濟南:山東大學出版社,2005年,説見66頁。

的關係,書儀對山西役卒從事水上運輸的描寫或者就是這一關係的刻意寫照。而由於黃河水運不僅溝通其所掌地區(河東、代北)資源,而且也可以借以與周邊政權(如靈武、夏綏銀等)建立聯繫。換言之,這條水運補給綫或者可以視作是朔方代北地區的生命綫,它在唐末至五代大約從來沒有被封鎖和停止過,這大約也是李存勗、李嗣源能夠與關內道藩鎮勢力特別是靈武節度使搞好關係的一個歷史原因和基礎。民間的作品並非不受政治形勢的左右和影響,所以我傾向這卷書儀的製作形成是在晚唐以降,至少其廣爲流傳與後唐政權的發展建立是有關的,或者根本就是後唐建政某種意向和動態的間接反映。

最近,個人對 P.4092(附 S.5623)《新集雜別紙》作了研究,發現書儀的製作和被帶到敦煌都與明宗時代河北官吏被派至朔方與河西,以及關內包括靈武在內的半獨立政權被取消世襲制有關。這是因爲借助天成四年(929)靈武內部因節度使韓洙之死發生的動亂,明宗將原在河北任職的官吏康福(後來是張希崇)等派入,成功地實現了對關內藩鎮的掌控,稍後,又有馬全節被派任河西節度使。筆者認爲書儀的製作傳播或者與這些官員的西行有關,如《刺史書儀》就透露了與馬全節的關係,《新集雜別紙》的製作時間也與馬全節被任命爲河西節度使的時間差不多。當然所有的書儀不一定是在一個時間,或者只與一個人有關,但仍提供了一種極大的可能性。無論如何,《朋友書儀》是將作爲後唐政權主要根據地的河東、代北與關內道聯繫在一起,無形中體現著關內水陸運輸對河東代北的依賴,這對後唐一朝尤有特殊意義,也體現了後唐政權發展中的一個特點和方面。當然這些書儀被帶到敦煌,不僅與政治形勢關係密切,也代表了一種文化傳播的意向,嚴格説是後唐時代中原政治統治和文化影響向西部推行的結果。這一點大概是沒有疑問的。

總之,目前《朋友書儀》的研究尚沒有結束,不少問題迄無定論,整體的内容仍有待發掘。而個人通過《朋友書儀》深深感到對書儀的探索其實可以從多角度出發,文獻學、歷史學、文學研究等缺一不可,政治、經濟史等諸多方面的知識也可以綜合利用而不能在學科上劃界。在這一層面上,書儀史料所呈現的豐富性和複雜性是怎樣估量也不爲過分的。

(作者單位:中國社會科學院歷史研究所)

黑水城金代漢文《西北諸地馬步軍編册》兩個地名的考證

孫繼民

《俄藏黑水城文獻》第6册第310至314頁刊有一件被編者定名爲《西北諸地馬步軍編册》的漢文文書,俄藏編號爲 ИНВ. No. 5176 號。此件文書的年代,《附錄·敍錄》原判定爲"西夏寫本",楊浣先生《黑城〈西北諸地馬步軍編册〉考釋》一文根據文書出現的人名不少爲女真人姓名,官名萬户爲金代官職等,認爲本件文書爲金代文書而非西夏寫本,形成時間在公元1217年到1220年間[1]。筆者與杜立暉曾在楊浣上文的基礎上續撰專文,對該件反映金代歷史所具有的資料價值補充了幾點認識[2]。去年,筆者爲提交中國社會科學論壇"第三届中國古文獻與傳統文化國際學術研討會"參會論文,又對本件《西北諸地馬步軍編册》進行了再整理和再研究,發現該件文書四個組件中兩紙的部分內容可以綴合,因此又撰文《黑水城所出金代漢文〈西北諸地馬步軍編册〉殘片的綴合與整理》,對綴合後文書涉及的幾個問題進行了再研究,提出文書編製的主體應該是金代陝西的臨洮路,原定名《西北諸地馬步軍編册》應修改爲《金陝西臨洮路馬步軍編册》。現在,筆者擬對該件文書涉及的兩個地名進行考證,爲便於說明,首先將綴合後的文書節錄如下。

[前缺]

1 ▭▭▭▭▭▭▭▭▭▭興壽官軍,三百一十六人,並弓箭手。
2 ▭▭▭▭▭▭▭▭▭▭六十七人。
3 ▭▭▭▭▭▭▭▭▭▭二百四十九人。

---

[1]《中國史研究》2006年第1期。
[2] 孫繼民、杜立暉《俄藏黑水城所出一件金代軍事文書再探——對楊浣先生〈黑城《西北諸地馬步軍編册》考釋〉一文的正補》,《中國史研究》2007年第4期。

4 □□□□□□□□□□□□□□□檢萬户蒲臯,馬軍六十一名。

5 □□□□□□□□□□□□□□五人。

6 □□□□□□□□□□□□□□六人。

7 □□□□□□□□□□□□□□下,一十一人。

8 □□□□□□□□□□□□□□廟雞一十五人。

9 □□□□□□□□□□□□□□下,馬軍六十五人。

10 □□□□□□□□□□□□□□安百福,下,軍一百二十七人。

11 □□□□□□□□□□□□□□八十七人。

12 □□□□□□□□□□□□□□四十人。

13 □□□□□□□□□□□□□□人並馬軍。

14 □□□□□□□□□□□□□□都監,内族六斤,軍馬二百一十二人,並係自願□。

15 　　　　　　　　馬軍一十二人。

16 　　　　　　　　步軍二百人。

17 　　　　萬户阿奇趙,下,軍馬伍百一十八人,並係自願軍(五,原釋爲"步")

18 　　　　　　　　馬軍一十五人。

19 　　　　　　　　步軍五百三人。

20 　　　　敦武校尉,前臨洮府酒同監,完顔辨的門,下,二百九十七人,並自願軍。

21 　　　　　　　　馬軍四人。

22 　　　　　　　　步軍二百九十三人。

23 一、本府界,也龙河萬户丁仲禮,下,馬步軍三百五十人,並自願軍。

24 　　　　　　　　馬軍四人。

25 　　　　　　　　步軍三百四十六人。

26 一、洮州界,二萬户,下,軍兵三百五十一名。

27 　　　　　　　　馬軍一百五十七人。

28 　　　　　　　　步軍一百九十四人。

29 　　　　　　　　弓箭手六十三人。

30 　　　　　　　　自願軍二百八十八人。

31	通祐堡二百一十六人
32	馬軍一百二十二人。
33	步軍九十四人。
34	保義副尉,弓箭手蒲皋,馬軍弓箭手六十三人。

[後略]

以上文書23行有"也尨河萬户丁仲禮",31行有"通祐堡二百一十六人",我們就對其中的"也尨河"和"通祐堡"進行簡略的考證。

關於也尨河的今名。"也尨河",今已無此名,疑"也尨"一語爲譯名,"尨"現代漢語拼音有三音,一爲mang音,二爲meng音,三爲pang音,今臨潭一帶有冶木河,"也尨"之"尨"與"冶木"之"木"音近,疑今"冶木河"即文書中的"也尨河"。冶木河,據張世彪《冶木河流域主要水文要素時空變化分析》一文介紹,冶木河是洮河中游的一條較大支流,發源於太子山南麓,源地海拔3920 m,流經夏河、卓尼、臨潭、康樂四縣,介於東經103°12′21″—103°45′14″,北緯35°01′55″—35°10′2l″之間,河流全長77.3 km,平均坡度爲2.68‰,流域總面積1328 km²。流域呈橢圓形,地表起伏較大,山大溝深,氣候高寒濕潤,山地陰坡森林茂盛,植被良好,主要支流有利加溝、尕巴溝、池溝、八角河等,主要災害類型爲霜凍、冰雹及暴雨[1]。冶木河所流經的夏河、卓尼、臨潭、康樂四縣,臨潭即宋金時期的洮州所在,康樂在金代則爲臨洮府下轄的康樂寨所在[2]。由此可以推斷今甘南地區的冶木河有可能就是金代臨洮府的也尨河。臨洮府的也尨河萬户可能爲今甘肅康樂縣冶木河流域的一支地方武裝。

關於通祐堡的位置。根據文書31至33行內容可知,通祐堡屬於洮州界內的堡寨,共有"二百一十六人",其中"馬軍一百二十二人","步軍九十四人"。"通祐堡"具體地望不見於史籍,但從文書可知處於洮州界內。那麼位於洮州的什麼地方呢?筆者推測應在洮州東南靠近岷州的方向,應是由宋代的通岷寨改稱而來。我們知道,北宋、金代的洮州治今甘肅臨潭,其東南境與北宋岷州、南宋西和州即今甘肅岷縣相鄰。據《金史》卷二六《地理志下》稱:"洮州,下。宋嘗置團練。刺史。舊軍事。臨宋界,至西生羌界八十里。户一萬一千三百三十七。堡二:通祐,臨宋界,無民户,置軍守。鐵城,臨宋

---

[1]《甘肅水利水電技術》2011年第3期。
[2] 譚其驤主編《中國歷史地圖集》第六册《金京兆府路、鳳翔路、鄜延路、慶原路、臨洮路圖》,北京:中國地圖出版社,1982年,57、58頁。

界,無民户,置軍守。"據此可知,金代洮州有兩堡,分別是通祐堡和鐵城堡。兩者均"臨宋界"。又據《中國歷史地圖集》第六册第57至58頁《金京兆府路、鳳翔路、鄜延路、慶原路、臨洮路》圖,金洮州南界吐蕃,東界南宋西和州,鐵城堡位於今甘肅臨潭之東而南界南宋北界金鞏州,與南宋西和州的祐川縣遥遥相對。如此,則"臨宋界"的通祐堡只能位於洮州城與鐵城堡之間。而在洮州城與鐵城堡之間且靠近南宋邊境的這一帶,過去北宋時期設置的堡寨有通岷寨,《中國歷史地圖集》第六册第20至21頁《北宋秦鳳路》圖則將此寨標注於今臨潭縣東南和今卓尼縣之北。爲何取名通岷寨,史籍無載,筆者推測與其位於北宋時期洮州、岷州間交通孔道之上有關。從《北宋秦鳳路》地圖看,通岷寨西北幾十里即洮州城所在,東南一百幾十里即岷州城(今岷縣城)所在,顯而易見,"通岷寨"應是位於洮州通向岷州之道而得名。關於通岷寨在洮州的具體位置,《宋史》卷八七《地理志》洮州條提供了比較詳細的材料:"通岷寨。東至鐸龍橋六十七里,西至洮州四十里,南至洮河二十里,北至熙州界五十五里。"該條還交代洮州至岷州的距離是"東至岷州界一百一十三里"。如此看來通岷寨西距洮州四十里左右,東距岷州界七十里左右。《北宋秦鳳路》地圖所標通岷寨的位置大概即據此而來。

我們已經知道,金代時已經没有通岷寨之名,而在洮州城與鐵城堡之間且靠近南宋邊境的這一帶還應該有一個通祐堡,那我們就會自然而然地聯想到是否北宋時期的通岷寨入金之後改成了通祐堡?這一假設看來可以得到一定程度的印證。據《宋史》卷八九《地理志》西和州條記載:"本隸秦鳳路。紹興元年,入於金,改祐州。舊名岷州。十二年,與金人和。以岷犯金太祖嫌名,改西和州,因郡名和政云。以淮西有和州,故加'西'字。開禧二年,又入於金。縣三:長道緊。大潭,中。祐川。"所謂西和州是南宋之名,由北宋時期的岷州改名而來,地在今甘肅西和縣。從這條記載可知,宋高宗紹興元年(1131)岷州曾爲金所佔,並改爲祐州,紹興十二年(1142)宋金議和,南宋將岷州改爲西和州,東遷至今甘肅西和縣。(《讀史方輿紀要》卷六〇陝西岷州衛條稱:"紹興初没於金,改祐州。十二年收復,改置西和州〈注云:'徙治長道縣之白石鎮,即今鞏昌府西和縣'〉。")開禧二年(1206),西和州之地又入於金。入金之後的西和州之地又改稱祐州。《金史》卷一二《章宗紀》泰和六年十一月載:"完顔綱圍祐州,降之。"《金史》卷一〇三《烏古論長壽傳》載:"烏古論長壽,臨洮府第五將突門族人也。本姓包氏,襲父永本族都管。泰和伐宋,充緋翩翅軍千户,取床川寨及祐州、宕昌、辛城子,以功進官二階。"泰和六年即宋開禧二年(1206),泰和伐宋即指開禧元年二年宋金戰争,由此可見,金人始終視宋西和州爲"祐州",其重新佔領西和州後肯定又改稱了祐州。這說明今岷縣在宋金對峙時期曾兩度屬金,而屬金時期均稱祐州。不難想見,在金朝統治下的原北宋通岷寨無論如何也不可能再保留原名,其改稱"通祐堡"取義通向祐州之地完全順理成章。這就是我們推測通祐堡是由通岷寨改稱而來的理由。

通岷寨或曰通祐堡的具體位置,根據前引《宋史·地理志》"東至鐸龍橋六十七里,西至洮州四十里,南至洮河二十里,北至熙州界五十五里(中略)東至岷州界一百一十三里",我們可以給出其在今天甘肅臨潭的具體地點。據甘肅省地圖集編纂辦公室1975年編《中華人民共和國甘肅省地圖集》第54圖《臨潭縣卓尼縣圖》,在今臨潭東南四十里左右和洮河北岸二十里左右地點,有一較大村鎮名"流順",位於今臨潭東南至的今岷縣的省道306公路上,該名之下並括注"上寨"二字。想必是一古堡寨,筆者推測,這裏應該就是宋金時期的通岷寨或曰通祐堡。

(作者單位:河北省社會科學院)

The Literary Style of Dunhuang Healing Liturgies (患文)*

Stephen F. Teiser

1. Introduction

Within the field of Dunhuang studies, born more than one century ago, Chinese Buddhist liturgies are a relatively new subject, receiving sustained scholarly attention only in the past twenty years. Earlier generations of scholarship on Buddhism at Dunhuang focused on art, canonical Buddhist literature, early Chan texts, Tibetan texts and institutions, and the social life of monks and nuns. Since the publication of Huang Zheng's 黄征 and Wu Wei's 吴偉 monumental edition of liturgical materials from Dunhuang in 1995, however, researchers from a variety of disciplinary perspectives have significantly advanced the study of ritual texts. Important contributions have come from scholars of literature and philology, social history, and Buddhist studies.

This paper aims to make a modest contribution to this field by taking a particular approach to a limited body of material. The approach is a combination of literary analysis and ritual studies (or performative analysis), focusing on the different literary styles employed in different stages of the ritual performance and its accompanying text. The body of material is confined to one specific genre of liturgy, texts for the cure of illness or healing liturgies (*huanwen* 患文).

---

* An earlier version of this paper, entitled "Notes on the Language of Dunhuang Ritual Texts: Healing Liturgies (*Huanwen* 患文)," was delivered at the International Academic Conference on the Thirtieth Anniversary of the China Dunhuang-Turfan Studies Association 中國敦煌吐魯番學會成立三十周年國際學術研討會, Beijing, August 2013. I would like to express my thanks to the organizers and to acknowledge the helpful advice provided by many at the conference.

The intellectual puzzle animating this paper is the observation made recently by several scholars that the genre of liturgy or ritual text (*zhaiwen* 齋文) at Dunhuang is marked by the significant use of parallel prose (*pianwen* 駢文, *pianliwen* 駢儷文, *siliuwen* 四六文). This is an important claim with far-reaching implications. As I will argue below, this thesis helps us to understand the linguistic features of Buddhist ritual writing as well as the social position of the Buddhist monks who authored, copied, and read aloud the surviving manuscripts. But parallel prose is not the only linguistic form employed in these texts. That is, Buddhist liturgies from Dunhuang combine the use of parallel prose with other literary styles. This is the problem I wish to pursue in this paper, explaining what the other literary styles are and then assessing how and why the healing liturgies combine the different literary styles. My questions are: Which sections of the healing liturgy use parallel prose, and which sections use other language? What are the different literary styles, and what is their significance? Why is parallel prose used in some sections but not in others? What is being accomplished in the liturgies by this alternation in linguistic register?

After briefly reviewing the state of the field, I analyze the different linguistic styles used in a standard healing liturgy. Then I offer some answers to the questions posed above. In other work I hope to continue this line of analysis, attending to other linguistic features of medieval Chinese Buddhist liturgies, including diction and the use of metaphor.

2. State of the Field

The study of Dunhuang literature in general has progressed greatly. In general, we could summarize the past century of scholarship as moving from a narrow focus on the textual study of vernacular literature to the literary study of a wider range of genres. The first few generations of scholars emphasized the significance of the Dunhuang corpus, especially the genre of transformation text (*bianwen* 變文), for the history of vernacular literature. As many scholars have noted, for several decades even the term "Dunhuang literature" or "Dunhuang literary studies" (*Dunhuang wenxue* 敦煌文學) was largely confined to the study of vernacular literature — prosimetric forms combining sung poetry with prose that is largely vernacular.[1] Later, from the 50s through the 70s, the dominance of Marxist-inspired literary theory on the mainland fueled this trend, since the spoken language was believed to be a valuable reflection of the social life of the masses. At this stage, the highpoints of scholarship were collations and critical editions of texts as well as historical studies of the different genres comprising vernacular literature. The rebuilding of China's educational system, the founding of the Association for Dunhuang-Turfan Studies in 1983, and the renaissance of Dunhuang studies in general led to a broadening of the canon of Dunhuang literature in the 80s and 90s.

Yan Tingliang's 颜廷亮 edited volume, *Introduction to Dunhuang Literature*, published in 1993, provides an authoritative overview of how the renascent field has recently been defined. The three major parts of the book divide Dunhuang literature into three broad categories: 1) Prosimetric literature and fiction, including three sub-categories: a) Sūtra-lecture texts and accounts of karmic causes, b) Transformation texts, c) Remarks on poetry, lyric texts, and narrative rhapsodies; 2) Poetic genres, including three sub-types: a) Poetry and rhapsodies, b) Song texts, c) Local Dunhuang pieces; and 3) Miscellaneous literature, including three sub-categories: a) Guides to verbal etiquette, b) Children's literature, c) Temple literature. As both a reflection of the field and an authoritative foundation for later research, Yan's 1993 volume significantly broadens and rationalizes the corpus of Dunhuang literature. It includes all the genres, no matter how slimly represented they are among the Dunhuang manuscripts, and arranges them under categories based on traditional Chinese literary criticism. The third category, however, is somewhat problematic. On the one hand, it is a container designed to collect leftovers — any composition not covered by the main division between prose and poetry — so it has no conceptual foundation of its own. On the other hand, it is part of a thorough classification scheme, and it confers canonicity and hence scholarly value upon virtually any piece of writing that was composed or copied at Dunhuang.[2]

Dunhuang liturgies are accorded a place in Yan's *Introduction to Dunhuang Literature*,

---

[1] Yan 1993, 1 – 25; Zhou 1993; Zhu 2011.
[2] For more recent reflections on defining locally-produced literature, see Shao 2007.

but they are included as an afterthought and not judged worthy of close literary analysis. Discussing "the pieces for practical use in all the various Buddhist rituals" (*zhuza foshi yingyongwen* 諸雜佛事應用文), including healing liturgies and liturgies for the transfer of merit, Yan writes, "not only are they few in number, but from a literary perspective their value is generally not very high."[1]

The study of Dunhuang liturgies entered a new phase in the mid-90s, when for the first time they were accepted as a genre of writing in their own right and subjected to rigorous literary analysis. This was made possible by the 1995 publication of *A Collection of Prayer Texts from Dunhuang* by Huang Zheng 黃征 and Wu Wei 吳偉. Their 984-page collection, which provides a critical, collated edition (*jiaolu* 校錄) of some 271 separate manuscripts, adopts a very broad definition of the genre. A prayer text (*yuanwen* 願文), they state, "is any type of composition used to express prayers for seeking blessing or avoiding disasters, including expressions of praise."[2] Their criteria do not have to do with language or literary genre. Rather, the parameters for inclusion in their category of prayer text are content (a prayer "expresses wishes," *baibiao yuanwang* 白表願望) and function (it must be used in a religious ceremony). Huang and Wu offer an overview of the literary significance of prayers.[3] They note that although the genre is not named as such in the medieval literary canon (*Wenxuan* 文選, *Wenyuan yinghua* 文苑英華) or works of literary criticism (*Wenxin diaolong* 文心雕龍), nevertheless it possesses "literary value" (*wenxue jiazhi* 文學價值). They also draw attention to the presence of different linguistic forms in prayers, including verse, prose, and parallel prose with lines of varying length. To this day Huang and Wu's work remains the one indispensable source for scholarship in the field. Their careful editorial work is based on a broad, profound knowledge of Chinese literature, and they establish a foundation for more detailed analysis of genre and language.

Two key articles by Hao Chunwen made significant advances in this field of study.[4] In the first place, Hao defines genres more precisely. According to Hao, the broader genre

---

[1] Yan 1993, 567.
[2] Huang and Wu 1995, "*Qianyan* 前言," 1-2.
[3] Huang and Wu 1995, "*Qianyan* 前言," 6-7. See also Huang 1998; 2000; 2013.
[4] Hao 1990; 1996.

should properly be labeled *zhaiwen* (ritual text or liturgy). The genre of *zhaiwen* in turn includes many sub-genres, titled as such in surviving manuscripts, such as memorial liturgies (*wangwen* 亡文), graveside liturgies (*linkuangwen* 臨壙文), healing liturgies (*huanwen* 患文), liturgies for the dedication of Buddha halls (*fotangwen* 佛堂文), liturgies for feasts sponsored by lay societies (*shezhaiwen* 社齋文), and so on. Secondly, based on his first-hand experience with manuscript collections in England, China, and Russia, Hao insists on distinguishing between manuscripts that were used as formularies or reference books for consultation by the monks who conducted the rites, manuscripts written for specific ritual events that usually included the names of the sponsor and beneficiary, and manuscripts that had once been used in rites and were later collected and bound together. Third, Hao analyzes the different steps of the ritual described in the liturgy and analyzes the titles given to each part of the ceremony. Thus, he lays the ground work for the detailed interpretation of the language of the texts and the logic of the ritual. Most subsequent studies begin from or develop further one or more of Hao's three key points.[1]

Another promising trend in scholarship on Dunhuang liturgies is the comparative study of liturgical genres across the so-called "Sinosphere," that is, states and cultural realms (including China, Vietnam, Korea, and Japan) that over history have developed literatures using Chinese characters.[2] This orientation to research, initiated only recently, may have important implications for the study of Dunhuang liturgies and other Chinese Buddhist performance genres. Outside of China, the genre of *yuanwen* 願文 (Ja.: *ganmon*, Ko: *wonmun*) was accorded a respected place in the high literary canon, including the mid-eleventh-century Japanese anthology, *Honchō monzui* 本朝文粹 and the *Chosŏn*-dynasty *Tong munsŏn* 東文選 (1478). In Japan, where the classification and composition of Buddhist liturgies in a wide range of genres proliferated especially during the Heian period (794 – 1185), famous poets such as Sugawara no Michizane 菅原道真 (845 – 903) were

---

[1] Bai and Li 1990; Chen 2004; Fang 1996; Huang 1998/2001, n. 196; Li 2010, 565 – 585; Magnin 1990; 1996; Rao 1999; Song 1999; Teiser 2007a; 2007b; 2009; 2012; 2014; Wang Juan 1998; 2008; Wang Sanqing 2009a, 27 – 34; 2009b; 2009c; Wang Xiaoping 2002, esp. 405 – 407; 2005, 105 – 110; Zhang 1997; Zhanru 2003, 319.

[2] Gotō 2013; Jamentz forthcoming; Kim 2013; Komine 2009, 281 – 406; 2013; Kudō 2008; Lowe 2012, 205 – 281; 2014; Wang Xiaoping 2002; 2005; Watanabe 1991, 537 – 588; Yamamoto 2006.

sought after to compose such prayers for members of the imperial family and other aristocrats. Although the range of sources for the related non-Chinese genres is extensive and research is still in its infancy, nevertheless the insights provided by such comparative study promise to shed significant light on the language of Dunhuang liturgies. In a broad review of the field, Kim Moonkyong has summarized possible contributions under eight headings: 1) Differences in definition of genres between China and Japan, 2) Anonymous composition versus signed authorship, 3) Point of view and narrator of specific sections of liturgies, 4) Differences between formularies classified by genre, beneficiary, occasion, etc., and manuscripts composed for specific occasions and commissioners, 5) The performative context, 6) Locutions in specific sections of liturgical texts, such as "ornamentation" (zhuangyan 莊嚴), 7) The literary style of liturgies and its relationship to oral recitation, and 8) Routes and methods of the transmission of liturgical texts.[1]

Some early studies of Dunhuang literature refer briefly to the language of Buddhist ritual texts, but serious interest in the subject emerged only with Shao Wenshi's 邵文實 1994 analysis of the use of parallel prose in Dunhuang vernacular literature.[2] Shao draws attention to the broad range of genres in the Dunhuang corpus that use parallel prose, asking why a style of writing championed by the literati and used in court circles and official compositions would be so important in the more vernacular world of Dunhuang literature. More narrowly, Shao remarks on the preponderance of parallel prose in the formularies used for Buddhist rituals. He concludes that whereas in other forms of literature, parallel prose led to formalism and aestheticism, in the Dunhuang corpus (including Buddhist liturgies), parallel prose was less ornate and had a more practical function.[3] More recently, in 2003, Zhang Chengdong poses a question similar to the one motivating this paper: Why is parallel prose the predominant form of language in Buddhist liturgical manuscripts from Dunhuang?[4] To ground his analysis, Zhang underlines five major characteristics of parallel prose: grammatical parallelism, line length, classical allusion, literary

---

[1] Kim 2013, vii – xiii.
[2] Shao 1994; a significant predecessor was Zheng 1938, 142 – 145, who analyzes parallelism in bianwen 變文.
[3] Shao 1994, 49 – 50.
[4] Zhang 2003, esp. 93, 95, 99.

embellishment, and melodious sound, all of which are evident in Buddhist liturgical texts. He reasons that these literary features are especially well suited to the emotion of grief and the poise required in situations such as funerals and curing rituals. He also hypothesizes that the patterns of parallel prose make the liturgies easier for performers to learn and easier for the audience to comprehend.

3. Representative Text

To ground my analysis in the primary sources I have chosen the most popular healing liturgy from Dunhuang. In other work I analyze the dating, layout, and recensions of this liturgy.[1] The text of this healing liturgy is contained in whole or in part on twelve different Dunhuang manuscripts. Four of them are relatively complete, containing three, six or seven sections (out of seven sections) of the whole text. The liturgy was produced in a variety of formats, ranging from a single sheet of paper, to long and short scroll formats, to short and tall booklets. The text was copied (and hence, presumably used in performances) throughout all three major periods of medieval Dunhuang history: the early and high Tang, the period of Tibetan rule (786 – 848), and the period of rule by the Zhang and Cao families (848 – 1036).[2]

In the edition of the text below, I lay out the text section by section, following the conventions used in Western Sinology to accentuate parallelism. I also add a mathematical system of notation to summarize line length economically. I have also added my own subtitles for the seven different sections of the text, marked off in square brackets. Space does not allow me here to provide English translation, annotation, or notes on textual variants, although I have marked significant additions or different recensions with an asterisk. (In the

[1] Teiser 2014.
[2] The twelve manuscript sources, listed in order from most complete to least complete, including their likely date of copying, are: 1) S 1441v, 3d, Sections I – VII, after 851; 2) S 5548, 2, Sections I – VII, 801 – 1000; 3) P 3825, 4, Sections I – VI.1, 801 – 1000; 4) P 4963, 2, Sections I, III, IV, 801 – 1000; 5) S 343v, 14b, Section I, before 786; 6) S 5453, 1, Section I, 801 – 1000; 7) S 5616, 2, Section I, 801 – 1000; 8) P 2631, 8, Section I, 848 – 860; 9) P 3806v, 3c, Section I, 786 – 848; 10) S 2832, 15, Section I, 650? 759? 11) BD 9156, Section I, 801 – 1000; 12) TH 745v, Section I, date unclear. Other critical editions of the text, each based on one or two of the twelve witnesses here, include: Huang and Wu 1995, 26 – 27, 52 – 53, 76; Hao 2001, 1: 376 – 377, 2: 157; Wang Sanqing 2009b, 195 – 196; Wang Shuqing 1995, 42. Variant recensions are marked with an asterisk.

future I hope to publish a complete English translation, annotation, and notes on recensions of this liturgy, and to explore the stylistic features of other healing liturgies.)

4. Literary Style

Earlier studies have established the preponderance of parallel prose in Buddhist liturgies from Dunhuang. My intervention in the discussion is to point out that despite the dominance of parallel prose, some sections of Buddhist liturgical manuscripts consistently avoid parallel prose and use other literary styles instead. This section of my paper examines which sections use parallel prose and which sections do not, analyzing the different styles employed.

[Section I. Praising (the Buddha's) Virtue, 嘆德]

The first section of the liturgy states:

[A]	竊以	2	**2+2(4+6)**
	覺體潛融,絕百非於實相	4+6	
	法身凝湛,圓萬德於真儀	4+6	
[B]	於是	2	**2+2(4+6)**
	金色開容,掩大千之日月	4+6	
	玉毫揚彩,輝百億之乾坤	4+6	
[C][1]	然而	2	**2+2(4+6)**
	獨拔煩籠,尚現雙林之疾	4+6	
	孤超塵累,猶辭丈室之痾	4+6	
[D]	浮幻影於乾城	6	**2(6)**
	保危形於朽宅	6	
[E]	巨能	2	**2+2(4)**
	刈夷患本,	4	
	剪拔憂根	4	

[1] A variant recension replaces C with:

[C]*	況乃	2	**2+2(4+6)**
	蠢蠢四生,集火風而爲命	4+6	
	茫茫六趣,積地水以成軀	4+6	

| [F][1] | 盛哀之理未亡 | 6 | 2(6) |
| | 安危之端斯在 | 6 | |

The first section of the liturgy provides a grand preface to the entire ritual by describing the virtues of Śākyamuni Buddha: he is transcendent and pure, yet also involves himself in the world of suffering. The literary style of the first section is parallel prose. As is well-known, in parallel prose the basic unit of composition, the couplet, exhibits different forms of parallelism. Parallelism can occur in line length or meter, in tone or prosody, in rhyme, in grammar, and in lexical correspondence. With the exception of rhyme, all these features are present, to different degrees, in the first section. Couplets of 4, 6, or 10 words are usually prefaced by a two-syllable introductory expression (竊以,於是,然而,巨能). Grammatical and lexical parallelism is also clear, as shown in the rough grammatical analysis below.

Awakening 覺	substance 體	hides 潛	emerges 融	abolishing 絕	100 百	errors 非	with 於	true 實	marks 相
Dharma 法	body 身	profound 凝	clear 湛	perfecting 圓	10,000 萬	virtues 德	through 於	proper 真	comportment 儀
Noun[1]	Noun[2]	Verb[1]	Verb[2]	Verb[3]	Adjective[1]	Noun[3]	Preposition	Adjective[2]	Noun[4]

Tonal prosody — consistent alternation between level (*ping* 平) and deflected (*ze* 仄) tones — is observed weakly, that is, at the end of each line (except for [E] and the two variants [E]* and [F]*), but not within the lines. In addition, parallel prose employs highly condensed language and metaphors, in this case referring to important episodes in Buddhist mythology. Examples of classical allusions include "the sickness of the twin trees (*shuanglin zhi ji* 雙林之疾)," which points to the the Śāla trees where the Buddha put on a show of achieving nirvāṇa, and "the sickness of the one-*zhang* room (*zhangshi zhi ke* 丈室之痾)," indicating Vimalakīrti's feigning an illness as an expedient device.

---

[1] A variant recension replaces [E] and [F] with:

[E]* 假八萬劫	4	2(4)
詎免沉淪	4	
[F]* 時但一剎那	5	2(5)
終歸磨滅者	5	

[**Section II. Purpose of the Ritual, 齋意**]

The second section of the ritual text states:

厥今有坐前施主念誦所申意者奉爲某人染患之所施也

The second section of the ritual uses a radically different literary style to introduce a new subject. The second section shifts time, place, and subject. It moves from the mythological time in which Śākyamuni and Vimalakīrti operate to the current ritual's sponsor (the donor, 施主) and beneficiary (the infectious illness of such and such a person, 某人染患). Rather than describing a noble savior, this announces the intention behind the performance. This change of scene is accentuated through employing a different linguistic register than parallel prose. This section consists of an opening expression that directs the attention of the audience to the present, a relatively long construction in the literary language in the form of a determinative sentence (A 者 B 也), noun phrases employing the relative pronoun (所), and many binomial expressions (施主, 染患, 念誦). The literary style is utterly lacking in parallelism and allusion.

[**Section III. The Patient, 患者**]

The third section reads:

[A]	惟患者乃遂爲	6	6 + (4 + 4, 6 + 6)
	寒暑匡候, 攝養乖方	4 + 4	
	染流疾於五情, 抱煩痾於六府	6 + 6	
[B]	力微動止, 怯二鼠之侵藤	4 + 6	2(4 + 6)
	氣惙晨宵, 懼四蛇之毀篋	4 + 6	

The third section of the merit-making liturgy makes another clear shift in language and dramatic focus. The literary genre reverts to parallel prose again, with 4 + 4 and 4 + 6 the dominant meters. The subject of discourse also changes. Moving from the previous, disengaged statement about the purpose of the entire ritual, the Beneficiary section turns to the person for whom the rite is performed, depicting the physical and emotional symptoms of the sick person. The description makes use of standard metaphors drawn from Buddhist mythology (e.g., two rats, four snakes), portraying the patient's discomfort and unsettled state of mind.

[Section IV. Ritual, 道場]

The fourth section of the liturgy states:

[A]	於是	2	2+2(4+4)
	翹誠善逝,瀝款能仁	4+4	
	沴氣雲清,溫風霧卷	4+4	
[B]	伏聞	2	2+2(4+6)
	三寶是,出世間之法王	4*+6	
	諸佛如來,爲四生之父母	4+6	
[C]	所以	2	2+2(4+4)
	厄中告佛,危及三尊	4+4	
	仰拓勝因,咸望少福	4+4	

The fourth section continues in the mode of depiction or description and uses parallel prose again. The subject is the specific ritual actions being performed on behalf of the patient. Two-syllable introductory expressions begin each stanza, and, with the exception of a skipped beat after the term 三寶 (perhaps indicating respect or repetition), the dominant meters are again 4+4 and 4+6.[1] The stanzas describe the piety of the sponsors and their attitude of piety, as well as the objects of their devotion — the Three Jewels.

[Section V.1. First Ornamentation, 莊嚴]

The fifth section of the ritual states:

以此功德念誦福因先用莊嚴患者即體

As I have argued elsewhere, this section of the liturgy is the crux of the entire ritual: if it is not performed correctly, then the whole enterprise will fail.[2] This section again shifts linguistic register, moving from words that describe a state of affairs to words that accomplish an action. This part of the liturgy gathers up the results of the previous good deeds and

---

[1] Other liturgies employ a more emphatic tone of voice with 3+3 phrasing. For instance, S. 343, 3 reads:

於是,	2	2+2(3+3)
清甲第,嚴尊容	3+3	
焚寶香,陳清供	3+3	

These seem like unusually direct statements, consisting of a transitive verb expressed in a single word and a direct object in the form of a binomial expression.

[2] Teiser 2009; see also Arami 2008; 2013; Huang 1991; Lowe 2014.

bestows them upon the sick person. The literary form is different from the preceding sections. This is the only phase of the ritual that reverts entirely to vernacular grammar. In a public performance whose sections are highly polished and well-selected, this section stands out for its homespun quality. Let's consider how the vernacular works and why it is employed here. As the chart below demonstrates, this sentence consists of an auxiliary verb, a noun phrase, an adverb, a main verb, and a noun-phrase consisting of the verb "to ornament" and a direct object indicating the recipient of the ornamentation. This sentence capitalizes on the use of an auxiliary verb ("taking"), a linguistic feature particularly prominent in spoken language. The use of the main verb "to use" (*yong* 用) also accentuates the pragmatic function of this section of the rite: it announces clearly that the words are not describing a person or deity but are rather being used to accomplish an action. The literary form is thus designed to demonstrate how all the parties are related to each other and how the merit is deployed. A very complex operation is made clearer because the language specifies who bestows which resources upon whom.

以	此功德念誦福因	先	用	莊嚴患者即體
Taking	this merit, chanting fortunate causes,	[we] first	use [them]	to ornament the sick one himself
Aux. verb	Demonstr. pronoun-N-N, V-V-Adj-N	Adverb	Verb	V-V-Direct object (N-Refl. pronoun)
Aux. verb	**Noun phrase**	**Adverb**	**Verb**	**Noun phrase**

In addition, within the whole ritual process, this section of the healing liturgy employs the highest number of binomials used as nouns and verbs, including words for what the act creates (*gongde* 功德, merit; *fuyin* 福因, fortunate causes), the actions undertaken during the rite (*niansong* 念誦, chanting), the operation performed upon the beneficiary (*zhuangyan* 莊嚴, to ornament), the beneficiary (*huanzhe* 患者, the patient), and a reflexive pronoun (*jiti* 即體, himself).

[**Section VI. 1. First Prayer, 願文**]

The sixth section begins:

    [A]   惟願   2   2+2(4+4)

The Literary Style of Dunhuang Healing Liturgies（患文）

	四百四病,藉此雲消	4 + 4	
	五蓋十纏,因茲斷滅	4 + 4	
[B]	藥王藥上,授與神方	4 + 4	2(4 + 4)
	觀音妙音,施其妙藥	4 + 4	
[C]	身病心病,即日消除	4 + 4	2(4 + 4)
	臥安覺安,起居輕利	4 + 4	
[D]	所有怨家債主,負財負命者	所有 4 + 4 者	11 + 2(4 + 4)
	領功德分,末爲儔對	4 + 4	
	放捨患兒,卻復如故	4 + 4	

The sixth section of the liturgy explains precisely how the merit assigned in the previous section should be used to benefit the patient. The prayers wish for him to be cured and describe the process of healing. In case the sick person has wronged someone, knowingly or unknowingly, and they are now causing his illness, the prayer asks that his enemies too share in the merit and cease afflicting him. After this, the liturgy offers a second dedication of merit and a prayer directed toward the sponsor of the ritual, and then adds a third set of prayers on behalf of the donor's ancestors and all sentient beings. The text continues:

[**Section V. 2. Second Ornamentation**]

又持勝善次用莊嚴施主即體

[**Section VI. 2. Second Prayer**]

惟願	2	2 + 2(4 + 4)
千殃頓絕,萬福來臻	4 + 4	
大小清宜,永無災厄	4 + 4	

[**Section VI. 3. Third Prayer**]

然後	2	2 + 2(4 + 4)
先亡父母,目睹龍華	4 + 4	
胎卵四生,齊成佛果	4 + 4	

What is the literary style of the sixth section? The prayers are introduced by a two-character expression — here it is 惟願, while in other liturgies it is sometimes 願使, both of which may be translated in English as "We pray that," "We vow that," or "May [such-and-such a result happen]." The content of the prayers is expressed in couplets utilizing 4 +

4 phrasing.[1] Some of these couplets employ parallelism closely, but others do not.[2] VI. 1. B, for instance, is tightly controlled: each line states a compound subject in the first four characters (藥王藥上, "Bhaiṣajya-rāja and Bhaiṣajya-samudgata," 觀音妙音, "Avalokitasvara and Gadgadasvara") and a predicate in the second four characters (the main verbs are 授, "confer" and 施, "bestow"). By contrast, the next stanza, VI. 1. C, breaks the most basic structure of parallelism: the first four characters in the first line consist of two pairs of nouns (Noun-Noun, Noun-Noun) forming a compound subject (身病心病, "sicknesses of the body and sicknesses of the mind"), whereas the first four characters in the second line (臥安覺安, "[may he be] calm when resting and calm when awake") constitute two full Subject-Predicate expressions taking the form Noun-Verb, Noun-Verb.

[Section VII. Benediction, 號尾]

The seventh and final section reads:

摩訶般若云云

This section functions as a benediction (based on Latin *bene*, "well," plus *dīcere*, "to speak") that brings the ritual to a conclusion. The main work of the ritual has already been accomplished: the merit has been created and transferred, with prayers for specific benefits. Now the only remaining task is to say words of good luck. Spoken in a different linguistic register than the other sections, these words mark the completion of the ceremony. This particular liturgy uses an incantation or spell, Chinese characters used to represent the sound of the Sanskrit expression *mahāprajñā*. In this case, the words of the incantation have little or no semantic value, are understood to function largely through their sound, and are used to

---

[1] These stylistic features are not unique to the Dunhuang merit-making liturgies. The use of a binomial expression to introduce the prayer and 4 + 4 phrasing were already well established in Pure Land circles in the early Tang. We find exactly that pattern, among others, in one of Shandao's 善導 (613 – 681) liturgies, 轉經行道願往生淨土法事讚卷上, *Hymns for Buddhist Rituals, Turning the Sūtras, Walking the Path, Praying for Rebirth in the Pure Land, Volume One*. One of its prayers invites a host of bodhisattvas, including Mañjuśrī, Avalokiteśvara, and Mahāsthāmaprāpta, to take part in the ritual with the following words (*T* no. 1979, 47: 426a):

唯願
不捨慈悲,滿衆生願
入此道場,證明功德

[2] My earlier work (the version of this paper delivered orally at the 2013 conference, plus Teiser 2014) fails to recognize the lack of parallelism in this section.

confer power or convey blessings.[1] Following the incantation are the words "and so on" (云云), probably indicating that the officiant at the rite could add further words he knew by heart. The words intended here may have been the frequent refrain that ends many Dunhuang liturgies, such as P. 2854, 2a. They read:

摩訶般若,利樂无邊

大衆虔誠,一切普誦

The three phrases following *mahāprajñā* add a different literary style to this section, since they carry semantic value. The first phrase ("Profit and happiness without limit") seem to express a general wish, whereas the second and third phrases ("The whole assembly sincere, all chanting together") describe the activities taking place at the end of the rite.

5. Conclusions

Above I have demonstrated that the most popular healing liturgy at Dunhuang employed different literary styles, not simply parallel prose, in different sections. (Presumably, the same conclusion can be drawn about other genres of merit-making liturgies, but this remains a hypothesis awaiting testing in future research.) However, it remains to consider the questions "Why?" and "So what?" In other words, is there a purpose behind this variation in literary style? What is the effect of using different linguistic registers? Can the literary analysis employed above be linked to a performative analysis of the different steps and overall structure of the ritual? Below I first analyze the sections utilizing parallel prose and then the non-parallel sections.

As scholars of Chinese literature and history have demonstrated, parallel prose was the language of elite literati composition, official documents, and the high ritual tradition from the end of the Han dynasty through the Tang and later.[2] Even when Han Yu 韓愈 and

---

[1] My definition of spell (low locutionary value, high phonological value, understood to carry performative force) is built around this particular instance. Matching up this meaning with the shifting meanings of various words in Chinese (祝, 呪, 咒, etc.) and Sanskrit (*mantra*, *dhāraṇī*, etc.) is a more complicated matter. See, for example, Copp 2008; Davidson 2009; Huang 2000, 203–211; Rao 1999.

[2] On the literary features of *ji* 祭 and other ritual genres, see Berkowitz 2004; Cutter 2004; Shields 2007; Zhang Guangda 1997; Zhao Daying 2008.

others championed "returning to antique style" (*fugu* 復古), they did not try to defeat the use of parallel prose in elite ritual genres. Given the dominance of parallel prose in high-class rituals of the time, then, an important question for us to consider is why the monks who performed rituals at Dunhuang (most of whom commanded a relatively low level of literacy) would choose to employ such an artificial form of writing as the main language of their liturgies. The sociological or political explanation for using parallel prose is that the authors, copyists, and performers who wrote it and spoke it wanted to appear dignified; they wanted to write and speak like members of the elite carrying out hallowed rituals.

This is no doubt true, but in addition, I would like to think about the linguistic and performative advantages of parallel prose. That is, how does the literary form of each section of the liturgy match its function in the overall structure of the ritual process? How does the literary form help accomplish the goals of the section, both through stating something (its locutionary function) and in getting something done (its pragmatic function)?

Parallel prose is refined and restrained; it is a formal, controlled language, rather distant from both vernacular speech and everyday writing in unrestricted classical prose. It is ideally suited to description or depiction, which is precisely the function of the relevant sections of the healing liturgy: Section I describes the Buddha; Section III depicts the patient's sickness; Section IV points to the actions being performed; and Section VI narrates how the patient should be cured. Another advantage of parallel prose is that classical allusion allows the speaker to efficiently draw on a complex metaphor or story to shed light on the current situation. For instance, rather than telling the whole story of the *Vimalakīrtisūtra*, one need only refer to the one-*zhang* room to evoke all the actions and values associated with an enlightened person's illness. In addition, the two-word introductory expressions demarcating sections of parallel prose alert the audience to the descriptive language that follows.

If the purpose of the sections written in parallel prose is to describe or to depict, what is the function of the sections that use other forms of language? This is the key question of my paper. The answer, in short, is that the language in these sections is particularly well suited to accomplishing an action or getting things done. These sections are more strongly performative in character, in the sense that the act of saying them does not simply state something. Rather, the most important result of stating these words aloud is that something is accomplished. Going beyond mere description or locution, they declare or announce a broader purpose; they enact or carry out a transaction; and they bring things to a conclusion.

Consider how each of the three performative sections uses a different form of language to carry out a specific kind of activity. Section II moves the audience's attention away from the Buddha and introduces the performers of the ritual and the sick person. It explicitly announces the purpose of the rite and declares whom the ritual is intended to benefit. After the purpose of the ritual is declared, then the ritual can actually be performed. As noted above, it employs a relatively long sentence written in classical Chinese prose.

Section V is the complicated climax of the ritual: it orchestrates the actions of everyone involved in the ritual transaction. A potent substance or energy — merit — has been produced through the sponsor's donation, and now the officiating monk must ensure that the benefit is assigned to the proper recipient. The single, long sentence that accomplishes all this work must explain clearly the relationship between the merit produced and the use to which it is put (aiding the sick person). To accomplish this purpose, the auxiliary-verb construction and the vernacular language are particularly clear and helpful.

Section VII blesses and concludes the entire ritual. It draws on the magical power of words — expressions which are high in sound value and low in propositional sense — to cast a glow of efficaciousness over the proceedings. Longer versions of this section typically refer to the enlightenment of all sentient beings, further reinforcing the sense of wholeness and completion.

Although accomplishing different results and utilizing three different linguistic registers, all three of the performative sections of the healing liturgy share certain characteristics. In the language of discourse analysis, Sections II, V, and VII all "reflexively refer to the very actions they are undertaking."[1] They are less euphonic than the longer sections written in parallel prose. They thus help divert the audience's attention away from the noble declaiming and describing carried out in other sections and focus instead on the crucial actions being performed. In the performative segments the officiating monk steps out of his role as one who

---

[1] Paraphrasing Keane 1997, 50.

describes the sick person and instead draws everyone's attention to the purpose or effect of the various statements in the rite. The performative sections are all shorter than the other sections, serving to punctuate the proceedings. Their effect is to signal to the audience that something important is being accomplished through the ritual.

Abbreviations

Adj.	Adjective
BD	Dunhuang documents at the National Library of China, Beijing. BD number reconciled with Fang (2013).
Dem. pronoun	Demonstrative pronoun
N	Noun
P	Fonds Pelliot chinois at Bibliothèque nationale de France, Division des Manuscrits Orientaux. P number given here does not include the designation "chinois."
PUD	Peking University collection of Dunhuang manuscripts.
Refl. pronoun	Reflexive pronoun
S	Stein collection of Dunhuang manuscripts at the British Library. Stein number given here does not include the prefix "Or. 8210."
T	*Taishō shinshū daizōkyō* 大正新修大藏經. Takakusu et al. 1924–1934.
TH	*Tonkō hikyū* 敦煌秘笈 collection. Published in Kyōu shōku (2009–2011).
V	Verb
v	verso

References

Arami Hiroshi 荒見泰史. [Huangjian Taishi]. 2008. "Dunhuangben 'zhuangyanwen' chutan: Tangdai fojiao yishishang de biaobai dui Dunhuang bianwen de yingxiang 敦煌本莊嚴文初探, 唐代佛教儀式上的表白對敦煌變文的影響." *Wenxian jikan* 文獻季刊 2008, no. 2: 42–52.

———. 2013. "The Tun-huang *Su-chiang chuang-yen hui-hsiang wen* and Transformation Texts." *Acta*

Asiatica no. 105: 81–100.

Bai Huawen 白化文, and Li Dingxia 李鼎霞. 1990. "'Zhuwen yaoji' canjuan jiaolu 諸文要集殘卷校錄." *Zhongguo wenhua* 中國文化 2: 20–26.

Berkowitz, Alan J. 2004. "The Last Piece in the *Wen Xuan*, Wang Sengda's 'Offering for Imperial Household Grandee Yan.'" *Early Medieval China* 10–11, part 1: 177–201.

Chen Xiaohong 陳曉紅. 2004. "Shilun Dunhuang fojiao yuanwen leixing 試論敦煌佛教願文類型." *Dunhuangxue jikan* 敦煌學輯刊. 2004, no. 1: 92–102.

Copp, Paul. 2008. "Notes on the Term 'Dhāraṇī' in Medieval Chinese Buddhist Thought." *Bulletin of the School of Oriental and African Studies* 71, no. 3: 493–508.

Cutter, Robert Joe. 2004. "Saying Goodbye: The Transformation of the Dirge in Early Medieval China." *Early Medieval China* 10–11, part 1: 67–129.

Davidson, Ronald. 2009. "Studies in Dhāraṇī Literature I: Revisiting the Meaning of the Term Dhāraṇī." *Journal of Indian Philosophy* 37, no. 2: 97–147.

Fang Guangchang 方廣錩. 1996. Review of Huang and Wu 1995. *Dunhuang Tulufan yanjiu* 敦煌吐魯番研究 no. 2: 383–389.

——. 2013. *Zhongguo guojia tushuguan cang Dunhuang yishu zongmulu: Xinjiu bianhao duizhaojuan* 中國國家圖書館藏敦煌遺書總目錄：新舊編號對照卷. Beijing: Zhongguo renmin daxue chubanshe.

Gotō Akio. 2013. "Japanese *Ganmon*: Their Character and the Current State of Research." *Acta Asiatica* no. 105: 19–33.

Hao, Chunwen 郝春文. 1990. "Dunhuang xieben zhaiwen ji qi yangshi de fenlei yu dingming 敦煌寫本齋文及其樣式的分類與定名." *Beijing shifan xueyuan xuebao (shehui kexue ban)* 北京師範學院學報（社會科學版）1990, no. 3: 91–97.

——. 1996. "Guanyu Dunhuang xieben zhaiwen de jige wenti 關於敦煌寫本齋文的幾個問題." *Shoudu shifan daxue xuebao (shehui kexue ban)* 首都師範大學學報（社會科學版）1996, no. 2.

Hao Chunwen 郝春文, chief ed. 2001–. *Yingcang Dunhuang shehui lishi wenxian shilu* 英藏敦煌社會歷史文獻釋錄. Dunhuang shehui lishi wenxian shilu, diyi bian 敦煌社會歷史文獻釋錄，第一編. Beijing: Kexue chubanshe, Shehui kexue wenxian chubanshe.

Huang Zheng 黃征. 1998 [2001]. "Dunhuang yuanwen zakao 敦煌願文雜考," orig. published 1998, reprinted in Huang 2001, 179–212.

——. 1999 [2001]. "Dunhuang yuanwen 'zhuangyan', 'zixun', 'zizhuang' kaobian 敦煌願文'莊嚴'、'資勳'、'資莊'、'考辨'", orig. published 1999, reprinted in Huang 2001, 213–220.

——. 2000 [2001]. "Dunhuang yuanwen xuzakao 敦煌願文續雜考," orig. published 2000, reprinted in

Huang 2001, 198–212.

———. 2001. *Dunhuang yuyan wenzixue yanjiu* 敦煌語言文字學研究. Lanzhou: Gansu jiaoyu chubanshe.

———. 2013. "An Overview of *Yüan-wen* from Tun-huang." *Acta Asiatica* no. 105: 1–17.

Huang Zheng 黃征, and Wu Wei 吳偉. 1995. *Dunhuang yuanwen ji* 敦煌願文集. Changsha: Yuelu shushe.

Hureau, Sylvie. 2011. "Recherches sur le *Fayuan zayuan yuanshi ji* de Sengyou (445–518), première anthologie de rites bouddhiques." Conférences de Mme Sylvie Hureau, maître de conférences, années 2009–2010 et 2010–2011.

Jamentz, Michael. Forthcoming. "The Arc of an Idea: Shōdō, Performing Language." Unpublished paper.

Jiang Boqian 蔣伯潛. 1947. *Pianwen yu sanwen* 駢文與散文. Edited by Jiang Zuyi 蔣祖怡. Shanghai: Shijie shuju.

Keane, Webb. 1997. "Religious Language." *Annual Review of Anthropology* 26: 47–71.

Kim Moonkyong 金文京. 2013. "Introduction: Towards Comparative Research on 'Written Prayers' (*Yüan-wen/Ganmon*) in China and Japan." *Acta Asiatica* no. 105: iii–xiv.

Komine Kazuaki 小峰和明. 2009. *Chūsei hōei bungei ron* 中世法會文芸論. Tokyo: Kasama shoin.

———. 2013. "The *Ganmon* as an Example of the 'Ritual Arts and Literature': The View from East Asia." *Acta Asiatica* no. 105: 35–55.

Kudō Miwako 工藤美和子. 2008. *Heianki no ganmon to bukkyōteki sekaikan* 平安期の願文と仏教的世界観. Kyoto: Bukkyō daigaku, Hatsubai shibunkaku shuppan.

Kyōu shōku 杏雨書屋, ed. 2009–2011. *Tonkō hikyū: Kyōu shōkuzō* 敦煌秘笈：杏雨書屋蔵. 9 vols. Ōsaka: Takeda kagaku shinkō zaidan 武田科學振興財団.

Li Xiaorong 李小榮. 2010. *Hanyi fodian wenti ji qi yingxiang yanjiu* 漢譯佛典文體及其影響研究. Shanghai: Shanghai guji chubanshe.

Lowe, Bryan D. 2012. "Rewriting Nara Buddhism: Sutra Transcription in Early Japan." Unpublished Ph.D. dissertation, Princeton University.

———. 2014. "Bukkyō shinkō men kara mita gogatsu tsuitachi kyō ganmon no saikō 佛教信仰面からみた五月一日経願文の再考." In "*Jōdai shakyō shikigo chūshaku*" *ronkō* 上代寫経識語注釈論考, edited by Jōdai bunken wo yomu kai 上代文獻を読む會.

Magnin, Paul. [Mei Hongli 梅弘理]. 1990. "Genju P.2547 hao xieben dui "Zhaiwanwen" de fuyuan he duandai 根據 P.2547 號寫本對齋琬文的復原和斷代." Translated by Geng Sheng 耿升. *Dunhuang yanjiu* 敦煌研究 1990, no. 2: 50–55.

———. 1996. "Donateurs et jouers en l'honneur du Buddha," In *Du Dunhuang au Japon: Études chinoises et bouddhiques offertes à Michel Soymié*, edited by Jean-Pierre Drège, École pratique des Hautes Études, Sciences historiques et philologiques, Collège de France, Institut des Hautes Études chinoises, 2, Hautes Études orientales, 31, 103–140. Geneva: Librairie Droz.

Rao Zongyi 饒宗頤. 1999. "Tan fojiao de fayuanwen 談佛教的發願文." *Dunhuang Tulufan yanjiu* 敦煌吐魯番研究 4: 477–487.

Shao Wenshi 邵文實. 1994. "Dunhuang suwenxue zuopinzhong pianli wenfeng 敦煌俗文學作品中的駢儷文風." *Dunhuangxue jikan* 敦煌學輯刊 1994, no. 2 (cum. no. 26): 42–50.

———. *Dunhuang biansai wenxue yanjiu* 敦煌邊塞文學研究. Lanzhou: Gansu jiaoyu chubanshe.

Shields, Anna M. 2007. "Words for the Dead and the Living: Innovations in the Mid-Tang 'Prayer Text' (*Jiwen* 祭文)." *T'ang Studies* 25: 111–145.

Song Jiayu 宋家鈺. 1999. "Fojiao zhaiwen yuanliu yu Dunhuangben 'zhaiwen' shu de fuyuan 佛教齋文源流與敦煌本'齋文'書的復原." *Zhongguo shi yanjiu* 中國史研究 1999, no. 2: 70–83.

Takakusu Junjirō 高楠順次郎, Watanabe Kaigyoku 渡辺海旭, and Ono Gemmyō 小野玄妙. 1924–1934. *Taishō shinshū daizōkyō* 大正新脩大藏經. 100 vols. Reprint ed., Taipei: Xinwenfeng chuban gongsi, 1974.

Teiser, Stephen F. 2007a. (Taishi Wen 太史文). "Wei wangzhe yuan: Dunhuang yishi wenlei dingyi chutan 爲亡者願: 敦煌儀式文類定義初探." In *Shengzhuan yu chanshi: Zhongguo wenxue yu zongjiao lunji* 聖傳與禪詩: 中國文學與宗教論集, edited by Li Fengmao 李豐楙 and Liao Zhaoheng 廖肇亨, 248–307. Taipei: Zhongyang yanjiuyuan, Zhongguo wenzhe yanjiusuo.

———. 2007b. (Taishi Wen 太史文). "Shilun zhaiwen de biaoyanxing 試論齋文的表演性." *Dunhuang Tulufan yanjiu* 敦煌吐魯番研究 no. 10: 295–308.

———. 2009. "Ornamenting the Departed: Notes on the Language of Chinese Buddhist Ritual Texts." *Asia Major*, third series, 22, part 1: 201–237.

———. 2012. "A Codicological Study of Liturgical Manuscripts from Dunhuang." In *Dunhuang Studies: Prospects and Problems for the Coming Second Century of Research/Dun'khuanovedenie Perspektivy I Problemy Vtorogo Stoletiia Issledovanii*, Russian Academy of Sciences, Institute of Oriental Manuscripts, edited by Irina Popova and LIU Yi, 251–256. St. Petersburg: Slavia.

———. 2014. "The Most Common Healing Liturgy at Dunhuang: An Experiment in Textual Criticism." In *Tōhōgaku kenkyū ronshū: Takata Tokio Kyōju taishoku kinen ronshū (Nichi-Eibun bunsatsu)* 東方學研究論集: 高田時雄教授退職記念論集（日英文分冊）, edited by Tōhōgaku kenkyū ronshū kankōkai 東方學研究論集刊行會, pp. 416–437. Kyoto: Rinsen shoten.

Wang Juan 汪娟. 1998. *Dunhuang lichanwen yanjiu* 敦煌禮懺文研究. Taipei: Fagu wenhua shiye gongsi.

———. 2008. *Tang Song guyi fojiao chanyi yanjiu* 唐宋古逸佛教懺儀研究. Taipei：Wenjin.

Wang Sanqing 王三慶. 2009a. *Cong Dunhuang zhaiyuan wenxian kan fojiao yu Zhongguo minsu de ronghe* 從敦煌齋願文獻看佛教與中國民俗的融合. Taipei：Xinwenfeng chuban gongsi.

———. 2009b. *Dunhuang fojiao zhaiyuan wenben yanjiu* 敦煌佛教齋願文本研究. Taipei：Xinwenfeng.

———. 2009c. "Dunhuang yingyong wenshu — zhaihui wenben zhi zhengli he yanjiu 敦煌應用文書——齋會文本之整理和研究." *Tonkō shahon kenkyū nenpō* 敦煌寫本研究年報 3：1 – 10.

Wang Shuqing 王書慶. 1995. *Dunhuang foxue：foshi pian* 敦煌佛學：佛事篇. Lanzhou：Gansu minzu chubanshe.

Wang Xiaoping 王曉平. 2002. "Dongya yuanwen kao 東亞原文考." *Dunhuang yanjiu* 敦煌研究, cum. no. 75：402 – 416.

———. 2005. *Yuanchuan de yibo: Riben chuanyan de Dunhuang fojiao wenxue* 遠傳的衣鉢：日本傳衍的敦煌佛教文學. Yinchuan：Ningxia renmin chubanshe.

Watanabe Hideo 渡辺秀夫. 1991. *Heianchō no bungaku to kanbun sekai* 平安朝の文學と漢文世界. Tokyo：Benseisha.

Yamamoto Shingo 山本真吾. 2006. *Heian Kamakura jidai ni okeru hyōbyaku ganmon no buntai no kenkyū* 平安鎌倉時代に於ける表白願文の文體の研究. Tokyo：Kyūko shoin.

Yan Tingliang 顔廷亮, ed. 1989. *Dunhuang wenxue* 敦煌文學. Lanzhou：Gansu renmin chubanshe.

———, ed. 1993. *Dunhuang wenxue gailun* 敦煌文學概論. Lanzhou：Gansu renmin chubanshe.

Yu Jingxiang 于景祥. 2002. *Zhongguo pianwen tongshi* 中國駢文通史. Changchun：Jilin renmin chubanshe.

Zhang Chengdong 張承東. 2003. "Shilun Dunhuang xieben zhaiwen de pianwen tese 試論敦煌寫本齋文的駢文特色." *Dunhuangxue jikan* 敦煌學輯刊 2003, no. 1：92 – 102.

Zhang Guangda 張廣達. 1997. "'Tanfo' yu 'tanzhai'：Guanyu Dunhuang wenshuzhong de 'zhaiwanwen' de jige wenti 嘆佛與嘆齋：關於敦煌文書中的齋琬文的幾個問題." In *Qingzhu Deng Guangming jiaoshou jiushi huadan lunwen ji* 慶祝鄧廣銘教授九十華誕論文集, 60 – 73. Shijiazhuang：Hebei jiaoyu chubanshe.

Zhanru 湛如. *Dunhuang fojiao lüyi zhidu yanjiu* 敦煌佛教律儀制度研究. Beijing：Zhonghua shuju, 2003.

Zhao Daying 趙大瑩. 2008. "Dunhuang jiwen ji qi xiangguan wenti yanjiu：yi P. 3214 he P. 4043 liangjian wenshu wei zhongxin 敦煌祭文及其相關問題研究：以 P. 3214 和 P. 4043 兩件文書爲中心." *Dunhuang Tulufan yanjiu* 敦煌吐魯番研究 11：297 – 334.

Zhao Qingshan 趙青山. 2011. "Xiejing tiji suo fanying de guren binghuan linian — yi Dunhuang xiejing wei zhongxin 寫經題記所反映的古人病患理念——以敦煌寫經爲中心." *Tonkō shahon kenkyū nenpō*

敦煌寫本研究年報 5: 245-255.

Zheng Zhenduo 鄭振鐸. 1938 [2013]. *Zhongguo suwenxue shi* 中國俗文學史. Bainian jingdian xueshu congkan 百年經典學術叢刊. Revised ed., Shanghai: Shanghai guji chubanshe.

Zheng Zhiming 鄭志明. 2003. "Dunhuang xiejuan 'huanwen' de zongjiao yiliaoguan" 敦煌寫卷"患文"的宗教醫療觀. *Pumen xuebao* 普門學報 15: 63-93.

Zhou Shaoliang 周紹良. 1993. "Xuyan 序言." In Yan 1993.

Zhu Fengyu 朱鳳玉. 2011. "Cong wenxue benwei lun bianwen yanjiu zhi fazhan yu qushi 從文學本位論變文研究之發展與趨勢." *Dunhuang Tulufan yanjiu* 敦煌吐魯番研究 12: 323-334.

（作者單位：太史文，美國普林斯頓大學宗教學系）

敦煌本十齋日資料與齋會、儀禮

荒見泰史

第一節 前　　言

"十齋日"指的是天王或神將從天上下來巡查的十天,在每個月中有固定的日子,一日、八日、十四日、十五日、十八日、二十三日、二十四日、二十八日、二十九日、三十日,由此在家佛教信徒當日要反省自己的行爲,受持八關戒並精進潔齋。

"十齋日"的宗教意義,和古印度一直傳承下來的"三齋"或"六齋"的宗教意義幾乎是一樣的,因而我們認爲"十齋日"是起源於印度的信仰。例如在早期的漢譯佛教經典支謙的《佛説齋經》、康僧會的《六度集經》裏就已經有涉及"六齋"的記載了:

> 佛法齋者,道弟子月六齋之日受八戒。何謂八?第一戒者,盡一日一夜持,心如真人,無有殺意、慈念衆生,不得賊害蠕動之類,不加刀杖,念欲安利莫復爲殺,如清淨戒以一心習。……[1]

這段文字提到了在一個月裏有六次齋日實施八關齋的事實。

而有關"六齋日"的具體日期,我們可以參考大約成書於4世紀到5世紀初的《中阿含經》卷第一四、《增壹阿含經》卷第一六、《雜阿含經》卷第五〇。在此摘録一段《增壹阿含經》卷第一六上的文字:

> 佛在舍衛國祇樹給孤獨園。
>
> 爾時,世尊告諸比丘:十五日中有三齋法。云何爲三?八日、十四日、十五日。
>
> 比丘當知,或有是時,八日齋日,四天王遣諸輔臣,觀察世間,誰有作善惡者,何等衆生有慈孝父母、沙門、婆羅門及尊長者,頗有衆生好喜布施、修戒、忍辱、精進、三昧、演散經義、持八關齋者,具分别之。……

---

[1] 支謙《佛説齋經》,《大正新脩大藏經》第1卷,911頁a。

> 若十四日齋日之時,遣太子下,察行天下,伺察人民,施行善惡,頗有衆生信佛、信法、信比丘僧,孝順父母、沙門、婆羅門及尊長者,好喜布施,持八關齋,閉塞六情,防制五欲。……
>
> 比丘當知,十五日說戒之時,四天王躬自來下,案行天下,伺察人民。何等衆生孝順父母、沙門、婆羅門及尊長者,好喜布施,持八關齋如來齋法。……[1]

通過這個記載可知,當時每個月固定的八日、十四日、十五日這三天,四天王的使者"諸輔臣"、太子、四天王從天上下來巡查。古印度曆和中國陰曆不同,把一個月三十日分爲黑月與白月,黑月即陰曆的一日到十五日,白月即十六日到三十日。黑月和白月的八日、十四日、十五日爲齋日,再按照中國陰曆來理解的話,應該是八日、十四日、十五日、二十三日、二十九日、三十日這六天。由此可推知,古印度的三齋便是六齋的來源。

再看《雜阿含經》卷五〇上的記載:

> 如是我聞:一時,佛住王舍城迦蘭陀竹園。時,有優婆夷子,受八支齋,尋即犯戒,即爲鬼神所持。
>
> 爾時,優婆夷即說偈言:
>
> "十四十五日,及月分八日,
>
> 神通瑞應月,八支善正受,
>
> 受持於齋戒,不爲鬼所持,
>
> 我昔數諮問,世尊作是說。"

這裏也說及"八日、十四、十五日"的"三齋"而不是六齋,同時寫有齋日舉行受八支(八關、八戒的別稱)齋會的情況。

《大智度論》卷六五[2]、《優陂[婆]夷墮舍迦經》[3]、《佛説四天王經》[4]等是5世紀的佛經,經書裏把"三齋"寫成"六齋"的情形漸次多了起來。

如《佛説四天王經》中有如下記載:

> 齋日責心、慎身、守口,諸天齋日伺人善惡。須彌山上即第二忉利天,天帝名因,福德巍巍,典主四天。四天神王即因四鎮王也,各理一方,常以月八日,遣使者下,案行天下,伺察帝王、臣民、龍鬼、蜎蜚、蚑行、蠕動之類,心念、口言、身行善惡;

---

[1] 《大正新脩大藏經》第2卷,624頁b—625頁a。
[2] 《大正新脩大藏經》第25卷,515頁a。
[3] 《大正新脩大藏經》第1卷,912頁a。
[4] 《大正新脩大藏經》第15卷,118頁a。

十四日,遣太子下;十五日,四天王自下;二十三日,使者復下;二十九日,太子復下;三十日,四王復自下。

這個記載説明使者、太子、四天王這三者在六齋日裏輪流下來巡查,15天一輪,由此可知,六齋日即三齋日的改寫而已。

研究一下印度發端的六齋日和中國的十齋日,發現按照古印度曆的三齋日(八日、十四日、十五日),也即中國陰曆的六齋日(八日、十四日、十五日、二十三日、二十九日、三十日),這六個日期都在十齋日裏,筆者認爲以六齋日爲基礎再加上四天湊成十齋日的可能性應該是很大的。而後來加上去的一日、十八日、二十四日、二十八日這四天,與以十五天爲周期的古印度曆不相合,因此這四天很有可能是六齋日傳到中國以後纔加上去的。

以六齋日爲基礎發展成爲十齋日的過程似乎深受道教的影響。參看唐代初期法琳《辯正論》卷二,爲了批判道教齋法,書中描寫了很多當時道教齋醮的情況。下面引用了該處的記載:

> 公子問曰:"竊覽道門齋法,略有二等:一者極道,二者濟度。極道者,《洞神經》云:'心齋坐忘,至極道矣。'濟度者,依經有三籙七品。三籙者:一曰金籙,上消天災,保鎮帝王,正理分度,大平天下;二曰玉籙,救度兆民,改惡從善,悔過謝罪,求恩請福;三曰黃籙,拔度九玄七祖,超出五苦八難,救幽夜求嘆之魂,濟地獄長悲之罪。七品者:一者洞神齋,求仙保國之法;二者自然齋,學真修身之道;三者上清齋,入聖升虛之妙;四者指教齋,救疾攘災之急;五者塗炭齋,悔過請命之要;六者明真齋,拔幽夜之識;七者三元齋,謝三官之罪。此等諸齋,或一日一夜,三日三夜,七日七夜,具如儀典。其外又六齋、十直、甲子、庚申、本命等齋,通用自然齋法。坐忘一道,獨超生死之源;濟度十齋,同離哀憂之本。始末研尋,其功甚大。其間威儀軌式、堂宇壇場,法象玄虛,備諸楷則。衣冠容止,濟濟鏘鏘;朝揖敬拜,儼然齋肅。旋行唱讚,真氣自然;燒香花華,神儀鬱在。身心俱致,感應必臻;賓主同諧,自符景福。《明真儀》云:'安一長燈,上安九火置中央,以照九幽長夜之府。正月一日、八日、十四日、十五日、十八日、二十三日、二十四日、二十八日、二十九日、三十日夜中,安一長燈令高九尺,於一燈上燃九燈火,上照九玄。'其佛家娑羅、藥師、度星、方廣等齋,威儀軌則,本無法象。世人竝見,何所表明。"……[1]

按照道教經典内容來介紹作爲濟度用的三籙七品,三籙即"金籙"、"玉籙"、"黃籙"三種

---

[1]《大正新脩大藏經》第52卷,497頁a—b。

天録,七品即洞神齋、自然齋、上清齋、指教齋、塗炭齋、明真齋、三元齋這七種齋醮,是目的不同的齋醮。還介紹了類似於自然齋的爲了修身的六齋、十直、甲子、庚申、本命等幾種齋醮(其中的"十直",前輩學者們認爲即十齋),並説這些齋醮都是按照一定的次第法則來隆重舉行的。最後還引用了《明真儀》(可能是《明真科》之誤寫)説,濟度的齋醮在一日、八日、十四日、十五日、十八日、二十三日、二十四日、二十八日、二十九日、三十日的夜裏舉行。

我們通過這些記載知道道教有十齋日,這顯然是受到佛教六齋日舉行齋會的影響發展而成的,十齋日在唐代借道教滲透到民間的機會,在民間也得以流行起來。後來隨著佛教開始庶民化,在六齋日發展成爲佛教十齋日的過程中,民間類似的齋會應該早就已經存在著了。也就是説,唐代尤其是唐後半期,是佛教界開始大量舉行齋會的時期,因此非常自然地吸收了道教十齋日的作法。

這樣,十齋日信仰在唐代初期通過道教活動滲透到民間,而後一直到佛教界與民衆之間開始接近的唐代後半期,纔在佛教活動裏也引入了十齋日齋會。敦煌文獻中有關十齋日的資料也確實以9、10世紀的文獻居多。值得關注的還有,這些十齋日文獻和各種齋會及其儀禮之間有逐漸融合的跡象,由此可知十齋日是在家信徒確定各種齋會舉辦日期的重要根據之一。另外,十齋日經過這個時代的發展演變,還影響到了日本、朝鮮半島等東亞地區,保留至今的一些資料裏顯示了當時發展演變的痕跡。

對十齋日的研究,早期研究者蘇遠鳴氏的論著最有代表性[1]。通過蘇遠鳴氏的細緻研究,證明了十齋日是以佛教的六齋日爲基礎而在道教的活動裏產生的論點。

在對中國齋會的研究上,敦煌的十齋日資料作爲八關齋、地藏信仰、預修齋、十王齋的研究資料經常被提及。對八關齋的研究有平川彰氏[2]、道端良秀氏[3]、土橋秀高氏[4]、里道德雄氏[5]、湛如氏[6],筆者也有論及[7]。其中里道德雄氏在他的論文裏

---

[1] 蘇遠鳴《道教の十齋日》,《吉岡博士還曆記念道教研究論集》,1977年,1—21頁。
[2] 平川彰《六齋日・四齋日とインドの曆法》,《原始佛教の研究》,東京:春秋社,1964年。
[3] 道端良秀《中國佛教における在家菩薩と八關齋》,《奧田慈應先生喜壽記念佛教思想論集》,京都:平樂寺書店,1976年。
[4] 土橋秀高《戒律の研究》,京都:永田文昌堂,1980年。
[5] 里道德雄《敦煌文獻にみられる八關齋關係文書について》,《東洋大學大學院紀要》第19號,1982年。
[6] 湛如《敦煌所出戒牒・戒儀・度牒研究》及《敦煌的齋會》,《敦煌佛教律儀制度研究》,北京:中華書局,2003年。
[7] 拙稿《〈受八關齋戒文〉寫本の基礎的研究》,《敦煌寫本研究年報》第5號,京都大學人文科學研究所,2010年。

把敦煌本十齋日資料當成是八關齋的相關資料作了重點考察。對地藏信仰的研究有張總氏、尹福氏等,他們的研究特別提到十齋日,論述了在地藏信仰發展演變過程中十齋日信仰的重要性。拙稿和小南一郎氏的論文,也指涉過地藏十王信仰發展與十齋日之間的關係。

有關十齋日資料校錄方面,9、10世紀的敦煌十齋日資料的校錄有《大正新脩大藏經》第85卷的《地藏菩薩十齋日》[1]和《大乘四齋日》[2]。又經過近年的整理校訂,張總氏在《藏外佛教文獻》第7輯的題解上指出:9世紀到12世紀的十齋日資料之間存在著幾種系統的文本。他按照他所說的系統作了分類校錄。筆者認爲這個想法很有啓發性。

現在經過幾年的研究,敦煌文獻中又發掘出了幾種十齋日的新資料,研究進展很大。筆者以爲9、10世紀敦煌的以各種名目所開的齋會的文獻資料與十齋日文獻的關係非常值得研究。張總氏曾提出敦煌本十齋日文獻有幾種系統,互有差異。筆者認爲這些差異是由齋會的目的或用途造成的,且互相之間有發展演變的關係。

收集齋會資料,研究齋會日期、目的、内容、各個齋會的次第法則、齋會上所使用的文本,以及這些項目的時代變遷等問題,便可以更加明瞭當時各種齋會儀式發展成爲講唱文學的來龍去脈。

對十齋日的研究,大都從八關齋、地藏信仰或預修齋、十王齋之間的關係等角度去研究的居多,但是事實上在9、10世紀的寫本上,十齋日的資料往往還並寫有《十二月多禮記》、持齋念佛的資料,它們之間的關係應該還有探討的餘地。再者最近對持齋念佛和講唱體文學的研究確實有不少新的成果出來。

爲了闡明上述幾個問題,筆者重新對敦煌的十齋日資料進行了梳理調查,來探討9、10世紀資料裏有關信仰、齋會和儀禮之間的關係。

第二節 敦煌本十齋日資料

筆者首先重新收集敦煌文獻中的有關十齋日的資料加以整理。在每一個十齋日有關的寫本上把並寫的内容都用表格方式羅列了出來,這樣做是爲了瞭解每個十齋日寫本的使用目的或用途,比如探討這個寫本可能是基於何種信仰背景被使用的,或是在什

---

[1]《大正新脩大藏經》第85卷,1300頁a。
[2]《大正新脩大藏經》第85卷,1299c。

麼樣的儀式上被使用的,等等。

在本稿裏所調查的資料如下所示:

序號	編　號	位置等	具　體　内　容
1	S.2143	正面文獻	①（齋儀）
		① 首題	闕
		尾題	闕
		行數	156 行
		識語	無
		解説	《大正新脩大藏經》(第 85 卷 1266b—1268b 頁)上有題爲《持齋念佛懺悔禮文》的全文校録。頁下注釋上的 S.2443 卷號是 S.2143 的誤寫。
		背面文獻	②（雜寫六行）
		② 首題	無
		尾題	無
		行數	6 行
		識語	無
		解説	此處有六行字,是爲了修復而黏貼的廢卷紙張上的文字。可見"妙法蓮華經序品第一"、"自在神通[不]可思議"等字樣。
2	S.2565	正面文獻	① 僧迦和尚欲入涅槃説六度經/② 受十善戒經
		① 首題	僧迦和尚欲入涅槃説六度經
		尾題	無
		行數	17 行
		② 首題	受十善戒經
		尾題	無
		行數	65 行
		背面文書	③ 金剛經纂一卷/④（雜寫十數行）
		① 首題	闕
		尾題	金剛經纂一卷
		行數	24 行
		識語	無

敦煌本十齋日資料與齋會、儀禮

(續表)

序號	編號	位置等	具 體 内 容
2	S.2565	解説	P.3024 與 S.2565 擬是同一個文獻分裂而成的,應能綴合。
		參考文獻	方廣錩《敦煌藏經洞封閉原因之我見》,《敦煌學佛教學論叢(上)》,中國佛教文化研究所,1998 年。
		② 首題	無
		尾題	無
		行數	10 數行
		識語	無
3	S.2567	正面文獻	①(諸齋曆)
		① 首題	大乘四齋日
		尾題	無
		行數	20 行
		解説	《大正新脩大藏經》第 85 卷上有題爲《大乘四齋日》的校録。除了《大乘四齋日》以外,還有《三長齋月》、《六齋日》、《十齋日》等記載。史案:擬題爲《齋曆》或《諸齋曆》更加妥當。
		背面文獻	②(十二月禮多記)
		② 首題	無
		尾題	無
		行數	12 行
4	S.2568	正面文獻	① 地藏菩薩十齋日
		① 首題	地藏菩薩十齋日
		尾題	無
		行數	11 行
		識語	無
5	S.4175	正面文獻	① 地藏菩薩十齋日
		① 首題	無
		尾題	無
		行數	11 行
		識語	甲戌年十月十八日、每月王闍梨付法記。

（續表）

序號	編號	位置等	具體内容
6	S.4443	正面文獻	① 阿彌陀經讚
		① 首題	阿彌陀經讚
		尾題	無
		行數	21 行
		解説	韻文末尾有《維摩讚》的題目，後面應該有相關的韻文，但寫本在此斷裂了，空留下題目。《維摩讚》的題目前的韻文應是《阿彌陀經讚》（參考《淨土五會念佛誦經觀行記》等），仔細調查開頭部分果然有一行《阿彌陀經讚》題目的若干字跡。
		參考文獻	在《淨土五會念佛誦經觀行儀》（《大正新脩大藏經》第 47 卷、485 頁 c）、《淨土五會念佛略法事儀讚》（《大正新脩大藏經》第 85 卷、1245 頁 b）上寫有同一個佛讚。
		背面文獻	② 乾元寺宋苟儿諸雜難字一本／③ 地藏菩薩經十齋日
		② 首題	乾元寺宋苟儿諸雜難字一本
		尾題	無
		行數	9 行
		③ 首題	地藏菩薩經十齋日
		尾題	無
		行數	6 行
		識語	無
		解説	倒寫、後缺
7	S.5541	正面文獻	①（佛説觀自在菩薩如意心陀羅尼咒經）／② 大王自心真言／③ 佛吉祥天女真言／③ 護身真言／④ 毘沙門天真言／⑤ 吉祥天女真言／⑥ 佛説普賢菩薩滅罪陀羅尼／⑦ 釋迦牟尼佛化身作密跡金剛根本咒／⑧ 具嚴峻結界咒／⑨ 大青面金剛咒／⑩ 佛勸十齋讚／⑪（十二月禮多記）／⑫ 每月十齋日／⑬（受八關齋戒文）
		⑫ 首題	無
		尾題	無
		行數	35 行
		⑬ 首題	無
		尾題	無
		行數	291 行
		參考	《受八關齋戒文》

（續表）

序號	編號	位置等	具 體 內 容
8	S.5551	正面文獻	①（齋日行事）
		① 首題	無
		尾題	無
		行數	20 行
		識語	無
		解説	只留"八日"、"十五日"、"三十日"的記載。從内容來看最接近S.2567。卷末"持齋有十種學憶"、"破齋有十種過失"的記載。張總氏在《藏外佛教文獻》第七輯《題解》上擬題爲《齋日行事》。
9	S.5892（册子本）	正面文獻	① 地藏菩薩經十齋日/② 悉達太子修道因緣/③ 辭孃讚文/④ 頂禮五臺山好住孃/⑤ 禮三寶文
		① 首題	地藏菩薩經十齋日
		尾題	無
		行數	32 行
		識語	無
		② 首題	悉達太子修道因緣
		尾題	無
		行數	11 行
		識語	無
		解説	即佛傳故事類變文的押座文部分。
		③ 首題	辭孃讚文
		尾題	無
		行數	6 行
		識語	無
		④ 首題	頂禮五臺山好住孃
		尾題	入山讚文
		行數	22 行
		識語	無
		⑤ 首題	禮三寶文
		尾題	無

(續表)

序號	編號	位置等	具 體 內 容
9	S.5892（册子本）	行數	78 行
		識語	148. 甲戌年三十日三界寺 149. 僧沙作法定師記耳
10	S.6330	正面文獻	①（某寺諸色斛破歷）
		① 首題	闕
		尾題	闕
		行數	15 行
		背面文獻	②（十齋日儀軌）
		② 首題	無
		尾題	無
		行數	8 行
		解説	張總氏在《藏外佛教文獻》第七輯《題解》上擬題爲《十齋日儀軌》。其内容爲："八日,念藥師佛咒……十五日,念阿彌陀佛咒……十三(三十)日,念釋迦牟尼佛咒……"等,只留有三天的記載。每個佛名後面咒的内容都是相應的佛的真言。
11	S.6897	正面文獻	① 大乘密嚴經
		① 首題	闕
		中題	大乘密嚴經妙身生品之餘卷中
		尾題	闕
		識語	無
		參考文獻	《大正新脩大藏經》第 16 卷,730 頁 c。
		背面文獻	②（佛教論抄)/③ 般若波羅蜜多心經/④ 般若波羅蜜[多]心經/⑤（佛教論抄)/⑥ 施餓鬼食竝水真言印法/⑦（佛教論抄)/⑧ 每日十齋日
		② 首題	闕
		尾題	無
		行數	80 行
		識語	無
		③ 首題	般若波羅蜜多心經
		尾題	無

(續表)

序號	編號	位置等	具體內容
11	S.6897	行數	34行
		④ 首題	般若波羅蜜心經
		尾題	無
		行數	10行
		⑤ 首題	無
		尾題	無
		行數	120行
		識語	無
		⑥ 首題	施餓鬼食立水真言印法
		尾題	施餓鬼食立水真言印法一卷
		行數	66行
		識語	無
		⑦ 首題	無
		尾題	無
		行數	行
		識語	無
		⑧ 首題	每月十齋日
		尾題	無
		行數	15行
		識語	無
		解說	卷末有"五月、正月，持齋不墮三惡道，具修十善，得生西方淨土"的文字。
12	P.3011	正面文獻	① 地藏菩薩拾齋日／② 兒出家讚一本
		① 首題	無
		尾題	無
		行數	11行
		識語	無
		② 首題	兒出家讚一本

（續表）

序號	編號	位置等	具體內容	
12	P.3011	尾題	無	
		行數	14 行	
		識語	無	
		背面文獻	③（牧羊籍）	
		③ 首題	無	
		尾題	無	
		行數	數行	
		識語	丁亥年	
13	P.3795	正面文獻	①（諸齋曆）	
		① 首題	無	
		尾題	無	
		行數	19 行	
		識語	無	
		解說	此處有《大乘四大齋日》、《三長齋月》、《六齋日》、《十齋》、《（十二月禮多記）》等的記述。接近 S.2567。請參考 S.2567 解說部分。	
14	P.3809	正面文獻	①（佛説金剛經纂）	
		① 首題	無	
		尾題	無	
		行數	26 行	
		識語	無	
		參考文獻	P.3024＋S.2565《佛説金剛經纂》。	
15	北京 6878 BD02918 （陽 18）	正面文獻	① 四分律比丘尼戒本	
		① 首題	闕	
		尾題	闕	
		行數	113 行	
		背面文獻	② 佛母讚一本／③ 遊五臺山讚一本／④ 地藏菩薩經十齋日／⑤ 和菩薩戒文／⑥ 十念功德文／⑦ 十恩德讚	
		② 首題	闕	

(續表)

序號	編號	位置等	具體內容
15	北京 6878 BD02918 （陽 18）	尾題	佛母讚一本
		行數	13 行
		識語	無
		③ 首題	遊五臺山讚一本
		尾題	無
		行數	9 行
		識語	無
		④ 首題	地藏菩薩經十齋日
		尾題	無
		行數	12 行
		識語	無
		解説	有 2 行《十二月禮多記》記載。
		⑤ 首題	無
		尾題	無
		行數	28 行
		⑥ 首題	無
		尾題	無
		行數	16 行
		⑦ 首題	十恩德讚一本
		尾題	闕
		行數	22 行
16	北京大學 D074	正面文獻	① 佛説阿彌陀經／② （十齋日）③ （十二月禮多記）
		① 首題	闕
		尾題	佛説阿彌陀經
		行數	63
		識語	無
		② 首題	無
		尾題	無

(續表)

序號	編號	位置等		具體內容
16	北京大學 D074	行數		3行
		識語		無
		③ 首題		無
		尾題		闕
		行數		12行
		識語		無
		解説		後面8行下半部分已殘缺。
17	上海博物館48册子本	正面文獻		① 高聲念佛讚/② 念佛之時得見佛讚/③ 校量坐彈念佛讚/④ 妙法蓮華經觀世音菩薩普門品廿五/⑤ 大隨求啓請/⑥ 尊勝真言啓請/⑦ 佛説加句靈驗佛頂尊勝陀羅尼神妙章句真言/⑧ 佛説除蓋障真言/⑨ 佛説佛頂尊勝陀羅尼經/⑩（金光明最勝王經大辯才天女品第十五之一）/⑪ 藥師經心咒/⑫ 佛説八陽經心咒/⑬（發願文）/⑭ 佛母經一卷/⑮ 佛説父母恩重經/⑯ 佛説地藏菩薩經/⑰ 佛説閻羅王受記令四衆逆脩生七齋往生淨土經/⑱ 佛説大威德熾盛光如來吉祥陀羅尼經/⑲ 摩利支天經/⑳ 八大人覺經一卷/㉑ 妙法蓮華經度量天地品二十八/㉒ 佛説北方大聖毗沙門天王經/㉓ 護身真言/㉔ 毗沙門天王真言/㉕ 吉祥天女真言/㉖ 佛説普賢菩薩滅罪陀羅尼呪/㉗ 大般若經難信解品第卌四之廿五/㉘ 十二時普勸四衆依教修行/㉙（勸善文）/㉚（雜言詩）/㉛ 每月十齋日/㉜ 開元皇帝勸十齋讚/㉝（十二月禮佛名）/㉞ 上皇勸善斷肉文/㉟ 九想觀一卷/㊱ 白侍郎十二時行孝文/㊲（清泰四年曹元深祭神文）/㊳ 受戒文（受八關齋戒文）/㊴ 沙彌五得十數文/㊴ 八戒文/㊵（沙彌十戒）/㊶（沙彌六念）/㊷ 佛説閻羅王阿孃住
18	Дх.11596	正面文獻		① 每月十齋日/②（十二月禮多記）/③（真言等十數行）
		① 首題		每月十齋日
		尾題		無
		行數		13行
		識語		無
		解説		卷末有"古録每月十齋日。以前有能存心於日不闕齋者，兑（脱）諸地獄苦趣"的一句。
		② 首題		無
		尾題		無

(續表)

序號	編號	位置等	具體內容
18	Дх.11596	行數	2 行
		③ 首題	無
		尾題	無
		背面文獻	④（真言等數行）

另外張總氏在《藏外佛教文獻》第七輯的《題解》上還介紹了敦煌文獻"北圖發 7"，尹富氏在《中國地藏信仰研究》（成都：巴蜀書社，2009 年）裏也引用過。這個國家圖書館藏卷號"發"字號的文獻因筆者未能親自參詳，尚有待考查。

概觀這些文獻，引人注目的是：與《十二月禮多記》並寫在一起的寫本比較多；另外，有的十齋日記載在持齋念佛的齋儀上；有的和各種各樣的佛讚並寫在一件卷子上；有的並寫有《受八關齋戒文》；還有的和閻羅王、地藏菩薩等屬於後代的地藏信仰的文字放在一起。這些文獻可以說是管窺 9—10 世紀流行於庶民階層的各種各樣信仰、齋會的資料寶庫。

筆者分別校錄了上述的每一個文獻，作成對照表以便比較研究。結果發現：根據十齋日每一天降臨的神將等名稱、當天要拜的佛菩薩的名稱、能夠逃避的地獄名稱等內容來劃分，可以把它們歸納成幾種系統。有地藏信仰背景的《地藏菩薩十齋日》和以持齋念佛的齋儀爲主的《每月十齋日》是兩大類，處於這兩大系統中間地帶的是把持齋念佛、地藏信仰混合在一起的《佛說金剛經纂》系統、八關齋色彩較濃厚的系統等。這些十齋日系統的分類與信仰或儀式用途的差異有關[1]。有意思的是每個系統裏也有些微出入、互相融合的情況。這意味著當時的信仰、齋會活動時常出現融合的現象。

下面，比較一下四大系統的差異，關於四大系統裏面的融合等細節變化，請參看卷末的大附表。

S.5892 （第一組）	上海博物館 48 （第二組）	S.6897 （第三組）	P.3024＋S.2565 （第四組）
地藏菩薩十齋日： 一日，童子下，念定光如來佛，不墮刀槍地獄，持齋持罪四十劫；	每月十齋日： 一日，童子下，此日齋者，不墮鐵樹地獄；	每月十齋日： 月一日，童子下來，持齋，不墮刀山地獄，修諸善法，斷其惡，除	一日，善惡童子下界，念定光佛；

---

[1] 張總氏認爲十齋日有五系統八種（敦煌本五系統七種加上大足石刻一種），並分別校錄過。但是筆者稍微有一些不同的看法，爲此重新校錄而作比較研究。

（續表）

S.5892 （第一組）	上海博物館48 （第二組）	S.6897 （第三組）	P.3024 + S.2565 （第四組）
八日，太子下，念藥師琉璃光佛，不墮糞屎地獄，持齋除罪三万劫；	八日，太子下，此日齋者，不墮鐵犁地獄；	罪廿劫； 八日，太子下來日，持齋，不墮糞屎地獄，屬眼不觀一切諸色，除罪五十劫；	八日齋，太子下界，念藥師琉璃光佛；
十四日，察命不，念賢劫千佛，不墮鑊湯地獄，持齋除罪一千劫；	十四日，司命下，此日齋者，不墮鑊湯地獄；	十四日，司命下來，持齋，不墮鑊湯地獄，屬耳不聽一切色聲，除罪百廿劫；	十四日，司命下界，念賢劫一千佛；
十五日，五道大將軍不，念阿彌陀佛，不墮寒冰地獄，持齋除罪一百劫；	十五日，五道大神下，此日齋者不墮鋸解地獄；	十五日，五道大神下來日，持齋，不墮寒冰地獄，鼻一切香，除罪一千劫；	十五日齋，五道將軍，念阿彌陀佛；
十八日，閻羅王下，念觀世音菩薩，不墮劍樹地獄，持齋除罪九十劫；	十八日，閻羅王下，此日齋者，不墮糞屎地獄；	十八日，閻羅王下來，不墮劍樹地獄，不煞一切眾生，除罪九千劫；	十八日齋，閻羅王天子下界，念地藏菩薩；
廿三日，天大將軍下，念盧舍那佛，不墮餓鬼地獄，持齋除罪一千劫；	廿三日，天大將軍下，此日齋者，不墮銅柱地獄；	廿三日，天大將軍下日，持齋，不墮餓鬼地獄，屬舌不說一切他人長短，除罪萬劫；	二十三日齋，天大將軍下界，念大勢至菩薩；
廿四日，太山府軍下，念地藏菩薩，不墮斬磓地獄，持齋除罪一千劫；	廿四日，察命下，此日齋者，不墮黑闇地獄；	廿四日，察命下來日，持齋，不墮拔舌地獄，不妄言綺語傳說他人，除罪二萬劫；	二十日，察命下界，念觀世音菩薩；
廿八日，天帝釋下，念阿彌陀佛，不墮鐵鋸地獄，持齋除罪九十劫；	廿八日，太山府君下，此日齋者，不墮鐵牀地獄；	廿八日，太山府君下來日，持齋，不墮鐵牀地獄，不染一切諸色，除罪二萬劫；	二十八日齋，太山府君下界，念盧舍那佛；
廿九日，四天王下，念藥王藥上菩薩，不墮磑磨地獄，持齋墮罪七千劫；	廿九日，天王下，此日齋者，不墮鐵鈠地獄；	廿九日，天大王下來日，持齋，不墮磑磨地獄，屬身不著一切細滑衣服，除罪四萬劫；	八十九日齋，四天王下界，念藥王菩薩；
三十日，大梵天王下，念釋迦牟尼佛，不墮灰河地獄，持齋除罪八千劫。	卅日，梵天王下，此日齋者，不墮鐵輪地獄。	卅日，大梵天王下來日，持齋，不墮灰河地獄，除罪五萬劫。	三十齋，大梵王下界，念釋迦牟尼佛。

據上述四大系統十齋日的記載，敦煌本十齋日的基本形式可以歸納爲如下五個部分：①"進行十齋的日期"；②"降臨的察命神將等名稱"；③"該參拜的佛菩薩名稱"；

④"能夠逃避的地獄名稱";⑤"能夠逃避罪孽的時間"。

關於①"進行十齋的日期",在敦煌本的所有文獻中都沒有出入,因此可知這個日期是早已經定型的。而比較②到⑤的項目,四大系統之間就有很多不同之處了。

首先比較一下②部分。大體相同。和第一組相比,第二組的十四日、二十四日、二十八日、二十九這四天的"降臨的察命神將等名稱"有不同之處。原來《佛説四天王經》等經典上的"月八日遣使者下……十四日遣太子下;十五日四天王自下;二十三日使者復下;二十九日太子復下;三十日四王復自下"裏所見的"使者"、"太子"、"四天王",在此發展成"八日,太子下";"十四日,察命(或伺命)";"二十九日,天王下"。從第二組到第四組都有"伺命"與"察命"這兩種類似的冥官名稱一再出現。

③"該參拜的佛菩薩名稱"在第二組、第三組上沒有記載。第一組和第四組的內容則大體相同,第一組十八日念"觀世音菩薩",二十四日念"地藏菩薩"。而第四組正好相反,十八日念"地藏菩薩",二十四日念"觀世音菩薩",值得注意的是,在作了更換以後的第四組上,閻羅王與地藏菩薩的關聯就開始出現了。而閻羅王和地藏菩薩的關係,常常出現在後代的地藏信仰上,《佛説閻羅王發心因緣十王經》強調兩者之間有本地與垂跡的關係。兩者的關係在《地藏菩薩本願經》裏還沒出現,但在敦煌本《地藏菩薩經》裏卻出現了。由此可見,第四組文獻中蘊含有演變成後代信仰的伏綫,是相對比較新的文獻。

從④"能夠逃避的地獄名稱"部分來看,第一組和第三組的關係較近,反而和第二組的差異比較大。第一組和敦煌資料中較早期的藏文十齋日的內容幾乎一致,第三組與後代的大足石窟地獄變龕的十齋日資料較爲接近。也就是説第一組屬於最早期的佛教十齋日,而且流傳時間比較長。和第二組比,只有十四日的"鑊湯地獄"部分一樣,其餘的都不相同。第四組上沒有這個項目的記載。

在⑤"能夠逃避罪孽的時間"部分,第一組的內容果然還是和藏文十齋日的一致,第二組上則沒有該項目的記載。有可能是因爲第二組的記載強調"上生淨土"的緣故吧,從這個角度看來,第二組也沒有③"該參拜的佛菩薩名稱"的記載,可能是因爲第二組是與淨土念佛有關的文獻,以念阿彌陀佛爲主要行爲方式。

下面,按照上述五個項目分類後再用表格的方式來比較一下。在此爲了闡明時代演變的過程,除了敦煌文獻的內容以外,還加上了藏文十齋日與《地藏菩薩發心因緣十王經》的內容:

	P. t. 941* 藏文十齋日	S. 5892	上海博物館 48	S. 6897	P. 3024 + S. 2565	《地藏菩薩發心 因緣十王經》
① 舉行十齋日的日期	○	○	○	○	○	○
② 降臨的察命神將等名稱	○	○	○	○	○	×
③ 該參拜的佛菩薩的名稱	○	○	×	×	○	○
④ 能夠逃避的地獄的名稱	○	○	○	○	×	×
⑤ 能逃避罪孽的時間	○	○	×	○	×	×
⑥ "十二月多禮記"的內容	×	×	○	×	○	×**

* 部分：筆者參考了蘇遠鳴氏的研究。
** 類似《玉曆至寶鈔》上有相關記載。

　　這個表格從左到右的排列順序，是按筆者認爲的演變發展的時間順序來組織的。筆者就其理由以及對其他敦煌本十齋日文獻的詳細調查結果報告如下。

　　首先從第一組中的 S.5892《地藏菩薩十齋日》開始解說。這個寫本的記載和敦煌 9 世紀藏文文獻的十齋日的內容幾乎相同，由此可知佛教的十齋日信仰早在 9 世紀以前就滲透到西藏地區了。同時，除了 S.5892 以外，題有《地藏菩薩十齋日》的寫本還有 S.2568、P.3011、S.4443、BD02918 等等，這些寫本除了錯別字以外幾乎沒有什麼出入，說明《地藏菩薩十齋日》系統的十齋日在 9 世紀已經定型了。那麼，第一系統的文獻的用途如何呢？第一系統的寫本的形態特點是大部分文獻都寫在一張紙上，而且大部分文獻也沒有並寫的內容，所以很難判斷這個系統的文獻的用途。但是因爲 BD02918 寫本好像是一種攜帶用的寫本，能推測其可能是"齋曆"，鑒於此，筆者認爲這組文獻的用途很有可能是"齋曆"。筆者的這個看法其實還有別的根據可依。例如 S.2567 像 P.3795 那樣被擬題爲《(擬)諸齋日》(又名《大乘四齋日》)，是爲佛教齋曆而寫的，通過與《地藏菩薩十齋日》寫本的比較，被認爲是根據《地藏菩薩十齋日》系統而寫成的。另外還有一種成因，有可能是十齋日當天像寫經那樣抄寫成的，因爲 S.4175 上有"甲戌(914 或 964)年十月十八日，每月王闍梨付法記"的識語。總之不管如何，從這些《地藏菩薩十齋日》系統的寫本中，找不出被用於齋會儀式上的綫索。

接著説明第二組寫本的情況。除了上海博物館48以外,第二組的寫本還有S.5541。從②"降臨的察命神將等名稱"、④"能夠逃避的地獄名稱"的配置來看,S.2143,北京大學74這兩件也可以歸納在這個系統下(北京大學74只留①和②"降臨的察命神將等名稱"部分的記載)。經過調查,第二組的幾件寫本是和持齋念佛有關的寫本,其中北京大學74因爲只留①和②的記載而難以認定。這些寫本都與題爲《開元皇帝勸十齋讚》或《佛勸十齋讚》的佛讚、《高聲念佛讚》、《念佛之時得見佛讚》、《校量坐彈念佛讚》等等佛讚並寫在一起。尤其是S.2143,還保留有齋儀形式的記載。S.2143有佛讚12首,其中8首類似於《淨土五會念佛誦經觀行儀》裏所記載的佛讚《西方淨土讚》、《善導禪師勸善讚》、《讚西方禮阿彌陀佛讚》。但這些寫本上的記載幾乎看不到有地藏信仰的痕跡,原因或許是和《地藏菩薩十齋日》系統所使用的場合不同吧,例如用於淨土念佛儀式;或許是9、10世紀時候開始流行淨土念佛讚,把十齋日融合在一起而用的吧。附帶説一下,這組文獻中最有代表性的是上海博物館48,上面有"清泰四年"的文字,所以十齋日的年代應該是清泰四年以後。另外,從和佛讚並寫這個角度來看,在第一組的《地藏菩薩十齋日》系統的文獻當中,被視爲年代稍後的文獻BD02918上,並寫有《佛母讚一本》、《遊五臺山讚一本》、《十恩德讚》等的佛讚類文獻,表示第一系統和第二系統有慢慢融合的現象。第二組的另外一個特點是和《十二月禮多記》並寫的現象。第一系統《地藏菩薩十齋日》系統中的寫本BD02918也有兩行《十二月禮多記》的記載,這也是兩種系統正在融合的證據。《十二月禮多記》的名稱很有意思,在十齋日的基礎上再加上帶有"多"字的另外一套齋曆,似乎有意要增加齋日,而且P.3795還加上了"右上件齋月日是玄奘法師在十二部經略出。若有人能滿三年每依時持齋禮拜,所求如願抄本流轉,除罪十方六千六百劫"這一句話,似有故意借用玄奘的名義來提高權威的嫌疑。

如上所説,按照①到④的項目來歸納分析的結果,使我們瞭解到十齋日的系統中有《地藏菩薩十齋日》與《每月十齋日》兩大系統。而這兩個系統幾乎同時存在於一個時代,且互相影響對方,最後慢慢地融合了。從這兩個系統融合的角度來考查的話,S.6897與Дх.11596文獻值得注目。S.6897雖然題爲《每月十齋日》,是屬於第二系統的文獻,但同時還有融合了《地藏菩薩十齋日》的記載可循。具體而言:②"降臨的察命神將等名稱"部分與《每月十齋日》系統一樣,接下來的③"要參拜的佛菩薩名稱"也和《每月十齋日》系統一樣不做記載,但是④"能夠逃避的地獄名稱"項目上除了"二十四日"部分以外都與《地藏菩薩十齋日》系統的一致,二十四日的地獄寫成了"拔舌地獄"。

這個"拔舌地獄"的名稱是前面兩個系統都没有出現過的。另外,"二十四日……不妄言綺語傳説他人,除罪二萬劫"等等,也是别的系統中没有的文辭。

類似於 S.6897,能看出兩個系統融合過程的文獻還有 Дx.11596。這個文獻也和 S.6897 一樣題爲《每月十齋日》,還有 2 行《十二月禮多記》的記載。看其内容,②"降臨的察命神將等名稱"的項目和《每月十齋日》系統一致,但是③"要參拜的佛菩薩名稱"則完全照搬《地藏菩薩十齋日》,④"能夠逃避的地獄名稱"項目,除了"十五日"的記載上用了《每月十齋日》系統一樣的"鋸解地獄","二十四日"爲"斬舌地獄"以外,其他的都與《地藏菩薩十齋日》系統一致。有意思的是"二十四日"的"斬舌地獄",類似於 S.6897 的"拔舌地獄",説明兩者之間有密切關係。

這樣,通過對 S.6897、Дx.11596 兩件寫本的考察,我們能較清晰地勾勒出《地藏菩薩十齋日》、《每月十齋日》兩個系統在 10 世紀融合的情況。不僅如此,S.6897 上所寫的兩個系統融合以後的地獄的配列順序,幾乎與南宋時代營造的大足石刻地獄變龕的配列順序是相同的。由此可見,這兩種系統的十齋日,都直接影響到了後代的十齋日。

最後的 P.3024＋S.2565《佛説金剛經纂》是時代較後的文獻,一樣保留了兩個系統融合的情況。前文中提到過,這個文獻最引人注目的内容是項目③"要參拜的佛菩薩名稱",是根據《地藏菩薩十齋日》系統而寫成的,不過"十八日,閻羅王"相應的佛菩薩則寫成爲"地藏菩薩",這樣就與後代的信仰的排列順序相同了。但是同時尚保留了第二組系統的痕跡,如有《十二月禮多記》的記載。關於"十齋日"與"十二月禮多記",還保留了"右上件齋月日是玄奘法師在十二部經略出。若有人能滿三年每依時持齋禮拜,所求如願抄本流轉,除罪十方六千六百劫"的一句記載,類似於第二組系統上海博物館48等的記載。這裏所寫的玄奘把十齋日略出的主張,有利用《地藏十輪經》譯者玄奘的名稱來提高自己威信的可能,未詳待考。

關於《佛説金剛經纂》文獻的内容以及成書年代,曾經有前輩學者多次議論,因此需要解釋一番。《佛説金剛經纂》的内容主要有:① 勸請八大金剛而讀誦功德文的部分;② 天曆元年北山縣有一個女子入冥而面會閻羅王的入冥譚;③ 玄奘法師十齋日和玄奘法師十二佛禮及其功德文的三個部分。因爲在入冥譚部分明確寫有"天曆年間"的年號,而天曆年號在中國的歷史上只有元代纔有,因此前輩學者認爲該文獻的寫成年代應該是元代以後。但是如果這樣説的話,又和敦煌藏經洞的封閉時間(應是 11 世紀初)産生了很大的矛盾。因此多有議論,懷疑該文獻是否是藏經洞文書。

但是筆者認爲不能排除是藏經洞文書的可能性,因爲還有如下疑問存在:① 其中一件《佛説金剛經纂》的卷子是斷裂成兩份的，一半收藏在英國藏敦煌文書裏，一半收藏在法國藏敦煌文書裏，如果是元代的文獻怎麽可能會發生這種情况呢？②引用了《佛説金剛經纂》的寫本，在敦煌文獻中有P.3809一件，所以不可能引用了13世紀的文書，然後夾在很早的敦煌文書裏。

所以筆者對此矛盾之處的解釋是，"天曆"的"天"字可能是"大"字的誤寫，當時由於毛筆的質量和起筆時候的寫法的關係，敦煌文獻的"大"字往往寫得過大，也有寫成"天"字那樣的情况。如果是"大曆"的話，"大曆年間"正好是中唐時期的年號，那麽屬於敦煌文獻也就不奇怪了。筆者通過校錄和比較研究，認爲雖説《佛説金剛經纂》的寫成年代較晚，但是也晚不到13世紀以後。

第三節　敦煌本十齋日與齋儀、佛讚

在上一節裏，筆者説明了敦煌文獻中的9、10世紀十齋日資料的變遷情况，以及在此過程中文獻的使用狀况，如文獻實際上是用於什麽信仰和宗教活動的。我們瞭解到下面三點：（1）唐代初期以前已經形成了道教十齋日開齋日程，以此爲基礎，十齋日的内容在敦煌吐蕃佔領時代，演變爲"降臨的察命神將等名稱"、"該參拜的佛菩薩名稱"、"能夠逃避的地獄名稱"、"能夠逃避罪孽的時間"等項目的内容，而這些十齋日的内容也一直流傳到了9、10世紀的寫本《地藏菩薩十齋日》中；（2）《地藏菩薩十齋日》系統存在的同時，9世紀末到10世紀時候另外還出現了帶有十二月禮的、内容與《地藏菩薩十齋日》系統有所差别的《每月十齋日》系統，爲持齋念佛的齋儀上所使用。（3）《地藏菩薩十齋日》系統與《每月十齋日》系統在八關齋、五會念佛齋、地藏信仰等各種齋會裏被使用的過程中，漸漸出現融合，而這種融合的痕跡在《地藏菩薩發心因緣十王經》等後代的資料上可以追尋到。由此可見，通過解明十齋日文獻的變遷，能夠瞭解到唐末五代到宋代初，各種信仰以及齋會等盛行於民間層面的時代情况。

爲了説明和十齋日有關的唐末五代的信仰及其儀式的情况，我們需要探討一下十齋日文獻中和儀式有關的資料。

在各種十齋日文獻中，留有當時齋會情况的代表性的資料是屬於第二組《每月十齋日》系統的上海博物館48、S.5541、S.2143等寫本，是持齋念佛的資料。

其中上海博物館48記載了最早期的面貌，從文獻内容來説，和同時代的《地藏菩薩十齋日》之間多有出入，像《佛説金剛經纂》那樣的十齋日和地藏信仰的關係的内容也没出現，説明第二組系統的成立時期和地藏信仰出現的時期之間還有一定的距離。從文獻的使用來看,上海博物館 48 並寫有《佛説地藏菩薩經》、《佛説閻羅王受記令四衆逆脩生七齋往生淨土經》等等,説明這個寫本在被使用的時候,是十齋日接近地藏信仰且正在融合的時候。從寫本的寫成年代來看,寫本上有《(擬)清泰四年曹元深祭神文》的記載,應該是清泰四年(937)[1]以後寫成的,也就是説在寫本的寫成年代,已經有兩個系統的接近和融合的現象了。

上海博物館 48 還留有《大隨求啓請》、《尊勝真言啓請》等記載,似乎是某種齋會上所用的底本資料,但是到底用在什麽樣的齋會上,還不清楚。

按照十齋日的發展順序,被視爲晚於上海博物館 48 的寫本 S.2143,在它的"十二禮多記"與"十齋"記載後面寫有"右以上十齋日,並是諸大神子、童子及察命。下其時節,注云齋後午前即下。謹請衆等,至時千萬努力念佛,修善慎之,勿使察録,故負罪愆,誰能相救"一段文字,是召集"衆等"的文辭,是在齋會上使用的。而且在這後面連寫著"號頭"、"嘆德"、"齋意"、"道場"、"莊嚴"等記載,屬於儀禮開頭法師讀誦的所謂"願文"的文體,之後再連寫著梵唄、咒願等等。

具體内容如下:

[前闕]

(1)略出"十二月禮多記"

(2)又略"每月惡日並是十齋日"

(7)"梵音"

(8)"施食咒願"

(9)"讖食咒願"

(10)"布施咒願"

(11)"(三歸依)"

(12)"(嘆佛頌)"

(13)"月光菩薩説多囉尼神咒"

(14)"亡女揭(偈)"

(15)"十一面觀世音咒"又名"大心咒"

(16)"欲令一切官人歡喜誦咒"

(17)"進果獲證修業咒"

---

[1] 實際上,清泰年間只至三年,936 年 11 月就已經開始"天福"年間了。

(18)"(七言佛讚十二首)"

［後闕］

(18)"七言佛讚十二首"部分,保留有很多與《淨土五會念佛略法事儀讚》、《淨土五會念誦經觀行儀》完全相同或部分一致的佛讚,是爲在儀式上唱誦的目的而寫成的。這些佛讚有的與《淨土五會念佛略法事儀讚》、《淨土五會念誦經觀行儀》中的佛讚部分一致,有的似乎是根據《淨土五會念佛略法事儀讚》、《淨土五會念誦經觀行儀》發展而來的,從内容來看,和後代文獻中國國家圖書館藏果41(BD05441)、S.1807等更加接近。

在中國國家圖書館藏果41(BD05441)文獻上有讚嘆法照的記載:"正作道場時,若有難起魔事,起念法照名,當須至心稱念,當本遺言。"説明這些佛讚類文獻是法照編輯、撰寫《淨土五會念佛略法事儀讚》、《淨土五會念誦經觀行儀》以後,後代發展而成書的。

這些文獻更加清楚地證明了筆者在前稿裏所提出的觀點,即9世紀、10世紀以後隨著念佛的流行和發展,敦煌文獻中出現了不少類似於《淨土五會念佛略法事儀讚》、《淨土五會念誦經觀行儀》的佛讚,並通過儀禮等宗教活動對文學發展產生了一定影響[1]。

第四節 小 結

在十齋日當天舉行八關齋一事,是源於佛教本有的六齋日的影響,自然而然發展出來的形態。里道德雄氏曾經在論文裏提及十齋日文獻與八關齋文獻的密切關係。筆者根據這次研究調查來看,確實在十齋日文獻之中有不少和《受八關齋戒文》並寫在一起的文獻。更有意思的是,在十齋日那天舉行的佛教活動當中,除了六齋日發展而來的十齋日舉行八關齋以外,還有念佛活動等,持齋念佛同時舉行,顯示了兩者融合的過程。的確,在國家對佛教的駕馭能力日益衰弱,從而導致佛教很快走進民間的9世紀中期以後,尤其是10世紀初以後,開齋會的機會越來越多進而終於盛行的情況下,很容易理解各種齋會的融合,齋會上表演的發展等現象[2]。筆者認爲,在這種情況下,就出現了在

---

[1] 參照拙稿《〈淨土五會念佛法事〉與八關齋、講經》,《政大中文學報》第18期,2012年,57—86頁。

[2] 筆者還論述過這個時期佛教界與民間的葬儀及其葬禮時候演出文藝的關係。請參看拙稿《敦煌の喪葬儀禮と唱導》,《敦煌寫本研究年報》第6號,2012年。

十齋日當天舉行的齋會上,有和別的齋會上所用的儀禮作法融合在一起而有所拓展的現象,采用一些更加吸引民間人士的儀禮作法也是理所當然的。除了八關齋場合,還有在當時纔開始流行的預修齋(包括十王經類)、講經等等的場合上,采用了吸引民間人士的佛讚類的頌辭,而後又漸漸地加上了文藝表演的因素。

俗講原來是很嚴肅的佛教儀禮,但隨著時代潮流的變化,逐步地演變成了加有頌佛讚類的、添有濃厚文藝因素的儀禮,同時儀禮上所用到的文本也演變成爲帶有韻文的講唱體講經文、變文等等,筆者認爲通過本文的研究能順理成章地發現這種變遷的脈絡。

(作者單位:日本廣島大學)

敦煌變文：佛教齋供儀式角度的解讀*

侯　沖

　　敦煌莫高窟藏經洞發現的一批被稱爲"變文"的材料，其中只有一部分首尾題中有"變"、"變文"字樣，而其他部分的首尾題中則是"詩"、"詞"、"詞文"、"賦"、"話"、"書"、"傳"、"傳文"、"講經文"、"文"、"名"、"經"、"論"、"緣"、"因緣"、"緣起"等，有的則殘缺，無從確定其本來題名，並非原來均署"變文"。之所以將其統稱爲"變文"，主要是由於它們"韻散間出"的體裁[2]。向達提出變文"與俗講有關，而即爲俗講之話本"一説後[3]，在相當長一段時期，有不少學者都認爲"變文是俗講的話本（或底本）"[4]。

　　但是，同一體裁的文本未必有相同的功用，更何況它們是被稱爲"變文"和被認爲"是俗講的話本（或底本）"。所以，不僅20世紀50年代神田喜一郎説"'變文'究竟是什麼？……直到今日學術界仍未有定論"[5]，而且到了20世紀末，楊繼東、陳引馳也説："直到目前爲止，在許多基本的問題上——如變文的起源及其構成要素是什麼，'變'的含義是什麼，變的演示者是些什麼人以及它們如何被演示，誰記録了變文以及它們爲什麼要這樣做，現存變文作品究竟有多少，變文對中國俗文學的發展具有什麼樣

＊　本文爲上海高校一流學科（B類）建設計劃上海師範大學"哲學"規劃項目；國家社科基金項目"敦煌佛教儀式文獻研究"（項目編號：11BZJ007）、上海市教委科研創新資助項目"敦煌佛教儀式文獻研究"（項目編號：12ZS123）、國家社科基金重大項目"敦煌遺書數據庫建設"（項目編號：12&ZD141）、國家社科基金重大項目"密教文獻文物資料整理與研究"（項目編號：12&ZD129）階段成果。

　　[2]　向達《唐代俗講考》，見氏著《唐代長安與西域文明》，北京：三聯書店，1957年，294頁。

　　[3]　向達《唐代俗講考》，《唐代長安與西域文明》，304頁。

　　[4]　梅維恒列出了部分同意這一觀點的作者，參見梅維恒《唐代變文——佛教對中國白話小説及戲曲產生的貢獻之研究》（下），楊繼東、陳引馳譯，香港：中國佛教文化出版有限公司，1999年，10頁；梅維恒《唐代變文——佛教對中國白話小説及戲曲產生的貢獻之研究》，楊繼東、陳引馳譯，上海：中西書局，2011年，155頁。因本文使用繁體字，故下文所引僅爲1999年的繁體字版。

　　[5]　神田喜一郎《敦煌學五十年》，高野雪等譯，北京大學出版社，2004年，42頁。

的意義,等等——都没有一致的意見。"[1]這説明,雖然"變文"長期受到關注,有關"變文"的成果數量已經不少,但對變文性質和意義認識的不統一,是敦煌學研究中長期存在的問題。如何對這批文獻進行解讀,仍然有待拓展。

由於中國佛教儀式的研究目前仍處在初級階段[2],此前從佛教儀式研究角度對這批文獻的討論不多。本文結合自己對佛教齋供儀式的認識,對敦煌遺書中包括莊嚴文的"變文"與佛教齋供儀式的關係進行討論。文章包括"爲什麽是佛教齋供儀式"、"理解佛教齋供儀式的平臺"、"佛教齋供儀式的分類"、"作爲佛教齋供儀式文本的敦煌變文"、"敦煌變文如何用於齋供儀式"、"結論"六個部分,盼能有助於對這批文獻的認識。

一、爲什麽是佛教齋供儀式?

佛教儀式又被稱作"佛教禮儀"、"佛教儀禮"或"佛教儀規"。對於什麽是佛教儀式,學術界未見統一界定[3]。不過,業露華先生的解釋值得重視。他説:

> 簡單説來,佛教儀規是佛教爲信徒的宗教修行或舉行各種佛事活動而制定的儀制、規範、法事活動的行法等等。其主要内容包括僧衆日常修行的朝暮課誦、念佛禮拜儀式、各種懺法以及應信徒、施主的要求而作的超度、薦亡、修福等各類佛事。廣義而言,佛教舉行的各種宗教活動儀式,都可以稱爲佛教儀規。[4]

---

[1] 楊繼東、陳引馳《譯者序》,梅維恒《唐代變文——佛教對中國白話小説及戲曲産生的貢獻之研究》(上)。

[2] Stephen F. Teiser, "Ornamenting the Departed: Notes on the Language of Chinese Buddhist Ritual Texts", *Asia Major*, Third Series, 22, Part 1(2009), p. 203. 由於知道該文的時間較晚,本文未及吸收采納並討論該文的結論。

[3] 如20世紀40年代慧舟法師等編述《佛教儀式須知》(上海佛學書局影印,1992年)一書,專門爲叢林及居士而編,内容包括禮佛儀式、持用法器儀式、搭持衣具儀式、四威儀式、行儀叢説、服具叢説、法事緣起、五家鐘板及牌詞式、叢林執事及執務、應持各咒及法語、諸佛菩薩聖誕日期共十一章。再如周叔迦先生在《法苑談叢》中,闢有"佛教的儀式"一節,將佛教的儀式分爲佛教日常行事、節日活動、懺法與打七、重要佛事(包括水陸法會、焰口施食、齋天和放生)五個部分進行説明,見《周叔迦佛學論著全集》第三册,北京:中華書局,2006年,1022—1038頁。其他相近的還有:中國佛教協會編《中國佛教》(二)(北京:知識出版社,1982年)"中國佛教儀軌制度"一節中,收錄有叢林、殿堂、傳戒、度牒、清規、課誦、國師、俗講、浴佛、行像、讚唄、水陸法會、懺法、盂蘭盆會、焰口等詞條,種類較周先生所列有所增加;王新先生爲《中國大百科全書》撰有"僧伽制度"、"佛事儀式"兩個詞條,前者舉出佛教僧尼共同遵守的制度、規定和傳統習慣,有出家、受戒、安居、羯磨、素食制度、叢林清規和寺院管理制度,後者稱中國漢地佛教的主要佛事儀式有懺法、水陸法會、盂蘭盆會、焰口,見《中國大百科全書選編·佛教》,北京:中國大百科全書出版社,1990年,321—327頁;新近出版賴永海主編的《中國佛教百科全書·儀軌卷》(上海古籍出版社,2001年)第二章爲"教職、教制",有四衆、七衆、三綱、四大班首、八大執事、僧統、僧正、僧録、國師、戒律、傳戒、剃度、紬頂、度牒等,第三章爲"禮儀、節日",包括課誦、俗講、讚唄、普請、布薩、行像、水陸法會、打七、懺法、放焰口、盂蘭盆會、浴佛、放生、安居以及佛菩薩誕日,大部分與《中國佛教》第二輯近同,並略有增加。

[4] 業露華《中國的佛教儀規》,臺北:南海菩薩雜志社,1994年,1頁。

按照業先生的解釋,佛教的各種宗教活動儀式,都可稱爲佛教儀式。從大的類別來說,佛教儀式可以分爲兩類:一類是僧人和信衆日常的修持儀式,如僧衆的早晚課誦、念佛禮拜儀式和各種懺法;另一類是僧人爲滿足施主需要而舉行的齋供儀式,如授戒、開光、祈福、薦亡等法會儀式。衆所周知,佛教不論傳播到哪一個地方,都包括四衆弟子即僧尼和世俗男女信衆,僧尼和一些信衆都要舉行修持儀式,而相當多的信徒,又都需要僧尼爲其舉行齋供儀式,因此不論是修持儀式還是齋供儀式都具有普遍性。很顯然,業先生的這一分類適用於佛教儀式研究。

需要補充的是區分修持儀式和齋供儀式的標準。齋供儀式是僧人應施主的要求而舉行的宗教活動,出於傳承的不同、操作的方便性和有效性,有時僧人會按日常修持活動的程序,如根據《佛名經》一類的禮佛、拜懺程序,來爲施主舉行齋供儀式,這就使得修持儀式與齋供儀式的外在形式不易區分。另外,有些僧人會將修福德和積累功德作爲修齋的目的,使得齋供儀式與修持儀式在修齋意旨上相同。在這種情況下,如何判斷一種儀式是修持儀式還是齋供儀式呢?

標準很簡單,就是以其是否有齋僧這一程序爲標準。因爲齋供儀式最基本的要素,是設齋供僧。一個儀式如果沒有設齋供僧這一要素,它就不屬於齋供儀式;如果包括了設齋供僧這一要素,即使是在寺院裏舉行,其儀式程序與修持儀式基本相同,其目的是爲了修行和積善因,它亦是齋供儀式。也就是說,判斷一個儀式是否是齋供儀式,主要就看它是否設齋供僧,而不在於舉行這一儀式的目的,也不在於僧人舉行儀式時所行持的具體程序或所使用的儀式文本。總之,是否齋僧,是區別修持儀式與齋供儀式的標準。

相對於修持儀式來說,齋供儀式無疑更值得關注。因爲修持儀式作爲僧人及注重日常修行的在家虔誠佛教徒宗教生活的重要內容,參與主體只限於修行者,其活動往往局限於寺宇、山林野地或家宅內,基本上屬於個人信仰,對外影響較小;而齋供儀式則不同,它並非僅僅局限於個人信仰,而是屬於社會性的宗教活動。從參與主體來說,齋供儀式除僧侶和虔誠的在家佛教徒外,還包括數量衆多、成分複雜的社會各階層人士,上可以是國王、皇后、官員、高僧和知識分子,下則及於普通民衆、走卒販夫,而且參與者未必都是虔誠的信徒。從舉行這類儀式的原因或目的來說,則可以是齋僧,可以是講經,可以是授(受)戒,可以是薦亡,可以是祈福禳災,可以是祛邪去病,可以是造像慶誕,多種多樣。從舉行場所來說,除寺宇或家宅之外,里巷、衙門、城門、山麓水邊,都可以是舉行這類儀式的場所。

就研究基礎或研究背景來說,我們對修持儀式瞭解十分有限,但對齋供儀式的認識則不同,筆者除已經收集、整理過大量佛教齋供儀式資料外[1],還多次實地參加過各種齋供儀式活動,對佛教齋供法事儀式程序已經有一定程度的瞭解[2]。因此,本文對敦煌變文與佛教儀式關係的討論,主要是從齋供儀式的角度來展開。

二、理解佛教齋供儀式的平臺

作爲僧人爲了滿足施主需要而舉行的宗教儀式,齋供儀式的基礎是齋僧,即施主設齋供僧。由於不少情況下設齋供僧的目的就是舉行齋供儀式,所以,將齋供儀式放在齋僧的背景下進行理解,無疑具有可操作性和可檢驗性。大致説來,可以從齋僧的不同形態、齋僧咒願和法施應機這三個方面,來理解佛教齋供儀式。

(一) 齋僧的不同形態

唐代義淨《南海寄歸内法傳》卷一"受齋軌則"(或作"受齋赴請")一章,既記述了印度、南海、中亞等地的受齋法式,又對同一地方施食法的不同情況作了記述。中國的則隨文作了比較。他所記的"受齋",就是齋僧,意思是僧人應施主之請,接受齋食供養。

義淨之所以將"齋僧"記作"受齋",是因爲齋僧可以有不同的叫法,從施主層面是一種甚至幾種,從僧人層面又是一種甚至幾種。由於没有標準或統一的叫法,所以義淨在記述過程中,既使用了從施主層面的稱謂,又使用了從僧人層面的稱謂。從施主層面的叫法,帶有明顯的主位性。義淨在敍述時,使用了"齋法"、"齋供"、"設齋"、"設齋供"、"設供齋僧"、"設食"等詞。從僧人層面的叫法,客位性較强,有"食法"、"赴請"、"赴供"、"受齋"、"受供"、"受齋供"等不同的稱謂[3]。表明這些詞作爲對齋僧的不同層面的叫法,屬於同義詞。

由義淨的記載可以看出,齋僧不僅有不同的叫法,還有不同的表現形態。

首先是同一地方有不同形態。僅印度一地就至少有三種形態。一種是單純的受齋

---

[1] 方廣錩主編《藏外佛教文獻》第六輯,北京:宗教文化出版社,1998年,35—381頁;《藏外佛教文獻》第七輯,北京:宗教文化出版社,2000年,114—225頁;《藏外佛教文獻》第八輯,北京:宗教文化出版社,2003年,53—358頁;《藏外佛教文獻》第十二輯,北京:中國人民大學出版社,2008年,63—278頁;《藏外佛教文獻》第十三輯,北京:中國人民大學出版社,2010年,109—136、219—311頁;《藏外佛教文獻》第十六輯,北京:中國人民大學出版社,2011年,25—38頁。

[2] 侯冲《雲南阿吒力教經典研究》,北京:中國書籍出版社,2008年,285—329頁。

[3] 王邦維《南海寄歸内法傳校注》,北京:中華書局,1995年,26—69頁。

食。另一種是施主在家中設像後,受齋供的僧人午時一同禮敬佛像。還有一種比較複雜,是施主在家中設像後,讓一名僧人在佛像前,雙膝跪地,合掌大聲讚嘆佛德;施主燃燈散花,用香泥塗僧人足,燒香後鼓樂弦歌供養僧人;然後纔像前一種做法一樣行食齋僧;僧人食後,同樣又用水灑在衆僧前,上座爲施主誦咒願偈。每一種形態,從程序上來說有與其他形態相同的地方,但亦有不相同之處。當然,儘管形態各不相同,具體儀式程序各有差異,但不論在印度還是南海等地,這些儀式都屬於齋僧的程序,而且也都稱爲齋僧。

其次是不同地方有不同的形態。以印度和南海爲例,儘管義淨稱南海齋僧與印度大同小異[1],但主要是從僧人受齋軌則即受齋時的守則來說的。如果就儀式程序來看,仍然有不同之處。如南海除請一僧人在佛像前雙膝跪地,讚嘆佛德外,還請兩個僧人,在佛像邊各設一座,誦一段或幾段佛經,或者是爲施主舉行佛像開光儀式,爲其求福德。至於中亞諸國的齋僧,則是施主先奉獻華蓋供養佛塔,然後大衆旋繞轉塔,讓唱導僧陳述施主舉行齋僧的意旨,咒願後纔行食。中亞諸國齋僧時的主要儀式爲繞塔儀式,未見於義淨所記印度和南海的齋僧程序,說明這是該地區齋僧的獨特之處。

其三是齋意不同,齋僧亦可能有不同的表現形態。譬如有的只是單純地設齋供僧,有的是爲了請僧人禮佛,有的是爲了請僧人授戒,有的是爲了請僧人講經說法,有的是爲了佛像開光,乃至包括上述某幾種甚或全部的情況,等等。由於有不同的目的,所以齋僧的儀式程序往往也會圍繞不同的齋意而有複雜多樣的表現形態。

綜上義淨所記印度、南海和中亞諸國的齋僧儀式可以看出,爲滿足信衆的需要,不同地方僧人受齋赴請時,會舉行各不相同的佛教儀式。不同施主自身的經濟情況和齋僧意圖,同樣決定了齋僧時間的長短、齋僧的規模大小和儀式程序的繁簡。總之,不論是不同地區還是同一地方,齋僧都有不同的表現形態。

齋僧是齋供儀式的核心元素,根據齋僧有不同的叫法,齋僧有不同的目的,齋僧有不同的表現形態,可以對齋供儀式有相對應的理解,即齋供儀式有不同的名稱、不同的目的和不同的表現形態。不能因爲叫法不同和表現形態不同,就未作分析地把它們嚴格區別開來。對於佛教儀式來講,不同的名詞概念和不同的儀式程序,其所指往往可能是相同的。在理解佛教齋供儀式時,對此應有基本的認識。

---

[1] 王邦維《南海寄歸內法傳校注》,64頁。

(二) 咒願知時

咒願是僧人與施主互動的結果,亦是僧人與施主互動的最佳表現。咒願隨捨施而出現。捨施有捨施衣食、住宅、藥物等多種,咒願亦有相對應的種類。所以,有齋僧,就有施僧食的咒願。

1. 受食咒願

施主設供齋僧,是修善積德的行爲。僧人應赴受齋,需要對施主的善行作相應的回應或表示。最初僧人並未意識到這一點,由於有施主責難僧人在這方面不如婆羅門,佛纔專門定制,要求僧人在受齋時,必須由能作咒願的上座向施主咒願。關於這一點,《十誦律》卷四十一有文説:

> 佛在舍衛國新造祇洹竟,諸居士辦供具,多諸比丘來,千二百五十人。……時諸比丘次第入,次第坐,次第食,次第起,次第去。時默然入,默然坐,默然食,默然起,默然去。諸居士呵責言:有餘沙門婆羅門,讚唄咒願讚嘆。沙門釋子,自言善好有德,默然入,默然坐,默然食,默然起,默然去。我等不知食好不好。諸比丘不知云何。是事白佛,佛言:從今食時,應唄咒願讚嘆。諸比丘不知誰應作。佛言:上座作。爾時偷羅難陀,少學寡聞,時爲上座。佛言:若上座不能,次第二應作。第二不能,第三應作。如是次第,能者應作。[1]

另外,《十誦律》卷四十一又説:

> 佛在舍衛國,時諸女人次第請佛及僧,辦種種飲食。諸比丘食已,不唄不咒願而去。諸女人作是言:我等女人薄福,誰當爲我等唄咒願讚嘆?諸比丘不知云何。是事白佛,佛言:從今亦應爲女人唄咒願讚嘆。[2]

以此之故,僧人在接受施食時,均咒願施主,稱爲隨喜咒願。唐代僧人義淨《南海寄歸内法傳》解釋説:"(僧人受齋後)辭别之時,口云娑度,兼唱阿奴謨拖。娑度即事目善哉,阿奴謨拖譯爲隨喜。凡見施他,或見施己,咸同此説。意者前人既呈,隨後慶讚,俱招福利矣。"[3]説明隨喜咒願,就是僧人隨喜施主之善意善行而作的祝願讚嘆之詞。

2. 兩種咒願

受齋咒願有食前咒願和食後咒願兩種。如上所説,佛制僧人咒願施主的主要原因,

---

[1] 《大正藏》卷23,299頁上中。
[2] 《大正藏》卷23,299頁中。
[3] 王邦維《南海寄歸内法傳校注》,68頁。

是僧人在受齋食時,整個過程一直默然無言,不像婆羅門一樣讚唄咒願,因此要求僧人在受齋食時,稱讚施主的齋食好。沒有受食並食畢,無法評判齋食的好壞,故這類咒願是食後咒願。

受齋咒願既有食後咒願,也有食前咒願。據義淨《南海寄歸內法傳》記載,佛教的食前咒願至少有兩種。一種是釋迦牛尼佛在受食前咒願。義淨稱:"其行食法……其行鹽者,合掌長跪,在上座前,口唱三鉢羅佉哆,譯爲善至……然而佛與大衆受他毒食,佛教令唱三鉢羅佉哆,然後方食,所有毒藥,皆變成美味。以此言之,乃是秘密言詞,未必目其善至。"[1]則佛的食前咒願明顯帶有誦密咒的成分。另一種是北方諸胡,覩貨羅及速利國等地僧人的食前咒願。與釋迦牟尼佛的食前咒願不同,北方諸胡等地僧人的食前咒願是"施主先呈華蓋,供養制底,大衆旋繞,令唱導師廣陳咒願,然後方食"[2]。這裏的唱導師就是咒願師,制底爲梵文音譯,意爲寺宇塔廟,說明北方諸胡是由施主以華蓋供養寺宇塔廟,大衆先旋繞寺塔,由唱導僧人咒願後受食。

中國僧人從東晉道安開始流行食前咒願。道宣《四分律刪繁補闕行事鈔》卷下稱:"《四分》中,食竟方爲咒願、説法。而此土盛行並在食前。道安法師佈置此法,依而用之,於理無失。"[3]道世(玄惲)纂《毗尼討要》卷下亦有相近説法[4]。說明漢地佛教至少從道安開始已實行食前咒願。

總上可知,受齋咒願有兩種,一種是食前咒願,一種是食後咒願。

3. 咒願的內容

(1) 齋意

施主設齋供僧,有其特定的目的,即所謂"齋意"。咒願時僧人要提到施主齋僧的目的,即述齋意。施主設齋的意旨不同,咒願的內容也不同。咒願的內容,一定程度上是齋僧意旨的集中表達。道宣《四分律刪繁補闕行事鈔》卷下"訃請設則篇"有文稱:

> 《四分》:若檀越欲聞布施,應嘆布施;欲聞檀越法,爲嘆檀越法;乃至欲聞説過去父祖,應爲嘆父祖;乃至讚佛法僧亦爾。……
>
> 《僧祇》:若爲亡人施福者,應作是咒願:一切衆生類,有命皆歸死。隨彼善惡行,自受其果報。行惡入地獄,爲善者生天。若能修行道,漏盡得泥洹。

---

[1] 王邦維《南海寄歸內法傳校注》,54頁。
[2] 王邦維《南海寄歸內法傳校注》,69頁。
[3] 《大正藏》卷40,136頁中。
[4] 《續藏經》卷44,376頁中。

若生子設福者,應云:童子歸依佛,七世大聖尊。譬如人父母,慈念於其子。舉世之樂具,皆悉欲令得。室家諸眷屬,受樂亦無極。

若新舍成就,估客欲行及以取婦,若復出家,各有呪願。文如彼説,僧上座不知,得罪。廣如三十四卷中。[1]

《四分》即《四分律》,《僧祇》即《摩訶僧祇律》。道宣所引,部分目與梁僧祐《出三藏記集》卷十二"法寶集下卷第三"的"爲亡人設福呪願文第二十一出《僧祇律》"、"生子設福呪願文第二十二出《僧祇律》"、"作新舍呪願文第二十三出《僧祇律》"、"遠行設福呪願文第二十四出《僧祇律》"、"取婦設福呪願文第二十五出《僧祇律》"[2]大致相對應,所標示的具體出處,在藏經中亦能找到原文[3],説明施主齋僧的目的衆多,包括爲亡者施福、生子設福、新舍成就、估客遠行、娶新婦等。呪願的内容,就是圍遶齋意展開的。

(2) 回施功德

東晉失譯《佛説食施獲五福報經》稱施食有命、色、力、安、辯五種福德[4]。佛教稱施主齋僧的這些福德可以回施轉移,故僧人在呪願時,會提及施僧食福德可轉移的對象。如義淨記印度的食後呪願説:"既其食了,以片水漱口,咽而不棄。將少水置器,略淨右手,然後方起。欲起之時,須以右手滿掬取食,持將出外。不簡僧私之物,聖遣普施衆生。未食前呈,律無成教。又復將食一盤,以上先亡及餘神鬼應食之類。緣在鷲山,如經廣説。可將其食,向上座前跪,上座乃以片水灑而呪願曰:'以今所修福,普霑於鬼趣。食已免極苦,捨身生樂處。菩薩之福報,無盡若虛空。施獲如是果,增長無休息!'持將出外,於幽僻處,林叢之下,或在河池之内,以施先亡矣。"[5]並稱"(中國)江淮間設齋之次,外置一盤,即斯法也"[6]。記南海十洲的食後呪願則説:

衆僧亦既食了,盥漱又畢,乃掃除餘食,令地清淨。佈以華燈,燒香散馥。持所施物,列在衆前。次行香泥,如梧子許。僧各指手,令使香潔。次行檳榔豆蔻,糅以丁香龍腦,咀嚼能令口香,亦乃消食去癊。其香藥等,皆須淨瓶水洗,以鮮葉裹,授與衆僧。施主至上座前,或就能者,以箸觜瓶,水如銅箸,連注不絶,下以盤承。師

---

[1] 《大正藏》卷40,136頁中下。
[2] 釋僧祐《出三藏記集》,蘇晉仁、蕭鍊子點校,北京:中華書局,1995年,481頁。
[3] 如引《四分律》文見《大正藏》卷22,935頁下—936頁上;引《摩訶僧祇律》文見《大正藏》卷22,500頁中下。
[4] 《大正藏》卷2,854頁下;855頁上。
[5] 王邦維《南海寄歸内法傳校注》,57頁。
[6] 王邦維《南海寄歸内法傳校注》,57頁。

乃手中執華,承其注水,口誦陀那伽他。初須佛説之頌,後通人造。任情多少,量時爲度。須稱施主名,願令富樂。復持現福,迴爲先亡。後爲皇王,次及龍鬼。願國土成熟,人物乂安,釋迦聖教,住而莫滅。其伽他譯之如別。斯乃世尊在日親爲呪願,但至食罷,必爲説特欽拏伽他,是將施物供奉之義。特欽尼野即是應合受供養人。是故聖制每但食了,必須誦一兩陀那伽他,報施主恩。梵云陀那鉢底,譯爲施主。陀那是施,鉢底是主。而云檀越者,本非正譯。略去那字,取上陀音,轉名爲檀,更加越字,意道由行檀捨,自可越渡貧窮。妙釋雖然,終乖正本。舊云達儭者訛也。若不然者,既違聖教,不銷所飡。[1]

儘管印度(中國)和南海十洲食後呪願的程序和呪願方式各不相同,表明呪願並無固定的内容,但它們都有一個共同點,就是都與先亡有關。或"以上先亡及餘神鬼應食"、"以今所修福,普霑於鬼趣"、"以施先亡",或"持現福,迴爲先亡"。説明齋僧的功德,可以回施給鬼趣先亡,齋僧先天就有追薦先亡、福利鬼趣的功能。與此相對應的,僧人的受食呪願文中,往往包括將齋僧功德回施給鬼趣先亡的内容。在南海十洲僧人的呪願中,甚至還包括將功德迴向給皇王、龍鬼,祝願國土成熟、人物乂安、佛教永住不滅等。

(3) 辨機知時

呪願時要述齋意,述齋意應辨機知時,即要結合具體的時間、處所和實際情況敍述齋意,否則就可能有不好的結果。《雜寶藏經》卷六"長者請舍利弗摩訶羅緣"詳記佛弟子舍利弗與僧人摩訶羅唱導有不同結果之事[2]。道宣略引其文説:"《雜寶藏》:舍利弗次爲上座,以施主諸慶大集故,食已行水,對長者呪願言:今日良時得好寶,財利樂事一切集,踊躍歡喜心悦樂,信心勇發念十力,如似今日後常然。時摩訶羅苦求誦習,舍利弗不免意,授之。便爲亡人呪願,及損胡麻、繞麥、積塚上、迎婦、驚雁、盜、謗,七被棒打,方至祇桓白佛。佛言:諸比丘,若説法、呪願,當解時宜,憂悲喜樂,知時、非時,不得妄説。"[3]

摩訶羅"七被棒打"的主要原因,是他不解時宜。所以佛教導弟子們呪願要知時、非時。所謂時即時宜,指"觀其道場徒衆多少,或畫或夜,或廣或略,有道場請主,爲何

---

[1] 王邦維《南海寄歸内法傳校注》,66 頁。
[2] 《大正藏》卷 4,479 頁下—480 頁中。
[3] 《大正藏》卷 40,136 頁下。

善事"[1],然後根據齋僧的時間、地點、原因、目的、願望和齋僧具體安排等不同情況,使用相應的咒願詞。慧皎記其中知時者的咒願詞説:"如爲出家五衆,則須切語無常,苦陳懺悔。若爲君王長者,則須兼引俗典,綺綜成辭。若爲悠悠凡庶,則須指事造形,直談聞見。若爲山民野處,則須近局言辭,陳斥罪目。凡此變態,與事而興。可謂知時知衆,又能善説。"[2]

但是,要做到知時,並非一件易事。唐道宣《四分律删繁補闕行事鈔》卷下説:"《四分》:若檀越欲聞布施,應嘆布施;欲聞檀越法,爲嘆檀越法;乃至欲聞説過去父祖,應爲嘆父祖;乃至讚佛法僧亦爾。《僧祇》云:上座應知前人所施,當爲應時咒願。若不能,次座應説。又不能者,乃至下座。都無者,並得罪。"[3]宋元照(1048—1116)《四分律行事鈔資持記》下解釋説:"咒願中,初科《四分》令隨彼欲。欲即是機,應機説法實難。其任在乎有智,隨事觀量。《僧祇》選能,不必上座,其在兹矣。'乃至'者隨有,不能次第選下也。'並得罪'者,合衆吉羅,制須學故。"[4]元照的解釋表明,唱導咒願並不容易,一方面是需要知時宜,應機説法,另一方面是需要有"隨事觀量"的才智和能力。

由於應機説法需要一定的智能,不是每個人都能做到,所以佛在《摩訶僧祇律》中説:"若前沙門不能咒願,語令能咒願者咒願。不得言汝在前坐、前取水、前食而使我咒願,應當咒願。"[5]在《十誦律》中又説:"若上座不能,次第二應作。第二不能,第三應作。如是次第,能者應作。"[6]都強調要由有才智和能力者來咒願。

有才智和能力的唱導師在應機唱導時,往往有不俗的表現。在慧皎《高僧傳》中,釋法願"善唱導。及依經説法,率自心抱,無事宫商,言語訛雜,唯以適機爲要"[7]。釋道照"指事適時,言不孤發,獨步於宋代之初。宋武帝嘗於内殿齋,照初夜略敍百年迅速,遷滅俄頃。苦樂參差,必由因召。如來慈應六道,陛下撫矜一切,帝言善久之"[8]。道宣《續高僧傳》中,釋法稱"善披導,即務標奇,雖無希世之明,而有隨機之要"[9]。釋慧明"利口奇辯,鋒涌難加。摛體風雲,銘目時事。吐言驚世,聞皆諷之。……陳文御

---

[1]《大正藏》卷47,475頁上。
[2] 釋慧皎《高僧傳》,湯用彤校注,北京:中華書局,1992年,521頁。
[3]《大正藏》卷40,136頁中下。
[4]《大正藏》卷40,402頁上。
[5]《大正藏》卷22,512頁上。
[6]《大正藏》卷23,299頁中。
[7] 釋慧皎《高僧傳》,518頁。
[8] 釋慧皎《高僧傳》,510頁。
[9]《大正藏》卷50,701頁中。

世,多營齋福,民百風從,其例遂廣。衆以明騁銜脣吻,機變不思,諸有唱導,莫不推指。明亦自顧才力有餘,隨聞即舉,牽引古今,包括大致,能使聽者欣欣,恐其休也"[1]。都可謂"解時宜"、"知時、非時"的代表。而慧皎《高僧傳》中釋曇宗"辯口適時,應變無盡"[2],釋道儒"言無預撰,發嚮成製"[3],釋慧重"言不經營,應時若瀉。凡預聞者,皆留連信宿,增其懇詣"[4],則可謂能辯的唱導高僧。

慧皎讚其中知時能辯者說:"談無常,則令心形戰慄;語地獄,則使怖淚交零。徵昔因,則如見往業;覈當果,則已示來報。談怡樂,則情抱暢悅;敍哀感,則灑淚含酸。於是闔衆傾心,舉堂惻愴。五體輸席,碎首陳哀。各各彈指,人人唱佛。爰及中宵後夜,鍾漏將罷,則言星河易轉,勝集難留。又使人迫懷抱,載盈戀慕。當爾之時,導師之爲用也。"[5]

當然,慧皎亦指出無才力、缺辯能的僧人,無法被稱爲高僧:"若夫綜習未廣,諳究不長。既無臨時捷辯,必應遵用舊本。然才非己出,製自他成。吐納宮商,動見紕繆。其中傳寫訛誤,亦皆依而唱習。致使魚魯淆亂,鼠璞相疑。或時禮拜中間,懺疏忽至。既無宿蓄,恥欲屈頭,臨時抽造,罄棘難辯。意慮荒忙,心口乖越,前言既久,後語未就。抽衣謦咳,示延時節,列席寒心,觀徒[6]啓齒。施主失應時之福,衆僧乖古佛之教。既絕生善之萌,祇增戲論之惑。始獲濫吹之譏,終致伐[7]匠之咎。若然,豈高僧之謂耶?"[8]

咒願知時,既指知時宜和人時,亦包括不得妄說,咒願要如實。道誠《釋氏要覽》卷上"疏子"條說:"夫祝辭不敢以小爲大,故修辭者,必須確實。則不可夸誕詭妄,自貽伊戚。"[9]就是指這個意思。

不過,唐代道宣《四分律刪繁補闕行事鈔》卷下"訃請設則篇"指出:"比世流佈,競飾華辭,言過其實。凡豎褒揚,貴族貧賤,讚逾鼎食,發言必成虛妄,舉事唯增訛諂。故

---

[1] 《大正藏》卷50,700頁下—701頁上。
[2] 釋慧皎《高僧傳》,513頁。
[3] 釋慧皎《高僧傳》,516頁。
[4] 釋慧皎《高僧傳》,516頁。
[5] 釋慧皎《高僧傳》,521—522頁。
[6] "徒",底本作"途",據校注改。
[7] "伐",底本作"代",據校注改。
[8] 釋慧皎《高僧傳》,522頁。
[9] 《大正藏》卷54,276頁中。

《成實》云:雖是經法,説不應時,名爲綺語。況於浮雜,焉可言哉?"[1]宋代元照《四分律行事鈔資持記下》解釋説:"正示中初文初斥世訛。豎謂未冠之童稚,今但通目泛常小人以爲凡豎。貴族謂豪富長者之人。鼎食,鼎即盛食之器,卿大夫已上皆列鼎而食。令他傳誤謂之訛,強言妄悦謂之諂。今時讀疏,現事昭然。故下引況,經法猶爾,餘何足言?"[2]説明唐代一些僧人在唱導時,已經存在説不應時,唱導詞與具體對象身份不能相符的情況。出現這些問題的原因,與片面追求唱念時的華麗辭藻有關。故道宣在《四分律比丘尼鈔》卷下中又指出:"今時導師貪事宫商綺詞,逸口妄説者也。"[3]揭示了當時存在這一弊端的原因。

綜上可知,佛製咒願,決定了齋供儀式不僅包括施主和僧人這兩個儀式主體,還必須包括表現這二者互動的咒願。咒願與施主、僧人一樣,同屬於齋供儀式的核心内容,都是齋供儀式必不可少的内容。舉行齋供儀式,不能没有表示咒願的程序。

咒願有食前咒願與食後咒願,決定了表達咒願的文字即齋意文出現的地方,是在儀式文本的開頭和結尾。咒願的内容,則由於舉行時間的不同、齋主的不同、齋意的不同和儀式程序的不同,必須有如實的區別。咒願的知時,就是把它們的不同如實表現出來。换句話説,由於咒願要隨機知時,所以齋意文中表述齋意的文字往往不盡相同。

(三)法施應機

僧人受齋時,除需要咒願施主外,往往還會應施主的要求,在食後爲施主講經説法。義凈《南海寄歸内法傳》記僧人受齋時,"過午或講小經"[4],"第二日禺中浴像,午時食罷,齊暮講經"[5],均能證明這一點。在這種情況下,僧人的應請赴齋,施主施僧人食,與僧人爲滿足施主需要而舉行的禮佛、誦經、講經和授戒等儀式,在實際内容上是一體的。

僧人應施主之請講經説法,以法施人,以法度人,一方面是作爲對施主財施的回報。失譯《薩婆多毗尼毗婆沙》卷五説"所以食竟與檀越説法者,一爲消信施故;二爲報恩

---

[1]《大正藏》卷40,136頁下。
[2]《大正藏》卷40,402頁上。
[3]《續藏經》卷40,759頁下。
[4] 王邦維《南海寄歸内法傳校注》,68頁。
[5] 王邦維《南海寄歸内法傳校注》,68頁。

故;三爲説法令歡喜清淨,善根成就故;四在家人應行財施,出家人應行法施故"[1],對此作了詳細説明。另一方面是出於宣揚佛法,導俗化方的需要。唐代道宣《四分律删繁補闕行事鈔》於"訃(赴)請設則篇"之後,專設"導俗化方篇",最先提到的,就是"説法軌儀"[2],即講經説法應遵守的規則。不論是哪一種,都表明僧人應赴時,要以法施人,作爲對施主施食、施財的回應。

　　法施與咒願一樣,有其定制,要求如法如律,應機知時。道宣《四分律删繁補闕行事鈔》"導俗化方篇",是對應"訃請設則篇"而出現的。其中有文稱:"《三千威儀》:上高座讀經,先禮佛,次禮經法及上座,後在座正坐,向上座坐。揵稚聲絶,先贊偈唄,如法而説。若不如法問、不如法聽,便止。"[3]所説《三千威儀》,即漢代安世高譯《大比丘三千威儀》。查原經,並不見有"如法而説。若不如法問、不如法聽,便止"等文字,説明它們是道宣新加的内容。不過,道宣將"如法而説"接在"上高座讀經"之後,一方面説明讀經與講經在某些程式上確實是共同的,甚至可能是合爲一體的,另一方面也説明,講經説法有一定的"法"。所謂"法",指的是釋迦牟尼住世時已有的定制。

　　根據道宣"導俗化方篇"所引諸經文字,參證其他佛經的相關説明,可以看出講經説法的定制至少包括如下數條:

1. 聽説契經和不具説文句

　　道宣《四分律删繁補闕行事鈔》卷下一"導俗化方篇"有文稱:"《四分》:爲檀越説法,聽説契經及分别義,得不具説文句。"[4]《四分》即《四分律》,該書卷三十五有文説:"時諸比丘受教已,月三時集,八日、十四日、十五日。時大衆集,周旋往來,共爲知友,給與飲食。王瓶沙亦復將諸羣臣大衆來集。時諸比丘來集已,各各默然而坐。諸長者白諸比丘言:我等欲聞説法。諸比丘不敢説,以此事白佛。佛言:聽汝等與説法。既聽已,不知當説何法。佛言:自今已去,聽説契經。時諸比丘欲分别説義,當説義時,不具説文句,各自生疑。佛言:聽説義不具説文句。"[5]説義即説法,"不具説文句"指不完全按照佛經原文來講,意思比較容易理解。"契經",指佛所説經。附於《後漢録》的失

---

[1]《大正藏》卷23,534頁中。
[2]《大正藏》卷40,138頁上。
[3]《大正藏》卷40,138頁中。
[4]《大正藏》卷40,138頁上。
[5]《大正藏》卷22,816頁下—817頁上。

譯《分别功德論》卷一説:"契經者,佛所説法,或爲諸天帝王,或爲外道異學,隨事分别,各得開解也。契者,猶綫連屬義理,使成行法,故曰契也。"[1]由於契經是"隨事分别"而説,故唐、宋時期佛教經疏又稱:"言契經者,謂能總攝、容納、隨順世俗勝義堅實理言。如是契經,是佛所説,或佛弟子佛許故説。"[2]"經者,梵音修多羅,義翻爲契經。契者,詮表義理契合人心,即契理契機也。經者,《佛地論》云:能貫能攝,故名爲經。以佛聖教,貫穿所應説義,攝持所化生故。"[3]則所謂契經,又指隨順世俗並契理契機的佛經。由於佛"聽説契經",故講經説法時講什麼經,並没有一個硬性規定,而是由講經説法時的具體情況决定。

佛製"聽説契經",並允許僧人"略撰集好辭要義"[4],不完全按照佛經原文來講,在失譯《毗尼母經》卷六亦有相近説法[5]。另外,《十誦律》卷五十七又説:"諸外道梵志,六齋日和合一處説法,大得利養,增長徒衆。洴沙王深愛佛法,故作是念:願諸比丘,六齋日和合一處説法,我當引導大衆,自往聽法,令諸比丘以是因緣,大得供養,增長徒衆。以是事白佛。佛言:從今日聽諸不病比丘,六齋日和合一處説法。諸比丘隨佛教,聽六齋日一處説法,國王羣臣皆來聽法,諸比丘大得供養,徒衆增長。諸比丘或有坐地説法,音聲不能遠聞。作是念:佛聽我立説法善。以是事白佛,佛言:聽立説法。爾時諸比丘廣説大經,説者勞悶,聽者疲極。以是事白佛,佛言:若宜止時到,聽止。時諸比丘,取佛經義,自用心廣分别説。諸比丘心疑:將無壞法耶?以是事白佛,佛言:從今日聽取佛經義,莊嚴言辭,次第解説。"[6]表明僧人説法時,不僅可以站著説法,可以選擇適宜時間停止,還可以"不具説文句",即不照經文,僅取佛經中義,依次進行解釋。

2. 應機説法

講經説法除了使用契理、契機的契經外,還需要根據聽衆的具體情況作應機説法。

首先是對根機的説法。失譯《毗尼母經》卷六説:"復次説法比丘,應當籌量大衆,

---

[1]《大正藏》卷25,32頁上。
[2]衆賢造《阿毗達磨順正理論》卷四四,《大正藏》卷29,595頁上;《阿毗達磨藏顯宗論》卷二四,《大正藏》卷29,891頁下。並見《大正藏》卷41,288頁上、685頁下。
[3]子璿《金剛般若經疏論纂要》,《大正藏》卷33,155頁下。
[4]《續藏經》卷42,244頁上。
[5]《大正藏》卷24,832頁下—833頁上。
[6]《大正藏》卷23,420頁下—421頁上。

應說何法而得受解。衆若應聞深法,當爲説深法;應聞淺者,爲説淺法。不益前人,名爲惡説。何故不益前人? 聞此淺法,不欲聽聞,不求取解。何者名爲深法? 論持戒、論定、論慧、論解脱、論解脱知見、論十二因緣乃至論涅槃,是名深法。應聞深者,説如是法,樂欲聽聞,思求取解,是名爲益。若樂淺者,應爲説淺。何者是淺法? 論持戒、論布施、論生天論。若衆樂淺,爲説深,不樂聽聞,不求受解,不益前人,是名惡説。淺者爲説淺法利益故,名爲善説。"[1] 闍那崛多等譯《大法炬陀羅尼經》卷六説:"若諸法師欲説法時,應先觀察衆生根宜,然後隨須而爲演説。若知衆生聞於布施獲利益者,法師即應先説布施,令彼歡喜;當知此時,不應更説諸餘法門。或復有人樂欲持戒,法師則應爲説持戒;亦不得説餘深法也。如是衆生或時樂行忍辱、精進、禪定、智慧乃至樂聞種種法門,即皆爲説,令速開解。"[2] 不論是説深、淺法,還是根據衆生根宜隨須説法,都是對根機的説法。

其次是應時、應處、應請、應需和護教。《大般涅槃經》卷十七説:"復次善男子,若我弟子受持讀誦,書寫演説是《涅槃經》,莫非時説,莫非國説,莫不請説,莫輕心説,莫處處説,莫自嘆説,莫輕他説,莫滅佛法説,莫熾然世法説。善男子,若我弟子受持是經,非時而説,乃至熾然世法説者,人當輕呵而作是言:若佛秘藏《大涅槃經》有威力者,云何令汝非時而説,乃至熾然世法而説? 若持經者作如是説:當知是經爲無威力。若無威力,雖復受持,爲無利益。緣是輕毀《涅槃經》,故令無量衆生墮於地獄。受持是經,非時而説,乃至熾然世法而説,則是衆生惡知識也。"[3] 雖然經文只是以遮詮的方式,要求"莫非時説,莫非國説,莫不請説,莫輕心説,莫處處説,莫自嘆説,莫輕他説,莫滅佛法説,莫熾然世法説",但正面意思,則是要求應時、應處、應請、應需和護教。

3. 佛製不應

針對僧人説法中存在的問題,佛製訂了講經説法不允許的規則,一是經中規定不得在受齋前説,二是律中有二比丘不得同一高座説法,不應同聲合唄,不得以過差歌詠聲説法或外道歌音説法等。

經中的規定見於漢安世高譯《佛説罵意經》。其文稱:"人請道人,道人未食,不應

---

[1] 《大正藏》卷24,832頁上。
[2] 《大正藏》卷21,686頁上。
[3] 《大正藏》卷12,467頁下。

問經。道人爲説,有罪。道人食,乃得問經道。"〔1〕所説道人,即指僧人。漢代以佛教爲正道、大道,故稱僧人爲道人。經中規定僧人未受食,不應問經,並稱如果僧人未受食先爲施主説法,則有罪。另外,安世高譯《大比丘三千威儀》卷上亦説:"未食不得爲人説法。"〔2〕同樣規定未受齋食前不得説法。

律中的規定有數種。首先是二比丘不得同一高座説法和不得以極差歌詠聲説法。《四分律》卷三十五説:"時二比丘共一高座説法。佛言:不應爾。二比丘同一高座説法,共諍。佛言:不應爾。彼相近敷高座説義,互求長短。佛言:不應爾。彼因説義,共相逼切。佛言:不應爾。"〔3〕又説:"時諸比丘二人,共同聲合唄。佛言:不應爾。時諸比丘欲歌詠聲説法,佛言:聽。時有一比丘去世尊不遠,極過差歌詠聲説法。佛聞已,即告此比丘:汝莫如是説法。汝當如如來處中説法,勿與凡世人同。欲説法者,當如舍利弗、目揵連平等説法,勿與凡世人同説法。諸比丘,若過差歌詠聲説法,有五過失:何等五?若比丘過差歌詠聲説法,便自生貪著,愛樂音聲,是謂第一過失。復次,若比丘過差歌詠聲説法,其有聞者生貪著,愛樂其聲,是謂比丘第二過失。復次,若比丘過差歌詠聲説法,其有聞者,令其習學,是謂比丘第三過失。復次,比丘過差歌詠聲説法,諸長者聞,皆共譏嫌言:我等所習歌詠聲,比丘亦如是説法。便生慢心,不恭敬,是謂比丘第四過失。復次,若比丘過差歌詠聲説法,若在寂靜之處思惟,緣憶音聲以亂禪定,是謂比丘第五過失。"〔4〕其次是不得二比丘同一座中共説一法,不得用外道歌音説法等數種。《毗尼母經》卷六説:"爾時佛聽説法,時有二比丘同一坐中,並共説一法。如來聞之,即制不聽。爾時會中復有一比丘,去佛不遠,立高聲作歌音誦經。佛聞,即制不聽用此音誦經。有五事過,如上文説。用外道歌音説法,復有五種過患:一者不名自持;二不稱聽衆;三諸天不悦;四語不正難解;五語不巧,故義亦難解。是名五種過患。"〔5〕《毗尼母經》的文字與上引《四分律》文有一定區别,但所説意思略近,表明如來至少制訂了兩類規定。

另外,《四分僧戒本》還規定以下情況不得説法:"人坐己立,不得爲説法。除病應當學。人臥己坐,不得爲説法。除病應當學。人在座,己在非座,不得爲説法。除病應

---

〔1〕《大正藏》卷 17,531 頁下。
〔2〕《大正藏》卷 24,916 頁中。
〔3〕《大正藏》卷 22,817 頁上。
〔4〕《大正藏》卷 22,817 頁上中。
〔5〕《大正藏》卷 24,833 頁上。

當學。人在高座,已在下座,不得爲說法。除病應當學。人在前,已在後,不得爲說法。除病應當學。人在高經行處,已在下經行處,不得爲說法。除病應當學。人在道,已在非道,不得爲說法。除病應當學。"[1]

其他佛經中佛制不許說法者尚多,不再一一列舉。從上面所引來看,關鍵在於是否當機,是否合律。

總上有關講經的各種規定可以看出,講經有一個基本的儀式程式,但講的內容則是隨機的。如法講經,要求講經者把握講經說法的隨機性。而當機講經,則決定了講經的內容以及講經文並沒有一個固定的模式。知道這一點,有助於我們對敦煌遺書中的講經文和變文等講唱體文學作品實際應用的理解。

三、佛教齋供儀式的分類

不僅佛教儀式需要分類,佛教齋供儀式同樣需要分類。相對來說,齋意分類法是目前相對可從的分類。至少對於俗講與其他齋供儀式的區別來說,目前只能通過齋意分類法纔能較好地將其區別開來。

(一) 羅列式分類

此前主要是采取羅列式的方式來對佛教齋供儀式進行分類。志磐《法門光顯志》是目前爲數不多的有關"佛事"的專門記述,他所采取的就是羅列式。該志先後羅列有以下內容:

雕像	鑄像	畫像	舍利塔	浴佛	浴僧
輪藏	大士籤	供燈	身燈	無盡燈	放燈
無盡財	講懺儀	諸經行法	供佛	供知識	供羅漢
佛祖忌齋	僧齋	設粥	乞食	持齋	出生飯
三長齋	六齋	十齋	七七齋	預修齋	供天
盂蘭盆供	水陸齋	六道斛	十王供	挂幡	寓錢
放生	改祭	戒五辛	喪服	戒焚亡僧不塔袈裟[2]	

志磐在記述這些"佛事"時,主要是介紹了它們的經典依據、起源及歷史源流等方面的情況,沒有述及具體的活動。但除其中的"大士籤"、"戒五辛"、"喪服"和"戒焚亡

---

[1] 《大正藏》卷22,1029頁下。
[2] 《大正藏》卷49,318頁上—324頁上。

僧不塔袈裟"等條目不能確定外,其他在齋供儀式中都可以找到,説明志磐這裏所列"佛事",主要是佛教齋供儀式。由於看不出這些儀式間的相互關係,表明志磐對佛教齋供儀式的分類,采取的是羅列式。

羅列式是介紹佛教齋供儀式最常見的方法之一。此前義淨介紹"受齋軌則",是按地區,對印度、南海諸國和北方諸胡,分别進行羅列介紹,中間穿插中國的情况。采取的顯然亦是羅列式的方式。

羅列式的優點是具體,把介紹者知道的所有儀式種類,都一一羅列出來,看起來比較直觀。但羅列式的介紹亦存在明顯的問題。一是見木不見林。羅列的名目不少,但讓人看不出它們之間的相互關係以及總體概貌。二是舉不勝舉。即使把作者所知的所有名目都羅列了,亦不能説已經包括了全部齋供儀式。三是知其表而不知其實。讀者雖然知道有這些佛事,但往往不知道它們的功能是什麽。總的來説,羅列式表面上有分類,但實際上不是科學意義上的分類。

（二）齋意分類

如上所説,施主設齋供僧,有其特定的目的,即所謂"齋意"。俗語"條條大路通羅馬",説明要達到某一目的,可以有不同的方式。佛教通過舉行齋供儀式達成齋意,同樣可以通過不同方式達到。

以薦亡爲例,有多種儀式能達成齋意。可以是齋僧,上文已經指出,齋僧具備先天的薦亡功能;可以是造塔、造窟、造像,可以是抄經、誦經、講經,亦可以是齋戒、禮懺,當然還可以是舉行七七齋、十王齋、六道斛、盂蘭盆會和水陸法會等齋會。

求福報同樣如此。人們可以通過雕像、鑄像、畫像、造塔、浴佛、浴僧、輪藏、供燈、放燈、講經禮懺、供佛、供僧、供天,以及舉行水陸齋、放生等多種多樣的方式,以求得功德和福報。

正是由於要達成某一種目的可以有不同的齋供儀式,同一齋供儀式又可以幫助施主達成不同的目的,因此如果將各種齋供儀式按齋意分類,就可以綱舉目張,從總體上把握齋供儀式的具體情况。

如以薦亡齋來説,國忌日屬於薦亡齋供儀式,名僧忌日屬於薦亡齋供儀式,社邑薦亡追福齋屬於薦亡齋供儀式,七七齋和水陸齋亦都可以算薦亡齋供儀式。就具體的薦亡儀式來説,超度僧人、道士是薦亡齋供儀式,追薦祖考顯妣、兄弟姊妹、小孩是薦亡齋供儀式,舉行臨壙、百日、小祥、中祥、大祥等是追薦儀式,超度牛馬羊犬等,同樣亦是薦亡齋供儀式。儘管種類衆多,但根據齋意,都可以歸在薦亡類中,便於瞭解和認識。

当然,斋意分类法同样存在缺点,即它往往将具体的斋名消解在类别之中,不能让人知道罗列式所列斋的具体名称,所以人们除知道举行斋供仪式的目的外,并不知道做的是哪一种斋供仪式。同样是荐亡类斋供仪式,虽然有各种各样的具体形态,但在把它们归入荐亡类中后,各种不同的形态都像一滴水隐入大海中不见了。另外,由於对斋意的理解不同,不同人对斋意的分类往往亦各不相同,类别之下的子目的区别更大。虽然对於当时的人来说这些都不算问题,却有可能给後人的理解带来一定的困难。

(三) 斋意是区别俗讲与其他斋供仪式的标准

向达最早提出俗讲是"专为启发流俗的通俗讲演"[1],"以经论为根据,不作高深原理的探讨,只就日常行事,演饰经义。用普通的话语,求甿庶的易懂"[2]。大部分学者都同意他的观点,称俗讲是通俗讲经、通俗化讲经、通俗讲解或通俗演讲,俗讲"是通俗的讲述佛法"[3],是"将佛经讲解通俗化,以让更多的人瞭解佛教、信仰佛教"[4]。可以说,认为俗讲是通俗的讲经说法,此前已经成为学界的共识。

人们认为"俗讲"是通俗讲经说法的基础,是认为长期以来佛经难懂,佛法难明。通俗的讲经说法,可以让下层民众对佛教有更好的瞭解,有助於佛教的传播。但我们知道,释迦牟尼创教之初,他吸收的信众中,不仅有婆罗门、刹帝利阶层的人,同样有吠舍和首陀罗阶层的人。这表明释迦牟尼最初的说法,出於接纳信众的需要,肯定包括所谓通俗的讲经说法。佛经中的大量浅显易明的故事可以为此提供证据。这意味着所谓佛经难懂,佛法难明,将"俗讲"理解成中古中国佛教纔出现的新现象,一定程度上是後人的想当然。如果结合上文所说佛教讲经定制的随机应缘来说,无疑更能体会这一点。

1. 俗讲与其他斋供仪式的仪式结构相同

究竟什麽是俗讲呢? 从现有材料来看,俗讲是唐五代时期一种在三长月举行的劝俗人施财输物的佛教法会[5]。从仪式结构来看,俗讲与其他讲经并无区别。为说明这一点,兹将 P.3849v 和 S.4417 所记俗讲、授八斋戒和讲《维摩诘经》的仪式结构比较於下:

---

[1] 向达《唐代俗讲考》,《燕京学报》第 16 期,123 页。
[2] 向达《唐代俗讲考》,《燕京学报》第 16 期,125 页。
[3] 汤用彤《何谓"俗讲"》,《汤用彤学术论文集》,北京:中华书局,1983 年,314 页。
[4] 郭英德等《中国古代文学史》,成都:四川人民出版社,2003 年,123 页。
[5] 侯冲《俗讲新考》,《敦煌研究》2009 年第 4 期,118—124 页。

夫爲俗講	夫爲受齋	講《維摩》
先作梵了	先啓告請諸佛了	先作梵
次念菩薩兩聲		次念觀世音菩薩三兩聲
説押坐了		便説押坐了
素旧(唱)《温室經》		便素唱經文了
法師唱釋經題了		唱日法師自説經題了
念佛一聲了		
便説開經了		便説開讚了
便説莊嚴了	便道一文表嘆使主了	便莊嚴了
念佛一聲		便念佛一兩聲了
	便説讚戒等七門事科了	法師科三分經文了
		念佛一兩聲
便一一説其經題字了	便發願施主了	便一一説其經題名字了
便説經本文了	便説八戒了	便入經
便説十波羅蜜等了		説緣喻了
便念念佛讚了	便結緣念佛了	便説念佛讚了
便發願了		便施主各各發願了
便又念佛一會了		
便迴[向]發願取散云云	迴向發願取散	便迴向發願取散
已後便開《維摩經》		

上文指出,齋供儀式有不同的稱名。我們發現,與此相似的是,咒願也有不同的異名。諸如達嚫咒願或咒願達嚫、行香咒願、嘆佛咒願、表白、莊嚴、迴向、發願等[1]。它們都屬於佛教唱導之一[2]。上表表明,P.3849v 和 S.4417 所記俗講、授八關齋戒和講《維摩詰經》不僅有相近的儀式程序,而且與齋僧有食前咒願和食後咒願一樣,它們都是前有"莊嚴(表嘆使主)",後有"迴向發願",都有屬於佛教齋供儀式的標志。因此,俗講只是佛教齋供儀式的一種。

---

[1] 侯沖《咒願及其異名》,《雲南社會科學》2011年第6期,136—138頁。
[2] 侯沖《漢地佛教唱導研究》,王志遠主編《宗風》(己丑·冬之卷),北京:宗教文化出版社,2012年,70—143頁。

2. 俗講可以與其他齋供儀式使用相同的儀式文本

根據上引 P. 3849v 和 S. 4417 文字，可知俗講講《溫室經》。《溫室經》爲《佛説溫室洗浴衆僧經》的略稱。該經多説利養，與俗講勸人布施輸物的目的相符，故常被僧人用來宣傳福報，勸化信衆布施。《真言要决》卷三指出，僧人多講《溫室經》而較少講説《遺教經》，原因正是《遺教經》"專明禁戒"，而《溫室經》"多説利養"，便於"化誘取物，剥奪貧窮"[1]。

但俗講並不只是講《溫室經》。圓仁《入唐求法巡禮行記》記載當時僧人開俗講還講《華嚴經》、《法華經》、《涅槃經》。道士開俗講則講《南華經》(《莊子》)[2]。P. 3849v 和 S. 4417 所記《溫室經》講經儀式之末"已後便開《維摩經》"數字，説明《維摩經》即《維摩詰所説經》同樣可以用於俗講。開俗講時，如果講完篇幅短小的《溫室經》，還可以繼續講經，比如另講《維摩經》，但只是在内容上增加，而不會按照 P. 3849v 和 S. 4417 所記講《維摩經》的程序來進行，因爲在同一個儀式程序上，不能有兩次同樣的開頭和結尾。

並見於 P. 3849v 和 S. 4417 的"受齋"一詞，過去或被識作"虔齋"[3]，或被解作"受座"[4]。屬於釋讀錯誤[5]。在漢文文獻中，受齋有兩個不同的意思：一是受供或受齋供，指施主設齋食供養僧人；二是齋戒或受齋戒。爲"受齋戒"或"受齋戒會"的省稱，意思是按照齋儀領受戒法。見於 P. 3849v 和 S. 4417 中的"受齋"，是第二個意思，指受齋戒，即受八關齋戒。

受八關齋有專門的《受八關齋文》。敦煌遺書中，以俄藏敦煌寫本 Ф109、P. 3697v、BD00038 等保存的文字比較完整。其内容都包括"七門分別"，即有關八關齋會的七個程序：第一讚戒功德；第二啓請賢聖；第三懺悔罪障；第四歸依三寶；第五正受八戒羯磨；第六説其戒相；第七迴向發願。相當於 P. 3849v 和 S. 4417 記"受齋"時提到的"讚戒等七門事科"和"説八戒"等。説明 P. 3849v 和 S. 4417 中的"受齋"，確實是指受齋戒，指受八關齋或受八關齋戒。

---

[1]《大正藏》卷85，1233頁下。
[2] 白化文等《入唐求法巡禮行記校注》，石家莊：花山文藝出版社，2007年，365頁。
[3] 向達《唐代長安與西域文明》，303頁；陳祚龍《中華佛化散策·關於敦煌古抄的俗講法會儀軌》，原載《海潮音》第64卷5月號，收入氏著《敦煌學園零拾》，臺灣：商務印書館，1985年，401—402頁。
[4] 田青《有關唐代俗講的兩份資料》，《中國音樂學》1995年第2期，60—62頁。
[5] 參見侯沖《受座，還是受齋？》，《敦煌吐魯番研究》第11卷，上海古籍出版社，2009年，213—218頁。

由於俗講法師有專門使用的《授八關齋戒文》[1],故俗講不僅有講經儀式,還有受八關齋戒儀式,它們是目前可確知的僧人勸俗人施財輸物的兩種主要手段。而俗講與其他齋供儀式有相近的儀式程序,意味著它們使用的儀式文本,與一般的齋供儀式講經和授八關齋戒,並沒有明顯的區別。

3. 俗講與其他齋供儀式的區別

既然俗講與其他齋供儀式有相近的儀式程序,甚至使用相同的儀式文本,那麼如何將它們區別開來呢?

由於目前所知俗講都是在三長月舉行,也許有人會以在三長月舉行作爲一個標準。但我們並不能將三長月舉行的佛教儀式都稱爲俗講。因爲有些在三長月舉行的佛教儀式,並不是俗講。因此是否在三長月舉行,顯然不能作爲俗講與其他齋供儀式區別開來的標準。

開俗講時僧人是施主,那麼,是否可以用施主是否僧人作爲區別俗講與其他齋供儀式的標準呢? 答案同樣是否定的。因爲齋供儀式的施主,既可以是在家人,也可以是僧人。如僧人齋僧和寺院舉行超薦師門先亡的宗教活動,施主都是僧人。因此,用僧人是否是施主作爲區別俗講與其他齋供儀式的標準,由於不能明確將二者區別開來而不能成立。

真正能將俗講與其他齋供儀式區別開來的,是俗講的勸俗人輸財的目的。換句話說,齋意是區別俗講與其他齋供儀式的標準。以勸俗人輸財爲齋意的齋供儀式,就是俗講;齋意沒有勸俗人輸財內容的齋供儀式,就不能被視爲俗講,而只是一般的齋供儀式。

四、作爲佛教齋供儀式文本的敦煌變文

筆者此前根據自己對佛教齋供儀式的瞭解,考察現存有關俗講的材料,除指出俗講並非通俗的講經,而是唐五代時期一種在三長月舉行的勸俗人施財輸物的佛教法會這一觀點外[2],還進一步指出,由於講經必須隨機應緣,所以佛教並無專門的通俗的講經[3]。佛經、講經文、變文、因緣文和八關齋文等都可以是俗講的話本,但它們並非只是俗講的話本,它們同樣可以被用於其他齋供儀式。只有在被用來勸俗人輸財時,它們

---

[1] 宗叡《新書寫請來法門等目錄》,《大正藏》卷55,1110頁下。
[2] 侯沖《俗講新考》,《敦煌研究》2009年第4期,118—124頁。
[3] 侯沖《佛教無專門的通俗的講經說——以齋講爲中心》,《宗教學研究》2011年第3期,65—69頁。

纔能被稱爲俗講的話本[1]。

在提出上述觀點時,筆者尚未利用敦煌遺書中那些被視爲俗講話本的敦煌變文(包括講經文、變文、因緣文和八關齋文等)來加以論證。由於俗講勸俗人輸財的意旨主要反映在齋意文中,下面就先輯録敦煌變文中與齋供儀式密切相關的材料,再作分析和討論。

(一)相關文獻

1. 長興四年中興殿應聖節講經文

以此開讚,大乘所生功德。謹奉上嚴尊號皇帝陛下。伏願聖枝萬葉,聖壽千春;等渤澥之深沈,並須彌之堅固。奉爲　念佛

皇后,伏願常新令範,永播坤風。承萬乘之寵光,行六宫之惠愛。

淑妃,伏願靈椿比壽,劫石齊年。推恩之譽更言,内治之名唯遠。然後願君唱臣和,天成地平。烽煙息而寰海安,日月明而干戈靜。　念佛[2]

2. 佛説阿彌陀經講經文

即將已此開讚大乘阿彌陀經所生功德,先用莊嚴可汗天王,伏願壽同日月,命等乾坤,四方之戎虜來庭,八表之華夷啓伏,奉爲可汗天王。念一切佛。諸天公主,伏願雲仙化態,鶴質恒芳,長承聖主之恩,永沐皇王之寵。念佛。諸天特懃,奉願命同松竹,不逢凋謝之災;福等山河,永在聖天諸後。諸僧統大師,伏願瑠璃殿内,高燃般若諸燈;阿耨池邊,永讚無生之偈。諸宰相,伏願福齊海嶽,壽對松椿,永佐金門,長光聖代。諸都督、梅録、達干、勑使、莊使、薩温、地略,應是在衙諸官人等,總願人人增禄位,各各保延年,官職漸高遷,居家長安泰。諸寺毗尼、法律僧政、法師、律師、諸僧衆、尼衆、阿姨師,總願龍花三會,同登解脱之牀,賢劫數中,早證無爲之果。諸優婆塞、優婆姨,伏願善根日進,皆逢千佛之光,不退信心,亦值龍花三會。更三塗息苦,地獄停酸。在牀病人,早得痊差。懷胎難月,母子平安。獄内囚人,速蒙放赦。殊鄉遠客,早達家山,路上行人,不逢災難。爲奴爲婢,願□嬌怜。負債負財,恩寬平取。聾者能聽,啞者能言,跛者能行,盲者能見。以此而言,四百四病,總願消除。一切願心,早得圓滿。兵戈不起,疫癘休生。五穀豐登,一人一樂業,總持十善,十

---

[1] 侯沖《俗講新考》,《敦煌研究》2009年第4期,123—124頁。
[2] 潘重規《敦煌變文集新書》,臺北:文津出版社,1994年,37—38頁。

惡休行,同悟真乘,斷除邪見,普共未來,同成佛果。爲此因緣,念一切佛。[1]

3. 佛説阿彌陀經講經文

以此開讚,修多羅藏,所生功德,唯願光明普照三千界,佛刹微塵國土中。蒙光總得證菩提,齊出愛河生死苦。吟,二十八天聞妙法,天男天女散天花。龍吟鳳舞彩雲中,琴瑟鼓吹和雅韻。帝釋前行持寶蓋,梵王從後捧金爐。各領無邊眷屬俱,總到圓成極樂會。三光四王八部衆,日月星辰所住宫,雲擎樓閣下長空,挈拽羅衣來入會。伏願我今聖皇帝,寶位常安萬萬年,海晏河清樂泰平。四海八方長奉國,六條寶階堯風扇,舜日光輝照帝城。東宫内苑彩嬪妃,太子諸王金葉茂。公主永承天壽禄,郡主將爲松比年。朝廷卿相保忠貞,州縣官寮順家國。又願遠行千里者,各隨本意稱求心,早到家鄉拜尊堂,莫遣慈親倚門望。病苦連綿枕席者,觀音勢至賜醍醐。更有懷胎難月人,願誕聰明孝養子。若有三塗受苦者,鐵牀釘體數千般。刀山劍樹悉摧殘,地獄鑊湯化蓮沼。鐵犁耕舌灌洋銅,磨摩碓擣作微塵,如斯苦痛滿其中,總是多生謗三寶。普願今朝聞妙法,永捨三塗六道身,佛前坐持寶蓮花,齊證如來無漏體。遍野飛禽兼走獸,莫遭羅網喪微軀。北狄雄軍早迴戈,暹莎城頭烽火靜。亡過魂靈生淨土,寶池岸側弄金沙。常持衣祴散天花,即到食時歸本國。從此永爲不退轉,證取如來金色身,三十二相悉周圓,八十種因從此得。[2]

4. 破魔變文(1)

以此開讚大乘所生功德,謹奉莊嚴我當今皇帝貴位,伏願長懸舜日,永保堯年,延鳳邑於千秋,保龍圖於萬歲。伏惟我府主僕射,神資直氣,嶽降英靈。懷濟物之深仁,蘊調元之盛業。門傳閥閲,撫養黎民,總邦教之清規,均水土之重位。自臨井邑,比屋如春,皆傳善政之歌,共賀升平之化。致得歲時豐稔,管境謐寧。山積粮儲於川流,價賣聲傳於井邑。謹將稱贊功德,奉用莊嚴我府主司徒,伏願洪河再復,流水而繞乾坤;紫綬千年,勳業長扶社稷。次將稱讚功德,謹奉莊嚴國母聖天公主,伏願山南朱桂,不變四時;嶺北寒梅,一枝獨秀。又將稱讚功德,奉用莊嚴合宅小娘子郎君貴位。兒則朱纓奉國,匡輔聖朝。小娘子眉齊龍樓,身臨帝闕。門多美玉,宅納吉祥,千災不降於門庭,萬善咸臻於貴户。然後衙前大將,盡孝盡忠;隨從公寮,惟清與直。城隍社廟,土地靈壇,高峰常保於千秋,海内咸稱於無事。又將稱讚功

---

[1] 潘重規《敦煌變文集新書》,158—159 頁。
[2] 潘重規《敦煌變文集新書》,177—178 頁。

德,奉用莊嚴我都僧統和尚。伏願長承帝澤,爲灌頂之國師;永鎮臺階,贊明王於理化。[1]

5. 破魔變文(2)

但某乙禪河嫡派,象猛晚修,學無道化之能,謬處讚揚之位。身心戰灼,悚惕何安! 輒述荒蕪,用申美德。

自從僕射鎮一方,繼統旌幢左大梁。至孝仁慈超舜禹,文萌宣略邁殷湯。分茅列土憂三面,旰食臨朝念一方。經上分明親說著,觀音菩薩作仁王。觀音世現宰官身,府主唯爲鎮國君,玉塞南邊消珍氣,黄河西面靜煙塵。封壇再整還依舊,墻壁重修轉更新。君聖臣賢菩薩化,生靈盡作太平人。聖德臣聰四海傳,蠻夷向化靜風煙,鄰封發使和三面,航海餘琛到九天。大洽生靈垂雨露,廣敷釋教讚花偏,小僧願講經功德,更祝僕射萬萬年。[2]

6. 頻婆娑羅王后宮綵女功德意供養塔生天因緣變

以此開讚功德,我府主太保千秋萬歲,永蔭龍沙,夫人松柏同貞,長承貴寵。城隍奏樂,五稼豐登,四塞澄清,狼煙罷驚,法輪常轉,佛日恒明。真宗有召伐之興,俗民有堯年之樂。時衆運志誠心,大稱念摩訶—[3]

(二) 敦煌本莊嚴文辨析

辨析莊嚴文的原因,是此前荒見泰史對莊嚴文已經有專門的研究。在他看來:一、莊嚴文是儀式開頭時候宣讀的,用語言來莊嚴道場的一種文體。二、莊嚴文在儀式上的位置是:作梵、念佛菩薩、讚歎、開讚以後,經本文前面。三、大部分莊嚴文都以"以此讚歎功德……"、"以此開讚功德……"等套語開頭。四、莊嚴文的開頭部分有宣讀該法會的宗教意義和目的的表白部分。五、莊嚴文裏有施主爲諸神、衆生祈福的願文部分。六、莊嚴文裏讚歎的佛、菩薩,祈福裏説到的諸神、皇帝,可以依儀式的規模和場所而變化[4]。他所説的莊嚴文,指的就是上録材料。

不過,荒見泰史只注意到了其中1、2、4、6四條材料。在此之前,他注意到了P.3849和S.4417中記俗講等三種儀式程序的文字,内容大致相同,而且均分爲三段。其中第一段和第三段中,都出現了"莊嚴"這一程序。因此,他參考相關資料,提出了"莊嚴"、

---

[1] 潘重規《敦煌變文集新書》,590—591頁。
[2] 潘重規《敦煌變文集新書》,599—600頁。
[3] 潘重規《敦煌變文集新書》,746頁。標點原作"志誠,心大稱念,摩訶",據文意改。
[4] 荒見泰史《敦煌變文寫本的研究》,北京:中華書局,2010年,233頁。

"莊嚴文"的觀點:"筆者所說的'莊嚴',按照 P. 3849v《(擬題)俗講儀式》裏所寫的繁複的講經程序,位於'說押座'和'開經'後面,'説其經題字'和'説經文'的前面,'莊嚴文'即'説莊嚴'的地方所唱的一段文字,在'講經文'、'變文'等文學作品裏,相當於'押座文'後面,'經本文'或'正文'前面的一部分,筆者認爲這部分後來演變成說唱文學作品開頭的入話部分。"[1]

荒見泰史關注到莊嚴、莊嚴文,是他的一大發現。不過,他提出的莊嚴文"後來演變成説唱文學作品開頭的入話部分"的觀點,由於對莊嚴文認識不清,目前來看是不成立的。

首先,他的研究只是文本研究,還没有擴展到文本應用的研究。必須肯定,荒見泰史指出上引數則文字爲莊嚴文是正確的。但對莊嚴文的認識,不應只是將其作爲獨立的一種文體來看待。除需要對其異名有不同的認識外,還應將其放在施主設齋供僧這一背景下理解。

他所研究的"變文寫本",就是本文所說的齋供儀式文本,是用來做法會的。這些目前保存在敦煌遺書中的文本大都殘缺不全,而且由於一貫以口頭傳承和操作爲主,即使沒有殘缺亦不能說其文字就是完整的,所以對文本進行全面的比對勘合,可以發現其中某些相似的地方,但看不到這些相似性後面的實際背景。以此,他比對文本資料後,首次關注了其中的莊嚴文,但没有發現莊嚴文出現的背景是齋供儀式,也就未能將其放在齋供儀式的背景下,尤其是未能將其與咒願文(齋意文)進行比較,從而未能作出準確的定性。

其次是無從證實。就他所提出莊嚴文"後來演變成説唱文學作品開頭的入話部分"的觀點,一則莊嚴文雖然看上去與説唱文學作品開頭的入話有某些相近之處,但相近程度如何,需要比較研究,目前尚未見他展開。二則他説説唱文學作品開頭的入話是由齋意文演變而成,需要具體例證證明,而不能只是猜測。

(三)莊嚴文即咒願的齋意文

正如齋僧被使用不同的名詞概念表達,齋僧有不同的表現形態一樣,齋供儀式文本的用詞歷來都不嚴格,缺乏規範性和統一性,往往使用不同的名詞概念表達相同的意思,記述相同的內容。對其進行研究時,不能拘泥於其名稱而必須主要根據其具體內容

---

[1] 荒見泰史《敦煌本"莊嚴文"初探——唐代佛教儀式上的表白對敦煌變文的影響》,《文獻》2008 年第 2 期,43 頁,並見荒見泰史《敦煌變文寫本的研究》,222 頁。

或實際情況。如果結合齋供儀式的具體程序和莊嚴文的具體內容,就能發現,莊嚴文爲齋僧時咒願的齋意文。

比較莊嚴文與齋供咒願,有四點能支持它們是同一性質的東西。

1. 出現順序相同。上文指出,咒願有兩種,一種是食前咒願,一種是食後咒願。相當於施食儀式的開頭和結尾。變文中的莊嚴文亦分兩種,一種是儀式開頭的莊嚴文(如4),一種是儀式結尾的莊嚴文(如5)。就咒願和莊嚴文出現在儀式的開頭和結尾來説,二者是相對應的。

2. 有不同稱名。與齋供儀式有不同的稱名相對應,咒願也有達嚫咒願或咒願達嚫、行香咒願、嘆佛咒願、表白、莊嚴、迴向、發願等不同的異名[1]。莊嚴爲咒願的別稱之一,莊嚴文同樣只是咒願文之一,所以在變文中,並不是所有的咒願文中都有"莊嚴"一詞。有時使用"莊嚴"、"上嚴",有時使用"願",有時這兩類情况都不出現。

3. 内容相近。咒願就是述齋意,但述齋意要表達一系列的內容,諸如設齋的時間、地點、齋主、原因、目的、法會具體安排和舉行齋會的願望等的説明。其中自然有讚嘆佛德、莊嚴、發願、迴向等內容。上引變文中莊嚴文都包括有嘆德的內容,或嘆美德,或嘆功德,或發願,與嘆佛咒願相近。上引變文中莊嚴文均包括有迴向、發願的內容,同樣説明這裏的莊嚴、迴向、發願名異實同。

4. 是判别儀式性質的標準。上文已經指出,最好的儀式分類的標準,是齋意,即舉行儀式的目的。在表述齋意時,如果是俗講,自然會包括三長月勸人輸財等內容,並將其寫入文本中或者寫成不同類別的齋意文。如果不是俗講,自然不會包括勸人輸財的內容。上引變文中莊嚴文,有施主已經參與的證據,有將功德回施給齋主和其他參與者的內容,但並没有勸人輸財的成分。這表明使用這些文本舉行的佛教法會儀式是齋供儀式,而不是勸人輸財的俗講。換句話説,從現存變文中有莊嚴文的這些文本來看,它們都不是俗講的底本,更非俗講的專用底本,而是一般的齋供儀式文本。

總之,就那些以前被稱爲"變文"的敦煌遺書來説,其中部分文本包括有莊嚴文,這些莊嚴文不論種類還是內容,都能與齋供咒願相對應,故可以確定它們都是佛教齋供儀式文本。由於其中不見有勸俗人施財輸物的內容,故可以肯定它們不是俗講的專用底本。以此來看此前的相關研究成果,荒見泰史認爲莊嚴文後來演變成説唱文學作品開頭的入話部分,所説並無確據。

---

[1] 侯沖《咒願及其異名》,《雲南社會科學》2011年第6期,136—138頁。

附帶指出的是梅維恒對變文與俗講關係的認識,因爲莊嚴文的新研究而可以肯定不能成立。我們知道,梅維恒在全面考察變文後,將變文與講經文、押座文等分開,認爲俗講不講變文[1]。但梅維恒討論的變文,與講經文一樣有莊嚴文,説明二者性質相同,都屬於齋供儀式文本,都有可能被用於俗講,故他的俗講不講變文的觀點,亦難能成立。

五、敦煌變文如何用於齋供儀式

上文指出敦煌變文屬於齋供儀式文本而非俗講的專用底本。由於此前相關研究較少,缺少可資瞭解的背景知識,故不少人對筆者敦煌變文爲齋供儀式文本的説法,難免不易理解。事實上,如果不只是將變文視爲文學作品,對其作孤立的研究,而是將其放在儀式背景中,知道其在齋供儀式中的具體應用,顯然可以改變這種局面。敦煌遺書中,S.6551背的相關文字,很好地説明了這一點。

此前關於 S.6551 背的研究已經不少[2]。目前對該文獻至少已經有"佛説阿彌陀經講經文"和"説三歸、五戒文"兩種擬名,將其稱爲講經文或授戒文。有數位學者討論了其寫作的時間和地點,也有數位學者指出其作爲法事文書的性質。不過,目前尚未見將該號文獻置於齋供儀式背景下討論的著述,甚至對其自然情況的介紹都不能説完全[3]。

需要指出的是,不論講經還是授戒,都屬於佛教儀式。如上文所引,由於 S.6551 背包括咒願施主文和莊嚴文,故可以確定其爲佛教齋供儀式文本。上引 P.3849v 和 S.4417 記述的俗講、授八齋戒和講《維摩詰經》的儀式結構表明,不論是設齋、講經還是授戒,往往有大致相同的主要程序,諸如前面都包括作梵行香、嘆佛咒願,後面都有布施咒願、迴向發願取散等基本程序。略有區别的是,齋後是講經還是舉行受戒等其他活動並不確定。現實生活中,由於某些施主有特殊的要求,所以在大型齋會中,這些内容甚至往往會被合并在一起進行。S.6551背所記的,就是既包括授五戒,又包括講經説法的大型齋供儀式。這份文獻是敦煌遺書中目前所知記述佛教齋供儀式最典型的資料。茲列其要目並録相關文字表解如下:

---

[1] 周一良《序》,見梅維恒《唐代變文——佛教對中國白話小説及戲曲産生的貢獻之研究》(上)。
[2] 申國美等《英藏法藏敦煌遺書研究按號索引》,北京:國家圖書館出版社,1307—1311頁。
[3] 如潘重規《敦煌變文集新書》164頁稱"此卷黄紙,正面戒文,背抄此文"。事實上正面是戒釋而不只是戒文,背面除《佛説阿彌陀經講經文》外,還有正面文字的摘抄和印沙佛文。衷心感謝方廣錩先生提供 S.6551 相關資料和條記目録!

敦煌變文：佛教齋供儀式角度的解讀

要　　目	録　　　　　文
升高座	升坐已了，
作　梵	先念偈，
念菩薩	焚香，稱諸佛菩薩名。
説押坐	自從大覺啓玄門，鹿菀(苑)靈山轉法論(輪)。 五部三乘諸海藏，流傳天下總沾恩。 僧尼四衆來金地，持花執蓋似奔雲。 此日既能抛火宅，暫時莫閙聽經文。 三乘聖教實堪聽，句句能教業鄣輕。 不但當來成佛果，必應累劫罪山崩。 朝朝只是憂家業，何曾一日得聞經。 大衆暫時合掌著，聽法齊心能不能？
表嘆使主	但少(小)僧生逢濁世，濫處僧倫，全無學解之能，虛受人天信施，東遊唐國幸(華)都，聖君賞紫，承恩特加師號。擬五臺山上，松攀(攀松)竹以經行；文殊殿前，獻香花而度日。欲思普化，爰別中幸(華)，負一錫以西來，途經數載；製三衣於沙磧，遠達崑崙。親牛頭山，巡于闐國。更欲西登雪嶺，親詣靈山。自嗟鄣尤深，身逢病疾，遂乃遠持微德，來達此方。睹我聖天可汗大迴鶻國，莫不地寬萬里，境廣千山，國大兵多，人強馬壯。……更有諸都統、毗尼、法師、三藏、法律、僧政、寺主、禪師、頭陀、尼衆、阿姨師等，不及一一稱名，並乃戒珠朗耀，法水澄清，作人天師，爲國中寶。
求哀發露	更欲廣申讚嘆，恐度時光，不及子(仔)細談揚，以下聊陳懺悔。 凡是聽法，必須求哀發露懺悔，先受三歸，次請五戒，方可聞法，增長善根，然後唱經，必獲祐福。稱三五聲佛名　佛子……門徒弟子，今日既來法會，大須努力，齊心合掌，與弟子懺悔十惡五逆之罪，洗除垢穢，起殷重心淨心，來世往生西方淨土，連(蓮)花化生，永抛三惡道，長得見彌陀。願不願？能不能？善哉善哉！稱可佛心，龍天歡喜，必當罪滅三世。諸佛因地之日，總是凡夫，皆因善知識發露懺悔，得成佛果。過去諸佛已成佛，現[在]諸佛今成佛，未來諸佛當成佛。門徒弟子，既解懺悔，改往修來，未來世中，必定成佛，更莫生疑。稱名
啓請賢聖	次請十方佛，爲作證明。
懺悔滅罪	弟子某甲等合道場人無始已來造諸惡業：煞生、偷盜、邪婬、妄語、綺語、兩舌、惡口無度、造貪嗔癡、飲酒、食肉、煞父害母、破塔壞寺、破和合僧、出佛身血……弟子等名(多)作生福，今生又得人身，朝朝聽法聞經，日日持齋受戒。縱有些些罪鄣，懺悔急遣消除。如斯清淨之心，必須龍花三會。
受三歸依	懺悔已了，此受三歸，後持五戒，便得行願相扶，福智圓滿，將永(承)佛果，永曉(免)輪迴。必受三歸，免沉邪道。 歸依佛者，不墮地獄。

（續表）

要　目	録　　文
受三歸依	歸依法者,不受鬼身。 歸依僧者,不作畜生。 門徒弟子,受此三歸,能不能？願不願？稱佛名　佛子 　　歸依三寶福難陳,免落三塗受苦辛。 　　不但未來成佛果,定知累劫出沉淪。 那謨那耶,那謨捺摩耶,那謨僧伽耶。三說 歸依佛,兩足尊；歸依法,離欲尊；歸依僧,衆中尊。三說 門徒弟子,言歸依佛者,歸依何佛？且不是磨(摩)尼佛,又不是波斯佛,亦不是火祆佛,乃是清淨法身、圓滿報身、千百億化身釋迦牟尼佛。歸依法者,乃五千卷藏經,名之爲法。歸依僧者,號出家,乃是四果四向,剃髮染衣,二部僧衆,真佛弟子,號出家人。且如西天有九十六種外道,此間則有波斯、摩尼、火祆、哭神之輩,皆言我已出家,永離生死,並是虛誑,欺謾人天。唯有釋迦弟子,是其出家,堪受人天廣大供養。稱佛名 　　其嗟外道百千般,忍飢受渴曼村(存)顚。 　　自誑誑他無利益,何曾死後得生天 　　生天先要調心地,持齋布施入深禪。 　　每到日西獨喫飯,飢人遥望眼精(睛)穿。念佛
受戒	次下請十方佛,作大燈(證)明,便受五戒。門徒弟子,能不能？願不願？善哉善哉！夫五戒者,是成佛之良因,爲入聖之要路。三千威儀,八萬細行。比丘有二百五十戒,比丘尼五百戒。近事男、近是(事)女八戒、十戒,並從五戒而生。天名五星,在地名五嶽,在道教爲五行,在儒爲五帝,在釋爲五戒。 第一不得煞,能持否？……第二不得偷盜,能持否？……第三不得邪婬,能持否？……第四不得妄語,能持否？……第五不得飲酒食肉,能持否？
唱釋經題	上來已與門徒弟子受三歸五戒了,更欲廣説,法門無邊,窮劫不盡。次下便與門徒弟子唱經,能不能？願不願？念佛三五聲 佛説阿彌陀經
三分經文	將釋此經,且分三段。初乃序分,次則正宗,後乃流通。一句一偈,價直百千兩金。我門徒弟子細解説。
説莊嚴	即將已此開讚大乘《阿彌陀經》所生功得(德),先用莊嚴可汗天王,伏願壽同日月,命等乾坤,四方之戎虜來庭,八表之華夷稽伏。奉爲可汗天王,念一切佛。 諸天公主,伏願雲仙化態,鶴質恒芳。長承聖主之恩,永沐皇王之寵。念佛 諸天特憨,奉願命同松竹,不逢彫謝之災；福等山河,永在聖天諸(之)後。 ……願生正見除邪見,來生早坐紫金蓮(蓮)。

(續表)

要 目	錄 文
觀機進止，問聽如法，樂聞應説	更欲廣談名相，又恐虚度時光。不如講説經文，早得菩提佛果。但緑（緣）總愛聲色，所以污出言詞，莫怪偈頌重重，切要門徒勸喜。至如裟婆世界，須將身色化身，上方香積如來，聞香便成佛果。或有因味悟道，或有因解發心。五大乘者，五境總城（成）佛事。一切物並是真如，蓮花出在污泥中，煩惱變城（成）果。不同大乘執見，每生別分之心。不知五境本空，便言障人道果。 　　聲香味觸本來空，空與不空總是空。 　　法界元來本清淨，都不關他空不空。 此娑婆世界，以音聲為佛事。如來所以現世（卅）二相，但文（聞）聲教，便成道果。《維磨（摩）經》説……法師即將少許偈讀，化人無罪過。 已下便即講經，大衆聽不聽？能不能？願不願？
便一一説其經題字了，便説經本文	佛説阿彌陀經。梵語母那，唐言名佛。佛者覺也，有三覺……梵云阿彌陀，言無量壽。且知應言阿波囉米多，阿之字，唐言是無。波囉二字，唐言是量。米多二字，唐言是壽。梵云素怛囉，唐言是經，或言是綫。前言佛説，乃是釋迦如來金口所説。説者，言説。屬其聲，故知此界，因聲悟道。無量壽者，乃是佛名。問此如來，在於何處。……

上面對 S.6551 背文字的表解要目，既可以在齋僧供佛儀式中找到，亦可以在講經説法儀式中找到，還可以在受八關齋戒等儀式程序中找到。但是，在每一種儀式程序中，都只能找到其中的某幾種，表明 S.6551 屬於綜合類齋供儀式，即綜合了講經、授戒等齋供儀式的程序。所以它既不僅僅只是講經文，也不僅僅只是授（説）三皈、五戒文。在其齋意中，我們找不到它是三長月僧人用於勸人輸財的法會文本的證據，所以它也不能被認定爲俗講的底本。

但是，由於 S.6551 背文字前有表嘆使主，後面有説莊嚴的內容，與佛教齋供儀式完全對應，故將其釋讀爲佛教齋供儀式文本則可以肯定是成立的。從其中"凡是聽法，必須求哀發露懺悔，先受三歸，次請五戒，方可聞法，增長善根，然後唱經，必獲祐福"、"上來已與門徒弟子受三歸五戒了，更欲廣説，法門無邊，窮劫不盡。次下便與門徒弟子唱經，能不能？願不願？"、"已下便即講經，大衆聽不聽？能不能？願不願？"三段文字可以看出，授三皈五戒是講經説法的儀式程序之一，在該儀式程序後，纔開始講經説法。但在講經説法以前，法師會問聽經的人"聽不聽"、"願不願"等。這種一唱一和的表現方式，正是唱導的特點之一[1]。故此前人們稱變文源自唱導，有其合理性。只不過對

---

[1] 侯沖《漢地佛教唱導研究》，王志遠主編《宗風》（己丑·冬之卷），76—78頁。

唱導的理解不能只是局限於其講説因緣故事一隅。必須還包括依文致禮,稱念佛名和根據具體情況述説齋意等[1]。

在實際操作過程中,齋供儀式與齋僧一樣,可以有不同的表現形態,尤其是僧人講經和咒願都需要應機,因此在根據 S.6551 背文字舉行齋供儀式時,可能會有多種變化。諸如可能只根據授三皈五戒文舉行授戒儀式,也可能不舉行授三皈五戒儀式,直接進行講經説法。甚至還可能由於舉行的是大型齋供儀式,除授三皈五戒和講阿彌陀經外,還會舉行論義,還會插入講説歷史故事,等等。具體如何操作,都由主持法事的僧人根據具體情況作出不同的安排。並不是必須要完全按照文本舉行的宗教儀式,纔是如法如律的。真正的如法如律,是像醫生開處方治病一樣,根據不同的病開不同的處方,使用不同的能治不同病或相同病的藥。

六、結　　論

綜合上面所述,本文主要提出以下觀點:

一、對於像敦煌變文這一類殘缺文本的認識與討論,最好的辦法是放在可檢驗的平臺上展開。如齋供儀式文本,如果能放在齋僧的背景下去理解,就可以有一個共通的檢驗平臺。相應地,對於儀式文本的解讀,如果能放其具體操作程序中去理解,無疑比簡單的從文獻到文獻的闡釋和演繹來得實在。

二、齋意是儀式分類的重要標準,而述齋意的知時知機,既是舉行佛教法會儀式的核心,亦是理解佛教法會儀式程序及其文本的鑰匙。由於儀式實際過程往往"觀機進止",所以我們現在所能看到的齋供儀式文本,都只是儀式程序的一個範例而不是通例,都只是個案的代表而不是一成不變的鐵律。實際如何展開,由主持法事的僧人根據具體情況隨機安排。

三、基於上面兩點,對於可檢驗的結論,如荒見泰史對莊嚴文的理解,梅維恒認爲俗講不講變文,從齋供儀式角度去看,無疑都是不能成立的。從俗講的儀式程序與一般齋供儀式程序並無二致這一點來説,此前對敦煌變文的研究,存在將俗講泛化,將變文窄化的偏頗,需要糾正。本文將變文放在齋供儀式的背景下重新解讀,正是出於這一目的。

---

[1] 侯沖《漢地佛教唱導研究》,王志遠主編《宗風》(己丑·冬之卷),73—93 頁。

本文爲 2013 年 8 月在北京舉行的"中國敦煌吐魯番學會成立三十周年國際學術研討會"而作,基本上綜合了筆者目前的相關看法。但由於時間關係,其中難免疏漏之處,盼得到大家的批評指正。感謝白化文先生和方廣錩先生推薦筆者與會,也感謝會議組委會對筆者的邀請和提供發表本文的機會!

(作者單位:上海師範大學敦煌學研究所)

敦煌佛教文學理念的建構與研究面向

鄭阿財

一、前　言

"敦煌佛教文學"顧名思義是"敦煌學"組成的一部分,也是中國文學領域中嶄新的一環。它既屬"敦煌文學"的内涵,又是"中國佛教文學"範疇的一部分。其本質上除了具備文學的屬性外,同時還具有"敦煌"地區的時空特性與"佛教"的宗教特性。

"敦煌學"是一門以敦煌文獻爲核心的新興學科。自1900年敦煌莫高窟藏經洞發現以來,隨著文獻内容的陸續披露而漸次發展。1930年陳寅恪(1890—1969)在爲陳垣(1880—1971)所編的《敦煌劫餘録》作序時,提出了"敦煌學"一詞[1],學術界普遍認爲這是最早使用"敦煌學"一詞的。直至20世紀90年代以後,池田温、方廣錩、王冀青等先後提出: 1925年日本石濱純太郎(1888—1968)在大阪自行印刷《敦煌石室的遺書(懷德堂夏期演講)》的小册子中,已揭示了"敦煌學"一詞[2]。可見在30年代中期日本學界已經開始對敦煌學有了理論的自覺。

至於最早使用"敦煌學"一詞,是中國的陳寅恪還是日本的石濱純太郎,固然要加以辨正,但探源的目的與意義更重要是在於"敦煌學"概念與内涵的提出,因爲這同時也涉及了研究範疇的界定,是學術史基本且重要的問題。

雖然"敦煌學"一詞,從嚴謹的學科命名法來看,似乎並不科學,但學界已約定俗成

---

[1] 陳寅恪《敦煌劫餘録序》,《中研院歷史語言研究所集刊》第1本第2分,1930年,後收入陳寅恪《金明館叢稿二編》,上海古籍出版社,1980年,236—237頁。陳氏序文中使用"敦煌學"一詞,先後出現5次。

[2] 池田温《敦煌學與日本人》,《日本學》1989年5月,中譯本收入池田温《敦煌文書的世界》,北京: 中華書局,2007年,54—68頁;方廣錩《日本對敦煌佛教文獻研究(1909—1954)》,《敦煌學佛教學論叢》,香港: 中國佛教文化出版公司,1998年,359—360頁;王冀青《論"敦煌學"一詞的詞源》,《敦煌學輯刊》2000年第2期,110—132頁。

地沿用它來指有關敦煌的所有研究。隨著研究的發展,"敦煌學"的概念也不斷地擴大。舉凡對於敦煌莫高窟藏經洞發現的寫本文書,敦煌石窟的壁畫、塑像,洞窟遺址及其他有關遺物的研究,均可歸屬於"敦煌學"的範疇。同時,隨著學術的快速發展,"敦煌學"也逐漸形成自己的學術體系。

衆所周知,"敦煌文學"是"敦煌學"重要的一環;"敦煌佛教文學"又是"敦煌文學"構成的主要部分[1],因此"敦煌佛教文學"概念的釐清自然是研究此一課題的當急之務。以下謹分別簡論"敦煌文學"、"佛教文學"之概念發展,借以釐清"敦煌佛教文學"之概念,並廓清其研究範疇。

二、敦煌文學概念的發展

回顧敦煌學的發展歷程,其中"敦煌文學"的整理與研究可說是起步最早,成果也較爲豐碩;但"敦煌文學"一詞與具體概念的提出,相對而言是較爲晚出的。在發展過程中,有關"敦煌文學"的各種名詞與概念隨著研究篇章的陸續發表而先後被提出。其中較受重視的首推"敦煌俗文學",這個概念主要濫觴於王國維(1877—1927)1920年發表的《敦煌發見唐朝之通俗詩及通俗小説》一文[2],而至1929年鄭振鐸(1898—1958)《敦煌的俗文學》[3]一文的發表,"敦煌俗文學"這一名詞與概念纔正式被提出。

由於從中國文學的立場看,莫高窟藏經洞發現的文獻中,以變文、曲子詞等最受學界矚目,其屬性具通俗性、民間性等特色,所以長期以來人們沿用"敦煌俗文學"這一名詞,甚至用它來概括敦煌寫卷中所有的文學作品。例如:向達(1900—1958)1937年發表《記倫敦所藏敦煌俗文學》[4],傅芸子(1902—1948)1942年發表《敦煌俗文學之發現與展開》[5]等,直至1984年,林聰明仍然以《敦煌俗文學研究》[6]爲題撰寫博士論文。"敦煌俗文學"儼然成爲敦煌文學研究對象的總稱。

1955年王利器(1911—1998)發表了《敦煌文學中的〈韓朋賦〉》[7]一文,這是"敦

---

[1] 李正宇《敦煌學結構表》,李正宇主編《敦煌學導論》,蘭州:甘肅人民出版社,2008年,145頁。該表在"敦煌文學"下列有"敦煌佛教文學"一項。
[2] 靜庵(王國維)《敦煌發見唐朝之通俗詩及通俗小説》,《東方雜誌》第17卷第8期,1920年。
[3] 鄭振鐸《敦煌的俗文學》,《小説月報》第20卷第3期,1929年。
[4] 方回(向達)《記倫敦所藏敦煌俗文學》,《新中華》第5卷第13期,1937年1月,後收入向達《唐代長安與西域文明》,北京:三聯書店,1957年。
[5] 傅芸子《敦煌俗文學之發現與展開》,《中亞細亞》第1卷第2期,1942年,36—42頁。
[6] 林聰明《敦煌俗文學研究》,東吳大學中文研究所博士論文,1984年。
[7] 王利器《敦煌文學中的〈韓朋賦〉》,《文學遺產》增刊第1期,1955年。

煌文學"概念的初現;1971年金岡照光(1930—1991)出版了《敦煌の文學》一書[1],系統地討論了敦煌文學的素材、形態等問題。在中國大陸則到1980年纔有張錫厚(1937—2005)《敦煌文學》專書的出版[2],此書以"敦煌文學"名書,內容則是以敦煌歌辭、敦煌變文、敦煌話本小說、敦煌俗賦等作爲主要討論的範圍和對象。這兩本專書雖然都以"敦煌文學"作爲書名,述介的內容主要也都是以變文、曲子詞、詩歌爲主。相較於過去的研究,範圍漸有拓展,且亦較具系統,但並未對"敦煌文學"提出清晰的概念。整體而言,概念與範疇仍是模糊的。

1982年甘肅省社會科學院文學研究所召開"敦煌文學研究座談會",這次會議直接以"敦煌文學研究"作爲會議的名稱,顯示出敦煌文學的概念已然成形。不過,對於敦煌文學的範疇則尚未確認。而1986年周紹良(1917—2005)撰寫了《敦煌文學概論》一文(後來發表時改題爲《敦煌文學芻議》)[3],對自來有關"敦煌文學"內容與範圍的理解進行修正,提出了敦煌文學除俗文學外,還應包括非俗文學作品的主張。以爲從體裁看,除變文、曲子詞等少數幾種外,還需包括書、狀、牒、碑、銘等幾十種文體的作品。之後,顏廷亮主編的《敦煌文學》及《敦煌文學概論》[4]等專書便是在此理念指導下分工撰寫成書的。發展到此階段,敦煌文學的範疇,可說經由概念的釐清而大大擴展,敦煌文學文獻的內容也大爲豐富了。

1996年顏廷亮在《敦煌文學概說》中爲"敦煌文學"下了一個簡明的定義,他說"敦煌文學"是"保存並僅存於敦煌遺書中的唐五代宋初四百多年間的文學作品"[5]。1997年柴劍虹以爲敦煌文學的研究中,不論在作品的時代、作者、地域、體裁、內容等許多重要問題上,都還存在著不少疑問。特別發表了《模糊的敦煌文學》[6]一文,除論述敦煌文學的模糊性外,也提出了"敦煌文學"修正後的界定,以爲"敦煌文學"是"指保存或僅存於敦煌莫高窟的,以唐、五代、宋初寫卷爲主的文學作品及與此相關的文學現象

---

[1] 金岡照光《敦煌の文學》,東京:大藏出版株式會社,1971年。
[2] 張錫厚《敦煌文學》(上海古籍出版社,1980年,16頁)說:"敦煌文學是敦煌學的重要組成部分之一,包括的作品很多、很複雜,除文人作品和某些專選集的殘卷外,大多是來自民間的文學作品,主要有歌辭、變文、詩歌、話本小說、俗賦等文學樣式,這就是敦煌文學要討論的範圍和對象。"
[3] 周紹良《敦煌文學芻議初稿》,《社會科學》(甘肅)1988年第1期,100—111頁,後收入《紹良文集》下册,北京古籍出版社,2005年,1714—1765頁。
[4] 顏廷亮主編《敦煌文學》,蘭州:甘肅人民出版社,1989年;顏廷亮主編《敦煌文學概論》,蘭州:甘肅人民出版社,1993年。
[5] 顏廷亮《敦煌文學概說》,《敦煌吐魯番學研究論集》,北京:書目文獻出版社,1996年,378—390頁。
[6] 柴劍虹《模糊的敦煌文學》,《敦煌文學論集》,成都:四川人民出版社,1997年,1—8頁。

與理論"。此一界定基本上掌握了敦煌的地域、時間以及藏經洞文學文獻的特性,雖似模糊但較明確的釐清了敦煌文學的範疇;有利於敦煌文學的研究發展。

近年隨著敦煌學與敦煌文學的快速進展,研究内容分工越趨細密。除了沿襲既有的敦煌俗文學、敦煌民間文學的提法與概念外,有專就體裁進行分類鑽研的,如"敦煌變文研究"、"敦煌詩歌研究"、"敦煌曲子詞研究"、"敦煌賦研究"、"敦煌小説研究"、"敦煌願文研究"等等;也有針對特定主題進行探究的,如"敦煌孝道文學"、"敦煌兒童文學"、"敦煌邊塞文學"、"敦煌道教文學"等等,如此種類繁多而多樣多彩分類與專題的整理、研究,使得敦煌文學的内涵更加豐富,體系越趨完備。

由於敦煌是佛教聖地,發現寫卷的莫高窟 17 窟藏經洞是佛教的洞窟,甚或有以爲是莫高窟三界寺的圖書館[1],其文獻與佛教關係密切,其中的文學文獻頗多涉及佛教,也存在著大量佛教僧徒創作的作品與寺院活動所使用的文書。解讀這些文學内容,詮釋其中的内涵與現象,自是離不開"敦煌"這一地域,更離不開"佛教"這一範圍。因此"敦煌佛教文學"區塊的形成必是自然發展的結果。

三、佛教文學界義的析論

宗教、文學從起源到發展一直是處於互爲表裏、相互交融的狀態。宗教每每透過文學來進行傳播;文學更以宗教思想來呈現其所要表達的意涵,二者之間關係極爲密切。因此,便有"宗教中的文學"與"文學中的宗教"的提法,同時也就成爲關心宗教文學研究者長期以來討論的焦點。

作爲世界三大宗教之一的佛教,其與文學的關係尤爲密切。然而什麽是"佛教文學"似乎一直看法分歧,界定不明。我在從事"中國佛教文學"研究與教學時,對此曾有過思索,特别是有關"佛教文學的界義"問題。因爲歷來對"佛教文學"的看法,大多側重在佛典中譬喻、因緣等一類具故事性的文字記述。經典是以教理、教法爲主要内容,然而許多經典的内容與呈現的形式,不但具備文學的特質,有些更毫無疑義是文學的淵藪。

隨著佛教東傳與發展,弘法佈道的通俗化與世俗化,佛教教理更被有意無意地透過

---

[1] 參見:榮新江《敦煌藏經洞的性質及其封閉原因》,《敦煌吐魯番研究》第 2 卷,北京大學出版社,1996 年,23—48 頁;鄭炳林《晚唐五代敦煌三界寺藏經研究》,《西北第二民族學院學報》2004 年第 2 期,11—17 頁,收入《敦煌歸義軍史專題研究三編》,蘭州:甘肅文化出版社,2005 年,25—47 頁。

文學創作與口頭講唱來進行宣揚鼓吹，形成具有佛教主體意識的"中國佛教文學"，在中國文學史或中國佛教史上，也隨著文學觀念與文學視野的擴展而逐漸受到關注。

"佛教文學"一詞的概念與界定的提出，時間是較晚的。明治維新之後，佛學研究蓬勃發展的日本，深受歐洲學術發展的影響，積極推動新的佛學研究。除了佛教教義、經典文獻、語言等整理與研究外，同時也關注到佛教經典中的文學。

歐洲學界將所有佛教經典視爲印度文學的種類之一，明治以來，日本的學術界深受此觀念的影響，不但開始使用"佛教文學"一詞[1]，而且也沿用其內涵，並陸續出現有關佛教文學的論著。如明治二十八年(1895)佐佐木惠璋便發表有《佛教文學の過去及び將來》[2]；1902年，和田覺二有《佛教文學に就きて》[3]；1907年，芳賀矢一(1867—1927)有《佛教文學の研究》[4]，這些論著無疑昭告世人日本學界已開始投入"佛教文學"的研究。1925年，小野玄妙(1883—1939)更有系統的專著《佛教文學概論》[5]出版；1929年深浦正文(1889—1968)出版了《佛教文學物語》[6]；1931年，鈴木暢幸也出版了《佛教文學概論》[7]；此外，1929年更有《佛教文學》[8]專門刊物的刊行；昭和三十七年(1963年1月)以大正大學日本文學研究室及大谷大學日本國文學研究室爲中心成立了"佛教文學研究會"並出版了"佛教文學研究"輯刊[9]。

在這些佛教文學的論著及專門刊物所載的篇章中，其所討論的內容主要是佛教經典中具有文學意味的經典，同時也論述其中的思想、語言以及佛教與文學相關涉等問題。其中，小野玄妙《佛教文學概論》一書所論述的對象，除了以佛教經典爲中心外，還觸及印度、中國與日本三國的材料。其他諸人的論著中也不乏論及"日本文學與佛教"以及日本歷代佛教文學作品等論題。這顯示日本在佛教文學概念的建立及研究發展的過程中，同時也開始積極地試圖整理、建構"日本佛教文學"與研究體系。

---

[1] 如著名的溫特尼兹(M. Winternitz)(1863—1937)"Geschichte der indischen Litteratur", Leipzig: C. F. Amelangs, 1920，日本中野義照、大佛衛便及時翻譯爲《印度佛教文學史》，東京：丙午出版社，1923年。其觀念的吸取與沿用可以想見。

[2] 佐佐木惠璋《佛教文學の過去及び將來》(一)—(三)，《禪宗》7—9，1895年5—8月。

[3] 和田覺二《佛教文學に就きて》，《東洋哲學》第8卷第1期，1902年。

[4] 芳賀矢一《佛教文學の研究》，《宗教界》第2卷第10期，1907年。

[5] 小野玄妙《佛教文學概論》，東京：甲子社書房，1925年。

[6] 深浦正文《佛教文學物語》，東京：東林書房，1929年。後又在該書基礎上出版了《佛教文學概論》，京都：永田文昌堂，1970年。

[7] 鈴木暢幸《佛教文學概論》，東京：明治書院，1931年。

[8] 京都：佛教文學社，1929年6月創刊；又東京：佛教文學研究會，1977年3月創刊《佛教文學》雜誌。

[9] 《佛教文學研究》第1集，京都：法藏館，1963年。

早在1899年織田得能(1860—1911)便編輯有《國文中の佛教文學》[1]一書,此書雖是編輯,但關注日本本身的佛教文學趨勢已然呈現。之後,系統性的論著不斷湧現,各階段都有專書的出版。如:1935年阪口玄章著《日本佛教文學序說》[2];永井義憲1957年出版有《日本佛教文學研究》[3],1967出版有《日本仏教文學》;1994年榎克朗出版了《日本仏教文學と歌謠》[4]。1967年甚至還有《日本佛教文學》[5]雜誌的出刊,以及《佛教文學講座》[6]等總結性系列研究的出版。這些論著與刊物的發表與印行,在在說明了日本對佛教文學研究的重視與進展,其研究已漸趨系統。

　　除了日本佛教文學外,對於漢傳佛教主體的中國佛教文學,日本學界也多所用心,其中加地哲定(1890—1972)更專就中國佛教文學進行系統的研究,他在1965年出版了《中國佛教文學研究》[7]一書,這是一本以中國佛教文學爲研究對象,內容較爲全面、嚴謹且系統的專著。其中除了傳統文學體裁的作品外,也討論了變文、歌謠等俗文學中的佛教文學與禪門中的佛教文學。

　　早期學界儘管關注"佛教文學",但是始終並没有對"佛教文學"的概念與範疇做出嚴謹、明確的釐清與界定。一般論著主要著眼於佛教經典中具文學性的部分,也就是以印度佛教十二分教中的本生、本緣、本事及譬喻等作爲研究討論的主體。例如小野玄妙《佛教文學概論》;深浦正文《佛教文學物語》等便是。

　　這種從佛教經典出發的論著,無疑是源於印度佛教文學的概念,這基本成爲長期以來佛教文學的主流觀點與研究範圍,由於研究的文本均屬佛教經典,因此也有將之稱爲"佛經文學"[8]的。

　　針對"佛教文學"的界定問題,加地哲定可說是較早認真展開思辨的。他以爲:自來有關佛教文學研究主要以佛教經典爲對象,這種所謂的佛教文學,實際上不是"純粹

---

[1] 織田得能編《國文中の佛教文學》,東京:國語傳習所,1899年。
[2] 阪口玄章《日本佛教文學序説》,東京:啓文社,1935年。
[3] 永井義憲《日本佛教文學研究》,東京:古典文庫,1957年;《日本佛教文學》,東京:塙書房,1963年。
[4] 榎克朗《日本佛教文學と歌謠》,東京:笠間書院,1994年。
[5] 《日本仏教文學》雜誌,東京:豐島書房創刊,1967年。
[6] 如:伊藤博之、今成元昭、山田昭全編集《佛教文學講座》全9冊,東京:勉誠社,1994年。包含:佛教文學の原典、佛教思想と日本文學、法語、詩偈、和歌、連歌、俳諧、物語、日記、隨筆、僧傳、詩社源起、繪卷、繪傳、歌謠、藝能、劇文學、唱導の文學、研究史と研究文獻目録。
[7] 加地哲定《中國佛教文學研究》,高野町(和歌山縣):高野山大學文學部中國哲學研究室,1965年。
[8] 如:陳允吉、胡中行主編《佛經文學粹編》,上海古籍出版社,1999年;王立《佛經文學與古代小説母題比較研究》,北京:昆侖出版社,2006年。

的"佛教文學;因爲佛教經典中的文學,只是借文學爲手段來闡明教理,並非從文學創作的意識去進行寫作。真正的佛教文學應當是作者將自己對佛教教理的心得、體驗及信仰,有意識地從事文學創作,化爲文學作品來表達。福井康順(1898—1991)在爲加地哲定這本書所寫的序中便明白地指出:

> 佛教文學歷來似乎僅指經典中的譬喻、説話之類的文字。而本書作者認爲,那些爲數衆多的、爲解釋説明教理而把追求形式美作爲目的的作品,不能稱爲純粹的佛教文學。真正的佛教文學應當是爲揭示或鼓吹佛教教理而有意識地創作的文學作品。[1]

具有文學性質的佛教經典,即所謂"佛教經典文學",加地哲定認爲雖然可以將之納入佛教文學的範圍,但這不是佛教文學的核心,真正的佛教文學是作者有意識地從事文學創作;指的就是作者把自身對佛教的體驗或理解,運用文學的技巧、形式等表達出來的作品。

如此界定,雖然已相當嚴謹與進步,但學界仍有歧見。丁敏在《當代中國佛教文學研究初步評介》一文[2]中,綜合諸家論述後,主張:

> "佛教文學"一詞,可從較寬廣的角度來界定它,約可分爲兩大部分:一是佛教經典文學的部分。自阿含以來的各大小乘經典及律藏中,都有許多充滿文學色彩的地方。十二分教中的本生、本緣、本事、譬喻更是經典文學中的主流。另一是佛教文學創作部分。即以文學手法來表現佛理,帶有佛教色彩的文學創作。包括歷來文人、僧人及庶民的佛教文學創作,表現在小説、戲曲、散文、詩歌及俗文學中的作品。

丁敏的看法基本上照顧到佛教文學的根本與淵源,也符合佛教文學的實際發展,自有一定的合理性。不過,"佛教經典"與"佛教文學"本質上是有界綫的。黑田彰、黑田彰子合撰的《佛教文學概説》一書以日本佛教文學爲研究對象,書中便認爲"佛教文學"是以宗教爲宗的創作;而"佛教的文學"則是以佛教思想概念出發的言語藝術作品[3]。

"佛教文學"一詞的形成,是"佛教"與"文學"兩種概念的組合。佛教重在教義、思想;文學長於本質、形態,兩者的價值與特色各有所重,佛教側重精神内容,文學尤重藝

---

[1] 福井康順《代序》,加地哲定《中國佛教文學》,劉衛星譯,高雄:佛光出版社,1993年,1頁。
[2] 丁敏《當代中國佛教文學研究步評介——以臺灣地區爲主》,《臺大佛學研究中心學報》第2期,1997年,233—280頁。
[3] 黑田彰、黑田彰子《佛教文學概説》,大阪:和泉書院,2004年。

術形態。二者結合,或以佛教教義爲主,文學形式爲輔,借以宣教弘法;或以文學爲主,佛教内涵爲輔,供作藝術創作。是以各自所重,比率層次不可一概。然"佛教文學"一詞畢竟爲偏正結構,主體是"文學"。若從語法與詞彙結構來看,"佛經文學"與"佛教文學"並不相同,雖然其詞彙結構是"N+N",實際上等同於"N"與"N"中間有"的",所以名詞"佛經"、"佛教"都是用來限定"文學"的性質與範疇。换句話説,佛經當中具文學性質的則可稱爲"佛經的文學"或"佛經文學"。若在佛教發展過程中使用文學的藝術形態來表達有關題材、思想内涵的作品,則當作"佛教的文學"或"佛教文學"。

在中國,佛教界素以經典、佛理爲研究主體,而視"文學"爲末,甚少給予應有的關注與重視;因此向來甚少强調"佛教文學",即使有所論及,一般也多以"佛學與文學"來稱述,且重心在探究其間的關係。如李志夫主編《佛學與文學:佛教文學與藝術學術研討會論文集(文學部分)》[1]、孫昌武《唐代文學與佛教》[2];或以中國文學爲主體而稱"佛教與中國文學",如張漫濤(1933—1981)編《佛教與中國文學》[3]、張中行(1909—2006)《佛教與中國文學》等,都是以"佛教與文學"來作爲研究的領域。至於"佛教文學"的稱謂是近年纔漸趨流行,如1997陳允吉、陳引馳主編《佛教文學精編》[4]、陳引馳《佛教文學》[5]等。

按:佛教文學是指以佛教内容爲題材,旨在宣揚佛教信仰的文學作品。其淵源最早當來自佛教經典,就中國佛教文學而言,指的自然是漢譯佛典。隨著佛教在中土的快速發展,寺院僧人弘法佈道之作,文士學佛參禪之篇,各式各樣的中國佛教文學作品與時俱進,紛呈並現。從佛經文學到僧人文學,進而發展到文士文學,這一脈相承的中國佛教文學發展脈絡,其淵源流别交叉糾結,彼此之間有著難捨難分的密切關係。

對於這不易割捨的關係,爲了兼顧理論與實際,孫昌武在《佛教與中國文學》一書中便主張將"佛教文學"區分爲廣義與狹義兩種。他説:

> 在學術界,"佛教文學"這個概念内涵本來十分模糊。從廣義説,可以指所有受到佛教影響,包含佛教内容的文學作品,狹義則專指那些富於文學性的佛典。嚴

---

[1] 李志夫主編《佛學與文學:佛教文學與藝術學術研討會論文集(文學部分)》,臺北:法鼓文化,1998年。
[2] 孫昌武《唐代文學與佛教》,西安:陝西人民出版社,1985年。
[3] 張漫濤編《佛教與中國文學》,臺北:大乘文化出版社,1981年。
[4] 陳允吉、陳引馳主編《佛教文學精編》,上海文藝出版社,1997年。
[5] 陳引馳《佛教文學》,上海人民美術出版社,2003年。

格地講起來,宗教經典與文學作品是有明確界綫的。[1]

"佛經文學"是指佛教經典中富含文學色彩的部分,展現出作爲佛教宣教工具的佛經本文,隱含著文學的優雅面向。"佛教文學"則指以佛教思想爲精神,以文學類別爲載體的文藝創作,含括了僧、俗兩界的作品:僧人作品有僧詩(化俗詩歌、佛曲)、偈頌(修道偈、傳法偈、證道歌等)、語録等,世俗作品則有正統文人的佛教詩歌、駢散文章,以及俗文學裏的講唱變文、靈驗記等等。

新版的《中國大百科全書》立有"佛教文學"條,以爲:"一般説來,一切文字形式的佛教文獻都可以説是佛教文學。稍加限定:一切與佛教題材相關、使用佛教文字體裁、表達佛教理想、觀念、意境、情趣的美文作品就是佛教文學。通常,佛教文學指後一内含意義。"又以爲"可以從形式和内容兩個方面來看待佛教文學。所謂内容,就是佛教文獻中涉及人生理想的題材或主題;所謂形式,旨在宣教手段上佛教文獻採用了同世俗文學相近或相同的形式體裁"[2]。相對而言,觀念較爲清晰,界定也較爲具體。但也是存在廣義與狹義的佛教文學主張。

四、敦煌佛教文學理念的建構

1900年敦煌莫高窟藏經洞重見天日以來,以敦煌文獻爲核心的研究快速發展,而產生了敦煌學這一門新興的學科。研究的領域也從文獻、石窟藝術、地理歷史等等,不斷地擴展,隨著研究的深入和研究隊伍的壯大,許多研究門類也從最初的散漫,逐漸趨於系統,研究概念與理論也紛紛從隨興自發走向自覺。"敦煌文學"的研究便是其中重要的一環,而"敦煌佛教文學"也在敦煌文學發展的基礎上,漸受重視,其研究意義也不斷提升。

葛兆光《重理中國宗教與文學之因緣——關於中國大陸》一文中説:"20年代以來,白話文學成爲話題,又適逢敦煌文獻逐漸面世,這一轟動世界的發現引起了國際學界對於佛教與佛教文學的注意,大量變文俗講資料又恰恰對應了當時掙脱傳統文學、爲白話文學尋根溯源的潮流,於是關於宗教與文學關係的研究,就不僅是宗教研究的話題,逐漸也成了文學研究的話題。"[3]這段話,既指出了宗教與文學的關係,又道出了佛教文

---

[1] 孫昌武《佛教與中國文學》,上海人民出版社,1988年,26頁。
[2] 《中國大百科全書》第6册,北京:中國大百科全書出版社,2009年第2版,595頁。
[3] 葛兆光《重理中國宗教與文學之因緣》,《華學》第2輯,1996年,218—226頁,後收入葛兆光《中國宗教與文學論集》,北京:清華大學出版社,1998年,1—19頁。

學發展的時代因緣,也說明了敦煌佛教文學發展的契機。

至於"敦煌佛教文學"一詞的提出,較早是1974年日本金岡照光(1930—1991)以《敦煌の佛教文學》爲題作了一次演講[1],演講的内容主要談論的是敦煌變文,實質上並未涉及變文以外的"敦煌佛教文學",也未對敦煌佛教文學提出任何概念與範疇的界定。儘管如此,但卻是較早公開使用"敦煌佛教文學"一詞的[2]。

1991年,汪泛舟發表了《敦煌佛教文學儒化傾向考》一文[3],文中以敦煌《降魔變》等佛教講唱文學,王梵志詩、《百歲篇》等敦煌佛教題材的詩歌和佛曲,以及碑銘、齋文、祈福文等佛教寺廟文學雜著作品爲例,借以揭示敦煌歷史上佛教傳播時與儒家相融的現象。這篇短文雖然對敦煌佛教文學也未作出界定,但從其援引的《降魔變》、《破魔變》、《父母恩重經講經文》、《故圓鑑大師二十四孝押座文》等敦煌佛教講唱文學,敦煌佛教題材的詩歌《王梵志詩》、《百歲篇》等,《太子讚》、《十二時》等佛曲作品以及《亡文》、《齋文》、《慶幡文》、《祈福文》、《追福文》等敦煌寺廟文學,從中不難看出其所謂的"敦煌佛教文學"當是指敦煌文學中的佛教題材的作品。1995年周丕顯(1934—1997)發表了題名爲《敦煌佛教文學》的專文[4],文中以敦煌藏經洞發現的佛教文學爲研究主體,説明敦煌佛教文學在其特殊地理位置牽引下所彰顯出的文書研究的重要性。同年,曲金良出版了《敦煌佛教文學研究》專書[5],除論述"佛教文學因子及其在敦煌的聚結"外,主要論述内容仍是以敦煌佛教講經文爲主,兼及敦煌佛教曲子詞、佛教詩歌、王梵志詩等,同時還討論了敦煌佛教劇本問題。2001年,邵文實《敦煌佛教文學與邊塞文學》[6]、2005年王曉平《遠傳的衣鉢:日本傳衍的敦煌佛教文學》[7]等論著的紛紛出現,説明"敦煌佛教文學"概念不但成形,且已然成爲敦煌學研究的熱點。不過,這些都題名爲"敦煌佛教文學"的論著,内容卻未碰觸"敦煌佛教文學"的界定問題。儘管如此,但明顯透露出"敦煌佛教文學"已廣泛受到重視的訊息,且逐漸從"敦煌文學"中凸顯出來,甚至形成獨立的研究範疇。

---

[1] 金岡照光《敦煌の佛教文學》,《三康文化研究所報》9,1974年,5—27頁。

[2] 之後,開始逐漸出現有以"敦煌の佛教文學"爲題發表的論文,如:山田勝久《唐代敦煌的佛教文學——大目乾連冥間救母變文研究》,《東洋哲學研究所紀要》4,1988年,25—44頁。

[3] 汪泛舟《敦煌佛教文學儒化傾向考》,《孔子研究》1991年第3期,85—91頁。

[4] 周丕顯《敦煌文獻研究》,蘭州:甘肅文化出版社,1995年。

[5] 曲金良《敦煌佛教文學研究》,臺北:文津出版社,1995年。

[6] 邵文實《敦煌佛教文學與邊塞文學》,《敦煌學輯刊》2001年第2期,24—31頁。

[7] 王曉平《遠傳的衣鉢:日本傳衍的敦煌佛教文學著》,銀川:寧夏人民出版社,2005年。

倘若遵循著"敦煌文學"的概念與範疇來看,則所謂"敦煌佛教文學"當指"保存或僅存於敦煌遺書中的唐五代宋初四百多年間的佛教文學作品"。敦煌文學與敦煌佛教文學的交集,也就是既要合乎敦煌文學又要合乎佛教文學。

我們主張強調"佛教文學"是以佛教思想爲精神,以文學類別爲載體的文藝創作,其作者跨越僧、俗兩界,其作品有雅也有俗。那麼"敦煌佛教文學"的研究視野,相較於一般傳統文學的研究,除了注重"敦煌"文獻的獨特性外,更要注意佛教的自覺性以及文學的創作性。因此,雖然敦煌文獻中的佛教經典不乏具有文學性的記述,這種歸屬"佛經文學"的作品,在此則不納入"敦煌佛教文學"的範疇來探討。

雖然敦煌文學、敦煌佛教文學的概念釐清與名詞的提出時間較晚,但隨著敦煌文獻的發現與公佈,敦煌佛教文學作品本體的研究時有所見,其中有關變文的整理與研究便是最早開始且最具成果的。不管從中國文學的立場或佛教文學的立場來看,敦煌藏經洞所發現的這批材料,恐怕最受矚目的還是首推絕傳已久的講唱"變文"。

由於變文的發現解答了中國俗文學史上許多疑案,因此自其被發現以來,即成爲海內外研究敦煌文學的焦點。"變文"是佛教通俗講經及其演化的講唱文學;是佛教徒"揭示或鼓吹佛教教理而有意識地創作的文學作品"[1],是不折不扣的"佛教文學"。它既是僅保存於敦煌藏經洞文獻中的一種佛教文學,更是"敦煌佛教文學"的代表,但絕非是"敦煌佛教文學"的全部。敦煌佛教文學有其更爲寬廣的內容與面向,變文只能說是其中較爲突出而鮮明的部分。

回顧敦煌學的研究歷程,初期大都基於文獻學的立場來進行整理與研究,因此,主要多以序跋、校錄爲主。敦煌文學研究也是如此,囿於藏卷的公佈,獲睹不易,研究的對象多局限於個別寫卷或作品。之後,則是在文獻的基礎上逐漸展開文體的考述、內容的探究,其中從佛教文學主體、佛教視角出發的尚不多見。大多或單從佛教教理入手而忽視其文學特質;或僅從傳統文學形式入手而忽略其中的佛教意涵。整體而言,即使偶有根據這些作品展開與佛教關係之論述,也大抵僅爲個別作品有關佛教題材或思想意涵之探究而已。其進路仍多從傳統文學觀點出發,缺乏系統,且少有著眼於佛教文化的視野與面向。

五、敦煌佛教文學的研究面向

敦煌乃佛教聖地,莫高窟藏經洞屬佛教洞窟,其中所發現的文獻百分之九十以上與

---

[1] 福井康順《代序》,加地哲定《中國佛教文學》,1頁。

佛教有關。敦煌學發展已逾百年，相關研究均甚可觀。基於"佛教文學"主體意識的相關研究也漸次興起，除了有系統地審視敦煌文學文獻並闡釋"敦煌佛教文學"的研究意涵外，我想以下幾點當是敦煌佛教文學研究亟需展開研究的面向。

首先是釐清"敦煌佛教文學"概念的研究，此爲基礎理論之建立，透過唯名與唯實來審視敦煌佛教文學的發展歷程，在分析歸納與評騭中，建構清楚的"敦煌佛教文學"概念，劃定明確的整體研究範疇。

當概念與範疇廓清後，當據以檢視現已公佈的敦煌文獻資料，以文學文獻學之視角展開敦煌佛教文學文獻甄別，使研究有所憑依。進而將檢視所得龐雜的佛教文學文獻進行分類研究。

"佛教文學"的本質是文學，所以從"文學"爲主體的視角出發來看"佛教文學"的分類，自然跟其他文學分類一樣，首先關注的是文學的形式，因此也就會以文學體裁的分類爲其首要的觀察；加上中國文學分類自來普遍采文體分類法，"敦煌文學"、"佛教文學"或"敦煌佛教文學"均屬中國文學的一環，當然也不例外。

然而傳統文學的二分法或四分法均無法涵蓋敦煌佛教文學的體類；而過於細緻的文體分類，又有流於散漫之虞，且不易掌握敦煌佛教文學的特色與發展規律。因此，基於現存敦煌佛教文學文獻的實際狀況，參考歷來敦煌文學研究諸家的分法，區分爲韻文類、散文類、講唱類等三大類來加以統攝，三類之下，復依主要體裁進行分項、分目析論，當有其必要。

在分類研究上，除了傳統文學研究的文體分類研究外，基於佛教主體意識，也可從敦煌佛教文學的功能出發進行另類的分類研究。

畢竟"佛教文學"是"佛教"與"文學"的結合體，在關注文學本質的分類外，以"佛教"特性爲焦點的分類方式也是值得關注的一個面向。

佛教這個世界性的古老宗教，信仰、崇拜、修行與傳道、弘法是其主體，文學在宗教所扮演的角色是依附這些活動，作爲這些過程中的表現。也就是用來在作爲頌讚教主、莊嚴道場、體悟修道、弘法佈道的工具；換言之，佛教文學是佛教徒借文學爲媒介以遂行教義、教法傳播的文學。正因如此，對於"佛教文學"的分類，我們除了從"文學"視角出發的體裁分類外，從"佛教"的視角出發進行分類也確實有其必要性。

倘若根據敦煌佛教文學的實際情形，參考前賢的見解，從文學在宗教中所呈現的"功能"性出發，將敦煌佛教文學分爲以讚頌佛教内容爲主的"讚頌文學"；以釋徒自身修道、證道經驗爲主的"自證文學"；及以形式内容作爲傳教弘法之用的"弘傳文學"三類進行分析研究[1],當具一定之價值與意義。

主題是文學作品內容的重要因素。近年隨著西方比較文學的引進,其所謂的"主題"(theme)也漸爲學界所使用。從整體上看,一部作品可以有多個主題,而不同的作品也可以反映同一個主題。

佛教文學既然是作者把自身對佛教的體驗或理解,運用文學的技巧、形式等表達出來的作品,那麼佛教文學自然也就以佛教的主要思想、教義爲其表現的主題;因此,佛教文學的主題研究無疑是佛教文學研究的核心問題之一。

敦煌佛教文學各類作品中呈現諸多佛教獨特的主題,如釋迦牟尼佛誕生、學道、證道、弘法歷程的"佛傳"主題;教法核心的"無常"、"因果"、"報應"、"輪迴"、"報恩"以及"天堂"、"地獄"、"佛國"、"淨土"等等,將是未來研究的新鮮課題與主要面向。

"佛教文學"是"佛教"與"文學"的結合體,以"佛教"思想意涵爲其主要內容,以"文學"語言藝術爲其表現形式。除了發揮宣傳教義的功能外,其因應時空所采取的文學形式,是佛教傳播的利器,深入各個階層,甚至滲透到生活文化之中。因此,我們在關注佛教文學特色的同時,實有必要留意這些佛教文學背後所蘊含的佛理教義及其呈現的佛教宗派發展訊息。

從敦煌文獻已公佈的數量與內容看,佛教文獻約佔百分之九十。在如此龐大的數量中,各類寫卷的研究價值並不相同。就佛教文學文獻論,其保存衆多的佛教詩歌曲詞,其中特別是禪宗、淨土宗用以表達其思想主張與意念的作品,透過這些作品的析論,無疑將有助於印證唐五代中國佛教的發展情況,瞭解敦煌佛教的發展與特色,論述敦煌佛教文學與敦煌佛教發展等外沿的研究面向也是極具意義的研究課題。

文學是語言藝術的表現,語言是文學表現的工具。敦煌佛教文學的語言特色主要以口語白話、通俗淺顯、佛教名相語彙充斥最爲鮮明而凸顯。這些鮮明的語言特色正提供了中國中古語言研究的寬廣的視窗。

語言學的研究主要包含有語音、詞彙與語法。語音的演變短期不易察覺,而詞彙與語法的發展相對於語音而言是較爲容易掌握與考察的;特別是在唐五代古白話發展的關鍵期,敦煌文獻與禪宗語錄等提供了我們珍貴而豐富的研究語料。其中特別是敦煌

---

[1] 日本澤田瑞穗《佛教と中國文學》(東京:國書刊行會,1975年)一書的題記中曾將佛教文學分作:對佛法僧三寶讚頌的"讚頌文學";專注於自我心靈層面時所產生的"自證文學";以及指向於不特定多數對象弘法的"唱導文學"等三類。此一分法的提出,不論從佛教或文學的立場來看,均有一定的意義。

佛教文學作品,其鮮明的語言所呈現的大量詞彙與語法表現,無疑是漢語古白話重要的研究材料。

文化是文學的土壤,文學是文化的視窗。文學是一個民族生活、社會文化、時代思潮的投射,也是反映風土民情的主要載體之一。既然文學是反映現實生活的重要載體,它就必然會成爲一種生活機制,民俗觀念、民俗心理以及文化傳統,也就成爲文學創作的養分,豐富文學的内涵,造就文學的特色。

佛教文學的特色,反映的正是佛教這一特殊的團體、寺院這一特有的空間、佛教獨特的思想教義以及圍繞在這些獨特的人、地、時、事、物等等所衍生出來的諸多文化。

敦煌佛教文獻中,除了經、律、論等佛教典籍外,同時也有爲數可觀的唐五代寺院文書,可説是當時佛教寺院實際活動的全記録,爲我們研究唐代寺院文化提供了具體而寶貴的第一手材料。

佛教文學是在佛教文化中所衍生的文學,而佛教文學記述的内容自然以呈現佛教文化爲主。佛教文化表現的空間主要以寺院爲中心;而在時序中的展演更結合爲節慶文化。透過敦煌佛教文獻與佛教文學,分别從寺院文化與節慶文化兩個面向觀察敦煌佛教文學所呈現的文化,皆是值得關切的研究面向。

又敦煌佛教文獻、佛教文學、佛教壁畫圖像,在過去的研究中各自有其領域,甚少交涉。隨著敦煌學這門學科的發展,以研究材料爲對象,逐漸形成爲"敦煌文獻"、"敦煌石窟藝術"、"敦煌歷史地理"及"敦煌學理論"等四個主要面向。其中,"敦煌文獻"與"敦煌石窟藝術"可説是敦煌學的兩大區塊,不但各自有其學科屬性與特質,而且更有著豐碩且可觀的研究成果。近年來,研究對象與視野漸趨拓展,所涉及的學科也不斷增加,學界對敦煌學所具有鮮明的多學科交叉特徵感受更加深切。尤其同一題材的佛教文學與圖像由於化俗法師、畫工們對經典的理解與詮釋不一;因表達工具、傳播媒介及時空的差異,不免存在著位移與落差的現象,同時也存在有文本的互文性。透過相關題材的敦煌佛教文學、圖像的耙梳與對應,展開比對分析,進而論述其間的關係,或可建構一個傳播與釋讀的體系,並爲同一佛教故事題材在文學與圖像表現所呈現的異同尋求合理的解釋,也是跳脱傳統文學與藝術各自爲政的窠臼,展現科際整合、交叉學科研究的新境界。

從敦煌佛教文學研究的經驗中,筆者深切體認到:"圖像"可作爲"文獻"、"文學"的形象佐證;"文獻"、"文學"則提供"圖像"的敍事釋讀。以敦煌佛教敍事文學爲核心,結合相關的敦煌佛教文獻與敦煌石窟壁畫中的佛教敍事圖像,將這些資料視爲一有機體,采取學科交叉的方法對這批資料進行統整研究,應有助於敦煌佛教文學之研究與闡釋,提供研究發展的新視窗。

六、後　　語

數量可觀、內容龐雜的敦煌佛教文獻,提供了唐五代豐富而多樣的敦煌地區的佛教文學資料。這些資料所涉及的層面不僅含括了僧人信仰與實踐的記載,還有民間佛教活動的寫真遺跡、佛教深入民間成為庶民信仰的歷程,更成為藏經洞中佛教文書所揭示的重要現象。

敦煌佛教文學研究,不僅僅成為中國佛教文學研究的一塊新天地,當可更進一層從歷史、文化的角度延伸開展出嶄新的研究方向。全面向的敦煌佛教文學研究範疇,還包含了中國佛教文學本身的發展、敦煌佛教文學與唐代文學的相互影響、中世紀佛教傳播的佐證、佛教文學與民間文學的興盛與互持、中國民間儒釋道思想共融等等。

除此之外,唐、五代佛教的興盛與傳播,讓中國佛教文學體裁更趨多元化,亦同時激盪著中國雅文學與民間俗文學的興盛,尤其佛教中國化、世俗化最為成功而普及的禪宗、淨土宗,浸濡了士人文學與思想後,佛教文學益發流行。其深入世俗弘法佈道采取的傳播手法,帶動了佛教俗文學的興起,更是敦煌佛教文學最為亮麗的遺存。

透過對敦煌藏經洞遺存的唐五代佛教文學全視角的透視與觀察,當有助於深入瞭解並深化敦煌佛教文學的研究,廓清佛教文學在中國文學發展的面貌,開闊中國佛教文學研究的視野。

（作者單位：南華大學文學系）

敦煌應用文書啓請文研究

王三慶

一、前　　言

　　英國圖書館藏敦煌文獻 S.3875 號寫本,僅存一紙,其正面首題"諸雜齋文一本",下録小題"啓請文",題後則録内容,並續抄至卷背,第二篇題作"結壇文",僅録三行,餘紙留白處題署"應管内外釋門都僧統臨壇供奉大德謙(兼)闡揚三教大法師紫賜(賜紫)沙門"、"敕河西歸議(義)等軍節度使銀青光禄大夫兼校國子祭酒兼御使(史)中丞上柱"、"清泰三年(936)丙申歲"、"清泰三年丙申歲十一月十一日新造筆一管,寫此文本"。據此,本卷可能爲預擬編作之應用文書,或者是抄寫已經編録完成之書,且具多種内容的雜齋文本,可惜僅存録一篇完整的《啓請文》及未完的一篇《結壇文》,因此難以判定其性質與真實情況。

　　由於敦煌文獻存在多種不同場合運用的齋文文本,除了具有編置單篇而題作書名的"社齋文壹本"(北6851v)外,其他可見書名的寫卷凡有 P.3444 的"諸雜齋表嘆文壹卷",存《邑文》、《燈文》兩篇;P.2915 中題"諸雜齋文一卷",題目前後共録二十篇各式的齋文;P.2820 中題"雜齋文一卷",書題前後亦抄録了二十四篇不同內容的齋文(《論義道士答言》除外);以及録存五篇不同內容的"齋文一卷"(P.3800)。但是收録最稱豐富齊備者莫過於根據 P.2940、P.2547 等十四個卷號繫聯而成,凡有十大類別、八十多種可供程式套用的齋文專書"齋琬文一卷并序",以及光道大師個人撰述兩卷以上的齋文集,每卷至少收録三十八篇左右,可惜今日僅存 P.3129 號"諸雜齋文下卷"。

　　從這幾個齋文書名來看,除了《社齋文》、《齋文》、《齋琬文》外,至少有半數以上署名冠以"雜齋"之名(共有五種)。若究內容,大都是爲世俗信衆舉辦各式齋會的應用文範或實體書文,上至於國家規範之官齋活動與不特定之散齋致祭,更多的是個人的禳災求福,以及爲往生七世父母的追薦法會,還有遠及周邊之含靈生物等,含括過去、現在、未來三世種種相關的事務,都舉辦過齋會活動,足見其與庶民百姓生活的密切。只是 S.3875 號"諸雜齋文一本"之內容比較特别,一來本書未曾抄完,二則開首的兩篇《啓請文》與《結壇文》的組合方式,也與他本雜齋的編製型態不同,又何以稱之爲"雜齋"?近人著作曾有重要的論述涉及[1],卻多錯誤與臆測,其後更有學者加以援用延伸論述,於是不得不重新探討,特從此卷兩篇入手,瞭解所涉及的各種問題。

二、"啓請"名義析疑

有關"啓請"連詞出現較晚,就以"啓"字而言,原爲文體稱呼,取其開啓之意,《文心雕龍·奏啓》第二十三云:

> 啓者,開也。高宗云"啓乃心,沃朕心",取其義也。孝景諱啓,故兩漢無稱。至魏國箋記,始云啓聞。奏事之末,或云"謹啓"。自晉來盛啓,用兼表奏。陳政言事,既奏之異條;讓爵謝恩,亦表之别幹。必斂飭入規,促其音節,辨要輕清,文而不侈,亦啓之大略也。[2]

這段話說明了"啓"爲文體,原取"開"意,兩漢因諱孝景之名,不用啓字。曹魏之際,箋記多用"啓聞"兩字開頭,奏事之末則云"謹啓"結束。晉世盛行"啓事",兼有對上行長官表白報告之意,用於陳述政務及言談事務,有别於稟事奏聞及讓爵謝恩等文書性質。然而"啓請"兩字之組合成詞,從傳統文獻來看,卻已晚至於唐代中葉以後,薛用弱之《集異記·蕭穎士》一則纔出現,其文云:

> 二子曰:"吾識爾祖久矣。"穎士以廣衆中,未敢詢訪。俟及岸,方將啓請,而二子匆遽負擔而去。[3]

這裏有問啓、請教之謂,直到宋初,《歐陽文忠公文集》之札子多用"啓請"一詞,可見傳統四部該詞出現稍晚。反觀前此佛道典籍,不但時常行用,且有其特定意義,如《雜阿含經》卷二七云:

> 於是聖王從東海度,乘古聖王道,至於南海;至於南海,度於南海,至西海;乘於古昔聖王之道,度於西海,至於北海。南、西、北方諸小國王奉迎"啓請",亦如東方

---

[1] 李小榮《敦煌密教文獻論稿》,北京:人民文學出版社,2003年,234—289頁。
[2] 劉勰撰,范文瀾注《文心雕龍注·奏啓》第二十三,臺灣:開明書店,20頁下。
[3] 薛用弱撰《集異記》(四庫全書本)"蕭穎士"條。劉肅撰《唐新語》卷一〇亦云:"開元二十三年,刺史韋濟以聞,詔通事舍人裴晤馳驛迎之。果對晤氣絕如死,晤焚香啓請,宣天子求道之意,須臾漸蘇。晤不敢逼,馳還奏之。"

廣説。[1]

這是對於尊者的用語。又《菩薩本緣經》卷三云：

> 我今深心清淨啓請，唯願仁者必受不疑。[2]

《起世因本經》卷八《9 鬥戰品》亦云：

> 爾時，彼天摩那婆使，又復更上向化樂天白言："仁者化樂天王！當知帝釋有如是語：'其阿修羅，欲共天鬥。'"如前啓請，乃至彼天與其無量百千萬數諸天子來，各嚴鎧甲，種種騎乘，下來到於須彌留山西面，豎於赤色難降旗幡，依峰而立。如是上白他化自在諸天子等，一一如前。[3]

其他諸經也常提到"啓請"二字，如《帝釋所問經》卷一之："我今當啓請"[4]，《央掘魔羅經》卷一："汝當疾捨利劍出家學道，頂禮母足悔過自洗，至誠啓請求聽出家，濟度汝母離三有苦"[5]。凡此數處，都有請求尊者開啓示教之意，論其文義，與《文心》之"啓"說無所分別[6]。至於其所示禮儀則倍常恭敬，根據《法苑珠林》卷二〇《儀式部第七》所談有關行禮儀式舉凡有五：

> 第一，明脫履，申極敬儀，乃中土羣臣朝謁之儀。

> 第二，明偏袒，依律偏露右肩，或偏露一肩或一膊，示從依學有執作之務，俗中袖挾右袂，便穩於事。

> 第三，明呈恭，依律云："當令一心合十指爪掌，供養釋師子。"或云："叉手白佛者。"皆是斂容呈恭，制心不令馳散，然心使難防，故制掌合而一心也。既知一心合掌之儀，即須五體投地禮之，故《地持論》云："當五輪至地而作禮也。"

> 第四，明禮儀，《智度論》提及禮法有三：一口禮和南的下禮，二屈膝頭不至地的中禮，三頭頂至地的上禮。三禮法中，下者抱，中者跪，上者稽首。菩薩禮佛有三品：一者悔過，二者隨喜迴向，三者請佛。問禮唯身業，答禮通三業。五輪至地，爲除身業不善；稱揚名字，歌讚佛德，爲除口業不善；心常緣念，若鏡目前，爲除意業不善。爲對佛眼，故須身禮；爲對天耳，故須口唱；爲對他心，故須意念。由口業唱故，

---

[1] 《雜阿含經》卷二七，《大正藏·阿含部》第2冊，194頁中欄（CBETA, T02, no. 99, p. 194, b6-10）。
[2] 《菩薩本緣經》卷三，《大正藏·阿含部》第3冊，66頁（CBETA, T03, no. 153, p. 66, b15-16）。
[3] 《起世因本經》卷八《9 鬥戰品》，《大正藏·阿含部》第1冊（CBETA, T01, no. 25, p. 408, a15-24）。
[4] 《帝釋所問經》卷一，《大正藏·阿含部》第1冊，248頁（CBETA, T01, no. 15, p. 248, a26-28）。
[5] 《央掘魔羅經》，《大正藏》第2冊，520頁（CBETA, T02, no. 120, p. 520, b15-21）。
[6] 李小榮對此詞條亦有追索，唯根據之資料時代差異性不大，參見《敦煌密教文獻論稿》，235—236頁。

聞慧得成；由意業念故，思慧得成；由身業禮故，修慧得成。由身業禮故，戒學得成；由意業念故，定學得成；由口業唱故，慧學得成。以上所述，交綺互明，若據通門，三業之中三學並攝也。

第五，明邪正，源此禮法於齊代初，有西國三藏厥號勒那，覩此下凡，居在邊鄙，不閑禮儀，情同猴馬，悲心内溢，爲翻七種禮法。文雖廣周，逐要出之，從麁至細，對麁爲邪，對細爲正。故階級有七，意存後三也。[1]

以上是《法苑珠林》歸納古今中外禮儀五種不同的儀式，而其所説的第三種"明呈恭"之中，在解釋五輪之禮後即續談"啓請"儀式云：

既知五輪著地之儀，即須知右膝胡跪之相。經中多明胡跪，胡跪、跽跽，斯並天竺敬儀，不足可怪。即是左右兩膝交互跪地，有所啓請悔過儀也。

原來右膝胡跪等盡屬天竺敬儀，乃左右兩膝交互跪地，有所啓請悔過的儀式。釋彦琮《福田論》也説隋煬帝大業三年（607），新下律令格式令云："諸僧道士等有所啓請者，並先須致敬，然後陳理。雖有此令，僧竟不行。"[2]因此，"啓請"一禮應該來自佛教經典所説的西方行禮儀式，隋煬帝纔會以此致敬禮要求僧道。故《釋門歸敬儀》卷二云：

八明右膝著地者，經中多明胡跪、互跪、長跪，斯並天竺敬儀、屈膝拄地之相也。如經中明，俗多左道，所行皆左故。佛右手按地，以降天魔，令諸弟子右膝著地。言互跪者左右兩膝交互跪地，此謂有所啓請，悔過授受之儀也。[3]

根據這些文獻所提到的"啓請"，顯然它是一種極爲誠心，對佛胡跪，主動懺悔或被動地承認一己過錯之禮佛儀式，但是"啓請文"就不僅是儀式的表現而已，更是一種"雜齋"法會中上陳宣讀的齋疏文字。

三、敦煌文獻中的"啓請"

敦煌文獻中見存不少有關"啓請"的經典咒語，如 P.02384（有題記云："廣順元年六月改爲清泰元年，時當歲次甲午，天旱，故記之耳。比丘□□。"）、P.03845《大元帥啓請》、S.04400v《大降魔穢積金剛聖者啓請》、P.03914《佛説金剛蓮華部大摧碎金剛啓

---

[1] 以上參見《法苑珠林》卷二〇，《大正藏》第 53 册（CBETA, T53, no. 2122, p. 434, b10 - p. 435, a12）。

[2] 《廣弘明集》卷二五，《大正藏》第 52 册，280—281 頁（CBETA, T52, no. 2103, p. 280, c20 - p. 281, a12）。

[3] 《釋門歸敬儀》卷下《威容有儀篇第八》，《大正藏》第 45 册，863 頁（CBETA, T45, no. 1896, p. 863, c15 - 20）。

請》、S.02566、S.04378v、S.05598、俄 D00529、俄 Ф229v + Ф241v《大悲啓請（附大悲心陀羅尼神妙章句）》，S.02567、S.04378v《佛頂尊勝加句靈驗陀羅尼啓請》（有陀羅尼及迴向，並有題記云："比丘惠鑾，今者奉命書出，多有拙惡。且副來情，謹專奉上，伏乞手持，同沾殊利。時乙未歲十二月八日在江陵府大悲寺經藏内寫大悲心陀羅尼、尊勝陀羅尼同一卷了。"）等，其中載錄最稱詳備者莫過於法國所藏 P.02197 號，共匯集了如下多種内容：

1. 九曜星官真言；2. 大降魔穢積金剛聖者啓請；3. 大降魔穢積金剛聖者大心陀羅尼（其後有"經云"經後注云："此聖者是本師釋迦牟尼，佛現大降魔身普勸受持洛涼新樣。"）；4. 大元帥啓請；5. 佛説無盡意菩薩化身一名大力菩薩二名无量力菩薩三名无邊身菩薩四名甘露王五名阿叱溇拘三千大千世界鬼神部元帥大將甘露身陀羅尼神妙章句真言；6. 佛説金剛蓮花部大摧碎啓請；7. 佛説金剛蓮花部大摧碎延壽陀羅尼；8. 佛説東方月光面勝如來寶莊嚴佛國土上王安土地陀羅尼啓請；9. 佛説五部持念在道場主毗盧化身灌頂吉祥金色大輪王陀羅尼啓請；10. 大悲啓請；11. 千手千眼觀世音菩薩廣大圓滿無礙大悲心陀羅尼神妙章句（後有迴向云："願課誦功德，普及諸有情，我等與衆生，皆共乘佛道。"）；12. 佛頂尊勝加句靈驗陀羅尼啓請；13. 佛頂尊勝加句靈驗陀羅尼（西天三藏佛陀波利奉詔譯）（迴向同上）；14. 不空絹索神咒心；15. 佛説大隨求真言啓請；16. 佛説普遍光明猰髻無垢清淨熾盛思惟如意寶印心無能勝大明王即得大自在總持大隨求陀羅尼神妙章句（又以前是根本咒），卷背 V1. 陀羅尼補記，V2. 格紙。

可説含括了八種不同的啓請，有的還有相對應的陀羅尼，少數還有迴向文字。然而檢視這些"啓請"的内容，盡屬密教經典或相關内容，爲中土佛典失傳已久的作品，故《大正藏》第八十五册曾經收録了部分作品，如《大悲啓請》等。然而研究最力者則以日人居多，如長部和雄、松本榮一、小野玄妙、加持哲定、平井宥慶、三崎良周、大山公淳、賴富本宏等，對於密教經典或義理雖然多有精彩的著作，卻不涉及"啓請"文體及儀式問題，而中國學者中李小榮爲先行者，雖有不少的闡述與發揚，卻也製造了諸多的錯誤，今分述如下：

（一）如援引卷號多錯漏或正背不分，令人難以稽索，舉凡 S.2576（2567）、上圖 142、P.3194（3914）、Дx.1065、S.4400（v）等，都有此類情形。

（二）對於"啓請"之結構及功能分析，頗有商榷餘地，以"敦煌文獻中的啓請文"而論，直將"啓請"與"啓請文"混爲一談。其説"在敦煌各寺院的佛教行儀中，啓請文是必備的禮儀性文字"，雖或差近，但是文中介紹的《大降魔穢跡金剛聖者啓請》《大元帥啓請》、《大隨求經啓請》,直認爲是"啓請文"的範本,則不免有所爭議,因爲"啓請"固然以文字表述,其所舉例之卷號,無一標題直作"啓請文",那麼,如何將兩者間畫上等號?

（三）再者,從《大降魔穢跡金剛聖者啓請》之體式分析,得出"一篇完整的啓請文一般由啓請偈(贊文)、真言、經文三部分構成,其中的贊文用於吟唱,真言和經文則用於轉讀或念誦"。雖或大致不錯,但是有些寫卷不見得三者俱備,有的僅有二三或真言而已。如果從所謂"啓請偈(贊文)"給予正名,應該稱爲"啓請賢聖及嘆佛(或讚佛)功德讚",它是詩讚系文體的早期形貌,而且從 S.04378v《佛頂尊勝加句靈驗陀羅尼啓請》、P.02197₁₁《千手千眼觀世音菩薩廣大圓滿無礙大悲心陀羅尼神妙章句》、P.02197₁₃.《佛頂尊勝加句靈驗陀羅尼》(西天三藏佛陀波利奉詔譯)來看,這些啓請或陀羅尼章句之後,應該還多出"迴向"部分,這纔是結壇法會最能與世俗大衆結合的主要原因。

（四）這些"啓請儀式的舉辦目的,蓋在於求雨除旱也"[1]。這僅是憑著敦煌地處沙漠地區背景之下想象及 P.02384 所留的一份題記,卻非所有相關寫卷及每篇"啓請"文字悉數都用之於乾旱求雨,此從迴向文字即可證明。尤其敦煌文獻的複雜性及此類文物的一些特徵非簡單數語可以道盡,而寫卷存有的幾點性格也須瞭解,特稍説如下:

1. 這批文物部分可能是信徒或和尚在未出道之前,居寺學習課誦的底本或習字本,盡是知識傳承的見證。

2. 一旦學成之後,有機會可以獨當一面,開始爲庶民百姓服務之時,這類文物可能都是他們正式執業工作,私下所需參考備用的底本。

3. 其中也有部分寫有人、時、事、地、物等可以稽考史實者,很可能是即將主持法會之前正式擬定的具體文書或正式文書,也有些是習字本,以至於文中可以看到天公主、尚書、太傅等職銜或結壇法會的供養人物。

4. 由於教學之際,課誦本每因便於聯類記憶,增強學習效果的作用,而有彙抄聚編同類性質爲一卷的情形,因此似此類寫卷,對於整個儀式的大小環節,不得不因應執業上的參考需要,力求詳備,用以應付臨場可能突發的各種狀況。若在物質條件不足的情況下,有些學習記誦不是那麼急迫與重要,倒也不用彙編成卷的課本,而可視其行業需要或學習進程給予個別及循序漸進的教導,並編纂教材。至於學習的記誦習寫更可任

---

[1] 分見李小榮《敦煌密教文獻論稿》,240—247 頁。

意而爲。

也因如此，面對敦煌文獻中或詳或略的複雜情況必須詳加分辨，免得造成認知上的錯誤，否則如劉黎明直承了李小榮的錯誤，以訛傳訛，其偏離正途自然越加懸遠[1]。

四、敦煌文獻中的"啓請文"

上節所談的都是各類的"啓請"，以文字傳載，代表法會或轉經儀式中各道程序所該進行的工作内容及其組合時不同的部件，可是這些部件的總組合絶對不能稱之爲"啓請文"，至多只能説是啓請神明蒞臨前讚佛及諸聖賢的功德，或讚陀羅尼及經的威力而已，然後纔是唸真言及轉經迴向，它只是以開首的部件作爲整體儀式的代稱，不能因此把這類的啓請作爲書篇文體的總稱，畢竟在上述列舉的卷號中没有一本直接標作"啓請文"之名，這和一書之内含有《施餓鬼食并水真言印法》等多種内容的 S.02685《乾元寺啓請文一本》不同，也和至少包括兩種不同篇名的 S.03427v《啓請文一本》有别；更與 S.03875 將《啓請文》、《結壇文》合編的《諸雜齋文一本》及 S.5456 擬題《文樣》，卻有《啓請文》的題名不可相提並論。何況還有如北 8360（皇 090）、北 7680v（河 021）等寫卷僅以單篇的《啓請文》呈現，或者作爲"八關齋戒"法會舉行時的第二個小部件呢。如北 7143（地 38）、P.03235 等《八關齋戒文》的"讚戒功德"之後，接著即是"啓請神明"的連續動作，或題"二明啓請"，或作《明啓請文》，並有如下的理由和範文出示：

若不啓請賢聖，賢聖不來道場，賢聖若不降臨，誰爲證盟？縱然懺悔，罪難除滅。必須虔恭合掌，懇道至誠，同心啓請，能不能？若能者依口宣請：

弟子某甲等，合道場人，稽首和南，十方諸[2]佛、諸大菩薩、羅漢聖僧、舍利浮圖、碎形寶塔。鹿苑初轉，四諦[3]法輪，雙樹後揚，一乘奧典。經行樹下，獨覺聖人。坐定山間，得道羅漢。上至非相，非非相天。四禪四空，五淨居等。色界自在，尸棄梵王。釋提桓因，六欲天子。龍神八部，護世四王、嚴守鎮軍、金剛密跡，閻羅天子、五百大神，太山府君，察命司録，天曹地府，善惡部官，左膊右肩，罪福（禍？）

---

[1] 劉黎明《中國古代民間秘宗信仰研究》中《陀羅尼經幢"啓請"之研究》一節，成都：巴蜀書社，2010 年，172—178 頁。

[2] 北 7144（麗 52）自此起，無題，首殘尾全，今作校本。

[3] 原作"口諦"，據北 7144（麗 52）正。又北 8357（師 53）首殘，自"舍利浮圖、碎形寶塔，鹿（野）苑初轉四諦"數句起，今作校本。

童子，護齋護戒，護法善神。日宮月宮，光明梵衆。山空石室，離欲諸仙。曠野丘陵，大力鬼神。阿鼻地獄，羅刹夜叉。十八泥犁，牛頭獄卒。鳩盤荼等，行病鬼王。巡歷人間，吐諸毒氣。胎卵濕化，蠢動含靈。有形無形，有相無相，有天眼者，有天耳者，有他心通者，咸願降臨，來此道場，證盟弟子，發露懺悔[1]。一懺以後，永斷相續，盡未來際，更不敢造。惟十方諸佛，大慈大悲，攝受弟子，罪障消滅，至心歸命，敬禮常住三寶。

此外，更有不少《啓請文》的篇章保存在各式的《雜齋文本》中，如果我們以《啓請文一本》的S.3427v爲根據，顯然S.1147題目雖僅殘存"文"字，内容完全相同，因此雖無"一本"作爲量詞，其完整題目還是可以據作"啓請文"。如果再參看S.3875的《諸雜齋文本》，除了相同的一篇《啓請文》外，另有一篇《結壇散食迴向發願文》。據此看來，敦煌文獻中的《啓請文》不但可以獨立成編，以一本的形式流傳於世；同時也可以與其他齋會文書合編成卷，成爲世俗齋會中程式可以套用的文書，故而稱之爲《諸雜齋文一本》。

五、敦煌文獻中的《乾元寺啓請文一本》

爲了説明以上各類"啓請"及"啓請文"的真相，這裏不得不從S.3427v《啓請文一本》和S.2685題稱作《乾元寺啓請文一本》兩個卷子談起。

S.3427Rv正背兩面都有書寫文字，正面第一篇文章雖無題目，比較S.5957、S.3875、S.4081、S.5456等卷號内容，可以斷定是近乎一致的，而且是有標寫題目的《啓請文》，中間稍留數行空白，即接《結壇散食迴向發願文》一題和"然後誦勸請發願文"與"第二盤食"的指示説明，以及擬題"謝土地太歲文"等。背面標題爲"啓請文一本"與"第二盤食"。就正背的標題或文字内容來看，兩者差異不大。倒是不同卷號的S.2685，其正面題作："乾元寺啓請文一本"，情況就複雜多了。有關唐代乾元寺可據資料，目前所見的資料有"乾元禪寺"，南梁武帝時建置，在安徽，疑非一地。又白居易有《春日題乾元寺上方最高峰亭》，又《宋高僧傳》卷一二《唐福州怡山院大安傳》也云：

元和十二年(817)勅建州浦城縣乾元寺置兜率壇，始全戒足。時天雨桂子及

---

[1] 北8357自此句以下作"今日今時，請諸賢聖，作證明師，我因證明，故得受八關戒。第二第三亦如是請。啓請已竟，次當懺悔"。

地生朱草,刺史元錫手疏其瑞,上達冕旒。遂迴御禮,詔改鳳棲寺,號靈感壇焉。[1]如果從地處東南來考慮,與"不空"的背景懸遠,然而與東密的日本僧人空海或圓珍倒有些因緣,然而是否同名實異?還是同一指稱?不敢過分武斷。若再深究本卷內容及其所載篇題,正面凡有原題"大廣智三藏不空口訣"的"施餓鬼食并水真言"、"印法"、"發願"、"普集印"、"真言"、"破地獄門普召餓鬼印"、"甘露食真言"、"開咽喉變甘露法味真言"、"施無畏印"、"毗盧遮那一字水輪觀"、"普施餓鬼飲食真言"、"念五如來"、"發遣解脱真言"等,尾題"施餓鬼食并水真言、印法一卷"等,其下特別注明:"夜有不祥之夢,誦咒七遍,則得消滅。"尾題之後又有"地獄塘"、"餓鬼塘"、"畜生塘"、"釋迦牟尼佛心咒"、"阿閦佛咒"。卷尾看不出殘缺狀態,然卷背不標題目,而寫有以四言體爲主的"啓請文"和四首完整、一首復抄未完的"速在爲我願吉祥"讚文。從整卷的編寫形式而論,《乾元寺啓請文一本》似乎爲此卷正背兩面篇題及內容的總合名稱,前後首尾一貫的法會程序則含括在各個小題之內,它們都是《乾元寺啓請文一本》內有機組合的部件。

從"啓請文"起的文字是:

弟子某甲等,合道場人,同發勝心,歸依啓請:十方諸佛、三世如來,湛若虛空,真如法體。蓮花藏界,百億如來;大賢劫中,一千化佛。誓居三界,功德山王;同侶白衣,維摩羅詰;菩提樹下,降魔如來;兜率宮中,化天大覺;無量劫前,大通智勝;十六王子,恒沙劫後;釋迦牟尼,五百徒衆;東方世界,阿閦毗佛;南方世界,日月燈佛;西方世界,無量壽佛;北方世界,最勝音佛;四維上下,亦復如是。一一法身,恒沙世界;一一世界,百千如來;一一如來,微塵大衆;一一大衆,皆是菩薩;一一菩薩,具六神通。三界有情,誓當濟拔;唯願金剛起座,趣鐵圍山,來降道場,證明弟子,發露懺悔。

又更啓請:天上龍宮、五乘奧典、人間鷲嶺、十二部經、大涅槃山、大般若海,願垂沃潤,濟拔沉淪。

又更啓請:無學辟支、斷惑羅漢、三賢十聖、五眼六通,發慈悲心,從禪定起,來降道場。

又更啓請:東方提頭賴吒天王、主領一切、乾闥婆神、毗舍闍鬼、並諸眷屬,來降道場。

---

[1]《宋高僧傳》卷一二《唐福州怡山院大安傳》,《大正藏》第 50 册,780 頁(CBETA, T50, no. 2061, p. 780, b17-22)。

又更啓請：南方毗樓勒叉天王、主領一切、鳩盤荼鬼、毗荔多鬼、並諸眷屬，來降道場。

又更啓請：西方毗樓博叉天王，主領一切、諸大毒龍、及富單那鬼、並諸眷屬，來降道場。

又更啓請：北方毗沙門天王，主領一切、夜叉羅刹、二十八部、藥叉大將、並諸眷屬，來降道場。

又更啓請：上方釋提桓因、主領一切、日月天子、星宿五官、三十二神、四金剛首、並諸眷屬，來降道場。

又更啓請：下方堅牢地神、主領一切、山嶽靈祇、江河鬼魅、並諸眷屬，來降道場。

又更啓請：三界九地、二十八部、那羅延神、散支大將、金剛密跡、轉輪聖王、護塔善神、護伽藍神、三歸五戒、菩薩藏神、閻羅天子、啖人羅刹、行病鬼王、五道大神、太山傳（府）君、察命司録、五羅八王、三月六覆、奏使考典、預定是非、善惡童子、大阿鼻獄、夜叉羅刹、小捺落迦、牛頭獄卒、諸如是等、雜類鬼神，皆有不思議、【大威神力】，並願空飛雨驟，電擊雲奔，來降道場，證明弟子，所修功德。並願發歡喜心，誓當懺悔。

既蒙賢聖，來降道場，我等至誠，深生慚愧，至心皈命，敬禮常住三寶。〔1〕

就這篇"啓請文"的內容而論，這個法會主要是以"施餓鬼食"爲主壇，其性質有類中元普度時，目連救母盂蘭盆節的轉化和推廣，設置供養斛食的功德法壇，對餓鬼給予施食濟度，且毫無條件限制的無遮法會。然後啓請所有的神佛聖賢降臨道場，證明弟子之誠心功德，然後借助咒師的各種手印及真言，普集詔請四方餓鬼，幫衆鬼打開地獄之門，好讓餓鬼能夠前來預會。再者，也讓供養食物化成甘露美味，幫助餓鬼打開狹小的咽喉，盡情享用施主供養的食物。至於前來道場的餓鬼們既無阻礙，也無所畏懼，受饗甘露法水以助食。於是咒師唸誦普施餓鬼飲食的真言，開始拋撒"散食"的供品，並誦請五方如來維持秩序，免得諸餓鬼爭奪互搶，弱肉強食，又拋撒"第二盤食"。結束之前除了迴向發願外，還需送請衆神佛聖賢復位，而需唸誦"發遣解脱真言"。因此，每一節目常有對真言手印的附加説明，如：

先出衆生食事，須如法周匝，種種皆著，並須淨好。或一分飲食，或少分。致一

---

〔1〕 本段文字據 S.2685 迻録，並以 S.3875、S.5957 略作訂正，三者之間僅個別文字差異，如"降"作"赴"。

器中，銅器最好，無，白瓷亦得。和清水，面東作法。欲施餓鬼食，先須發廣大願，普請鬼神，志心誦此偈一遍，然後作法，獲福無量。

或作此印，誦咒七遍，一切地獄門自然開，一切神仙餓鬼悉來集會，各各皆得摩伽陀國所用之斛。七七斛食，食此食已，即生天上，或生淨土。能令行者業障消除，增益壽命。見世獲福，無量無邊，況當來世。

這些真言手印都以觀想飲食爲主，只有《發遣解脫真言》後又注說："此是解脫金剛明，誦之，度厄也。"因此，從上述尾題的說明及這處的注解，不但可用於施食餓鬼亡靈的濟度法會，對於世俗人生的現在及未來也有禳災解厄、延壽獲福之功能。以至於透過"施餓鬼食"、"普集"、"破地獄"、"甘露食"、"開咽喉"、"施無畏"、"毗盧遮那一字水輪觀"、"散食"、"第二盤食"、"念五如來"、"發遣解脫"等關鍵節目，便可串聯敦煌文獻二十多號的同類寫卷，如以北7677（夜98）寫本的中題"施食及水軌儀一本"，與S.2685"乾元寺啓請文一本"比較，仍有"施餓鬼食并水真言印法"、"普集印、真言"、"破地獄門普召餓鬼印"、"甘露食真言"、"誦開咽喉變甘露法味真言作施無畏印"、"作毗盧遮那一字水輪觀"、"普施餓鬼飲食真言"、"念五如來"、"念發遣解脫真言及印"等相同的篇目或內容，説明了"施餓鬼食并水真言、印法一卷"又有"施食及水軌儀一本"的不同名稱。同時，S.5589題作"散食文一本"，其中也有"甘露真言"、"誦發遣真言"、"五如來偈"、"開咽喉真言"、"淨飯食真言"、"變食真言"等相同的篇名。因此，無論稱作"施食及水軌儀一本"，或是"乾元寺啓請文一本"及"施餓鬼食并水真言印法一卷"，以及"散食文一本"，都指稱同一性質的法會文字，也都根據不空口傳的真言和手印。這些中國久已失傳的經典儀軌，大量保留在西北地區的石窟文獻及各地民間宗教，甚至部分東傳日本，被整理在《大正藏》中，更足以説明其珍貴與可愛。

至於數本之間的儀式内容儘管或有繁簡之別，次序上也有前後不同的小差異，咒語的用字或者稍有不同，但是其所認知的誦咒功能及咒語對音之個別差異，有如漢語寫本之被傳抄過録後，通假借音字滿紙的情形，還是不能就此認定這些本子不是同源一系的血緣關係。同時也可證明這類無遮式的雜密法會，在晚唐以後西北地區必然相當盛行，纔留下如此衆多的遺跡。尤其在曹氏主政時期，還存有多篇不同指稱的《結壇散食迴向發願文》，甚至還有P.3149《新歲年旬上首於四城角結壇文》一類有如中國傳統除舊佈新的逐儺活動，使佛教法會與中國傳統庶民百姓的生活習俗更緊密地結合在一起，豐富了中國文化的内涵與多元化。

六、敦煌文獻中的《結壇散食迴向發願文》

上述所論的"啓請文"雖屬密宗流派,卻不同於 P.02197 號所載録的各種"啓請";也不同於一般顯教中的"齋會"或"雜齋"中的"啓請文",更不同於 S.3427v 寫卷内文中已録"僕射"、"天公主"等實有其人其事的結壇"啓請"文書,因爲那是即將發生或已成歷史的事實。然而李小榮每將學習業務備用的文本與實際發生的法會齋文混同爲一[1],並且援引申論,造成了不少錯誤。如在"敦煌文獻中的結壇散食儀"一節將此等相關文獻分爲四類:

第一類:S.1147、S.1160、S.5232、P.3162、Q.0339、P.2777、P.2887、S.3427 等,而以 S.3427 爲代表,並出自不空譯本《救拔焰口餓鬼陀羅尼經》或《瑜伽集要救阿難陀羅尼焰口鬼儀經》之文字者。

第二類:以 S.4554(當正作 S.4454)爲代表,非出自上述經典,既與上一類有交集,卻又删去一些關鍵文字。

第三類:P.3861、B.7687(淡 004),都抄寫在《金剛二十八戒》之後,與不空譯本焰口經毫無關聯者。

第四類:S.4566、P.3835 爲代表,水散食一類。

如果這四類從異而論,每個寫卷抄者不問是否同人,反正時空條件一變以後,所產生的作品都可以説是獨立的個體,而且也都有些差異,而所有的卷子也不僅分此四類。如在列舉的第二類中,提到 S.3427 與 S.4454 之間的删節問題,完全不瞭解主持法會的人也有偷閑,而習字者也有略抄或者增飾的情形,如所舉兩段"結壇"文字而論:

> 又請護界善神、散明(支)大將、護迦藍神、金剛蜜跡、十二藥叉大將、四海八大龍王、管境土地神祇、泉源非水族鎮世五嶽之主、鶉剛三危山神社公、稷品官尊地水火風神等,並諸眷屬,來降道場。(S.3427、央圖 136)

> 又請土地神祇,山嶽靈聖、護界善神、護伽藍神、金剛蜜跡、十二藥叉、八大龍王、五嶽之主、地神、水神、火神、風神等,並諸眷屬。(S.4454)

可以看出 S.3427 是增加了在地的信仰神祇,使遠近神佛都能蒞臨壇會,可説面面俱到,更符合實際結壇文書及庶民百姓的需要,這類情形在原臺北圖書館典藏的敦煌寫卷第 136 號結壇文書也是如此,甚至 S.5957 的《開經文》(據内容及 Ф263 Ф362、P.3084、

---

[1] 李小榮《敦煌密教文獻論稿》,258—269 頁。

P. 4999擬)也是結壇轉經文,同樣都提到敦煌的三危山神或土地神祇,正應驗了強龍不壓地頭蛇的老話,這纔是實用文書表現的一個特色。然而如果據此而分一類則顯得牽強而毫無道理,何況結壇的時間與程序,也視法會規模的大小而定,所以,這些結壇文書每在時間"七日七夜"下別注"或三日三夜",這種隨時可以調整的靈活用語,完全視情況而定。一旦道場置建完成,法會即可開張,幾天當中,一定是先從讚佛功德、啓請神佛聖賢、至心懺悔、轉經、念佛,直到最後纔是法師坐壇散食,將供品普施餓鬼。這也是對貧苦老弱一種另類的救濟方式,只是假借立壇濟助餓鬼之名而已。因此篇名或不一,實際上都包含了結壇、散食、迴向、發願等四個重要的項目,而有些文字與"啓請文"或《乾元寺啓請文一本》中的小目一樣,仍顯示出一個節縮本的法會章疏或齋文。

有一點需要説明的是法壇的佈置是隨法會和信仰上的派別而有不同,如北 7682(薑 25)的陀羅尼壇圖與 S.2498"大悲壇法別行本"前附壇圖,或者與 S.02139、北 7677v(夜 98)的《毗盧遮那壇場圖》,三者間的佈置是不應該一樣的[1]。

七、結　　論

本文從敦煌文獻含《啓請文》和《結壇散食迴向發願文》的 S.3875 號"諸雜齋文一本"談起,展開相關寫本的調查,涉及 P.3444"諸雜齋表嘆文壹卷"、P.2915"諸雜齋文一卷"、P.2820"雜齋文一卷",以及 P.3129 光道大師個人撰述的"諸雜齋文下卷",以及 P.3800"齋文一卷"和 P.2940、P.2547 等 14 個卷號繫聯整理而成,原來編就十大類、八十多小目可供程式套用的專書"齋琬文一卷并序",全屬雜齋的範疇。這類作品不同於純佛齋,它是僧侶爲廣大庶民信衆服務的工作項目,是舉凡各級政府,下至個人,舉行的如何禳災求福、追薦往生亡靈和拔度含靈生物等過去、現在、未來三世的齋會活動。

啓請源出宗教術語,然而成爲書篇名目的《啓請文》則見於"雜齋"法會中上陳宣讀的齋疏文字。學者曾據 P.02197 等分析諸多"啓請"之體式結構,把"啓請"等同"啓請文",並且認爲這些"儀式的舉辦目的,蓋在於求雨除旱也"。對此不免有所爭議。嚴格而論,敦煌文獻中的"啓請文"的出現是在受戒儀式中"讚戒功德"之後,繼"二明啓請",又名《明啓請文》,取其啓請賢聖降臨道場之意,以證盟懺悔,除滅罪過。至於含有多種內容的 S.02685《乾元寺啓請文一本》,其主要內容是《施餓鬼食并水真言印法》,乃承繼

---

[1] 平井宥慶《千手千眼陀羅尼經》,牧田諦亮、福井文雅編《敦煌と中國佛教》,《講座敦煌 7》,東京:大東出版社,1986 年,150—151 頁。

盂蘭盆節目連地獄救母的精神和習俗，是對往生者的拔薦。這是來自不空傳譯的經典及口訣，其儀式爲"施餓鬼食并水真言"、"印法"、"發願"、"普集印"、"真言"、"破地獄門、普召餓鬼印"、"甘露食真言"、"開咽喉、變甘露法味真言"、"施無畏印"、"毗盧遮那一字水輪觀◌"、"普施餓鬼飲食真言"、"念五如來"、"發遣解脱真言"等，每一道關鍵節目各有不同的手印與真言，並有如標題所示的意涵及説明。也因如此，無論是"水食儀"，或是"散食儀"，甚至是《結壇散食迴向發願文》，都是薦拔亡靈、超度餓鬼的不同指稱。更擴展到對無人濟度的亡魂施予食物，並與新歲除儺的傳統習俗結合轉化爲禳災度厄，延展了它的功能性。再者，也加入了在地的信仰神祇，終使神佛平等，遠近都能蒞臨壇會，可説面面俱到，更符合庶民百姓的需要，也表現了實用文書的特色。

　　有關法會結壇的時間，文内每在"七日七夜"下别注"或三日三夜"的交互用語，説明法會的時間可視規模的大小而靈活地調整用語。在此之前必先完成道場建置，一旦法會正式舉行當天，從讚佛功德、啓請神佛聖賢、至心懺悔、轉經、念佛，到最後一天咒師坐壇散食，將供品普施餓鬼，對於貧苦老弱而言，也是另類的救濟方式，只是假借立壇濟助餓鬼之名，保留他們的尊嚴而已。事實上，今日臺灣仍有搶孤或搶斛活動，梁皇懺及七七齋也還留存這種精神。至於所結之壇也隨法會和信仰的派别有所别異，如"陀羅尼壇"、"大悲壇"、《毗盧遮那壇場圖》等佈置就有不同。

　　以上所説大半屬於密教的範疇，更多的是雜密，這些經典或儀式著作在中國久已失傳，日本保留了不少的古寫卷，没想到在西北的敦煌仍有這麽多足以和日本相輝映的文物存在。

（作者單位：成功大學中國文學系）

承陽三年《菩薩懺悔文》及其相關問題

王振芬

在旅順博物館收藏的新疆吐魯番出土的漢文佛經殘片中，現發現已知唯一寫有年款的是大册20.1467第22頁01號的一件，它在相當於尾題的位置有經名和紀年的殘款，分别爲"承陽三年"和"菩薩懺悔"（圖1）。這些内容的發現，爲研究考訂沮渠氏北涼的歷史紀年和與之相關的《菩薩善戒經》的翻譯情況，以及5世紀早期的禮懺等相關問題提供了難得的珍貴材料。

圖1

一、關於承陽三年年號的討論

"承陽"作爲年號，不見於中國正史的任何記載。它目前只在考古發現的一些文物資料上作爲年號使用。除了新發現的旅順博物館這件材料外，目前公佈的已知還有四件，其中三件是漢文户籍文書殘片，一件是石塔刻文。三件户籍文書經學者判定爲"高昌郡高寧縣户籍殘片"，均署"承陽二年十一月"。現藏德國柏林國立圖書館，收藏號爲Ch6001v[1]。石塔

---

[1] 関尾史郎《"承陽"備忘——〈吐魯番出土文書〉記再補》，《東洋史苑》第50·51號合刊，1989年。

發現於甘肅省酒泉,現藏甘肅省博物館,上有題款"承陽二年歲在[丙]寅次於鶉火十月五日馬德惠於酒泉西城立爲父母報恩"[1]。這些資料連同其他有關沮渠氏北涼紀年資料的發現,爲中外學者考訂承陽年號,並進而爲建立北涼以及高昌地區年代譜系提供了可能。中國學者中有朱雷、吳震、侯燦和王素等先生在這方面有獨到的學術建樹[2]。學者們已在承陽年號爲沮渠氏北涼借用大夏赫連勃勃承光年號這一關鍵問題上有了相對一致的意見。目前懸而未決的爭論是北涼使用承陽年號的終止時間。學術界有四種不同意見,吳震先生主張承陽二年説,関尾史郎先生主張承陽二年十二月説,朱雷先生主張承陽四年三月説,王素先生主張承陽三年十二月説。爲了更清楚地説明問題,這裏有必要借用朱雷先生在考證北涼年款時所行用的方法,即把史籍、出土文獻中所見到的北涼年號使用情況列一簡明的圖表,同時附帶列出史籍中所見大夏行用的年號。

公元	干支	史籍所記北涼年號	出土文書所見北涼行用年號	出土石刻所見北涼行用年號	史籍所見大夏年號
422	壬戌	玄始十一年	玄始十一年		真興四年
423	癸亥	十二年	十二年		五年
424	甲子	十三年	真興六年		六年
425	乙丑	十四年	七年十一月		七年(八月改元承光)
426	丙寅	十五年	承陽二年十一月	承陽二年十月	承光二年
427	丁卯	十六年	承陽三年		三年
428	戊辰	承玄元年		承玄元年二月	勝光元年
429	己巳	二年		二年	

從表中可以看到,真興和承陽是北涼不見於史籍行用的年號,這兩個年號是借用大夏年號,其原因在於當時北涼處於北方柔然和南方西秦的雙重威脅之下,臣屬於大夏,而奉其"正朔"。北涼行用"真興"年號兩年又八個月,大夏真興七年只使用到七月,同年八月改元承光。在吐魯番哈拉和卓91號墓出土了一件署"真興七年十一月十二日,箱直楊本生辭"文書[3],表明至少到十一月吐魯番地區還用"真興"年號,這種情況從

---

[1] 史岩《酒泉文殊山的石窟寺遺跡》,《文物參考資料》1956年第7期。
[2] 朱雷《出土石刻及文書中北涼沮渠氏不見於史籍的年號》,《出土文獻研究》,北京:文物出版社,1985年;吳震《吐魯番文書中的若干年號及相關問題》,《文物》1983年第1期;侯燦《西晉至北朝前期高昌地區奉行年號探討》,《考古與文物》1982年第2期;王素《高昌史稿》(統治篇),北京:文物出版社,1998年,198頁。
[3] 唐長孺主編《吐魯番出土文書》(壹),北京:文物出版社,1992年,61頁。

另一個角度説明了吐魯番地區當時在使用紀年問題上的一種實際,即並不能緊緊跟隨北涼王朝改朔,而是由於地域等原因有滯後的現象。至於承陽年號,由於現在還未發現承陽元年的資料,北涼是隨大夏在八月同時改元,還是在第二年直接行用承陽二年的年號,像使用"真興"年號一樣,只行用六年和七年兩年,我們還不得而知。就如上表我們所見到的,吐魯番地區直到當年的十一月還在使用"真興"年號,這樣就有兩種可能:一是從十二月開始隨大夏改元爲承陽元年,二是這一年根本就未及改元,而是直接在第二年使用承陽二年的紀元。而最後的結論還有待於更進一步的資料的發現。

現在旅博這件承陽三年菩薩懺悔文的發現,使我們可以肯定一點,就是有關北涼承陽二年和承陽二年十二月説都是不正確的,而這對王素先生的承陽三年説則是一個有力的支持。正如王素先生所推定的:"如果贊同承陽二年(426)説和同年十二月説,則兩年後(428)沮渠氏北涼纔改元承玄,中間的公元427年豈不就是没有年號;如果贊同承陽四年三月説,與出土文獻記是年改元,不在六月之後,而在正月至二月間也不合。"王素先生在作如上推論的時候,由於没有發現使用承陽三年年號的文物,也只是推論,所以這件使用承陽三年年號的殘片的出現,可以確定北涼行用承陽年號到三年。

二、承陽三年是殘片的書寫時間

一般來説,經文題記中所標注的年號,不外是寫經年代或者是譯經年代。殘片中的這個"承陽三年"是寫經年代還是譯經年代,由於其他文字缺失,從文字本身難以確定。要確定這個年代的性質,需要從兩方面入手,一是經文内容,二是殘片的本身年代的確定。

首先,我們注意到從殘片經文内容和題記的書體來看,二者完全一致,從而排除了題記爲後加的可能性。

有承陽三年款的殘片,可以與之連綴的有兩片(20.1467, p.22—03; 20.1495, p.01—06;見圖2、圖3),内容爲劉宋求那跋摩所譯《菩薩善戒經》(又稱爲菩薩地善戒經、善戒經)序品中的一段。《菩薩善戒經》是劉宋天竺僧人求那跋摩元嘉年應宋文帝之請來華後譯的一部經,其所譯經必定署宋文帝元嘉年款,斷不會使用北涼的年號。殘片題經名爲菩薩懺悔文,是把《菩薩善戒經》序品的一段内容借用爲懺悔文,所以殘片題的經名並不是這段經文的真正名稱,更不應是譯經的年代。最有可能的推測是這是一篇在承陽三年爲北涼的某人授菩薩戒而書的懺悔文。

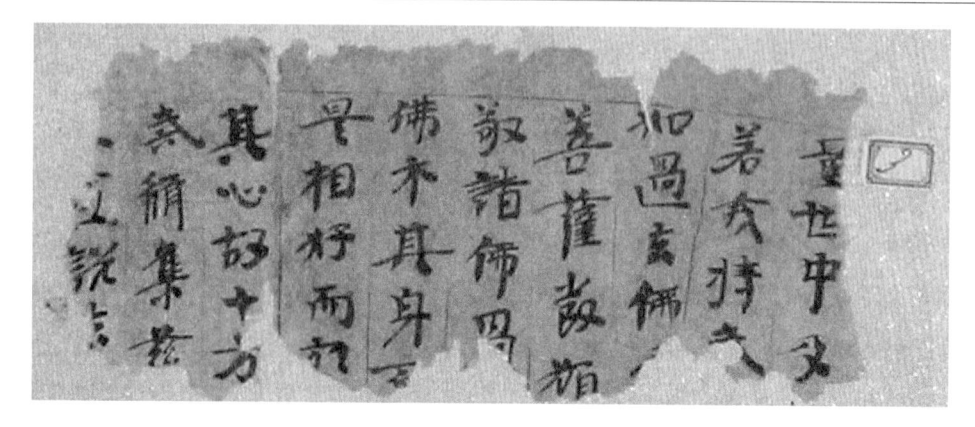

圖 2

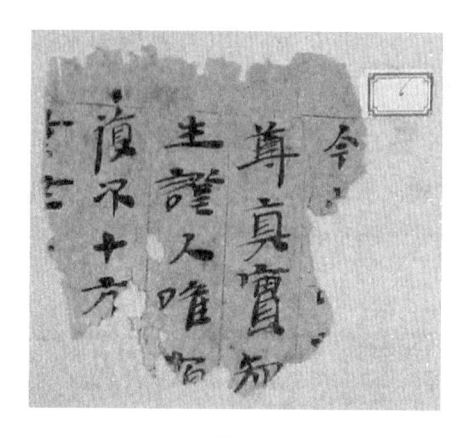

圖 3  圖 4

　　另外,從殘片本身來看,其紙質、書體等外部特徵與承陽三年這個年號所要求的文物時代信息也是不矛盾的。殘片紙的顏色灰白,沒有經過入潢的痕跡,紙質纖維稍粗,屬古麻紙。有烏絲欄,寬 1.6—1.7 釐米,天地餘白 1.3—1.6 釐米,行 17—19 字不等。字體介於楷隸之間,橫筆右端回收,並整體形成起伏的波折,而在字的轉折處無頓筆,明顯看出其書寫工具是硬挺的。由於發現了有承陽年款的文書,就可以進行直接的比對,把殘片中的承陽二字與文書中的承陽放在一起,可以看到,二者之間無論是書寫習慣還是起筆、運筆態勢都是一致的(見圖4)。

　　從另一個方面來説,在題記中出現的年代還有第三種可能,如果承陽三年不是寫經年代,殘片的寫本年代就會晚於這個年代,那麽這裏的年款必是記録書寫以前的事情。正如王素先生在考證北涼年號時所得出的結論那樣,之所以在史籍上不見真興和承陽這兩個借用大夏的年號,是因爲北涼政權在極力掩飾自己這段臣屬的歷史,我們認爲這一結論是可信服的。所以除非是當時發生的事情,否則斷不會在追述史實時還用這一年號。

明確了該件寫經的書寫年代,因爲《菩薩懺悔文》的内容照搬了求那跋摩所譯《菩薩善戒經》序品,所以對我們釐清後者的翻譯時間提供了有力的幫助。

三、《菩薩善戒經》翻譯年代考訂

《菩薩善戒經》歷代佛教史籍都有著録,但關於它的翻譯年代各家説法不一:

梁僧祐撰《出三藏記集序》卷第九:"祐尋舊録。此經十卷,是宋文帝世,三藏法師求那跋摩於京都譯出。"隋法經等撰《眾經目録》卷第五:"菩薩善戒經十卷(一名菩薩地經)(宋元嘉年求那跋摩於揚州譯)。"唐道宣撰《大唐内典録》卷第六:"菩薩善戒經(九卷一百七十二紙一名菩薩地經上二經論同本),宋元嘉年求那跋摩於揚都譯。"唐道宣撰述《四分律删繁補闕行事鈔》卷中:"至宋元嘉七年,有罽賓沙門求那跋摩,至揚州譯善戒等經。"法雲編《翻譯名義集》一:"宋元嘉七年,至揚州譯善戒等經。"唐智升撰《開元釋教録》卷第五:"以元嘉八年正月達於建業……乃敕住祇洹寺,供給隆厚……跋摩即於祇洹寺譯菩薩善戒經等十部。"

去劉宋不遠的梁僧祐並未明確記録此經翻譯的具體年代,只是説宋文帝世,也就是元嘉(424—438年)中,隋《眾經目録》和唐初《大唐内典録》都采用此説。《開元釋教録》直接注明是開元八年,這一説也被現在許多學者所采納,查史籍這一説法源於梁慧皎《高僧傳》。值得注意的是僧祐雖然在撰求那跋摩傳記時采納了慧皎的説法:"以元嘉八年正月至都,即住祇洹寺。文帝引見勞問,屢設供施。頃之於祇洹寺譯出眾經。菩薩地曇無德羯磨優婆塞五戒略論三歸及優婆塞二十二戒。"但具體到《菩薩善戒經》,則是"宋文帝世",這説明此經譯經時間是複雜的,在當時就是模糊不清的。綜理眾家説法,有一個不容爭論的事實,可以幫助我們梳理此問題,就是求那跋摩的入華時間,他於元嘉元年來到當時的南朝宋,元嘉八年九月就圓寂了。史籍中記載他從事譯經活動的時間大多集中在元嘉八年,求那跋摩在華譯經據統計共有十部十八卷,在這麽短的時間内是不可能完成的,所以他的譯經活動應該是從他入華不久就開始了,即從公元424—431年。

與《菩薩善戒經》譯經時間有關的還有卷數和部數的不同,佛教史籍各家的記録不相同,這在僧祐時就出現了:

此經名善戒,名菩薩地,名菩薩毘尼摩夷,名如來藏,名一切善法根本,名安樂國,名諸波羅蜜聚,凡有七名。第一卷先出優波離問受戒法,第二卷始方有如是我聞,次第列品乃至三十,而復有別本題爲《菩薩地經》。檢此兩本,文句悉同,唯一兩品分品品名小小有異,義亦不殊。既更不見有異人重出,推之應是一經,而諸品亂雜,前後參差。菩薩地本分爲三段,第一段十八品,第二段有四品,第三段有八品。未詳兩本孰是三藏所出正本也。

對照《大正藏》,僧祐所說的應是九卷本三十品的《菩薩善戒經》和一卷本的《菩薩善戒經優婆離問受戒法》的合本,據僧祐所記,當時應該有合本和分本兩種。在靜泰撰的《大唐東京大敬愛寺一切經論目序》中始有"菩薩善戒經一卷(十五紙闕本訪得)",這是關於一卷本單獨存在的最早記錄。但在他撰的《衆經目錄》中還是僅僅著錄了"菩薩善戒經十卷(一名菩薩地經一百七十二紙)",直到道宣的《大唐内典錄》纔首次出現兩部分開的《菩薩善戒經》:"菩薩善戒經(九卷一帙)"和"菩薩善戒經(十五紙)",而其後的《大周刊定衆經目》又把兩部經混淆了:

　　菩薩善戒經一部二十卷

　　右《長房錄》及《竺道祖錄》云:罽賓國三藏求那跋摩宋言功德鎧,元嘉年來達於建鄴,於祇洹寺第二出,與支讖翻八卷小異。見《竺道祖錄》及《高僧傳》。後弟子定林更出二品,成三十卷。

　　菩薩善戒經一部十卷(一百六十四紙)

　　右《寶唱》、《僧祐錄》云:祇洹寺僧慧義,宋元嘉八年二月二十一日,請罽賓沙門求那跋摩於寺譯,慧義筆受。

説的是兩部,實際是一部的内容,到《開元釋教錄》,則形成了今天所見大藏經的結構:

　　菩薩善戒經九卷(一名菩薩地,或十卷,於祇洹寺出,見《竺道祖》、《僧祐》二錄及《高僧傳》、《長房》等錄,並云善戒經二十卷。又云弟子更出二品,成三十卷,並非也。)

　　菩薩善戒經一卷(優波離問菩薩受戒法,見《寶唱錄》。若准記將此爲初卷,兼前九卷,共成十卷,然北地經本離之已久,不可合之,且依舊定)。

值得注意的是在《大周刊定衆經目》裏,把兩經譯出的時間也分開了,一卷本的譯出時間爲元嘉年,九卷本爲元嘉八年。

通過以上資料可以看出,當時《菩薩善戒經》的譯經情況很是混亂,這種混亂造成了對其譯經時間和卷數記載的模糊。爲了進一步理清問題,我們在慧皎《高僧傳》"未及繕寫,失序品及戒品"記載中找到了一些綫索,《大周刊定衆經目》也沿用此説:"後而跋摩泥洹但寫爲八卷,名菩薩戒經,又名菩薩地經。時祇洹寺法衍作經後記曰:同寺釋法明始與慧義共釋,受明譯義所詳定本過省略,更取初本復自斟酌,亦爲八卷,名爲地持,加首一偈類於數論。摩訶乘死,疑律師撿得序品及戒品。"慧義"筆受"時,應該是序品和戒品已失,上引文中有"更取初本",説明在此之前有一個最早的譯本存在。僧祐也提到"第一卷先出優波離問受戒法",據研究此受戒法應該"插入於九卷本之第四、第五卷之間"〔1〕,所以先譯它是有特殊的目的,這一點不難理解。而從"律師撿得序品及戒品",可以推測,在元嘉八年慧義請譯《菩薩善戒經》之前,求那跋摩已經譯出了序品和戒品,序品就是九卷本的《菩薩地序品》,戒品是一卷本的《菩薩善戒經》,首先譯出兩品是爲了滿足當時僧衆求受菩薩戒的需要,所以兩品纔會在授戒的律師手中。至於序品和戒品這兩品的譯出時間,應是在求那跋摩元嘉年來華之後、元嘉八年之前。現在發現了這件有承陽三年(元嘉四年)款的殘片,而且是在與劉宋有相當距離的北涼控制區域,那麼可以肯定,至少早至元嘉四年九卷本《菩薩善戒經》中的地序品和一卷本《菩薩善戒經》就已經譯出了。而元嘉八年甚至以後更晚時求那跋摩及弟子又譯出其他諸品。

還有一點在這裏要特別説明,關於僧祐記載中此經的名稱,從九卷本各品的品名來看,這部經在最初翻譯時,定名應是"菩薩地",這一名稱與公元418年就已由北涼曇摩讖譯出的《菩薩地持經》重複。《優婆夷問受戒法》開篇即稱"善戒","菩薩善戒經"應是該經的名稱,後來爲了避免與北涼譯本混淆,而用與《優婆夷問受戒法》相同的名稱,況且兩者原本就是同一梵本。

四、菩薩懺悔文與菩薩戒

旅博收藏的這件《菩薩懺悔文》是做什麼用的呢?我們認爲它是在授受菩薩戒的儀式中行必不可少的禮懺的。

懺悔一詞,是由梵文 Ksama 與 Apatli-prati-dewana 兩字翻譯過來的,在漢字中本無"懺"字,玄應在《一切經音義》中説:"懺悔,此言訛也。書無懺字,應言叉磨,此云忍,請寬恕我罪也。"懺是爲配合翻譯經典而造的新形聲字。中國在東晉至六朝時,懺罪思想盛行,傳譯了大量有關悔罪思想的經典,宣揚懺悔的目的不僅僅是達到滅罪、淨除業障,

---

〔1〕《佛光大辭典》第六卷,北京:書目文獻出版社據臺灣佛光山出版社1989年第五版影印,1993年,5221頁。

更重要的是除煩惱根源,證得三昧、解脱、不退轉,乃至涅槃的重要依據。六朝王室以齊、梁、陳爲代表,又作了大量禮懺文,據《廣弘明集》記載:"又常行懺悔,如梁武帝爲簡文帝多疾,作涅槃懺。梁武又常行大般若懺,金剛般若懺。陳宣帝行勝天王般若懺,文帝作法華懺、金光明懺、大通方廣懺,虛空藏菩薩懺,方等陀羅尼懺,藥師齋懺,婆羅大齋懺。懺法各有所禮之佛,而於其所依之經,頂戴受持。"這些懺悔一般是對諸經的領會,並在此基礎上弘發誓願,以消災免難、爲國祈福的世間利益爲目的。值得提到的是,與菩薩戒授受儀式中的懺悔有所不同的,是作這些禮懺文的諸皇帝都已經具有"菩薩戒弟子"的身份。

最早向中國引入大乘菩薩戒的是鳩摩羅什,他於弘始三年至十一年(401—409)在長安譯《梵網經》,授菩薩戒。其後北涼曇無讖譯出《菩薩地持經》,而求那跋摩被譽爲南朝傳授菩薩戒的第一人,"初跋摩至京,文帝欲從受菩薩戒"[1]。據史料記載,張掖沙門道進成爲中國佛教史上受菩薩戒的第一人,說明在當時的南朝和北涼都流行大乘菩薩戒。道進受戒,據《高僧傳》卷二記載:"初(曇無)讖在姑臧,有張掖沙門道進,欲從讖受菩薩戒,讖云:'且悔過。'乃竭誠七日七夜,至第八日,詣讖求受。讖忽大怒,進更思惟:'但是我業障未消耳。'乃戮力三年,且禪且懺。進即於定中,見釋迦文佛與諸大士授己戒法。其夕同止十餘人,皆感夢如進所見。進欲詣讖説之,未及至數十步,讖驚起唱言:'善哉善哉,已感戒矣!吾當更爲汝作證。'次第於佛像前爲説戒相。"[2]從這段記載可知,受菩薩戒前必行懺悔。《梵網經》卷下載:"若佛子,佛滅度後,欲以好心受菩薩戒時,于佛菩薩形象前自誓受戒,當七日佛前懺悔,得見好相便得戒。"與道進受菩薩戒過程也基本符合。敦煌遺書中有一件 S.1073《菩薩戒疏》,土橋秀高在《敦煌本受菩薩戒儀考》一文中寫爲《受菩薩戒儀》,並歸納其受戒次第爲:1. 贊戒,2. 請師,3. 懺悔,4. 四弘願,5. 問七遮,6. 啓請,7. 宣十重戒相[3]。其中第三項即懺悔儀,說明在授受菩薩戒的過程中懺悔是必不可少的,懺悔文應該就是行懺悔儀過程中念誦的內容。有一點值得注意,道進行懺,直接目的是消除業障,最後達到的已經超越於此,進入"定中,見釋迦文佛與諸大士授己戒法",這種結果的出現是由於道進"且懺且禪",說明北涼在大乘戒產生之初就與禪法結合在一起,"多禪定,多禪僧,是北涼佛教的另一個特

---

[1] 梁慧皎撰,汤用彤校注《高僧傳》卷三,北京:中華書局,1992年,109頁。
[2] 《高僧傳》卷二,79頁。
[3] 轉引自湛如《敦煌菩薩戒儀與菩薩戒牒之研究》,《敦煌研究》1997年第2期。

點,此後,南北習禪者多受北涼影響"[1]。

現在見到的吐魯番地區的懺悔文不多,敦煌遺書中有許多這方面的材料,其中有一件玄始十年(421)的禮懺文,比這件還早,但大部分時代較晚。《西域考古圖譜》著錄了一件發現於吐峪溝的六朝時期的菩薩懺悔文殘片。日本出口常順收藏品中也有一件懺悔文,被定爲吐蕃時期的寫經。這些包括敦煌遺書中的懺悔文都是根據需要自行撰寫的,但承陽三年這件節取了《菩薩善戒經》中的一段内容,這在懺悔文中是少見或僅見的。

一篇完整的菩薩懺悔文應包括哪些内容,根據《菩薩善戒經》序品内容和殘片殘文,這篇菩薩懺悔文全文應該是:

> 我某甲歸依佛歸依法歸依僧。歸依十方現在諸佛及菩薩僧。歸依釋迦牟尼如來。南無佛南無法南無僧。南無十方佛及菩薩僧。南無釋迦牟尼佛。南無金剛無壞身。南無寶光。南無無量自在王。南無無上林王。南無無上歡喜。南無寶火。南無寶月光。南無清淨。南無手勤精進。南無梵德。南無善功德。南無栴檀功德。南無光功德。南無阿叔伽功德。南無那羅延力。南無華功德。南無蓮華。南無財功德。南無念功德。南無善名。南無釋種王。南無無勝。南無無邊身光南無無邊身。南無無動。南無大山王如是等無量世間諸佛菩薩。常住在世宣説法化。唯願湣哀留心見念。若我過去無量世中及現在世。所作衆罪不善惡業。若自作若見他作心生隨喜。若取佛物法物僧物招提僧物現在僧物。若自取已若見他取心生隨喜。若自造作五逆之罪。見他造作心生歡喜,若自造作十不善業。若見他作心生歡喜。以是不善業因緣故。當生畜生餓鬼地獄。若邊地人身長壽天身諸根不具。親近邪見不值佛世。如是等罪今悉誠心求哀懺悔。如於現在釋迦佛前。如來世尊真實知見。其智無礙淨眼無障。常爲一切衆生證人。唯願觀我誠心懺悔。我從今日更不敢作。復次十方諸佛及諸菩薩至心諦聽。若我過去無量世中。及現在世所修惠施乃至施於畜生一把。若我持戒乃至一念如是功德。悉以迴向無上菩提。如過去佛及諸菩薩發願迴向。如未來佛及諸菩薩發願迴向。亦如十方現在諸佛諸菩薩等發願迴向。舍利弗。菩薩如是至心禮拜恭敬諸佛過六月已。若去若立若行若坐。十方諸佛示其身面。具足三十二相八十種好。雖示菩薩如是相好。而於法界初無動轉。何以故。如來真實知其心故。十方諸佛定知是人堪任受持菩薩

---

[1] 王素《高昌史稿》(政治篇),北京:文物出版社,2000年,337頁。

禁戒修集慈悲。能壞魔衆轉正法輪。能調衆生宣說法界。以是義故。十方諸佛爲是菩薩示現其身。舍利弗。如師子吼貓狸能不。不也世尊。若有不於無量世中無量佛所殖諸德本能得受持菩薩戒不不也世尊。舍利弗。如香象王之所負擔驢能勝不。不也世尊。舍利弗。如日月光螢火及不。不也世尊。舍利弗。如毗沙門所有財寶貧者等不。不也世尊。舍利弗金翅鳥飛烏能及不。不也世尊。舍利弗。若有能於無量世中無量佛所深殖德本。

對照這件寫本殘卷的內容，大致對應於序品中從"我某甲歸依佛歸依法歸依僧"到"若有能於無量世中無量佛所深殖德本"。中間只少了"亦如十方現在諸佛諸菩薩等發願迴向"，應是抄寫者落掉了這一句。分析這篇懺悔文，其內容包括五方面的內容：自誓歸依、誦頌諸佛、菩薩名號、懺悔不善惡業、發願迴向、得見好相，誦頌諸佛、諸菩薩名號是懺悔文的一項重要內容，這可在大量流行的佛名經中得到印證。值得注意的是，在這篇懺悔文中有"至心禮拜恭敬諸佛過六月已"，這與道進"戮力三年"的作法是一致的。在懺悔文的結束部分，強調修菩薩戒的"漸修"思想，雖然修持的是大乘菩薩戒，但也是有條件的修持，必須修持至一定的層次，纔能授受菩薩戒。這種思想出現在菩薩戒的懺悔文中，說明在當時的北涼地區的確是"主頓悟，而不廢漸修"。另外，這篇懺悔文雖然是直接節錄了《菩薩善戒經》的一部分內容，但它不是作爲真正的經文使用的，也就是寫本不以傳經爲目的，而是應授受菩薩戒需要製作的，它也許與其他我們現今所見到懺悔文的性質是相同的，也是一篇授戒師的作品。究其原因，如上文所提到的，《菩薩善戒經》與先於它譯出的《菩薩地持經》是同本異譯，以曇無讖在北涼的地位，在當時的北方特別是北涼，肯定是以其譯本爲圭臬，而南朝的《菩薩善戒經》是無法在北涼真正流行的，它以懺悔文的方式出現，一方面說明在當時完整的《菩薩善戒經》還未流行於北涼，只是先於其他品譯出的《序品》被傳到了當地，並且被改變了頭面在使用。

還有一點，旅博藏的這件《菩薩懺悔文》寫本的發現，也印證了在公元5世紀初的南朝和北涼之間交通便利、往來頻繁。據史書記載，沮渠氏北涼和劉宋的交往至少有七次之多，其中宋文帝元嘉三年，劉宋曾爲蒙遜改官，"驃騎大將軍、涼州牧大沮渠蒙遜改爲車騎大將軍"[1]。同年，北涼"世子興國遣使奉表，請《周易》及子集諸書，太祖並賜之，合四百七十卷。蒙遜又就司徒王弘求《搜神記》，弘寫與之"[2]。也許正是在這次

---

[1] 王素《高昌史稿》(政治篇),337頁。
[2] 王素《高昌史稿》(政治篇),337頁。

的交往中，求那跋摩譯出的《序品》被傳到北涼，第二年即承陽三年被北涼的授戒師用於授受菩薩戒的懺悔文。據此或可進一步推定公元426年即元嘉二年求那跋摩已經譯出了《菩薩善戒經》中的序品部分。

由於這件菩薩懺悔文是《菩薩善戒經》經文的一段節錄，從另一方面可以認爲它是現在發現最早的求那跋摩《菩薩善戒經》寫本。日本出口常順藏品中也有一件寫本，是此經的第三卷的殘本，日本學者藤枝晃先生把它定爲 AA 期的北朝早期，在時代分期上與承陽三年款同屬於一個時期，説明在不久之後，《菩薩善戒經》的其他品也傳到吐魯番地區，並被傳抄和流行。構成這件菩薩懺悔文的 20.1495－01－06 號殘片，又被二次使用，其紙背有文字兩行五字，字體爲楷書，有界欄，但内容不見於大正藏。

(作者單位：旅順博物館)

水陸法會起源和發展再考

戴曉雲

對於水陸法會的起源和發展問題,學界和宗教界多有論述,衆説紛紜,各執一詞。本文擬針對這個問題再作考據。

周叔迦和牧田諦亮認爲水陸法會興起於宋代,不可能出現於梁武帝時期。周叔迦指出,"梁武帝於天監三年(504)纔捨道事佛,不可能在天監四年以前已經批閱藏經三年之久",而且現存水陸儀文《法界聖凡水陸勝會修齋儀軌》"文辭完全是天台的理論而撰述的。其中所有密咒出於神龍三年(707)菩提流志譯《不空絹索神變真言經》,這不僅是梁武帝所不能見,也是咸亨中神英所不能知的"[1]。牧田諦亮指出後世所記梁武帝和寶志和尚交談的重心是《焰口經》,而《焰口經》直到唐代纔譯出[2]。所以他們都認爲關於梁武帝和水陸法會的記載只是後世的附會。目前學術界一般認同周叔迦先生和牧田氏的看法[3]。其實,梁武帝和寶志的談話内容雖然可以附會,但不能據之否定其他材料所記載的梁武帝和水陸法會的淵源與關係。關於水陸法會的起源,謝生保、侯沖通過對敦煌寫本梁武帝《東都發願文》的解讀,認爲起源於梁武帝時期,但謝生保的論述過於簡略、錯漏較多且和侯沖一樣認爲無遮會和水陸會是同一個概念,並未分清無遮會是水陸法會的前身,更没有區分實際存在的兩種無遮會[4]。金維諾師和筆者則根據畫史材料認爲水陸法會興起於唐代[5]。本文擬在前

---

[1] 周叔迦《周叔迦佛學論著全集·法苑叢談》下集,北京:中華書局,1991年,683頁。

[2] 牧田諦亮《水陸法會小考》,楊曾文、方廣錩編《佛教與歷史文化》,北京:宗教文化出版社,2001年。

[3] 聖凱《中國漢傳佛教禮儀》,北京:宗教文化出版社,2001年,66頁;李小榮《水陸法會源流略説》,《敦煌密教論稿》,北京:人民文學出版社,2003年,271頁。

[4] 持此觀點的是謝生寶《敦煌文獻與水陸法會》,《敦煌研究》2006年第2期;侯沖《中國佛教儀式研究——以齋供儀式爲中心》,上海師範大學博士學位論文,2009年。

[5] 金維諾、羅世平《中國宗教美術史》,南昌:江西美術出版社,1995年;戴曉雲《佛教水陸畫研究》,北京:中國社科出版社,2009年。

人研究基礎上，對這一問題再作考證。

一、水陸法會的程式和主要内容

據筆者發現的散佚在歷代藏經和日本人編修的《大正藏》外的北水陸儀文《天地冥陽水陸儀文》[1]和現存在《大正藏》中的南水陸儀文《法界聖凡水陸勝會修齋儀軌》[2]，水陸法會是以施食水陸生靈（包括亡靈）爲核心的。表面上看是超度亡靈或爲生靈消除罪業，其實其根本目的還是勸導衆生包括死後生靈皈依佛教。

從《法界聖凡水陸勝會修齋儀軌》和《天地冥陽水陸儀文》來看，儘管水陸法會由多個程式構成，顯得紛繁複雜，但其中最重要的程式是"施食"，即給水陸生靈施食。《咒食現功篇》、《孤魂受享篇》、《判斛儀文》等程序即是把各路神仙請到法會中來後，讓他們見證施食儀式，目的是讓水陸生靈皈依佛教，往生天堂。

在敦煌文書 S.2454v《一行大師十世界地輪燈法》（又名《施水陸冥道齋法》）[3]中有"施水陸冥道"，亦當是有關水陸法會的文獻無疑。其內容大致講橫死者、犯土工、入新宮宅等等，都可建地輪燈。次講地輪的建法（就是給水陸生靈施食，也是此儀文最重要的內容）。再講橫死、敵人犯境、蝗蟲災害、災害天氣、疫病暴發等，設此地輪燈法可消災。最後列舉此法涉及的要祈請的地府神。可惜此卷年代不詳。由於其出現在敦煌文獻中，且宗曉的《施食通覽》中並未收集，推測應該是唐代的水陸法會文獻，且到南宋時已經佚失。

《施水陸冥道齋法》比較簡略，相當於宋代以後的水陸儀文《天地冥陽水陸儀文》中《加持地輪燈壇儀》、《命請冥殿十王儀》、《判斛儀文》幾個程式。涉及的神包括天仙（比如天曹司判使者）、地祇（例如太歲、土地神、龍王）、冥殿十王（閻羅天子、太山府君、五道大神、地府都司、六道都判官，等等），和《天地冥陽水陸儀文》中祈請的神大致無二。因此，該儀文的後續繼承者是北水陸儀文《天地冥陽水陸儀文》。

敦煌文獻中還有兩則和水陸相關的文獻，那就是《金剛峻經金剛頂一切如來深妙秘密金剛界大三昧耶修行四十九種壇法作用威儀法則大毗盧遮那佛金剛心地法門密法

---

[1] 戴曉雲《佛教水陸畫研究》，28 頁。
[2] 志磐撰，袾宏重訂《法界聖凡水陸勝會修齋儀軌》，見《卍續藏經》第 74 册，No.1497，東京：株式會社圖書刊行會，1989 年。現收在《大正藏》中的《法界聖凡水陸勝會修齋儀軌》經袾宏修改，志磐原文保存在朝鮮古籍中。
[3] 該卷子李小榮和侯沖都有引用，見李小榮《敦煌密教論稿》和侯沖博士學位論文。侯沖對本人使用的卷子《一行大師地輪燈輪法》和《金剛峻經》都有涉及，但和本人角度不同。

戒壇法儀則》(簡稱《四十九種》)和《金剛峻經金剛頂一切如來深妙秘密金剛界大三昧耶修行四十二種壇法作用威儀法則大毗盧遮那佛金剛心地法門密法戒壇法儀則》(簡稱《四十二種》)[1]。《四十二種》和《四十九種》均講壇法。前者就壇法組成、壇法作用和法事行持等方面作了具體的規定，後者則就《四十二種》中相應壇法之"安壇之法、菩薩名字、座位之處，兼及身色"作了具體規定。因此兩種文獻極爲近似，可互相補充。

《四十二種》和《四十九種》是唐時形成的密教壇法，其中包括水陸壇法，不是水陸專門文獻。正因爲此，筆者認爲和壇法相對應的水陸儀文或根本就沒有形成，《四十二種》和《四十九種》就是《最上大乘神妙金剛界大三昧耶總持大教王成佛經》。

《四十二種》中共有三十四種壇法，其中和水陸相關的壇法有十三種[2]，如下：

1. 密法戒成佛壇法(五佛之壇)。授四十八戒，灌頂。三日散食，度化水陸有情。

2. 護國水陸燈壇之法。包括水陸之壇、水陸燈壇、五方之壇、普賢之壇、文殊之壇、五佛之壇等八方水陸之壇。"國界不安，人民疾病，狂賊競起，風雨不順，五穀不成"時，則開啓水陸之壇，可保"祐能護國護人，狂賊不能侵害，疾病自然消除，風雨順時，五穀豐登，萬民歡樂，國界清平，人王安泰，諸佛歡喜，龍天八部，長時擁護，橫災不能侵害。"

3. 八吉祥壇。度化衆生。

4. 五佛八菩薩之壇。"每日三時，散施四生六類一切有情，盡令得足，一切惡鬼，總得生天。""諸佛歡喜，龍神祐助，風調雨順，人民歡樂，國界清平。天魔外道，狂口賊徒，不能侵害。"

5. 水陸燈壇。"第六功德，照水陸有情，遇此水陸燈壇，總得生天。"

6. 水陸之壇。"水陸之壇有十二種燈壇，十個天輪、地輪、八方之壇，五佛之壇，開啓之壇。""興慈運悲，度脱衆生。"

7. 總持王安壇法。"設有國內風雨不順，五穀不成，但結此總持王壇，香花燈燭，散施飲食，六時行道，啓告發願，諸佛歡喜，龍神祐助，仁王安泰，萬民歡喜。"

---

[1] 方廣錩主編《藏外佛教文獻》第11輯，北京：中國人民大學出版社，2008年。
[2] 後世水陸文獻《法界聖凡水陸勝會修齋儀》和《天地冥陽水陸儀文》中也附設壇圖和壇法。以《天地冥陽水陸儀文》中的《法界聖壇》爲例，包含了《四十二種》中的《天輪壇》、《地輪壇》，並有單獨的壇法。《地輪燈壇》中還包括《息苦輪之圖》。對應的儀文是《加持天輪燈壇儀》和《加持地輪燈壇儀》。《天地冥陽水陸儀文》中的《法界之圖》就是《四十二種》中的《三十七尊之壇》。《天地冥陽水陸儀文》在《建壇大陀羅尼》中提到：三結壇臺高丈二，東西南北四門開。十大明王護八方，三十七尊居正位。北水陸儀文《天地冥陽水陸儀文》的成文應該受《四十二種》和《四十九種》影響很大。

8. 百字明王壇。"度脱衆生。"

9. 盧舍那佛觀佛三昧壇。日日三時,散施飲食,度脱衆生。然燈,燒香,散花。

10. 三十七尊圓滿之壇(成佛滿足之坦法)。授四十八戒,灌頂。日日三時,散施飲食,度化水陸有情,盡得生天,四生六類,盡得解脱。興慈運悲,度化有情,現身是佛,更莫外求。

11. 三十七尊明王壇法(總持大教王成佛壇)。授四十八戒,灌頂。日日三時,散施飲食,度化水陸有情,四生六類,總令解脱,盡得生天。

12. 十六大士灌頂之壇法(現證大教王灌頂之壇法)。其壇四方……裏有水陸衆生。七寶百物,歡喜供養。

13. 三十七尊菩提分法(六波羅密壇法)。六波羅密者,是謂曜昏衢之高炬,濟苦海之迅船。拯物導迷,莫斯爲最。

以上文獻多次提到水陸、水陸有情等字並有水陸壇、天輪燈壇、地輪燈壇、三十七尊之壇,這和《天地冥陽水陸儀文》的言辭是一致的。《天地冥陽水陸儀文·建壇大陀羅尼》載:"三結壇臺高丈二,東西南北四門開。十大明王護八方,三十七尊居正位。"《建壇大陀羅尼》其實就是建立三十七尊之壇時頌的咒語。《四十二種》和《四十九種》對北水陸儀文《天地冥陽水陸儀文》的編訂,應該具有不容忽略的影響,最起碼具有一脈相承的作用。

《四十二種》有附録《結壇、散食、迴向發願文》,内中列舉了祈請的神名。從祈請的神看來,其涉及的神和南宋末年成書的《天地冥陽水陸儀文》中祈請的六組神[1]大致無二,只是隨著時代的變化,一些神的名稱發生變化,但實質未發生變化(此處比較從略)。因此可以互證《四十二種》和《四十九種》對後世水陸文獻《天地冥陽水陸儀文》的編訂有重要的影響。

敦煌文獻不僅有上述較爲簡單的水陸儀文和水陸壇法,還大量存在另一種水陸文獻,應該是水陸法會上宣讀的齋文,也被後世僧人稱爲水陸雜文,在韓刻漢籍中稱爲排備文[2]。郝春文師在《關於敦煌寫本齋文的幾個問題》中稱爲齋文[3]。

《結壇、散食、迴向發願文》,因附録在水陸儀文的後面,所以此文必定是水陸雜文

---

[1] 六組神名具體見《天地冥陽水陸儀文》。
[2] 《天地冥陽水陸儀文》附録了做水陸用的齋文,均稱爲"水陸雜文"。本人收集到一批韓刻漢籍中也有和《天地冥陽水陸儀文》附録的雜文完全一樣的内容,被稱爲"俳備文"。
[3] 郝春文《中古時期社邑研究》,臺北:新文豐出版公司,2006年,487—502頁。

（齋文）。由文獻內容來看，和宋代以後的水陸儀文中的"儀"十分接近，推測唐時水陸儀文還未形成和宋代一樣的統一格式。

P.2642"難巷文"略云："厥今玄冬膺族，僧徒課念於六街；節（結）屆（界）嚴凝，敷真場於巷伯，請諸佛於會座。……病消疾散，得逢水流之醫王；供食千般，以資水陸之法會。"[1]此件原題"難巷文"，但其中明確提到"水陸之法會"，可以確定這次法會是水陸法會。此件中有"太保延壽"，其時代應在歸義軍時期。

又S.663"水陸無遮大會疏文"略云："厥今置淨壇於八表，敷佛像於四門，中央觀音之場，釋衆轉金言之部。設香饌供三世諸佛；散淨食與水陸亡靈。"[2]這也應該是用於水陸法會之齋文，而且體現了水陸法會中的結壇、祈請、轉經、散食等程式內容。

S.4511中有"點銀燈而明朗，照無見之幽冥；散穀食之香花，施水陸之含識"[3]，無疑也是水陸法會文之齋文，其中體現了水陸中燃燈、散食（施食）等程式和內容。文中還有"備妙供而轉經結壇"，明確指出轉經、結壇等法會程式。

P.3269，此文書雖然有"食棄香積，散施而焰口升霞"[4]之句，看起來似乎是焰口施食，實際上施食是水陸法會的一個最爲關鍵的程式，兼之後文的"財施堅牢，獻佛而冤家解釋"之句，很明顯，此遺書是水陸法會齋文，文中提到的"焰口施食"是水陸法會的一個程式。文中還提到"闕今宏敷佛像，結勝壇於星宮；經轉金言，演如來之大教；幡幢□匝，□龍腦之名香"，可知法會上結壇、轉經豎幢（幡）等程式和內容。

綜上所述，敦煌文獻中不僅保存了水陸儀文和與水陸法會有關的文獻，還保存了一大批在水陸法會上使用的齋文。這表明水陸法會在唐末五代時期的敦煌頗爲流行。另筆者曾引用畫史材料，唐僖宗時張南本曾畫水陸功德的記載[5]，説明水陸法會於唐僖宗時在四川地區已經十分成熟。大足石窟雖不是專門爲水陸而建的道場，但其中有很多窟是水陸道場窟，其中一些是五代的。此外，據《宋高僧傳》所載，五代梁高僧遵誨"復別施鬼神水陸法食，皆勸勵莊嚴菩提心行矣"[6]，説明到五代時，水陸法會在內地亦曾流行。

---

[1] 王書慶《敦煌佛學·佛事篇》，蘭州：甘肅民族出版社，1995年，19頁。
[2] 王書慶《敦煌佛學·佛事篇》，90頁。
[3] 王書慶《敦煌佛學·佛事篇》，592頁。
[4] 黃征、吳偉《敦煌願文集》，長沙：嶽麓書社，1995年，525頁。
[5] 戴曉雲《佛教水陸畫研究》，14頁。
[6] 贊寧撰，范祥雍點校《宋高僧傳》卷二八《興福篇》，北京：中華書局，1987年，700頁。

以上論述表明,水陸法會絕非興起於宋代,而是在晚唐五代敦煌和内地均已流行。但唐五代時期的水陸法會可能只是以施食水陸生靈爲中心,程式比較簡略,甚至施食(斛食)成爲水陸的異名,和南宋末代成文的"踵事增華,以崇其法"的水陸儀文有很大的區别。

二、《東都發願文》證明梁武帝是水陸法會最早發起者

謝生保和侯沖雖也認爲水陸法會起源於梁武帝,但謝生保的敍述十分簡略且和侯沖一樣,並没有辨明梁武帝時期可能存在兩種無遮會,而以超度亡靈爲中心的無遮會是水陸法會的前身。以下擬對這些問題再作考據。

1. 以薦亡超度,往生净土爲目的的無遮大會

關於無遮會,霍旭初先生有很詳細的論述[1]。無遮大會起源於印度,是一種弘揚佛法的方法,是以造像,施捨佛、天、寺僧和貧病者等,或爲逢凶化吉且伴隨著行像的法會。在舉辦無遮法會時,還會有講經説法等活動[2]。敦煌文書中也有這類齋會的齋文,如 P.3542 中就有"無遮大會齋文"[3]。但傳入中國後,原本和水陸生靈無任何關係的無遮大齋,性質發生變異,大約在梁武帝時,衍生出了一種包括迴向水陸空行一切四生(水陸生靈)的無遮會,明顯具有後世的水陸法會性質。也就是説,印度傳進中國的無遮大會,在某時(應該是梁武帝時候)發生重大分野:一種是施捨僧俗、講經説法、行像等來自印度的無遮大會,可稱之爲傳統的無遮會;一種是包括迴向水陸空行一切四生(水陸生靈)的無遮會(取無遮無礙、冤親平等之意),也就是後世水陸法會的前身。這時的水陸法會,既有水陸之名,也有水陸之實。

從《南史》的相關記載來看,梁武帝舉辦的無遮大會,似乎和印度的無遮大會没有區別,無非就是造像、施捨、講經説法。但這只是《南史》較爲籠統的記録,當我們看到敦煌遺書《東都發願文》時,纔知道原來當時還有另外一種無遮大會,這種無遮會加入了後世水陸法會中至爲重要的内容——迴向水陸空行一切四生(水陸生靈),也就是後

---

[1] 霍旭初《"無遮大會"考略》,《考證與辨析——西域佛教文化論稿》,烏魯木齊:新疆美術攝影出版社,2002年。
[2] 梁武帝舉辦無遮大會的記録,見《南史》。霍旭初先生亦有明確引用,此處不贅引。
[3] 王書慶《敦煌佛學·佛事篇》,91頁。

世水陸法會超度的核心[1]。或許梁武帝當初舉辦的無遮會就是印度的四部無遮大會，但後來衍生出了包括迴向水陸空行一切四生(水陸生靈)的無遮會，也就是後世的水陸法會。而傳統的無遮會，在唐代、金代也還仍然流行[2]。

後一種無遮會是後世水陸的萌芽，也是梁武帝被後世佛徒認定爲水陸法會的發起人最爲重要的依據。正如楊鄂在《水陸齋儀文後敘》中説："按蕭氏建無遮齋，其儀甚簡。"[3]楊鄂明確告訴我們，蕭衍所舉辦的無遮齋就是水陸齋。很明顯，楊鄂的水陸齋和蕭氏的包括迴向水陸空行一切四生(水陸生靈)的無遮齋有很大的繼承關係。

2. 東都發願文

由於《東都發願文》是以超度亡靈並迴向水陸空行一切四生爲主要目的的無遮會上宣讀的疏文，因此下面具體論述《東都發願文》。

敦煌卷子《東都發願文》經敦煌專家們確定，作者是梁武帝，傳抄於大同三年即537年，當時梁武帝尚健在[4]。且據《南史》記載，這一年梁武帝確實舉辦了多次無遮會。《東都發願文》是梁武帝在某次無遮會上宣讀的疏文。這篇文章，明顯具有後世水陸法會的特徵。

首先，《東都發願文》明確提到"一切會"、"十方無邊一切幽顯"、"無邊一切衆生"、"今日平等，無復怨親"、"無遮大會"等語。南宋末年成文的《法界聖凡水陸勝會修齋儀軌》及《天地冥陽水陸儀文》等水陸儀文亦有如此言語。《東都發願文》内含迴向包括水陸空行一切衆生在内的生靈施食並迴向功德得度生天、發願、懺悔、證明滅罪和上證菩提。因此《東都發願文》即在某次以薦亡超度、往生淨土爲目的的無遮會上宣讀的發願懺悔、超度、上證佛果，乃至迴向、終證菩提之路之疏文。

---

[1] 確切地説，侯沖的博士論文《中國佛教儀式研究——以齊供儀式爲中心》中齋僧一節把水陸法會歸於其中是不恰當的，因爲齋僧是供養人，而水陸法會是供養鬼神。二者截然不同。

[2]《釋氏稽古略》卷四，大金大定八年："金國十月一日，詔大慶壽寺凱禪師，於東京創清安禪寺，度僧五百員，作般遮於吒會。"《大正藏》第49册，No. 2037，東京：大藏經刊行會，1924—1925年。

[3] 宗曉《施食通覽》，《卍續藏經》第157册961卷，第18頁。

[4] 學界認爲和水陸法會素有源流的還有《慈悲道場懺法》。《慈悲道場懺法》前有一篇《慈悲道場懺法傳》，内中有"自梁迄今已數百年"，説明《梁皇懺》中的慈悲道場懺法傳是後人寫的，也就是説《梁皇懺》經過後人編訂。因此此懺是否爲超度梁武帝亡妃郗氏尚不確定。儘管編訂者爲誰，學界尚無人討論，《梁皇懺》的作者和成文時間學界亦尚無定論，但成文於南宋末年的《天地冥陽水陸儀文·孤魂家親受供儀》則明確提到"郗氏離苦，因武帝集諸佛之名"。因此儘管我們對水陸儀文是否是梁武帝最先開始修撰，尚不明確，但後世特別是宋代水陸儀文的編訂確受到了《梁皇懺》影響。對《東都發願文》進行研究的學者有：饒宗頤《〈東都發願文〉研究》，《敦煌學論文集》，1984年巴黎法文版；郭麗英《敦煌本〈東都發願文〉考略》，《法國學者敦煌學論文選萃》，北京：中華書局，1993年，112—119頁；孫曉林《跋P. 2189〈東都發願文〉殘卷》，《敦煌吐魯番研究》第2卷，1997年，331—335頁。

其次,此文爲證明滅罪所祈請的神祇包括十方盡虚空界一切諸佛、十方盡虚空界一切聖僧、十方盡虚空界一切諸天、十方盡虚空界一切諸仙、十方盡虚空界一切聰明正直善神、十方不可説、不可説無邊幽顯、一切大衆。此説雖比較籠統[1],但基本具備後世水陸祈請的神靈。

再次,此文迴向超度對象爲皇考太祖文皇帝、皇妣獻皇太后、王大兄長涉(沙)宣武王、王弟二兄永陽照(昭)王、一切尊卑眷屬、一切内外眷屬、一切本生因緣、尊卑眷屬、未出四生、同此福祐。率土(土)一切臣民、水陸空行一切四生、今日北虜爰及未賓之地、水陸空行一切四生、今日三途水陸空行一切四生乃至三界六趣,前盡前際、後盡十方,盡虚空界,於其中間一切四生[2]。超度對象很明顯是累代宗親和一切四生。這正是後世水陸法會的超度對象。

或許有人提出,《東都發願文》中未涉及超度孤魂。需要注意的是,梁武帝的無遮大會超度對象中的確並不包括孤魂。這種情況一直到唐代纔有變化。《四十二種》附録的《結壇、散食、迴向發願文》和南宋末年編訂出《法界聖凡水陸勝會修齋儀軌》及《天地冥陽水陸儀文》,水陸法會的超度對象纔從往古人倫擴大到孤魂[3]。因此本人認爲,敦煌出現的水陸文獻,其超度對象如果没有涉及孤魂,敦煌遺畫中如果未出現孤魂圖像,實屬正常。

《東都發願文》明確提到此次大會爲無遮大會,又名一切會、平等法會(今日平等、無複怨親),並在超度對象上明確提到水陸四生。此法會的目的是使六道四生皆離惡趣,俱生淨土。面視諸佛、解脱衆苦,滅諸罪鄣。慧命自在,六通無礙。倍增進修、上成佛果。這和後世水陸十分接近,因此《東都發願文》既有水陸法會之名,又有水陸法會之實。梁武帝就是水陸法會最初的舉辦者。後世水陸之名,大約源於此。

總之,本人認爲,無遮會到梁武帝時發生分化,一種仍然保持印度的傳統,以施食僧衆和寺院錢財爲主,有的會伴隨有論議(一種高僧之間辯論),一種則發生變異,以超度

---

[1] 蘇軾在《水陸法像贊並引》中云:"在昔梁武皇帝,始作水陸道場,以十六名,盡三千界。用狹而施博,事約而理詳。"(《蘇軾文集》第2册,北京:中華書局,1989年,631—634頁)可見梁武帝在無遮會上祈請的神祇,是比較簡約的,是以"類"計的。

[2] 《天地冥陽水陸儀文》和《法界聖凡水陸勝會修齋儀軌》中多次提到"修平等供"、"無遮會"、"冥陽水陸"、"平等會"。

[3] 宋代高僧遵式在《施食正名》中説"世言施水陸無主孤魂者,理出誘俗,言不涉教",也再次證明遵式之前的水陸施食對象是不包括孤魂的,見《卍續藏經》No.961。

亡靈（生靈）爲法會的主要目的[1]。梁武帝舉辦了既有水陸之名又有水陸之實的後一種無遮大會而被後世佛徒視爲水陸法會的開創者。今殘存在敦煌遺書中的《東都發願文》就是梁武帝舉辦無遮法會（水陸法會）上宣讀的疏文。這篇發願文，被後世佛徒編訂水陸儀文時借鑒、參考，並把梁武帝和與梁武帝關係密切的寶志和尚列爲水陸法會最初開創者。從這種意義上來説，佛教史上認爲梁武帝是水陸法會的最初舉辦者和宣導者，當非虛言。

因此，這種説法代代相承，直到清代。如今留存的大量古代水陸畫，其水陸緣起均畫有水陸緣起圖，其内容就是畫梁武帝和寶志和尚商議舉辦法會的場景。

總之，水陸法會應該緣起於南北朝時期的梁武帝，之後不見於記載，至唐代時開始重新流行，到宋代則儀文更加繁複完善，且分爲南北水陸，元明清達到鼎盛，歷代綿延。直到清代末年逐漸衰落。

（作者單位：國家文物鑒定委員會）

---

[1] 此種法會亦伴隨有論議，這從一些敦煌遺書中可以看到，但似乎發展到南宋末年，這種以超度亡靈爲目的的法會上，不再有論議伴隨，而成爲性質十分單一的佛教超度亡靈的法會，這從《法界聖凡水陸勝會修齋儀軌》和《天地冥陽水陸儀文》中可以看出。

由敦煌本與岩崎本互校看日本舊鈔
《尚書》寫本之價值[*]

許建平

藏經洞所出敦煌文獻之價值世所共知，毋需贅言，其中傳統經籍寫卷的價值，前人多有闡發，我在《敦煌經籍敍録》的緒論中亦從輯佚、校勘、文字、音韻、版本五個方面作了介紹[1]。但敦煌寫卷的一個特點就是"殘"，幾乎全是殘卷，並包含了大量的碎片。絕大多數典籍都有殘缺，無法復原當時流行之文本全貌，其價值不免要打許多折扣。東瀛日本存有爲數不少的漢文古抄文獻，其中也不乏平安時期（約當唐宋）寫本，時代正與敦煌寫本相近，而其源頭應是六朝至唐時從中國流傳到日本的寫本。

在中國本土，除了敦煌、吐魯番寫本外，衛包改字前之隷古定《尚書》，只能在《書古文訓》中略窺一斑，但此書之真僞莫辨，不可以之爲隷古定《尚書》真本[2]。而在日本却保存有大量的隷古定《尚書》寫本，劉起釪《日本的尚書學與其文獻》辟專章作了詳細的介紹[3]，顧頡剛、顧廷龍的《尚書文字合編》影印了岩崎本、九條本、神田本、島田本、内野本、元亨本、觀智院本、古梓堂本、天理本、足利本、影天正本、八行本等十二種[4]，這是目前我們能比較方便地看到的日本《尚書》古寫本資料。

敦煌寫本殘損特甚，所存者不及《尚書》全本的一半，日本所存舊抄本多存全文，即使如平安時期的早期寫本，其所存内容亦遠遠超過敦煌本。本文擬將日本舊抄岩崎本《尚書》殘卷與敦煌《尚書》寫本相關部分進行比較，以考探日本舊鈔本之價值，藉以明

---

[*] 本文爲教育部哲學社會科學研究重大課題攻關項目"法藏敦煌漢文非佛教文獻整理和研究"（12JZD009）的階段性成果。

[1] 許建平《敦煌經籍敍録》，北京：中華書局，2006年，1—21頁。

[2] 筆者曾有《薛季宣〈書古文訓〉所據〈古文尚書〉的來歷與真僞》一文，提交2011年6月在嘉義大學召開的第三届宋代學術國際研討會。

[3] 劉起釪《日本的尚書學與其文獻》，北京：商務印書館，1997年，71—117頁。

[4] 顧頡剛、顧廷龍《尚書文字合編》，上海古籍出版社，1996年。

日本舊鈔本與敦煌寫本互證的重要意義。

岩崎氏所藏隸古定《尚書》，有三件寫本，分別爲第三、第五、第十二卷：（1）第三卷，存《禹貢》殘篇，起"夾右碣石，入于河"之"河"，至"三邦底貢厥名"僞孔傳"其名天下稱善"，46行，經文單行大字，傳文雙行小字。（2）第五卷，存《盤庚》上中下、《說命》上中下、《高宗肜日》、《西伯戡黎》、《微子》九篇，起《盤庚上》"我王來，既爰宅于茲"之"茲"，至《微子》"我不顧行遯"僞孔傳"所執各異，皆歸於仁"之"各"，共237行，經文單行大字，傳文雙行小字。（3）第十二卷，存《畢命》、《君牙》、《冏命》、《吕刑》四篇，起《畢命》"以成周之衆"，至《吕刑》末，196行，經文單行大字，傳文雙行小字。内藤虎云："第五、第十二兩卷實與神田香巖君藏《尚書》殘卷同出一手，第三卷自屬別手，但其並爲初唐人手筆。"[1] 按第三卷《禹貢》殘篇與九條本《禹貢》殘篇爲一卷之裂，只不過中間殘缺一行，不能直接綴合。

與岩崎本内容相應的敦煌寫本有P.3615+P.3469《禹貢》、P.5522《禹貢》、P.2643《盤庚上—微子》、S.11399+P.3670+P.2516《盤庚上—微子》，各卷的詳細介紹請參拙著《敦煌經籍敍錄》。

本文將從五個方面闡述日本舊抄本岩崎本的文獻價值，至於岩崎本的不足之處，如訛誤衍脱者，或敦煌本存隸古定字而岩崎本已改爲今字者，不在本文中展開討論。

本文所引用《尚書》經傳據《中華再造善本》影印之北京大學所藏宋刻本，簡稱"宋本"。

一、岩崎本可佐證敦煌本之文字爲隸古定《尚書》原貌

現在我們所看到的《尚書》，是東晉元帝時豫章内史梅賾獻上的據說是孔安國作傳的《古文尚書》，是用一種隸古定字寫成的。到唐玄宗天寶三載（744），詔集賢院士衛包把隸古定字改爲今字，其經文於唐文宗開成年間刻於"開成石經"，行於天下，遂使隸古定《尚書》之原貌不可見。雖然宋人薛季宣《書古文訓》所錄《尚書》經文爲隸古定《尚書》，但人們大多懷疑它的真實性。直到藏經洞的敦煌寫本出土，人們纔看到了隸古定《尚書》的真相。但敦煌隸古定《尚書》所存寫卷不多，複本更少，欲藉之以考定隸古定《尚書》文字之原貌，頗有捉襟見肘之處。今得日本古抄本作爲參校本以助敦煌本之考

---

[1] 轉引自《尚書文字合編》第四册《附錄》，451頁。

辨,遂有左右逢源之暢意。如:

(1)《禹貢》:"濟、河惟兗州。"

P.3615"兗"作"沇",《說文外編》云:"《說文》有'沇'字,無'兗'字。《口部》'合'下曰:'讀若沇州之沇。'《史記·夏本紀》'濟河維沇州',皆作'沇'。'兗'字下體从允,上體不知所從,不成字。"[1]敦煌本正可證成雷濬之說。《尚書校釋譯論》云:"《夏本紀》作'沇州',此爲今文。《漢書·天文志》:'角、亢、氐,沇州。'當係承用今文。《集解》引鄭玄注亦作'沇州',則爲古文。敦煌寫本P.3615亦作'沇州',則爲僞古文。《爾雅·釋地》:'濟河間曰兗州。'《釋名·釋州國》亦作'兗州',皮氏《考證》以此爲今文說。是漢今文又用此體。"

按:《說文》無"兗"字,"漢今文又用此體"之說可疑。邵晉涵《爾雅正義》認爲"兗當作沇"[2],《周禮·夏官·職方氏》"河東曰兗州"孫詒讓正義:"兗,正字當作沇。"[3]今本《爾雅》作"兗"者,已遭改動之本也。《尚書》之古文、今文、僞古文皆作"沇"不作"兗"。陸宗達、王寧云:"《說文》有'合'字,讀以轉切,當'山間淹泥地'講。但這個字古代文獻不用,古代文獻寫作'沇',也就是後來的'兗'字。'沇'後來專作水名,出河東東垣王屋山,東爲泲水,入海。以水命州名,又制'兗'字。"[4]岩崎本此字亦作"沇",與敦煌本同。陳鐵凡云:"易沇爲兗,則在天寶改字以後。"[5]謂"兗"爲衛包所改也。據敦煌本、岩崎本作"沇",陳氏之說可從。

(2)《盤庚下》:"朕及篤敬恭承民命。"

P.3516、P.2643"篤"皆作"竺"。《說文·二部》"竺,厚也。"段注:"《爾雅》、《毛傳》皆曰'篤,厚也'。今經典絶少作'竺'者,惟《釋詁》尚存其舊,叚借之字行而真字廢矣。篤,馬行鈍遲也。聲同而義略相近,故叚借之字專行焉。"[6]按段氏所謂"《釋詁》尚存其舊"者,《爾雅·釋詁下》:"惇、亶、祜、篤、掔、仍、肶、埤、竺、腹,厚也。"[7]陸德明《釋文》云:"竺,字又作篤,同。"[8]嚴元照《爾雅匡名》云:"篤係假借字。"[9]錢大昕

---

[1] 雷濬《說文外編》,《中華漢語工具書書庫》第35冊,合肥:安徽教育出版社,2002年,269頁。
[2] 邵晉涵《爾雅正義》,阮元輯《清經解》第3冊,上海書店,1988年,597頁。
[3] 孫詒讓《周禮正義》第10冊,北京:中華書局,1987年,2664頁。
[4] 陸宗達、王寧《古漢語詞義答問》,蘭州:甘肅人民出版社,1986年,116頁。
[5] 陳鐵凡《敦煌本虞夏書校證補遺》,《大陸雜誌》第38卷第2期,1969年,59頁。
[6] 段玉裁《說文解字注》,上海古籍出版社,1981年,681頁。
[7] 郭璞注、邢昺疏《爾雅注疏》,阮元編《十三經注疏》下冊,北京:中華書局,1980年,2575頁。
[8] 陸德明《經典釋文》,北京:中華書局,1983年,409頁。
[9] 嚴元照《爾雅匡名》,王先謙編《清經解續編》第2冊,上海書店,1988年,1161頁。

《十駕齋養新録》卷五"舌音類隔之説不可信"條曰:"篤厚字本當作竺,經典多用篤,以其形聲同耳。"[1]楊樹達云:"竺篤同訓厚,《説文》竺訓厚,篤訓馬行頓遲,知竺爲本字,而篤爲竺之假字也。"[2]諸家皆以爲訓"厚"之本字爲"竺",作"篤"者乃假借字耳。惠棟《九經古義》曰:"君子篤於親,《汗簡》云:'《古論語》篤作竺。'"[3]上博簡《容成氏》第9簡"竺義與信",李零即釋"竺"爲"篤"[4]。是古文作"竺"不作"篤"也。隸古定用本字"竺",後人改爲借字"篤"。竺、篤中古音有舌頭、舌上之分,其在上古,則同音也。P.3516、P.2643寫作"竺",隸古定《尚書》原貌也,岩崎本亦作"竺",内野本、元亨本亦作"竺",皆可助證敦煌本。

二、敦煌本已改爲今字,而岩崎本存隸古定《尚書》原貌

唐玄宗天寶三載(744),衛包將《尚書》隸古字改爲今字,是否是將一個全爲隸古字的本子改爲今字呢? 答案是否定的。衛包本(《開成石經》)也有古字之遺存,應是依某一種流傳的古今字雜糅的本子改定,並非依據全古字本而改[5]。王重民云:"蓋六朝至唐,由隸變楷,在書法進化上,爲自然之趨勢;特以此經獨有古文之名,學者狃於師承,遞相傳寫,故字體之變化亦獨緩。然在楷變時期,墨守者其經本變化少,聰明者其經本變化多,衛包以前,必非昔時經本之舊矣。"[6]如S.799第71行"旡生魄庶邦"五字乃誤衍,正文在72行,却寫作"旡生魄庶邦","庶"字由從"火"寫作從"从",由小篆隸定字變成了隸變字。此爲抄寫者隨手改動的例子,因而前後不照應。又如P.2643第210行《高宗肜日》"惟天監下",第246行《微子》"用亂敗厥德于下","下"字原皆寫作"丁",後用紅筆加一點成"下";第234行《西伯戡黎》"乃罪多參在上",第244行《微子》"我祖底遂陳于上","上"乃是在"丄"字上又用紅筆加一橫而成。此爲校閲者隨手改動的例子。敦煌寫本並非隸古定原本,均爲已被改動之本,那些改成今字之處,若欲復原其隸古定原貌,以校勘學上之對校法即用其他版本文字作爲直接證據,是最爲有效而方便

---

[1] 錢大昕《十駕齋養新録》,上海書店,1983年,113頁。
[2] 楊樹達《積微居小學述林》,北京:中華書局,1983年,240頁。
[3] 惠棟《九經古義》,阮元輯《清經解》第2册,上海書店,1988年,779頁。
[4] 馬承源主編《上海博物館藏戰國楚竹書(二)》,上海古籍出版社,2002年,257頁。
[5] 許建平《敦煌經籍敍録》,71頁。
[6] 王重民《巴黎敦煌殘卷敍録》第1輯,黃永武主編《敦煌叢刊初集》第9册,臺北:新文豐出版公司,1985年,112頁。

的方法,而日本古寫本正可作爲這樣的對校本。試舉兩例,以明岩崎本所存爲隸古定《尚書》原貌。

(1)《禹貢》:"杶、榦、栝、柏、礪、砥、砮、丹。"

P.5522"礪"作"礦",字書不見"礦"字,然"灑"字《石鼓文》作"溝"〔1〕,"糒"字《説文》作"糒"〔2〕,"礦"蓋亦"礪"之異體。段玉裁《古文尚書撰異》改"礪"爲"厲",云:"《唐石經》作'礪',俗字也,必衛包所改,今更正。唐貞觀時釋元應《衆經音義》引《尚書》'砅砥砮丹',宋庠《國語補音》引《古文尚書》'若金,用汝作砅',《汗簡》、《古文四聲韻》皆曰'泵,古文礪',《集韻》礪、砅、厲爲一字。宋氏所謂《古文尚書》者,宋次道、王仲至家本,語在僞《説命》也。而貞觀時元應所引《禹貢》亦作'砅',此等字必本於《三體石經》,非無根據也。"〔3〕《書古文訓》作"砅",李遇孫《尚書隸古定釋文》曰:"《説文·水部》:'砅,履石渡水也,从水从石。《詩》曰:深則砅。'今《毛詩》及《論語》所引並作'厲',則'砅'即'厲'字。又案'礪'應作'厲',《説文》'礪'在石部新附,注云:'經典通用厲。'《漢書》引此亦作'厲'。"〔4〕岩崎本亦作"砅",另内野本、足利本、影天正本亦作"砅",必隸古定原貌也。《説命上》"若金,用汝作礪",P.2516、P.2643"礪"作"砅",則尚未改字也,此處岩崎本亦作"砅",與敦煌本同。

(2)《禹貢》:"厥篚玄纖縞。"

P.3469 與宋本同,亦作"纖",而岩崎本則作"戩",《玉篇·戈部》:"戩,細也,今作纖。"〔5〕"戩"爲"韱"之變體字。

《説文·韭部》:"韱,山韭也。"〔6〕張舜徽《説文解字約注》曰:"凡山中自生之物,率視家園毓殖者爲小,以其無糞澤之利也。山韭亦然,其葉甚細。蓋韱之言纖也,凡從韱聲之字多有小義,亦以此耳。"〔7〕故繒帛之細者曰纖,手指細者曰攕,女子身材纖細者曰孅,竹籤尖鋭者曰籤,木楔子曰櫼。甲金文不見"韱"、"纖"二字,"韱"字今所見最早出現於睡虎地秦簡《爲吏之道》:"凡爲吏之道,必精絜正直,慎謹堅固,審悉毋私,微密

---

〔1〕 商承祚《石刻篆文編》,北京:中華書局,1996 年,525 頁。
〔2〕 段玉裁《説文解字注》,331 頁。
〔3〕 段玉裁《古文尚書撰異》,四部要籍注疏叢刊本《尚書》中册,北京:中華書局,1998 年,1869 頁。
〔4〕 李遇孫《尚書隸古定釋文》,《續修四庫全書》第 48 册,上海古籍出版社,1995 年,57 頁。
〔5〕 顧野王撰,孫强重修《宋本玉篇》,北京:中國書店,1983 年,317 頁。
〔6〕 許慎《説文解字》,北京:中華書局,1963 年,149 頁。
〔7〕 張舜徽《説文解字約注》中册第 14 卷,鄭州:中州書畫社,1983 年,4 頁 B。

鈚察,安靜毋苛。"[1]整理者釋"鈚"爲"纖"。馬王堆帛書《相馬經》"鈚入目下"句,陳松長以爲"鈚"即"纖"字[2]。而"纖"字最早見於《說文》。"纖"實"鈚"之孳乳字,諸從"鈚"之字如攕、孅、籤、櫼亦皆"鈚"之孳乳字。《書古文訓》亦作"鈚",與岩崎本同。後"厥篚纖纊,錫貢磬錯"句之"纖",P. 3169 同,九條本與《書古文訓》均作"鈚"[3]。是作"鈚"者,隸古定《尚書》原貌也。

三、岩崎本可佐證敦煌本糾傳世刻本之訛誤

典籍輾轉傳抄,不僅有魯魚亥豕之偶誤,亦有增删改削之臆爲,善本古本之可貴即在於此。敦煌寫本爲宋初以前文本,其時代遠遠早於"一頁一金"之宋刻本,可藉以校正歷代刊刻版本之訛誤衍脱。岩崎本亦相當於唐朝時寫本,可以印證敦煌本之善。却看以下兩例:

(1)《盤庚上》:"汝無侮老成人,無弱孤有幼。"

"侮老成人",P. 2643、P. 3670 作"老侮成人"。王鳴盛《尚書後案》云:"蔡邕《石經》殘字云:'女毋禽侮成人,毋流。'……然侮與成連文,則知老與弱對,侮與孤對,成人與幼對。經意謂侮老其成人者,無弱孤其有幼者,不可以《大雅·蕩》篇'老成人'說此經。鄭注確甚,僞孔非也。"[4]段玉裁《古文尚書撰異》云:"古文《尚書》作'無老侮成人,無弱孤有幼',鄭注:'老、弱,皆輕忽之意也。'僞孔傳與鄭注本同。孔傳'老成人'三字爲經文'老侮'張本,非孔作'侮老成人也'。《唐石經》作'老侮'不誤。今版本作'侮老',因'老成人'三字口習既孰,又誤會孔傳,故倒亂之。"西莊未覈《唐石經》,故謂僞孔本非,其實僞孔本並不誤,敦煌本作"老侮成人",亦可證。岩崎本亦作"老侮成人",更可爲敦煌本佐證。王引之曰:"自某氏誤以'孤有幼'連讀,後人遂改'老侮成人'爲'侮老成人',而以'老成人'連讀矣。"[5]伯申所謂"某氏"者,僞孔傳之作者也。《唐石經》尚作"老侮",則改之者,更在唐文宗開成以後也。

(2)《高宗肜日》:"惟天監下民,典厥義。"

---

[1] 睡虎地秦墓竹簡整理小組《睡虎地秦墓竹簡》,北京:文物出版社,1990 年,167 頁。
[2] 陳松長《馬王堆簡帛文字編》,北京:文物出版社,2001 年,300 頁。
[3] 此九條本《禹貢》與岩崎本《禹貢》爲一卷之裂。
[4] 王鳴盛《尚書後案》,《嘉定王鳴盛全集》第 1 册,北京:中華書局,2010 年,445 頁。
[5] 王引之《經義述聞》,南京:江蘇古籍出版社,2000 年,81 頁。

P.2643、P.2516無"民"字。莊述祖《尚書今古文考證》云："《史記》無'民'字，是。"〔1〕按《史記·殷本紀》："祖己乃訓王曰：'唯天監下典厥義，降年有永有不永。'"是司馬遷所見《尚書》無"民"字。陳鐵凡云："疑本無'民'字，後世據《傳》增補。'天監下'殆即《詩·大明》'天監在下，有命既集'、《蒸民》'天監有周，照臨下土'之誼也。"〔2〕今岩崎本亦無"民"字。"民"當是後人據偽孔《傳》"言天視下民"而添。《唐石經》已有此"民"字，而P.2643抄於唐肅宗乾元二年（759）〔3〕，已在天寶三載（744）衛包改字以後，可見當時已流行有"民"、無"民"兩種文本。臧克和曰："敦煌本伯2516經文作'惟天監下'，從傳文作'言天視下民'和《書古文訓》、唐石經來看，該本奪一'民'字。但敦煌本伯2643亦作'惟天監下'，足利本、內野本亦同，諸本均無'民'字。按金文尚未見'下民'一詞，僅見'下或（國）'的辭例。"〔4〕模棱其辭，而持兩可之論。

　　敦煌與日本古寫本不僅可以糾正後世版刻本《尚書》經文之誤，亦可糾正偽孔傳之訛誤。如：

　　（1）《禹貢》："瑤琨篠蕩"傳："瑤、琨，皆美玉。"

　　P.3469"美玉"作"美石"。段玉裁《古文尚書撰異》云："孔《傳》：'瑤琨，皆美石也。'《正義》曰：'美石，似玉者也。'《釋文》曰：'瑤琨，美石也。'今本注、疏及《史記》皆訛作'美玉'。"按《史記·夏本紀》"瑤、琨、竹箭"裴駰《集解》引孔安國曰："瑤、琨，皆美玉也。"〔5〕內藤虎《岩崎本跋》云：

　　　　《史記·夏本紀集解》宋百衲本、紹興本亦同。但岩崎男所藏舊鈔本"瑤琨竹箭"，《集解》："孔安國曰：'瑤、琨皆美石。'"實同此本。按孔穎達疏"瑤、琨皆美玉"云："美石似玉者也。玉、石其質相類，美惡別名也。王肅云：'瑤、琨，美石次玉者也。'"近人多疑偽《孔傳》出於王肅，此《傳》乃與王異，故王先謙謂偽孔此《傳》與王異而誤。今見此本，知偽孔實不與王異。其異者，《尚書》、《史記》皆出于宋版訛本。〔6〕

　　是岩崎氏所藏舊抄本《史記》作"美石"，不作"美玉"。岩崎氏所藏《尚書》亦作"美

---

〔1〕 莊述祖《尚書今古文考證》，《續修四庫全書》第46冊，428頁。
〔2〕 陳鐵凡《敦煌本尚書校證》，臺北長期發展科學委員會，1965年，68頁。
〔3〕 許建平《敦煌經籍敘錄》，99頁。
〔4〕 臧克和《尚書文字校詁》，上海教育出版社，1999年，191頁。
〔5〕 《史記》第1冊，北京：中華書局，1982年，60頁。
〔6〕 轉引自《尚書文字合編》第四冊《附錄》，451—452頁。

石",與敦煌本同,足證段氏之説。

(2)《説命下》"若作和羹,爾惟鹽梅"傳:"鹽,鹹;梅,醋。羹須鹹、醋以和之。"

P.2643、P.2516兩"醋"皆作"酢"。李惇《羣經識小》"醋酢"條云:"醋酢二字,經典多混。《説文·酉部》'醋'字下云:'客酌主人也,從酉昔聲。'此酬醋之醋也,入聲。'酢'字下云:'醶也,從酉乍聲。'此醶酢之酢也,去聲。'酸'字下云:'酢也。''截'字、'醶'字下並云:'酢漿也。'今以酢爲酬醋之醋,讀作入聲。以醋爲醶酢之酢,讀作去聲。音義俱相反矣。"[1]岩崎本亦作"酢",與敦煌本相同,可見《孔傳》本作"酢",不作"醋"也。據徐時儀考證,"醋、酢兩字發展演變至唐代,在俗用義中已各有分工,而與《説文》等辭書的解釋不相一致。這兩字分别表示'酸漿'和'酬酢'義的明確分工的最後約定俗成約在裴務齊《正字本刊謬補缺切韻》成書的唐中宗時,至遲不會晚於宋代,《唐韻》(蔣斧本)和宋本《廣韻》的記載可爲佐證"[2]。P.2643抄於唐肅宗乾元二年,是改"酢"爲"醋"必在其後也。

四、可據岩崎本以證敦煌本之誤

敦煌本雖然可貴,但畢竟已是經過轉輾傳抄的卷子,其有訛誤,在所難免。若後世刊刻版本沒有相關異文可證實其誤者,則《尚書》經傳之原貌終將難以爲世人所知曉。而日本古寫本由於時代早,所存多,正可彌補這一缺憾。以下兩例,正是據岩崎本以糾敦煌本之誤者。

(1)《禹貢》:"彭蠡既豬,陽鳥攸居。"

P.3469"攸"作"逌",凡《尚書》"攸"字,敦煌本或從隸古字作"逌"[3],或從今字作"攸",作"逌"唯此一見。《集韻·尤韻》:"逌逌遊,行也。或从子、从斿。通作游。"[4]《説文》有"游"無"遊",以"逌"爲"游"之古文[5],而先秦古文有"遊"無"游"[6],《玉

---

[1] 李惇《羣經識小》,阮元輯《清經解》第4册,882頁。
[2] 徐時儀《慧琳音義引切韻考》,徐時儀、陳五雲編《語苑集錦——許威漢先生從教50周年紀念文集》,上海教育出版社,2001年,89頁。
[3] 《漢書·地理志上》:"漆沮既同,酆水逌同。"顔注:"逌,古攸字也。"(北京:中華書局,1962年,1532頁)P.3168亦作"逌",宋本作"攸"。
[4] 丁度《集韻》上册,上海古籍出版社,1985年,258頁。
[5] 許慎《説文解字》,140頁。
[6] 商承祚《中山王譽壺、鼎銘文芻議》,《上海博物館集刊——建館三十周年特輯》,上海古籍出版社,1983年,71頁。

篇·辵部》以"遊"爲"遊"之古文[1],《集韻》以"辻"爲"逯"之異體,而"辻"則"逯"之省筆也。《大禹謨》"罔遊于逸,罔淫于樂",《益稷》"無若丹朱傲,惟慢遊是好","遊"字《書古文訓》皆作"辻",是"遊"之隸古字作"辻"也。"陽鳥攸居"之"攸",岩崎本作"逌",即"攸"之隸古字,敦煌本作"辻"爲誤字,"辻"爲"遊"之古字,非"攸"之古字也。

(2)《禹貢》"夾右碣石,入于河"傳:"禹夾行此山之右,而入河逆上。"

P.3615"上"下有"地"字。阮元《尚書校勘記》無校語,是其所見《尚書》諸版本"上"後無字。按岩崎本"上"下有"也"字,敦煌本"地"應是"也"之誤字[2]。内野本、足利本、影天正本、八行本亦均作"也",可爲岩崎本之佐證。

五、可藉岩崎本以考見《尚書》傳本之異文

《尚書》在流傳過程中,由於古文與今文之分,隸古字與楷字之別,或傳抄訛誤,或以意擅改,不可避免地產生了大量異文。常見的異文,前人論著多有收集,此不具論。岩崎本中有既不見於傳世刊本,亦不見於敦煌寫本的異文,却能印證文獻引用《尚書》所見之異文,可爲瞭解《尚書》流傳過程中的文本變化提供重要材料。

(1)《禹貢》:"嵎夷既略,濰、淄其道。"

"濰"字P.3615作"惟",岩崎本則作"淮"。

王鳴盛《尚書後案》云:"《釋文》曰:'濰,音惟。本亦作惟,又作維。淄,側其反。'案曰:《漢書·地理志》引作'惟甾'。師古曰:'惟字今作濰,甾字或作淄,古今通用也。'《地理志》琅邪郡朱虛下、箕下又作'維',靈門下、橫下、折泉下又作'淮'。《王子侯表》'城陽頃王子東淮侯類封北海',北海郡別無淮水,又濰之異文。《通鑑·梁武帝紀》'魏李叔仁擊邢杲于惟水',胡三省注:'惟當作濰。'是濰、維、惟、淮一也。"[3]馬宗霍《說文解字引經考》云:"《說文》無淄字,則此引或本作甾,爲菑之重文,其字從巛,巛從川,故借爲水名耳。濰字《漢志》又或省水作維,或省糸作淮。《書釋文》亦曰:'濰,本亦作惟,又作維。'與《漢志》可互印。維、淮、惟皆以同聲叚借,許引作'濰',古文正字也。"[4]岩崎本作"淮",與《漢書·地理志》及《王子侯表》同,可知《尚書》亦有作"淮"之本也。

---

[1] 《宋本玉篇》,197頁。
[2] 陳鐵凡《敦煌本虞夏書校證補遺》,58頁。
[3] 王鳴盛《尚書後案》,《嘉定王鳴盛全集》第1冊,204頁。
[4] 馬宗霍《說文解字引經考》第2冊第2卷,北京:科學出版社,1958年,16頁B。

（2）《盤庚中》："予迓續乃命于天，予豈汝威？"

"迓"字P.2516、P.2643作"卸"，岩崎本則作"御"。

顏師古《匡謬正俗》卷二引《盤庚》云："予御續乃命於天。"[1]段玉裁《古文尚書撰異》云："此唐初本作'御'之證，《唐石經》已下作'迓'者，衛包改也。……訓迎之字本作訝，其作迓者，又訝之別體，《說文》所無也。"[2]惠棟《九經古義》云："此經與《牧誓》'弗迓克奔'，皆當作'御'。趙宋以來儒者見孔氏訓'御'爲'迎'，遂改作'迓'（或衛包所改）。"[3]鄭珍《説文逸字》云："迎迓字《周禮》作訝，諸經作御，此俗增。"[4]《説文》不收"迓"字，新附有之，段氏云："迓俗字，出於許後，衛包無識，用以改經，不必增也。"[5]按睡虎地秦簡有"迓"字[6]，知《説文》時有此字，許慎遺漏耳。只是此"迓"字讀作"牙"，不釋作"迎"也。顏師古所見《尚書》作"御"，岩崎本作"御"，《書古文訓》亦作"御"，此《尚書》之隸古定本也。明義士《柏根氏舊藏甲骨文字考釋》云："卸御本一字，許氏誤分爲二耳。"[7]馬敘倫云："古書無作卸者，證之甲文，卸即御之省彳者也，當爲御之重文。"[8]敦煌本作"卸"者，"御"之別體也。

以上所論，僅是舉例性質，岩崎本之優勝處並非這區區幾條，然僅此即可見其價值之大。探討隋唐五代時期《尚書》寫本舊貌，日本舊抄本的價值是無與倫比的。對於《尚書》如此，對於其他敦煌文獻亦如此。敦煌文獻的校勘整理，雖然已有學者意識到並在研究中對日本古寫本有所利用，但囿於條件，並沒有形成共識，更沒有進行全面的整理研究，更深入而廣泛的研究仍有待於學術界的進一步關注。

（作者單位：浙江大學漢語史研究中心）

---

[1] 劉曉東《匡謬正俗平議》，濟南：山東大學出版社，1999年，37頁。
[2] 段玉裁《古文尚書撰異》，四部要籍注疏叢刊本《尚書》中册，1912頁。
[3] 惠棟《九經古義》，阮元輯《清經解》第2册，751頁。
[4] 鄭珍《説文逸字》，《續修四庫全書》第223册，385頁。
[5] 《説文解字注》，95頁。
[6] 洪燕梅《説文未收録之秦文字研究：以〈睡虎地秦簡〉爲例》，臺北：文津出版社，2006年，151頁。
[7] 轉引自《古文字詁林》第2册，上海教育出版社，2000年，520頁。
[8] 馬敘倫《説文解字六書疏證》第17卷，上海書店，1985年，55頁。

敦煌通俗字書所呈現之唐五代
社會文化研究芻議
——以敦煌寫本《俗務要名林·飲食部》爲例

朱鳳玉

一、前　　言

　　敦煌文獻保存種類繁多,數量可觀的字書寫本,提供我們唐、五代寶貴而豐富的字書面貌。對此筆者曾進行過初步普查與梳理,並以宏觀的視角,嘗試對敦煌字書的名義、分類、特質、價值等總體性問題進行分析討論;也曾嘗試以微觀的角度針對個別字書進行論述,陸續撰寫相關論文[1]。其間更承"國科會"補助,執行敦煌字書的整體研究計畫[2],對敦煌字書文獻有了一定的基本認識。這些整理與考述,大抵屬於文獻學研究,爲進一步深化研究奠定良好基礎。

　　近年來,筆者一面廣搜新公佈之資料,一面吸取新知,發掘問題,開闊視野。以爲:傳世典籍所載多涉上層社會,於民間生活文化多付缺漏。敦煌文獻數量龐大,寫本時代自4世紀至11世紀,跨越時間長;寫本來源有來自中原的,有出自河西的,空間跨度大;文獻屬性則官私皆有,雅俗並存,階層不一。這批材料最能反映當時的社會生活,實可視爲唐代社會生活的活化石。

---

　　[1] 先後發表有:《敦煌寫本字書緒論》,《華岡文科學報》18,1991年11月,81—118頁;《敦煌寫卷〈俗務要名林〉研究》,《第二屆國際唐代學術會議論文集》,臺北:文津出版社,1993年,501—520頁;《敦煌文獻與字書》,《靜宜人文學報》6,1994年6月,9—37頁;《敦煌寫本字樣書研究之一》,《華岡文科學報》17,1989年12月,117—130頁;《論敦煌本碎金在詞彙學上的意義》,《嘉義師院學報》10,1996年10月,341—356頁;《敦煌寫本〈碎金〉研究》,臺北:文津出版社,1997年;《俄藏敦煌寫本〈雜字〉研究》,《新國學》2,2000年10月,305—325頁;《敦煌本〈碎金〉與宋、明俗用雜字之比較》,《漢語史學報專輯(總第三輯)——姜亮夫、蔣禮鴻、郭在貽先生紀念文集》,2003年5月,上海教育出版社,411—417頁;《敦煌寫本〈開蒙要訓〉與臺灣〈四言雜字〉》,《中國俗文化研究》1,2003年5月,120—128頁。
　　[2] "敦煌寫本字書研究",計畫編號82-0301-H-034-011-,執行時間:1993.02.01—1994.01.31。

有鑒於飲食是人類生活最基本的需求,也最能顯現階層性、地域性與民族性的文化差異。因此,筆者特以《俗務要名林》中的《飲食部》爲例,分析其內容,參考歷代字書、類書及詩文等相關文獻,進行考述。希望能進一步勾勒《俗務要名林》所呈現之飲食面貌與文化意涵,作爲課題開展之嘗試。

二、《俗務要名林》的性質及研究

敦煌文獻中的《俗務要名林》,今所得見計有 S.617、P.2609、P.5001、P.5579 四件殘卷。張涌泉主編《敦煌經部文獻合集》第七册《小學類訓詁之屬》中有完整錄文。另S.3277、S.6208、P.3644、P.3776 四件寫卷,雖無音釋,然就內容體制論,其依名物分類編列,似可視爲與《俗務要名林》相類似之字書。

今存《俗務要名林》殘卷中,P.2609 號有尾題作"俗務要名林一卷"。其所謂"俗務",蓋指世俗間日常生活的各種事務;"要名",則指重要常用的事務名稱、語詞、文字,"林"當指匯聚編排成林。據命名取意,則可知此書乃針對民間日常生活中各種常用重要之語彙加以分類編排,並標明部類便於檢閱,以供學習之通俗要用字書。

考中國字書之興甚早,古代官學、私學中,已有字書之編纂。如《漢書・藝文志》載:"《史籀篇》者,周時史官教小學書也。"秦漢以下,代有所編,唯諸書多佚,今存者僅西漢史游《急就篇》而已[1],其後著名的有梁周興嗣之《千字文》,隋唐時,史、梁二書仍爲童蒙識字教育的主要課本。

此外,歷代民間訓蒙之私塾蒙館,亦有通俗字書的編纂。由於是爲兒童、青少年識字教育而編,內容每於識字的同時也兼帶灌輸日常生活所需之常識與道德規範。加上民間童蒙教育大抵以能識字、寫信、記賬,足以應付日常生活爲滿足。因此,這類通俗字書的取材,大多以現實社會生活之事務與名物爲主,種類可謂繁多[2];內容與體制雅俗共存。

---

[1] 史游《急就篇》編於漢元帝時,是我國現存最早之識字寫字教材。其開端云"急就奇觚與衆異,羅列諸物名姓字。分別部居不雜廁,用日約少誠快意,勉之務之必有喜。請道其章",其後則以三言韻語列舉一百三十二個姓字,其次於"姓名訖,請言物"後,即以七言韻語臚列有關錦繡、染色、絲帛、稻粱、蔬醬、果餌……房屋、農具、六畜等類常見事物之名目。由於《急就篇》具有集中識字、整齊押韻、注重實用、知識面廣等特色,因此自漢魏以後即普遍用作初學識字之教材,唐代以後,始爲其他字書所取代。

[2] 林明波《唐以前小學書之分類與考證》(中國學術著作獎助委員會,1975 年 10 月)著錄有:郭卿《雜字指》、周成《雜字解詁》、葛洪《要用字苑》、殷仲堪《常用字訓》、王羲《文字要記》、張揖《雜字》、謝康樂《要字苑》、鄒誕生《要用字對誤》、鄒里《要用雜字》、王劭《俗語難字》、《雜字要》等十二種,惜今皆不傳。

敦煌寫卷《俗務要名林》是唐代敦煌地區流行之一種通俗字書,是將日常生活中通俗常用的語詞匯聚成林,便於翻檢查用。體式既非歌括式,亦非韻語,全書係采分類立部之編排方式。其性質與《急就篇》相似,蓋承古代《爾雅》、《急就篇》一類而發展,內容均爲民間日常生活事物之名目,符合民間教育應付日常實際生活需求之主要目的,較諸《急就篇》、《千字文》尤爲通俗,深具地方性、通俗性與實用性。

有關敦煌寫本《俗務要名林》的研究,自 1925 年劉復《敦煌掇瑣》對 P.2609 作了初步迻録開始[1];蔡元培爲《掇瑣》作序曾對此資料的價值加以説明,説:"又如《刊謬補缺切韻》、《字寶碎金》、《俗務要名林》等,記當時俗語、俗字,亦可供語言學、文字學的參考。"[2] 1956 年姜亮夫《敦煌——偉大的文化寶藏》"敦煌的語言文學材料"一節中,亦以 P.2609《俗務要名林》爲例,指出其乃唐代以事務爲類而編輯之一種字典,乃爲適應民間需要而作[3]。不過均係簡介而已。真正專就《俗務要名林》進行研究的,1976 年有日本慶谷壽信《敦煌出土〈俗務要名林〉》(資料篇)校録 S.617 全文;1978 年慶谷氏又有《〈俗務要名林〉反切聲韻考》,主要據資料篇對音注反切進行聲韻考[4]。1993 年本人《敦煌寫卷〈俗務要名林〉研究》爲 P.2609、S.617 及 P.5001 三件寫本作了敍録,對《俗務要名林》的性質、體式、時代進行論述,並與宋元明流行之《碎金》、《要用雜字》相較,闡明其關係,指出其內容具有反映唐代生活面貌之意義[5]。1996 年洪藝芳《論〈俗務要名林〉所反映的唐代西北方音》據其音注與異文進行唐代西北方音之探究[6]。同年,張金泉、許建平《敦煌音義書匯考》校録了 P.2609、S.617、P.5001、P.5579 四件[7]。1997 年,陳璟慧碩士論文《敦煌寫本〈俗務要名林〉研究》在前賢基礎上,進行了録文與校箋,並簡要説明其在詞彙、音韻、訓詁方面的價值[8]。之後,姚永銘《〈俗務要名林〉校補(一)》、張小艷《敦煌寫本〈俗務要名林〉字詞箋釋(一)》,則是針對個別語詞作了

---

[1] 劉復《敦煌掇瑣》,中央研究院歷史語言研究所專刊之二,1925 年,見《敦煌叢刊初集》第一册,臺北:新文豐出版公司,1985 年影印。
[2] 《敦煌叢刊初集》第一册,237 頁。
[3] 見《敦煌——偉大的文化寶藏》,上海古典文學出版社,1956 年,124 頁;又見《敦煌學概論》,北京:中華書局,1975 年,61—62 頁。
[4] 慶谷壽信《敦煌出土の〈俗務要名林〉》(資料篇),《人文學報》112,1976 年 1 月,81—126 頁;《〈俗務要名林〉反切聲韻考》,《人文學報》128:8,1978 年,1—62 頁。
[5] 朱鳳玉《敦煌寫卷〈俗務要名林〉研究》,501—520 頁。
[6] 洪藝芳《論〈俗務要名林〉所反映的唐代西北方音》,《慶祝潘石禪先生九秩華誕敦煌學特刊》,臺北:文津出版社,1996 年,511—532 頁。
[7] 張金泉、許建平《敦煌音義書匯考》,杭州大學出版社,1996 年。
[8] 陳璟慧《敦煌寫本〈俗務要名林〉研究》,杭州大學碩士論文,1997 年 12 月。

補校與箋釋[1]。2008年,張涌泉《敦煌經部文獻合集》總結前賢研究成果,做出全面完整的校錄工作,提供後人可據以研究的文本[2]。2009年陳敏碩士論文《〈俗務要名林〉與〈雜集時用要字〉研究管窺》在寫卷校勘的基礎上,從文字、訓詁的角度入手進行研究[3]。2011年,李紅《敦煌本〈俗務要名林〉音注聲母再探討》[4]則以《俗務要名林》所記載的音注爲研究對象,對其音注來源、構成及其反映的語音現象進行探討。

整體而言,有關《俗務要名林》之研究,篇章不少,然研究面向大都集中在寫卷的校錄工作,屬文獻學的基礎研究;其次則是基於字書音注所提供的語音材料所作的音韻研究論述,以及語詞的考釋。至於有關寫卷內容所收錄大量社會生活語彙,似乎尚未見有系統的從社會生活的視角展開研究之論著。

三、《俗務要名林》的時代、體式及其特色

《俗務要名林》歷代史志均未見著錄。其成書年代,今所知見四件敦煌寫本亦無可資考察之題記。不過,翟理斯(Lionel Giles)著錄S.617(G.7800)號時,疑此件爲7世紀寫本[5]。慶谷壽信、周祖謨則從"虎"字避諱音"武"來推測,以爲出於唐人之手[6];1991年,黃正建除根據"虎"避諱外,並提出《飲食部》中收有"餺飥"一詞,以爲"餺飥"此一食品最早出現在唐代,因而認爲此一字書撰於唐代[7]。余曾進一步考察寫卷避諱情形,見鳥部"鶉"下,S.617及P.2609注作"䰞之類也,音純";"鷂"下注作"羊照反"。是寫卷不避唐憲宗李純及則天皇帝武曌之名諱,據此可知翟理斯7世紀抄本的説法殆爲可信[8]。近期張涌泉對各卷用字情形更細爲考察,以爲"大約都是唐太宗、唐高宗間的抄本,翟理斯疑乙卷爲七世紀寫本,庶幾近似;至於其撰作年代,與這一時間似亦不會相差太遠"[9]。總之,此書之成書年代當在7世紀,即在唐朝初期。

---

[1] 姚永銘《〈俗務要名林〉校補(一)》,《浙江大學漢語史研究中心簡報》2005年第3期,46—58頁;張小艷《敦煌寫本〈俗務要名林〉字詞箋釋(一)》,復旦大學出土文獻與古文字研究中心,2008年。
[2] 張涌泉主編《敦煌經部文獻合集》第7冊,北京:中華書局,2008年,3611—3711頁。
[3] 陳敏《〈俗務要名林〉與〈雜集時用要字〉研究管窺》,廈門大學中文系碩士論文,2009年。
[4] 李紅《敦煌本〈俗務要名林〉音注聲母再探討》,《敦煌學輯刊》2011年第1期。
[5] Lionel Giles, *Descriptive catalogue of the Chinese manuscripts from Tunhuang in the British Museum*, london, 1957, p.268.
[6] 慶谷壽信《敦煌出土の〈俗務要名林〉》(資料篇),81—126頁;周祖謨《敦煌唐本字書敍錄》,《敦煌語言文學研究》,北京大學出版社,1988年,41頁。
[7] 黃正建《敦煌文書與唐五代北方地區的飲食生活》,《魏晉南北朝隋唐史資料》第11輯,1991年7月,265頁。
[8] 朱鳳玉《敦煌寫卷〈俗務要名林〉研究》,501—520頁。
[9] 《敦煌經部文獻合集》第7冊,3616頁。

《俗務要名林》一書的編纂，依據事物名稱分類立部，每部之下，臚列相關詞語，各詞語下，施以音注，采直音或反切，偶有簡單釋義。今存S.617、P.2609、P.5001、P.5579四件殘卷，殘存的類目總計有：〔身體部〕、親族部、□□部（國號部）、宅舍部、男服部、女服部、〔器物部〕、田農部、養蠶及機杼部、女工部、綵帛絹布部、珍寶部、香部、彩色部、數部、度部、量部、秤部、市部、菓子部、菜蔬部、〔酒部〕、肉食部、飲食部、聚會部、雜畜部、獸部、鳥部、蟲部、魚鱉部、木部、竹部、草部、船部、車部、戎仗部、火部、水部、疾部、〔藥部〕、手部，共四十一個部類。

　　像這樣分類立部，匯集字詞，分別注音釋義的體制，今所得見蓋以《爾雅》一書為最早。按：《爾雅》是我國古代第一部解釋六經訓詁之彙編，乃讀經者必備之工具書，後人將之視為經學的附庸，列在十三經之列。今本三卷，按十九類分為十九篇，分別為：釋詁、釋言、釋訓、釋親、釋宮、釋器、釋樂、釋天、釋地、釋丘、釋山、釋水、釋草、釋木、釋蟲、釋魚、釋鳥、釋獸、釋畜，各篇之下收錄各類相關語詞，加以訓釋。其分類立部，當是《俗務要名林》編纂體制之遠源；只是《爾雅》具典雅性，《俗務要名林》具通俗性。

　　至於《俗務要名林》的性質，顯為《爾雅》、《急就篇》之支流餘裔；然其收錄之語彙，則以日常生活用語為主，大抵為通俗語詞，而非正經、正史使用的雅正詞語；是因應民間日常生活需求而編的通俗字書；其編纂體制以標舉各類名物為主，並施以音讀，此點顯然與《爾雅》以釋義為主的訓詁專書性質迥異。

　　成書於唐代初期的《俗務要名林》，正值六朝隋唐以來分別部居以類相從的類書之風盛行，在此風尚之習染影響下，同樣具有百科全書性質的民間通俗字書《俗務要名林》，為求便於檢索，其編纂體制自然深受影響，其分別部居，標舉名目之體式，與唐代類書無二。甚至造成後世易與類書相混之現象[1]。姜亮夫即以為："《俗務要名林》應是唐代的一種字典。全書按事物分類編排，每類常用物名若干，然後逐一注上音義。……這種分義類的編纂方法，是六朝以來的類書體式，民間所習用。"[2]正因具類書分類編纂之體式，且在殘卷缺題之情況下，此類字書往往被視為"類書殘卷"，如《敦煌遺書總目索引·伯希和劫經錄》即著錄P.5001為"類書（似為《俗務要名林》）"[3]。

　　關於字書與類書混淆之情形，余嘉錫在《內閣大庫本〈碎金〉跋》一文中，曾有精闢

---

［1］ 如任麗鑫《敦煌類書敘錄》（蘭州大學碩士論文，2008年）便將《俗務要名林》列入"知名類書"加以敘錄。
［2］ 見《敦煌——偉大的文化寶藏》，124頁；又見《敦煌學概論》，北京：中華書局，1975年，61—62頁。
［3］ 見《敦煌遺書總目索引》，北京：商務印書館，1962年，311頁。

的説明,他説:

> 諸家目録皆收此書入類書類,蓋以其上自乾象、坤儀,下至禽獸、草木、居處、器用,皆分別部居,不相雜廁,頗類書鈔、御覽之體。然既無所引證,又不盡涉詞藻,其意在使人即物以辨其言,審音以知其字,有益多識,取便童蒙,蓋小學書也。[1]

正因如此,所以後世與《俗務要名林》體制全同的《碎金》系字書,如宋刻《重編詳備碎金》、明本《大字應用碎金》等,歷來諸家目録皆收入"類書類",即不難理解[2]。

事實上,分類立部的編排方式是爲了便於檢閲,所以不論是要用雜字書或類書,均頗多采取此一體式。今存抄於7世紀的《俗務要名林》,其采取的部類與歐陽詢編成於唐高祖武德七年(624)的《藝文類聚》體制頗多相同。《藝文類聚》全書一百卷,計分:天部、歲時部、地部、州部、郡部、山部、水部、符命部、帝王部、后妃部、儲宫部、人部、禮部、樂部、職官部、封爵部、治政部、刑法部、雜文部、武部、軍器部、居處部、産業部、衣冠部、儀飾部、服飾部、舟車部、食物部、雜器物部、巧藝部、方術部、内典部、靈異部、火部、藥香草部、草部、寶玉部、百穀部、布帛部、果部、木部、鳥獸部、鱗介部、蟲豸部、祥瑞部、災異部等四十六部[3]。其中與《俗務要名林》所存的四十三部類頗相類似,除部類相同外,《俗務要名林》部類下所收録之名目亦頗有見於《藝文類聚》各部下之子目者。兹以《菓子部》爲例,表列對照如下,以見一斑。

《俗務要名林》	《藝文類聚》
菓子部	果　部
李、奈、柑、橘、橙、棗、樽棗、栗、梨、林檎、枇杷、梅、杏、椑、柿、石榴、桃、烏勃、楔櫨、木瓜、櫻桃、蒲陶、菱、蓮、荷、藕、蒐苢、甘蔗、爬子、芋子、瓜、青瓜、黄瓠、胡爐、匏、掩	李、桃、梅、梨、甘、橘、櫻桃、石榴、柿、樝、柰、棗、杏、栗、胡桃、林檎、甘藷、沙棠、椰、枇杷、燕奥、槎、蒟子、枳俱、柚、木瓜、杜梨、芋、楊桃、葡桃、檳榔、荔支(枝)、益智、椹、芭蕉、甘蔗、瓜

雖然《俗務要名林》與《藝文類聚》同樣采取便於檢閱之分類立部的編排方式,同樣收録繁多的名物語詞,均具百科全書之特性。但二者雅俗有別,《藝文類聚》爲大型正統類書,屬全國性事務的類書,全面而典雅。《俗務要名林》是供平民百姓日常生活檢

---

[1]　見余嘉錫《内閣大庫〈碎金〉跋》,收入《余嘉錫論學雜著》,臺灣:河洛圖書出版社,1976年,600—601頁。

[2]　有關《俗務要名林》與宋元明流行之《碎金》之比較,參朱鳳玉《敦煌寫卷〈俗務要名林〉研究》,501—520頁。

[3]　見《藝文類聚》,臺灣:文光出版社,1974年。

索的小型通俗字書，屬於下階層、地方性的實用字書，通俗而切近實際生活。兩者對照，便可發現不論是部類或類目下之名物語詞均有同有異。《俗務要名林·菓子部》有35種水果，《藝文類聚·果部》有37種水果。其中相同者有21種，《俗務要名林》有14種爲《藝文類聚》所無，如菱、蓮、荷、藕、青瓜、黃甌、胡瓤、匏、掩等，一般視爲蔬菜類，顯示不同地域飲食文化之差異；《藝文類聚》有16種爲《俗務要名林》所無，主要爲南方所產之水果，如椰、柚、楊桃、檳榔、荔枝、芭蕉等，此正可說明《俗務要名林》民間通行之要用雜字書通俗性與地域性，與《藝文類聚》雅正性與全國性之差異。

四、《俗務要名林》有關部類所反映的飲食生活

文獻是時代社會的產物，特別是地處西北邊陲的敦煌地區，胡漢雜處，文化多元。在這種特殊地理、歷史因素下，敦煌藏經洞發現的文獻尤具地方色彩與歷史特質。敦煌通俗字書以唐五代爲主體，其中經歷唐朝時期與中原文化的互通、到吐蕃佔領時期的隔絶、歸義軍時期自主的地方政權，這些政權的更替，歷史社會的變遷，人民思想意識、生活文化與中原自然存在傳承與變異，尤能凸顯時代意涵，反映社會生活，彰顯歷史現象。

《俗務要名林》寫卷的時代約在唐太宗、唐高宗年間，也就是7世紀，是一部反映唐代敦煌地區民衆日常生活的名物大全。姜亮夫曾對《俗務要名林》的價值說："書中多俗字，往往不見於通常的字書和韻書，這同寫書目的——爲俗務要名而作，應是一致的。所以，它無疑是唐代社會，尤其是敦煌地區社會生活的寫真，可以從中考見當時語言情況和社會情況。"[1]作爲7世紀寫本抄本的《俗務要名林》，確實內容不僅可以考見當時的語言情況，特別還能反映唐代敦煌地區社會生活的實況，對於研究唐代社會生活而言，無疑是極其寶貴的資料。

又從《俗務要名林》與類書關係之考察，固然可以得知此類字書每每被視爲類書的因由，但也顯現其具有分類集中民間日常實際生活各類名物詞語的特殊意義。尤能具體集中地呈現當時社會生活文化面向及民間文化系統與觀念。日常社會生活文化最爲切要而鮮明的首推飲食，且飲食也是最能顯現階層性、地域性與民族性的文化差異。因此筆者曾試撰《從敦煌寫本字書看唐代民間的飲食生活》一文以爲呼應[2]。文中對《俗務要名林·飲食部》中所收入的許多食物名目進行考察，借以瞭解當時民間的實際

---

[1]《敦煌——偉大的文化寶藏》，124頁；又見《敦煌學概論》，61—62頁。
[2]《中國學術研討會紀念高明先生八秩晉六冥誕論文集》，臺北：大安出版社，1994年，159—176頁。

飲食狀況。《飲食部》所載名目詞語如下：

洮、淅、炊、饙䭒、洩、䭃、蘸、酪、蜜、油、溲、煎、煮、煠、渝、䊦、脯、餅、飡、羹、臛、糜、粥、饇麋、黍臛、餛飩、饸餅、脂䭔、籠餅、䴵䴵、餢飳、膏䬾、餳、餳、餕、䉽梳、䴺䴿、糯餅、膏糯、粔籹、砂䴷、糖糙、餈、粆、粽、餭、粉、麨、䭇、豆䬵、餅䬧、麴、糩、䕧、齑、醬、酢、塩、豉、酸、醶、辛、辣、苦、甘、恬、淡、餿、饞、餘、餉、翹、黏。

除《飲食部》外，《俗務要名林》各部類中涉及飲食者不少，其中《菓子部》有 37 個，《菜蔬部》有 35 個，《酒部》有 20 個，《肉食部》有 11 個。內容極爲豐富而可觀。

《藝文類聚·食物部》所錄子目，僅食、餅、肉、脯、醬、酢、酪蘇、米、酒九類，未足以顯現唐代的飲食生活，尤其不能反映民間飲食的實際面貌。段成式《酉陽雜俎》前集卷之七《酒食》中，不僅記述了唐代的食物原料和酒等名稱、飲食掌故，還輯錄了唐以前《食次》、《食經》所載菜點作法[1]，其中頗多與《俗務要名林》所錄有關，而《俗務要名林》所錄亦頗有未見於《酉陽雜俎》者。若將之加以統整考察，當可較爲全面地窺見唐代民間飲食生活的面貌，同時經過比較研究，也可得知唐代飲食多元多樣的發展。囿於時間與篇幅，容後另文探究。

五、《俗務要名林·飲食部》所載詞語析論

《俗務要名林·飲食部》（P.2609、S.617）所載 73 個詞語，以下謹逐一進行簡要考述，據以析論，並考察唐代敦煌飲食之特色與發展演變，依序條列如下：

洮，《俗務要名林》："以水洮米也。杜勞反。"按：洮，同淘，指以水沖洗，除去雜質。《爾雅·釋訓》："溞溞，淅也。"郭璞注："洮米聲。"

淅，《俗務要名林》："淅米。之列反。"按：指以水洗米。《說文解字》："淅，汏米也。"《淮南子·兵略》："淅米而儲之。"

炊，《俗務要名林》："蒸之別名。昌惟反。"按：燃火煮食物。《說文》："炊，爨也。"王充《論衡·知實》："顏淵炊飯，塵落甑中。"杜甫《石壕吏》："急應河陽役，猶得備晨炊。"

饙䭒，《俗務要名林》："飯未熟也。上音侑，下府云反。"按：饙，又作饙，指蒸飯。《大廣益會玉篇》："饙，思流切，䭒也。饙，同上。"䭒，蒸飯，指米煮半熟後以箕漉出再蒸熟。《爾雅·釋言》："饙、䭃，稔也。"《玉篇零卷》："甫云反。《毛詩》：'可以饙饎。'

---

[1]《酉陽雜俎》，臺灣：源流出版社，1982 年，67—73 頁。

《傳》曰："饋,餾也。"《大廣益會玉篇》："甫云切。半蒸飯也。"

泚,《俗務要名林》："泚,米也。側亮反。"按：指實米於甑。《大廣益會玉篇》："仄亮切。泚,米入甑也。"

餾,《俗務要名林》："餾飯也。力救反。"按：指把半熟的食物蒸熟或把熟的食物再次蒸熱。《爾雅·釋言》："餾,稔也。"《說文》："飯氣蒸也。"《齊民要術·造神麴並酒等》："初下釀,用黍米四斗。再餾,弱炊,必令均熟,勿使堅剛生減也。"

蘇,《俗務要名林》："凝牛羊乳。桑盧反。"按：用同酥,指以牛油牛羊乳製成。《大廣益會玉篇》："酥,音蘇。酪也。"S.6233《諸色斗斛破歷》："出麥六斗,沽蘇,都頭用。"又稱酥油,S.1366《歸義軍衙內油麵破用歷》："油三升,支換酥油一斗。"唐薛能《影燈夜》："十萬軍城百萬纇,酥油香暖夜如烝。"

酪,《俗務要名林》："郎各反。"按：用動物的乳汁做成的半凝固食品。《釋名·釋飲食》："酪,澤也。乳作汁所使人肥澤也。"P.2049v《沙州淨土寺值歲保護手下諸色入破算會牒》："麵貳斗,僧官設時,付義員取乳酪用。"

蜜,《俗務要名林》："彌栗反。"按：指蜂蜜。《論衡·言毒》："蜜為蜂液,食蜜少多,則令人毒。"《大廣益會玉篇》："彌畢切。蜂所作。"

油,《俗務要名林》："油麻脂。羊周反。"按：指動物的脂肪和由植物或礦物中提煉出來的脂質物。晉張華《博物志》卷四："積油滿萬石,則自然生火。武帝泰始中武庫火,積油所致。"《大廣益會玉篇》："以周切。水名。又麻子汁也。"

溲,《俗務要名林》："水溲麵。疏久反。"按：指以液體調和粉狀物。《禮記·內則》："去其皾為稻粉,糔溲之以為酏。"《齊民要術·造神麴並酒》："溲時微令剛,足手熟揉為佳。"唐張鷟《朝野僉載》卷一："處信命僕作食,僕附耳語曰：'溲幾許麵?'"

煎,《俗務要名林》："煎餅也。資連反。"按：指以熱鍋慢慢熬的一種烹飪法。《鹽鐵論·錯幣》："畜利變幣,欲以反本,是猶以煎止燔,以火止沸也。"馬非百注："煎,熬。"又指鍋裏放油,加熱後,把食物放進去,使表面變成焦黃的一種烹飪方法。韓愈《燕河南府秀才》："還家敕妻兒,具此煎炰烹。"

煮,《俗務要名林》："煮物也。之呂反。"按：指將食物放入水或湯的鍋裏加熱烹熟的一種烹飪方法。《周禮·天官·亨人》："職外內饔之爨亨煮,辨膳羞之物。"

煠,《俗務要名林》："湯中煠物。士匣反。"按：指將食物置入熱湯或熱油中,待沸即出的一種烹飪方法。《大廣益會玉篇》："煠,弋涉、丑涉二切。瀹也。"《齊民要術·素食》："當時隨食者取,即湯煠去腥氣。"《通俗編·雜字》："今以食物納油及湯中一沸而出曰煤。"

瀹,《俗務要名林》:"瀹菜也。羊灼反。"按:以沸湯浸漬食物使熟的一種烹飪法。《説文解字》:"瀹,漬也。"《玉篇零卷》、《大廣益會玉篇》收録:"弋灼余召二切。煮也,内菜湯中而出也。"

炰,《俗務要名林》:"炰菜也。音否。"按:類似今天燥煮的一種烹飪法。《齊民要術》卷八"蒸炰法":"炰豬肉法……於銅鐺中炰之,一行肉,一行擘蔥,渾豉、白鹽、薑、椒,如是次第布訖,下水炰之。"《大廣益會玉篇》:"音缶。火熟也。"

腩,《俗務要名林》:"腩菜。奴感反。"按:指用調味品腌漬肉類以備炙食的一種烹飪法。《齊民要術·炙法》:"腩炙:羊、牛、獐、鹿肉皆得,方寸臠切,蔥白研令碎,和鹽豉汁,僅令相淹,少時便炙。"

飰,《俗務要名林》:"炊米為飰。符万反。"按:飰即飯,又作飤。指煮熟穀類的食物。《説文》:"飯,食也。"《玉篇零卷》:"飯,扶晚反。……野王案:今亦以為飰字。"《大廣益會玉篇》:"飰,扶晚切,餐飯。符萬切,食也。飰、飤,並同。上俗。"

飧,《俗務要名林》:"夕食,以水沃飰也。蘇昆反。"按:指晚上的飯食,以水泡飯。《説文》:"飧,餔也。"柳宗元《種樹郭橐駝傳》:"吾小人輟飧饔以勞吏者,且不得暇。"

羹,《俗務要名林》:"古衡反。"按:指用肉類或菜蔬等製成帶濃汁的食物。《詩·商頌·烈祖》:"亦有和羹。"曹植《七步詩》:"煮豆持作羹,漉豉以為汁。"杜甫《秋日寄題鄭監湖上亭》詩之三:"羹煮秋蓴滑,盃凝露菊新。"

臛,《俗務要名林》:"呼各反。"按:指肉羹。劉敬叔《異苑》卷三:"吾被拘繫,方見烹臛。"《洛陽伽藍記》卷二"景寧寺":"咀嚼菱藕,捃拾雞頭,蛙羹蚌臛,以為膳羞。"

糜,《俗務要名林》:"老小食。音眉。"按:指濃稠的稀飯。曹操《苦寒行》:"擔囊行取薪,斧冰持作糜。"

粥,《俗務要名林》:"薄糜也。之六反。"按:即稀飯。《禮記·檀弓上》:"饘粥之食。"孔穎達疏:"厚曰饘,稀曰粥。"

餻糜,《俗務要名林》:"黏米糜。上音高。"按:佛誕日浴佛節食用。S.6537v 鄭餘慶《大唐新定吉凶書儀》:"四月八日賞糕糜,浴佛行道。"

黍臛,《俗務要名林》:"黏米飰也。上舒吕反,下呼各反。"按:一種雜以黍米的肉羹。《太平御覽》卷八五〇引應劭《風俗通》:"今宴飲大會,皆先黍臛。"段成式《酉陽雜俎·禮異》:"女嫁之明日,其家作黍臛。"

餛飩,《俗務要名林》:"上胡昆反,下杜昆反。"按:一種以麵粉製成薄皮,内含肉餡之食品,亦作"餫飩"。段成式《酉陽雜俎·酒食》:"今衣冠家名食,有蕭家餛飩,漉去湯肥,可以瀹茗。"

餄餅,《俗務要名林》:"上音甲,下卑領反。"按:指一種有餡,蒸熟可食的麵食,類似現今的包子。《玉篇零卷》:"餄,公洽反。《字書》:餄餅也。"

脂䭔,《俗務要名林》:"下都雷反。"按:類似後世之炸元宵。王梵志詩:"貪他油煮䭔,我有波羅蜜。"

籠餅,《俗務要名林》:"上洛東反,下卑領反。"按:以蒸籠炊製有餡的麵餅,似今饅頭包子。《御史臺記》載武則天時有侍御史侯思止,"常命作籠餅,謂膳者曰:'與我作籠餅,可縮蔥作。'比市籠餅蔥多而肉少,故另縮蔥而加肉也。時人號爲縮蔥侍御史。"陸游《蔬園雜詠·巢》:"昏昏霧雨暗衡茅,兒女隨宜治酒肴,便覺此身如在蜀,一盤籠餅是豌巢。"自注:"蜀中雜彘肉作巢饅頭,佳甚。唐人正謂饅頭爲籠餅。"

饆饠,《俗務要名林》:"上音必,下音羅。"按:《大廣益會玉篇》:"畀吉切,饆饠,修食也。"段成式《酉陽雜俎·酒食》:"韓約能作櫻桃饆饠,其色不變。"S.3074《某寺白面破歷》:"同日,出百麵三斗,付金縈造饆饠,官摘上用。"

䴺𪍐,《俗務要名林》:"上音浮,下湯芶反。"按:亦作麩麪、麩𪍍、䴺𪍐、𩞖𩞻。

䵚𪍎,《俗務要名林》:"䴺𪍐之別名。下音葉。"按:《齊民要術·餅法》有𩞖𩞻作法,甚詳。S.6275《丙午年就庫納油付都師歷》:"十一日,就庫納油二升付都師造𩞖𩞻,教化吃用。"

餳,《俗務要名林》:"杜郎反。"按:《玉篇零卷》:"徒當反,《方言》:'餌或謂之餳。'郭樸曰:'江東皆言餳也。'《釋名》袁豫曰:餳,餄也。"

餳,《俗務要名林》:"薄餳也。辭盈反。"按:用麥芽或穀芽熬成的飴糖。《齊民要術·餳餔》:"煮餳餔法:用白牙散糵佳:其成餅者,則不中用。"唐沈佺期《嶺表逢寒食》詩:"嶺外無寒食,春來不見餳。"

馓,《俗務要名林》:"桑孄反。"按:一種用麵扭成細條後,油炸而成的食品。《玉篇零卷》:"先但反,《說文》:'熬稻粻程也。'"

𪍼𪋟,《俗務要名林》:"以餳馓爲團也。上撫于反,下音流。"按:一種用糯粉和麵,加少鹽,拉絲,捻成環釧之形,油煎後食用之食品,亦稱爲馓子。《玉篇零卷》未見,《大廣益會玉篇》:"白鳩切,𪍼𪋟糗也。"

䴺䴺,《俗務要名林》:"上勒賢反,下郎苟反。"按:《玉篇零卷》未收錄,《大廣益會玉篇》:"力堅切,䴺䴺餅也。"

粔餅,《俗務要名林》:"寒具也,北人作之。上音還。"按:一種油炸的麵食。《齊民要術·餅法》:"粔餅,一名寒具;截餅,一名蠍子。皆須以蜜調水溲麵。若無蜜,煮棗取汁。牛羊脂膏亦得;用牛羊乳亦好——令餅美脆。"《大廣益會玉篇》:"粔,音環。餅也。"

膏粔,《俗務要名林》:"下音還。"按:又作膏環,《齊民要術·餅法》:"用秫稻米屑,水蜜溲之,強則如湯餅麵。手搦團,可長八寸許,屈令兩頭相就,膏油煮之。"《大廣益會玉篇》:"粔,音環。餅也。"

粔籹,《俗務要名林》:"膏粔之別名。上音巨,下音汝。"按:用蜜和米麵煎製而成的環形糕餅,爲古代冬寒時的一種食品。《楚辭·宋玉·招魂》:"粔籹蜜餌,有餦餭些。"又稱寒具。漢代又作"居女",見長沙馬王堆一號墓遣策。劉禹錫《楚望賦》:"投粔籹以鼓楫,豢鱣鮂而如犧。"《大廣益會玉篇》:"粔,其呂切。粔籹,膏環也。"《篇海》:"粔籹蜜餌,江南謂之膏粔。"

砂綦,《俗務要名林》:"上所加反,下音其。"按:"砂綦",《太平廣記》"吳饌"條引《大業拾遺記》:"又如沙綦之蘇者。微釅而有味,味美於石首含肚。"滿族人引入北京的麵食品中有薩其馬,或作沙其馬、沙琪瑪、沙其瑪,是一種以雞蛋爲主要原料的方形甜味糕點。《燕京歲時記》中記載:"薩其馬乃滿洲餑餑,以冰糖、奶油和白面爲之,形如糯米,用不灰木烘爐烤熟,遂成方塊,甜膩可食。"是否有關,謹附參考。

餹餌,《俗務要名林》:"上杜郎反,下杜回反。"按:餌或作餛、餡,餅類食物。《玉篇零卷》:"丁面反。《埤蒼》:餡,膏也。"王梵志詩:"貪他油煮餛,我有波羅密。"《大廣益會玉篇》:"餛,丁回切。蜀呼蒸餅曰餛。餡,同上。""餹,得廻切。米食也。"P.4693《造餅册》:"餛子,頭索員昌、范定興、陰章祐,付麵一斗八升油一升粟一斗。"《盧氏雜說》記載有關油餛的製作。

餈,《俗務要名林》:"情移反。"按:用糯米煮飯或用糯米粉、黍米粉製成的糕餅。《周禮·天官·籩人》:"羞籩之實,糗餌、粉餈。"鄭玄注:"此二物皆粉稻米、黍米所爲也。合蒸曰餌,餅之曰餈。"賈公彥疏:"今之餈糕皆解之名出於此。"《大廣益會玉篇》:"疾資反。餈,糕也。"

粌,《俗務要名林》:"博滿反。"按:粌,屑米製成的餅。《大廣益會玉篇》:"補滿切,米餅別名。"

粽,《俗務要名林》:"資送反。"按:指用竹葉等包裹糯米和作料,蒸煮熟的角形食品。晉·周處《風土記》:"仲夏端午。端,初也。俗重五日與夏至同。先節一日又以菰葉裹黏米,以粟棗灰汁煮,令熟,節日啖。煮肥龜,令極熟,去骨加鹽豉秋蓼,名曰俎龜黏米,一名粽,一名角黍。蓋取陰陽包裹未分之象也。龜表肉裏,陽内陰外之形,所以贊時也。"

糉,《俗務要名林》:"烏結反。"按:粽子的一種。《齊民要術·粽糉法》引《食次》:"糉,用秫稻米末,絹羅、水、蜜溲之,如強湯餅麵,手搦之,令長赤餘,廣二寸餘。四破,以棗、栗肉上下著之徧,與油塗竹箬裹之,爛蒸。"

粉,《俗務要名林》:"碎米爲麵。不准反。"按:指米細末。亦指穀類、豆類作物子實的細末。《周禮·天官·籩人》:"羞籩之實,糗餌,粉餈。"鄭玄注引鄭司農曰:"粉,豆屑也。"《玉篇零卷》:"甫憤反。《尚書》:蔭火熟米孔也,今以爲粉。安國曰:'若粟米也。'說文書粉字在米部。"《大廣益會玉篇》:"甫憤切。米豆屑。又飾面粉。"

麨,《俗務要名林》:"昌少反。"按:一種將米、麥炒熟後磨粉製成的乾糧,是西北游牧民族普遍的食物。《梁書·諸夷傳》:"(高昌國)備植九穀,人多噉麨及牛羊肉。"《大廣益會玉篇》:"充小切,糗也。"《本草綱目穀部》注:"麨以炒成,其臭香,故糗從臭,麨從炒省也。"

餔,《俗務要名林》:"音步。"按:又作舖,指用糖漬的乾果。《太平御覽》卷八五二引《四王起事》:"惠帝到華陰,河間王遣使上甘果舖二百幡。"《齊民要術·餳餔》:"煮餔法:用黑錫。糵末一斗六升,殺米一石。臥煮如法。"

豆䭔,《俗務要名林》:"豆末和鑢。下於月反。"按:《玉篇零卷》:"於物、於月二反。《廣雅》:'䭔謂之䭔。'《字書》:'亦䭔字也。'䭔,豆飴也,在豆部。"

餅䑖,《俗務要名林》:"下音淡。"按:《大廣益會玉篇》:"䑖,達濫切,肴也。"

麷,《俗務要名林》:"十番餅爲一麷也。婢卑反。"按:《大廣益會玉篇》:"鼻支切,細餅䴷。"《龍龕手鑑》:"符支反,麴餅也。"

糝,《俗務要名林》:"羹糝也。素感反。"按:指米調和羹或其他食物而製成的食品。亦作糝。《禮記·内則》:"和糝不蓼。"陳澔集說:"宜以五味調和米屑爲糝,不須加蓼,故云和糝不蓼也。"葛洪《抱朴子·名實》:"雖并日無藜藿之糝,不以易不義之太牢也。"《玉篇零卷》:"□□反。《聲類》:亦糝字也,糝以米和羹也,在米部。"《大廣益會玉篇》:"息咸切。以米和羹也。"

菹,《俗務要名林》:"菜菹也。側魚反。"按:菹又作葅,腌菜。《詩·小雅·信南山》:"疆埸有瓜,是剥是菹。"鄭玄箋:"淹漬以爲菹。"《大廣益會玉篇》:"側於切,淹菜爲菹也。"又指肉醬。《禮記·少儀》:"牛與羊魚之腥,聶而切之爲膾,麋鹿爲菹。"

齏,《俗務要名林》:P.2609"齏虀䪢三皆同。則黎反。"S.617"齏,擣薑爲虀也。則黎反。"按：用醋、醬拌和,切成碎末的菜或肉。《釋名·釋飲食》："虀,濟也,與諸味相濟成也。"《大廣益會玉篇》："子兮切,以薑蒜爲之。"韓愈《崔十六少府攝伊陽以詩及書見投因酬三十韻》："冬惟茹寒虀,秋始識瓜瓣。"

醬,《俗務要名林》："即亮反。"按：指用鹽醋等調料腌製而成的肉醬。《說文解字》："醬,醢也。"段玉裁注："從肉者,醢無不用者也。"《周禮·天官·膳夫》："凡王之饋,食用六穀……醬用百有二十甕。"鄭玄注："醬,謂醯醢也。"《玉篇零卷》未見,《大廣益會玉篇》："子匠也,醢也。搗爛的肉。"有指用麥、麪、豆等發酵製成的調味品。《論語·鄉黨》："割不正,不食。不得其醬,不食。"

酢,《俗務要名林》："倉路反。"按：用酒發酵或以米、麥、高粱等釀製而成的酸味液體。《說文解字》："酢,醶也。"《玉篇零卷》未見,《大廣益會玉篇》："且故切。酸也。今音昨,酬酢。"《說文·酉部》："今俗皆用'醋',以此爲酬酢字。"《隋書·酷吏傳·崔弘度》："寧飲三升酢,不見崔弘度。"

塩,《俗務要名林》："移廉反。"按：古同鹽,指含鹹味的礦物質,食鹽的通稱。《周禮·天官·鹽人》："掌鹽之政令,以共百事之鹽。祭祀共其苦鹽、散鹽,賓客共其形鹽、散鹽,王之膳羞共飴鹽。"鄭玄注："形鹽,鹽之似虎形。飴鹽,鹽之恬者,今戎鹽有焉。"賈公彥疏："苦當爲鹽,鹽謂出於鹽池,今之顆鹽是也。散鹽,煮水爲之,出於東海。云'戎鹽有焉'者,即石鹽是也。"

豉,《俗務要名林》："辰利反。"按：即豆豉。用煮熟的大豆發酵後製成,以供調味用。曹植《七步詩》："煮豆持作羹,漉豉以爲汁。"《玉篇零卷》未見,《大廣益會玉篇》："市真切,豆豉。"

酸,《俗務要名林》："酢爲。蘇丸反。"按：五味之一,像醋一樣的氣味或味道。《書·洪範》："水曰潤下,火曰炎上,木曰曲直,金曰從革,土爰稼穡。潤下作鹹,炎上作苦,曲直作酸,從革作辛,稼穡作甘。"孔傳："木實之性。"孔穎達疏："木生子實,其味多酸。"

醎,《俗務要名林》："塩多。音咸。"按：指鹽味。《玉篇零卷》未見,《大廣益會玉篇》："音咸,俗鹹字。"《荀子·正名》："甘苦鹹淡,辛酸奇味,以口異。"

辛,《俗務要名林》："音新。"按：指辣的味道。五味之一。劉勰《文心雕龍·事類》："夫薑桂因地,辛在本性;文章由學,能在天資。"《玉篇零卷》未見,《大廣益會玉篇》："思人切,辣也,太歲在辛曰重光。"蘇軾《再和次韻曾子開從駕詩》二首之一："最後數篇君莫厭,搗殘椒桂有餘辛。"

辣,《俗務要名林》："辛也,郎割反也。"按：指一種如薑、蒜等所帶的刺激性味道。

《玉篇零卷》未見,《大廣益會玉篇》:"力達切。辛,辣也,痛也。"《本草綱目·菜一·芥》〔集解〕引梁·陶弘景曰:"芥似菘而有毛,味辣。"

苦,《俗務要名林》:"康魯反。"按:五味之一,似黃蓮、膽汁的味道。《荀子·正名》:"甘、苦、鹹、淡、辛、酸,奇味以口異。"

甘,《俗務要名林》:"古南反。"按:《玉篇零卷》:"古藍反。《尚書》:'稼作甘。'野王:甘者,味之甜者也。"劉知幾《史通·自敍》:"詞人屬文,其體非一。譬甘辛殊味,丹素異彩。"《大廣益會玉篇》:"古藍切。甘心快意也,樂也。說文:'美也。'"

甛,《俗務要名林》:"甘也。唐兼反。"按:古同甜,五味之一,指像糖或蜜的味道。《孔子家語·致思》:"楚王渡江得萍實,大如斗,赤如日,剖而食之甜如蜜。"張衡《南都賦》:"酸甜滋味,百種千名。"

淡,《俗務要名林》:"唐覽反。"按:《說文解字》:"淡,薄味也。"《管子·水地》:"淡也者,五味之中也。"《玉篇零卷》:"徒敢反。《禮記》:'君子之道淡而無猒。'鄭玄曰:'淡味似薄也。'野王案:《說文》'淡,薄味也。'故《禮記》:'君子淡以成,小人甘以壞。'"《大廣益會玉篇》:"徒敢切,薄味也。"

餿,《俗務要名林》:"餅壞。所求反。"按:指食物經久腐敗變質,而發出酸臭味。《玉篇零卷》未見,《大廣益會玉篇》:"色求反,飯壞也。"

墋,《俗務要名林》:"餅有沙。初錦反。"按:《玉篇零卷》未見,《大廣益會玉篇》:"楚錦切。土也。唐玄應《一切經音義·大般泥洹經》:'砂土入食中曰墋。'"

餉,《俗務要名林》:"日西食也。識兩反。"按:《玉篇零卷》:"說文或餳字也。"《大廣益會玉篇》:"式掌切。晝食也。"《龍龕手鏡·食部》:"餳,日西食也。"

餉,《俗務要名林》:"送食也。識亮反。"按:《說文解字》:"餉,饟也。""饟,周人謂餉曰饟。"《玉篇零卷》:"式尚反。《書》:乃葛伯仇餉。孔安國曰:見農民於餉田者,教其人集其餉曰仇餉也。"

翘,《俗務要名林》:"所以粘物。黃盧反。"按:《玉篇零卷》未見,《大廣益會玉篇》:"戶姑切,俗黏字。"

黏,《俗務要名林》:"翘黏也。尼廉反。"按:《說文解字》:"黏,相著也。從黍,占聲。字亦作粘。"《玉篇零卷》未見,《大廣益會玉篇》:"女廉切,相黏著也。"

上列飲食部的詞語中,洮、淅、炊、餐饙、泏、餾、蘇、酪、蜜、油、溲、煎、煮、瀹、煠、炰、腩、餠、飧,乃指食物之烹飪方法;羹、膗、糜、粥、饊麋、黍膗、餛飩、餄餅、脂䭔、籠餅、饆饠、餢飳、膏餘、䭿、錫、䭏、籽粔、麨麨、糧餅、膏糧、粔籹、砂藜、糖糙、餈、粖、粽、糦、粉、麨、粰、豆餡、餅胺、麴、糂爲主食與副食；葅、韲、醬、酢、鹽、豉、酸、鹹、辛、辣、苦、甘、甜、淡爲調味；餿、壥、餘、餉、翹、黏爲食物的狀況。

六、敦煌寫本《俗務要名林》飲食部詞語之歷史考察

飲食文化是構成中國傳統文化的重要組成部分。歷代典籍多所記載，東漢許慎（約58—147）於東漢和帝永元十一年（100）著《説文解字》，爲中國第一部系統的字典。全書收録單字9353字；重文1163字，分爲五百四十部。内容載録了有關古代飲食文化的豐富資料，尤其以食部、米部、艸部、羊部、魚部、肉部、火部、酉部、鹵部等所收録的字詞及解釋，反映兩漢時期飲食文化的基本狀況[1]。

至於較爲集中解釋飲食語詞的主要有東漢末年劉熙的《釋名》，此書乃早期分類立目、解釋名物制度之專書。全書釋詞1502條，分屬27篇。其中第十三篇《釋飲食》，專篇解釋有關飲食的名詞78條[2]，從中可窺知兩漢時期飲食的實況。魏晉以來文士們更在享受美味、滿足口腹之欲、挑戰舌尖味蕾的同時，開始網羅相關飲食文化，加以著書立説。相關著作紛呈雜出。據史志目録所載，唐以前專門的飲食典籍，主要有：魏武帝曹操的《四時食制》[3]、北魏崔浩（381—450）的《食經》[4]、南北朝或更前作者不詳的《食次》、南朝宋虞宗的《食珍録》等。唯後代大多散佚不存，不過，北齊賈思勰（生卒年不詳）《齊民要術》則多有援引，部分内容得以保存，使後人得據以窺見唐前飲食的部分狀況。

《齊民要術》凡十卷，九十二篇，約成書於6世紀，是我國現存最古老、最完整的一本農書，素有"農業百科全書"之稱。實際上，《齊民要術》不僅是一部重要的農書，而且還是一部重要的飲食學著作。尤其第七、八、九卷多爲有關飲食的内容，分別記載了食物的加工、烹飪，包括釀造、腌藏、果品加工、烹飪、餅餌、飲漿、製糖等，記載飲食内容豐富而詳盡。《齊民要術》一方面徵引了6世紀之前的大量飲食典籍，保留了不少珍貴的飲食文獻資料；另一方面又對北朝飲食實況進行總結，是6世紀以前中國古代飲食學的集大成，提供研究南北朝及前代飲食情況的重要資料。

南朝梁顧野王（519—581）所撰《玉篇》是一部按漢字形體分部編排的字書。顧氏

---

[1] 徐再仙《説文解字食、衣、住、行之研究》，政治大學中國文學研究所碩士論文，1993年。
[2] 劉熙《釋名》卷四，北京：中華書局，1985年，61—67頁。
[3] 嚴可均《全上古三代秦漢三國六朝文·三國文》卷三，北京：中華書局，1958年，1071頁。
[4] 據《魏書·崔浩傳》載崔浩《食經敍》，可知崔浩《食經》，實爲崔母盧氏"口授而成"。

原本在宋代已亡佚，今所傳本，乃唐上元元年（760）由孫强增字，宋大中祥符六年（1013）陳彭年、吳鋭、丘雍等重修《大廣益會玉篇》，已非顧氏原書，共有 22561 字。日本存有《玉篇》殘卷，保存了顧氏原本的部分面貌。據唐代封演《封氏聞見記》所載，顧氏原本《玉篇》共 16917 字，其中收錄有關飲食的字，可反映 6 世紀時南朝的飲食狀況。日本空海《篆隸萬象名義》據唐寫本《玉篇》編纂，其所收錄尤能呈現顧野王《玉篇》之原貌。《大廣益會玉篇》雖非顧氏原書，但孫强增字亦能反映唐代飲食的訊息。

以下嘗試就《俗務要名林・飲食部》之詞語分爲烹飪法、主食副食、醬料調味、食物狀況等，分別表列，持與漢許慎《說文解字》、劉熙《釋名》、顧野王《玉篇》、賈思勰《齊民要術》及敦煌通俗字書《開蒙要訓》、《雜集時用要字》進行比對，從其有無，以資考察其發展演變。其中出現於《玉篇零卷》者加○，見於《大廣益會玉篇》者加△。

烹　飪　法

俗務要名林	說文	釋名	玉篇	齊民要術	開蒙要訓	S.6208 雜集時用要字
洮	○			○		
淅	○		○△	○		○
炊	○		△	○	○	
飱饙	饙	○	○△	饙		
泄			△			
餾	○		△	○		
蘇	○		△	○		
酪		○	△	○	○	
蜜	○		△	○		
油	○		△			
溲	○			○		
煎	○		△	○	○	
煮	○		△	○	○	○
煠			△			○
瀹	○		○	○		
焦			△	○	○	○

（續表）

俗務要名林	説文	釋名	玉篇	齊民要術	開蒙要訓	S.6208 雜集時用要字
腩		△	○			○
飯	○		○	○	○	
飧	○	○	△	○		

古代飲食生活中烹飪的方法，主要以明火烤炙及以鼎鬲加水蒸煮。雖然如此，但隨著飲食生活的進步，水火的多少、大小與時間長短、先後，隨著食材的特質而有不同的變化與運用，這就形成了中國烹飪方法與食品的多樣化發展。

從上表可見，洮、淅、炊、饋、餾、蘇、酪、蜜、油、溲、煎、煮、瀹、飯、飧等烹飪方法極其多樣，這些大多是自古以來承襲下來的烹飪方法，而爲東漢許慎《説文解字》、劉熙《釋名》所載録。漢以後，經歷了五胡亂華、胡漢交融的南北朝時期，對此既繼承又有發展，後魏賈思勰《齊民要術》中，不但記録了這些烹飪方法的語詞，更有相關烹飪作法的詳細説明。

另外，洩除了《俗務要名林》外，《玉篇零卷》未見，只見於《大廣益會玉篇》，當爲唐人所加。至於煠、煮、腩，不見於《説文》、《釋名》等漢代字書，而見於《齊民要術》、《大廣益會玉篇》及《雜集時用要字》，說明這可能是南北朝隋唐時期流行於民間的新興烹飪方法。

主 食 副 食

俗務要名林	説文	釋名	玉篇	齊民要術	開蒙要訓	雜集時用要字
羹	○		△	○	○	
臛			△	○	○	
糜	○	○		○	○	
粥		○	△	○	○	○
糕糜			△	糕	糕	糕
黍臛						○
餛飩			○△		○	餫飩
餄餅			○△		○	

（續表）

俗務要名林	說文	釋名	玉篇	齊民要術	開蒙要訓	雜集時用要字
脂䭔			○△		○	
籠餅						
餪䭔			△		○	
餢飳			△	餢䬧	䬪䬧	䬪䬧
膏餘					○	
餬			○	○		
餳	○	○	○	○		○
餰	○		○△		○	○
秤梳	秤		△			
饙饙			△			
糫餅			△	環餅	○	
膏糫			△	膏環		
粔籹			△		○	○
砂䊞						
糖䊦			△			
餐	○	○	△	○	○	
粺			△		○	
粽			△	○		
餰				○		
粉	○		○△	○		○
麨			△	○		
䊦			△	餔		
豆䬾			○			
餅䬽			△			
麵			△			
糂	○	○	○△		○	

上表對照可見《俗務要名林·飲食部》載錄的詞語名目中,主食、副食各類食品名目繁多,其中從漢代、經歷南北朝到唐五代始終出現的食品有羹、糜、粥、餳、饊、餈、粉、糕八種。見於《玉篇零卷》《大廣益會玉篇》及《開蒙要訓》《雜集時用要字》等,有餛飩、餄餅、脂䭔、豆䬾四種,蓋爲流行於南方的食品。䐴、餢飳、糫餅、膏糫、糃、麨、餔則見於《齊民要術》《大廣益會玉篇》及《開蒙要訓》《雜集時用要字》等,未見於《玉篇零卷》,或爲北方民間流行的食品。

至於糕糜、黍䐴、籠餅、膏餘、饆饠、粞䊧、䴹䴹、粔籹、糖糒、粖、餅脙、麨十二種,則僅見於《大廣益會玉篇》及《開蒙要訓》《雜集時用要字》,當是唐代民間流行的食品。其中僅見於《俗務要名林》的䭅糜,蓋爲佛教重大節日浴佛節時特別食用的一種食品。顯示漢以後,經歷了五胡亂華、胡漢交融的南北朝時期,發展到唐代,既有傳統飲食文化的繼承,更又多所發展,尤其是有關餅食的多樣化。

蓋餅在中國飲食佔有很重要地位,是北方的主要食品。餅的種類繁多,尤其在胡漢交融、東西交流的唐代,餅類食品更是多種多樣,西晉束晳(?—300 年)《餅賦》所載有安乾、粔籹、豚耳、狗舌、案成、餢飳、曼頭、薄壯、起溲、湯餅等十幾種[1]。《齊民要術》卷九立有"餅法"一節,載有白餅、燒餅、髓餅、膏環、雞鴨子餅、細環餅、截餅、水引、餺飥、粉餅、豚皮餅等近二十種。

《俗務要名林·飲食部》所呈現的餅食,種類也多,其中頗有來自西方的胡餅,如深受矚目的饆饠。按:饆饠此一食品,唐代甚爲流行。賈思勰《齊民要術》一書未見有關饆饠的文字,然唐代史籍,有關饆饠這一食品的記載不少。又作畢羅,是一種有餡的麵食。唐李匡文《資暇集》卷下有:"畢羅者,蕃中畢氏、羅氏好食此味,今字從食非也。"[2]《大廣益會玉篇·食部》即有:"饆,卑吉切,饆饠,餅屬也。""饠,洛河切,饆饠。"[3]高啓安《唐五代敦煌飲食文化》書中對"饆饠"這種從形制到名稱一直有分歧看法的食品有所討論,以爲:"饆饠"在今天不僅仍在流傳,而且仍叫這個名字,並根據《新疆縱橫》說:"'比羅什吉'是俄羅斯族的風味特產。'比羅什吉'在俄語中是餡餅之意。"[4]可見《俗務要名林》收錄"饆饠",彰顯當時胡人飲食傳入中國,爲漢人所接受而進入百姓日常飲食生活,所以才會收錄在《俗務要名林》這樣的通俗字書中。

---

[1] 嚴可均《全上古三代秦漢三國六朝文·全晉文》卷八七,1962—1963 頁。
[2] 《大廣益會玉篇》,北京:商務印書館,1966 年 3 月,224 頁。
[3] 《資暇集》,臺灣:商務印書館,1966 年 3 月,24 頁。
[4] 高啓安《唐五代敦煌飲食文化研究》,北京:民族出版社,2004 年,163—164 頁。

又如餢飳,又作麩麮、麰飳、餢䭃、餺䭃。《齊民要術·餅法》中載有餢䭃作法。唐慧琳(737—820)《一切經音義》卷九中特別注意此一食品,云:"餢飳,上音浮,下偷口反。俗字也。諸字書本無此字。顏之推《正俗音》從食作餢飳,《字鏡》、《考聲》、顧氏《切韻》等並從麥……音與上同。顧公云:今國內餢飳以油酥煮之。案:此油餅本是胡食,中國效之。"[1]慧琳案語說"此油餅本是胡食,中國效之",這已明確的告我們餢飳本爲胡食,傳入中國後,國人仿效製作,唐代常用餢飳此種食品來齋僧。

大唐盛世一方面歷經了魏晉南北朝五胡亂華,在胡漢交雜下,文化交流,相互影響。其間漢族生活中多見有胡化的現象,而胡人生活中更多見漢化的影響。另一方面,大唐帝國全盛時期,絲綢之路暢通,通過中西交通的往來,商人、使節、僧侶等頻繁往來與互動,歐洲、中亞、南亞各國的文明也大量引進中國,促成開放而多元的大唐文明,《俗務要名林·飲食部》載錄所見,或有別稱異名,或有新興餅種類食,足見唐代餅文化之多源,飲食文化正是此一鮮明的表現。

醬 料 調 味

俗務要名林	說文	釋名	玉篇	齊民要術	開蒙要訓	雜集時用要字
葅	○	○	△	○	○	
韲	○	○	△	○		
醬	○		△	○		
酢	○		△	○	○	
塩	○		△	○		
豉	○	○	△	○	○	
酸	○		△	○		
醎	○		△	○	○	
辛	○		△	○		
辣			△	○		
苦	○		△	○		
甘	○		○△	○		

---

[1] 釋慧琳、釋希麟《正續一切經音義》,上海古籍出版社,1986年。

（續表）

俗務要名林	説文	釋名	玉篇	齊民要術	開蒙要訓	雜集時用要字
甜	○		○△	○		
淡	○		○△	○		

中國飲食文化的精神强調五味調和,食品菜餚講究色香味。因此調味品、醬料的生産與運用,自古以來即伴隨著飲食生活的需求而發展。《俗務要名林·飲食部》所載録的醬料調味14種,除了辣外,其他13種均見於東漢許慎的《説文解字》,可見漢以前這些醬料、調味已普遍使用在民衆的飲食生活中,而爲歷來所繼承。

食 物 狀 况

俗務要名林	説文	釋名	玉篇	齊民要術	開蒙要訓	雜集時用要字
餕			△			
墋			△	○		
餘	○		△			
餉	○		○△	○		
餬	○		○△			
黏	○		△	○		

從上表可見《俗務要名林·飲食部》所載録6種食物狀況的詞語,其中指"餅有沙"的"墋",《齊民要術·餅法》中曾記録了如何處理"麵有砂墋"的情況[1]。可見此一詞語的出現乃反映南北朝隋唐麵食盛行時期日常生活中不可避免地出現餅、麵有沙墋的狀況。

此外,指食物經久敗壞的"餕",則爲唐代出現的詞語,所以僅見於《大廣益會玉篇》及《俗務要名林·飲食部》。

從以上對照可見《俗務要名林》飲食部所載録之烹飪法、食副食、醬料調味、食物狀况等詞語,有見於《説文》、《釋名》、《玉篇》、《齊民要術》等,大致可窺見漢魏、六朝至隋唐五代民間飲食生活的詳情及其發展概况。有關唐五代社會生活文化,傳世典籍、史傳

---

[1]《齊民要術》卷九《餅法第八十二》"治麵砂墋初飲反法":"簸小麥,使無頭角,水浸令液。漉出,去水,瀉著面中,拌使均調。於布巾中良久挺動之,土末悉著麥,於麵無損。一石麵,用麥三升。"

詩文所載多屬貴游士族上層社會,對於庶民百姓下層社會生活文化則多闕如。《俗務要名林》所載内容繁複多樣,又貼近民間社會實際生活,堪稱是當代社會生活的縮影和紀錄,實可視爲唐五代民間實際飲食生活的反映。

七、後　語

唐代飲食發達,是社會繁榮的重要表徵。近代研究此一課題者頗多,如黎虎、王利華、王賽時等[1],均對唐代飲食文明提供了系統的考論與大體概況。不過,有關唐五代社會生活文化,傳世典籍、史傳詩文所載多屬貴族士族上層社會,對於庶民百姓下層社會生活文化則多缺如。敦煌通俗字書所載内容繁複多樣,又貼近民間社會實際生活,堪稱是當代社會生活的縮影和紀錄,實可視爲研究唐五代社會文化的珍貴材料。黃正建、蔡秀敏、高啓安等關注敦煌飲食文化,其研究便頗能利用敦煌社會經濟文書進行敦煌人飲食生活的梳理與研究,開闊了唐五代宋初敦煌地區飲食文化的視野與勾勒出敦煌飲食文化的具體風貌[2],爲唐五代生活提供了豐富的内容。

事實上,不僅是敦煌社會經濟文書,敦煌通俗字書收錄的大量語詞,也是提供我們考察唐五代社會生活的寶貴材料。僅僅從上述《俗務要名林·飲食部》有關的語詞,已不難發現其在考察唐五代烹飪、調味、食品等等發展演變的意義。而《雜集時用要字》殘存1488條語詞,分別隸屬:二儀部、衣服部、音樂部、石器部、靴器部、農器部、車部、冠幘部、鞍響部、門窗部、屋舍部、屏障部、花釵部、綵色部、□纈部、音響部、飲食部、薑筍部、菓子部、席部、布部、七事部、酒部、菜蔬部等部類,收錄了極爲豐富的名物語詞。同爲分類立部通俗字《雜集時用要字》(S.610、S.3227v、S.6208、P.3391、S.3836v、P.3776、S.5514、Дx1131+1139B+1149v、P.2880)等,以及唐五代期間廣爲流行的童蒙識字書《開蒙要訓》,雖無分類立部,然内容廣泛,涉及自然景物、時序氣象、動植物及礦物珍寶等語彙;還有農業、工藝方面的器具、技術等語彙;關於倫理、法律,及食、衣、住、行、育、樂等民生方面的語彙,可見敦煌通俗字書所收錄豐富的日常生活名物詞語。我們若能據以全面篩檢梳理,依其類別,持與傳世之相關文獻、通俗類書、變文、曲子詞、詩歌等文學作品所載之相關資料,進行參證與比較。進一步對其所反映的社會生活,展開

---

[1] 黎虎《漢唐飲食文化史》,北京師範大學出版社,1998年;王利華《中古華北飲食文化的變遷》,北京:中國社科出版社,2000年;王賽時《唐代飲食》,濟南:齊魯書社,2003年。

[2] 黃正建《敦煌文書與唐五代北方地區的飲食生活》、蔡秀敏《唐代敦煌飲食文化研究》(中正大學中文研究所碩士論文,2003年1月)、高啓安《唐五代敦煌飲食文化研究》。

全面的析論。依據食、衣、住、行、育、樂等大類,結合敦煌壁畫、唐代塑像與出土實物,相互比類,彼此印證,發揮"以敦證唐,以唐考敦"之研究特色。

同時,由於敦煌地處河西走廊最西端,是古代中原與西域,中國與歐洲、西亞交流的咽喉重鎮。四大文明在此交會,多種民族聚居,胡漢雜處;沙漠、草原游牧文化與綠洲農業文化生活方式的並存;歷史上,盛世期的中央政權統治,吐蕃佔領的時期的異族統治,以及歸義軍時期邊陲王國的地方政權,諸多因素造就了敦煌特殊的文化環境。敦煌諸多的通俗字書,分屬不同的雅俗階層,編纂時間自唐至五代也各有不同,編纂的地點有來自中原,有在敦煌本地。其載錄豐富的日常生活名物詞語,既提供我們考察歷時縱綫的發展,又提供我們共時橫綫比較異同的標本。若能將分析歸納所得之現象與特色,以大唐盛世中西交流、胡漢文化融合、社會風氣開放的時空背景,必能系統而深刻闡釋其所反映多元多樣的社會生活文化;同時也能進一步的從歷時性角度探討敦煌寫本唐五代通俗字書,與宋元明《碎金》、《雜字》等各類型通俗字書發展、演變之情況與異同。

(作者單位:嘉義大學中國文學系)

《歷代法寶記》所引"外書"考

張子開

"外書"也者,乃釋門人士對佛典以外的書籍的統稱。姚秦涼州沙門竺佛念譯《出曜經》卷三〇《梵志品》:"昔佛在世,誡諸比丘:'自今以後,不得誦外書、外道異學所誦習者。何以故?彼所陳説非真正義,亦復不是至道之本。'"[1]梁僧祐《弘明集》卷四何承天《重答顔永禄》:"又云,後身著戒,可不敬與?慈護之人,深見此數。未詳所謂慈護者,誰氏之子?若據外書報應之説,皆吾所謂權教者耳。"[2]亦稱"外典"。北齊顔之推《顔氏家訓·歸心》:"内外兩教,本爲一體,漸極爲異,深淺不同。内典初門,設五種禁;外典仁義禮智信,皆與之符。"[3]然倘以儒家爲本,又可稱佛典爲"外典"。《隋書》卷七七《隱逸·李士謙》:"士謙善談玄理,嘗有一客在坐,不信佛家應報之義,以爲外典無聞焉。"

至於佛教文獻自身,佛教界則視爲"内典"。《廣弘明集》卷八《辯惑篇》引北周道安《二教論》:"故救形之教,教稱爲外;濟神之典,典號爲内。是以《智度》有内、外兩經,《仁王》辯内、外二論,《方等》明内、外兩律,《百論》言内、外二道。"[4]王禹偁《左街僧録通惠大師文集序》:"釋子謂佛書爲内典,謂儒書爲外學。"[5]用於書名者,有南朝梁虞孝敬《内典博要》、隋彦琮《内典文會集》、唐道宣《大唐内典録》、夢微《内典編要》、日僧凝然《内典塵露章》、《内典十宗秀句》等。又稱"内經"、"内

---

* 四川省哲學社會科學研究"十二五"規劃 2013 年度課題"成都佛教寺院研究"(項目批準號:SC13B044)成果。

[1] 高楠順次郎、渡邊海旭、小野玄妙等編《大正新脩大藏經》(以下簡稱《大正藏》),東京:大正一切經刊行會,大正十三年(1924)至昭和九年(1934),第 1 册,775 頁 a。

[2] 上海涵芬樓影印明汪道昆本,《四部叢刊初編》子部。

[3] 顔之推著,王利器集解《顔氏家訓集解》(增補本),北京:中華書局,1993 年,368 頁。

[4] 《大正藏》第 52 册,136 頁 c。

[5] 王禹偁《小畜集》卷二〇,上海涵芬樓借常熟瞿氏鐵琴銅劍樓藏宋刊配吕無黨鈔本影印,《四部叢刊初編》集部。

教"、"内書"等。

一、《歷代法寶記》所列"外書"目録

敦煌寫本《歷代法寶記》於大題之下,列整篇文獻的參考書目曰:

案:《本行經》云。《雜阿含經》。《普曜經》云。《應瑞經》。《文殊師利涅槃經》。《清淨法行經》。《無垢光轉女身經》。《決定尼經》。《大佛頂經》。《金剛三昧經》。《法句經》。《佛藏經》。《瓔絡經》。《花嚴經》。《大般若經》。《禪門經》。《涅槃經》。《楞伽經》。《思益經》。《法華經》。《維摩經》。《藥師經》。《金剛般若經》。《付法藏經》。道教《西升經》。《釋法琳傳》。《釋虛實記》。《開元釋教》。《(自)[周]書異記》。《漢法内傳》。《尹喜内傳》。《牟子》。《列子》。《苻子》。《吴書》。《并古録》。及(揚)[楊]楞伽《鄴都故事》等。

内中之《本行經》等佛經、《牟子》等中土著述,皆確鑿爲釋家著作,而《道教西升經》、《周書異記》、《尹喜内傳》等,皆爲佛教徒眼中之"外書"也。

1. 道教《西升經》

唐人一般稱"老子西升經",如彦琮《唐護法沙門法琳別傳》卷上、下,《釋迦方志》卷下《通局篇》,《廣弘明集》卷一《歸正篇·子書中佛爲老師》、卷一一《辯惑篇·上秦王論啓》等。

宋晁公武《郡齋讀書志·後志》卷二"道書類":"西升經四卷　右題曰太上真人尹君紀録。老子將遊西域,既爲關令尹喜説五千言,又留秘旨凡三十六章,喜述之爲此經。其首稱老君西升,聞道竺乾有古先生,是以就道。説者以古先生佛也。事見《廣洪集·辯惑論》。"後並録梁道士韋處玄注二卷本、唐同玄子注四卷本及徐道邈注二卷本[1]。"廣洪集·辯惑論",即唐釋道宣《廣弘明集·辯惑篇》。宋朝避太宗父弘殷諱,故改"弘"爲"洪"。

現存本有二:宋徽宗注本,見《道藏》洞神部本文類;北宋陳景元(碧虛子)集注本,見《道藏》洞神部玉訣類。

2.《周書異記》

作於唐以前。當爲佛教界人士爲與道教爭先後的自高之作。學術界多認爲是僞書,且判定出現於北魏時期:"元魏佛道之爭,自太武帝以後當極劇烈。所謂《老子開天

---

[1] 晁公武撰,孫猛校證《郡齋讀書志校證》下册,上海古籍出版社,1990年,744—746頁。

經》,乃上接寇謙之謂浮屠爲四十二天延真宮主之説。而佛徒假造《周書異記》及《漢法本内傳》以駁道説,亦當作於北魏中葉。"[1]

今佚。唐代釋門著述中頗有引用,如《唐護法沙門法琳別傳》、《釋迦方志》、《廣弘明集》、《集古今佛道論衡》、《破邪論》、《法苑珠林》等皆是也。且至少在兩宋時期尚有流傳,如北宋真宗注《四十二章經》之前,附"宋正議大夫安國軍節度使開國侯程輝編"《佛教西來玄化應運略録》,内中即提到"又准《周書異記》説"、"臣覽《周書異記》云"[2]。南宋志磐《佛祖統紀》卷首《釋引文》列舉所用文獻,於"釋門諸書"之下,第一種即爲《周書異記》[3]。

3.《尹喜内傳》

尹喜,傳説爲周朝天水人,周康王拜爲大夫,嘗任函谷關守令[4]。《漢書·藝文志》載"關尹子九篇",稱作者"名喜,爲關吏。老子過關,喜去吏而從之"。此後文獻無著録,至南宋時始現身於永嘉孫定家,故多視爲僞。《宋史·藝文志》載"關尹子九卷"。《四庫全書總目》卷一四六子部道家類:"關尹子一卷　舊本題周尹喜撰。……或唐五代間方士解文章者所爲也。"《道藏》洞神部玉訣類"維一賢"字帙(第450—453册)中有《文始真經法》,洞神部玉訣類"賢"字帙(第453—454册)中有《文始真經言外旨》,即此依托之作《關尹子》也。

《尹喜内傳》,全稱"關令尹喜内傳"。《通志·藝文略·道家二》記:"關令尹喜内傳一卷　鬼谷先生撰。"是書佛教文獻僅彥琮《唐護法沙門法琳別傳》卷下稱援一則:"《尹喜内傳》云:老子曰:'王欲出家,吾師號佛,覺一切人也。今受天帝請食,還,當爲王及羣臣等一時受戒。'"[5]至於世俗文獻,《藝文類聚》卷八六《菓部上》"桃"、"梨"各引《尹喜内傳》一則,卷八七《菓部下》"棗"引《真人關令尹喜内傳》一則;《初學記》卷二八《果木部》"棗"、"梨",各引《尹喜内傳》一則。《太平御覽》[6]卷首之《經史圖書綱目》列有"關令尹喜内傳";卷八《天部》"霄"引一則,卷三八《地部》"敍山"引一則,卷九

---

[1]　湯用彤《漢魏兩晉南北朝佛教史》,上海:商務印書館,1938年,598、3—4、537頁。
[2]　《大正藏》第39册,516頁b-c。
[3]　《大正藏》第49册,132頁a。
[4]　閔智亭、李養正主編《道教大辭典》,北京:華夏出版社,1994年,333頁左欄。
[5]　《大正藏》第50册,210頁b。宋天台宗山外派智圓(976—1022)《涅槃經疏三德指歸》卷九所引,同於《唐護法沙門法琳別傳》,蓋轉引也(《大日本續藏經》第壹輯第壹編第伍拾捌套,第三百二十二葉左半葉)。
[6]　上海涵芬樓影印中國學藝社借照日本帝室圖書寮京都東福寺東京岩崎氏靜嘉堂文庫藏宋刊本,《四部叢刊三編》子部。

〇二《獸部》"羊"引一則,卷九六五《果部二》"棗"引一則,卷九六七《果部四》"桃"引一則,卷九六九《果部六》"梨"引一則。後之陳元龍《格致鏡原》、《佩文齋廣羣芳譜》等,皆襲上舉諸書,可知是書自北宋初之後,已然亡佚矣。

從上援《唐護法沙門法琳別傳》"吾師號佛"云云而觀,《尹喜內傳》很可能是佛教徒所作。

4.《列子》

是書爲人所習知,其大概情況此不復贅述。

唯需補充者,《列子》與佛教有關者,大抵後人所增添。張湛《序》稱:"然所明,往往與佛經相參,大歸同於老莊,屬亂引類,特與莊子相似。"[1]古已疑其爲僞托,如南宋洪邁(1123—1202)《容齋四筆》卷一"列子與佛經相參"條等[2]。梁啓超將之列爲"全部僞大略決定者",稱:"此問題發生不久,但多數學者已漸漸公認爲晉張湛所僞撰。"[3]湯用彤氏亦有謂:"《列子》一書,乃魏晉時人所僞造。……故六朝人多不引《列子》以證孔子之尊佛。"[4]季羨林《列子與佛典——對於〈列子〉成書時代和著者的一個推測》進一步推定,"《列子》這部書是徹頭徹尾的一部僞書,劉向的《敘錄》,《列子》本文,《列子序》和《列子》注都出於張湛一人之手,都是他一個人包辦的",纂成時代不會早於太康六年(285)[5]。

其實,部分內容僞,並不證明全書皆假也。

正因《列子》中雜有佛教內容,故而六朝以來釋家著作亦間或引用。如梁釋僧祐(445—518)《弘明集後序》,隋灌頂(561—632)《國清百錄》卷二,唐澄觀(738—839)述《大方廣佛華嚴經隨疏演義鈔》卷五、卷一四、卷七五,道宣《律相感通傳》"初問佛事"條,湛然(711—782)《止觀輔行傳弘決》卷二之一、卷八之一等,《廣弘明集》卷一《歸正篇》"商太宰問孔子聖人"、卷八道安《二教論》"孔老非佛"更全出自《列子》。

5.《苻子》

苻子,即前秦氏族人苻朗。《晉書》卷一一四《苻朗》記:"苻朗,字元達,堅之從兄子也。性宏達,神氣爽邁。幼懷遠操,不屑時榮。堅嘗目之曰:'吾家千里駒也。'徵拜鎮

---

[1] 上海涵芬樓借罟里瞿氏鐵琴銅劍樓藏北宋刊本影印,《四部叢刊初編》子部。
[2] 《四部叢刊續編》子部。
[3] 梁啓超《中國近三百年學術史》,北京:人民出版社,2008年,284頁。
[4] 湯用彤《漢魏兩晉南北朝佛教史》,4—5頁。
[5] 中國社會科學院科研局組織編選《季羨林集》,北京:中國社會科學出版社,2000年,114—126頁。

東將軍、青州刺史,封樂安男。不得已,起而就官。及爲方伯,有若素士,耽玩經籍,手不釋卷;每談虛語玄,不覺日之將夕;登涉山水,不知老之將至。……著《符子》數十篇行於世,亦老莊之流也。"《符子》原書早亡佚,現有馬國翰《玉函山房輯佚書》輯本、嚴可均《全晉文》輯本。從現存零碎文字而觀,頗有文采[1]。

從朗雖"超然自得,志凌萬物","怍物侮人",頗有名士之風,然亦與釋法汰有交往,嘗評王忱、王國寶兄弟曰:"吏部爲誰?非人面而狗心、狗面而人心者乎?"其臨刑時之絶命詩中有"四大起何因,聚散無窮已"之言,可見對佛教亦有相當認識。宜乎《歷代法寶記》參考之也。

需注意者,《歷代法寶記》之外的釋氏著述援引時,皆作"符子",如《唐護法沙門法琳別傳》卷上、下,《廣弘明集》卷一《歸正篇》"子書中以佛爲師"條曰"出《老子》、《符子》",神清《北山録》卷一"聖人生"條等。或許,此乃當時之通行寫法歟。

6.《吴書》

西晉陳壽所編《三國志》有"吴書"二十卷。又,三國時韋曜(韋昭)、薛瑩等亦撰《吴書》,"孫亮即位,諸葛恪輔政,表曜爲太史令,撰《吴書》。華覈、薛瑩等皆與參同"[2],後曜因事被誅,書未成;《隋書·經籍志》、《舊唐書·經籍志》和《新唐書·藝文志》並有著録,後亡佚。今有清王仁俊輯本《吴書鈔》[3]。韋氏另有注《國語》二十一卷傳世。

但《歷代法寶記》提及之"吴書"究竟謂何?考《釋迦方志》卷下《通局篇》引《吴書》"赤烏四年,有康居國沙門康僧會者,行化道也,初達吴地,營立茅茨設像行道,吴人初見謂爲妖異"云云[4],《三國志》無。道宣《廣弘明集》卷一《歸正篇》"吴主孫權論佛化三宗",稱"出《吴書》";道宣《集古今佛道論衡》卷甲《前魏時吴主崇重釋門爲佛立塔寺因問三教優劣事二》、智昇《續集古今佛道論衡》"傳法記"、法琳《破邪論》卷上《上秦王啓》、《法苑珠林》卷五五《破邪篇·感應緣》"辯聖真僞"等,皆引《吴書》康僧會至吴事。《三國志》皆無。《廣弘明集》卷一一《辯惑篇》沙門法琳言"于吉行禁殆以危吴"、《破邪論》卷下"于吉行禁殆以危吴",並稱"出《吴書》"、"事在《吴書》",《三國志》亦無。則

---

[1] 曹道衡、劉躍進《南北朝文學編年史》,北京:人民文學出版社,2000年;曹道衡、沈玉成《南北朝文學史》,北京:人民文學出版社,1991年。
[2] 參考《三國志·吴志》卷二○《韋曜》。
[3] 王仁俊輯《玉函山房輯佚書補編》,上海古籍出版社,1989年。
[4] 道宣著,范祥雍點校《釋迦方誌》,北京:中華書局,2000年,104—105頁。

《歷代法寶記》所言"吴書",很可能就是現已失傳之韋曜等的《吴書》也。

7.《并古錄》

從《歷代法寶記》的前後語境來看,"并古錄"應該是一種文獻。然世俗文獻無見。京弘福道場釋彥琮撰《唐護法沙門法琳別傳》卷中載,貞觀十三年(639)秋九月,法琳被囚;冬十月丙申,刑部尚書劉德威、禮部侍郎令狐德棻、侍御史韋悰、司空毛明素等在州勘當,法琳回答有云:

> 琳聞大聖應生,本期利物,有感斯現,無機不燭。故經云:一音所暢,各隨類解。論聲既爾,語體亦然。而傳記所明,非無斥理。琳今正據取彼多家,先列其真,後陳其妄。謹依魏國曇謨最法師、齊朝上統法師及隋修曆博士姚長謙等,據《周穆天子傳》、《周書異記》、前漢劉向《列仙傳序》、《并古舊二錄》、《後漢法本内傳》及傅毅《法王本記》、吴尚書令闞澤等衆書,准《阿含》等經,推佛是姬周第五主昭王瑕即位二十三年癸丑之歲七月十五日,現白象形,降神自兜率,托淨飯王宮摩耶受胎。[1]

《法苑珠林》卷一〇〇《傳記篇·曆算部》亦引[2],內容略同。此"并古舊二錄",或當包括"并古錄"、"并舊錄"?

8. 楊楞伽《鄴都故事》

"鄴都",鄴城也。因曾作曹魏、十六國時後趙、前秦等的都城,故名。有南北兩城,舊址分別在今河北省臨漳縣西南、河南省安陽縣境內[3]。

"楊楞伽"及"鄴都故事"之名,內典中唯《歷代法寶記》有載,然外書中則數見。《太平御覽》卷首之《經史圖書綱目》列"鄴都故事"卷一一三曰:"楊楞伽《北齊鄴都故事》曰:尚書郎判事,正令史側坐,書令史過事。"卷二二五:"北齊楊楞伽《鄴都故事》云:御史臺,在宮闕西南,其門北開,取冬殺之義也。"郭茂倩編次《樂府詩集》卷三一《相和歌辭·平調曲》張正見《銅雀臺》、卷三五《相和歌辭·清調曲》魏武帝《塘上行五解》、卷六四《雜曲歌辭》曹植《鬥雞篇》、卷七五《雜曲歌辭》韋應物《三臺二首》,其小序皆引《鄴都故事》。《史通》卷三《內篇·書志第八》:"按帝王建國,本無恒所,作者記事,亦在相時。遠則漢有《三輔典》……於北則有《洛陽伽藍記》、《鄴都故事》,蓋都邑之

---

[1]《大正藏》第50册,207頁a。
[2] 釋道世著,周叔迦、蘇晉仁點校《法苑珠林校注》,北京:中華書局,2003年,2899頁。
[3]《辭海》地理分冊(歷史地理)"鄴"、"鄴都"條,上海辭書出版社,1982年2版,120—121頁。

事,盡在是矣。"是該書爲有關古代都城的代表性文獻之一也。

明陳耀文《天中記》卷三二"御史臺"條:"北齊楊楞伽《鄴都故事》云:御史臺在宫闕西南,其門北開,取冬殺之義。"上舉《太平御覽》亦有"北齊楊楞伽"之語。或楊楞伽爲北齊人歟?

《新唐書》卷五八《藝文志·乙部史録》"故事類",有裴矩《鄴都故事》十卷;"地理類"又有馬温《鄴都故事》兩卷,稱乃"肅代時人"。《宋史》卷二〇四《藝文志·藝文三》"地理類",載"馬温之《鄴都故事》二卷"。《通志》卷六五《藝文略·史類·故事》有"《鄴都故事》十卷",稱"裴矩撰";卷六六《藝文略·地理·郡邑》又載"馬温撰"《鄴都故事》二卷,蓋襲《新唐書》也。無論是裴氏還是馬氏之《鄴都故事》,蓋皆異於楊楞伽之書吧。

又世尚有晉國子助教陸翽撰《鄴中記》,人亦與馬氏書混淆,《四庫提要》辨之甚力[1]。宋周南撰《山房集》卷五《題跋·鄴城雜事記》,稱馬氏爲"馬温之",所撰爲《鄴城雜事記》,則並書、人名皆誤矣:"《鄴城雜事記》一卷,唐馬温之撰。温之代宗時人。鄴舊有陸氏《鄴中記》、楊楞伽《鄴城故事》。温之乃自魏武初造,至高齊敗没,凡鄴中帝王所居及君臣行事録之梗概,號'鄴都雜事'。"又,《鄴城故事》亦非楊楞伽書本名,因《太平御覽》卷首《經史圖書綱目》另列有"鄴城故事"。

有關鄴的掌故的文獻,還有《鄴中記》、《鄴都記》等也。清全祖望《鮚埼亭集外編》卷四三《答史雪汀問十六國春秋書》:"當十六國時,僞史最多,其著者有若和苞《漢趙記》、田融《石趙記》并《鄴都記》、杜輔《前燕記》……"[2]

《歷代法寶記》參考楊楞伽《鄴都故事》,是因其中有釋教内容也,惜今日於遺留下來的隻言片語中,再也無蹤影矣。

二、《歷代法寶記》所引"外書"内容

《歷代法寶記》於卷首參考文獻目録之外,尚於正文中數次稱引"外書"。

1. 後漢明帝永平三年(60),明帝夜夢見金人,晨旦以問朝臣,

> 太史傅毅對曰:"《周書異記》曰:'昭王甲寅歲佛生,穆王壬申歲佛滅度。一千年後,教法流於漢地。'今時是也。"

---

[1] 《四庫全書總目》卷六六《史部·載記類》上册,第584頁。
[2] 《四部叢刊初編》集部。

中國佛教界或持佛陀於周昭王甲寅歲、即周昭王二十六年(前1027)出生,穆王壬申歲、即穆王二十八年(前949)涅槃。如《唐護法沙門法琳別傳》卷中載,法琳被繫期間,劉德威等曾加訊問:"威等又問法師曰:《論》第五云:依姚長謙曆云,佛是周昭王甲寅歲生,穆王壬申之歲始滅度者……"[1]《佛祖統紀》卷四〇《法運通塞志第十七之七·中宗》駁老子化胡説之僞共九條,第六條曰:"僞經言:老君命梵天煩陀王,以二莊時下生爲佛。釋迦本降自兜率天,當昭王甲寅歲,既無煩陀之稱,又非梵天而降,六繆也。"[2]然夏商周斷代工程認爲,周昭王於公元前995至前977年間在位,甲寅歲則爲周成王十六年矣[3]。

有關佛陀的生卒年歲,歧説甚多。相較而言,《周書異記》提前了數百年[4]。

2. 漢明帝與摩騰法師問答之後,有如下記載:

> 案《清浄法行經》云:天竺國東北真丹國,人民多不信敬,造罪者甚衆。吾我今遣聖弟子三人,悉是菩薩,於彼示現行化:摩訶迦葉,彼稱老子;光浄童子,彼號仲尼;明月儒童,彼名顔回。講論五經,《詩》、《書》、《禮》、《樂》,威儀法則,以漸誘化,然後佛經當往。

按,"真丹"爲 Cīnisthāna 之音譯,或譯作"振旦"、"震旦"和"神旦",乃古印度對中國的稱呼。唐玄應《一切經音義》卷四,《大灌頂經》第六卷"振(且)[旦]"條:"或言真丹,並非正音。應言支那,此云漢國也。又亦無正翻,但神州之馴名也。"[5]卷一八,《雜阿毗曇心論》第二卷"振旦"條:"或作震旦,或言真丹,皆一也。舊譯云漢國。經中亦作脂邮。今作支邮。此無正翻,直神州之揔名也。"[6]《宋書》卷九七《夷蠻傳·天竺迦毗黎國》:"元嘉五年,國王月愛遣使奉表曰:'伏聞彼國據江傍海,山川周固,衆妙悉備,莊嚴清浄,猶如化城……聖賢承業,如日月天。於彼真丹,最爲殊勝。'"

"五經"之稱始於漢武帝建元五年(前136)。漢班固《白虎通》卷下"五經"條:"五經何謂?謂《易》、《尚書》、《詩》、《禮》、《春秋》也。"《禮》指《儀禮》,唐則指《禮記》。

---

[1]《大正藏》第50冊,207頁a。
[2]《大正藏》第49冊,371頁c—372頁a。
[3] 陳久金編著《中朝日越四國歷史紀年表》,北京:羣言出版社,2008年,7—9頁。
[4]《中國大百科全書》宗教卷,邊部撰"釋迦牟尼"條,北京·上海:中國大百科全書出版社,1988年;慈怡主編《佛光大辭典》"釋迦牟尼"條,高雄:佛光出版社,1989年5版,6824頁;法顯撰,章巽校注《法顯傳校注》,北京:中華書局,2008年,26—27頁注[32];張子開《達麗爾(Dārel)木雕彌勒像:中土佛像的源頭——以〈法顯傳〉等文獻所載佛教聖跡爲考查中心》,首屆"中國襄垣法顯歷史文化研討會"(2012年5月,山西襄垣)論文。
[5]《中華大藏經》第56冊,873頁a。
[6]《中華大藏經》第57冊,30頁b。

《新唐書》卷四八《百官志三》:"五經博士各二人,正五品上。掌以其經之學教國子。《周易》、《尚書》、《毛詩》、《左氏春秋》、《禮記》爲五經。《論語》、《孝經》、《爾雅》不立學官,附中經而已。"《歷代法寶記》述"五經"不及《周易》,尚可視爲行文省略;但舉《樂》而袪《左氏春秋》,或爲當時之一種觀點歟?

3. 明帝之後,接著述說晉時情形:

> 《晉書》云:晉桓帝時,欲刪除佛法,召廬山遠法師。帝問曰:"朕比來見僧尼戒行不純,多有毀犯。朕欲刪除揀擇,事今可否?"遠公答曰:"崑山出玉,上雜塵砂。麗水豐金,猶饒瓦礫。陛下只得敬法重人,不可輕人慢法。"晉帝大赦之。

廬山慧遠(334—416)生活於東晉,而此時正統帝脈中並無"桓帝"。考大司馬桓溫之子恒玄(369—404)於元興元年(402)三月入建康,掌握朝政;次年十二月,更稱皇帝,國號楚,改元永始;元興三年/恒玄永始二年(404)五月,玄爲益州督護馮遷所殺[1]。因其嘗登祚,故或有稱之爲"晉桓帝"者,如劉義慶《幽明錄》等。

《佛祖統紀》卷三六《法運通塞志卷第十七之三·晉·安帝》:

> 隆安二年,長安沙門法顯往天竺求經○桓玄輔政,勸上沙汰僧尼,詔曰:"有能伸述經牒、演說義理、律行修正者,並聽依所習,餘悉令罷道。唯廬山道德所居,不在搜簡。"遠法師以書力辨,事遂寢。[2]

隆安二年(398),爲晉安帝司馬德宗年號。其時沙汰僧尼,但桓玄尚未稱帝也。至元興二年(403),

> 二年。桓玄欲重申庾冰之議,令沙門盡敬王者。遠法師致書云:"袈裟非朝宗之服,鉢盂非廊廟之器、塵外之容,不應致敬王者。"玄得書,即下令不行。師復著《沙門不敬王者論》,以警當世。(論見《廬山集》。敬者,拜也。不敬者,不拜也。重音虫,再也。)[3]

這次桓玄僅得書,可見未謀面也。《歷代法寶紀》蓋將兩件事混爲一談矣。

今本《晉書》等,並無桓玄與慧遠在隆安二年見面的記載[4],或《歷代法寶記》所指爲另外一種晉朝史書吧。

---

[1] 翦伯贊主編《中外歷史年表》(校訂本),北京:中華書局,2008年,158—159頁。
[2] 《大正藏》第49册,341頁b—c。
[3] 《佛祖統紀》卷三六《法運通塞志卷第十七之三·晉·安帝》,《大正藏》第49册,341頁c。
[4] 《晉書》卷九九《桓玄》,北京:中華書局,1974年;《資治通鑑》卷一一三,晉紀三十五,元興二年條,北京:中華書局,1956年。

4. 恒玄事後,接著引用梁武帝詩作:

  蕭梁武帝《會三教》云:"小時學周禮,弱冠窮六經。""中復觀道書,有名與無名。""晚年開釋卷,猶日勝衆星。"

唐道宣《廣弘明集》卷三〇《統歸篇》録梁武帝《述三教詩》曰:"少時學周孔,弱冠窮六經。孝義連方册,仁恕滿丹青。踐言貴去伐,爲善在好生。中復觀道書,有名與無名。妙術鏤金版,真言隱上清。密行遺陰德,顯證在長齡。晚年開釋卷,猶月映衆星。苦集始覺知,因果方昭明。不毀惟平等,至理歸無生。分別根難一,執著性易驚。窮源無二聖,測善非三英。大椿徑億尺,小草裁云萌。大雲降大雨,隨分各受榮。心相起異解,報應有殊形。差别豈作意,深淺固物情。"[1]是《歷代法寶記》乃節引也。"述三教詩"之"述",明藏本夾注:"一作會。"《唐護法沙門法琳别傳》卷下亦云:"又梁武帝《會三教》詩曰:"小年學周孔,弱冠窮六經。中復觀道書,有名與無名。晚年開釋卷,猶日映衆星。"[2]無論是詩名,還是節引的詩句,皆更契合。加之《歷代法寶記》卷首正有《釋法琳傳》,可見此處就是援稱自《唐護法沙門法琳别傳》也。

5. 記禪宗二祖惠可化跡,有言:

  大師時年一百七歲。其墓葬在相州城安縣子陌河北五里,東柳搆去墓一百步,西南十五里吴兒曹口是。楞伽《鄴都故事》具載。

"楞伽"即前舉之"楊楞伽"也。很可能從達摩到惠可等人的事跡,皆據楊楞伽書而轉述。《歷代法寶記》稱達摩"因毒而終",南唐静、筠禪師編纂《祖堂集》尚頗有遮掩,僅録達摩告惠可語"吾自到此土,六度被人下藥,我皆拈出。今此一度,更不拈出";惠可亦遭菩提流支三藏光統律師徒黨誣告,被城安縣令翟冲侃處死,而《祖堂集》則謂乃因辯和法師説縣令翟仲侃,葬處亦在"磁州滏陽東北七十餘里"[3]:顯然,静、筠書與《歷代法寶記》的材料來源迥别,《鄴都故事》有關記載的屬珍貴也。

6. 唐無住説法時,抑或引用世俗文獻。

  和上每説言:"'有緣千里通,無緣人對面不相識。'但識法之時,即是見佛。此諸經了義經。"

---

[1]《大正藏》第 52 册,352 頁 c。
[2]《大正藏》第 50 册,211 頁 b。
[3] 静、筠二禪師編撰,孫昌武、衣川賢次、西田芳男點校《祖堂集》上册,北京:中華書局,2007 年,99、108 頁。

"有緣千里通"云云,乃當時習語[1]。鏡水寺沙門栖復《法華經玄贊要集》卷二:"道合則千里懸應,世乖則肝膽楚越。殷周之人,非釋教所宜。彥曰:'有緣千里通,無緣隔壁聾。''君子千里同風,小人隔陌異俗。''情既相得,則胡越爲兄弟。若不相得,則肝膽爲仇讎。'"[2] 是書卷五之末有云:"唐乾符六年冬,溫州開元寺講、慈恩比丘弘舉傳寫供養。/此書從巨唐來,在智證大師經藏,深秘不出,只聞其名。今興福寺釋真喜仲算,與彼門徒智興闍梨有刎頸交,相囑借請,始以書寫。後賢鑒。於時天禄元年,歲次庚午也。/弘長元年(辛酉)七月二十三日,法隆寺僧聖讚全本寫留之,施入於專寺大經藏。以無類本,恐失墜,更書寫之訖。/法隆學問寺　正應。""乾符"爲唐僖宗李儇年號,乾符六年爲879年。"天禄"乃日本圓融天皇年號,天禄元年爲970年。"弘長"爲日本龜山天皇年號,弘長元年爲1261年。是《法華經玄贊要集》所引"有緣千里通,無緣隔壁聾"等民間用語,至少在9世紀中下葉即已然流佈矣。

7. 無住復與道士交鋒,亦稱援道家文獻。

又有道士數十人,山人亦有數十人,法師律師論師亦有二十人,皆釖南領袖。和上問道士云:"'道可道,非常道。名可名,非常名。'豈不是老君所説?"道士云:"是。"和上云:"尊師解此義否?"道士默然無對。和上又問:"'爲學日益,爲道日損。損之(有)[又]損之,(已)[以]至於無爲,無爲無不爲。'"又問:"《莊子》云:'生生者不生,殺生者不死。'"道士盡不敢對。和上云:"時今道士無有一人學君老者,只學謗佛。"道士聞已,失色合掌。

"道可道"云云,自是《老子》之語。"爲學日益"等言,亦出自《老子》。所引《莊子》語見於内篇《大宗師》,不過今本語序顛倒爲:"殺生者不死,生生者不生。"《經典釋文》釋"殺生者不死"曰:"李云:殺猶亡也。亡生者,不死也。崔云:除其營生爲殺生。"釋"生生者不生"曰:"李云:矜生者,不生也。崔云:常營其生爲生生。"[3]

三、佛教的"外書"觀念

佛教最初很可能對外書采取排斥態度。除前舉《出曜經》外,《百喻經》卷二第32則"估客偷金喻":"昔有二估客,共行商賈,一賣真金,其第二者賣兜羅綿。有他買真金

---

[1] 項楚、張子開等《唐代白話詩派研究》,成都:巴蜀書社,2005年,449—450頁。
[2] 《大日本續藏經》第壹輯第壹編第伍拾叁套,二百八葉左半葉。
[3] 陸德明《經典釋文》卷二六,上海古籍出版社,1985年,1448—1449頁。

者,燒而試之,第二估客即便偷他被燒之金,用兜羅綿裹。時金熱故,燒綿都盡,情事既露,二事俱失。如彼外道偷取佛法著己法中,妄稱己有,非是佛法,由是之故燒滅外典、不行於世,如彼偷金事情都現,亦復如是。"[1]既反對"外道"吸納佛法,而佛教亦不取外書也。《妙法蓮華經》卷二《譬喻品》,佛陀説偈曰:"如人至心,求佛舍利,如是求經,得已頂受,其人不復,志求餘經,亦未曾念,外道典籍。如是之人,乃可爲説。"[2]明確地反對在佛典之外披閲外道文獻。唐荆溪湛然(711—782)《止觀輔行傳弘决》卷四之一引龍樹《大智度論》:"《大論》曰:習外道典者,如以刀割泥,泥無所成而刀日損。又云:讀外道典者,如視日光,令人眼暗。"[3]今本《大智度論》無是言語,然確反映了佛教界的取捨也。

到了後來,隨著佛教的發展壯大,弘法區域和説法對象日漸複雜,爲了適應不同的受衆,遂允許僧侣和其他信衆有選擇、有條件地閲讀部分外書。

宋罽賓三藏佛陀什共竺道生等譯《彌沙塞部和醯五分律》卷二六《第五分雜法》曰:"諸比丘讀誦外書,諸白衣見,譏呵言:'此沙門釋子不信樂梵行,捨佛經戒,讀誦外書。'諸比丘以是白佛,佛言:'不聽。'有諸比丘與外道論不知羞恥,念言:'佛聽我等讀誦外書者,不致此恥。'佛言:'爲伏外道,聽讀外書,但不得隨書生見。'"[4]讀外書乃爲了折伏外道也。尊者毘舍佉造、三藏法師義淨奉制譯《根本説一切有部毘奈耶頌》卷下《下明於十七跋窣覩等中述其要事(跋窣覩是事)》記:"外道諸典籍,習讀將爲勝。及數犯罪人,所食皆成毒。常應讀佛教,是惡道良醫。開許讀外書,爲欲知其過。一切智言説,美妙多譬喻。豈如外道論,無理言麁淺。"[5]讀外書是欲知曉其過患也。《根本説一切有部毘奈耶雜事》卷六載,時舍利弗(舍利子)以法摧伏高心外道,令使出家,佛陀聞而加以評價,這段話實體現出後來佛教對於外書的根本原則和誦習的基本方式:

時此苾芻以緣白佛,佛告諸苾芻:"非一切處有舍利子,其相似者亦不可求。是故我今聽諸苾芻學《盧迦耶》等諸外俗論。"時諸苾芻聞佛世尊許學書論,遂無簡别,愚昧之願亦學外書。佛言:"不應愚癡少慧不分明者,令學外書。自知明慧、多聞强識、能摧外道者,方可學習。諸明慧者鎮學外典,善品不修。"佛言:"不應如是

---

[1]《百喻經》卷二,《大正藏》第4册,546頁b。
[2]《大正藏》第9册,16頁b。
[3]《大正藏》第46册,266頁b。
[4]《大正藏》第22册,174頁b。
[5]《大正藏》第24册,646頁a-b。

常習外典。"佛言:"當作三時,每於兩時讀佛經,一時習外典。"苾芻遂於年月分作三時,以緣白佛。佛言:"人命迅速,刹那無定,不應年月分作三時,可於一日分爲三分。"苾芻朝習外典,暮讀佛經。佛言:"於日初分及以中後,可讀佛經。待至晚時,應披外典。"苾芻即便暫時尋讀,不誦其文,尋還廢忘。佛言:"應誦。"彼皆不知何時應誦,佛言:"如晝三節,夜亦三時。"〔1〕

依佛陀所教,只有資質聰穎者可習外書,愚昧者不得預焉;即便明慧者,還亦需"多聞強識",特別是具備摧伏外道能力;即便學習,最多也只能佔用三分之一的時間,且應放在修習佛典之餘。

遵循世尊教誨,中土僧人也多披覽道教等其他宗教信仰資料和種種世俗文獻。唐知玄《答僧澈》詩:"五車外典知誰敵,九趣多才恐不如。蕭寺講軒橫淡蕩,帝鄉雲樹正扶疎。"〔2〕清錢謙益《注李義山詩集序》:"石林長老源公,禪誦餘晷,博涉外典,苦愛李義山詩,以其使事奧博,屬辭瑰譎。"〔3〕

《歷代法寶記》引用"外書",其根本目的正是爲了摧伏禪僧心目中的"外道"——即本教之外的其他宗教和思想也。

(作者單位:四川大學文學與新聞學院)

---

〔1〕 《大正藏》第24冊,232頁a-b。
〔2〕 贊寧撰,范祥雍點校《宋高僧傳》卷六《唐京兆大安國寺僧徹傳》,北京:中華書局,1987年,134頁。
〔3〕 錢謙益《牧齋有學集》卷一五《注李義山詩集序》,上海涵芬樓影印清康熙年間鄒鏦序刊本,《四部叢刊初編》集部。

敦煌文獻與中國口語史研究
——以太田辰夫《中國語歷史文法》爲中心*

玄幸子

太田辰夫《中國語歷史文法》（以下簡稱《歷史文法》）是研究漢語歷史口語語法的最重要的著作，稱爲口語歷史語法研究的經典著作，於 1958 年初版。中文翻譯本第一版付梓的時候，朱德熙爲之序文説（1987.6.23）：此書刊佈已三十年，可是到目前爲止，還没有哪一部書可以取代它的位置。這個中譯本出版之後，迄今（2013 年）爲止，又過了 26 年，此書仍無法被取代。這真是令人驚嘆！

就敦煌學來説，這十年之間，有了很大的變化：影印本陸續出版了，史料電子化越來越進步了，各種各樣的辭典也完善了。研究敦煌文獻的條件，跟出版《歷史文法》的時代完全不一樣了。本文要利用最新的成果，對《歷史文法》進行討論，重新考慮幾個有關歷史口語語法的問題。著重研討敦煌文獻在中國口語史研究上的意義，因爲它是唐五代時期的唯一的直接史料（Primary evidence）。

首先考察一下《歷史文法》上引用敦煌文獻的情況。下面是每個史料列舉的實例（括號内的數字是《歷史文法》的頁碼）。

1. 維摩變文　P.2292　S.3872　S.4571　光 94　羅氏藏

  P.2292
    ·多被魔**家**來惱亂　（p92）
    ·以小計大，將鍮喻金　（p262）
    ·**怎生**得受菩提記？　（p310）
    ·**既然**如此有佳名，更莫推辭問疾去　（p335）

---

* 本稿爲日本學術振興會科學研究費補助金"中國典籍日本古寫本の研究"（基盤研究 A、研究代表者：高田時雄，京都大學人文科學研究所教授）的成果之一。在"中國敦煌吐魯番學會成立三十周年國際學術研討會"（2013.8.18—20，北京）上承蒙主持劉進寶教授的關照，並得到譚世寶教授的指教，在此謹表謝意！

	・幸有光嚴童子里（p379）
S. 3872	・玄宗**尚且**如此……（p320）
	・火風**没**處藏（p397）[形容補語]
S. 4571	・**萬千**經典息通達（p143）
光字94	・**自家**見**了**，尚自魂迷；他人覩之，定當亂意（p110）
	・魔王**自己**欣歡（p114）
	・**要**知**要**知（p200）
	・任伊鐵作心肝，見**了**也須粉碎（p227）
	・他**把**身爲究竟身，便**把**體爲究竟體（p259）
	・莫**將**天人施沙門，休**把**嬌姿與菩薩（p261）
羅氏藏	・能**摧**外道皆歸正（p243）
	・世尊**若**差我去**時**，今日定當過丈室（p358）

2. 阿彌陀經變文　P. 2955　S. 6551

P. 2955	・不是鳥身受業報，並是彌陀化**出**來（p214）
	・高**著**聲音唱將來（p225）
S. 6551	・若人**故意**偷他物（p291）

3. 法華經變文　P. 2305

P. 2305	・大王**自己**是萬乘之尊（p114）
	・蓮臺交朕**那邊**求？（p127）
	・大王今**要**禮仙人（p200）
	・**除非**聽受法花經，如此災殃方得出（p341）

4. 降魔變文　胡氏藏　羅氏藏

胡氏藏	・六師强**打**精神（p182）
	・依實向我説**看看**（p186）
	・其金剛乃頭圓**像**天（p192）
	・**須得**對面試煉，然可定其是非（p197）
	・因逢牧羊小子，詰問逗留（p330）
	・佛是誰家種族？先代**有没**家門？（p409）
羅氏藏	・因逢牧羊小子，詰問逗留（p330）

5. 地獄變文　衣33

衣 33　　　　　　·尋得死尸,且亂打一千**鐵棒**　（p161）

　　　　　　　　·受迪多**了**解尋思　（p228）

6. 目連變文　S.2614　麗字八五號　没記號碼

　　S.2614　　　·目連雖是聖人,亦**得**魂驚膽破　（p197）

　　　　　　　　·看**著**身爲一聚灰　（p225）

　　　　　　　　·猛火**時時**脚下燒　（p278）

　　麗字八五號　·情願替**孃孃**長受苦　（p81）

　　　　　　　　·**阿娘**有罪阿娘受,**阿師**造罪阿師當　（p151）

　　　　　　　　·**情願**替孃孃長受苦　（p201）

　　　　　　　　·遥見清涼水,近**著**變作膿河　（p225）

　　没記號碼　　·我身**替**孃長受苦　（p257）

7. 有相夫人變文　羅氏藏

　　羅氏藏　　　·**這**有[相]夫人顏貌平正　（p121）

　　　　　　　　·知道**者**身看看命謝　（p121）

　　　　　　　　·聖君纔見**了**,流淚一兩行　（p226 羅氏藏）

8. 太子成道變文　P.3496

　　P.3496　　　·順吾尊意**權且**住　（p278）

9. 父母恩重經變文　P.2418[1]

　　P.2418　　　·時時**愛**被翁婆怪,往往頻遭伯叔真　（p201）

10. 王陵變文　P.3627　没記號碼

　　P.3627　　　·**既是**巡營,有號也無？　（p335）

　　没記號碼　　·楚將見漢將走**過**　（p218）

11. 伍子胥變文　S.328

　　S.328　　　·東西馳走,大哭三**聲**　（p161）

　　　　　　　　·恨不**將**身自滅亡　（p262）

12. 舜子至孝變文　P.2721

　　P.2721　　　·**這個**是阿誰不是　（p122）

　　　　　　　　·四畔放火燒**死**　（p207）

---

[1] 這個例句確是出現在 P.2418。但是本文所記載的 P.2418,《歷史文法》卷末《引用書目》未見,只見河 12。

- 我兒若修得倉全 （p233）
- 種子犁牛，無處取之 （p397）［形容補語］

13. （菩薩蠻） P.3128[1]

    P.3128　　・他兒聟還說道里 （p379）

14. 維摩押座文[2]　没記號碼

    没記號碼　　・能者虔恭合掌著 （p366）

15. 燕子賦　P.2653

    P.2653　　・雀兒和燕子，合作開元歌 （p265）

    　　　　　・直欲危他性命 （p100）

16. 五言詩　P.3418

    P.3418　　・尋常打酒醉 （p182）

17. 五臺山曲子　S.467

    S.467　　・便往那邊去 （p253）

18. 好住娘　乃74

    乃74　　・娘娘努力守空房 （p81）

19. 醜女緣起　P.3048　没記號碼

    P.3048　　・陪些房臥不爭論 （p144）

    没記號碼　　・憂念没心求駙馬 （p397）［形容補語］

    　　　　　・大王若無意發遣，妾也不敢再言。有心令遣仕人，聽妾今朝一計 （p397）［形容補語］

    　　　　　・王郎心裏莫野，出去早些歸舍 （p403）

20. 十恩德　周87

    周87　　・說著鼻頭酸 （p89）

21. 丈夫百歲篇　S.2947

    S.2947　　・百歲歸原起不來 （p234）

22. 神會語錄　石井本　P.3047

    石井本　　・即無見是物？ （p127）

---

[1] 菩薩蠻，《歷史文法》本文未記載，卷末《引用書目》記載：P.3128 菩薩蠻等。
[2] 《歷史文法》卷末《引用書目》記載：S.2440 維摩押座文。

        ·**是勿**是生滅法？（p127）

        ·王侍御問：**作沒**時是定慧等？（p309）

        ·**異沒**時作物生？（p310）

        ·**雖然**如是，見與凡夫不同（p334）

  P.3047   ·**作勿生**是定［慧］等（p309）

23. 前漢劉家太子傳 P.3645

  P.3645   ·不聽打鼓，即放**過去**（p219）

24. 捉季布傳文[1] 沒記號碼

  沒記號碼 ·臣罵漢王三五**口**（p161）

        ·説**著**來由愁煞人（p225）

        ·旗下依依認**得**真（p236）

25. 天下傳孝十二時 羅氏藏

  羅氏藏   ·縱然子孫滿山河，**但是**恩愛非前後（p326）

26. 董永變文 S.2204

  S.2204   ·姓何何名**依**實説（p263）

27. 道安法師念佛讚 S.2985

  S.2985   ·造惡人多修福少，**所以**衆人長受貧（p332）

28. 敦煌本搜神記 沒記號碼

  沒記號碼 ·今既償了，不得久住（p226）

        ·已經三年，女即恚死（p274）

29. 無常經講經文 P.2305

  P.2305   ·**若要**欲得眼親逢（p337）

30. 無心論 P.296

  P.296   ·是心不是心？（p408）［反復疑問］

31. 目連緣起 P.2193

  P.2193   ·逢師僧**時**，遣家僮打棒，見孤老**者**，放狗咬之（p358）

32. 葉淨能詩 S.6836

  S.6836   ·**況且**道士美貌清暢（p319）

---

[1]《歷史文法》卷末《引用書目》記載：P.3697 捉季布傳文。

33. 六祖壇經　S.377

　　S.377　　　·我於彼聽**見**大師勸道俗，但持金剛經一卷，即得見性，……（p184）

　　　　　　　·吾不自知，代汝迷**不得**；汝若自見，**代得**吾迷（P232）

34. 晏子賦　P.2564

　　P.2564　　　·使者晏子，**極其**醜陋（p269）

35. 廬山遠公話　S.2073

　　S.2073　　　·貧道有願歸山（p397）［形容補語］

36. 禪門十二時曲　P.2054　P.2714

　　P.2054　　　·般將送與別人**家**（p92）

　　　　　　　·**別人**喫物自家飢（p115）

　　　　　　　·**自家**身事自家修（p151）

　　　　　　　·更繞富**似**石崇家（p175）

　　P.2714　　　·直如富**過**石崇家，誰免身爲墳下土（p175）

37. 啓顔録　S.610

　　S.610　　　·一顆一顆喫即盡（p162）

38. 尲尬新婦文[1]　没記號碼

　　没記號碼　　·阿婆嗔**著**，終不合嘴（p225）

39. 大乘五方便　P.2270

　　P.2270　　　·**是没**是四魔？（p127）

40. 大乘中宗見解　没記號碼

　　没記號碼　　·畢竟喚作**甚**謨物？（p127）

41. 長興四年中興殿應聖節講經文[2]　没記號碼

　　没記號碼　　·多少龍神送**過來**（p219）

42. 韓擒虎話本　S.2144

　　S.2144　　　·驚怕非常，**連忙**前來（p279）

43. 菩薩蠻　P.3128

---

［1］《歷史文法》卷末《引用書目》記載：P.2564 尲尬新婦文。

［2］《歷史文法》卷末《引用書目》記載：P.3808 長興四年中興殿應聖節講經文。

P. 3128　　　　・早晚滅狼蕃，一齊拜聖顏　（p284）

44. 頓悟真宗論　P. 2162
　　　P. 2162　　　・作勿生即是不分別智　（p310）

45. 温室押座文[1]　没記號碼
　　　没記號碼　　・百千萬劫作輪王　（p142）

46. 無題　S. 2503
　　　S. 2503　　　・問：來不來？……問：去不去？　（p408）[反復疑問]

47. 雲謠集[2]　没記號碼
　　　没記號碼　　・蕩子他州去，已經新歲未歸還　（p274）
　　　　　　　　　・除非却應奉君王，時人未可趨顏　（p342）
　　　　　　　　　・錦衣公子見，垂鞭立馬，腸斷知磨？　（p362）

48. 悉曇章[3]　没記號碼
　　　没記號碼　　・張眉怒目喧破羅，牽翁及母怕你摩？　（p362）

49. 修心要論[4]　没記號碼
　　　没記號碼　　・世世被虎狼所食　（p246）

50. 歷代法寶記　P. 2125
　　　P. 2125　　　・莫教人見　（p248）

51. 楞伽師自資記　没記號碼
　　　没記號碼　　・又將火箸一長一短並著　（p225）

　　如上所述，《歷史文法》言及共五十一種史料中的101個例句。關於"羅氏藏"、"胡氏藏"等，《歷史文法》卷末《引用書目》（其他）舉有"羅氏舊藏本降魔變文維摩變文有相夫人變文天下傳孝十二時"、"胡氏藏本降魔變文"、"石井氏藏本神會語錄"、"中村氏舊藏本敦煌本搜神記"。羅氏舊藏本出自羅振玉輯《敦煌零拾》（1924），胡氏藏本是指《胡適校敦煌唐寫本降魔變文》。石井氏藏本就是石井光雄編輯《敦煌出土神會錄》（1932），中村（不折）氏舊藏本現在爲東京台東區書道博物館所藏。通過上文列舉的例子，我們可將1950年前後調查敦煌文獻的實際情況看得一清二楚。

---

[1]《歷史文法》卷末《引用書目》記載：S. 2440 温室押座文。
[2]《歷史文法》卷末《引用書目》記載：S. 1441 雲謠集，P. 2838 雲謠集。
[3]《歷史文法》卷末《引用書目》記載：鳥12。
[4]《歷史文法》卷末《引用書目》記載：宇4。

太田辰夫另著有《唐代文法試探》[1]，列舉出了敦煌文獻中的例句。如下：

(這) 111 頁[2]

  維摩變文 P.2292   牟尼**這**日發慈言

  惠遠外傳 S.2401   若覓遠公，只**這**賤奴便是

  歷代法寶記 P.2125   **赭**迴好好，更看去也

(地) 112 頁

  八相變文　雲字二十四號   暗**地**思量奏對言

  目連變文 S.2614   聞語慘**地**斂双眉

  歷代法寶記 P.2125   恰似壯士把一瘦人腰腔腔**地**大好

(爭) 113 頁

  維摩變文　光字九四號   如此麗質嬋娟，**爭**不妄生動念

  云謠集雜曲子　洞仙歌   無計恨征人，**爭**向金風漂蕩

  嘆五更   縱使身達得官職，公事文書**爭**處斷

  惠遠外傳 S.2401   **爭**得知道他講讚不能平等

(怎生) 114 頁

  維摩變文 P.2292   准承佛果理全虧，**怎生**得受苦提記

(磨,摩) 115 頁

  云謠集　鳳歸雲偏　錦   衣公子見，垂鞭力馬，腸斷知**磨**

  王梵志 P.2718   損失酬高價，求嗔得也**磨**

  雜詩,殷字四一號,敦煌雜錄   體掛毳衫憨往日，青天空照得知**摩**

(甚) 116 頁

  雀踏枝   耶孃**甚**處傳書覓

  句道興搜神記   你等是**甚**人

  目連變文　成字九六號   借問孃孃，趣向**甚**處

  目連變文 S.2416   早個緣**甚**不應

  八相變文　雲字廿四號   乃字九一號　今日禮拜**甚**人

  惠遠外傳   即問上人涅槃經疏從**甚**處得來

---

[1] Aziya Gengo Kenkyu,5 號,1953 年《中國語史通考》(白帝社,1988 年) 再錄。

[2] 頁數是根據《中國語史通考》所示的。

（是没,是勿,是物）116—117 頁

  目連變文 S.2614　　　　　　　獄主問言,寄**是没**物來開

  大乘無生方便門 S.2503　　　　**是没**是佛……**是没**是真如……**是没**是三義……

  神會語録,石井本　　　　　　　遠法師言,件**是没**

  神會語録,S.3047　　　　　　　空便有**是没**物

  神會語録,石井本　　　　　　　空更有**是勿**在

  神會語録,S.3047　　　　　　　**是勿**是生滅

  神會語録,石井本　　　　　　　雖見不唤作**是物**

  神會語録,S.3047　　　　　　　不唤作**是物**

（只没）117 頁

  目連變文 S.2614　　　　　　　積善之家有餘慶,皇天**只没**煞無辜

  神會語録,石井本　　　　　　　我今**只没**離,無作没生離

  歷代法寶記 P.2125　　　　　　我**只没**立

（異物）118 頁

  神會語録,石井本　　　　　　　異没時作物生

  歷代法寶記 P.2125　　　　　　如似異没禪,我嫌不行

（没）119 頁

  讚禪門詩　　　　　　　　　　和言,覺是没,答覺是離……佛是**没**,佛是覺,……法是**没**……佛是何……

  大乘無生方便門 S.2503　　　　緣没唤無聞爲根本……緣阿**没**由先證離身心

  神會語録,石井本 P.3047　　　金剛經道**没**語

  直了性壇語,寒字八一號　　　　佛道**没**語

  燕子賦 P.2653 掇瑣三　　　　　於身有阿**没**好處,乃是自招禍恤

  勸戒殺生文 P.2809　　　　　　思量阿**没**有恩慈

  大乘無生方便門 S.2503　　　　緣阿**没**不覺不知

  大乘無生方便門 S.2504　　　　自性從阿**没**處

（作没）119 頁

  直了性壇語,寒字八一號　　　　**作没**無住

大乘無生方便門 S.2503　　　　**作没生**開慧門……**作没生**開智門
頓悟真宗論 P.2162　　　　　　**作没生**即是不分別智
神會語録,石井本　　　　　　　異没時**作物生**

《唐代文法試探》所舉例句共有 15 項 46 句。下面要討論從這些例句裏所體現出來的幾個問題。首先要探討"怎"、"怎生",然後再探討"底"的問題。

【論題 1】"怎"、"怎生"

《歷史文法》解釋"怎麼"説:

  唐五代時能見到"作没""作勿""作摩"等詞,還有帶後綴"生"的。……"作"是"做"的意思。"没""勿""物"都是"甚麽"的意思。……而"作勿"等的音合成了一個音,從五代開始寫作"怎",因此,加"生"的就成了"怎生"。(p309－310/p285)〔1〕

《唐代文法試探》還説:敦煌文獻裏没有"怎",只有"怎生"出現在維摩變文(P.2292)〔2〕及後時資料〔3〕《龐居士語録》。宋代資料裏當然有很多例子(p114)。

應該注意的是,《唐代文法試探》所謂"唐代"包含五代〔4〕。那麽,嚴格地説,如下:

1. 敦煌文獻裏没有"怎"。

2. 五代纔出現"怎生",可例句很少。

3. 宋代有很多例句。

某個時代,某個資料裏,"没有"某個詞彙,"没有"某個語法……這樣的説法很難説,與此相反,"有"某個詞彙,"有"某個語法,這樣的説法比較容易。現在利用各種索引,我們很容易找到例句,也找到了敦煌文獻裏"怎"的例子。如下:

  鳳凰王今**怎**不知!(《敦煌變文集·燕子賦》,p264)

那麽,我們現在可不可以根據新研究條件改正過去的錯誤?這個《燕子賦》裏面的例句就是最早使用"怎"的例句,可以這樣斷定嗎?

  查看原件對於研究敦煌文獻來説是最重要的一個程序。"鳳凰王今**怎**不知"的

---

〔1〕 括號内的數字表示(原本頁數/中譯本頁數)。

〔2〕 P.2292 有紀年:"廣政十年八月九日,在西川靜真禪院寫此第廿卷文書。"後蜀廣政十年即 947 年。池田 1990 也有記述(p488)。

〔3〕 《歷史文法》跋:在語言的歷史研究中,最主要的是資料的選擇……筆者認爲,一般地説,可以把文獻分爲兩種,現在姑且把它們稱爲:(1)同時資料　(2)後時資料……

〔4〕 説唐代時,應該記住的是這種總稱包括中唐至晚唐,還包括五代(p109)。

"怎"原作"乍"（如右圖）。"乍"有"暫,暫時"的意思,又有"只"的意思。《敦煌變文集》卻作"怎"而將嘆號放在句末,成爲反問句。不過在原文中,雀兒接著這句説:"窮研細諸問,豈得信虛辭！雀兒但爲鳥……"從上下文來看意思,也不能作爲反問句。這個句子應當作：

  鳳凰王今乍不知。

因此,"敦煌文獻裏没有'怎'"這個看法依然是正確的[1]。

  下面關於"怎生",敦煌變文裏只有6個例句,都出現在後蜀廣政十年（947）寫成的維摩變文（P.2292）裏。對於這些用法,近年孫錫信《漢語歷史語法要略》研討得比較詳細[2],就是説"反映唐代及前後時期口語的文獻主要有兩大類"：一類是"基本反映了當時北方方言面貌"的敦煌變文；另一類是"較多地記録了當時南方方言的詞彙用語及語法現象"的禪師語録。還接著説：敦煌變文中"爭"使用62次,但"作摩"和"作摩生"不一見,僅"怎生"使用6次,"甚生"使用1次,且在《維摩詰經講經文》一篇之中,篇末署有"廣政十年八月九日在西川靜真禪院寫此第廿卷文書"字樣,表明抄寫時間在公元947年,距"作摩(生)"的開始運用已近兩個世紀了。但在禪家語録中則不然,如《祖堂集》中"爭"雖多處運用,而"作摩"和"作摩生"更是不勝枚舉,這種情況表明了"作摩"和"作摩生"的方言特徵。（p89）

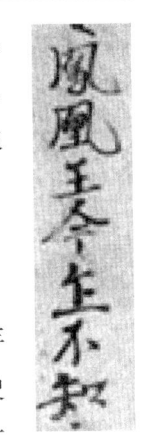

  《歷史語法要略》主張,原來南方方言的"作摩"和"作摩生"剛開始出現是在禪師語録兩百年之後,北方方言資料的敦煌變文裏纔出現了"怎生"（"作摩生"的一種變異體）。把方言分爲南方、北方的説法不太嚴格,其定義也不太清楚。而到了宋代之後,"怎"及"怎生"的出現率急劇地增長,其原因尚無人明示,因此至今仍有一些問題尚未得到解決。我們可以根據敦煌變文這種直接資料,考察後時資料的用法。這一點跟《歷史文法》的研究方法一致,是很可靠的方法。只有通過敦煌文獻纔能研究漢語口語歷史,這樣説也不爲過,因爲漢語口語歷史的研究正是以敦煌文獻的發現爲開端的。

  以維摩變文（P.2292）的"怎生"爲確證,我們知道了宋代以前的五代已有這個用法及寫法。這爲決定後時資料的成書時期提供了很重要的判斷材料。下面具體討論。

  《司牧安驥集》是唐代李石編著的醫馬書。《宋史·藝文志》第一六〇有"（唐）李

---

[1] 在會議上將此稿發表後,得到譚世寶教授的指教：現代漢語方言裏也有"乍（＝怎）"的用法,好像受到音變的影響。筆者也有此看法,《西遊記》等明代小説裏面也看得到很多"乍（＝怎）"的用例。不過在此,我所舉敦煌文書裏面只有"乍"字,没有"怎"字,還要指出有可能存在其他的解釋。

[2] 復旦大學出版社,1992年。以下簡稱《歷史語法要略》。

石司牧安驥集三卷,又司牧安驥方一卷"。原書成於唐代,劉齊阜昌五年(1135)重新刊行,稱爲新刊校正本[1],在金代元代不斷增補,最後成了八卷[2]。雖然是後時資料,不過這個資料卻基本反映唐五代語言的特點。特別是第二、第三、第四及第七卷保留著原來的形式[3]。而其卷二《馬師皇五臟論》出現兩個"怎生"的例句。如下:

○十九難病肺家頹　　鼻中氣響似鈴揚
　膿血噴下腥穢臭　　腦中空病**怎生**當
　除却開喉斷絶得　　醫藥饒伊有萬方
　須要羊頭取熱腦　　開之裏面貼其瘡
　有效不過三五日　　醫家用意莫胡忙
○二十七難是肝脹　　説與明人**怎生**向
　不過三日身必死　　難經論裏無方狀
　報知後代醫工者　　下藥無効空惆悵[4]

如果没有維摩變文(P.2292)裏面的"怎生",上兩例一定被看成後代的改變。可是以維摩變文(P.2292)的"怎生"爲確證,可以説,《司牧安驥集》的"怎生"便是記録當時的語言。關於《司牧安驥集》,近年其被看成口語性比較強的資料,並被重新考慮其史料意義[5]。那麽,當然應該更講究資料的時代特徵。直接資料維摩變文(P.2292)裏面的"怎生"有更大的意義。《歷史文法》特别早已提起五代出現的"怎生"真是令人感到佩服。

【論題2】"底"

如上所論,《歷史文法》的研究方法、觀點確實正確。可是,我們就一點兒推進的餘地也没有嗎? 倒也未必! 在此舉個例子試補《歷史文法》的不足。

---

[1] 南京圖書館所藏明弘治刻本原刻序文寫有:尚書兵部,阜昌五年十一月二十四日,準内降付下都省奏朝散大夫、尚書户部郎中、兼權侍郎,權兵部侍郎馮長寧等劄子,成忠郎皇城司,準備差遣權大總管府都轄官,兼權帳前統領軍馬盧元賓,進呈《司牧安驥集方》四册。奉齊旨可,看詳開印施行。(《司牧安驥集》,北京:中華書局,1957年,卷首插圖)
[2] 北京圖書館所藏的明萬曆二十一年(1593)張世則刻本便是。
[3] 曹小雲《試論古獸醫書〈司牧安驥集〉在漢語詞彙史研究上的語料價值》寫有:"綜合(上述)各家所論,可以明確的是:現存八卷本《司牧安驥集》中的第二,第三,第四和第七卷是唐人所作,第一卷大部可能在唐以前已成書,而第一卷部分内容及第五、第六和第八卷則是宋金元三朝不斷增益而成。"《開篇》,東京:早稻田大學,2007年,41頁。
[4] 見《司牧安驥集》,69、71頁。
[5] 上揭曹小雲《試論古獸醫書〈司牧安驥集〉在漢語詞彙史研究上的語料價值》等等。

《歷史文法》中没有涉及疑問代詞"底"。《唐代文法試探》中"甚"條所列同時代的資料(1)(2)只舉了"甚"的用例,後時資料(3)舉了一個例句,解釋爲:唐詩很少用"甚",一般使用"何"、"底"。看起來,"底"是文言的用法,不太被注意。但是文言與白話,書面語與口語,應該在各個時代確定其具體含義。如:

　　·阿婆向兒言説,索得個屈期醜物入來,已[以]我作**底**?（p858;P.2564,P.2633)〔1〕

　　·當初緣甚不嫌,便即下財下禮,色[索]我將來,道我是**底**?（同上）

上述兩例是在《齖䶗書》中出現的。寫本上出現的"底"字有時字體很獨特,但是可以斷定是"底"字。《齖䶗書》是口語性非常強的資料,而且上例"底"的例句完全口語化了。

《歷史語法要略》"底"條(p75-76)説:"底"與"何"相當,開始時多見於南朝民歌,可能是方言中口語詞彙。舉了三個《樂府詩集》的用例,然後是關於"底"的來源考察,最後這麼説:唐宋時沿用了這個疑問代詞,不過大多見於詩詞……"底"之所以常見於唐宋詩詞中,是詩詞平仄格律的需要,由此可知"底"在唐宋時的運用已屬仿古,到元以後就幾乎不見蹤跡了。

《歷史語法要略》解釋得很詳細,不過基本看法與《歷史文法》一樣,"底"的疑問代詞用法只是仿古而已。《齖䶗書》整個是韻文,所以太田辰夫、孫錫信兩位先生的看法點中了要害。但是筆者認爲,韻文裏也反映口語,《齖䶗書》雖是韻文,卻是很通俗的韻文,與唐詩完全不同。韻文越俗,仿古越有效。即使仿古,當時的人們總會理解其意思及用法,那就可以説是還没有完全口語化的一種表現。

"底"也有助詞的用法。《歷史文法》中很少言及此用法,而且没有敦煌變文的例句,只舉了《祖堂集》的用例。《唐代文法試探》"底"條中很明顯地斷定:敦煌出土寫本中没有助詞"底"〔2〕。但是我們現在可以認定下面5個用例〔3〕:

　　·仏把諸人修**底**行,校量多少唱看看。（妙法蓮華經講經文 p502;P.2133）

　　·到家各自省差殊,相勸直論好**底**事。（无常經講經文 p660;P.2305）

---

〔1〕《敦煌變文集》頁數、寫本號碼。
〔2〕 P113[《語史通考》(日文版)頁數]。
〔3〕《歷史語法要略》也寫出兩個句子。便是:
　　第三更道西頭**底**。（不知名變文）
　　急手出火,燒卻前頭草,後**底**火來,他自走。（《李陵變文》）
不知名變文的例句不太瞭解。不過《李陵變文》的"底"不是助詞。這個"後底"便是"後邊"的意思。《李陵變文》中還有"前頭火著,後底火滅"的用例,從互文關係來看,這明顯不是助詞"底"。

- 惟願世尊愍四衆,解說昨夜見**底**光?

  (蘋婆娑羅王后宮綵女功德意供養塔生天因緣變 p768;P.3051 等)

- 汝等昨夜見**底**光?非是釋梵四天王,

  (蘋婆娑羅王后宮綵女功德意供養塔生天因緣變 p769;P.3051 等)

- 惟願如來慈念力,爲說前生修**底**因。(醜女緣起 p800;P.3048 等)

皆出自上述4種變文之內,除了《醜女緣起》,都不見於《歷史文法》卷末《引用書目》。20世紀50年代當時,目睹寫本原件非常困難。現在利用很好的研究條件,至少可以補上這種不足。

綜上所述,我們可以看出:敦煌文獻在口語研究上的地位依然不可動搖,仍然是唯一的直接的資料,所以在進行研究時離不開調查原件這一重要環節。同時,現在的研究條件、研究手段越來越完備,可以提高調查資料的速度、準確度。如果要進一步發展口語史的研究,仍需要切記上述兩點。可以說再進一步研究的時機已經成熟了,作爲編輯《新中國語歷史文法》的第一步,對敦煌文獻中的口語開始重新整理具有非常重要的意義。

附錄:《中國語歷史文法》引用敦煌文獻用例中的詞彙索引

阿娘	p151		p182
阿師	p151	但是	p326
愛	p201	得	p232
別人	p115	得~全	p233
把	p259	得真	p236
百千萬	p142	過	p175
被~所	p246		p218
不得	p232	過來	p219
不來	p234		p219
出	p214	故意	p291
除非	p341	和	p265
	p342	家	p92
摧	p243		p92
打	p182	極其	p269

見	p377		p127
將	p261	是没	p127
	p262	時時	p278
	p262	時,~者	p358
教	p248	似	p175
既然	p335	死	p207
即是	p335	雖然	p334
看看	p186	所以	p332
口	p161	頭	p89
況且	p319	他	p100
了	p226	替	p256
	p226	鐵棒	p161
	p227	萬千	p143
	p228	往	p253
里	p379	像	p192
	p379	些	p144
連忙	p278		p403
磨	p362	須得	p197
摩	p362	要	p200
孃孃	p81		p200
娘娘	p81	一顆一顆	p162
那(哪)邊	p127	依	p263
情願	p201	已經	p274
權且	p278	因	p330
若~時	p358	一齊	p284
若要	p337	咱	p110
尚且	p320	怎生	p310
甚謨	p127	這	p121
聲	p161	者	p121
是物	p127	這個	p122

著(著)	p225		p310
	p225		p310
	p225	文法	
	p225	形容補語	p397
	p225		p397
	p225		p397
	p366		p397
自己	p114		p397
	p114	反復疑問	p408
自家	p151		p408
作没	p309		p409
作勿生	p310		

附注：

《中國語歷史文法》原來有卷末詞彙索引，在此爲了概觀所引用的敦煌文獻詞彙而另行記載。

（作者單位：日本關西大學）

新 書 目

常 蓋 心

《〈敦煌社會經濟文獻真蹟釋録〉研究》,吴蕴慧著,新北:花木蘭文化出版社,2013年9月。
《百年蒙古學綜目》,蘇日娜主編,北京:中央民族大學出版社,2013年11月。
《版本目録學研究》(第4輯),沈乃文著,北京大學出版社,2013年8月。
《出土文獻》(第4輯),李學勤主編,上海:中西書局,2013年12月。
《出土文獻研究》(第12輯),中國文化遺産研究院編,上海:中西書局,2013年12月。
《存思集:中古中國共同研究班論文萃編》(中古時代的知識·信仰·制度研究書系),余欣主編,上海古籍出版社,2013年11月。
《大梵彌羅:中古時期道教經典當中的佛教》,謝世維著,臺北:臺灣商務印書館股份有限公司,2013年9月。
《第四届國際漢學會議論文集·古代庶民社會》,邢義田、劉增貴主編,臺北:中研院,2013年12月。
《第四届國際漢學會議論文集·信仰、實踐與文化調適(上、下)》,康豹、劉淑芬主編,臺北:中研院,2013年10月。
《東アジア交流史のなかの遣唐使》,[日]河内春人著,東京:汲古書院,2013年12月。
《杜甫研究論集·生誕千三百年記念》,[日]松原朗編,東京:研文出版,2013年11月。
《敦煌本〈太上洞淵神呪經〉輯校》,葉貴良著,北京:中國社會科學出版社,2013年11月。
《敦煌壁畫藝術論》(歐亞歷史文化文庫),李映洲主編,蘭州大學出版社,2013年7月。
《敦煌的博物學世界》(敦煌講座書系),余欣著,蘭州:甘肅教育出版社,2013年12月。
《敦煌的佛教與社會》(敦煌講座書系),郝春文、陳大爲著,蘭州:甘肅教育出版社,2013年12月。
《敦煌的歸義軍時代》(敦煌講座書系),馮培紅著,蘭州:甘肅教育出版社,2013年12月。
《敦煌的詩》,方健榮、鄭寶生選編,蘭州:甘肅人民美術出版社,2013年1月。
《敦煌佛教文學》(敦煌講座書系),鄭阿財著,蘭州:甘肅教育出版社,2013年12月。
《敦煌佛書與傳統醫學》,李應存主編,北京:中醫古籍出版社,2013年9月。
《敦煌馬圈灣漢簡集釋》(甘肅秦漢簡牘集釋叢書),張德芳著,蘭州:甘肅文化出版社,2013年12月。
《敦煌曲研究》(任中敏文集),任中敏著,張長彬校理,南京:鳳凰出版社,2013年12月。
《敦煌詩歌辭彙研究》(高校社科文庫),洪帥著,北京:光明日報出版社,2013年7月。

《敦煌絲綢》,趙豐、王樂著,蘭州:甘肅教育出版社,2013年12月。
《敦煌吐蕃文獻選輯》(社會經濟卷),鄭炳林等主編,北京:民族出版社,2013年1月。
《敦煌吐魯番契約文書中的群體及其觀念、行爲探微》,陳敬濤著,北京:中國政法大學出版社,2013年11月。
《敦煌吐魯番研究:文獻與文明》(西北邊疆史地研究叢書),劉再聰主編,蘭州:甘肅文化出版社,2013年10月。
《敦煌文化與敦煌學》,孫占鼇主編,蘭州大學出版社,2013年11月。
《敦煌文獻与中古教育》(敦煌講座書系),屈直敏著,兰州:甘肅教育出版社,2013年12月。
《敦煌文獻避諱研究》(敦煌講座書系),竇懷永著,蘭州:甘肅教育出版社,2013年11月。
《敦煌文獻中主僕稱謂詞與社會文化研究》,洪藝芳著,臺北:文津出版社,2013年2月。
《敦煌文學總論》(敦煌講座書系),伏俊璉著,蘭州:甘肅教育出版社,2013年12月。
《敦煌寫本文獻學》(敦煌講座書系),張涌泉著,蘭州:甘肅教育出版社,2013年12月。
《敦煌學・日本學:續編》,[日]石塚晴通編、唐煒譯,上海辭書出版社,2013年12月。
《敦煌藝術美學:以壁畫藝術爲中心》(第二版),易存國著,上海人民出版社,2013年12月。
《敦煌占卜文獻與社會生活》(敦煌講座書系),王晶波著,蘭州:甘肅教育出版社,2013年12月。
《敦煌哲學》(第一輯),楊利民主編,蘭州:甘肅人民出版社,2013年10月。
《俄藏黑水城文獻》(22),俄羅斯科學院東方研究所等編,上海古籍出版社,2013年12月。
《反彈琵琶:全球化背景下的敦煌文化藝術研究》,王建疆等著,北京:中國社會科學出版社,2013年8月。
《佛教、道教視野下的焰口施食儀式研究》(覺群佛學博士文庫),袁瑾著,北京:宗教文化出版社,2013年10月。
《佛教:文化交流與融合》,孫昌武著,天津教育出版社,2013年9月。
《佛教的本質及其發展》,[德]孔滋著、胡國堅譯,貴陽:貴州大學出版社,2013年11月。
《佛教地獄觀念與中古敘事文學》,范軍著,新北:花木蘭文化出版社,2013年9月。
《佛教與中國文化:王開府教授榮退紀念論文集》,黃連忠、李幸玲、黃敬家等編撰,臺北:萬卷樓圖書股份有限公司,2013年5月。
《高僧傳》(共2冊),釋慧皎著,朱恒夫、王學鈞、趙益注譯,西安:陝西人民出版社,2013年12月。
《漢唐關中自然災害的政府應對策略研究》,潘明娟著,北京:中國社會科學出版社,2013年9月。
《漢唐氣象:長安遺珍與漢唐文明》(西北民族研究叢書),周偉洲著,北京:中國社會科學出版社,2013年4月。
《漢魏六朝琅琊王氏家族政治與婚姻文化研究》,王連儒著,北京:中國社會科學出版社,2013年11月。
《漢語史學報》(第13輯),浙江大學漢語史研究中心編,上海教育出版社,2013年12月。
《漢語史研究集刊》(第16輯),四川大學漢語史研究所、四川大學中國俗文化研究所編,成都:巴蜀書社,2013 年 12 月。

《黑韃事略校注》(歐亞歷史文化文庫),許全勝校注,蘭州大學出版社,2014 年 3 月。

《黑水城兩千年歷史研究》(西域歷史語言研究叢書),〔日〕井上充幸、〔日〕加藤雄三、〔日〕森谷一樹編,烏雲格日勒譯,北京:中國人民大學出版社,2013 年 12 月。

《華言與蕃音:中古時代後期東西交流的語言橋樑》(南京大學民族與邊疆研究叢書),劉迎勝著,上海古籍出版社,2013 年 11 月。

《簡帛》(第 8 輯),武漢大學簡帛研究中心主辦,上海古籍出版社,2013 年 10 月。

《蘭陵蕭氏與中古文化研究》,閆春新等著,濟南:山東人民出版社,2013 年 8 月。

《歷史語言學研究》(第 6 輯),中國社會科學院語言研究所《歷史語言學研究》編輯部主編,北京:商務印書館,2013 年 11 月。

《龍門地區佛教寺院史料輯繹》,張乃翥輯,北京:國家圖書館出版社,2013 年 12 月。

《南北朝隋唐期佛教史研究》,〔日〕大内文雄著,京都:法藏館,2013 年 5 月。

《彭陽海子塬墓地發掘報告》(寧夏文物考古研究所叢刊),寧夏文物考古研究所、彭陽縣文物管理所編,上海古籍出版社,2013 年 10 月。

《祈願延綿:佛教造像記》,胡彬彬、李方著,長沙:湖南大學出版社,2013 年 7 月。

《前吐蕃與吐蕃時代》(中國邊疆民族考古文庫),中國社會科學院邊疆考古研究中心編,北京:文物出版社,2013 年 11 月。

《慶陽北石窟寺内容總錄》(共 2 册),甘肅北石窟寺文物保護研究所編,北京:文物出版社,2013 年 12 月。

《石窟寺研究》(第 4 輯),中國古跡遺址保護協會石窟專業委員會、龍門石窟研究院編,北京:文物出版社,2013 年 12 月。

《世界佛教美術圖說大辭典》,如常主編,高雄:佛光山宗委會,2013 年 3 月。

《逝者的面具:漢唐墓葬藝術研究》(藝術史叢書),鄭岩著,北京大學出版社,2013 年 2 月。

《首屆朝聖敦煌全國美術展覽作品集》,首屆朝聖敦煌全國美術展覽作品集編委會編著,蘭州:甘肅人民美術出版社,2013 年 9 月。

《絲路與佛教文化》,〔日〕岡崎敬等著,張桐生譯,貴陽:貴州大學出版社,2013 年 8 月。

《宋遼金史論叢》,陶晉生著,臺北:聯經出版事業公司,2013 年 11 月。

《隋唐地方行政與軍防制度研究:以府兵制時期爲中心》(魏晉隋唐歷史文化研究叢書),喬鳳岐著,北京:人民出版社,2013 年 12 月。

《唐朝和邊疆民族使者往來研究》(中國邊疆研究文庫),李大龍著,哈爾濱:黑龍江教育出版社,2013 年 9 月。

《唐代邊疆民族與對外交流》(中國邊疆研究文庫),王義康著,哈爾濱:黑龍江教育出版社,2013 年 10 月。

《唐代長安佛教文學》(長安文化與中國文學研究),王早娟著,北京:商務印書館,2013 年 12 月。

《唐代以來的邊疆策略》,劉學銚著,臺北:致知學術出版,2013年12月。

《唐前中國佛教史論稿》(文化中國書系),張雪松著,北京:中國財富出版社,2013年5月。

《唐宋元間西北史地叢稿》(歐亞備要叢書),湯開建著,北京:商務印書館,2013年12月。

《唐西州行政體制考論》(中國邊疆研究文庫),李方著,哈爾濱:黑龍江教育出版社,2013年10月。

《吐魯番博物館藏歷代錢幣圖錄》,吐魯番博物館、吐魯番學研究院編,上海古籍出版社,2013年11月。

《吐魯番唐代軍事文書研究》,程喜霖、陳習剛主編,《新疆通史》編撰委員會編,烏魯木齊:新疆人民出版社,2013年11月。

《武周時期的佛教造型:以長安光宅寺七寶臺的浮雕石佛群像爲中心》,楊效俊著,北京:文物出版社,2013年8月。

《西夏考古論稿》(寧夏文物考古研究所叢刊),牛達生著,上海古籍出版社,2013年11月。

《西域論稿續編》,賀繼宏著,鄭州:中州古籍出版社,2013年3月。

《西域文史》(第8輯),朱玉麒主編,北京:科學出版社,2013年12月。

《新疆壁畫中的服飾藝術》(新疆藝術研究),周青葆、孫大衛著,烏魯木齊:新疆美術攝影出版社,2013年12月。

《新疆考古記》(西域探險考察大系),[瑞典]沃爾克·貝格曼著,王安洪譯,烏魯木齊:新疆人民出版社,2013年10月。

《陽關·陽關博物館文物圖錄》,紀永元、初世賓主編,蘭州:甘肅人民美術出版社,2013年8月。

《英國國家圖書館藏敦煌遺書》(21—30),方廣錩、[英]吳芳思主編,桂林:廣西師範大學出版社,2013年12月。

《于闐·佛教·古卷》,段晴著,上海:中西書局,2013年12月。

《于闐與敦煌》(敦煌講座書系),榮新江、朱麗雙著,蘭州:甘肅教育出版社,2013年12月。

《張大千臨摹敦煌壁畫最新詮釋》,徐大緯著,上海文化出版社,2013年12月。

《中古道官制度研究》,劉康樂著,成都:巴蜀書社,2013年12月。

《中古墓誌胡漢問題研究》,李鴻賓主編,銀川:寧夏人民出版社,2013年9月。

《中古史書校證》,真大成著,北京:中華書局,2013年7月。

《中古醫療與外來文化》,陳明著,北京大學出版社,2013年3月。

《中國佛教史研究:隋唐佛教への視角》,[日]藤善真澄著,京都:法藏館,2013年10月。

《中國石窟:敦煌莫高窟5》(第2版),敦煌研究院編,北京:文物出版社,2013年12月。

《中國古代中央客館制度研究》(中國邊疆研究文庫),王靜著,哈爾濱:黑龍江教育出版社,2013年9月。

《中國名號與中古地理探索》(南京大學史學叢書),胡阿祥著,北京:三聯書店,2013年1月。

《中國中古時期〈法華經〉注本研究——以授記主題爲中心》,李幸玲著,臺北:文津出版社,2013年8月。

新　書　目

《中研院歷史語言研究所傅斯年圖書館藏敦煌遺書》,方廣錩主編,臺灣:中研院歷史語言研究所,2013年12月。

《中印佛教造像源流與傳播》,張同標著,南京:東南大學出版社,2013年9月。

Chinese Religious Art, ed., by Patricia Eichenbaum Karetzky, New York: Lexington Books, 2013.

Dunhuang Studies: Prospects and Problems for the Coming Second Century of Research, ed., by Irina Popova and Liu Yi, St. Petersburg: Slavia, 2012.

《敦煌吐魯番研究》稿約

　　本刊由中國敦煌吐魯番學會、首都師範大學歷史學院、香港大學饒宗頤學術館、北京大學東方學研究院合辦。每年出版一卷，編輯部設在首都師範大學歷史學院。

　　本刊以刊登研究敦煌吐魯番及相關地區出土文獻的中文論文爲主，也發表英文論文和書評。内容包括歷史、地理、藝術、考古、語言、文學、哲學、宗教、政治、法律、經濟、社會等各方面的傳統學術問題。本刊的特色是追求學風嚴謹、創新有據，倡導發表新史料、新書評和相關學術信息。

　　本刊爲國際性學術輯刊，園地公開，歡迎海内外學者賜稿。但書評采用編委會約稿形式，一般不接受投稿。本刊祇登載未曾發表過的論文和書評等（網上首發亦視爲已發表），請勿一稿兩投。

　　來稿請附作者簡歷（包括姓名、工作單位及聯繫方式）。中文論文投稿需附英文題目及英文提要，其他語種投稿請附中文題目及提要。稿件最好用微軟 Windows 操作系統下的 Word 文檔或用 PDF 格式編輯（中文稿一律使用通行繁體字）。投稿請提供電子版（軟盤、光盤及電郵附件均可），並提供 A4 型紙單面隔行打印稿。註釋采用脚註。詳細書寫格式見後。

　　投稿一般要經過兩位編委審讀，編輯部負責將編委意見反饋給作者。投稿一經采用，論文作者可得到論文抽印本二十份及該卷本刊一册。書評作者及其他學術信息提供者，可得到該卷本刊一册。大陸地區作者，酌付稿酬。

　　論文、書評及新書作者或出版社寄贈本刊待評圖書，均請寄至：

　　100089　北京西三環北路 83 號　首都師範大學歷史學院　游自勇 收

　　投稿或聯繫其他事宜，請使用下列電郵地址：Dunhuangturfan@163.com

稿件書寫格式

一、手寫稿件,務請使用橫格稿紙單面書寫;字體使用通行繁體字,除專論文章外,俗字、異體字請改用繁體字;引用西文,務請打字。歡迎使用電腦打字,請用 A4 型紙單面隔行打印。

二、請一律使用新式標點符號,除破折號、省略號各佔兩格外,其他標點均佔一格。書刊及論文題目均用《》,此點尤請海外撰稿人注意。

三、凡文稿中第一次提及中國帝王年號,須括加公元紀年;第一次提及外國人名,須附原名。中國年號、古籍卷、葉數,用中文數字,如貞觀十四年,《新唐書》卷五八,《西域水道記》葉三等。其他公曆、雜誌卷、期、號、頁等均用阿拉伯數字。引用敦煌文獻,用 S.、P.、Ф.、Дx.(以上編號簡寫後要加點)、千字文、大谷等縮略語等加阿拉伯數字形式。

四、注釋號碼用阿拉伯數字表示,作〔1〕、〔2〕、〔3〕……其位置放在標點符號前。再次徵引,用"同上"第幾頁或"同注〔1〕第幾頁"形式,不用合併注號方式。

五、注釋一律采用腳注形式;除常見的《舊唐書》、《新唐書》、《冊府元龜》、《資治通鑑》等外,引用古籍,應標明著者、版本、卷數、頁碼;引用專書及新印古籍,應標明著者、章卷數、出版地、出版者及出版年代、頁碼;引用期刊論文,應標明期刊名、年代卷次、頁碼;引用西文論著,依西文慣例,如 P. Demiéville, *Le concile de Lhasa*, Paris, 1952, pp. 50-51. 注意:書刊名用斜體,論文名需加引號。

六、中文論文須提供大作的英文譯名及來稿字數。

七、來稿請寫明作者姓名、工作單位和職稱、詳細地址和郵政編碼,地址有變更時,請及時通知編輯部。

圖書在版編目(CIP)數據

敦煌吐魯番研究. 第14卷 / 饒宗頤主編. —上海：上海古籍出版社，2014.12
ISBN 978-7-5325-7487-2

Ⅰ.①敦… Ⅱ.①饒… Ⅲ.①敦煌學—文集②出土文物—文書—吐魯番市—文集 Ⅳ.①K870.64-53

中國版本圖書館CIP數據核字(2014)第281306號

書　　名	敦煌吐魯番研究（第十四卷）
主　　編	中國敦煌吐魯番學會等
責任編輯	曾曉紅
出版發行	上海世紀出版股份有限公司 上　海　古　籍　出　版　社 （上海瑞金二路272號　郵政編碼200020） (1) 網址：www.guji.com.cn (2) E-mail：guji1@guji.com.cn (3) 易文網網址：www.ewen.co
印　　刷	上海市顓輝印刷廠
版　　次	2014年12月第1版 2014年12月第1次印刷
規　　格	開本 / 787×1092毫米　1/16 印張 35.75　字數 635,000
國際書號	ISBN 978-7-5325-7487-2/K·1968
定　　價	128.00元